Original en couleur
NF Z 43-120-8

HISTOIRE DE LARGENTIÈRE

PAR

A. MAZON

VIVARAIS ANCIEN

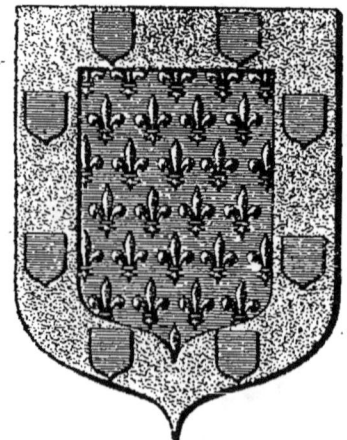

PRIVAS
IMPRIMERIE CONSTANT LAURENT.

1904

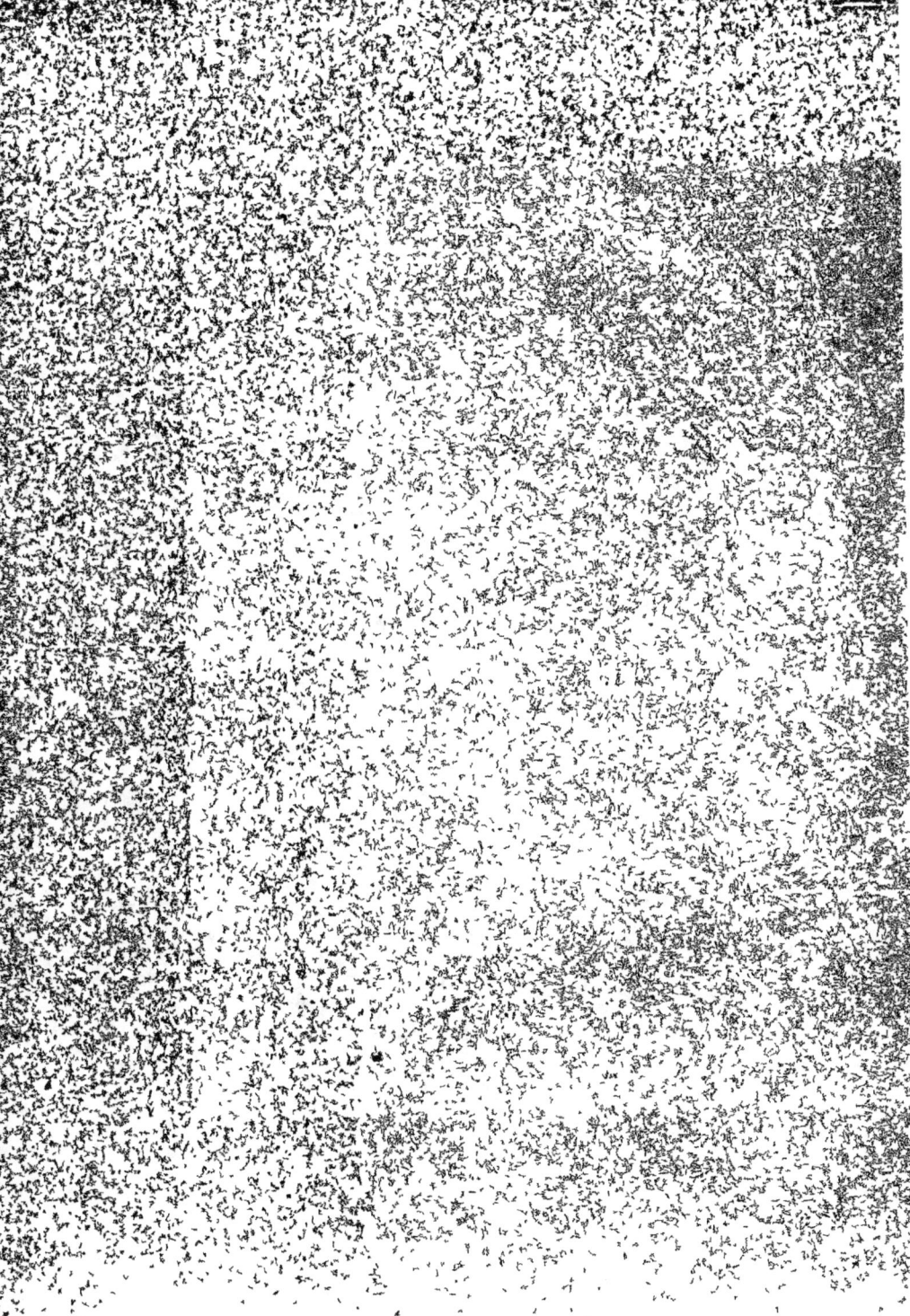

Paris 13 8bre 1904

Reçu.

Monsieur

Je suis heureux de pouvoir vous compléter aujourd'hui l'Histoire de Largentière dont vous avez déjà (suivant votre lettre du 13 juin dernier) les deux premiers fascicules

LK 31 882

Vous n'aurez qu'à les placer à l'endroit indiqué dans l'envoi ci-joint.

Veuillez agréer l'assurance de mes meilleurs sentiments

A. Mazon
18 rue du Vieux Colombier

HISTOIRE DE LARGENTIÈRE

HISTOIRE

DE

L'ARGENTIÈRE

PAR

A. MAZON

VIVARAIS ANCIEN

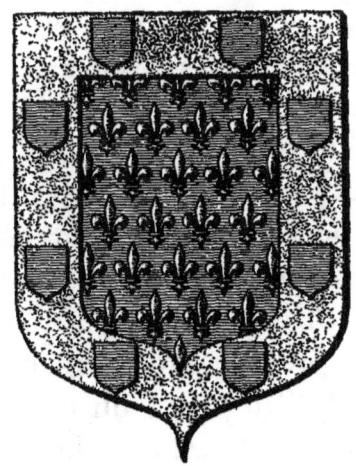

PRIVAS
IMPRIMERIE CONSTANT LAURENT.

1904

PREFACE

En présentant à ses concitoyens cette *Histoire de Largentière*, l'auteur ne prétend pas avoir fait une œuvre académique, ni même une histoire parfaitement ordonnée et régulière, comme on en écrivait jadis. Son ambition a été simplement de leur donner un aperçu aussi exact que possible du passé de notre bonne ville, que le plus grand nombre ignorait certainement, et de leur fournir ainsi le moyen de comparer l'état politique et social d'autrefois avec celui d'aujourd'hui, afin qu'ils puissent juger par eux-mêmes, si, tous comptes faits, c'est-à-dire en tenant compte de l'adoucissement des mœurs et des progrès de la science, les institutions anciennes ne valaient pas les nouvelles, principalement au point de vue des libertés de l'individu et de la commune.

Ce travail, du reste, a été écrit et publié dans des conditions qui doivent lui assurer l'indulgence du lecteur. Commencé, sans programme bien arrêté, en 1899, à l'imprimerie Galland, alors établie à Largentière, sous le titre : *Notre vieux Largentière,* il a fourni là ses premières étapes, sous la forme de quatre brochures, formant un total de 275 pages. C'est ainsi que l'auteur est allé clopin-clopant jusqu'à la fin des guerres civiles du xvie siècle. Plus tard, grâce à l'hospitalité de la *Revue du Vivarais*, il a pu continuer son œuvre, en relevant dans les siècles suivants, y compris l'époque de la Révolution, tout ce qui se rattachait à son sujet. Peut-être, si Dieu lui prête vie, se décidera-t-il à la compléter par l'historique des incidents du XIXe siècle et par des chapitres spéciaux sur les industries du pays, les écoles, les archives municipales, l'archéologie des rues et des maisons, les notabilités et les mœurs locales, etc.

En attendant, il espère que, malgré les défauts et les lacunes, qu'il est le premier à reconnaître, d'un livre fait à bâtons rompus et pour ainsi dire au jour le jour, le public intelligent et réfléchi voudra bien lui faire grâce, en considération des longues et laborieuses recherches que lui a coûtées la découverte de tant de faits et de documents inédits. Il prie enfin ses concitoyens de songer qu'en assumant bénévolement la tâche de les instruire, il ne pouvait avoir en vue d'autre récompense que la satisfaction d'avoir ajouté a l'histoire de sa province une page plus particulièrement pleine pour eux d'enseignements utiles.

NOTRE VIEUX LARGENTIÈRE

PAR

A. MAZON

Ce premier chapitre est consacré a l'histoire de Largentiere jusqu'a la fin du XIII° siecle. Chacun des chapitres suivants formera aussi l'objet d'une livraison spéciale.

LARGENTIÈRE

J. GALLAND, IMPRIMEUR-ÉDITEUR

—

1899

NOTRE VIEUX
LARGENTIÈRE

VUE GÉNÉRALE DE LARGENTIÈRE

NOTRE
VIEUX LARGENTIÈRE

PAR

A. MAZON

LARGENTIÈRE

J. GALLAND, IMPRIMEUR-ÉDITEUR

1890

Notre Vieux Largentière

I

ARGENTARIA

DES ORIGINES JUSQU'A LA FIN DU XIIIe SIÈCLE

Le chanoine Audebert. -- Le roman sarrasin de M. de St-Andéol. -- Les évêques de Viviers et les empereurs d'Allemagne. -- Premiers arrangements entre l'évêque Nicolas et Raymond V, comte de Toulouse, au sujet des mines de Largentière. -- Raymond VI refuse de reconnaître les engagements de son père. -- Nouvelle transaction en 1198. -- La cérémonie de l'hommage à la cathédrale de Viviers. -- Démission de l'évêque Nicolas et élection de Burnon (1206). -- Nouvelles entreprises du comte de Toulouse. -- L'assemblée de Jaujac et la charte des libertés de Largentière (1208-1215). -- Les peines de l'adultère. -- Autres chartes de libertés en Vivarais. -- L'existence probable de la commune de Largentière avant 1208. -- La guerre des Albigeois (1209-1229). -- La transaction du Pont-St-Esprit (1210). -- Les droits des Bermond d'Anduze à Largentière. -- L'attitude d'Aymar de Poitiers, comte de Valentinois. -- Le Vivarais réuni à la couronne (1229). -- Le château de Fanjau. -- Fondation du couvent des Cordeliers. -- L'ancien atelier monétaire de Largentière.

La plus vieille mention de l'existence de Largentière se trouve dans le Bref d'obédience des chanoines de Viviers, un document du IXe ou Xe siècle, où l'on peut lire le paragraphe suivant :

Aldebertus [tenet] ecclesiam Sanctæ Mariæ de Genestella et sancti Stephani de Concisas et mansos XX;

et *IN ARGENTARIÆ TERRITORIO curte indominicata ; in Columberio ecclesiam Sancti Petri et mansos XXVII* (1).

Ce texte est celui de M. le chanoine Rouchier (2).

Il est à remarquer que le P. Columbi (3) ne donne que la première partie du paragraphe qui attribue les deux églises de Genestelle seulement au chanoine Audebert. Columbi tenait ses renseignements du chanoine Jacques de Banne dont le manuscrit, en effet, reproduit deux fois le Bref d'obédience, d'après la *Charta vetus*, avec le texte incomplet de Columbi. Mais, dans un autre endroit, le chanoine de Banne donne le paragraphe complet, tel qu'il est ci-dessus, d'après l'Enquête faite en 1405 sur la situation des chanoines de Viviers, d'où l'on pourrait inférer que la possession de Largentière et de St-Pierre de Colombier n'est venue au chanoine Audebert que postérieurement à celle des églises de Genestelle.

Le savant auteur de l'*Histoire du Vivarais* a vu dans *Argentaria* l'île d'Argentière, près du Bourg-St-Andéol. Nous croyons que sur ce point il a fait erreur : notre opinion se fonde sur le fait que l'île d'Argentière, déjà nommée dans deux documents plus anciens (la *Charta vetus* et le diplôme de Charles le Chauve de 877), est chaque fois précédée du mot *insula*, outre qu'elle se trouve alors au milieu de localités plus ou moins rapprochées du Bourg-St-Andéol, tandis qu'il s'agit ici d'un *territorium* accom-

---

(1) « Audebert [tient] l'église de Ste-Marie de Genestelle et de St-Etienne de Conchis et vingt manses ; et dans le territoire d'Argentiere *curte indominicata* ; et dans le Colombier l'église de St-Pierre et vingt-sept manses. »
Le *mansus* était un fonds de terre sur lequel un homme pouvait vivre avec sa famille par son travail : on l'évalue à quinze hectares environ. V. COLUMBI, p. 36. -- ROUCHIER, *Histoire du Vivarais*, I, 337-339.

(2) ROUCHIER. *Histoire du Vivarais*, I, 599.

(3) COLUMBI. *De rebus gestis episcoporum Vicariensium*, p. 35.

pagné d'autres localités beaucoup plus voisines de Largentière que du Bourg.

Curte ou *curtis* est un domaine avec une maison et ses dépendances, et équivaut à *villa* ou *colonia*. *Curte indominicata*, littéralement *terre enseigneurée*, signifie un domaine dont on est entièrement seigneur, ou, selon l'expression du temps, qu'on retrouve souvent dans les registres de notaires de Largentière, « qui n'est tenu d'autre seigneur que de Dieu ». C'est l'*alod*, alleu ou franc-alleu, qui dominait en Langudoc, et dont l'étymologie)*al*, toute, entière ; *od*, propriété) indique assez le sens. L'alleu était, en effet, la propriété perpétuelle et libre. comme on l'entend de nos jours, tandis que le *fief* était une terre dont la possession obligeait le vassal envers son seigneur à certains devoirs, notamment à l'hommage et au service militaire.

L'Eglise de Viviers avait donc, dès cette époque, à Largentière, un domaine avec habitation. L'expression employée indique le prix qu'elle y attachait, et, selon toute vraisemblance, c'est sur ce domaine qu'elle fit bâtir ensuite l'église et le château.

Les mines de plomb argentifère, qui ont donné leur nom à Largentière, dont un quartier au moins s'appelait *Segualeriæ*, étaient-elles connues à l'époque où le chanoine Audebert tenait la *curte indominicata* du territoire d'*Argentaria*, en même temps que l'église de St-Pierre de Colombier et les deux églises de Genestelle ? Les données certaines manquent à cet égard, et il faut avouer que les traditions locales sur les premiers mineurs du pays sont assez confuses. Ceux qui font remonter l'exploitation de ces mines aux Romains ont peut-être raison, mais ils n'apportent à l'appui de leur opinion aucun texte ni aucun monument. On sait bien que les Romains ont exploité un certain nombre de gisements miniers dans les Gaules :

Tacite signale les mines des Ruthènes (le Rouergue, qui n'est pas loin de l'Ardèche) comme très productives ; suivant Strabon, les Ruthènes étaient très habiles dans l'art de l'orfèvrerie. Amédée Thierry va plus loin, car il fait remonter jusques vers le 13ᵉ siècle avant notre ère, l'exploitation des mines de la Gaule par des mineurs venus de Phénicie.

D'autres pensent que les Sarrasins ont été les premiers mineurs du pays d'Argentière. On sait que ce peuple a occupé aux VIIᵉ et VIIIᵉ siècles la plus grande partie du midi de la France, et que le Vivarais, surtout dans la région des bords du Rhône, n'a pas échappé à ses ravages. Un archéologue distingué, M. Fernand de St-Andéol, a écrit sur la colonie sarrasine de Largentière un petit roman qui ne manque pas d'intérêt (1), mais qui a le défaut de n'avoir pas d'autre base que quelques dénominations locales dont la valeur ne doit pas être exagérée, car elles peuvent tout aussi bien signifier l'emploi de mineurs sarrasins appelés du dehors qu'une véritable occupation du pays par les Sarrasins. Pour M. de St-Andéol, *Segualière,* qui est le premier nom de Largentière, viendrait de l'arabe *Zeccalirs,* monnoyeurs, parce que les mineurs sarrasins travaillaient surtout au quartier appelé aujourd'hui *Sigalières,* tandis que le vieux donjon, situé au sommet de la ville, abritait l'atelier de la monnaie (*Zecca*). L'explication est ingénieuse, mais une étymologie, plus ou moins admissible, ne suffit pas à combler les lacunes de l'histoire.

Un autre roman, qu'il faut écarter en passant, est celui de l'abbé Baracand (2), qui fait découler de l'évêque Leodegarius, qui siégea à Viviers de 1096 à 1119, les droits de cette Eglise sur les mines de Largentière. Selon cet

---

(1) La rêverie sarrasine de M. de St-Andéol -- qui d'ordinaire est plus sérieux que cela -- a été reproduite, sans aucune restriction, dans un article de M. Vaschalde, qu'a publié l'*Annuaire de l'Ardèche* de 1863.

(2) Voir notre *Voyage au pays helvien*, p. 331.

écrivain, Leodegarius aurait été un gentilhomme passablement léger du pays des Ségaliers. L'évêque Jean, lui ayant arraché une jeune fille qu'il avait enlevée, notre gentilhomme aposta des individus pour le tuer, mais les armes tombèrent des mains des assassins, et ce prodige convertit si bien notre homme qu'il devint plus tard prêtre, évêque et même cardinal. Cette débauche d'imagination peut s'excuser chez un écrivain qui n'était encore que séminariste, mais qui aurait pu toutefois, en méditant le Bref d'obédience, y trouver un indice plus sérieux de l'origine des droits des évêques de Viviers à Largentière.

Quoi qu'il en soit, deux indices de l'importance de Largentière à une époque plus ou moins contemporaine du chanoine Audebert, se trouvent, d'une part, dans les tours de protection, élevées sur les hauteurs environnantes (Tauriers, Montréal, Brison, Vinezac, etc.), tours qui sont évidemment de l'époque carlovingienne, et d'autre part, dans une tradition locale, mentionnée par une délibération municipale de Largentière en l'an 1780, d'après laquelle la ville aurait subi un siège du temps de Charlemagne.

Mais c'est seulement à la fin du XIIe siècle que Largentière apparaît dans l'histoire avec son importance de pays de mines d'argent.

Un document authentique du milieu du XIIe siecle permet de supposer que l'exploitation des mines de Largentière était commencée au moins à cette époque : c'est une charte de l'empereur Conrad, qui, en 1146, accorde à Guillaume, évêque de Viviers, son parent, les droits régaliens, entr'autres celui de battre monnaie : «... *tibi et successoribus tuis Vivariensis urbis, nostra regalia concedimus, monetam, pedagium* etc (1). »

(1) COLUMBI, p. 95.

Ces priviléges furent confirmés à l'Eglise de Viviers, qui se reconnaissait alors vassale de l'Empereur d'Allemagne, par Frédéric Barberousse en 1177, et plus tard (en 1214 et 1235), par Frédéric II.

Or, pour battre monnaie, il fallait, au moyen âge, où les transports étaient si difficiles, avoir en quelque sorte le minerai sous la main, et l'on ne s'expliquerait guère les concessions répétées de battre monnaie accordées aux évêques de Viviers, si ceux-ci ne tiraient pas dès lors de l'argent de leur domaine de Largentière.

Une si riche possession devait naturellement allumer d'ardentes convoitises et susciter contre eux de terribles jalousies. Peut-être les difficultés avaient-elles déjà commencé pour eux au milieu du XIIe siècle, et les chartes impériales étaient-elles surtout des avertissements donnés à leurs ambitieux voisins.

Ainsi que le fait remarquer M. Van der Haeghem, ce ne dut pas être sans de graves motifs, qu'en 1177, l'évêque Nicolas fit prier l'empereur Frédéric, qui se trouvait alors en Italie, de lui accorder une protection toute spéciale, de confirmer les priviléges que l'empereur Conrad avait garantis à l'Eglise de Viviers, et de défendre les droits que cette Eglise devait à la munificence des rois et des empereurs. Frédéric accueillit favorablement cette demande. Il confirma l'Eglise de Viviers dans tous ses droits et priviléges, et notamment dans ceux de la monnaie et du péage. Il déclara, en outre, que l'Eglise de Viviers ne dépendait que de l'empire et ne devait reconnaître d'autre seigneur que son évêque. Il la prit sous sa protection spéciale avec son chef diocésain et son clergé, ainsi que tous les habitants (1).

Nous avons vu, par le Bref d'obédience des chanoines de Viviers, que les droits de propriété de cette Eglise sur

---

(1) *Recherches historiques sur le Vivarais*, p. 29.

les mines d'argent remontaient au IX⁰ ou au X⁰ siècle. Mais elle n'en était pas seule propriétaire, puisqu'une partie lui en fut donnée par Hugues d'Ussel (1) qui vivait en 1169, et nous verrons plus loin que les maisons d'Anduze, de Poitiers et de Montlaur en avaient aussi une part.

Le comte de Toulouse paraît avoir laissé les uns et les autres tranquilles possesseurs des mines jusqu'à la mort de Barberousse (1190), ne se souciant pas sans doute d'entrer en querelle avec un si puissant souverain. Mais ce prince ayant disparu, l'attitude de Raymond V changea subitement. C'est du moins à cette période que se rapportent les documents venus jusqu'à nous qui témoignent de son désir de mettre la main sur une proie depuis longtemps convoitée.

Le premier est une charte, revêtue du sceau de Robert, archevêque de Vienne, qui constate un accord intervenu entre le comte de Toulouse et l'évêque de Viviers et les autres seigneurs des mines de Largentière. En voici la traduction :

« Qu'il soit connu de tous que Raymond, comte de Toulouse, remet tout droit lui appartenant, soit de son propre droit, soit par acquisition du droit d'autrui, sur la mine d'argent de Tauriers et sur la mine d'argent de Ségualières et sur la mine d'argent de Chassiers. Et il promet aux possesseurs de ces mines, pour maintenant et à perpétuité, de ne pas les tromper, de ne leur faire aucune violence, de ne pas leur enlever leurs châteaux ou leurs munitions, de ne pas ouvrir de nouvelles galeries dans les mines d'argent ou au-dessus, de ne pas prêter aide ou conseil à d'autres qui voudraient le faire. Il promet de maintenir, par lui-même ou par les siens ou par des troupes étrangères, les seigneurs des mines d'argent et leurs propriétés, ainsi que les personnes qui restent dans ces mines, qui y viennent ou qui

---

(1) *Hist. du Languedoc*, III, 24. — Columbi, p. 104.

en sortent. Il s'engage aussi à ne rien acquérir du fief de l'Eglise par donation, vente, mise en gage ou de toute autre manière. Et à cause de cela, l'évêque et les seigneurs des mines d'argent lui donnent six deniers pogèses pour chaque marc d'argent extrait de ces mines (1), à l'exception des dîmes de l'évêque et de l'Eglise et des seigneurs. Les hommes cependant donneront, outre les six deniers susdits, une somme représentant le montant de ces dîmes. Les seigneurs des mines d'argent jureront et feront jurer à leurs bailes de rendre fidèlement au comte les six deniers sans aucune retenue ou diminution, et quand ils partageront les dîmes, ils devront en justifier auprès de celui que le comte aura désigné. Pour la confirmation et le témoignage de ce pacte, messire Robert, archevêque de Vienne, a scellé de son sceau le présent acte dressé à ce sujet (2). »

Cet accord, sans date, n'a pu intervenir que dans la période de 1186, date de l'avènement de Robert à l'archevêché de Vienne, à 1195, date de sa mort. Il est probablement de l'année 1193, où fut signé un autre accord entre l'évêque de Viviers et le comte de Toulouse, au sujet de la possession de Grospierres, Aiguèze et St-Marcel —

---

(1) Il fallait 12 deniers pour un sol, et 20 sols pour une livre. Or, le prix de la livre, au commencement du XIIe siècle, étant, poids pour poids, de 18 francs de notre monnaie actuelle, abstraction faite du pouvoir de l'argent, le prix du marc étant alors de 2 livres 13 sols, ou environ 48 fr. 20 calculés de la même manière, on voit que dans ce cas les comtes de Toulouse prélevaient à peine le 1 0/0. ALFRED CAILLAUX, *Tableau général et description des mines métallifères de France*. Paris, Baudry. 1875.

(2) COLUMNI, p. 119. — Abbé ROCHE, *Armorial des évêques de Viviers*, pp. 172 et 333.

Voici le texte latin de cette pièce

Notum sit omnibus quod Raimundus, comes Tolosanus, remittit omne jus quod sibi competit, sive jure suo, sive jure aliunde sibi acquisito, in argentaria de Taurias, et in argentaria de Sigilleriis, et in argentaria de Chassers; et accipit eos in fide sua, nunc et in perpetuum, quod non decipiat eos, nec aliquam violentiam eis faciat, nec castra sive munitiones eis auferat, neque novas, in argentariis vel super, argentarias faciat, nec ad id facientibus auxilium vel consilium prœbeat, et dominos de argentariis accord qui n'ayant pas d'intérêt direct pour Largentière, n'a besoin que d'être mentionné ici.

Les termes de l'arrangement ci-dessus donnent une idée suffisante de la situation, car, suivant la juste remarque d'un écrivain (1), on devine aisément tout ce que le comte s'était permis vis à vis de l'évêque et des autres seigneurs des mines, par ce dont il promet de s'abstenir.

Le partage de la dîme entre l'évêque et le chapitre fut l'objet d'autres contestations qui furent ainsi réglées en 1197 par la médiation de Jarenton, évêque de Die :

« Les dîmes de toutes les mines d'argent qui sont exploitées ou le seront dans la suite sur toute l'étendue du diocèse de Viviers, soit que ces mines se trouvent dans les paroisses dont les églises sont dans l'obédience des chanoines, soit en tout autre lieu du diocèse, seront partagées, à raison de deux tiers pour l'évêque et un tiers pour les chanoines (2). »

On peut voir dans les termes de cet arrangement une nouvelle confirmation de l'interprétation que nous avons donnée au paragraphe du bref d'Obédience concernant le chanoine Audebert, et c'est précisément sans doute aux prétentions des chanoines, basées sur ce paragraphe, que

---

et res eorum et homines ibi manentes et venientes in argentaria et redeuntes debet manutenere et defendere de se et de suis et de gentibus extraneis, nec debet aliquid acquirere de feudo ecclesiæ per donationem, per venditionem, per pignorationem, vel alio aliquo modo. Et propter hoc episcopus et domini de argentariis donant ei sex denarios pogisios in singulis marcis quæ percipiebantur in argentariis, exceptis decimis episcopi, et ecclesiæ, et dominorum; homines tamen ultra sex predictos denarios dabunt quantum facit computatio prædictarum decimarum. Et sciendum quod domini de argentariis jurabunt et bajulos suos jurare facient, quod prædictos denarios sine aliqua retentione et diminutione fideliter ei reddent, et quando suas decimas dividunt, certiorare debent illum cui comes reddi voluit. Ad hujus pacti confirmationem et testimonium D. Robertus, arch'episcopus Viennensis, præsentem paginam super hoc factam sigillo suo signavit.

(1) EDOUARD ANDRÉ. *Notes historiques sur Largentière (Revue du Vivarais,* 1893).

(2) COLUMBI, p. 103. — ROCHE, I, 176.

furent dues les difficultés qui amenèrent le règlement ci-dessus.

Les deux parties étaient d'ailleurs fortement menacées dans leur propriété commune par Raymond VI, qui avait succédé à Raymond V en 1194, et qui refusait de reconnaître les engagements pris par son père l'année précédente. Le différend dura longtemps *(lis diù agitata)*, dit l'historien des évêques de Viviers ; enfin, il parut terminé du consentement de tous par une transaction conclue en 1198, qui peut se résumer ainsi :

Les conventions précédemment conclues par l'évêque et le chapitre avec Aymar de Poitiers, comte de Valentinois, et Bermond d'Anduze, au sujet du partage des bénéfices des mines de Largentière, sont annulées, du consentement de tous les intéressés.

L'évêque, considéré comme propriétaire du château et des mines, avec l'approbation de son chapitre, d'Aymar et de Bermond, donne en fief au comte de Toulouse la moitié du château de Segualières et toutes les mines découvertes ou à découvrir dans la région, de manière à ce que le comte perçoive la moitié du produit. L'évêque donne en fief, sur la moitié restante, savoir, un tiers à Aymar, un tiers à Bermond, le troisième tiers de cette moitié, soit un sixième, restant seul pour la part de l'évêque et du chapitre. Voici, au surplus, vu son importance, l'acte complet :

Il y avait contestation entre le seigneur Raymond, comte de Toulouse, d'une part, et le seigneur Nicolas, évêque de Viviers, Aymar de Poitiers et Bermond d'Anduze, d'autre part.

Le comte réclamait aux autres le château de Segualières et toutes les mines d'argent de Segualières, de Chassiers et de Tauriers, comme n'appartenant qu'à lui seul.

L'évêque, Aymar de Poitiers et Bermond d'Anduze soutenaient le contraire.

Enfin, après avoir disputé longtemps sur leurs droits respectifs, ils convinrent, d'un commun accord et de leur libre volonté, de terminer le différend par la transaction suivante :

L'évêque, Aymar de Poitiers et Bermond d'Anduze annulent d'abord, à cause de la présente transaction, toutes les donations et conventions faites précédemment entre eux au sujet des susdites mines d'argent et du château de Segualières.

Ensuite l'évêque, du consentement de son chapitre, en présence et du consentement d'Aymar de Poitiers et de Bermond d'Anduze, donne, concède et remet comme fief, tant en son nom qu'au nom de ses successeurs, au seigneur Raymond, comte de Toulouse et à ses successeurs, la motié du château de Segualières et la moitié des mines d'argent de Segualières, Chassiers et Tauriers, et la moitié de toutes les mines d'argent qui apparaissent ou qui apparaîtront à l'avenir, depuis la rivière de Lende jusqu'à Tauriers, et depuis Roubrau jusqu'à Chassiers (1), de sorte que le seigneur comte percevra la moitié de tous les produits que ces mines rapportent ou rapporteront dans la suite, ainsi que la moitié des revenus provenant des hommes (du fief), des certificats, des justices, des fours, des moulins, des fonderies, des bans, des impôts, des tailles, des servitudes, des lods, des marchés et de toute contribution juste ou injuste, en un mot de tous les revenus ou produits qui proviennent ou qui proviendront de ces mines, de quelque manière qu'ils puissent provenir, à l'exception de la dîme que l'évêque se réserve pour lui et pour son Église, en la percevant toutefois comme il est d'usage, c'est-à-dire la dîme de la dîme. Mais il est entendu que sur les dîmes, que l'évêque et son Eglise affirment leur appartenir exclusivement, ils n'exigeront pas davantage, en argent et minerai (2), si ce n'est avec le consentement du chapitre de Viviers, du comte Raymond, de Bermond d'Anduze, et d'Aymar de Poitiers.

(1) Voici le texte latin de ce passage :
« ... laudavit in feudum R. Comiti Tolosano et successoribus suis, medietatem castri de Segualeriis, et medietatem totius argentarie de Segualeriis et de Chassiers et de Taurians, et medietatem in omnibus argentariis quæ modo apparent, et in futurum apparebunt, a flumine Lende usque ad Taurians, et a rivo Breus usque ad Chassiers, ita ut percipiat dominus Comes, etc. »
Soulavie a vu dans *Breus* le ruisseau de Bruel (ou Rédibiel), qui coule de Chassiers vers Ligne. Nous pensons qu'il s'agit plutôt de Roubrau.
(2) *In argento et mina*. (Mina etiam dicitur materia quæ ex fodina eruitur. Ducange.)

Sont exceptées de cette clause les possessions données par Hugues d'Ucel à l'Eglise de Viviers, desquelles l'évêque ne fait aucune concession au comte de Toulouse.

A cause de tout cela, le seigneur comte a prêté serment de fidélité à l'évêque de Viviers, avec promesse de défendre son Eglise, les chanoines et les clercs, leurs biens et leurs droits, de n'acquérir ni château ni partie de château, ni fief ni partie de fief, appartenant à ladite Eglise, sans le consentement de l'évêque et de ses chanoines, et de remettre, mais seulement par reconnaissance, le château de Largentière, à chaque changement d'évêque ou de comte. Tous ceux qui lui succèderont à ce fief devront en faire de même.

Par le même pacte et les mêmes loi et convenance, l'évêque de Viviers, en présence et du consentement du seigneur Raymond, comte de Toulouse, et de Bermond d'Anduze, ainsi que du consentement du chapitre de Viviers, a donné à perpétuité, concédé et remis en fief à Aymar de Poitiers le tiers de l'autre moitié des mines et du château susdit, etc.

Par le même pacte et les mêmes loi et convenance, l'évêque de Viviers, en présence et du consentement du seigneur comte de Toulouse et d'Aymar de Poitiers, et avec le consentement du chapitre de Viviers, a donné à perpétuité, concédé et remis en fief à Bermond d'Anduze un autre tiers de cette moitié des mines d'argent et du château susdits, etc., l'évêque retenant pour lui l'autre tiers de cette même moitié, etc.

Il est aussi convenu que, si le comte de Toulouse voulait faire bâtir en ce lieu une tour, l'évêque de Viviers, Aymar de Poitiers et Bermond d'Anduze pourraient de concert en faire bâtir aussi une, de même hauteur et de même épaisseur, et réciproquement. Dans le cas où tous les trois n'y consentiraient pas, deux pourraient le faire, et dans le cas où deux ne le feraient pas, un seul pourrait le faire.

Il est convenu aussi qu'on s'occupera de ce que Hugues d'Ucel aurait laissé à l'Eglise de Viviers, afin de déterminer, selon les prescriptions de droit, ce qui revient à cette Eglise, à Bermond d'Anduze, à l'évêque, à Hastefract et à P. Guillaume, son frère.

Il est convenu également que tout ce que possédait Bermond d'Anduze, dans les mines d'argent, avant que le château *(castrum)* fût construit, c'est-à-dire celles qu'il avait acquises de Guillaume de Balazuc et de Hastefract, et celles qu'il possédait au lieu appelé Fumpa, lui seront laissées en entier domaine, sauf le droit de justice et autres droits appartenant au suzerain (*ad dominationem*).

Item tout ce que pourront acquérir désormais l'évêque de Viviers, le comte de Toulouse, Aymar de Poitiers et Bermond d'Anduze, dans les mines d'argent, soit de concert, soit séparément, de quelque manière et à quelque titre que ce soit, deviendra commun entre tous, sauf toutefois, s'il y a eu achat, à en rembourser dans l'année le prix à l'acheteur.

Il est convenu de plus que, si l'évêque établit que la mine d'argent donnée par Etienne de Tauriers au comte de Toulouse est un fief de son Eglise, le comte n'aura droit qu'au quart de l'argent qu'on en extraira ; dans le cas contraire, le comte aura cette mine en alleu. Mais, que l'évêque établisse ou non son droit sur cette mine, Etienne de Tauriers n'aura à supporter aucun dommage ni aucune peine pour avoir fait cette donation au comte de Toulouse.

Il est enfin convenu que par cette transaction ou composition, rien n'est changé ou diminué au comte au sujet des deniers perçus auparavant en son nom sur chaque marc d'argent extrait des mines, etc.

Fait à Aubenas, sur la place du Trau, l'an de l'Incarnation du Seigneur 1198, au mois de juillet, en présence, etc. B. Bonel, etc.

Au mois et an que dessus, quelques jours après, le comte de Toulouse, pour le fief qu'il tenait de l'évêque, en vertu du traité précédent, rendit hommage au martyr Saint-Vincent, sur l'autel qui lui est dédié dans la cathédrale de Viviers. Tandis qu'il baisait cet autel, l'évêque tenait le bout de la chaîne que le comte portait au cou ; celui ci fit reconnaissance de toutes les conventions précédentes et promit que tous ses successeurs feraient de même et les observeraient. Etaient présents les chanoines qui avaient signé le traité, Bertrand, évêque de Saint-Paul-Trois-Châteaux, Jourdan, archidiacre de Saint-Paul, G. de Bordels, Guérin de Randon, P. Agulans, vicaire, Guillaume ... et plusieurs chevaliers et le peuple de Viviers (1).

A propos de cette forme d'hommage, où tant de gens ont voulu voir un trait d'arrogance épiscopale, il y a lieu

---

(1) COLUMBI, p. 104 à 108. — ROCHE, I, 177 et 334.

de croire qu'elle n'était pas particulière à la circonstance et que les usages du temps ne lui donnaient pas le caractère humiliant que nous lui trouvons aujourd'hui, car autrement on ne voit pas ce qui aurait pu obliger le comte de Toulouse, alors dans toute sa puissance, à s'y soumettre. Il n'était pas question encore de l'affaire des Albigeois, à laquelle le comte se trouva malheureusement plus tard mêlé. Ce prince venait d'être relevé par le pape d'une excommunication encourue trois ans auparavant pour avoir chassé de son palais épiscopal l'évêque de Vaison et pour avoir pillé le trésor de l'abbaye de Saint-Gilles. Il était donc en bons termes avec l'Eglise, et rien n'indique qu'il ait fait à contre cœur l'hommage en question, qui n'était, en somme, qu'une pure formalité, largement compensée par la possession réelle de la moitié du produit des mines que le nouvel arrangement lui assurait.

De cette pièce comme de la précédente, il résulte qu'il y avait alors dans la vallée de Largentière trois exploitations principales :

Celle de Segualières, comprenant probablement toutes les galeries dont on voit encore les traces le long de la rivière de Ligne, depuis le pont de la Paille jusqu'au pont des Recollets ;

Celle de la côte de Chassiers ;

Et enfin celle de Tauriers, qui correspond évidemment aux Beaumes de Viviers et à l'excavation pratiquée près de là dans l'ancienne propriété de M. de Valgorge.

Il y avait encore un quatrième groupe d'exploitations minières, indiqué par le mot *Fumpa*, qu'on retrouvera dans un autre acte sous la forme de *Sumpa*. Ni l'un ni l'autre de ces mots n'a laissé, que nous sachions, de trace dans la tradition ou la topographie locale, mais, pour qui connaît le pays, *Fumpa* ou *Sumpa* ne saurait être que la région du pont de Bourret et du Reclus, les trois autres groupes étant bien déterminés par les mots de Tauriers, Chassiers et Segualières.

L'acte de 1198 mentionne comme déjà construit le *castrum* de Largentière. En admettant qu'il ne s'agisse pas d'un système de fortifications destiné à protéger l'ensemble des habitations de Largentière, ce mot ne pourrait indiquer que la tour carrée ou donjon, aujourd'hui noyée dans le reste de l'édifice, et qui en fut le noyau, tour qui fut sans doute construite par les évêques de Viviers.

Les copartageants usèrent, plus tard de la faculté qui leur était laissée de bâtir d'autres tours.

On attribue au comte de Toulouse la construction de la tour ronde, qui s'élevait en face du donjon épiscopal, et dont on voit encore l'emplacement sur la grande terrasse du château ; cette tour, qui avait conservé le nom d'*Argentaria*, parce que, dit-on, l'atelier monétaire y était établi, n'a été détruite que vers 1820.

Les seigneurs de Poitiers et d'Anduze auraient fait bâtir, de leur côté, les deux autres tours rondes, aujourd'hui reliées par le balcon qui s'étend devant l'ancienne chapelle.

On verra plus loin, par un acte de 1208, qu'une partie des mines de Largentière avaient passé dans la maison de Montlaur.

[1] La fin de l'épiscopat de Nicolas est entourée de nuages. Il paraît avoir été l'objet de graves accusations, que les deux légats du pape, Raoul et Pierre de Castelnau, envoyés dans le midi de la France pour réprimer l'hérésie des Albigeois, eurent à examiner. Les légats, dit Soulavie, convoquèrent une assemblée générale des chanoines et

des clercs de Viviers, en leur faisant promettre par serment de dire la vérité. Tous déposèrent contre Nicolas, et on allait le destituer, lorsque l'archevêque de Vienne pria instamment les légats de se contenter de la démission du prélat. Le pape, à qui on fit part de cet arrangement, écrivit au chapitre, le 20 janvier 1206, une lettre dans laquelle il approuve la conduite des légats et permet aux chanoines d'élire un nouvel évêque, dans le délai de huit jours, en présence des légats (1).

C'est alors que Burnon, chanoine de Valence et archidiacre de Vienne, fut élu évêque de Viviers.

Dès son avènement, Burnon reçut l'hommage de nombreux seigneurs du Vivarais, entre autres celui de Raymond de Vogué et de ses enfants. En 1207, Pons de Montlaur lui fit hommage pour le château de Mayres.

Tout cela n'empêchait pas le comte de Toulouse de poursuivre ouvertement ses desseins sur Largentière. Contrairement aux conventions de 1198, il avait bâti le château de Fanjau sur le domaine de l'évêque et du chapitre et avait acquis, sans autorisation, les châteaux d'Etienne de Tauriers, de Pons de Rochefort, d'Alsaz (2), de Pierre de Vernon et plusieurs autres fiefs mouvant de l'Eglise de Viviers. L'évêque se plaignait de plus que des troupes à la solde du comte, les fameux Aragonais, eussent causé des dommages considérables à Largentière.

Cependant la question de l'hérésie des Albigeois était venue singulièrement compliquer la situation au détriment du comte de Toulouse, surtout après l'assassinat du légat, Pierre de Castelnau (15 janvier 1208), qu'on attribuait aux instigations du comte. Le pape renouvela alors les excom-

(1) *Histoire du Vivarais*. MSS.
(2) La carte de l'ancien diocèse de Viviers indique une localité d'*Aussan*, sur le vieux chemin de Largentière à Tauriers, à peu près à l'endroit appelé aujourd'hui le *Taurinet*. C'est probablement là que s'élevait la maison, plus ou moins fortifiée, qui est désignée ici sous le nom de *castrum de Alsaz*.

munications déjà lancées contre ce prince par ses légats, déliant ses sujets de leur serment de fidélité et autorisant tout catholique à marcher contre lui, à occuper et garder ses domaines, « en vue de retirer de l'erreur les pays qui en avaient été infectés par sa méchanceté, jusqu'à ce qu'il promît de donner satisfaction et de prouver son repentir ».

L'évêque de Viviers devait naturellement se préoccuper plus que personne de cette situation, par suite de la vieille rivalité qui divisait le comte et son Eglise. En homme prudent, il jugea qu'il convenait avant tout de se concilier la population de Largentière, troublée par les menées de son ambitieux voisin, et menacée ausssi de subir l'hérésie albigeoise.

De là, une des deux plus anciennes chartes de libertés et franchises qui aient été données en Vivarais ; l'autre est celle de Tournon (1211).

Les écrivains qui ont représenté l'Eglise comme essentiellement hostile à l'établissement des communes, paraissent avoir beaucoup trop généralisé quelques manifestations particulières, provoquées d'ailleurs le plus souvent par de véritables attentats contre les prérogatives ou les biens du clergé. Dans tous les cas, ce n'est pas en Vivarais qu'il faut chercher la preuve de ces appréciations plus ou moins injustifiées. Van der Haeghem nous paraît se rapprocher beaucoup plus de la vérité, quand, à propos de l'acte de 1208, il rappelle le noble usage que les membres de l'épiscopat firent habituellement au moyen-âge de l'autorité placée entre leurs mains. « Leur gouvernement était en général juste et paternel, et ce n'est pas sans motif que les Allemands disent qu'il est bon de vivre sous la crosse. Plus d'une ville doit ses premières franchises à un évêque, qui les donnait et ne les vendait point. L'évêque de Viviers en agit ainsi à l'égard des habitants de Largentière. La charte qu'il leur octroya est peut-être un des monuments historiques les plus remarquables, et certainement un des moins connus (1) ».

C'est aussi, comme nous l'avons dit, le premier ou le second en date des documents de ce genre en Vivarais. Les autres chartes de libertés sont celles de Tournon (1211 et 1292), Joyeuse (1237), Aubenas (1248), Privas (1281), Aps (1290), Naves, Villeneuve-de-Berg et Boucieu, trois bourgs créés ou émancipes par des pariages royaux (1273 à 1294), Serrières (1299), Aubignas (1303), la Voulte (1305), Annonay (1364), etc. (2).

Il est à noter que la charte de 1208 n'existait pas dans les archives municipales de Largentière avant la Révolution, et que Gabriel Fayolle, l'auteur de l'intéressant inventaire de ces archives, dressé en 1787, ne croyait même pas à son existence (3). En effet, après avoir, dans son rapport, mentionné cet acte comme se trouvant, disait-on, dans les archives du marquis de Brison, seigneur du lieu, il ajoute plus loin en note au bas de la page : « Ce prétendu acte de 1208 est étranger à notre communauté, puisqu'il n'est point mentionné dans l'inventaire fait en 1672. »

Ce document n'était pas cependant inconnu de tout le monde, puisque Soulavie en donne un aperçu dans le t. VII de son *Histoire naturelle de la France Méridionale*, paru en 1784. Mais c'est Van der Haeghem qui en a le premier publié le texte, lequel a été, depuis, reproduit dans la *Gallia christiana* (4) et dans l'*Armorial des évêques de Viviers* de M. l'abbé Roche (5). Nanmoins, vu

(1) *Recherches historiques sur le Vivarais*, Béziers, 1860.
(2) Nous avons publié la *Charte des Libertés de Privas* (1281) dans le *Bulletin du comité des travaux historiques et scientifiques* (1893), et les deux chartes de Tournon dans les *Notes sur Tournon* qui paraissent actuellement dans l'*Indépendant* de Tournon.
(3) Cet inventaire a été publié par M. Léon Vedel, dans le *Bas-Vivarais*, du 4 avril au 27 mai 1874.
(4) Tome XVI -- *Instrumenta*, n° 15, p. 230.
(5) Tome I, Pièces justificatives, p. 337.

l'importance de l'acte, on ne concevrait guère une histoire de Largentière qui n'en contiendrait pas le texte original et la traduction, avec les notes explicatives que la pièce comporte.

Les chartes de libertés des XIIe, XIIIe et XIVe siècles ont été comparées non sans raison à de petites constitutions locales, puisqu'elles donnaient une base légale, précise et politique, à la vie communale trop livrée jusque là à l'arbitraire des seigneurs. On aurait tort de croire cependant que l'autorité de ceux-ci était sans bornes. Outre le frein puissant de l'Eglise, les traditions et les usages opposaient au pouvoir féodal une barrière souvent insurmontable. Les chartes de libertés avaient surtout pour objet de régler les points litigieux et de remédier aux abus dont on souffrait le plus. En somme, ces chartes comprenaient les réformes et les garanties jugées le plus nécessaires pour le temps et les circonstances par les groupes de population qui les obtenaient, et qui le plus souvent — ce qui n'est pas d'ailleurs le cas ici — les payaient à beaux deniers comptant.

Notre charte de libertés se compose de deux parties distinctes, la première seulement (celle qui constate le serment de fidélité prêté à Burnon) se référant à 1208, et la seconde, où sont énoncées les concessions de l'évêque, portant la date de 1215. Quoi qu'il en soit, les deux dates comme les deux actes sont inséparables, et il y a tout lieu de croire que les concessions épiscopales remontent également à 1208, bien que n'ayant reçu leur forme officielle que sept ans plus tard.

Nous regrettons de n'avoir pu vérifier certains passages sur le parchemin original, ou au moins sur quelque copie plus ou moins contemporaine de l'événement. Mais c'est en vain que nous avons cherché à prendre le document à son origine. Il a fallu nous arrêter à la copie de Baluze (1), qui est jusqu'à présent l'unique source connue, celle où Van der Haeghem et les autres ont puisé — bien qu'elle soit évidemment fautive sur quelques points.

Pour plus de clarté, et selon l'usage adopté, nous avons multiplié les alinéas en numérotant les concessions.

Voici donc le texte de Baluze avec la traduction en regard :

Berno, Dei gratia Vivariensis episcopus, omnibus in Christo fidelibus, salutem.

Ad notitiam omnium volumus pervenire quod, cum inter nos et universos et singulos homines Argentariæ, orta esset discordia, amicabili compositione, prout scriptum est inferius, est sopita.

Innotescat omnibus, ad quorum aures ista pervenerint, quod anno Domini Incarnationis millesimo ducentesimo octavo, quarta idus julii (2), controversia, quæ vertebatur inter Dominum B. Vivariensem episcopum et homines Argentariæ, firmatos in manu ipsius (3), coram Domino Raimundo Uticensi episcopo et Ludovico de Monte-Lauro, constitutis a prædicto Vivariensi episcopo cognitoribus in hac causa, sopita est in hunc modum :

Promiserunt juramento corporaliter præstito homines de Argentaria, constituti ad hoc procuratores, videlicet Hugo de Chasa-Dei, Lormegaudus, Rai-

---

(1) Bibliothèque Nationale. Collection de Baluze, t. 19.

(2) Les ides étaient le 15e jour de mars, mai, juillet et octobre, et le 13e jour des autres mois. Comme on comptait à reculons, le 4e jour des ides de juillet correspond au 12 juillet.

(3) *Firmare*, signer d'une croix ou autrement. *Firmare*, dit **Ducange**, *idem est ac manus suæ signo confirmare vel subscribere*.

Bernon, par la grâce de Dieu, évêque de Viviers, à tous les fidèles en J. C., salut.

Nous voulons qu'il vienne à la connaissance de tous qu'une divergence s'étant élevée entre nous et les hommes de Largentière, elle a été terminée par composition amiable, comme il est écrit ci-dessous.

Qu'il soit connu de tous ceux, aux oreilles de qui ces paroles parviendront, qu'en l'année de l'Incarnation 1208, le 4 des ides de juillet, une controverse pendante entre messire B. évêque de Viviers et les hommes de Largentière, signés dans la main dudit évêque, en présence de messire Raymond, évêque d'Uzès, et Louis de Montlaur, constitués par ledit évêque de Viviers, experts dans cette affaire, a été apaisée de la manière suivante :

Les hommes de Largentière, ayant constitué pour procureurs : Hugues de Chaise-Dieu, Lormegaud, Raymond Salgues, Louis Fabre, Guillaume d'Anduze, Louis

*mundus Salgue, Ludovicus Faber, Guilhermus de
Andusia, Ludovicus Macellarius, Guilhermus de
Campo Grisio, le Valnaves, Guilhermus Garnerius.
Benedictus de Alberges, Landrius Guirardus, Blochetus, Stephanus Mounerius, Baudonius Macellarius,
Benedictus Laurentius, Guilhermus Episcopus, Hugo
Faber Legûr, Hugo Molinarius, Stephanus Pascal, se
facturos quod omnes homines de Argentaria qui modo
ibi sunt, vel in posterum habitabunt, a decimo quarto
anno et supra, jurabunt fidelitatem Domino B. Vivariensi episcopo et omnibus successoribus ejus et ecclesiæ Vivariensi in perpetuum, et auxilium contra
omnes homine de omni jure suo, et quod deffendant
ei jura sua in Argentaria ab omnibus hominibus,
excepta compositione* (1) *quæ facta fuit inter Dominum Nicolaum quondam Vivariensem episcopum, et
Raimundum comitem Tholosæ, et A. Pictaviensem, et
B. de Andusia, et Ludovicum de Montelauro, in qua
non tenentur eum juvare, nec esse contra eum, quia in
his quæ ex ipsa* (2) *fuerunt in illa compositione, non
tenentur eum juvare nec esse contra eum, ut dictum
est ;*

*Item, quod deffendant ipsum et omnia jura sua
in toto episcopatu Vivariensi.*

*Item, singulis annis, consules veteres cum consilio consiliariorum, cum assensu episcopi, eligere
consules quos episcopus, si idoneos invenerit, statutos
confirmabit, qui subscriptum juramentum in ipsis*

(1) Il s'agit évidemment de la transaction de 1198. La mention qui est faite ici de Louis de Montlaur, dont le nom ne figure pas dans cet acte, peut s'expliquer par le fait qu'une partie des droits d'Aymar de Poitiers ou de Bermond d'Anduze avait passé aux Montlaur.

(2) Au lieu de *ex ipsa*, la *Gallia christiana* a lu *reipsa*.

Boucher, Guillaume de Champgris, le Valnaves, Guillaume Garnier, Benoit d'Alberge, Landri Guirard, Bloch, Etienne Mounier, Baudoin Boucher, Benoit Laurent, Guillaume Lévêque, Hugues Fabre Legur, Hugues Molinier, Etienne Pascal, promirent par serment personnellement prêté, de faire que tous les hommes de Largentière qui y sont maintenant, ou qui y habiteront à l'avenir, à partir de 14 ans et au-dessus, jurent fidélité au seigneur évêque de Viviers et à ses successeurs et à l'Église de Viviers à perpétuité ; qu'ils jurent de l'aider contre tous autres hommes pour tout son droit, et de défendre ses droits contre tous à Largentière, exception faite de la composition qui fut passée entre feu Nicolas, évêque de Viviers, et le comte Raymond de Toulouse, et Aymar de Poitiers et Bermond d'Anduze et Louis de Montlaur, au sujet de laquelle ils n'ont aucune obligation ni de l'aider ni d'être contre lui — parce que, dans les matières dérivant de cette composition, ils ne sont tenus ni de l'aider ni d'être contre lui, comme il est dit ;

Item, [ils promirent de faire que les hommes de Largentière jurent] de défendre l'évêque et ses droits dans tout l'évêché de Viviers ;

Item, que chaque année les anciens consuls, d'accord avec l'assemblée des conseillers, et du consentement de l'évêque, éliront les consuls dont l'évêque, s'il les trouve idoines, confirmera l'institution, lesquels, renouvelant *personis renovantes, compellentur jurare sub præscripta forma quicumque non juraverint universos* (1).

Acta sunt apud Jaujac (2), *ubi juraverunt in subpræscripta forma magna multitudo quæ ad hæc convenerat de Argentaria ; præsentibus et ad hæc convocatis testibus : Desiderio, archidiacono Vianensi ; Stephano, archidiacono Uticensi ; Gauselino de Cornilone, Gaufrino de Vogorio, Garino de Johanas ; Gelone, vicario Vivariensi ; Guilhermo de Monte-Acuto, notario Argentariæ ; Alberto de Jaujac et Guilhermo fratre ejus, Raimundo de Vogorio ei Aldeberto filio ejus, Ludovico de Mirabello, Dalmacio de Gorcia, Raimundo de Charlas, Stephano de Chasseriis ; et ego Guilhermus Sifredi, notarius Domini R. Uticensis episcopi, bullam ipsius præsenti instrumento apposui.*

Lecta, rata, et compositione recitata et ab utraque parte recepta et communi consensu approbata et confirmata, venimus Argentariam et ibidem universitate plebis et populi convocata et in unum congregata, lecta est forma prædictæ compositionis et ab omnibus hominibus Argentariæ ibidem ultro pari consensu et voluntate libera approbata et confirmata, juramentis fidelitatis ab universis præstitis, ordinatis et consulibus à nobis institutis, sicut in forma superius continetur.

Sane videntes devotionem et fidelitatem universorum et singulorum hominum Argentariæ, quas

---

(1) La *Gallia christiana* a lu *universim*.

(2) Jaujac, dans les vieux actes, se dit ordinairement *Gaudiacum*. Il est probable que la forme moderne qu'il a ici, lui vient du copiste de l'acte primitif.

personnellement le serment, seront forcés de jurer sous la forme prescrite, au moins ceux qui n'auront pas juré en corps.

Fait à Jaujac où ont juré dans la forme prescrite une grande foule venue pour cela de Largentière. Témoins présents et convoqués pour cela : Didier, archidiacre de Vienne ; Etienne, archidiacre d'Uzès ; Gaucelin de Cornillon, Gaufrin de Vogué, Garin de Joanas ; Gelon, vicaire de Viviers ; Guillaume de Montaigu, notaire de Largentière ; Albert de Jaujac et Guillaume, son frère ; Raymond de Vogué et Audebert, son fils ; Louis de Mirabel, Dalmas de la Gorce, Raymond de Charlas, Etienne de Chassiers, et moi Guillaume Sifred, notaire du seigneur évêque d'Uzès, j'ai apposé son sceau au présent instrument.

La composition lue, arrêtée, récitée, reçue de part et d'autre, approuvée et confirmée d'un commun accord, nous vînmes à Largentière, et là, l'université de la plèbe et du peuple convoquée et réunie ensemble, le texte de ladite composition fut lu, approuvé et confirmé par tous d'un pareil accord et libre volonté ; les serments de fidélité furent prêtés par tous, et les consuls par nous institués, dans les formes indiquées plus haut.

Or, voyant le dévouement et la fidélité de tous et chacun des hommes de Largentière, qu'ils nous montrent et *nobis exhibent et universis successoribus nostris promittunt se in perpetuum exhibere, quasdam immunitates et libertates, nomine nostro et successorum nostrorum, sub hac forma et ob hanc causam, eis concedimus, quod ipsi et universi et singuli homines qui, quocumque tempore fuerint in Argentaria, universa et singula quæ continentur in prædicta compositione, servent et compleant illibata, in perpetuum, nobis et successoribus nostris qui pro tempore Vivariensis ecclesiæ episcopi fuerint et prælati.*

1. In primis concedimus eis, ob prædictam causam et promissiones supra positas, omni tempore adimplendas, quod nullus homo habens domum in Argentaria et eamdem inhabitans, emens vel vendens, compellatur leudas (1) solvere, nisi sint de Macello et de his quæ pertinent ad Macellum (2).

2. Item, quod quilibet de prædicto loco, discretionem habens, possit in se arbitrum recipere satisdationes, jurisjurandum de calumnia, attestationes super causa de qua in ipso est compromissum exigere diligentius, et de eisdem exactis et examinatis possit sententiam sicut arbitrum promulgare, exceptis illis causis de quibus non potest in arbitrum compromitti.

---

(1) *Leuda*, droit qui était prélevé sur les objets vendus au marché public.

(2) Van der Haeghem, et d'autres après lui, ont écrit fautivement MARCELLUM au lieu de *Macellum*, qui est dans la copie de Baluze. Quelques-uns ont cru par suite qu'il s'agissait de tous les objets vendus au *marché* et non pas seulement de la *viande de boucherie*. Mais le renouvellement de cet article dans des documents plus récents ne peut laisser aucun doute à cet égard. L'inventaire de Gabriel Fayolle (1787) fait porter formellement l'exception sur *les chairs de la boucherie*.

promettent de montrer à tous nos successeurs à perpétuité, nous leur accordons, en notre nom et au nom de nos successeurs, certaines immunités et libertés, pour cette cause, et sous la forme ci-après, à la condition que tous et chacun des hommes qui, en quelque temps que ce soit, seront à Largentière, observent tout ce qui est contenu dans ladite composition et s'y conforment strictement, à perpétuité, envers nous et nos successeurs au siège de Viviers.

1. En premier lieu, nous leur accordons, pour cette cause et pour les promesses ci-dessus à remplir en tout temps, qu'aucun homme ayant maison à Largentière et y habitant, ne puisse être forcé, pour achats ou ventes, de payer des leudes, si ce n'est de la boucherie et de ce qui tient à la boucherie.

2. Tout habitant jouissant de la plénitude de ses facultés a le droit de remplir, le cas échéant, les fonctions d'arbitre et par suite le droit d'exiger des cautions, de faire prêter serment par les parties, de citer les témoins et de rendre un jugement dans une affaire à lui soumise, à moins qu'il ne s'agisse d'une chose extraordinaire, de celles dont la connaissance est dévolue au bailli et aux juges féodaux (1).

---

(1) Nous empruntons la traduction de cet article à l'intéressante étude qu'a publiée M. Edouard André, archiviste du département, sur les anciennes institutions de Largentière (*Revue du Vivarais*, 1893 et 94). Soulavie résume le sens de l'article en disant que la charte permet à chaque citoyen de choisir son juge.

3. Concedimus quod nullus homo prædicti loci, de carta farinæ coquenda, portanda et reportanda, solvere nisi octo denarios compellatur.

4. Item, concedimus quod, cum duo.... ita sunt viam et sunt partiti de foris, quod unus indiget alterius auxilio, vento vel alio commodo, Dominus sive Domini..., indigentis possit sive possint in altero operari, Domino sive Dominis... in quo operatur sive operantur indemnibus conservatis.

5. Concedimus et quod adulter sive adultera, deprehensus sive deprehensa in adulterio, nudus sive nuda currat in die per villam Argentarie, omni digniori accusatione pretermissa; nulla tamen pœna alia propter hoc currens aliquando puniatur (1).

(1) On retrouve un article analogue dans une foule de chartes contemporaines ou de date postérieure.

A Villeneuve-de-Berg (charte de 1290), l'autorité judiciaire ne pouvait faire aucune recherche contre les habitants au sujet de l'adultère, mais ceux qui étaient « surpris dans leur turpitude » avaient à s'arranger avec la cour, c'est-à-dire, à payer une amende, ou bien à courir nus publiquement, les parties naturelles des femmes étant couvertes. Et, dit la charte, il en sera de même de ceux qui, après une défense faite par le mari, ou par la curie à la réquisition du mari, seront trouvés seuls, à heure et lieu suspects ; et s'ils sont surpris plus d'une fois en pareil cas, ils seront fustigés ou dûment punis de relégation temporaire ou de toute autre façon.

Le même article est littéralement reproduit dans la charte de Boucieu (1294).

Au Bourg-St-Andéol, on faisait courir les coupables tout nus et ils payaient un écu d'or à l'évêque. A Annonay, le coupable avait à payer 60 sols et sa complice 60 sols également, à défaut de quoi ils étaient fustigés à travers la ville ; on leur laissait le choix de la peine qu'ils préféraient. A Tournon, les personnes surprises en adultère étaient tenues à bailler 100 sols viennois à elles deux, et si l'une d'elles ne pouvait payer, l'autre devait payer pour les deux.

L'amende était de 50 sols à Tarascon, de 60 à Moirans, de 100 à Grenoble.

A Vienne, le dénonciateur qui avait surpris les coupables, pouvait prendre leur lit, ou, plus tard, une somme de 5 sols.

Dans d'autres endroits on était plus indulgent. L'ouvrage de M. Guigues

3. Nous accordons qu'on ne pourra exiger que 8 deniers de tout homme du lieu pour une quarte de farine à cuire, porter ou remporter.

4. (Ce paragraphe, rendu encore plus obscur par les lacunes de la copie, nous paraît signifier que) lorsque deux mineurs, ou un groupe de mineurs, auront entrepris une galerie, et se seront partagé les ouvertures, si l'un d'eux a besoin du concours de l'autre, soit pour la ventilation soit pour autre chose, le seigneur de la partie en souffrance pourra faire travailler sur l'autre partie, tous les droits du seigneur sur le terrain duquel on travaille étant réservés.

5. Nous accordons que l'homme ou la femme adultères, pris en flagrand délit, devront courir nus, de jour, à travers la ville de Largentière, toute accusation plus grave mise de côté ; aucune autre peine cependant ne sera infligée pour ce fait aux coupables qui auront couru.

---

sur les *Tard-Venus* cite le trait suivant : « Dans les franchises accordées par le chapitre de Lyon aux habitants d'Anse, le 28 juin 1340, est un article au moins singulier, qui peint bien les mœurs de l'époque ; pendant la durée des foires et marchés, personne, bourgeois ou étranger, n'était passible des peines très-sévères alors infligées aux adultères surpris en flagrant délit. Le procédé était habile pour attirer la foule. » Un seigneur dauphinois avait précédé le chapitre de Lyon dans cette voie de tolérance, car l'acte d'établissement de foires au bourg de Bressieu stipule le même privilège pendant la durée de la foire pour tous ceux qui y viendront. Les *Coutumes de Bagnols* (1358) portent aussi que les règlements imposés aux femmes légères ne sont pas applicables en temps de foires *(quo tempore eis liceat coruzare* (chanter en chœur). — Mémoires de l'Académie de Nîmes, 1883.

Sur cette question, un puritain protestant, le chroniqueur Achilles Gamon d'Annonay, rappelle la loi Julia, chez les Romains. « qui tenait l'adultère pour capital, à la suite de la loi divine », et ajoute « Les anciens, et même les Parthes, Arabes et Troglodytes, nations rudes et barbares, semblent avoir approché de plus près de la loi divine que n'ont fait les chrétiens durant quelques siècles précédents, entre lesquels ce vice estoit réputé pour plaisanterie et gaillardise — ce que je confesserai estre trop éloigné de tout esprit craignant Dieu et par laquelle entre autres nous avons à déplorer les ténèbres de l'âge qui nous a précédés ». PONCER — *Mémoires sur Annonay*, I, p. 116.

6. *Concedimus quod nullus revenditor avenam sive victualia que deferuntur ad Argentariam emat in strata vel in villa donec sexta diei hora sit transacta, præter carnes de Macello; aliter emens perdat rem et pretium, et insuper quinque solidos curie dominorum solvere compellatur.*

7. *Concedimus quod quilibet homo de Argentaria possit in eadem debitorem suum sine pœna pignorare, ita tamen si bajulorum vel consulum Argentariæ commonitio per octo dies præcessit ad debitorem, ut super debito predicto satisfaceret pignoranti,*

8. *Concedimus et quod si quis creditor mutuaverit alicui ad expensas alicujus... et postmodum destiterit mutuare, secundus vero creditor ad easdem expensas mutuaverit et per ejus pecuniam... pervenerit ad emolumentum, secundus creditor ad recipiendum mutuum priori creditori in solidum præfferatur.*

9. *Concedimus et quod quilibet res suas ponens sive deponens in Argentaria tutas ibidem habeat et pro guerra Domini sui nec ex culpa propria non amittat.*

10. *Concedimus et quod si quis spoliaverit aliquem argento quod spolians expensas factas in lavando, molendo, coquendo, argento operaviis persolvere compellatur.*

6. Aucun revendeur d'avoine ou de denrées portées à Largentière ne doit acheter sur le chemin ou dans la ville, avant que la sixième heure du jour soit passée, exception faite des chairs de la boucherie ; le contrevenant perdra sa marchandise et le prix, et de plus il aura à payer cinq sols à la curie des seigneurs.

7. Tout homme de Largentière pourra, dans la ville, sans encourir de peine, saisir son débiteur, à la condition toutefois de l'avoir fait sommer huit jours à l'avance, par la voie des baillis ou des consuls, d'avoir à payer son créancier.

8. Si quelqu'un a avancé une somme d'argent à un autre pour une affaire, mais, avant la réalisation de l'affaire lui a retiré son crédit, si un second créancier survient, et permet par ses avances à son débiteur de réussir, ce second créancier devra être préféré au premier pour le remboursement de sa créance.

9. Si quelqu'un dépose ses biens à Largentière, ils devront y être en sûreté, et le déposant ne peut les perdre par le fait d'une guerre de son seigneur, en dehors de sa propre faute (1).

10. Si quelqu'un en dépouille un autre de son argent, le coupable sera obligé de payer les dépenses faites pour le lavage, le broyage et la fonte de l'argent nécessaire à la restitution (c'est-à-dire la main d'œuvre, l'évêque consentant à fournir le minerai) (2).

(1) Il y a aussi un article de ce genre dans la charte de Privas.
(2) Soulavie et M. André ont interprété cet article comme nous, quoiqu'en termes différents.
Soulavie dit que « l'évêque consentit à soulager les ouvriers des mines, qui seraient convaincus de vol d'argent, en n'exigeant que des services pour le lavage ou la fonte des minerais ».
M. André traduit : « Celui qui se sera rendu coupable d'un vol d'argent le restituera sous forme de lingot ou de monnaie et supportera les frais de lavage, pulvérisation, fusion, etc. nécessitées pour cette transformation. »

11. Concedimus et quod, causa in judicio deducta, expensæ curiæ a partibus non exigantur, donec causa compositione vel judicio sit terminata, et tunc a reo exigat, victor autem nihil pro his solvere compellatur.

12. Concedimus quod quando aliquis in Argentaria moritur intestatus, hærede aliquo non presente, res ipsius in solidum deponantur a curia, et si infra annum hæres legitimus venerit, easdem percipiat ; transacto vero anno antequam hæres compareat, potuerint predictæ res a curia confiscari (1).

13. Concedimus quod si res alicujus rei manifesti... debent confiscari, creditores ejus pœnis fiscalibus prefferantur.

14. Concedimus et quod nullus in Argentaria compellatur dare leudam de porres, de oleribus, de radicibus, de alliis, de cepis, de rapis (2).

15. Sane si alii domini villæ Argentariæ superscriptas concessiones atque immunitates non donaverint atque concesserint, vel donatas atque concessas revocaverint, liberalitas nostra in aliquo non sit nobis neque Ecclesiæ Vivariensi damnosa licet jure antiquo nullo impedimento obstante uti possimus.

---

(1) La même clause se retrouve dans la charte des Libertés de Privas (1281), seulement le délai est d'un an et un mois.

(2) Le même article se retrouve dans la charte d'Aubenas (1276); « Il ne sera levé aucune leude sur les oignons et fruits et autres jardinages des jardins d'Aubenas et de son mandement. »

La charte de Villeneuve-de-Berg (1290) dit aussi que « les habitants du lieu, qu'ils y aient des maisons ou non, sont exempts dans la dite ville de tout sexterage (droit de mesurage des grains) et de toute leude. »

Dans la charte de Privas, le comte de Poitiers remet, cède le droit, s'il l'avait, de lever la leude sur les œufs, les perdrix, les légumes, choux et autres fruits, etc.

11. Une affaire étant portée en justice, les dépenses du tribunal ne doivent pas être exigées des parties, tant que l'affaire n'est pas terminée, soit par composition, soit par jugement ; alors les frais seront exigés du perdant, et le gagnant n'aura rien à payer.

12. Quand quelqu'un meurt à Largentière sans testament, s'il n'y a pas d'héritier présent, ses biens seront mis en dépôt à la curie, pour être rendus à l'héritier légitime s'il se présente dans le délai d'un an ; ce terme expiré, les dits biens pourront être confisqués par la curie.

13. Si les biens d'un coupable avéré doivent être confisqués, ses créanciers passeront avant le payement des condamnations fiscales.

14. Personne à Largentière ne sera obligé de payer la leude sur les poireaux, les choux, les racines, les aulx, les oignons, les raves.

15. Toutefois, si les autres seigneurs de Largentière ne faisaient pas les mêmes concessions et n'accordaient pas les mêmes immunités, notre libéralité ne doit être en rien préjudiciable à l'Eglise de Viviers, bien que, d'après l'ancien droit, *nullo impedimento obstante, uti possimus.*

16. Tametsi alii Domini concessiones et immunitates villæ Argentariæ et hominibus ejusdem villæ donatas atque concessas aliquo modo inpedire voluerint, promittimus vobis quod bona fide pro omni posse nostro eas vobis tueamur atque deffendamus.

17. Item promittibus vobis quod bona fide faciamus ut alii Domini omnia prædicta vobis donent.

18. Præterea ex equitate statuimus quod si altera pars in curia habuerit omnes advocatos, bajuli curiæ parti quæ caret advocato secundum legis formam assignet advocatum.

Et ego Guilhermus de Monte Acuto, notarius, mandato Domini B. Vivariensis episcopi, et consulum Argentariæ, scilicet Ludovici Macellarii et Ludovici Columbes et Ludovici Suni, hoc instrumentum sicut superius continetur scripsi et signavi, anno dominicæ Incarnationis millesimo ducentesimo decimo quinto, quarta kalendas septembris; presentibus testibus infrascriptis: R. Andrea, Guilhermo Arimanno, Ludovico Juliano, Stephano de Taurianis, Armando Violatore, Guilhelmo de Chasa, Johanne Templario, Benedicto Macellario, Stephano Maschal, Bertrando de Avinione, Guilhermo Colen, Bruno Fabro, Guilhermo Onosos, Rainaudo de Lanas, Guilhermo Becherio, Hugone de Albusono, Roberto Clerico, Ludovico de Insula.

16. Que si les autres co-seigneurs voulaient s'opposer de quelque manière aux concessions et immunités par nous données à la ville de Largentière et à ses hommes, nous vous promettons de bonne foi de les maintenir de tout notre pouvoir et de les défendre.

17. Item, nous vous promettons que nous agirons de bonne foi pour que les autres co-seigneurs vous fassent les mêmes concessions.

18. En outre, par équité, nous statuons que si une partie devant le tribunal a tous les avocats, les baillis assigneront, dans la forme légale, un avocat à la partie qui n'en a point.

Et moi, Guillaume de Montaigu, notaire, d'après le mandat reçu du seigneur B. évêque de Viviers et des consuls de Largentière, savoir, Louis Boucher, Louis Colomb et Louis Sun, j'ai écrit et signé cet instrument tel qu'il est ci-dessus, l'année de l'Incarnation de N. S. le 4 des kalendes de septembre 1215 (1), en présence des témoins ci-nommés : R. André, Guillaume Arman, Louis Julien, Etienne de Tauriers, Armand Violateur, Guillaume de Chase, Jean Templier, Benoît Boucher, Etienne Maschal, Bertrand d'Avignon, Guillaume Colen, Bruno Fabre, Guillaume Onosos, Rainaud de Lanas, Guillaume Becher, Hugon d'Aubusson, Robert Clerc, Louis Delisle.

(1) Le 29 Août 1215.

Plusieurs particularités sont à relever dans ce document.

En premier lieu, les mots de *veteres consules*, au paragraphe 5, font présumer que Largentière avait des consuls avant la charte qui en porte l'autorisation légale. Et l'on est en droit de penser que leur institution, née spontanément des besoins et des désirs de la population, avait était la cause de la *discordia* survenue entre elle et l'évêque, et que l'acte de 1208 avait pour objet de faire disparaître. L'évêque ne crée donc pas la commune de Largentière, déjà constituée par la création de consuls, mais il la confirme en se réservant seulement le droit d'instituer les consuls, qui seront élus chaque année, s'il les trouve dans les conditions requises pour remplir ces fonctions.

Il est à remarquer que la charte ne fait pas mention, comme la plupart des actes de cette nature, de précédentes compositions, d'où l'on peut conclure que la population du lieu n'avait pris quelque importance que depuis peu de temps. La même présomption découle de l'absence de diverses stipulations qu'on retrouve presque immanquablement dans les chartes contemporaines : sur les règlements des frais de justice et notamment sur la limitation des amendes pour meurtre ou blessure, sur la liberté des marchés, sur les poids et mesures, sur la boucherie, sur la chasse et la pêche, sur les étrangers, et enfin sur les impôts de divers genres, en sorte qu'après avoir lu cette charte on peut supposer qu'en dehors du droit sur la viande, stipulé dans l'acte, et des 8 deniers sur le pain par quarte de farine, les habitants de Largentière n'avaient alors à supporter aucune autre charge.

Reprenons la suite des événements.

La guerre des Albigeois commença dans l'année qui suivit l'assemblée de Jaujac, c'est-à-dire en 1209. Bien que le Vivarais paraisse être resté en dehors du mouvement hérétique, il est impossible de ne pas dire ici quelques mots de la secte dont les agissements eurent un si funeste contrecoup sur les destinées du comte de Toulouse et amenèrent finalement la réunion de ses Etats à la couronne.

La secte des Albigeois s'était formée des débris de vieilles hérésies (arienne, manichéenne, catharre etc.) condamnées depuis longtemps, mais dont le renouveau répondait sans doute au mécontentement soulevé par les abus de l'époque. Les Albigeois admettaient l'existence de deux principes supérieurs, l'un bon, qui avait créé les âmes, et l'autre mauvais, qui avait créé les corps. Ils croyaient à la métempsychose et niaient tous les sacrements. Ces précurseurs des protestants donnaient, pour attaquer la confession, des motifs reproduits plus tard, avec de légères variantes, par Luther et Calvin. Le prétendu culte luciférien, imaginé de nos jours par des spéculateurs de lettres, n'était pas autre chose qu'une méchante rapsodie basée sur les divagations des Albigeois et de leurs prédécesseurs. En somme, les sectaires étaient peu nombreux parmi les sujets du comte de Toulouse et des seigneurs voisins, mais la foule qui les suivait et qui, peu soucieuse de leur dogmatisme, en prenait néanmoins tout ce qui convenait à ses passions, rendait leur prédication dangereuse, et l'on comprend fort bien que le pape, étant donnés les sentiments et les idées de l'époque, ait cru nécessaire de mettre un terme à cette agitation. L'histoire et la psychologie s'accordent à montrer que l'esprit humain, foncièrement indiscipliné et aveugle dans ses élans fougueux, comme un coursier sauvage, a toujours besoin d'un modérateur. C'est à l'Eglise qu'incombait naturellement cette tâche, et ceux qui jugent si sévèrement ses actes ne font preuve ni d'une haute raison ni d'une véritable équité, en les pesant à la balance du progrès moderne, sans tenir un compte suffisant de l'esprit et des nécessités du temps.

La même observation s'applique spécialement à ceux qui font le procès de l'évêque de Viviers, ne voulant voir en lui qu'un « prélat ambitieux, intrigant et habile », quand toute sa conduite peut s'expliquer si aisément par la profonde conviction où il était certainement, comme tous les évêques de son siècle, que Raymond faisait une œuvre impie et funeste en favorisant l'hérésie albigeoise, et qu'il y avait obligation de conscience à le combattre.

Quoi qu'il en soit, le pape Innocent VIII, qui dès l'année 1198, avait pris une attitude très hostile au comte de Toulouse, et aux autres princes du midi de la France soupçonnés de pactiser avec les hérétiques, provoqua une croisade contre eux, en 1209, à la suite du meurtre de son légat, Pierre de Castelnau, dont on rendait Raymond VI responsable. La guerre des Albigeois proprement dite commença donc cette année et se prolongea jusqu'en 1229, à travers des péripéties qui ne rentrent pas dans notre sujet. Nous n'en dirons donc que ce qui est indispensable à l'intelligence des événements qui touchent directement Largentière.

Au mois de juin 1209, Milon, légat du pape, réunissait un concile à Montélimar, en attendant l'arrivée des croisés. Le comte de Toulouse y vint, et fit sa soumission au pape.

Soulavie raconte que le « légat introduisit dans l'église le prince à demi nu, le fouetta de verges et lui donna ainsi l'absolution ». Ce détail, que tant d'historiens ont complaisamment reproduit comme un fait avéré, n'est justifié par aucun document et doit donc être considéré comme de pure fantaisie. La vérité est que le comte assura le concile de ses bonnes intentions et s'engagea à remettre, en garantie de sa bonne foi, sept de ses plus forts châteaux, parmi lesquels celui de Fanjau, qui fut confié à la garde de Burnon. Il reçut alors l'absolution et, dans la crainte de perdre ses Etats, il se joignit aux croisés pour combattre ses propres sujets.

Les croisés prirent Béziers au milieu de juillet. Avant son départ de l'armée, le légat Milon exigea des consuls de Montpellier le même serment que ceux de Nîmes, d'Avignon et de Saint-Gilles lui avaient prêté au sujet du comte de Toulouse, des hérétiques, des Juifs, etc. Les consuls d'Arles lui firent le même serment le 30 juillet. Trois jours après, Burnon, au nom du légat, reçut celui des consuls et des habitants de Largentière (1).

Le 15 août eut lieu la capitulation de Carcassonne qui fut le fait capital de la campagne. Peu après, la plupart des croisés regagnèrent leurs foyers, le service de quarante jours auquel leur vœu les astreignait étant écoulé, en laissant à leur général, Simon de Montfort, les territoires conquis.

Pendant que la guerre continuait en Languedoc avec des alternatives de succès et de revers, le comte de Toulouse cherchait toujours à se concilier l'Eglise pour sauver ses Etats. C'est dans cet ordre d'idées qu'il faut examiner la transaction suivante qui fut conclue, le 10 août 1210, à Saint-Saturnin-du-Port (le Pont-Saint-Esprit)

(1) *Histoire du Languedoc*, n. ed. VI, 303

entre lui et l'évêque de Viviers. Ce document va, en tous cas, nous fixer sur l'état précis des difficultés existant entre le comte et l'évêque et de la solution provisoire qui leur fut donnée.

Il y avait contestation entre le seigneur Burnon, évêque de Viviers, et ses chanoines, d'une part, et le seigneur Raymond, comte de Toulouse, d'autre part.

Le seigneur évêque et ses chanoines se plaignaient de ce que le seigneur comte avait fait construire sur leur fonds le château de Fanjau, et ils prétendaient que, comme construit sur leur terrain, ce château leur appartenait. Ils se plaignaient aussi que le comte avait fait plusieurs acquisitions dans leurs fiefs, savoir, dans les mines de Largentière, d'une *setzena* (1) que possédait Etienne de Tauriers, et d'une autre *setzena* appartenant à Pons de Rochefort, en outre, du château d'Alsaz, de la tour de Pierre de Vernon à Montréal, et du château d'Etienne de Tauriers, au mont de Brison. Ils prétendaient aussi que tout ce que le comte percevait soit à Fumpa soit à Largentière, il l'avait acquis injustement parce que c'était des alleux de l'église de Viviers. De plus l'évêque et les chanoines révoquaient la transaction faite entre l'évêque Nicolas, d'heureuse mémoire, et Raymond (V) père du comte, et conséquemment ils demandaient la restitution des châteaux d'Aiguèze, de Grospierres et de Remoulins (2), ainsi que des deux cents marcs d'argent (3) et des six deniers, que le comte, en vertu de cette transaction, prélevait sur chaque marc d'argent qu'on tirait des mines de Largentière. Ils se plaignaient encore que le père du comte et le comte lui-même, leurs baillis et les Aragonais, leur avaient causé de grands dommages à Largentière et dans d'autres lieux du Vivarais ; en conséquence, ils demandaient que satisfaction leur fût donnée.

---

(1) Ce mot paraît désigner un fonds dont la septième partie du produit était due au seigneur.

(2) Il n'avait pas été question de Remoulins dans les actes précédents.

(3) Il y a *cent* marcs, et non deux cents (texte de Columbi p. 102) dans la convention passée en mai 1193 entre Raymond V et l'évêque Nicolas ; et il y a *deux cents* dans la convention ci-dessus de 1210 (texte de Columbi p. 114). Ce dernier chiffre est probablement une erreur du copiste.

De son côté, le seigneur comte de Toulouse, au sujet de l'acte passé entre lui et le seigneur évêque Nicolas d'heureuse mémoire et les chanoines de Viviers, relatif aux conventions faites entre eux sur les mines de Largentière, se plaignait que le seigneur Burnon et ses chanoines n'avaient pas voulu le ratifier en le scellant de leur sceau, bien qu'ils y fussent tenus par l'acte lui-même.

Finalement le seigneur évêque de Viviers, les chanoines et le seigneur comte de Toulouse, après avoir exposé leurs raisons devant Hugues, évêque de Riez, légat de la cour romaine, et maître Thédise, tous les deux délégués par le souverain pontife, convinrent de mettre fin à leurs différends et prirent à cet effet pour arbitre Raymond, évêque d'Uzès, qui leur fit accepter amiablement les articles suivants :

Il fut convenu que l'évêque Burnon se désistait pour toujours, à l'égard du seigneur comte de Toulouse et de ses successeurs, de la demande qu'il avait faite au sujet du château de Fanjau, et qu'il lui donnait et confirmait ce même château comme fief, suivant les prescriptions énoncées plus bas. Il lui donne encore en fief, et suivant les mêmes prescriptions, la partie qui lui revenait de la maison sise près du château. Il lui concède aussi en fief, et suivant les dites prescriptions, les autres parties de cette même maison appartenant à Bermond d'Anduze ou à Pierre Bermond, son fils, ou à Aymar de Poitiers, si le comte en fait l'acquisition. Il lui accorde, en outre, le pouvoir de bâtir le château de Fanjau selon son bon plaisir, mais seulement dans l'enceinte des fossés qui environnent le château et de faire, en dehors des fossés, des murs de défense ou fortifications, mais à condition qu'il ne permettra de construire aucune maison d'habitation sur le sol qui est autour du château.

De plus, l'évêque se désiste de la demande qu'il faisait au comte relativement aux châteaux d'Aiguèze, de Grospierres et de Remoulins, aux deux cents marcs d'argent et aux six deniers que le comte perçoit pour chaque marc d'argent, lesquelles choses ont été stipulées dans le traité conclu entre feu l'évêque Nicolas et Raymond, père du comte. L'évêque fait remise au comte de toutes les prétentions et demandes susdites, et aussi des méfaits et dommages causés par le comte ou par son père, ou par d'autres en leur nom, suivant ce qui a été dit plus haut ; sont exceptées toutefois les réserves, faites par l'évêque et les chanoines, lesquelles sont énoncées plus bas.

De plus, l'évêque de Viviers donne en fief Largentière au comte Raymond, approuvant et confirmant par ce don le traité fait entre l'évêque Nicolas et le comte Raymond, sauf les articles auxquels il est dérogé et ceux qui sont abrogés par le présent traité. Cette donation comprend la moitié des mines de Segualières, de Chassiers et de Tauriers, ainsi que la moitié des mines maintenant ouvertes ou de celles qu'on ouvrira dans la suite, depuis la rivière de Lende jusqu'à Tauriers, et depuis le Roubrau jusqu'à Chassiers, de sorte que le comte percevra la moitié des produits ou redevances qui proviennent ou proviendront de ces mines, des hommes, des protections, des justices, des fours, des moulins, des farinières, des proclamations des impôts, des tailles, des servitudes, des lods, des ventes et de toute contribution juste ou injuste, de tous autres produits ou revenus, et de quelque manière qu'ils puissent provenir ; il faut excepter la dîme de la dîme que l'évêque et son Eglise se réservent et ce que Hugues d'Ucel a donné à l'Eglise de Viviers, sur quoi l'évêque n'a fait aucune concession au comte. Et, en raison de ces concessions, le seigneur comte doit jurer fidélité au seigneur évêque, lui faire son serment de défendre son Eglise, les chanoines, les clercs, les biens et les droits de cette même Eglise, lui promettre de n'acquérir aucun château ou partie de château, aucun fief ou partie de fief, qui peuvent se trouver dans la mouvance de l'Eglise de Viviers, sans le consentement de l'évêque et des chanoines, et lui rendre hommage de reconnaissance pour le château de Fanjau, à chaque changement d'évêque ou de comte. De plus, le seigneur comte doit rendre au seigneur évêque la *setzena* des mines qu'il avait acquis d'Etienne de Tauriers, laquelle est du fief de Tauriers, retenant toutefois pour lui un quart de cette *setzena* en vertu de la concession que lui a faite l'évêque Nicolas, et lui rendre aussi la *setzena* des mines que le comte a acquise de Pons de Rochefort, laquelle est aussi du fief de Tauriers. Quant aux fiefs de Malet, du Mont Brison, de Pierre de Vernon et d'Alsaz, l'évêque de Viviers doit prouver qu'ils lui appartiennent, devant le seigneur évêque d'Uzès, soit en la présence ou en l'absence du comte, soit en la forme judiciaire, soit de toute autre manière, selon que le voudra le seigneur évêque d'Uzès. Dans le cas où le comte devrait restituer ces fiefs à l'évêque ou le laisser jouir en paix de ceux qui sont en la possession de cet évêque, celui-ci devrait rembourser le prix que le comte a donné pour l'achat de ces fiefs. De plus, le seigneur comte a donné et concédé au seigneur évêque le tiers de tout ce qui pourra lui revenir à Fumpa ou dans les dépendances : et, pour ce tiers concédé, l'évêque devra contribuer en proportion aux dépenses nécessaires à Fumpa, mais ne devra rien rembourser au comte. Toutes les redevances perçues à Largentière par le comte ou ses baillis et qui appartenaient à l'Eglise de Viviers, doivent être restituées par le comte à l'évêque et aux chanoines. Quant à la demande faite par Gaucelin de Cornillon, le seigneur comte sera tenu de faire ce que voudra et ordonnera le seigneur évêque d'Uzès. De même, au sujet de la demande des enfants de Guillaume Ricam, le comte devra faire ce que connaîtra ou ce que lui fera connaître l'évêque d'Uzès, de sorte que tout ce que cet évêque décidera, de quelque manière qu'il décide, soit en forme de jugement, soit sur le rapport d'un juge commissaire, devra être exécuté par le comte, comme si la décision avait eu lieu solennellement en sa présence.

Le seigneur comte a concédé encore au seigneur évêque de Viviers de bâtir un château à Largentière ou dans les limites sus-énoncées (entre Lende et Tauriers, Roubrau et Chassiers), excepté sur la montagne où le seigneur comte a bâti le château de Fanjau ; il a promis de venir en aide à l'évêque pourvu que celui-ci veuille lui répondre pour les autres ayant-droit au sujet du château qu'il bâtira. Le comte doit, pendant tout le temps que l'évêque emploiera à faire construire son château, si d'ici lors celui-ci lui concède le château de Fanjau, livrer à Giraud-Adhémar (seigneur de Montélimar) le susdit château de Fanjau pour l'occuper aux frais du comte depuis le commencement du carême jusqu'à la fête suivante de Saint-Michel, et pour prêter à l'évêque le secours que le comte s'est obligé de lui donner. Après la fête de Saint-Michel, le comte rentrera en possession du château de Fanjau. Dans le cas où Giraud-Adhémar ne pourrait ou ne voudrait occuper ce château, le comte doit le ceder à Mascald ou à Pierre Boucher qui l'occuperont aux mêmes conditions et pendant le même espace de temps qu'aurait dû l'occuper Giraud-Adhémar, et ils devront jurer à l'évêque de lui prêter fidèlement leur secours et celui du château.

L'évêque et le comte ont encore convenu entre eux qu'aucun d'eux ne pourra faire d'acquisition, de quelque genre que ce soit, dans le fief de l'autre, soit à Largentière soit ailleurs, sans le consentement de celui à qui le fief appartient ; mais, dans leurs fiefs respectifs, chacun peut acquérir justement et sans que l'autre puisse y mettre obstacle. Si l'un d'eux fait une acquisition dans le fief de l'autre ou au préjudice de son droit, il devra en faire restitution selon ce qu'en décidera l'évêque d'Uzès.

Sur ce, le seigneur comte de Toulouse a juré, en son nom et au nom de ses successeurs, que tout ce qui a été stipulé dans ce traité, soit en général soit en détail, lui et ses successeurs l'observeront perpétuellement et inviolablement envers l'évêque et ses successeurs et envers l'Eglise de Viviers, et ils feront hommage, pour le fief que le comte a reçu de l'évêque, au martyr Saint-Vincent sur son autel de la cathédrale de Viviers, et l'évêque tiendra le bout de la chaîne qui sera autour du cou du comte, quand celui-ci baisera l'autel. Le susdit comte et ses successeurs rendront aussi hommage pour le château de Fanjau à l'évêque de Viviers et à ses successeurs, à chaque changement d'évêque ou de comte feudataire, mais seulement pour reconnaissance.

Enfin, sur la demande de Burnon, évêque de Viviers, parlant pour lui et ses successeurs, Raymond, comte de Toulouse, a répondu, en son nom et au nom de ses successeurs, qu'il observerait toutes et chacune des susdites conventions perpétuellement et inviolablement envers l'évêque et ses successeurs.

De même, sur la demande de Raymond, comte de Toulouse, parlant pour lui et pour ses successeurs, Burnon, évêque de Viviers, a promis, en son nom et au nom de ses successeurs, d'observer les conventions sus-énoncées dans leur ensemble et dans les détails, perpétuellement et inviolablement envers le comte et ses successeurs.

L'évêque et le comte ont encore ajouté et promis réciproquement que, afin que ce traité soit inviolablement observé, ils se donneront réciproquement pour caution Pons de Montlaur et Dragonnet de Montdragon, ainsi que la majeure et la plus saine partie des habitants de Largentière, avec cette stipulation que, si l'un d'eux violait quelque article du traité, et si, sur la plainte de l'autre adressée à l'infracteur ou à son bailli établi à Largentière, il n'est pas donné satisfaction dans un délai de quatre mois, les cautionnaires seront tenus d'agir contre l'infracteur, de toutes les manières qu'ils pourront, jusqu'à ce que satisfaction ait été donnée suivant la décision de quatre amis choisis d'un commun accord par les deux parties, et d'un cinquième personnage que l'évêque nommera après avoir pris l'avis des quatre amis sus-désignés.

Ce traité a été fait l'an de l'Incarnation de J. C. 1210, le jour des ides du mois d'août (13 août), au bourg de St-Saturnin sur le Rhône, dans la chambre du prieur de ce bourg, devant le seigneur Raymond, évêque d'Uzès, et en présence des témoins à ce convoqués, savoir : Guillaume Gautier, sacristain ; Gaucelin de Cornillon — Bertrand Bonel, chanoine etc. — le prieur de Valbonne — le comte Baudoin — R. Jaufrid — Gaucelin de Monastier — Giraud Audoard — Vinal — Pons Sorpille — Pierre Bouchet — Bernard de Figeac, compagnons du seigneur comte ; Ariman, Falcon de la Roche, Arcellin, compagnons du seigneur évêque.

Et afin que les susdites choses, convenues par le consentement et la volonté des parties, ne puissent à l'avenir être révoquées en doute, le seigneur Burnon, évêque de Viviers, et le seigneur Raymond, comte de Toulouse, ont fait sceller cet acte de leur sceau de plomb.

Quelques jours après, c'est-à-dire le 17 août, le comte se rendit à Viviers ; le chapitre approuva et confirma le susdit traité dans le cloître du seigneur évêque, en présence et sur la demande d'Hugues de Cabriac, notaire du seigneur comte de Toulouse, lequel fit au martyr St-Vincent l'hommage convenu (1).

La multiplicité des précautions prises dans cet acte montre assez la défiance réciproque des deux parties.

Au mois de janvier 1211, au concile d'Arles, les affaires se brouillèrent encore plus entre le comte et l'Eglise. Le comte fut de nouveau excommunié par les légats, et une lettre du pape, du 17 avril, confirma leur sentence. Dans cette lettre, dont l'évêque de Viviers fut l'un des destinataires, Innocent III interdisait aux évêques de restituer au comte les châteaux et autres domaines qu'il tenait de leurs Eglises, et il leur ordonnait d'en confier la garde à qui elle appartenait de droit.

(1) COLUMBI, p. 113. — *Hist. du Lang.* V. 579 et 581. *Preuves.*

Deux ans après, le roi d'Aragon intervenait en faveur du comte, son beau-frère, mais il fut battu à Muret (13 septembre 1213), et Raymond VI dut de nouveau faire sa soumission. Les croisés continuèrent alors leur conquête. Ils soumirent la Provence, le Rouergue et Nîmes, mais rien ne prouve que leurs troupes soient venues jusqu'en Vivarais.

Ici, il nous faut entrer dans quelques détails sur l'attitude des autres coseigneurs de Largentière, c'est-à-dire de Pierre Bermond de Sauve (ou d'Anduze) et d'Aymar de Poitiers.

Le premier paraît avoir toujours marché d'accord avec l'évêque de Viviers, malgré sa parenté avec le comte de Toulouse. Il était, en effet, le frère d'un autre Pierre Bermond, qui avait épousé Constance, fille de Raymond VI, et dont le fils, marié à Josserande de Poitiers, en eut Roger, seigneur de la Voulte.

Au mois d'octobre 1214, l'évêque de Viviers concluait l'arrangement suivant avec les Bermond, et un autre coseigneur des mines, nommé Dragonet :

Sachent tous qu'en l'année de l'Incarnation 1214, le 4 des kalendes de novembre (29 octobre), nous, Pierre Bermond de Sauve et Bermond, mon frère, nous t'accordons et te donnons, à perpétuité, à toi, évêque de Viviers et à tes successeurs, treize mille sols qui nous étaient dûs pour la bastide de Fanjau, construite du temps de Nicolas, ton prédécesseur, et tout ce que nous avions de droit ou prétendions avoir dans la bastide, appelée Bonnegarde, que tu as élevée à Largentière.

Nous jurons, les mains posées sur les évangiles de Dieu, que nous ne t'inquièterons jamais, toi ni tes successeurs, d'une manière quelconque, au sujet de ces bastides.

Nous prêtons aussi le serment de t'aider, toi et tes successeurs, contre tous les hommes qui te feraient éprouver des vexations, pourvu toutefois que tu sois prêt à leur réndre justice devant un tribunal compétent.

Nous reconnaissons aussi tenir de toi ou de tes successeurs tout ce que nous avons en fief à Largentière, et l'obligation où nous sommes de t'en faire hommage, à toi ou à tes successeurs, de te jurer fidélité et de t'aider contre tous, comme il est dit plus haut.

Et moi, Burnon, évêque de Viviers, je vous accorde et confirme les vingt marcs d'argent par an que Raymond, comte de Toulouse, vous donna sur ses revenus de Largentière, sauf toutefois l'hommage et la fidélité que vous me devez pour cela à moi et à mes successeurs.

Et moi, Dragonet, je te jure à toi Burnon, évêque de Viviers, les mains posées sur les saints Evangiles, qu'en tout temps de ma vie, je t'aiderai toi ou tes successeurs, contre tous ceux qui vous vexeraient, pourvu toutefois que vous soyez prêts à leur rendre justice devant un tribunal compétent.

Fait à Largentière, devant l'église de Sainte-Marie.

Les témoins sont : Guigue de Chateauneuf, Bermond de Sauve, Dragonet de Boucoiran ; Ato, vicaire de Viviers ; Guillaume, archiprêtre : Etienne de Tauriers, Bertrand de Chateauneuf, Hermengarde Gervais de Naves, Pierre Guillaume de Noyan, Odilon de Vernon, Bertrand de Laudun, Guigue de Chassiers, Pierre Delisle, Pons de Beaumont, Raymond de Grospierres, Pierre Dalmas, Pierre de Tournon, Dalmas de Luc, Pierre de Malet, Guillaume de la Beaume, Guillaume Arman, Pierre de Naves, Etienne Maschal, Pierre Boucher, Bernard Rocher, Bermond Botelier, Hugues Roux, Hugues Renard, Jean Dehaut, Guillaume Berche, Arnaud Meunier, Pierre... Nicolas de Berzème, Michel d'Alberges, Guillaume de Chazeaux, Guillaume Etienne, Etienne Gast, Bernard, Guillaume, Imbert, Bertrand Brun, Imbert Dupont, Brun Fabre, Jeune de Viviers, Agules ; et moi Guillaume de Montaigu, notaire (1).

---

(1) Nous reproduisons ce document, non d'après l'original que nous n'avons pu retrouver, mais d'après une copie, un peu sujette à caution, surtout en ce qui concerne l'exactitude des noms propres qui le terminent.

Nous ignorons comment et à quelle époque les Bermond d'Anduze devinrent coseigneurs de Largentière. On a vu qu'en juillet 1198, Nicolas, évêque de Viviers, donna, en fief à l'un d'eux le sixième de Segualière, de Chassiers et de Tauriers, depuis la rivière de Lende jusqu'à Tauriers, et de Roubrau jusqu'à Chassiers, avec leurs revenus sur les hommes, tenanciers, justice, fours, etc.

En 1200, le 6 des ides de juillet, Pierre Bermond rendait hommage à l'évêque de Viviers de tout ce qu'il avait à Largentière.

En dépit de l'acte de 1214 qu'on vient de lire, Raymond VI fit en octobre 1218 un accord avec son petit-fils, Pierre Bermond de Sauvre, par lequel il lui donne, entre autres choses, le droit et la domination qu'il avait sur les terres de Bermond d'Anduze, oncle paternel du même Pierre, soit que Bermond les possédât en son nom, soit en celui de Vierne, sa femme, spécialement le château de Joyeuse en Vivarais (1).

En 1220, ce Pierre Bermond fit hommage à l'évêque de Viviers.

Les destinées ultérieures de la part de seigneurie des Bermond à Largentière sont indiquées par les faits suivants :

Roger d'Anduze, devenu seigneur de la Voulte, reçut de son père en 1254, sa part de la parerie de Largentière. Il en fit hommage à l'évêque de Viviers en 1298, le jeudi avant la fête de St-Mathieu.

En 1963, le 28 septembre, Louis d'Anduze rendit hommage à son oncle, Aymar de la Voulte, évêque de Viviers, de tout ce qu'il possédait à Largentière. Il est à noter que Guillaume, seigneur de Sceautres, un fils du second lit de Bermond II, avait reçu de son père, en 1357, une part de sa parerie de Largentière.

(1) *Histoire du Languedoc*, v. éd. VI, 524.

En 1375 (23 avril), le nouvel évêque de Viviers, Pierre de Sarcenas, recevait du seigneur de la Voulte l'hommage de sa parerie de Largentière.

Celle-ci fut enfin vendue, en 1393, par Louis d'Anduze à noble Pons de Tecel (ou Cecel) d'Aubenas (acte reçu M⁰ Mouraret, notaire à Largentière), et l'acquéreur fut mis en possession, le 29 avril de cette année.

Des Tecel, cette part passa aux Taulignan, puis aux Tourton de Mortesaigne, aux Chanaleilles, sieurs de la Saigne, aux Vocance, aux Chambaud de St-Lager, et enfin aux Vachier de la Molière, à qui elle appartenait encore en 1731 (1).

L'attitude d'Aymar de Poitiers, comte de Valentinois, fut bien différente de celle des Bermond d'Anduze. Ce personnage ne cessa pas de se montrer hostile à l'évêque de Viviers, et voici comment l'écrivain, qui a le mieux étudié son histoire, indique le rôle qu'il joua dans la guerre des Albigeois :

« Parent et ami dévoué du comte de Toulouse, Aymar régla constamment sa conduite d'après celle de ce prince. Aussi, dès le premier jour, fut-il tenu pour suspect par les légats et les évêques. Lorsqu'au mois de juillet 1209, l'armée des croisés, forte de 50,000 hommes, s'avançant vers la vallée du Rhône, s'apprêtait à gagner le pays d'Alby, Aymar voulut conjurer l'orage, et, en homme avisé, à l'exemple de Raymond VI, il prit la croix. On le trouve

---

(1) Voir notre *Notice sur la baronnie de la Voulte*, pp. 17, 18 et 46.

au sac de Béziers. Son attitude toutefois ne tarde pas à changer. Dès que la rupture entre Raymond et Simon de Montfort est consommée, il ne cache plus ses véritables sentiments ; il s'applique de toute manière à paralyser et à combattre l'action des légats ; il envoie des secours dans le Toulousain ; il suscite une guerre désastreuse à l'évêque de Die (frère de Burnon), un des zélés pour la croisade. La fortune ne secondant pas son allié, qui avait été vaincu à Muret, il se met en mesure de prévenir une attaque de Simon de Montfort. Il fortifie ses châteaux, et lui-même, à la tête de nombreux guerriers, occupe une place (Crest), devant laquelle on l'a prévenu que Simon doit passer. En effet, quelques semaines après la bataille de Muret, le chef de la croisade conduisait par la rive droite du Rhône ses soldats dans le Valentinois, bien résolu d'infliger à Aymar un châtiment. Il passa sous les murs de la place où était le comte. Ni l'un ni l'autre ne crurent prudent d'engager le combat. Simon se trouvait à Valence le 4 décembre 1213. De là, il se rendit à Romans pour y rencontrer le duc Eudes de Bourgogne et les archevêques de Lyon et de Vienne. Aymar fut invité à une conférence où on lui signifia de cesser toute opposition à la croisade et de faire la paix avec Simon de Montfort. Comme on ne parvenait point à l'y décider, le duc de Bourgogne, irrité, menaça de s'unir à Montfort pour l'obliger à se soumettre. La pression exercée sur le comte de Valentinois fut telle qu'il promit d'obéir et qu'il livra à Simon de Montfort quelques uns de ses châteaux dont la garde fut confiée au duc de Bourgogne. Ce ne fut en réalité qu'une suspension d'armes (1). »

Pons de Montlaur, baron d'Aubenas, autre co-seigneur de Largentière, aurait aussi manifesté vers cette époque

(1) Chanoine JULES CHEVALIER. Bulletin d'archéologie de la Drôme, 1893, p. 335.

des dispositions hostiles à l'évêque de Viviers, ce qui, après l'hommage rendu par ce seigneur à Burnon en 1207 pour son château de Mayres, aurait besoin de pièces justificatives. Les historiens qui rapportent ce fait s'empressent, d'ailleurs, d'ajouter que Montlaur, saisi de frayeur à l'approche de Montfort, alla à sa rencontre pour l'assurer de son amitié.

Burnon assistait, en janvier 1215, au concile de Montpellier, où Raymond VI fut déclaré déchu de tous ses droits, et Simon de Monfort élu prince du pays à l'unanimité. Le pape approuva cette décision par une lettre du 2 avril, et commit à Montfort la garde de tous les domaines que le comte de Toulouse avait possédés. Il prit même le soin plus tard de préciser ses intentions pour ce qui regardait l'église de Viviers, en chargeant son légat Conrad de veiller à ce que l'évêque Burnon ne fût pas inquiété dans la possession de Largentière. En conséquence des instructions pontificales, Monfort, ayant accompagné jusqu'à St-Antoine de Viennois le cardinal légat, Pierre de Bénévent, qui retournait à Rome, reçut en fief, à son passage à Loriol sur le Rhône, des mains de Burnon, le château de Fanjau et la moitié des revenus de Largentière « qui étaient tombés en commise par le délit du comte de Toulouse ».

Encore un document qu'il est essentiel de donner en entier, parce qu'il est caractéristique des précautions que croyait devoir prendre l'évêque de Viviers contre un retour offensif du comte de Toulouse et de ses alliés.

B. par la grâce de Dieu, évêque de Viviers, etc.
Sachent tous que nous concédons et donnons en fief au seigneur Simon, comte de Leicester, seigneur de Montfort, vicomte de Béziers et de Carcassonne, et à ses successeurs, le château de Fanjau en Argentière, et la moitié

de tous les revenus, tant de justice qu'autres, qui, par le délit de comte de Toulouse, sont tombés en commise dans la ville d'Argentière, ainsi que la moitié du *commun de paix* (1) dans tout le diocèse de Viviers, à cette condition qu'il devra lui-même (Simon) demander au pape Innocent de nous donner l'ordre de lui livrer et remettre ledit château et les dits revenus. S'il ne pouvait obtenir cela du pontife romain, et si nous, évêque de Viviers, pouvions obtenir du pontife la concession dudit château d'Argentière et de ses revenus, nous assignerons également le château en question et la moitié des revenus au comte, après restitution préalable de la moitié des dépenses, dans la forme et aux conventions indiquées plus bas, si le dit comte a demandé au pape des lettres constatant que nous agissons avec la permission et la volonté du saint-siège.

Il est de pacte que le comte doit, pour ledit château et pour les revenus assignés, à nous B. évêque de Viviers et à nos successeurs, faire hommage et jurer fidélité ; promettre de prêter conseil et secours, à nous et à nos successeurs, dans les limites de notre diocèse, contre tous les hommes qui feraient la guerre à l'évêque, pourvu que l'évêque soit prêt à leur rendre justice ; promettre de défendre la paix, les églises, les chemins publics, les châteaux et toute la terre de l'évêque et de l'Église de Viviers, de bonne foi, de toutes ses forces et à ses frais, contre tous les hommes, dans les mêmes limites ; ajoutant par serment qu'il nous laissera, nous et nos successeurs, jouir en paix de toutes les possessions que nous tenons aujourd'hui, châteaux ou autres, ne nous inquiètera en aucun temps, nous et nos successeurs, à leur sujet, ne fera aucune acquisition de nos possessions ou autre fief qu'a ou pourra avoir l'évêque de Viviers en Argentière ou dans tout le diocèse de Viviers, par lui ou par un autre, à une occasion ou titre quelconque, et n'empêchera pas l'évêque de Viviers de faire des acquisitions, suivant sa volonté, en

(1) Le commun de paix ou pezade était un impôt foncier tout particulier pesant sur tous les propriétaires sans distinction, ayant pour but de réparer les ravages commis par les bandes de mercenaires, Cottereaux, Brabançons ou Aragonais, que les princes du midi employaient, le service militaire féodal ne leur suffisant plus pour soutenir leurs guerres continuelles. Il s'établit au XII⁰ siècle, mais seulement dans un petit nombre de diocèses, Albigeois, Quercy, Rouergue, Velay et Vivarais. Une bulle d'Alexandre III de 1170 semble indiquer le Rouergue comme lieu d'origine de la pezade. Presque partout ce fut à l'évêque ou au comte qu'on réserva le privilège de percevoir cet impôt, et il ne semble pas qu'il ait produit des résultats bien sensibles.

Argentière ou dans d'autres fiefs épiscopaux, à l'exception de ceux que nous lui accordons.

De plus, nous lui accordons pour cinq ans la moitié du revenu des dîmes que les laïques détiennent, c'est à dire des fruits, prés, jardins, bestiaux, pêcheries et autres dont les canons ordonnent la levée. Nous lui faisons cette concession à la condition qu'il s'obligera, par promesse formelle, de forcer militairement tous les laïques de notre diocèse au payement de ces dîmes. Les cinq ans passés, lesdites dîmes reviendront intégralement à l'évêque de Viviers et le comte n'en touchera rien ; toutefois il sera tenu à perpétuité, et ses successeurs également, d'assurer le payement de ces dîmes à l'évêque.

Nous réservons, à nous et à nos successeurs, l'autre moitié des revenus que le comte de Toulouse avait à Argentière ; et, dans le serment de fidélité que le comte de Montfort nous prêtera, il sera tenu d'insérer qu'il nous garantira cette moitié intacte, qu'il ne la diminuera en rien et qu'il en fera jouir pacifiquement nous et nos successeurs.

Quant audit château de Fanjau, le dit comte Montfort a juré sur l'Evangile de le rendre et restituer, lui ou celui qui le tiendrait en son nom, à nous et à nos successeurs, chaque fois et autant de fois qu'il en serait requis par nous ou notre représentant. Dans le cas toutefois où quelque roi de France ferait la guerre à quelque évêque de Viviers, le comte Montfort ne sera pas tenu d'aider personnellement l'évêque contre le roi, mais il fournira des soldats et des clients pour la défense du château de Fanjau et d'Argentière. Mais nous et nos successeurs, nous sommes tenus de défendre ledit comte et ses héritiers contre tous les hommes, et de l'aider au sujet dudit fief, autant qu'il nous convient et qu'il dépend dudit fief. Tout cela doit être compris de bonne foi par nous et nos successeurs, ainsi que par le comte et ses successeurs. Pour en assurer l'observation et écarter tout doute, nous et ledit comte avons fait le présent instrument et l'avons confirmé en le revêtant de nos sceaux. Fait à Loriol en l'année 1215, nones de juillet (4 juillet).

Le passage le plus curieux de cette pièce est celui où la prévision d'une attaque d'un roi de France contre l'évêque de Viviers est exprimée. Cette prévision répondait, selon toute vraisemblance, à quelque manifestation plus ou moins comminatoire venue de Paris, et facile, d'ailleurs, à expliquer par le fait que les évêques de Viviers n'avaient pas cessé jusqu'alors de reconnaître la suzeraineté des empereurs d'Allemagne.

Il est à remarquer que c'est en cette même année 1215 que Burnon pour s'assurer la fidélité des habitants de Largentière, leur octroya officiellement la charte de libertés que nous avons donnée à l'année 1208, parce qu'elle nous a paru inséparable du serment de fidélité que les habitants avaient prêté alors à l'évêque.

Cependant, malgré les décrets des conciles, le Midi supportait mal la domination des hommes du Nord, et quand Raymond VI et son fils reparurent, ils furent reçus avec enthousiasme. Son plus chaud partisan, dans la région du Rhône, fut Aymar, qui reprit les armes en 1216. L'année suivante, Simon de Monfort, ayant battu le comte de Foix, se retourna vers le Valentinois. Longeant la rive droite du Rhône, il arrive au Pont-St-Esprit où nous le trouvons le 14 juillet 1217. Burnon lui fournit des bateaux et il franchit le fleuve malgré les efforts d'Aymar. Montélimar lui ouvre ses portes. Les croisés continuent leur campagne victorieuse jusqu'à Crest, où la paix se conclut sur la base d'une promesse de mariage entre le fils de Montfort et la fille du comte de Valentinois. Le triomphe de Montfort fut de courte durée. Pendant qu'il guerroyait sur le Rhône, Toulouse avait ouvert ses portes à Raymond VI, et Montfort dû partir en toute hâte pour aller essayer de réduire la ville rebelle.

En janvier 1218, Montfort, sur l'ordre du pape, restituait à l'évêque de Viviers le château de Fanjau, par le motif que l'aliénation en ayant été faite en 1210, au préjudice de l'Eglise, en faveur du comte de Toulouse, qui n'y avait aucun droit, il s'ensuivait que ce château ne faisait point partie des domaines du comte, et par conséquent ne pouvait être compris au nombre de ceux qui, par le délit de Raymond VI, avaient été confiés à Montfort.

Montfort fut tué, au mois de juin de la même année, au siège de Toulouse, et son fils, Amaury, qui n'avait pas ses talents militaires, ne tarda pas à succomber sous le poids de la lourde tâche que son père lui avait laissée. D'ailleurs, à la mort de Raymond VI (1222), les populations se groupèrent de plus en plus autour de son fils, en qui se personnifiait la cause de l'indépendance du Midi, et, les anciennes questions religieuses étant laissées à l'arrière-plan, la revanche devint de plus en plus facile pour Raymond VII.

Après la mort de Montfort, lorsque les domaines du comte de Toulouse furent partagés entre son fils et les croisés, le concile de Latran attribua à l'évêque de Viviers l'entière propriété de Largentière, de ses châteaux et de ses mines. Cette question revient dans une lettre du pape Honorius III en 1223. Informé qu'Amaury de Montfort a proposé une trêve à Raymond VII, le pape écrit le 19 juillet, à son légat Conrad pour lui recommander les intérêts de l'évêque de Viviers : « ... Nous croyons, dit-il, que vous avez à cœur la conservation du droit des églises ; cependant nous avons jugé utile de vous écrire, afin que si la paix se conclut entre noble Amaury de Monfort et Raymond, ci-devant comte de Toulouse, fils de Raymond, vous y fassiez garantir le droit de l'évêque de Viviers en toutes choses, et spécialement en ce qui concerne le château de Fanjau et de Largentière, comme vous savez que ce droit lui a été concédé par le siège apostolique... »

Mais les événements se précipitent. Amaury vaincu quitte le Languedoc en 1224 pour aller vendre ses droits au roi de France. Une nouvelle lettre d'Honorius, écrite du concile de Montpellier, le 24 août de cette année, au doyen et au chantre de Valence, ainsi qu'au sacristain de Romans, montre que Largentière était alors retombée au pouvoir du comte de Toulouse.

Le noble comte Raymond, autrefois comte de Toulouse, nous a fait souvent proposer qu'il souhaitait faire satisfaction à Dieu et à l'Eglise pour ses crimes et rentrer à l'unité ecclésiastique dont il a été séparé à cause de ses excès, mais ses actes démentent ses paroles. Il a si gravement offensé Dieu et l'Eglise que, quand il donnerait même tout son bien, il ne pourrait fournir une satisfaction convenable. Il ajoute excès sur excès et opprime les églises, en sorte qu'il vexe actuellement, comme nous l'avons appris, celle de Viviers, pour ne pas parler des autres, et qu'il s'est emparé de la ville de Largentière, qui est un des principaux domaines de cette église, sous prétexte que son père en a possédé autrefois une partie. Il commet cette vexation, après que le siège apostolique, ayant privé entièrement son père de tous ses Etats pour crime d'hérésie, a confirmé cette ville à l'église de Viviers qui l'avait unie à son domaine par droit de commise. C'est pourquoi nous vous ordonnons d'avertir ce noble d'être attentif à ne pas commettre de nouveaux excès, mais plutôt à réparer les anciens, et à discontinuer de persécuter cette église, nommément dans ce domaine et dans tous les autres, et de lui déclarer que s'il ne se rend pas à nos remontrances et s'il persiste à inquiéter l'évêque de Viviers, c'est en vain qu'il se flatte d'obtenir sa réconciliation. Enfin, s'il ne se corrige, vous n'avez qu'à user de censure envers lui et ses complices nonobstant tout appel, car celui qui est lié peut l'être encore davantage...

Le 26 février suivant, le pape renouvelait ses plaintes dans les mêmes termes et aux mêmes dignitaires (1).

Deux ans après, Louis VIII, profitant des divisions du Languedoc, se mettait en marche et soumettait toute cette province. Il mourait en remontant vers Paris, et la guerre continuait encore deux ans, pendant la régence de Blanche de Castille, la mère de Saint-Louis. Enfin la paix fut conclue en 1229. Le traité de Paris du 12 avril laissa à Raymond l'usufruit de son comté, constitué comme dot future de sa fille Jeanne, destinée à l'un des fils du roi de France. Mais le comte abandonnait immédiatement au roi les pays du Rhône limitrophes du diocèse de Toulouse, c'est-à-dire les départements actuels de l'Ardèche, du Gard, de l'Hérault et de la Lozère. L'Eglise romaine eut pour sa part les domaines et les droits féodaux que possédait la maison de Toulouse sur la rive gauche du Rhône, c'est-à-dire le Comtat Venaissin et le marquisat de Provence. Sur les instances du Pape, le roi se chargea momentanément de la garde des terres et des fiefs que l'Eglise venait d'acquérir dans l'Empire.

On comprend qu'après cette solution, Aymar de Poitiers n'avait plus de raison de continuer son attitude hostile à l'évêché de Viviers, d'autant que c'était son propre neveu, Bermond d'Anduze, qui avait remplacé Burnon sur ce siège. Aussi voyons-nous, dès le mois de décembre de cette année, le comte de Valentinois céder tous ses droits sur Largentière à l'évêque de Viviers.

Qu'il soit connu de tous qu'en l'année de l'Incarnation du Seigneur 1229, le 17 des kalendes de novembre (15 octobre), moi, Adhémar de Poitiers, comte de Valentinois, je remets et abandonne immédiatement à toi, seigneur Bermond évêque, stipulant pour l'Eglise de Viviers, tous

(1) Hist. du Lang. V, 315 et 317. Preuves, CVIII. Idem V. 329-330 et 620-621.

droits et actions, réels et personnels ou mixtes, que j'avais ou pouvais avoir dans la bastide ou château dit Bonnegarde, sis à Largentière, château que je sais et reconnais appartenir de droit à l'Eglise de Viviers, et je fais cette reconnaissance pour toute bastide ou château quelconque, bâti ou à bâtir par ladite Eglise, dans tout le tènement du dit Largentière, tel qu'il s'étend de la rivière de Lende à la rivière de Roubrau, et du château de Tauriers et de son tènement jusqu'à la rivière de Lende.

Je promets solennellement aussi, pour moi et mes successeurs, à toi seigneur évêque, que dans lesdites limites, je n'élèverai et ne dois jamais élever, pour moi ou pour autrui, un château ou bastide quelconque ; s'il en était autrement de ma part ou de celle de mon successeur, que ce château tombe de plein droit en commise à l'Eglise de de Viviers et lui appartienne à perpétuité.

Item, je promets à toi, évêque de Viviers, que l'héritier de feu mon fils, Guillaume de Poitiers, te fera à toi ou à ton successeur les mêmes pactes de rémission ou convention, à ta réquisition, lorsqu'il aura atteint l'âge de puberté, ou bien ce seront ses héritiers.

Et je te fais cette dernière promesse, sous la peine de 150 marcs d'argent, avec ce pacte que, la peine encourue, l'héritier dudit Guillaume n'en sera pas moins tenu de remplir les engagements ci-dessus.

Et pour tout cela je m'oblige à toi avec tous mes biens, et je te jure, sur les saints Evangiles de Dieu, que je ne ferai jamais rien contre, sous quelque raison de droit, de loi ou usage, renonçant sur ce fait à toute exception et dilation et à tout prétexte légal, qui me serait applicable ou pourrait m'être appliqué.

Item moi dit Adhémar de Poitiers, comte de Valentinois, je confesse et reconnais à toi seigneur Bermond, évêque de Viviers, que j'ai et tiens de toi et de tes successeurs, en fief, par droit de seigneur, le château d'Antraigues et tout ce que j'ai et dois avoir en mon nom ou autrement dans ledit château et dans tout son mandement, et pour ledit fief je te ferai hommage et te jure fidélité, ajoutant, par serment prêté sur les saints Evangiles de Dieu, qu'à toi et à tes successeurs à perpétuité, moi et mes successeurs à perpétuité, nous livrerons ledit château et les munitions qui y sont ou qui y seront, quand et autant de fois que toi ou tes successeurs demanderont en personne ou par un représentant certain, de moi ou des miens, l'hommage et la fidélité. Et mes successeurs, en faisant l'hommage à tes successeurs, pour ledit fief, observeront tous les engagements ci-dessus, sans aucune restriction, comme je le fais ici.

Fait à Basto sur la terrasse qui est devant la porte de . . . . . Témoins appelés et présents : Seigneur Bernard de Veissia, seigneur Giraud Adhémar, seigneur de Pons. de Deux-Chiens, Armand de Sanilhac, vicaire de Viviers, Rostaing de Codolet, Jean de   Etienne de Mirabel, Pierre Julien, Raymond de Bane, Hugues de Tour, Jourdain de Pierrecase, A.   de Barre, Raymond de St-Remèze, Raymond Botaud, Pons de Baume, Charrière, Jauffride de Bane, Pierre de Cantico, Nicolas Corriala, Rostaing de Porteclaire, Bertrand Sulens, Bertrand de Rochesauve, Raymond Gordes, Raymond de St-Maximien, Pierre de Carsan,   Charbaut, Guillaume de Seyrac, et moi Guillaume de Montaigu, notaire public, je fus présent à tout cela, et sur le mandat de l'une et de l'autre partie, j'ai écrit l'instrument et je l'ai signé et j'y ai apposé les sceaux de l'évêque et du comte, d'après leur ordre (1).

Après cette cession, l'évêque de Viviers restait le seigneur unique et incontesté de tous les châteaux de Largentière sous la souveraineté du roi de France.

Il est à remarquer que le château de Fanjau reparaît en 1306, avec Cheylus, Aps, Balazuc, Joyeuse, parmi ceux qui sont compris dans le domaine royal, d'où peut-être le nom de *Béderet* (en patois *bé de re*, biens du roi) donné à la montagne sur laquelle il était perché. Ce château, à en juger par les débris qu'en a laissés l'action destructive des hommes et du temps, n'a jamais été qu'une simple tour, importante surtout par sa position sur la hauteur qui domine à l'est la ville de Largentière. On distingue encore parmi ses ruines une voûte, un côté de la porte d'entrée

(1) Nous regrettons de n'avoir pu vérifier sur le parchemin original tous ces noms dont quelques-uns ont été évidemment altérés par l'auteur de la copie que nous avons eue en mains.

et les traces du mur d'enceinte. La voûte en question, qu'il serait fort intéressant de percer, forme un des côtés de la cour intérieure, aujourd'hui plantée de vignes, et dont les limites sont parfaitement tracées par les premières assises du mur d'enceinte, restées intactes sous le couronnement grossier que leur a fait la main des vignerons.

Le débri de la porte d'entrée, qui se dresse fièrement sur ces ruines, drapé dans le lierre et le figuier, comme Ruy-Blas dans ses haillons, fait penser à cette parole de l'Evangile : Les premiers seront les derniers et les derniers seront les premiers. Voilà une pierre basse dont le temps et les révolutions, ces impitoyables niveleurs, ont fait le sommet de l'édifice.

L'entrée du fort était tournée au couchant, c'est-à-dire du côté le moins facile à être attaqué. La vue, dont on jouit de Fanjau, explique le choix de cet emplacement. On aperçoit au sud les montagnes de la Gorce, de Vallon et des Vans, à l'ouest la tour de Brison, au nord la Champ du Cros et la chaîne de l'Escrinet, à l'est le Coiron.

On aperçoit surtout, dans un cercle moins étendu, les cinq tours de Montréal, Brison, Tauriers, Chassiers et Vinezac, qui circonscrivaient l'ancien pays des mines d'Argentière et qui formaient une ceinture de vigies et de défenses, correspondant avec la tour de Fanjau, placée au centre.

A propos de Fanjau, nous ne dirons qu'un mot, en passant, de certains personnages antiques, comme Jean, seigneur de Fanjau et châtelain de Largentière en 900 ; Foulques, seigneur de Joanas et châtelain de Largentière en 975 ; Pons, capitaine-châtelain de Largentière en 1070, qui figurent dans une *Généalogie de la maison de Chanaleilles*, publiée à Paris en 1888. Toutes ces données, prétendûment tirées des manuscrits d'un abbé Chambron, qui n'a jamais existé, sont l'œuvre d'un industriel qui a abusé de certaines crédulités, et ne méritent pas qu'on s'y arrête autrement.

Après 1229, Largentière sort pour ainsi dire de l'histoire générale, à laquelle elle était plus ou moins mêlée depuis le commencement du siècle, et on ne trouve plus son nom que dans quelques vieux documents de la contrée.

L'événement le plus remarquable pour cette ville dans la suite du XIIIe siècle est la fondation du couvent des Cordeliers, vers 1236, c'est-à-dire dix ans après la mort de St-François d'Assise, le fondateur de l'ordre. Un indice de l'estime dont ces religieux étaient entourés se trouve dans le testament du seigneur d'Aubenas, Pons de Montlaur, qui comprend le couvent de Largentière parmi les divers établissements de Cordeliers à qui il fait des legs (cent sols à chacun). Ce testament est de 1272.

En 1274, Héracle de Montlaur, ayant succédé à Pons, fait hommage à l'évêque du Puy de plusieurs de ses châteaux et de *l'estrade publique* du Puy à la Souche. Cette *estrade* allait jusqu'à Largentière. Il en est question dans un hommage au roi fait par Pons de Montlaur en 1219, où l'on voit que ce dernier et l'évêque du Puy s'étaient engagés, chacun en ce qui le concernait, à protéger les voyageurs allant de Largentière au Puy par la Souche.

⁎

Parmi les rares habitants de Largentière, ou présumés tels, dont nous trouvons les noms dans les documents de la fin du XIIIᵉ siècle, on peut citer :

Un *Juenis*, de *Argentaria*, pèlerin à bord du navire *St-Victor*, mentionné dans une charte de 1250, relative à un différend survenu à Messine entre les pèlerins et le patron du navire (1) ;

(1) LABORDE. *Inventaire du trésor des chartes*, III, 103.

Un Guillaume de *Segualeriis* et un Etienne Barbe de Largentière, qui figurent dans des actes de 1281, cités par Huillard Bréholles (1) ;

Adhémar Julien, de Largentière, témoin aux deux confirmations des libertés d'Aubenas, de 1276 et 1285 ;

Enfin un Juif, Jacques ou Jacob de Lunel, ainsi qu'il résulte de l'accord conclu en 1285 entre les abbés de Cruas et de Mazan et le prieur de Tournon près Villeneuve (acte reçu par le notaire Pierre Grange), où on lit : *Acta fuerunt hæc apud Villanovam de Berco in domo Jacobi de Lunello Judæi habitatoris Argentariæ (2)*.

On remarquera ce nom de Lunel, qui indique très probablement l'origine de cet habitant de Largentière : les communautés juives les plus nombreuses en Languedoc vers cette époque étaient celles de Montpellier, de Lunel et du comté de Foix.

On remarquera aussi cette qualité de propriétaire d'immeubles, appartenant à un Juif, qu'on trouve aussi à Viviers.

Il est bon de rappeler ici que le droit de propriété fut de tout temps reconnu aux Juifs dans le comté de Toulouse. La réaction contre eux, qui suivit la croisade contre les Albigeois, au commencement du XIIIe siècle, ne modifia pas sensiblement leur situation à cet égard. Le maintien du régime de la liberté ou de l'allodialité des terres et le peu de développement du régime féodal dans le Midi, furent la conséquence de la persistance du droit romain, favorable à l'égalité juridique de tous les hommes libres. Les propriétaires tenaient leurs terres *per francum et liberum allodium;* ils n'étaient obligés à aucune redevance foncière vis-à-vis des seigneurs du pays, dont

(1) *Inventaire de la maison ducale de Bourbon.*
(2) Mollier. *Recherches historiques sur Villeneuve-de-Berg*, p. 426.

les prérogatives se bornaient à certains impôts et à la ustice (1). L'acte du notaire Grange prouve que ce régime était en vigueur en Vivarais, au moins en certains endroits, pour les Juifs comme pour les autres citoyens. Il eût été, du reste, étonnant de ne pas trouver la trace des Juifs, dans un lieu comme Largentière, où il y avait une exploitation de mines d'argent et un atelier monétaire, d'autant que cette ville, avant d'échoir aux évêques de Viviers, avait été plus ou moins longtemps sous la suzeraineté des comtes de Toulouse.

***

Quelques mots sur l'ancien atelier monétaire de Largentière, dont un vestige, sous la forme d'un bas-relief, est resté sur la façade de la maison Picaud-Beaussier, à l'entrée du pont des Recollets, vont former le complément naturel de ce chapitre.

Le bas-relief a un mètre de longueur environ sur 60 centimètres de hauteur. Il forme la base d'une des fenêtres du premier étage de la maison.

Le sujet forme deux groupes distincts : d'un côté, à gauche, trois hommes, dont un tient un coin appuyé sur le métal, tandis que deux autres ont le marteau levé pour

---

(1) SAIGE. *Les Juifs en Languedoc*, 1861.

la frappe. Le second groupe représente aussi trois hommes occupés à ramasser les pièces de monnaie dans un plateau et à les compter.

Tous ces personnages ont les cheveux longs et collés sur les tempes. Ils sont vêtus d'une tunique à manches, serrée au bas des reins par une corde nouée, qui leur ceint tout le corps. On a cru aussi leur reconnaître des brodequins couvrant les pieds jusqu'aux chevilles.

Appréciant la valeur artistique du monument, M. de Valgorge trouve qu'il accuse « certains progrès dans l'art de la statuaire ; il y a de la vie dans les attitudes, dans les mouvements. Les draperies sont passablement traitées ; elles ne sont pas trop raides... (1) ».

L'auteur des *Souvenirs de l'Ardèche* pense que ce bas-relief est du XIIIe siècle.

A cette époque, l'ensemble des constructions du château comprenait trois groupes distincts :

1º La tour carrée ou donjon, noyée aujourd'hui dans la masse de l'édifice, et qui en fut le noyau, tour qui paraît avoir été construite par les évêques de Viviers ;

2º Les deux tours rondes reliées par un balcon, élevées ultérieurement par les seigneurs d'Anduze et de Poitiers, coseigneurs du lieu ;

3º Enfin, une autre tour ronde, appartenant au comte de Toulouse, dont on voit encore l'emplacement sur la grande terrasse du château, et c'est des ruines de cette tour, dite *Argentaria*, que serait venu, dit-on, le bas-relief de la maison Picaud.

Or, cette tradition est formellement contredite par le témoignage des vieillards qui se souviennent de la démolition de la tour en question, et qui affirment que le bas-relief était bien avant cette époque encastré dans le mur de la maison Picaud. Cette tour dépassait d'environ deux

(1) *Souvenirs de l'Ardèche*, II. 324.

mètres celle du donjon, les comtes de Toulouse ayant sans doute voulu affirmer par là qu'ils étaient les seigneurs dominants, et c'est à cause de cette circonstance que les octogénaires ou nonagénaires d'aujourd'hui se la rappellent si bien, parceque, dans leur enfance, ils s'essayaient vainement à jeter des pierres jusqu'à son sommet. Elle fut démolie vers 1816, et les matériaux en furent vendus à M. Perbost, qui, ayant acheté la petite usine à soie de M. Bouffonier, à Sigalières, faisait bâtir alors le bel établissement qui couvre aujourd'hui, avec ses dépendances, tout l'espace compris entre la rivière et la grand'-route, en face de la gare du chemin de fer.

Nous pouvons ajouter, d'après le témoignage de M. Léon Picaud, qui a été le témoin de la démolition de la tour Argentière, que le bas-relief de sa maison avait toujours été vu à cette même place par son père et par son grand-père, en sorte que son arrivée là remonterait à l'époque même de la construction de la maison, c'est à-dire à une date antérieure au XVIIIe siècle. Notons encore, pour l'avoir entendu dire à M. Léon Vedel, qui s'était beaucoup occupé des questions d'archéologie locale, que le bas-relief avait servi jadis d'entablement à une fenêtre *à croix de pierre* qui datait elle-même du XIVe ou du XVe siècle, laquelle aurait appartenu à une autre construction avant d'être utilisée pour la maison Picaud. Quoi qu'il en soit, on ne peut pas douter que l'atelier monétaire fût au château, et, par conséquent, que le bas-relief vienne de là. Mais à quelle époque et dans quelles circonstances ? Voilà ce qu'on ignore et ce que nous allons chercher à élucider autant que le sujet le comporte.

En supposant que les évêques de Viviers n'aient pas, comme beaucoup d'autres barons et prélats, battu monnaie avant le XIIe siècle, il est certain que ce droit leur fut alors reconnu par les empereurs d'Allemagne qui exerçaient en ce temps-là une souveraineté, au moins nominale, sur le Vivarais. Nous avons cité les chartes de Conrad (1146), de Frédéric 1er Barberousse (1177), et de Frédéric II (1214). En janvier 1235, Frédéric II confirma de nouveau aux évêques de Viviers le droit de battre monnaie. Bien que les évêques aient dû user auparavant d'un droit qui leur était reconnu depuis près d'un siècle, cependant c'est à cette époque que l'on rattache la frappe d'un denier de billon, décrit par M. Poey-d'Avant, qui est la monnaie la plus ancienne que l'on connaisse de ces prélats (1).

La sentence arbitrale rendue en 1289 par l'archevêque de Vienne sur le différend de l'évêque et du chapitre de Viviers, contient deux articles qui méritent de trouver place ici.

Le premier (article 15) est relatif au coin et au partage de la monnaie :

« La monnaie doit être frappée au coin de l'évêque. Le partage doit en être fait entre lui et le chapitre, comme il suit : le chapitre a droit sur 2 deniers pour chaque livre grosse que l'on évalue à deux marcs et demi. L'évêque jouit du reste du produit de l'hôtel des monnaies de Viviers, et même des autres de province, s'il en existe. »

Le second (article 24), après avoir établi que l'évêque et le chapitre doivent fournir chaque année une subvention de 2 marcs d'argent pour l'entretien de la sacristie, ajoute : « L'un et l'autre pourront employer à cet effet les revenus des mines d'argent du pays d'Argentière. »

Il y avait donc un hôtel des monnaies à Viviers. Mais voici un acte de l'année 1294 où l'atelier monétaire de Largentière est nominalement indiqué. On y voit que le

(1) VAN DER HAEGHEM. -- Recherches historiques concernant la souveraineté des empereurs d'Allemagne sur le Vivarais, p. 11.

roi Philippe le Bel avait, au mois de mars de cette année, ordonné au sénéchal de Beaucaire de mettre empêchement au cours de la monnaie qui se frappait à Viviers ou ailleurs, au nom de l'église de Viviers, et à laisser les choses en l'état, jusqu'à ce qu'il fût statué à cet égard par ses deux monétaires, Béchin et Daymier. Le 28 juin suivant, les deux officiers royaux, en vertu de l'autorité qui leur a été conférée, retirent tout empêchement à la frappe et au cours de la dite monnaie *récemment frappée à Largentière*, de celle-là seulement, et ordonnent qu'elle soit frappée, qu'elle ait cours et qu'elle reste dans les mêmes conditions (1).

Quelques années après, les évêques de Viviers qui avaient jusques-là accepté la souveraineté des empereurs d'Allemagne, ayant reconnu celle du roi de France, des conventions formelles intervinrent entre Viviers et Paris. Dans un premier traité signé en 1305, il est dit que le roi n'empêchera pas la monnaie de l'évêque d'avoir cours en France *inter volentes*. Le traité définitif ne fut signé qu'en 1307, et voici l'article qui y figure relativement à la monnaie de l'évêque :

« Nous n'empêchons pas directement ou indirectement que la monnaie dudit évêque, qu'il fait frapper dans sa terre, soit frappée, et ait cours dans la cité de Viviers et dans tout l'évêché de Viviers ; mais, hors dudit évêché,

(1) ...*Ordinamus quod dictum impedimentum cuditionis et cursus predicte monete ultimo cudite in Argentaria tantum amoveatur... et nos dictum impedimentum totaliter amovemus, et quod dicta moneta cudatur et currat et remaneat in statu suo, videlicet illa que ultimo cudebatur cum impedimento penitus remoto in terra episcopi et capituli ac episcopatus Vivariensis predictorum et alibi, ubi consuevit olim currere, pro jure suo tantummodo...*
Bibliothèque nationale. MSS. latins 11.017 fol. 17, charte reproduite par l'*Histoire du Languedoc*. — N. éd. t. X col. 300.

cette monnaie aura la même liberté qu'auront les monnaies des autres barons hors de leurs terres (1).

Il est à remarquer que le traité de 1307 est reproduit intégralement dans les diverses confirmations que cet acte reçut des successeurs de Philippe le Bel. La dernière est de Charles VI, en date du 23 mai 1383, et le passage ci-dessus y figure également, d'où l'on peut conclure qu'à la fin du XIVe siècle comme au XIIIe, les évêques de Viviers avaient conservé le droit de battre monnaie.

Notons ici la publication faite à Viviers en 1323 d'une ordonnance de Charles IV, datée du 15 octobre 1322, portant que nulles autres monnaies que celles spécifiées dans l'ordonnance, ne devraient avoir cours dans le royaume.

Le dernier article de cette ordonnance, qui en a quatorze, est ainsi conçu : « Que nuls barons, prélats et autres qui ayent droit de faire monnoye, ne ouvreront tant que cette monnoye se fera (2) ».

On comprend les abus auxquels devait donner lieu le grand nombre de seigneurs investis du droit de battre monnaie, et par suite les mesures de précaution et de surveillance que le roi avait à prendre en vue de les prévenir ou de les punir, en attendant le jour où il pourrait faire de la fabrication de la monnaie un monopole de l'Etat. C'est dans cet ordre d'idées qu'il faut chercher évidemment l'explication de l'ordonnance de Charles IV, laquelle d'ailleurs, ne s'appliquait pas exclusivement à Viviers mais au royaume tout entier.

La seule indication que nous fournisse l'histoire des évêques de Viviers sur l'exploitation des mines de Lar-

(1) *Nos non impedimus directe vel indirecte, quominus moneta dicti episcopi, quam ipse episcopus cudi faciat in terrâ suâ, cudatur, ut cursum habeat in civitate Vivarii et toto episcopatu Vivariensi; extra vero episcopatum predictum, moneta ipsa libertatem habeat illam quam monetæ aliorum baronorum regni nostri habebunt extra terras eorum. (Ordonnances des rois de France,* t. VII p. 7-14.

(2) *Ordonnances* .. I, 766 à 773.

gentière au XIVe siècle, se trouve dans un passage du manuscrit de l'abbé Baracand, où il est dit, sans indication de source, que l'évêque Henri de Villars, qui siégea de 1330 à 1336, « reprit à grands frais l'exploitation des mines de Largentière, et du produit répara les forteresses du comté, fit rebâtir les prisons, restaura la cathédrale, etc. »

Nous laissons à de plus savants que nous le soin de traiter la question des monnaies des évêques de Viviers, nous bornant à constater, d'après les écrivains les plus compétents (1), qu'on en connaît huit types différents, et qu'ils paraissent être du XIIIe siècle, à part un ou deux qui seraient du XIVe, probablement du temps d'Aymar de la Voulte, qui occupa à deux reprises le siège de Viviers, d'abord de 1326 à 1330, puis de 1336 à 1365.

Ainsi les évêques de Viviers ont exercé au XIIIe et au XIVe siècles (en supposant qu'ils ne l'aient pas fait auparavant) leur droit de battre monnaie. A quelle époque leur atelier monétaire, qui a pu être installé successivement à Largentière et à Viviers, a-t-il été fermé ?

En ce qui concerne Largentière, il est évident que la frappe de la monnaie a dû y cesser en même temps que l'exploitation des mines.

Or, il y a toute apparence que cette exploitation avait cessé même avant la découverte de l'Amérique, ce qui expliquerait l'absence de toute monnaie des évêques de Viviers au XVe siècle. Notons, en passant, que bien qu'ayant parcouru d'assez nombreux registres d'anciens notaires vivarois du XVe siècle, quelques-uns même remontant au XIVe, nous n'y avons jamais vu mentionner, dans les payements, ce qui aurait pu avoir lieu, au moins à titre d'appoint, la monnaie des évêques de Viviers. Pres-

---

(1) Voir l'étude de M. de Sacy dans l'*Histoire du Languedoc* t. VII de la nouvelle édition · *Monnaies baronales et épiscopales*, p. 338. On peut aussi consulter l'article de M. Jules Rousset dans l'*Annuaire de l'Ardèche* de 1839 p. 244.

que toutes les transactions se font en monnaie du roi de France *(cugni domini nostri regis Francie)*, quelques-unes seulement, sur les bords du Rhône, en monnaie viennoise ou valentinoise.

Au sujet des mines de Largentière, voici comment un ingénieur éminent, qui les a visitées, explique les causes probable de leur abandon :

« ... Quand on voit la forme des travaux, quand on se rappelle que l'abattage se faisait au moyen du feu et nécessitait un aérage beaucoup plus parfait que ceux que réclament les travaux de nos jours, on peut croire que les difficultés, s'accroissant avec le développement de l'exploitation, purent déterminer l'abandon de ces mines qui, dans tous les cas, durent être supendues à l'époque des conflagrations religieuses, comme le furent, à ce moment, un grand nombre des exploitations de ces contrées du midi de la France par suite des mêmes causes (1) ».

A ces considérations, nous pouvons joindre un témoignage plus précis, d'où il résulte clairement que l'exploitation de ces mines avait cessé bien avant les guerres religieuses du XVIe siècle. Voici, en effet, ce qu'écrivait vers 1560 Jean Pélisson, qui fut le premier principal du collège de Tournon :

« ... Il appert qu'au pays du bas Vivarais, sur la ville de Largentière, en montant à Chassiers, on a tiré là *autrefois* inestimablement de l'argent, et encore y voit-on la terre toute renversée sens dessus dessous et les apparences manifestes desdites mines d'argent (2) ».

Finalement l'examen du bas-relief de la maison Picaud vient à l'appui de cet ensemble de données qui tendent à

(1) ALFRED CAILLAUX. *Tableau général et description des mines métallifères de France*. Paris, Baudry 1875.
(2) *Recherches sur l'antiquité des seigneurs de Tournon* MS.

restreindre aux XIII⁰ et XIV⁰ siècles la période d'émission des monnaies épiscopales de Viviers.

On sait déjà que M. de Valgorge lui assignait la date du XIII⁰ siècle. Tel a été aussi l'avis du savant archéologue, M. de Longpérier, cité dans un intéressant travail de M. Daubrée sur les anciennes mines de France. Ce dernier, qui paraît avoir visité également les mines de Largentière, dit qu'on y a trouvé des excavations qui se pratiquaient à l'aide du feu, de l'eau et de la taille. Dans des travaux très étendus, il a été rencontré du bois brûlé, des bâtardeaux et des endiguements souterrains établis sans ciment apparent, ainsi que des fragments dont la surface avait été vitrifiée par le mode d'exploitation ; peut-être ces mines étaient-elles exploitées par les Romains et les Gaulois. Arrivant au bas-relief, il dit que le costume et la chevelure semblaient indiquer des Gallo-Romains ; « mais, ajoute-t il, mon savant confrère, M. de Longpérier, ne croit pas ce petit bas-relief antique, et pense qu'on peut le comparer aux sculptures des chapiteaux et des tympans de nos cathédrales du XIII⁰ siècle. Quant au sujet, il rappelle les vitraux de la cathédrale du Mans (XIII⁰ siècle) qui représentent aussi des hommes occupés à peser des monnaies, à côté d'autres qui les frappent (1) ».

Ayant voulu consulter encore sur ce point un autre archéologue des plus compétants, nous avons reçu de M. Salomon Reinach, un des conservateurs du musée de St-Germain, une réponse, en date du 3 novembre 1894, où se trouve le passage suivant :

« ... Il est certain que le bas-relief figuré dans la *Revue archéologique* de 1881 n'est pas gallo-romain et que Longpérier avait raison. Tout archéologue sera, je

---

(1) *Revue archéologique*, 1881, t. XLI p. 262.

crois, de son avis ; l'œuvre n'est pas antérieure aux XIII⁰ siècle, du moins si la gravure publiée est exacte... »

Le dessin de la *Revue archéologique*, le même que nous donnons plus haut, supplée naturellement à l'usure de la pierre, sur laquelle le temps exerce depuis des siècles son influence destructive, mais tous ceux qui voudront le comparer avec le bas-relief, pourront s'assurer qu'il en reproduit fidèlement le caractère et les traits essentiels.

Un mot pour finir sur les mines de plomb argentifère de Largentière.

Le minerai est disséminé fort irrégulièrement dans les couches dolomitiques sous forme de grains, d'amas ou veines (1).

Les anciens mineurs creusaient les galeries au pic dans les endroits où la roche n'était pas trop dure ; ailleurs, on échauffait la paroi à entamer à l'aide d'un grand feu de bois, puis on l'inondait d'eau, ce qui la faisait éclater ; on en recueillait les débris ; on travaillait encore quelque temps au pic dans la roche désagrégée, puis on recommençait l'opération ; ce qui amenait une consommation de bois effrayante.

Pour remédier à l'insuffisance de l'air, on usait du moyen tout à fait primitif, auquel fait allusion un article de la charte de 1208-1215, et que décrit ainsi un auteur ancien :

« ... Quand la mine est si profonde et advant sous terre que l'air défault aux ouvriers, on a coustume user de soufflets dans la mine pour donner quelque vent, ou mettre sur la gueule du puits des moulins aislez en forme de moulins à vent qui chassent et poussent l'air dans la mine (1) ».

(1) Voir *Etude sur les terrains triasique et jurassique et les gisements de minerai de fer dans l'Ardèche*, par Ledoux. Privas, 1868.

(1) *Les mines d'argent trouvées en France*, par François Garrault, 1562.

En 1885, en faisant des réparations à l'ancienne maison du président Roure (aujourd'hui maison Vital), sur la Halle, on découvrit l'orifice d'un puits, ayant près de 2 mètres de diamètre, et profond de 7 ou 8 mètres, au fond duquel s'ouvraient deux galeries se dirigeant, l'une vers le château, et l'autre vers le sud, parallèlement à la rivière. Ce puits, comme le fit remarquer alors une note du *Bas-Vivarais*, a de particulier le fini de son travail, ses proportions et sa situation. Placé dans l'intérieur de la ville, à quelques mètres des remparts, ce devait être le puits principal d'entrée et de sortie, le puits de sûreté. Les puits extérieurs pouvaient être, à certains moments, attaqués ou gardés par des ennemis ; la sortie des ouvriers et du minerai eut été alors impossible ou dangereuse. Les ouvriers échappaient au danger, en se dirigeant sur le poste de l'intérieur, auquel devaient aboutir, au moins en partie, les galeries du bassin argentifère.

Il serait curieux et intéressant de parcourir ce labyrinthe qui s'étend sous notre vieille cité et y constitue comme une ville souterraine avec ses rues, ses places et ses carrefours.

Une autre entrée principale des galeries souterraines se trouve dans la cave de la maison Vernet, située de l'autre côté de la rivière, près du pont des Recollets. D'après la tradition populaire, les galeries où l'on entre de ce côté, s'étendaient sous une grande partie de la ville et seraient fort curieuses à visiter, mais d'un accès particulièrement difficile. Nous devons toutefois mettre en garde les savants et les curieux contre une prétendue lettre de M. Genssane publiée par une feuille locale (1) il y a une vingtaine d'années, dont l'habile rédaction pourrait faire croire qu'elle émane, en effet, du savant minéralogiste qui a écrit l'*Histoire naturelle du Languedoc*.

(1) *République libérale*, 14 septembre 1878.

Cette lettre, simple reflet de la tradition locale, fut imaginée dans le but de provoquer des recherches sur les anciens travaux des mines de Largentière, et le journal à qui elle fut envoyée ne s'est jamais douté de la mystification.

Quelques ingénieurs ont émis l'avis que, vu l'imperfection des anciens moyens d'exploitation, les parties inférieures des couches métallifères de Largentière n'ont pas été atteintes et renferment encore une quantité notable de métal. La chose est possible, mais la cherté de la main d'œuvre et la concurrence des métaux étrangers n'en rendraient pas moins toujours l'exploitation incertaine. Une tentative eut lieu dans ce sens en 1867, et il y eut vers 1872 jusqu'à 125 ouvriers. Mais l'expérience ne fut pas longue, et en 1880 tous les travaux étaient abandonnés.

II

DU XIII° SIÈCLE AUX GUERRES RELIGIEUSES
(1301-1562)

Les consuls de Largentière à l'assemblée de Montpellier (1303). — Le plus ancien curé de Largentière. — L'arceau de la place du Marché (1306). — L'évêque de Viviers, coseigneur de Joanas. — Noble Maurel, dit Valadier. — *L'Eschéouno.* — Le mas du Bos et le seigneur de Balazuc. — Le testament de Jacques Duchamp (1361). — Le Reclus. — La *Malauteria.* — L'hôpital du Saint-Esprit. — Le legs d'Agnès Bertine et le moulin de la Ferradié (1361). — Les bancs ou tabliers de pierre devant les maisons (1363). — La transaction (1367). — La chronique locale de la fin du XIV° siècle. — La visite de l'évêque Guillaume de Poitiers (1443). — Réparations au château. — La chapelle de Notre-Dame d'Humilité. — La confrérie de St-Crépin (1540). — Le notaire Claude Allamel. — Réparations du pont du Mazeau (1550). — Le prix d'une robe de noces. — La ville de Largentière aux Etats du Vivarais — L'inventaire des joyaux de église (1550). — Une élection de consuls (1556). — Le personnel du couvent des Cordeliers. — Manifestations huguenotes dans la région avant 1562 — L'ancien chemin de ronde autour de la vallée d'Argentière. — Le progrès des mœurs et le progrès des chemins.

Le XIV°, le XV° et la moitié du XVI° siècle paraissent s'être écoulés fort paisiblement à Largentière ; ce fut sans doute pour cette ville une époque de paix et de prospérité, puisqu'il n'est plus question d'elle dans l'histoire générale du Midi, jusqu'aux guerres civiles ; heureux les peuples dont on ne parle pas ! Mais s'il n'y a rien sur nos prédécesseurs, pendant cette période, dans l'*Histoire du Languedoc* ni dans les autres publications dont notre pays a été l'objet, il n'en est pas moins resté sur leurs faits et gestes, sur leurs sentiments et leurs idées, des données assez nombreuses que nous avons patiemment relevées, de côté et d'autre dans les archives publiques et privées, principalement dans les papiers de la commune et de la paroisse (1), dans les registres de notaires, dans de vieux parchemins, provenant du couvent des Cordeliers, etc., et qui forment par leur ensemble comme par les détails, un véritable tableau de mœurs fort instructif et plus intéressant — au moins pour nous — que des dissertations généalogiques ou des récits de batailles

Le premier en date de ces faits est la présence de deux représentants de la ville de Largentière à une assemblée tenue à Montpellier lors des célèbres démêlés de Philippe le Bel avec le Pape. Cette assemblée, qui eut lieu le 6 août 1303 au couvent des Frères Mineurs de Montpellier, avait pour but d'appuyer la protestation du roi de France contre le pape, en vue de provoquer un concile général. Les représentants de Largentière à cette assemblée furent les deux consuls, Guillaume Sifred, jurisconsulte, et Pierre Fayn, agissant « pour eux et pour la communauté et université de Largentière ». Au parchemin (2) sont appendus plusieurs cachets en cire, parmi lesquels celui de la ville d Largentière, portant ses armes bien connues et le donjon créné autour duquel on peut encore distinguer les quatre lettres.. L V M C (*Sigillum*); et au revers : . N S V L V M DE ARGENTAR.. Il est à remarquer que les seules villes du Vivarais représentées à cette assemblée sont précisément celles dont l'évêque était seigneur, c'est-à-dire Viviers, le Bourg-St-Andéol, St-Marcel et Largentière. Le président Challamel explique l'adhésion de ces villes à la politique royale, en faisant observer que c'était le temps où l'évêque, « vivement pressé par la cour royale de Villeneuve-de-Berg, et se voyant à la veille de tout perdre, travaillait à s'accomoder avec le roi de France, en se soumettant à lui, afin

---

1) Les archives de la cure comprennent deux registres l'un de 183 feuillets et l'autre de 90, où ont été recueillis tous les actes concernant l université des prêtres de Largentière aux XVI et XVIIe siècles.

(2) Archives Nationales J 479.

de conserver, de cette manière, quelques restes de ses privilèges qu'il aurait immanquablement perdus sans ce traité (1)».

A noter encore qu'une réunion de seigneurs avait eu lieu, pour le même objet et dans le même couvent, le 25 juillet précédent, et que parmi eux se trouvaient les seigneurs de Joyeuse, de Vogué, de St-Remèze et Guillaume de Balazuc, pour ne parler que des plus voisins de Largentière.

On sait que le traité par lequel l'évêque de Viviers, Aldebert de Peyre, reconnut la suzeraineté du roi de France, fut conclu en 1305, puis, après quelques modifications, finalement confirmé en 1307.

Parmi les parchemins, sauvés de l'incendie du couvent des Cordeliers de Largentière, il en est un (dont la date en partie effacée se rapporte à 1302 ou 1312) où l'on peut lire le nom du plus ancien curé de Largentière : c'est le testament d'un nommé Jean Reynaud qui lègue aux Frères-Mineurs 10 sols de pension annuelle, ou une somme de 10 livres une fois payée, pour dire une messe annuelle le jour anniversaire de son décès. Cet acte fut passé à Largentière dans la maison de Pierre de Sance (2) où demeurait le testateur. Les témoins sont messire Raymond Vernède, curé de Largentière ; Raymond Aymar, prêtre ; religieux hommes, Frères Etienne Alric, gardien, et Jean Groscar, conventuel dudit couvent ; Jean Alric et Jacques Brisset, de Largentière ; Jean, fils de Pierre Michel, de Valgorge ; enfin Malarsa, (3), clerc du diocèse de Viviers, notaire public par l'autorité de notre seigneur le roi de France.

(1) *Chronologie du Vivarais* M S.

(2) Une fois pour toutes, notons ici que le *de* dans les anciens manuscrits n'a généralement aucune signification nobiliaire, mais indique simplement un rapport de famille, de lieu ou de possession. Ainsi Pierre de Sance signifie simplement un cadet de la famille Sance Voir à ce sujet notre *Notice sur Achille et Christophle de Gamon*, p. 47.

(3) RAYMOND DE GIGORD (dans le *Mandement de Joanas*) mentionne des actes du notaire Arnaud Malarsa et de Guillaume son fils, entre les années 1295 et 1308. Un de ces actes porte que Guillaume était notaire du temps de l'évêque Aymar de la Voulte, par conséquent après 1326.

C'est à Largentière que fut conclue, en 1308, par l'intermédiaire de l'évêque Louis de Poitiers et de Guy de Montlor, une transaction entre le prévôt de Viviers, Guilhaume de Paulhac, et les habitants d'Aubenas, au sujet des dîmes que le prévôt levait à Aubenas comme prieur de l'endroit (1).

En 1309, le vendredi avant la fête des Rameaux (*Rampalmarum*), noble Astorg de Geys, damoiseau, bailli de Largentière pour l'évêque Louis de Poitiers, donne des investitures et perçoit des lods pour les rentes vendues par Jean de Blaunac à noble Pons de Joanas (2). L'acte est passé à Largentière dans la maison d'Hugonet de Thueyts, « où se tenait la curie temporelle des seigneurs de Largentière ». Les témoins sont : Odilon de Sampzon, Mᵉ Guillaume de Thueyts, notaire, Pierre Sifred et Pons d'Antraigues ; et Mᵉ Arnaud Malarsa, notaire par l'autorité épiscopale.

L'Inventaire des archives municipales de Largentière (3), fait par Gabriel Fayolle en 1787, et que nous aurons souvent à citer, mentionne, à la date de 1306, « un jour de samedi après la Fête-Dieu, la permission de construire un arceau et de couvrir la rue et le chemin qui est sur le Marché, accordée par sages et discrètes personnes, Guillaume d'Adhémar, Jean d'Etan, Guillaume de Bagnols, Jean de Fayn et Raymond, consuls de Largentière, tant en leur nom qu'en celui des autres habitants de la même ville, de l'avis toutefois (*cum consilio*) de Raymond d'Adhémar, Guillaume Glassier, Guillaume Sifred, Pierre Julien, Jean Stagel et de plusieurs autres hommes de la même ville (4) »

Bien que les cinq derniers ne soient pas qualifiés conseillers par le notaire, on est en droit de penser, surtout en rapprochant

---

(1) *Chronique religieuse du vieil Aubenas*, p. 12.

(2) L'évêque de Viviers était coseigneur de Joanas, avec Pons de Joanas et Audebert de Montbrison. En 1342, Guérin de Pierregourde, bailli de Largentière pour l'évêque, perçoit les lods pour une autre vente faite à Blaunac. (*Mandement de Joanas*, pp. 29 et 253).

(3) Voir p. 18.

(4) Numéro 24 de l'Inventaire.

ce fait de l'expression *cum consilio consiliariorum* de l'acte de 1208, (1), qu'il y avait alors, comme un siècle auparavant, des notables plus spécialement chargés d'assister les consuls, bien que la qualification de conseillers ne leur fût pas toujours appliquée.

En 1320, Pierre d'Auriac, bailli du Vivarais, se plaignant des entreprises de l'évêque de Viviers, Guillaume de Flavacourt, comme contraires aux arrangements conclus avec la couronne, nomme, parmi les fiefs appartenant au Roi en Vivarais, le château de Fanjau et *la moitié* de la ville de Largentière.

Un Richard, de Sigalières (*de Segalariis*), figure parmi les seigneurs du diocèse de Viviers qui rendirent hommage à l'évêque au mois d'août 1333 (2).

En 1337, l'Abbesse de Mercoire, qui se nommait Valburge de Joyeuse, fit l'acquisition d'une vigne au terroir de Largentière, et ce sont des Julien, seigneurs de Vinezac, de qui relevait cet immeuble, qui lui donnèrent quittance des droits de mutation, désignés alors sous le nom de lods.

**

Le *Sommaire des reconnaissances* faites à une noble famille de Maurel, dit Valadier, de Largentière, nous fournit quelques détails sur cette ville et ses environs au XIVᵉ siècle (3).

En 1325, Pierre Valadier, de Largentière, fils de feu messire Jean Maurel, reconnaît tenir de noble homme Raymond de Vogué, damoiseau, en fiefs francs et honorés, un certain nombre de terres, cens, services etc. qu'il a dans le mandement de Chassiers, et d'autres aussi qu'il possède à la Chapelle et à Vinezac.

L'intervention de trois notaires à cet acte, savoir · Vernède et Raymond Merzelet, de Largentière, et Jacques Chalendar, de

---

(1) Voir page 22.

(2) ROCHE. *Armorial des évêques de Viviers*. II 316.

(3) Ce manuscrit, dont tout un côté des pages a été rendu absolument illisible par l'humidité, se trouve dans la bibliothèque de M. Soulerin, de Chassiers.

Chassiers, semble indiquer l'importance que les parties y attachaient.

Peu après, en 1329, on trouve « noble Pierre Maurel, dit Valadier », le même évidemment que le précédent, possédant, au Mas du Bos, qui faisait alors partie de la paroisse de Chassiers, un assez grand nombre de terres censitaires, pour lesquelles des reconnaissances lui sont faites devant notaire par des hommes de Chassiers ou de Largentière.

D'autres reconnaissances ont pour objet des terres situées au territoire de la *Cheuna*, entre autres par le notaire Etienne Brive, de Largentière, qui y possédait un jardin — et ce nom de *Cheuna* indique assez clairement l'étymologie d'*Eschéouno* qui est aujourd'hui le nom de ce quartier : c'était une chesnaye, dont la *Rourède*, qui existe encore au dessus du pont de Montréal, est le dernier débri.

Giraud Teissonnier, barbier à Largentière, reconnaît tenir de Maurel une vigne sous Fanjau. D'autres vignes ou jardins sont indiqués comme situés sous Fanjau, *in plano de Vergada* (d'où probablement le nom de *Vergeade* resté à une *propriété* de ce quartier).

Il y a aussi à la *Cheuna* une vigne d'Odilon de Vernon, dont la fille et héritière, appelée Brunissende, a pour fils un Pons de *Fonte* (Lafont), nom que nous retrouverons assez souvent par la suite.

A noter encore la mention dans ces actes d'une vigne de l'abbaye de Mazan (dont le quartier de Bouteille sous Chassiers a conservé le nom) et d'une autre vigne voisine appartenant au monastère des Chambons ; celui-ci avait encore un pré de ce côté sur le ruisseau de Bruel et un bois de châtaigniers à Coupe — ce qui s'explique par la nécessité où étaient ces établissements placés en pays froid d'avoir des domaines dans le bas Vivarais, soit pour en tirer leur provision de vin ou de fruits, soit pour y envoyer leurs malades ; c'est pourquoi, de leur côté, les Chartreux de Bonnefoy possédaient le vignoble de Bellevue entre Laurac et Montréal. Bonnefoy et les Chambons avaient aussi chacun un domaine aux environs d'Aubenas.

En 1349, Pierre Maurel donne en emphytéose à Jean Maurel, son oncle, une maison sise à Largentière, confrontant avec la maison de Jean Bouchet, dit Truan, et avec la lause de la rivière et les voies publiques, plus une maison et des terres au mas du Bos, sous la condition de l'hommage et d'un cens, se réservant le domaine direct et l'hommage lige, ainsi qu'une redevance de deux tiers d'avoine, douze deniers et un chapon, « de façon qu'un repas raisonnable soit donné au payeur, et de plus deux setiers de vin pur livrables aux vandanges ».

Mais le plus intéressant de ces actes est une reconnaissance faite, en 1355, par Pierre Maurel, fils de Jean, à noble et puissant homme Pierre de Balazuc Maurel reconnaît tenir de ce seigneur, en fief franc et honoré, et sous son domaine direct, le mas du Bos et tout ce qu'il y possède ou que d'autres y possèdent en son nom : maisons, vignes, terres cultivées ou non, prés, bois, cens, services, usages, hommes, hommages, juridiction haute et basse avec cette clause spécifiée, d'ailleurs, dans beaucoup d'actes du temps, que, si quelqu'un y commet des excès emportant la peine de mort ou la mutilation d'un membre, la poursuite et l'exécution de la sentence appartiendront au seigneur de Balazuc ; mais que si le coupable peut s'en tirer avec de l'argent, la somme payée sera partagée par égales parts entre lui et le seigneur de Balazuc. La même reconnaissance, accompagnée de la même condition, fut renouvelée en 1388, par Guillaume Maurel, fils de Pierre, à Albert de Balazuc, chevalier, fils de Pierre de Balazuc.

En 1360, le 13 juillet, dame Hermessende de la Gorce, femme de Guillaume de la Voulte, accorde à tous les habitants de Largentière la liberté de passer sans payer sur le pont de Salavas, à pied, à cheval, ou avec des montures, de bât, etc. (1). Ce Guillaume, fils d'un second lit de Bermond II d'Anduze, n'était pas seigneur de la Voulte, mais de Rochemaure, de Sceautres et d'une part de Largentière que son père lui avait donnée en 1357 (2), ce qui

(1) N° 25 de l'Inventaire Fayolle.
(2) Voir p. 48. Voir aussi notre *Notice sur la baronnie de la Voulte*, p. 43.

explique la faveur accordée par sa femme aux habitants de Largentière.

*_**

Le testament de Jacques Duchamp (*de Calma*), de Largentière, qui se trouve sur un des parchemins du couvent des Cordeliers, nous a paru mériter l'honneur d'une reproduction intégrale, à cause de la lumière qu'il jette sur l'état de cette ville en 1361. En voici la traduction :

Au nom de N. S. Jésus-Christ, Amen. Sachent tous que l'an de l'Incarnation 1361 et le 12ᵉ d'août, Jacques Duchamp, fils de Vital Lafont, de Largentière, etc. fit ainsi son dernier testament.. Moi, Jacques Duchamp, sain d'esprit bien que détenu en infirmité de corps, sachant qu'il n'y a rien de plus certain que la mort et de plus incertain que l'heure de la mort, et que tous, devant le tribunal du Christ, nous recevrons selon que nos corps dans ce siècle auront agi ; voulant et désirant pourvoir à ce qu'il y a de plus salutaire à notre âme ; considérant que Dieu le Père tout puissant n'a pas épargné à son fils de subir la mort parmi les hommes, je fais ainsi mon dernier testament :

Au nom du Père et du Fils et du Saint-Esprit,

Recommandant mon corps et mon âme au Très-Haut, à N. S. J.-C. et à sa très glorieuse Mère, la Vierge Marie,

Je choisis, pour cause de dévotion, la sépulture de mon corps, et je veux et ordonne qu'il soit inhumé dans l'église de Notre-Dame de Largentière.

Je veux qu'il soit pris sur mes biens, pour le salut et remède de mon âme, de celles de mes parents et de mes bienfaiteurs, 80 florins d'or (1), de bon poids, au moyen desquels on acquittera

---

(1) A cette époque, le florin d'or, ainsi nommé d'une sorte de fleur de lys qui y était représentée, pesait 3 grammes 54, au titre de 987 millièmes d'or fin et avait une valeur intrinsèque de 10 francs 87. Les 80 florins d'or représentaient donc au poids 869 fr. de notre monnaie, mais avec une valeur beaucoup plus grande que de nos jours. Le florin valait 12 gros ; le gros ou sol, 12 deniers ; le denier, 2 oboles. Le gros d'alors correspondait à une pièce d'argent un peu moindre que notre pièce de 1 franc. Nous ne donnons ceci qu'à titre d'indication très générale pour fixer la pensée de nos lecteurs, car, vu l'infinie diversité des anciennes monnaies et les variations incessantes des régimes monétaires, due à l'ignorance où l'on était des lois économiques — sur lesquelles, d'ailleurs, on est loin, même de nos jours, d'être parfaitement d'accord — rien n'est plus difficile que d'apprécier avec une exactitude suffisante la valeur des monnaies au moyen-âge.

tous les legs pies dont je vais indiquer la distribution, à payer une fois seulement.

Je veux que, le jour de ma sépulture, on convoque cent prêtres, parmi lesquels seront les Frères-Mineurs de Largentière et des paroisses circonvoisines ; lesquels célèbreront des messes et autres divins offices pour le salut de mon âme et de celles de mes parents et bienfaiteurs, et l'on donnera à chacun d'eux un gros d'argent au coin de notre seigneur le roi de France.

Si le nombre de cent prêtres n'a pu être atteint, je veux qu'il y soit pourvu dans la neuvaine de mon décès.

Item, je veux qu'il soit fait une offrande d'un pain de 4 deniers tournois et de deux deniers de vin, avec le luminaire accoutumé, pendant un an et neuf jours continus et complets après ma mort.

Je lègue au chapelain curé de l'église de N.-D. de Largentière, pour mon lit funéraire, un mouton d'or (1) et je le prie de se contenter de ce legs, et dans le cas où il ne serait pas content, je veux que mon offrande de pain, de vin et de luminaire se fasse à l'église des Frères Mineurs pendant le temps susdit.

Item, je lègue au chapelain curé de Largentière cinq sols tournois ;

Item, à son vicaire deux sols et six deniers tournois ;

Item, à chacun des deux clers de la dite église, douze deniers ;

Item, à chacun des bassins des quêtes qui se font dans les églises des Frères Mineurs et de N. D. de Largentière, pour les âmes du Purgatoire, un florin d'or, de bon poids ;

Item, à chaque bassin courant habituellement dans l'église de N. D. de Largentière, douze deniers tournois ;

Item, à la dite église, un florin d'or de bon poids ;

Item, aux chanoines Alric et Maron, cinq sols tournois à chacun ;

Item, au Reclus et à la Malautcria de Largentière, deux sols et six deniers chacun ;

Item, à l'hôpital du St-Esprit de Largentière, pour le service des pauvres, un lit, muni de bons draps, qui sera porté devant mon corps, quand mon corps sera porté à l'église pour la sépulture ;

Item, à religieux homme, F. Jean-Jean, de Largentière, de l'ordre des Frères-Mineurs, dix florins d'or, lequel Frère sera tenu de célébrer des messes et autres divins offices pour le salut de mon âme et de celles de mes parents et bienfaiteurs.

Item, je veux et ordonne que mille messes soient célébrées pour le salut de mon âme et de celles de mes parents et bienfaiteurs, dans le délai de cinq ans après ma mort, savoir : cinq cents dans l'église de N.-D. de Largentière, par les prêtres résidant à Lar-

---

(1) Le mouton d'or ou denier d'or à l'agnel valait un peu moins que le florin.

gentière, et les autres cinq cents dans l'église des Frères-Mineurs de Largentière par les Frères dudit lieu, et à chaque célébrant une messe je veux qu'il soit donné douze deniers tournois.

Item, je veux et ordonne que huit [setiers froment ou] seigle soient donnés aux pauvres en pain cuit dans la neuvaine de mon décès (1).

Tous ces legs doivent être payés sur les quatre vingt florins d'or indiqués ci-dessus, et si cette somme ne suffisait pas pour payer tous ces legs pies, je veux que mon héritier universel soit tenu de fournir, sur mes biens, le supplément ; si, au contraire, il restait quelque chose sur les quatre vingt florins, je veux qu'on l'emploie en messes ou autres œuvres pies, suivant la volonté de mes exécuteurs testamentaires.

Je lègue à messire Jean Larmande, prêtre, vingt florins d'or, de bon poids, à payer dans le délai de quatre ans après ma mort, et je le prie de célébrer des messes et autres divins offices pour le salut de mon âme et de celles de mes parents et bienfaiteurs.

Je reconnais devoir au même messire Jean Larmande ici présent quatre vingt un sols tournois (en comptant un florin d'or bon poids pour vingt quatre sols tournois) (2), à raison d'un prêt qu'il m'a fait, et je veux que cet argent lui soit rendu à sa simple demande.

Je lègue au couvent des Frères Mineurs de Largentière une pension annuelle et perpétuelle de dix sols tournois, à employer chaque année à l'achat d'huile pour la la lampe de St-François brûlant constamment devant son autel en son honneur et révérence et de N. S. Jésus-Christ, à la condition que mon héritier universel et ses successeurs, en payant audit couvent dix florins d'or pour le rachat de cette rente, soient tenus quittes du payement de ces dix sols annuels. Et néanmoins, ce legs payé, les Frères dudit couvent seront tenus de célébrer, le jour anniversaire de mon décès, des messes et autres divins offices pour le salut de mon âme et de celles de mes parents et bienfaiteurs.

Je lègue à l'église de N.-D de Largentière, pour chaque année, à perpétuité, un *chantare* ou anniversaire de dix sols tournois, à payer chaque année à perpétuité par mon héritier universel ou par ses successeurs, le jour de mon décès.

Je lègue à Pierre Julien, de Largentière, mon cousin, cent sols tournois ;

Item, à Isabelle Julienne, ma cousine, cent sols tournois ;

---

(1) Le setier équivalait à 59 litres de grains. Il valait 2 émines, l'émine 2 quartes, la quarte 2 civayers.

(2) Le sol tournois, monnaie de compte, qu'il ne faut pas confondre avec le gros ou le sol d'argent. On voit qu'il en fallait alors 24 pour faire un florin d'or.

Item, à Pierre Stagel, mon cousin, dix livres tournois ;

Item, à F. Laurent Champagne, de l'ordre des Frères-Mineurs de Largentière, un demi-florin d'or ;

Item, à sœur Marone Alric, de l'ordre de Ste-Claire, d'Alais, un florin d'or ;

Item, à un homme de la Rouvière, que désignera Raymond la Vernade, cinq florins d'or, pour tout ce que je lui dois ;

Item, à Jean Danic, un muid de vin rouge, pur, bon et recevable, à la mesure de Largentière, pour tout ce que je lui dois.

Item, je lègue et je veux qu'on rende à Gonete Fornelle, de Largentière, une vigne située au mandement de Chassiers, sur le chemin de Largentière à Aubenas, qu'elle avait donnée ou transportée sur ma personne, et de plus qu'on paye à ladite Gonete dix livres tournois pour tout ce dont je lui suis redevable.

Je lègue aux héritiers de Bernard Ranglo l'obligation passée par Ranglo à feu mon oncle Aymar Duchamp, acte reçu par feu M° Jean Blanc, notaire ; cette pièce doit être rendue sans aucuns frais, et je leur lègue aussi le cens ou canon qu'ils avaient l'habitude de payer, jusqu'au jour présent, avec tous les arrérages sur une vigne que Ranglo tenait de moi en emphithéose.

Je lègue et je veux qu'on rende à Pierre Dous quatre vingt sols tournois, pour tout ce que je lui dois, à raison de n'importe quelle occasion et cause.

Je lègue à Jean Saorne, de la Chapelle, dix sols tournois qu'il me doit ainsi qu'un florin d'or.

Je lègue au couvent de Mazan deux florins d'or pour un repas (*pro una pitancia facienda*).

Item, je lègue audit couvent, pour messes à célébrer pour le salut et le remède de l'âme de feu Roudil, donat dudit couvent, cent sols tournois.

Je veux qu'on rende à l'église de N. D. de Largentière une coupe d'argent, léguée par feue Marona, ma mère, dans sa dernière volonté, pour en faire un calice.

Je veux qu'on rachète sur mes biens un calice de la chapellette (*capellinœ*) de N. D. que j'ai vendu à Pons de Rocles, au prix de neuf florins d'or, pour le restituer à ladite chapellette ; et, si mon héritier ne pouvait recouvrer ce calice dudit Pons, je veux que, dans ce cas, il rende à la dite chapellette un bon calice valant jusqu'à douze florins d'or.

Je lègue dix livres tournois pour envoyer un homme à Saint-Jacques (de Compostelle), pour l'âme de feu Vital Lafont, mon père, à moins que l'autorité spirituelle n'ordonne la conversion de cette somme en d'autres usages pies.

J'ordonne qu'un homme convenablement choisi soit envoyé, aux frais de mon héritier universel, à St-Jacques, pour mon âme, à moins que l'autorité spirituelle n'ordonne que la somme nécessaire soit distribuée en d'autres œuvres pies.

Je lègue à Pierre Pe..... un florin d'or.

Je lègue un mouton d'or pour contribuer à la dépense d'une croix pour l'autel de Notre-Dame.

Je lègue à Modane Dupuy, sœur de Pierre Dupuy, un mouton d'or.

Je lègue à religieux homme, messire Jocelin Lafont, mon frère, moine de Mazan, cent florins d'or pour ses besoins et pour ses acquisitions, et, dans le cas où lui-même ou ledit monastère n'exigerait ou ne recevrait pas lesdits cent florins d'or pendant sa vie pour les besoins de sa personne, dans ce cas je veux que cette somme revienne et appartienne à mon héritier universel et non à d'autres.

Je lègue, par droit de constitution d'héritier, à Marone, ma fille, 400 florins d'or et un trousseau, convenable pour sa dot, à fixer, ainsi que les payements annuels, par mes amis et exécuteurs testamentaires, quand elle sera colloquée en mariage ; et, s'il arrivait que ladite Marone fît un mariage plus avantageux que ne comporte le chiffre ci-dessus, je veux que dans ce cas mes amis puissent augmenter sa dot selon qu'ils le jugeront à propos ; et pour tout ce surplus je l'institue mon héritière spéciale, en sorte qu'elle n'ait plus rien à prétendre sur mes biens.

Item, je lègue, par droit d'institution d'héritier, à chaque fille posthume qui pourrait me naître, trois cents florins d'or et un trousseau de dot convenable, avec faculté, comme dans le cas précédent, à mes amis et exécuteurs testamentaires, d'augmenter au besoin la dot, selon qu'ils le jugeraient à propos ;

Item, à chaque garçon posthume 200 florins d'or, avec obligation à mon héritier de les faire instruire dans la science qu'ils voudront apprendre, et de les fournir de vivres, vêtements et livres nécessaires jusqu'à 25 ans ; et, s'il ne voulaient rien apprendre, on ne serait tenu à rien à leur égard.

Et si ma fille Marone ou quelqu'un des enfants posthumes mourrait en âge pupillaire, je leur substitue mon héritier universel ou ses successeurs.

Je lègue à ma chère femme Isabelle six vingt florins d'or, à payer à raison de quinze florins par an, pour la dot que j'ai reçue d'elle et reconnue par actes publics ; je lui lègue la nourriture, le vin et aussi le vêtement, et je veux qu'elle soit maitresse, usufruitière, souveraine et gouvernante de tous mes biens tant qu'elle vivra sans convoler à de secondes noces ; et, comme j'ai souvent éprouvé sa foi, je ne veux pas qu'elle ait à rendre aucun compte, soit à mon héritier universel, soit à aucun autre, tribunal ou autre autorité, au sujet de la gérance ou administration de mes biens ; et, s'il arrivait, ce qu'à Dieu ne plaise, qu'elle ne les administrât pas bien, soit fraude, négligence ou incurie, je lui remets et lui laisse de droit ces biens ainsi administrés.

Mais, s'il arrivait que ma dite femme vintà perdre ou à diminuer volontairement ou par force ladite administration et qu'elle en fût légalement écartée, je lui lègue et laisse les dits biens à elle légués de droit, désirant qu'elle accroisse plutôt mes biens que d'arriver à la pauvreté ; c'est pourquoi je défends qu'il soit fait par ma femme un inventaire de mes biens dont la confection soit contraire au présent testament et je lui remets tout de façon qu'elle ne puisse être poursuivie par personne d'une façon quelconque.

Je veux que, sur son usufruit, elle soit tenue d'élever et d'entretenir mes enfants, de cultiver mes vignes et de subvenir à ma succession, selon la faculté de mes biens et la valeur de l'usufruit, tant qu'elle vivra en viduité.

Interdisant à ma dite femme de rien demander ou exiger sur les légitimes de mes enfants ; — et, dans le cas contraire, lui retirant le legs des six vingt florins d'or.

Pour tous mes autres biens et actions, quels qu'ils soient, j'institue héritier universel, le nommant de ma propre bouche, Aymar Duchamp, mon fils chéri, et s'il venait à mourir en âge pupillaire, je lui substitue mon posthume ou mes posthumes par parts égales.

Et si Aymar ou les posthumes venaient à mourir en âge pupillaire, je leur substitue ma fille Marone.

Et si Marone mourait en âge pupillaire, je lui substitue Pierre Stagel et ses héritiers pour la moitié des biens qui me viennent de feu Vital mon père ; et pour l'autre moitié, Pierre Julien, de Largentière, et ses successeurs.

Et pour les biens qui me viennent de feu Aymar Duchamp, mon oncle, j'institue héritier Pierre Stagel et ses enfants etc.

J'institue pour mes exécuteurs testamentaires : le chapelain curé de l'église N. D. de Largentière et le gardien des Frères Mineurs, et aussi le plus ancien des consuls de Largentière, qui sont maintenant ou qui seront au moment de ma mort, en leur adjoignant pour conseil F. Jean-Jean de l'ordre des Frères Mineurs.

Fait dans la maison des héritiers d'Aymar Duchamp. Témoins :

Messire Pierre Fransa, prêtre de Viviers, tenant lieu, comme il disait, du chapelain curé de Largentière ;

Vénérables et religieux hommes : Frère Jean-Jean et Laurent Champagne, de l'ordre des Frères-Mineurs ;

Arnaud Julien — Guy Barchant — Reynaud Saturnin — Raymond Vivier — Pierre Laplanche — Vital Plombier, de Largentière ;

R. Arnaut — Pierre Dous, habitants de Largentière ;

Et moi François Chabrol, de Largentière, notaire public par

l'autorité royale, qui ai dressé cet instrument public sur deux peaux de parchemin.

* * *

On voit par ce document que Largentière possédait alors un Reclus, une Maladière et un hôpital du St-Esprit

Les reclus ou recluses étaient des personnes qui s'enterraient pour ainsi dire vivantes, dans des cellules murées, ne communiquant avec l'extérieur que par une étroite ouverture, par laquelle la charité publique leur faisait passer les objets nécessaires à la vie. Il y avait des reclus ou des recluses aux abords de beaucoup de villes, et de là les noms de *Reclus, Recluse* ou *Reclusière*, restés à certains quartiers de Largentière, Privas, Annonay etc. Nous trouvons dans beaucoup de testaments des legs faits au Reclus de Largentière. Il y avait aussi un Reclus près de l'église de N. D. des Plans, une des deux paroisses d'Aubenas.

Le dernier testament, à notre connaissance, contenant un legs pour le reclus de Largentière, est de 1428.

* * *

La Maladière était située au dessus de la ville, au Mas du Bos. Quelques vieillards seulement se rappellent aujourd'hui que la calade pavée, qui part de la maison Jouanin et aboutit, par une montée d'escaliers, à la croix du col de Sainte-Foy, s'appelait autrefois *lo mountado de lo Moloouteïro*. Cette expression, encore en usage vers 1840, était alors le seul vestige, resté dans les souvenirs du pays, de l'existence de notre premier hôpital, et c'est elle qui nous a permis de retrouver ce vieux monument de la charité de nos pères.

L'ancienne maladière n'est autre que la maison Dumas, la première que l'on rencontre à gauche, sur le chemin du mas du Bos, à 2 ou 300 mètres de la croix. Cette maison tranche par ses belles pierres de taille et la solidité de sa construction avec toutes les habitations environnantes. Au reste, on sait de mémoire d'homme, que c'était la seule maison existant sur le mas du Bos, au commencement de ce siècle, à l'exception toutefois du petit castel ou métairie des Julien de Vinezac, aujourd'hui maison Bardin, qui se trouve à 12 ou 1500 mètres plus loin, vers le sud-est, sur le versant de la vallée de Bruel.

Le rez-de chaussée de la maladière se compose d'une vaste salle voûtée (aujourd'hui divisée en deux par une cloison en briques) avec une grande cheminée. Au premier étage se trouve une autre salle d'égales dimensions, éclairée au levant par une grande fenêtre en croix, dont la moitié a été murée. C'est là probablement qu'on mettait les malades, quand leur nombre n'obligeait pas d'en mettre aussi a la salle d'en bas, réservée probablement en temps ordinaire à la cuisine et aux autres services de la maison.

La maladière comprenait simplement le bâtiment primitif de forme rectangulaire qui se distingue aisément des bâtisses modernes que les derniers propriétaires y ont annexées.

Or cette construction ne paraît pas remonter au delà du XVe siècle, et par suite, en admettant qu'il y ait eu là d'abord un établissement destiné aux lépreux c'est-à dire une *maladrerie*, il faut supposer qu'il fut reconstruit, après la disparition plus ou moins complète de la lèpre, pour servir aux épidémies de peste, de grippe ou de dyssenterie, si fréquentes en ce temps-là, et devenir une simple *maladière*, c'est-à-dire un hôpital rural, où l'on évacuait les malades de la ville, dans le double but de faciliter leur rétablissement et de prévenir la contagion.

Quoi qu'il en soit, on ne peut douter que la lèpre n'ait sévi dans notre région avant les autres fléaux relativement bénins qui lui ont succédé, et un indice de son antique présence résulte du nom de chapelle des *La lres*, que portait à Chassiers une chapelle située en face de l'église, sur l'emplacement de l'aire où l'on bat actuellement le blé de la commune.

On peut observer encore qu'il existe, non loin de la maison

Dumas, entre le mas du Bos et les ruines de la tour de Fanjau, une carrière de pierres, connue sous le nom de *cimetière des Sarrasins*. D'après une tradition, il y aurait eu là jadis un combat où beaucoup de Sarrasins auraient été tués. Mais si l'on songe que la lèpre en France vint, ou du moins reçut une notable impulsion, des invasions sarrasines, n'est-on pas en droit de se demander, vu le fait de la chapelle des *Ladres* de Chassiers, si le mot de cimetière des Sarrasins n'équivaut pas ici à celui de cimetière des Lépreux, et si la maladière du XVe siècle n'a pas remplacé une ancienne maladrerie ?

On sait aujourd'hui que la lèpre a existé en France, et probablement partout, dès la plus haute antiquité. Il en est question dans les œuvres des Pères de l'Eglise, dans les plus anciennes légendes chrétiennes et dans les capitulaires des rois francs. La terrible maladie paraît surtout avoir fait des progrès dans l'occident de l'Europe au VIIIe siècle, au contact des Juifs et des envahisseurs sarrasins qui s'établirent à cette époque sur divers points de l'Europe méridionale et occupèrent notamment la vallée de Largentière. Elle a laissé sa trace dans certaines localités sous les noms de kakomeries. madeleines, corderies. ladreries, toutes expressions synonymes de léproseries. Par une mesure de précaution, confirmée d'ailleurs par l'expérience, les lépreux étaient confinés dans les léproseries ou maladreries Là où ces établissements manquaient, ils étaient contraints d'habiter loin des habitations, le long d'un chemin, une *borde*, c'est-à-dire une cabane, une sorte de hutte isolée. Les lépreux eurent souvent à souffrir des répulsions et des haines, méritées ou non, dont ils furent l'objet. Les chroniqueurs nous apprennent que beaucoup de maladreries devinrent, aux XVe et XVI° siècles, des repaires de vices où l'argent des personnes charitables servait à des orgies, où les liaisons entre ladres formaient d'ignobles associations. La langue française en a conservé le souvenir, et pas n'est besoin de dire quelles maisons ont emprunté leur nom vulgaire aux petites bordes des lépreux. Au XIVe siècle, Ambroise Paré écrivait encore : « Tous les ladres deviennent trompeurs, furieux, lubriques ». La maladie fut peu à peu restreinte par l'isolement des malades et les mesures hygiéniques. Elle avait à peu près disparu en France au XVI° siècle, et au siècle suivant, en 1662, un Edit royal donna tous les biens des léproseries à l'ordre restauré de St-Lazare et du Mont-Carmel.

On trouve jusqu'en 1428 des legs faits à la Maladière comme au reclus.

Notons pour finir qu'il existe dans l'Ardèche des *Maladières* à Roiffieux, Soion, St-Péray, etc.

*

L'hôpital du Saint Esprit, que nous trouvons nommé, avec la Maladière, dans le testament de Pierre Duchamp, est probablement antérieur à celle-ci.

Dans les premiers siècles de l'ère chrétienne, les hôpitaux étaient généralement sous l'invocation du Saint-Esprit. On en trouve la preuve en France, comme en Italie, en Allemagne et ailleurs. A Marseille, l'œuvre du Saint-Esprit était une des branches les plus importantes de l'administration municipale. Beaucoup de villes avaient des confréries du Saint-Esprit pour le soin des malades, et on en trouvait jusque dans de petits villages.

Le Saint-Esprit inspirait, non seulement des œuvres de pure bienfaisance, mais encore de grandes œuvres d'utilité publique, témoin le Pont St-Esprit, que notre région doit à la confrérie spéciale, qui s'organisa à la fin du XIII° siècle, sous le titre d'*Œuvre des église, maison, pont et hôpitaux du Saint-Esprit* (1).

La plus célèbre de ses œuvres en France fut l'ordre hospitalier du Saint Esprit, fondé au XII° siècle par Guy, petit-fils du comte de Montpellier, pour le soin des pauvres, des infirmes et des enfants abandonnés, et c'est à elle que se rattache la maison de Largentière.

L'institution du F. Guy, fut approuvée, en 1198, par le pape Innocent VIII Ses membres, qui prirent plus tard le titre de

(1) Voir les diverses publications de notre savant confrère, M. Louis Bruguier-Roure, du Pont-St-Esprit.

chanoines réguliers, étaient habillés comme des ecclésiastiques, et se distinguaient par une croix de toile blanche à douze pointes sur le côté gauche de leur soutane et de leur manteau. Aux trois vœux de religion, ils ajoutaient le suivant :

« Je m'offre et donne à Dieu, au Saint-Esprit et à la Sainte Vierge, et à *nosseigneurs les pauvres*, pour les servir durant notre vie. »

Cet ordre eut des maisons dans toute l'Europe, mais surtout en France, en Pologne et en Italie. En France, ses principales maisons étaient à Montpellier, Dijon, Besançon, Poligny, Bar-sur-Aube. Il fut aboli avant la Révolution. Son dernier général ou commandeur fut le cardinal de Polignac.

Il y avait aussi des religieuses hospitalières du Saint-Esprit qui prenaient soin des enfants en bas âge, faisaient les mêmes vœux et portaient la même marque sur leur habit.

L'hôpital du Saint-Esprit de Largentière fut probablement fondé au XIIIe siècle.

Quoi qu'il en soit, à partir du XIVe siècle, tous les testaments de quelque importance mentionnent des legs faits à cet établissement comme à la Maladière.

L'hôpital du Saint Esprit à Largentière était établi en face de l'église, dans la maison Vedel-Justin, et il possédait certains biens, comme il résulte des notes suivantes empruntées à diverses sources.

Un acte de notaire de 1441 mentionne une vigne de l'hôpital du Saint-Esprit, sise auprès du ruisseau de *Copadans* ou de *Rivobrevi* (Roubrau).

En 1486, vénérable homme messire Antoine Rescol, commandeur (*preceptor*) de l'hôpital du Saint-Esprit, à Largentière, dépendant de la commanderie de Montpellier, afferme les quêtes, fruits, récoltes, et tous les revenus dudit hôpital (à l'exception des quêtes de la ville même de Largentière qu'il se réserve expressément), à discrets hommes, Robert et Balthasard Roberton, d'Aubenas, pour la durée de trois ans et trois récoltes, au prix annuel de neuf livres (valant douze florins) en argent, un demi-quintal de chanvre, un quarteau de laine, et un demi-quintal de fromage (1).

En 1502, le commandeur de l'hôpital est le F. Astorg.

En 1507, c'est vénérable et religieux homme F. Laurent Vincent (2), qui passe une transaction avec les Cordeliers, au sujet d'un chemin que les Cordeliers faisaient au pré du dit hôpital, allant du Portalet à leur couvent. Il y avait eu des échanges de terre entre les parties, et il avait été convenu que, pour égaliser les parts, les Cordeliers redevaient 21 livres à l'hôpital. Le quartier situé au dessus de l'ancien couvent des Cordeliers, d'où venait leur fontaine, située dans le jardin de Claude Allamel (probablement la propriété Bourret au-dessus du jardin Riffard), était alors désigné sous le nom de *Dorlhac* ou *Bagnols*.

En 1520, Guinot Garnier, prêtre. entre autres legs pies, en fait un de 15 sols à l'hôpital du St-Esprit, pour une paillasse (*lodice*) au service des pauvres de l'hôpital ; il lègue de plus, 15 deniers au reclus.

En 1547, Guillemette Aurelle, veuve d'Etienne Bompar, lègue à l'hôpital du St-Esprit 5 sols. Le commandeur de l'hôpital est alors vénérable Thomas Borel (3).

Il y avait à l'hôpital une chapelle du Saint-Esprit qui fut pillée en 1562, en même temps que le couvent des Cordeliers.

Le procès-verbal de la visite de l'église de Largentière, en 1676, par le chanoine Monge, nous fait connaîtres les destinées ultérieures de l'hôpital du Saint-Esprit. Après avoir constaté que, du temps du commandeur F. Thomas Borel, l'hôpital possédait deux vignes au terroir de la Maladière, contenant dix journées à fossoyer, plus un mas appelé St-Esprit, où il y a une maison, un bois de châtaigniers, un jardin, quelques terres labourées. deux journaux de pré et une vigne nouvellement plantée, le tout pouvant valoir 6 livres de revenu, et les vignes 32 sols, le chanoine visiteur ajoute :

(1) Turris jeune, notaire d'Aubenas.
(2) Parchemin de notre collection, provenant des archives des Cordeliers de Largentière.
(3) Minutes de Rivière, notaire.

« Dans le verbal de 1634, en la visite de l'hôpital, les consuls et les habitans disent que le commandeur du St-Esprit leur a vendu, au profit de l'hôpital, les biens de ladite commanderie, sous la réserve de 15 livres de pension, et les décimes qui montent ordinairement à 5 livres, de sorte qu'il y a 90 livres de revenant bon pour l'hôpital. Dans le Palmier, la dite commanderie est cotisée 15 sols. Outre la dite commanderie, il y avoit la confrérie du Saint-Esprit, qui avoit 13 setiers de vin de revenu à prendre sur les hoirs de Bertrand Faget, à raison d'une terre de ladite confrérie baillée en emphytéose audit Faget le 10 janvier 1589, acte reçu Me Jean Taranget, notaire. Mais ladite confrérie fut unie et annexée en 1634 par Monseigneur à celle de Saint-Antoine, à la charge que les confrères de la confrérie, qui s'appelleroient désormais du St-Esprit et de St-Antoine, feroient dire chaque mois de l'année une messe de morts pour les fidèles trépassés bienfaiteurs de ladite confrérie. »

Ces détails montrent que l'ordre du St-Esprit avait, à la suite des guerres civiles, abandonné sa maison de Largentière. L'abbé Ricou (1) dit que l'évêque Louis de Suze fonda un hôpital à Largentière en 1622 ; mais il est probable que ce prélat ne fit que réorganiser l'hôpital du Saint-Esprit, car la suite du procès-verbal de Monge indique clairement que le nouvel hôpital occupait le même local que l'ancien :

« Après avoir visité l'église nous sommes allés visiter l'hôpital, qui est tout proche et au devant, n'y ayant que le cimetière ancien et la rue entre deux. Il y a trois membres à plein pied, le premier pour les malades dans lequel il y a sept lits. L'hospitalière a son logement dans l'un des autres deux, et le troisième reste pour les étrangers. Le dessus est une grande salle qui sert d'école pour la grammaire et de maison commune. »

Le chanoine visiteur ordonne qu'il soit fait à l'hôpital un membre de plus pour loger séparément les femmes d'avec les hommes.

La maison Justin-Vedel servait encore de maison commune

(1) *Histoire de Largentière*, Ms.

en 1765, car on trouve des réunions de la municipalité tenues cette année-là « dans la salle basse de l'hôpital ». En 1766 seulement, on se décida pour remplacer cet hôtel-de-ville qui était trop petit, à acheter la maison du médecin Rocher, où furent installées la municipalité et les casernes.

*
* *

Un autre acte testamentaire, beaucoup plus important pour Largentière que celui de Jacques Duchamp, le suivit à quelques jours de distance.

Le 30 août de cette même année 1361, une généreuse femme de l'endroit, nommée Agnès Bertine (1), légua « à l'aumône de la charité » de Largentière, son moulin, avec ses droits ou appartenances, à la charge qu'il serait fait chaque année, le jour de l'Ascension, une aumône aux pauvres. « Ce moulin confronte avec la rivière de Ligne et avec la maison de Jean Lamotte, et avec la voie publique ». C'est le moulin de la *Ferradié* (2)).

Le parchemin, sur lequel fut écrite cette donation, est tellement détérioré qu'on n'aurait qu'une idée très incomplète de son contenu sans la mention qui en est faite dans un inventaire de 1672. « On en a fait si fréquemment usage pour humecter du tabac, dit l'inventaire de Gabriel Fayolle, que le millésime est effacé, de même que tout ce qui suit jusque vers la fin de la première page. » Grâce à l'inventaire de 1672, on sait que, dans cet instrument, Agnès Bertine léguait aux consuls de Largentière « plusieurs censives et autres légats ».

(1) La condition sociale d'Agnès Bertine n'est pas indiquée. Peut-être était-ce la femme ou la fille de Raymond Bertin, nommé par le P. Columbi parmi les seigneurs de la région, qui, en 1333, firent hommage de leurs possessions à l'évêque de Viviers (*De rebus gestis episcoporum vivariensium*, p. 144). Notons encore ici, pour mémoire, qu'il y avait un fief de *Bertis* dans la paroisse de Tauriers, qui appartint plus tard à la famille de Fages.

(2) Nous écrivons *Ferradié*, pour nous conformer à l'usage, mais c'est *Ferrarie* qui, dans tous les anciens actes, désigne ce quartier qui était spécialement occupé par les marchands de ferraille ou d'objets en fer. Un acte du 30 décembre 1370, mentionne la *Carreira de Ferraria*. Il y a « *Ferraria* ou *Ferradié* » dans l'Inventaire des archives de 1787.

La première mention du moulin de la Ferradié se trouve dans un parchemin des archives municipales qui est ainsi désigné dans l'inventaire qu'en a fait récemment notre érudit archiviste, M. Edouard André :

DD. 7 (Liasse). — 2 pièces, parchemin ; 2 pièces, papier.

1299-1372 (?) — Permission accordée par les consuls de Largentière « *viri providi Poncius de Fonte, Ademarius Lacalin, N., Beraudus de Solerio, consules masores* (sic) *ville de Argentaria* », à noble Béraud, seigneur de Montréal (*domino Castri Montis Regalis*), de détourner les eaux de la rivière de Ligne, pour les amener à son moulin (*deviare et ducere aquam riperie de Lina per murum super de la vea que est sub turri de las Rodas et in eodem muro canalem facere et apponere et aquas predictas.... ad payelam sive ad molendinum dicti nobilis... adducere, prout sibi visum fuerit expedire..* »)

Ce parchemin, détérioré par un réactif, porte la date du 7 des kalendes de juillet 1299 ; mais on en a une copie et traduction du XVIII° siècle.

L'aumône attachée au moulin de la Ferradié fait l'objet d'une transaction passée en 1497, au château de Largentière, dans la cour supérieure dudit château, par devant Jean de Montchenu, évêque de Viviers, *preceptorque Ranvercii et Neapolis* et seigneur de Largentière, entre Jean Guérin, bachelier en droit canon et en droit civil, maître Jean Messes, notaire royal, et Jacques André, cordonnier (*semellator*, alias : *cordunerius*), tous consuls de la ville, d'une part, et Guillaume Rivière (*Guillelmus Ripperie*), neveu et héritier de feu maître Vincent Rivière, de son vivant notaire public à Largentière, d'autre part, relativement à quinze quartes de seigle que les dits consuls devaient distribuer aux pauvres, sous forme de pain, chaque année, le jour de l'Ascension, sur le revenu du moulin de la Ferrarié et de *Chanta Rena*. Cette transaction est acceptée par Raymond Savion, Raymond Vinhe et Guillaume Archier, marchands : par Guillaume Vincent et Gonin Alamand, conseillers de la ville ; par noble Galibert de Merzelet, seigneur de Blajou ; par Jean Pastel, jurisconsulte ; Louis Malet et Guiot Garnier, apothicaires ; Gabriel Bonnetoin, pareur de drap (*pannitonsor*) ; Pierre Plueya ; Randon Sermier, barbier ; Antoine Bressanis, manœuvre *(affanator)* ; François d'Ayzac, cordonnier, et Robin Audigier, peaussier (*pelliparius*) ; en leur nom et au nom des autres habitants de la ville.

Témoins présents : Antoine de Balazuc, seigneur de Montréal et du mandement de Montbrison ; Guigues de Chalendar, licencié ès lois, seigneur de Vinezac, baile de Largentière ; Philippe Vincent, licencié ès-lois, archiprêtre des Boutières et official de Largentière, d'Aubenas et de Pradelles ; maître Armand Alard, notaire au Pouzin, et maître Gonin Allamel, de Sanilhac, notaire royal recevant (1).

La location du moulin a toujours lieu à la charge pour le fermier de fournir les quinze quartes de seigle, d'où le nom de moulin de la *Carilat* qu'il portait aussi. Un autre acte nous montre le fermier de 1383 rappelant aux consuls que ce moulin lui a été affermé sous la rente de 15 quartes de blé seigle en faveur des pauvres, et qu'il se verrait dans l'obligation de déguerpir, si on permettait la construction de nouveaux moulins dans les vacants de la ville, à cause du grave préjudice qui en résulterait pour le sien.

En 1675, il était possédé par moitié, à titre de locaterie perpétuelle, par Jean de Bompar, sieur de la Bastide, et par Aimé Rochier, consul. Le premier qui avait acquis sa moitié de Mathieu Verdier, apothicaire, la possédait encore en 1731.

A la fin du siècle dernier, le moulin de la Ferradié avait été donné, à locaterie perpétuelle, aux religieuses de Notre Dame, et voici ce qu'en dit l'inventaire de Gabriel Fayolle :

« ..... Depuis un très grand nombre d'années, on distribuait ce blé vers le milieu du mois de décembre, contre l'intention d'Agnès Bertine qui avait fixé cet acte de charité au jour de l'Ascension, jour anciennement consacré dans la ville de Largentière à d'abondantes aumônes. Mais ce changement ne peut qu'être applaudi, parce qu'on s'est aperçu que les besoins des pauvres étaient bien plus pressants au cœur de l'hiver que dans

(1) Inventaire André. p. 33, DOIX (parchemin).

les beaux jours du printemps, où le retour des travaux champêtres procure aux indigents des moyens de subsister aussi assurés qu'honnêtes..... »

Ailleurs, à propos de deux rôles relatifs à cette aumône, Fayolle donne quelques détails sur la manière dont elle était effectuée :

« Aujourd'hui, 1er septembre 1787, les habitants les plus âgés se souviennent d'avoir vu, dans leur jeunesse, faire cette charité qui approchait alors de l'époque où elle allait cesser d'avoir lieu. Elle consistait à distribuer, le jour de l'Ascension, dans l'intérieur de la ville, aux habitants, et à la porte de Sigalières, aux étrangers, une grande quantité de miches ou petits pains ronds, faits de blé seigle et bénis par le curé On en donnait à tous ceux qui en demandaient, pauvres ou riches. Pour cette charité, on employait non seulement les quinze quartes ou soixante quarterons de blé du legs d'Agnès Berline, mais encore le produit de toutes les pensions mentionnées dans ces deux rôles, soit en blé, en huile, soit en argent.

**

Une transaction, du 9 août 1363, constate le droit des habitants de placer des bancs ou des tabliers de pierre au devant de leurs maisons. Cette question revient assez souvent dans les papiers de la ville, à cause sans doute des obstacles que l'exercice plus ou moins exagéré de ce droit mettait à la libre circulation dans les rues (1).

**

C'est en 1367 qu'eut lieu ce qu'on appelle la *Transaction*, c'est-à-dire un arrangement avec l'évêque de Viviers, qui régularisa, confirma et étendit les libertés et franchises de la ville, dont on a vu, dans l'acte de 1208-1215, les points essentiels, mais qui, diversement interprétés par les deux parties, c'est-à-dire par l'évêque et par ses vassaux de Largentière, avaient, paraît-il,

(2) Nos 32, 33 3a, 37, 44, 46, 47, du même inventaire

amené un procès entre eux. L'acte de 1367 ne nous est connu, que par une confirmation de 1443 qui le reproduit intégralement. Une autre transaction eut lieu le 24 octobre 1464, mais l'auteur de l'inventaire de 1787 n'a pu en trouver ni l'original ni des copies ; heureusement, il est aisé d'en reconnaître les articles propres dans une ancienne analyse (1) des trois transac'ions, conservée aux archives de la commune, et ce sont ces articles, qu'on trouvera en notes au bas de la reproduction intégrale, que nous allons faire, de l'acte de 1367.

Au nom de Notre Seigneur, ainsi soit-il. Sachent tous présens et advenir, qui auront connaissance du présent acte, que l'an de l'incarnation dudit Seigneur 1367 et le 9ᵉ jour du mois de novembre — Très excellent prince et seigneur Charles, par la grâce de Dieu roi de France régnant, et Révérend Père en notre Seigneur Bertrand par la même grâce évesque de Viviers — Comme ainsi soit qu'il y eut procès, question et débat et en danger d'être plus grand, entre le dit seigneur évesque de Viviers, d'une part, et sieur Pierre Cheldecomte (*Caputcomitis*) ; Jean de Bagnols, Jean Stagel, Pierre de Montjoc et Antoine Salavert, consuls du lieu et université de Largentière, d'autre part — Touchant et à l'occasion des libertés que lesdits sieurs consuls disoient avoir et devoient avoir, tant en la création des consuls et nomination d'iceux, qu'au choix et élection de cinq conseillers et d'un valet des consuls pour exécuter leurs ordres, faire payer les amendes et autres impositions que lesdits sieurs consuls décernent et font audit Largentière, soit aussi en l'inspection des poids et vérification des mesures et de la viande qui se débite dans ladite ville ; ayant pouvoir lesdits sieurs consuls de faire égaliser les poids et mesures et, les trouvant faux et suspects, les rejeter et confisquer, et, conjointement avec le bailli dudit Largentière, condamner à telle amende qu'ils aviseront ceux qui auront esté trouvés s'en servir ;

Disoient aussi lesdits sieurs consuls estre en droit de peser tout le pain que font tous les boulangers et boulangères audit Largentière, et, ne le trouvant pas de poids, le distribuer aux pauvres, ayant le même pouvoir sur la viande qui se débite à la boucherie dudit lieu, et, la trouvant suspecte et corrompue, la faire jeter hors ledit lieu et à la voirie ; et, à l'égard du blé qui tombe des mesures de pierre, qui sont à la place du Marché, lesdits sieurs consuls avoir droit de le faire recueillir et le distribuer aux pauvres ;

Item, exposoient encore lesdits sieurs consuls devoir

(1) N° 22 de l'inventaire Fayolle.

cognoistre de tous les différends et disputes qui peuvent naistre dans ledit lieu et les terminer, à l'occasion des écoulements des eaux, cloaques, aqueducs, pansières, lieux communs, puits et autres semblables ;

Exposoient encore lesdis sieurs consuls que, s'il y a des murailles pour clore et fermer ledit lieu, elles ont esté faites de leurs propres biens et facultés, et ils sont tenus de les réparer et remettre journellement à leurs dépens, et par ainsi la garde desdites murailles et portes dudit lieu et régime d'icelles leur appartenir de droit ;

Disoient de plus lesdits sieurs consuls les susdits habitans ne devoir payer aucun droit aux officiers dudit seigneur pour l'exercice de la justice ;

Item, proposoient, en outre, que les bailli, juge et lieutenant, avant que d'entrer en charge et faire aucun acte judiciaire, ou pour aucun exercice de la justice, estre tenus jurer sur les saints Évangiles d'observer et faire observer tous les Privilèges et Immunités dudit lieu, desquels ils ont joui jusques ici avec tous les autres habitans, de tout temps et sans trouble, ni estre molestés à l'occasion d'icelles libertés, que depuis quelque temps en ça par les officiers et bailli dudit seigneur évesque, ce qui les obligeoit de recourir à sa clémence, le suppliant très instamment vouloir ordonner à ses officiers de faire cesser de pareils troubles et de les faire jouir de leurs dites libertés et immunités comme ils en ont joui jusques ici ;

Et plusieurs autres raisons alléguoient lesdits sieurs consuls.

Au contraire, ledit seigneur évesque respondant auxdites allégations, disoit que telles libertés devoient lui appartenir en propre, comme haut seigneur de Largentière, et que mal à propos il estoit requis de leur part les devoir maintenir en icelles.

Enfin, les dites parties, désirant terminer tout procès et différend, et en éviter les suites et dépendances, et voulant lesdits sieurs consuls, en ladite qualité et au nom de tous les autres habitans dudit Largentière, témoigner audit seigneur évesque qu'ils sont des citoyens de paix, désirant uniquement s'attirer l'amitié et protection dudit seigneur et observer de point en point la teneur de ladite transaction, ont transigé, convenu et accordé en la manière que s'en suit :

Premièrement, a esté convenu entre lesdites parties que lesdits sieurs consuls, qui sont présentement en charge, pourront faire choix et élire, le jour et feste de la Circoncision de N.-S., et seulement pour une année, autres cinq consuls, et, l'année finie de leur consulat, toutes les années, ledit jour de la Circoncision, lesdits consuls nommeront et éliront pareil nombre de consuls qui seront approuvés par ledit seigneur évesque ou par tout autre son député ;

Et jureront lesdits sieurs consuls au seigneur Evesque ou à

son député le serment de fidélité, au nom de tous les habitans dudit Largentière ;

Promettront encore qu'ils se comporteront fidèlement dans l'exercice de leur consulat et de rendre un fidèle compte, après estre approuvés et dûment confirmés par ledit seigneur ou son député, du régime de leur consulat, et de prester tout reliquat aux autres consuls leurs successeurs, qui auront esté choisis par iceux, immédiatement après et dans le délai d'un mois qui commencera du jour de leur approbation ; lesquels auront tout pouvoir de clore et finir leur dit compte et recevoir tout reliquat ; duquel successivement ils tiendront eux-mesmes compte à leurs successeurs en ladite charge ; et de cette manière lesdits consuls seront nommés et lesdits comptes-rendus à perpétuité (1).

De pacte (convenu) qu'après quinze jours de leur élection, lesdits consuls nouvellement nommés s feront approuver dudit seigneur Evesque ; que si, par aventure ledit seigneur Evesque fût hors de son diocèse et qu'il ne pût donner telle approbation et confirmation dans l'espace de quinze jours, ils obtiendront un délai de son grand vicaire pour estre approuvés dudit seigneur ou par tout autre ayant son spécial mandement et ordre : et jusques à estre approuvés et confirmés, les anciens consuls qui sont sortis de charge exerceront ledit consulat et régime d'icelui jusques à ce que ceux qui ont esté nommés de leur part soient confirmés et approuvés comme dit est.

De pacte aussi que les habitans dudit Largentière et chaque chef de famille promettront et jureront le serment de fidélité auxdits consuls nouvellement pourvus, et cette prestation et jurement seront faits à la porte de l'église paroissiale dudit Largentière ou en tout autre lieu ;

De pacte encore. stipulé et convenu entre parties, que, si ledit seigneur Evesque de Viviers ou autres ses successeurs qui seront pour lors, vinssent audit Largentière pour approuver lesdits consuls et pour recevoir le serment de fidélité, ou autre personne ayant leur ordre, lesdits consuls seront tenus de pourvoir à leur dépense, le tout avec modération ; et que si ledit seigneur Evesque, ou Evesques ses successeurs, envoyassent à son bailli ou autres leurs officiers, avec ordre de recevoir ledit serment de fidélité de la part des dits sieur consuls ou pour les approuver

---

(1) L'analyse, donnée par Fayolle, reproduit le sens, mais non les termes de ces articles, qu'elle fait suivre de celui-ci, emprunté évidemment à l'acte de 1464 :

« ... Jureront aussi que si, durant leur temps, aulcune taille estoit par eux imposée sur les hommes de l'université de ladite ville, qu'ils l'imposeront aussi sur leurs *proregitores*, desquels ils la lèveront ou feront lever sans fraude, et sans espérance de retenue ou de rémission, tout ainsi que s'ils n'estoient point *proregitores*. »

et confirmer, lesdits sieurs consuls ne seront tenus à aucuns frais ou dépenses pour ladite prestation et confirmation (1).

Item, a esté convenu que les dits consuls, nouvellement pourvus et approuvés, pourront faire choix et nommer cinq conseillers et un valet de consul (2), et recevoir leur serment, par lequel ils promettront de prester fidèlement en ladite charge ;

Lesquels conseillers pourront se faire payer les amendes et autres impositions, faites de la part desdits sieurs consuls, pour subvenir aux dépenses imprévues de ladite communauté ;

Lesquelles amendes ils seront tenus porter en la maison de ville et remettre entre les mains desdits sieurs consuls, qui seront tenus d'en rendre compte, et, s'il se fait quelque saisie de la part desdits sieurs consuls, soit des fruits, meubles ou autres, le tout sera exposé aux enchères et délivré au plus offrant, le crieur dûment satisfait.

Item, a esté de pacte, stipulé et accordé, que ledit seigneur Evesque de Viviers, ou autres ses successeurs, auront, tout autant de temps qu'ils resteront à Largentière, une clef des portes, ou celle qu'ils voudront, pour entrer ou sortir dudit lieu, et qu'ils seront tenus de rendre et remettre entre les mains desdits sieurs consuls, lorsqu'ils se retireront dudit Largentière.

Item, a esté stipulé et convenu que lesdits consuls seront tenus de présenter une fois tant seulement les clefs des portes de ladite ville au Seigneur Evesque ou à son successeur, lors de leur premier advènement audit évesché de Viviers et première entrée au dit Largentière, en signe de leur foy et hommage, lesquelles clefs ledit seigneur Evesque ou ses successeurs doivent incontinent rendre et remettre auxdits consuls pour en estre eux seuls les vrais maistres.

Et ainsi seront tenus faire à chaque changement de prélats.

Que si par aventure ledit seigneur Evesque ou Evesques vinssent de nuit ou de jour à Largentière, ou quelqu'un de ses officiers, ballif, juge ou lieutenant, toutefois non suspects, et que les portes fussent fermées, lesdits sieurs consuls seront tenus, au premier ordre ou avis, de porter les clefs et ouvrir lesdites portes, soit pour entrer audit Largentière ou en sortir, sans porter aucun retardement ou excuse, et ensuite les fermer comme ils jugeront à propos.

(1) Cet article a dû recevoir quelque modification en 1464, car il est ainsi donné par l'analyse :

« Pour laquelle confirmation faire et recevoir des consuls, advenant que ledit évesque ou ses successe rs viennent à Largentière, sera à leurs frais et dépens. Mais, ad enant que ledit seigneur enverroit quelqu'un avec puissance à ces fins, iceux consuls seront tenus pourvoir à la dépense moderée d'icelluy mandé et commis, sans toutefois lui bailler aucuns gages Et estant commise icelle confirmation par ledit seigneur Evesque à son bayle de ladite ville, seront semblablement tenus à sa despense. »

(2) L'Analyse porte : cinq *proregitores* et un *messager*.

Que si par quelque cas il arrivoit que le seigneur Evesque de Viviers ou ses successeurs refuseroient de remettre, entre les mains desdits sieurs consuls. lesdites clefs qui leur auroient esté présentées par lesdits sieurs consuls lors de leur premier advènement audit Largentière, lesdits sieurs consuls seront en droit d'en faire faire d'autres.

Et par mesme droit et retour, s'il arrivoit que lesdits sieurs consuls refusoient de remettre les clefs audit seigneur ou à ses successeurs. ledit seigneur Evesque et ses successeurs seront en droit d'en faire faire d'autres et de les garder jusques à ce que lesdits consuls les auront remises audit seigneur ou à ses successeurs lors de leur première entrée audit Largentière.

Item. a esté de pacte que si par aventure les officiers décernassent telles amendes, que ce soit contre quelque habitant, non toutefois pour la garde des portes ou murs dudit Largentière, elle pourra estre modérée par lesdits sieurs officiers et consuls et applicable au seigneur dudit Largentière.

De pacte toutefois que, si l'amende provenoit pour la garde des portes ou murailles dudit lieu, elle appartiendra auxdits sieurs consuls, laquelle amende n'excédera pas la valeur d'un gros (1).

Item, a esté convenu qu'il y aura audit Largentière une personne expresse pour tenir et garder les grandes et les petites mesures qui seront égalisées et marquées dudit seigneur. Ainsi il en sera des poids, chaque habitant estant en droit pour leur usage d'en avoir de semblables dûment marqués comme dit est. Et si lesdits ballif ou officiers viendroient à vérifier lesdits poids et mesures, les consuls de Largentière doivent estre appelés. Le mesme doit arriver si lesdits consuls vouloient vérifier lesdits poids et mesures. Ils doivent appeler lesdits sieurs ballif ou autre officier dudit seigneur Que si lesdits poids et mesures se trouvent faux lors de la vérification ou suspects. la cognoissance en appartiendra aux officiers dudit seigneur et l'amende applicable audit seigneur Evesque de Viviers (2).

Que si le pain qui se débite audit Largentière par les boulangers ou boulangères ne se trouve pas de poids, après avoir esté toutefois pesé et vérifié par lesdits officiers et consuls, il sera confisqué et distribué aux pauvres.

(1) Cet article est ainsi modifié et complété par l'analyse :
« Les criées et proclamations concernant l'université de ladite ville seront faites en icelle, de la part du bailli et des consuls lors estant Et la peine qu'en vertu de ces proclamations sera imposée, sera modérée à l'arbitre desdits bailli et consuls laquelle néanmoins doit estre appliquée audit seigneur Evesque. — Sauf toutefois que la peine imposée pour le guet et veille sur les murailles appartiendra auxdits consuls pour estre employée à la réfection et réparation des murailles — laquelle peine n'excédera quinze deniers pour chaque fois. »

(2) Dans l'analyse « ....appartenant l'amende aux seigneurs de la ville. »

Item, convenu que le bled qui tombe des mesures de pierre, qui sont à la place dudit lieu et au marché, appartiendra auxdits consuls et sera distribué aux pauvres.

Item, stipulé comme dessus que lorsque l'heure d'acheter ou vendre sera venu, les jours de foires ou marchés, la montre ou bannière des officiers et des consuls sera élevée de manière pouvoir estre vue de tout le monde, comme il a esté observé, jusques ici (1).

Item, a esté transigé, convenu et accordé que, s'il arrive quelque dispute ou débat entre les habitans dudit Largentière, touchant les écoulements des eaux, cloaques, aqueducs, usurpation de fonds et autres semblables, qui fussent contraires et nuisibles aux libertés dudit Largentière et au détriment d'icelles ou semblables, la cognoissance de pareils faits appartiendra aux consuls pour en juger définitivement et pourvu qu'il n'y aye aucun procès-verbal ni instance formée (2).

Item, a esté convenu que les consuls pourront vendre les pâtis et lieux communs qui concernent leurs libertés, ne leur estant permis ni à aucun des habitans de ladite ville de donner à nouvel achaipt ou en emphytéose leur maison ni imposer ou prendre sur elles aucune servitude ou redevance.

Item, a esté convenu que les habitans dudit Largentière, soit en vendant ou achetant, sont exempts de tout droit de leude,

---

(1) A la suite de ce paragraphe l'analyse donne le suivant :

« Et où l'on viendrait faire exécution en ladite ville, et contre aulcun habitants d'icelle, par les officiers de ladite cour, à la requête de qui que ce soit, en premier, sera fermée la porte du débiteur par cinq jours, pendant lesquels, et demeurant ainsi sa porte fermée, n'ayant pas payé et satisfait, sera mis par lesdits curialistes et officiers en l'arrest aux places de la ladite ville, lequel là estant ne satisfait, seront pris par lesdits officiers ses biens immeubles, et, faite subhastation de quarante jours, seront après vendus à l'encan de ladite cour.— Pourra ledit débiteur, tant qu'il sera auxdits arrests, manger aux maisons des susdites places pour son diner, et, icelui pris, retournera à son arrest, et là demeurera jusques l'Ave Maria sonné ; que pour lors il pourra sortir de sondit arrest sans peine, comme aussi les jours de dimanches et festes et pourvu toutefois que le lendemain, au soleil yssant, retourne audit arrest et ouvre sa porte, de la licence et permission dudit baillif, à la réquisition des créanciers, et, faisant faculté de ce que dessus, le débiteur sera puni par les officiers qui lui administreront justice. »

D'autre part, l'article de M. André sur la transaction, indique la clause suivante qui ne se trouve ni dans notre copie de l'acte de 1367, ni dans l'analyse de Fayolle

S'il y a lieu de faire une « monstre » (c'est-à-dire de passer une revue des milices bourgeoises dans la ville), elle sera passée par le bailli et les consuls, « estant dressée la bannière ou enseigne des consuls ».

(2) L'analyse porte : «.... que lesdits consuls en ayent la connaissance et définition simplement et de plein, si et que n'en soit fait aucun procès par escript devant eux. »

excepté de la viande qui se débite à la boucherie et sur laquelle on auroit mis quelque taxe (1)

Item, a esté convenu et accordé que lesdits sieurs consuls auront l'inspection et pourront vérifier la viande de ladite boucherie, que si elle se trouve corrompue ou suspecte, ils seront en droit de la faire jeter hors le lieu et à la voirie ; que, si le boucher ou bouchers formoient quelque opposition, le ballif en aura cognoissance et rendra justice à qui de droit.

De pacte qu'il ne sera pas permis au boucher ou bouchers, qui sont par le présent ou seront pour l'advenir, de vendre ni débiter aucune bête qui ne se soit portée de ses pieds à ladite boucherie ou qui seroit marquée de quelque tache ou infection.

Item, a esté convenu et accordé que lesdits consuls auront un sceau ou cachet avec leurs armes pour leurs despesches ou expéditions, ou pour marquer ou graver icelles armes sur leurs coupes d'argent, vases ou autres semblables (2).

Item a esté convenu que lesdits consuls pourront establir dans ledit Largentière des couratiers ou mesureurs de vin, les destituer quand bon leur semblera, devant lesdits couratiers et mesureurs prester le serment devant les officiers dudit Largentière, et en présence desdits consuls, de bien et duement vaquer à leur commission.

Item, a esté transigé, convenu et accordé que le juge et ballif, qui sont en charge ou le seront pour l'advenir, jureront sur les Saints Évangiles de bien garder et fidèlement observer tous les pactes et conventions apposés au présent acte et convention, n'y venir contre, et que si par quelque cas lesdits officiers ou ballif diroient à l'advenir ou feroient contre ladite convention, lesdites parties ont voulu que le tout fut réparé incontinent et sans délai, suivant l'avis et au dictamen des personnes à ce intelligentes.

Item, ont finalement transigé toutes parties et convenu qu'il y aye paix et concorde entre elles pour le présent et pour l'advenir, à l'occasion de toutes les disputes, questions et débats qui ont existé entre lesdites parties ou qui pourront s'exciter à l'advenir ; sous protestation mutuellement faite, entre ledit seigneur évesque et lesdits consuls, qu'ils n'ont pas prétendu préjudicier par aucun pacte opposé en ladite convention, au droit des autres coseigneurs de Largentière, mais ont promis de garder inviolablement le contenu en icelle transaction et perpétuellement observer et n'y venir jamais contre ; ce que ledit seigneur a promis tant pour lui que pour ses successeurs, sous l'obligation des biens de son Église, et lesdits sieurs consuls sous l'obligation de tous et

(1) « .... excepté des viandes du maceau (*macellum*) et de ce qui lui appartient en iceluy. »

(2) C'est le dernier des articles que donne l'Analyse. Tout ce qui suit vient uniquement de l'acte de 1367.

chascuns, leurs biens et au nom qu'ils procèdent, sous l'obligation de ladite université ; et c'est sur la main mise sur les Saints Evangiles de Dieu, et ledit seigneur Evesque, la main mise sur sa poitrine à la façon des prélats.

Et dans le mesme temps, ledit sieur Stagel, l'un des consuls, au vouloir et consentement des autres consuls, a présenté et offert toutes les clefs des portes audit seigneur Evesque, le reconnaissant comme leur haut seigneur, le suppliant, au nom de ses consorts consuls et de tous les habitans dudit Largentière, leur conserver immunités et privilèges, vouloir les protéger et prendre sous sa garde et amitié, et généralement ont fait lesdits consuls comme ainsi et comme est contenu en toutes les autres transactions sur ce passées.

Et ledit seigneur Evesque, ayant pour agréable ladite prestation de foi et hommage par eux faite, a incontinent remis et rendu audit sieur Jean Stagel les clefs de ladite ville de Largentière, leur ordonnant de toujours bien et deument faire le deu de leur charge et conserver le droit d'un chacun, ordonnant ledit seigneur Evesque à vénérable homme Ponts Jean, son juge, et à noble Pierre de Coulens, son ballif et dudit Largentière, de ne donner aucun trouble auxdits sieurs consuls contre leurs libertés ou privilèges, ni rien dire ou faire à l'advenir au préjudice d'icelles, mais au contraire faire tout leur possible pour faire jouir lesdits consuls et leurs successeurs à l'advenir des suscites libertés, et faire observer inviolablement tout ce qui est contenu en la présente transaction, et de manière et forme que le tout y est exprimé, et principalement en l'article où il est dit que les juges et le ballit y jureront sur les Saints Evangiles de Dieu de bien et fidèlement garder les privilèges et immunités accordés auxdits consuls.

De toutes lesquelles choses tant ledit seigneur Evesque pour lui et ses successeurs à l'advenir, et lesdits consuls tant pour eux que pour les autres consuls leurs successeurs, ont requis et demandé estre fait un et plusieurs instruments, ce qui a esté fait devant le chasteau ou fort dudit seigneur Evesque, à l'endroit appelé *Ranc del Castel*.

Présens : vénérables hommes, messire Guillaume Rivière, docteur en droit, canonicaire et official ; Ponts Jean. juge dudit seigneur Evesque ; nobles hommes. Pierre de Coulens, ballif de Largentière ; Armand Jourdan ; Pierre Jourdan, prieur de St-Martin de Cornas au diocèse de Mende ; maistre Etienne de Brive, notaire ; Pons Julian, Raymond Brugère, Guillaume Dubois, Giraud Teyssier, Vincent Audibert, de Largentière ; et Jacques Garin, chorier de l'Eglise de Viviers, et plusieurs autres dignes de foy ; et moy Raymond Bastet qui ay esté présent audit contrat et que j'ay escript de ma main et apposé mon seing en foy de tout ce dessus.

M. de Gigord constate que la communauté de Joanas suivait les mêmes lois et la même procédure dans le renouvellement de ses magistrats municipaux que celle de Largentière ; ce qui s'explique par le fait que l'évêque de Viviers, baron de Largentière, était aussi seigneur d'une partie de la terre de Joanas, et que, pour le reste, ses coseigneurs lui rendaient hommage à titre de vassaux directs.

Au sujet des fonctions de consul, notons ici que l'âge requis pour les remplir était de 25 ans. Il est à remarquer que les consuls, étant obligés de faire, sous leur responsabilité, la levée des tailles, ces fonctions étaient généralement peu enviées — beaucoup moins que celles de nos maires modernes ; mais il n'était pas permis de les refuser sans un motif valable et agréé par les habitants, si bien qu'en cas de refus persistant, on pouvait y être contraint par les tribunaux. On redoutait tellement alors les charges publiques qu'il avait été admis qu'on ne pouvait en être investi plus d'une fois tous les dix ans (1).

**

La chronique locale de la fin du XIVᵉ siècle à Largentière se résume dans les faits suivants que nous glanons à diverses sources.

1375. Mᵉ Etienne Maugier, receveur des émoluments de la curie spirituelle de Largentière, afferme au notaire François Chabrol, au prix de 60 francs d'or, les émoluments de cette curie (2).

1377, 14 juillet. Guillaume Fabre, *Senherius* (3) de Largentière, s'étant blessé, resta avec le pouce de la main gauche presque entièrement coupé. Le doigt fut cousu (*corduratus*) par le barbier Tésorier.

Mais, ce jour là, le barbier reconnaît que le doigt est mort et,

---

(1) DE GIGORD, *Mandement de Joanas*, p. 56.

(2) Jean de Brives, notaire. Etude de M. Brun, notaire à Joyeuse.

(3) Ce mot ne se trouve pas dans Ducange. Peut-être est-ce une simple faute de copie, et faut-il y lire *semelerius* (cordonnier).

en présence de témoins, le fait tomber en coupant le lien qui le retenait. Et Fabre fait dresser acte du fait, pour qu'on ne puisse pas dire que la perte de son doigt est le résultat d'une condamnation pour crime. Fait à Largentière dans la maison de Raymonde Allègre, la mère de Fabre. Parmi les témoins est Duprat, boucher, et deux donats du couvent des Cordeliers.

Le 27 du même mois, Audebert de Largentière, se disputant avec un nommé Monteil, de Montréal, celui-ci, injurie par ces mots : *Tu as fait ubliga falsamen vacho* ; ce qui paraît équivaloir à un reproche d'escroquerie. Quoi qu'il en soit, Audebert déclare qu'il n'aurait pas voulu pour cent francs d'or qu'on lui dit de telles paroles, et il se rend aussitôt à la curie temporelle (la justice de paix du temps) pour en faire dresser acte.

1383. Pons Julien, de Largentière, assiste, au château de Grignan en Dauphiné, à un hommage avec reconnaissance de fief, qu'Etienne de Brune, de Largentière, comme mari de Catherine d'Aubignas, fille et héritière d'Adhémar d'Aubignas, rend à Guy, seigneur d'Aps.

1384. Jean Stagel est bailli de Largentière et de son ressort, et la curie temporelle se tient dans la boutique ou cabinet (*operatorio*) de Louis Chefdecomte (1).

Deux testaments de l'année 1387 méritent d'être notés :

Le 27 mai, Jean Veyrier veut être enterré au cimetière de N.D. des Pommiers. On convoquera à ses funérailles tous les prêtres séculiers résidant à Largentière. Parmi ses legs : 15 deniers au curé, 12 au vicaire, 8 à chacun des autres prêtres. On fera pendant quarante jours son offrande de pain, de vin et de luminaire, suivant qu'il est d'usage pour ceux de sa condition. Il lègue encore : un demi-florin au chapelain curé de Largentière, pour la rédemption de son lit funéraire ; 5 sols, ou 12 deniers par an pendant cinq ans, au bassin courant dans la dite église ; 3 deniers à chacun des autres bassins ; 3 deniers chacun, à l'hôpital, au reclus et à la Maladière... Parmi les témoins : Pons Meyssonnier, prêtre vicaire de Largentière.

(1) *Le Mandement de Joanas*, p 261.

Le curé d'alors, Guillaume Brie, bachelier ès lois, figure dans deux autres testaments de l'année, entre autres celui de Raymond Chabrolin, dont les dispositions indiquent évidemment un gros bourgeois de la ville.

Chabrolin veut être enterré, dans la chapelle de St-Vincent, à l'église paroissiale. On prendra sur ses biens 200 *francs* d'or (1) pour les causes pies suivantes :

A ses funérailles on convoquera cent prêtres, tant séculiers que religieux, et on donnera à chacun 2 sols et demi, et il prie ceux qui ne pourraient y assister, de venir au moins pour sa neuvaine. On donnera aux pauvres de Largentière 60 quartes de seigle en pain cuit, dont dix à distribuer dans le mois qui suivra sa mort, et le reste à raison de dix quartes par an. Il veut que mille messes soient célébrées à l'église de N.-D. des Pommiers pour le repos de son âme et de celles de ses parents, savoir une messe par jour que les prêtres diront à tour de rôle, à la chapelle de St-Vincent ; la messe finie, le prêtre, avec l'étole blanche et l'eau bénite, se rendra sur sa tombe et y dira les oraisons accoutumées pour les fidèles défunts, et, pendant l'année seulement, on donnera à chaque prêtre officiant deux *albas regias* (2). Pour le reste des mille messes, on les célébrera, à raison de 50 par an jusqu'à extinction, en donnant toujours deux *blancs* à l'officiant. Il lègue un *cantare* ou anniversaire perpétuel de 10 sols, le jour anniversaire de sa mort, pour lequel il hypothèque tous ses biens. Les témoins sont, avec le curé, cinq religieux de l'ordre de St-François, savoir : Raymond Brugère, Raymond Richard, Etienne Bonneton, Jean Vignelongue et Léon Gua.

En novembre 1387, les religieux du couvent des Cordeliers, savoir Etienne Bonneton, gardien, Guillaume Serret, Jean de Vignelongue, Giraud d'Auriol et Pierre Bernard — le gardien au

---

(1) Le *franc* d'or pesait 3 grammes 75 et avait une valeur intrinsèque de 13 francs, tandis que le florin d'or n'avait que celle de 11 fr. 87. Dans un compte de Montélimar de ce temps, 28 francs d'or sont donnés comme l'équivalent de 35 florins.

(2) Cette monnaie, que nous trouvons aussi mentionnée dans un autre testament de la même année, doit être le *blanc*, qui équivalait à 3 deniers.

nom de tous, — reconnaissent avoir reçu de noble Bermond de Salavas, habitant de Barjac, un legs de 60 livres qui leur avait été fait par noble Guillaume de Rochegude.

Dans un autre acte de la même année, figurent comme témoins : Jean, seigneur de Rocles, chevalier, Pierre son fils, et Garin de Borne, écuyer dudit chevalier.

L'incident suivant, du 18 mai 1389, nous montre les effets d'une naturalisation comme citoyen de Villeneuve-de-Berg. Ce jour-là, un nommé Pierre Romieu, de Largentière, qui avait été reçu, avec sa femme et ses enfants, citoyen de Villeneuve, se présente à la curie de Largentière, accompagné d'un sergent royal de la sénéchaussée de Beaucaire, avec une lettre de Pierre Mespin, chevalier, bailli royal du Vivarais, conservateur des privilèges et libertés des bourgeois royaux de Villeneuve-de-Berg, pour lui signifier qu'il est désormais en dehors de toute juridiction, excepté celle de Villeneuve-de-Berg. Sur la requête de Romieu et du sergent royal, la lettre est publiée au son de la trompette par Jacques Chabrolin, sergent et héraut de la curie de Largentière.

1390. De trois actes reçus cette année-là par le notaire Bertrand Chevalier, de Largentière, il semble résulter qu'il était levé alors jusqu'en Vivarais une redevance pour les réparations à faire au port d'Aiguemortes. Le fermier de l'émolument pour cette œuvre, qui est un notaire d'Aiguemortes, donne sa procuration à Vincent Audebert, de Largentière, pour toutes les affaires qui se rapportent à cette question.

1392 Un acte du notaire Mouraret nous fait connaître un petit démêlé assez piquant pour l'assistance aux offices. Il s'agit de deux familles, celle de Laurent, notaire, et celles de Régis et Brugère, notaires, qui se disputent les premières places à l'église. Les femmes de la famille Laurent disaient que, depuis plus de soixante ans, et de temps immémorial, elles avaient un endroit où elles tenaient un banc et stationnaient (*moram trahebant*) pendant les offices divins de l'église paroissiale : c'était à main droite de la grande porte, en allant vers le chœur — et cela sur l'espace d'une canne (1). Régis et Bruyère disaient, au contraire, que les femmes de leur parenté tenaient une place ou un banc (*pedam sive scammum*) depuis plus de cinquante ans et de temps immémorial, et qu'elles l'occupaient toujours paisiblement et sans discussion dans ladite église, près le chœur à main droite, en accédant de la grande porte de l'église vers le chœur, de sorte qu'entre leur banc et le chœur, il n'y avait que le banc dit *deus comples* et un petit passage (*quoddam violum*) qui est entre le chœur et le banc des comptes.

Cette grave question fut soumise à l'arbitrage de vénérable homme, messire Jean Jossard, licencié ès lois, chanoine de Montbrison, archiprêtre des Pommiers, et vicaire général tant au temporel qu'au spirituel de l'Eglise de Viviers, dont voici la décision :

Il n'y aura désormais, du côté dont il s'agit, c'est-à-dire depuis le chœur jusqu'à la grande pile ronde où il y a une croix, que six rangées de tables ou bancs (*sex pedœ banchiœ sive scammi*) où les femmes se tiendront pendant les offices, savoir :

1er banc, dit *deus comples* ;
2e *Barlaterorum*, c'est-à-dire des femmes de Régis et Brugère, notaire ;
3e de Me Laurent, notaire, de Raymond son père et d'Etienne de Celles ;
4e de Pierre Blanc ;
5e de Raymond Fayn ;
6° de Pierre Bastide ou de sa famille.

Le banc *deus comptes* restera comme il est, et le passage sera de deux palmes de canne.

Les bancs qui dépassent trois palmes de canne devront être réduits à cette largeur là.

Lesdits bancs ne doivent pas être fermés afin que les femmes y soient mieux logées.

(1) La canne ou toise valait six pieds, et, comprenait huit palmes ou pans. Le palme représentait 234 millimètres. Les arpenteurs considèrent généralement la canne comme l'équivalent de deux mètres.

1394. Un autre registre de Mouraret mentionne l'altercation suivante entre deux de ses confrères :

« Le 5 janvier, vers le coucher du soleil, deux notaires de Largentière, Pierre Régis et Pierre Blanc, se disputaient, tandis qu'ils étaient devant le juge et les témoins, et Blanc injuria Régis et blasphéma en l'appelant : *Arlot, banit de ton pays.* Aussitôt M⁰ Régis requit le notaire de prendre acte de ces paroles. Fait à la place de Largentière, dans la maison d'Antoine de Rocles, où se tenait la curie spirituelle dudit lieu. Témoins : Vincent Feugère, Thomas Crose, messire Raymond Bouvier, prêtre, et moi Jean Mouraret, dit Delière (*de Area*), clerc, de Laurac, notaire public par l'autorité épiscopale du diocèse de Viviers. »

Par acte reçu Jean de Brive, le 20 mars de la même année, une Jeannette Catalhon, de Largentière, fait don à P. Jehan bon Johan, gardien du couvent des Cordeliers, de diverses redevances en seigle, châtaignes et argent, qu'elle avait l'habitude de lever sur diverses personnes de la paroisse de Rocles — pour le service de la lampe de St-François, mais en s'en réservant l'usufruit pendant sa vie. Deux autres Cordeliers, P. Pierre Bernard, et Raymond Fabrot, figurent comme témoins dans l'acte.

**

Nous allons résumer autant que possible les faits relatifs au XV⁰ siècle :

C'est à Largentière que mourut, le 28 novembre 1406, l'évêque de Viviers, Guillaume de Poitiers, en cours d'une visite qu'il était venu faire à ses vassaux (1).

Si l'on rapproche cet événement de l'inscription qu'on peut lire au château sur le linteau de la porte principale extérieure : *L'an mille quatre cent quatre, c'est l'an que Maître Raymord commença avec ses compagnons*, on est naturellement amené à penser que l'évêque était venu à Largentière à l'occasion des travaux d'agrandissement du château.

(1) *Gallia Christiania*, XVI, col. 578.

Le nom de noble Barthélemy de la Vernade, que nous avions déjà remarqué dans le répertoire des reconnaissances faites à la famille Maurel, comme étant coseigneur de Largentière vers 1418, nous met sur la trace des destinées de la part de seigneurie (*pareria*) que les barons de Montlor possédaient dans cette ville au XIIIe siècle. Armand de Montlor, baron de Polignac, fit donation de cette parerie, le 21 avril 1421, à noble Barthélemy de la Vernade, et la ratification de cette donation eut lieu au Puy le 15 mai suivant. Barthélemy fit hommage de cette part à l'évêque de Viviers le 2 janvier 1422, devant Etienne de Freissinet, notaire. M. de Gigord nous apprend que cette parerie fut pour lui une source d'ennuis et de procès. Le nouveau coseigneur, « outre une part de la leyde de Largentière, qui lui conférait cette donation, voulut, comme le donateur, instituer des officiers de justice. Les consuls de Largentière, qui supportaient tout juste ceux de l'évêque, protestèrent souvent. Enfin Louis de Suze, comte de Viviers, et seigneur de Largentière, voulant mettre un terme à cet abus, obtint du Parlement de Toulouse un arrêt, en date du 3 février 1628, par lequel Guillaume de la Vernade n'était maintenu que dans le droit de leyde pur et simple, et privé du droit d'institution d'officiers quelconques (1).

Ce Barthélemy de la Vernade était juge de la baronnie de Joyeuse, où nous le trouvons, le 17 juin 1429, rendant, conjointement avec Pons de Malet, coseigneur de Vernon et bailli de Joyeuse, un jugement dans une affaire assez curieuse : Ce jugement « déclara N. Pierre bâtard de Joyeuse, innocent de l'accusation d'avoir dégradé à dessein une arcade, sous les ruines de laquelle périt excellente et puissante dame, Catherine de Monteils, au château de *Becozenino* (Becdejun près de Beaulieu) où l'avait mise en sûreté magnifique et puissant homme Randon de Joyeuse, son mari, chevalier, baron de Joyeuse, seigneur de St-Didier, gouverneur du Dauphiné pour le Roi, sous la garde du-

---

(1) Le *mandement de Joanas*, p. 220.

dit bâtard, qui en était capitaine pendant les guerres du roi Charles VII dans ledit pays (1) ».

Barthélemy de la Vernade fonda une chapelle à l'église de Chassiers en 1435.

Le 21 février 1428, noble Guillaume de Tauriers vend à Pierre Lapierre (*Lapeyra*), de Largentière, au prix de 40 moutons d'or, une vigne et un terrain dont les limites méritent d'être notées au point de vue de la topographie locale. Cette vigne est située à la *Cheuna*, près la fontaine de *Maun*, confrontant avec le chemin allant de Largentière au mas de Sigalières (*de Segeleriis*), avec une vigne dite *A la lausa des Scrasis* et avec un chemin public par où l'on va de la *Malauteria* de Largentière vers le mas de Sigalières. Lapierre paya 28 moutons d'or comptant et fit au vendeur une obligation pour le restant. (Martinent, notaire).

Le 14 octobre 1428, Pierre Robert de Largentière et Catherine de l'Huile (*de Oleo*) font chacun leur testament. Catherine veut être enterrée dans le cimetière de N. D. des Pommiers dans la tombe de ses parents, c'est-à-dire à l'entrée de l'église. On convoquera pour ses funérailles tous les prêtres séculiers et les religieux de Largentière et de Chassiers. A chacun 15 deniers. De même pour chaque jour de sa neuvaine, et à chacun 8 deniers. A la fin de la neuvaine, tous les prêtres se réuniront sur sa tombe : à chacun, 15 deniers. De même pour sa quarantaine et son bout de l'an. On fera dans l'église de Largentière son offrande annuelle de pain, de vin et de luminaire, savoir, 2 deniers de pain, 2 de vin et 1 obole de luminaire. Elle lègue 10 sols au curé pour son lit funéraire, et si cela ne le satisfaisait pas, on ferait ladite offrande au couvent des Frères-Mineurs. Elle lègue au curé 2 sols, au vicaire 12 deniers, au clerc 6 deniers. Elle lègue 15 deniers pour l'ornement du grand autel. Elle indique les objets et meubles qu'elle a reçus de son cher mari et qui ont été portés dans sa maison. Le testament de son mari contient les mêmes dispositions au point de vue religieux. Parmi les témoins

(1) BIBL. NAT, mss. — Villevieille. — Archives du prince de Condé.

figure messire Pierre Radulphe, bachelier ès décrets, curé de Largentière.

Parmi les assistants aux Etats du Languedoc, tenus à Béziers en 1435, nous remarquons le nom de Guillaume Alric, de Largentière ; il y avait aussi un envoyé d'Aubenas (1). Cette circonstance montre que les Etats particuliers du Vivarais fonctionnaient dès cette époque, car Alric et l'envoyé d'Aubenas ne pouvaient être que des délégués de notre assemblée provinciale. Les procès-verbaux des Etats du Vivarais, qui existent aux Archives départementales de l'Ardèche, ne commencent qu'à l'année 1506, et l'on n'a que d'assez rares données sur leur existence avant le milieu du XVe siècle.

Voici encore un acte d'un certain intérêt pour la topographie locale (1441) :

Magnifique et puissant homme, Louis, seigneur des terres et baronnies de Joyeuse et St-Didier, « mû par sa dévotion envers le dévot couvent des Frères-Mineurs de Largentière, et en l'honneur de la très sainte Vierge Marie et des saints Louis et François, pour le salut de son âme et de celles de ses parents, prédécesseurs et successeurs », donne aux Frères dudit couvent, savoir, Raymond Gros, gardien, François Ferrier, Georges Maron, Raymond Brugère, Vital Mazoyer, Guillaume Vincent, Donnet Dupuy, Michel Pradier, Raymond Alamand, Martin Fraysse, présents, « une maison avec un canal contigu, situé dans la ville de Largentière, confrontant d'une part avec la maison de noble Hugon Julien, et d'autre part avec la maison de l'église de St-Amans, et d'autre part avec la rue publique qui va vers les Bres, laquelle maison fut de Guillaume et Jacques Bres frères, maison franche et libre, et située dans les libertés de Largentière ».

Louis de Joyeuse ajoute à cette donation des vignes situées au territoire de *Copadans* autrement de *Rivobrevi* (Roubrau), confrontant du bas avec le *Rivo Brevi*, du haut avec le chemin de Tauriers, et sur le côté avec la vigne du Saint-Esprit.

Le 20 juin 1443, eut lieu la visite de l'évêque Guillaume de

(1) *Histoire du Languedoc*, t. 10, col. 2116.

Poitiers, d'où résulta l'acte notarié qui nous a conservé la transaction de 1367.

Les deux consuls, Jean Tricot et Jean Nivet, « ayant la présence personne.le du seigneur Evesque, lui ont déclaré et exposé qu il a esté passé diverses transactions, contenant divers chefs, et entre au'res les Immunités, Libertés et Prérogatives dudit Largentière », notamment sur la nomination des consuls, et la remise des clefs à l'Evêque lors de sa première entrée à Largentière ; et, conformément à l'acte, « ont présenté audit seigneur de Poitiers les clefs des portes de ladite ville, le suppliant très humblement recevoir de leur part lesdites clefs en signe et reconnaissance de leur foy et hommage et de vouloir les conserver, eux et leurs successeurs, et tous les habitants en leurs privilèges et immunités.... Ce que voyant ledit seigneur ayant pour agréable leur dite requeste et supplication et prestation de leur foy et hommage, et après avoir receu des mains desdits sieurs consuls, lesdites clefs des murs et portes de ladite ville, leur a déclaré et protesté, la main mise sur sa poitrine, à la façon des prélats, que son intention est de vouloir les protéger euxdits sieurs consuls et en leur nom tous les autres habitants dudit Largentière, et de garder et inviolablement observer tout ce qui est contenu aux transactions cy devant passées entre les seigneurs Evesques de Viviers ses prédécesseurs et les consuls et habitans de Largentière ». (Suit dans l'acte le texte de la transaction de 1367 que nos lecteurs connaissent).

1444. Le nouvel évêque, Olivier de Poitiers, reçoit à Largentière l'hommage de Pons de Joanas (1).

1446, 26 mai. Jean de la Vernade, bailli de Largentière, damoiseau, tant en son nom qu'au nom de son frère Louis, rend hommage à l'évêque Guillaume de Poitiers, pour sa part de seigneruie (*pareria*) de Largentière.

1359. Guillaume Allier, bailli de Largentière, perçoit des lods pour l'évêque Hélie de Pompadour (2).

(1) *Le mandement de Joanas*, p. 71.
(2) Idem, p. 29.

1462. Une quittance de Jean de Merzelet, notaire et consul de Largentière, en date du 2 décembre, nous fournit une nouvelle et très décisive preuve de l'existence des Etats du Vivarais à cette époque. Jean de Merzelet reconnaît avoir reçu de messire Raymond Nicolay (receveur pour le diocèse de Viviers, Valence et Vienne à la part du royaume, du subside de 114.000 livres accordées au Roi par les Etats du Languedoc), la somme de trois livres qui lui fut allouée pour les dépenses par lui faites à l'assiette de ce subside, à laquelle il assista pour les habitants de Largentière (1).

1476. L'évêque Bernard d'Aigrefeuille reçoit à Largentière les hommages de Pons, prieur de Chassiers, de Raymond de Fayn, de Jacques Chalendar et d'autres personnages.

1495. Les consuls de Largentière sont en procès avec noble François de la Bruyère, d'Aubenas, qualifié capitaine des Baux. L'acte porte les noms d'Ayzac, consul, Girard, conseiller, et Philippe Bertrand, aubergiste de l'auberge de la Pomme. — Dans un autre acte figurent noble Bernardin de Merzelet ; Vital, notaire ; Antoine Tricot, notaire, et un autre Tricot, aubergiste.

La même année, Jean de Montchenu, évêque de Viviers, fait l'achat d'une maison et d'un jardin à Largentière.

On a vu plus haut, à propos de l'aumône de l'Ascension, que cet évêque vint encore à Largentière en 1497, et c'est alors, sans doute, qu'il fit bâtir ou plutôt agrandir le château. Son successeur, Claude de Tournon, évêque de 1498 à 1542, continua l'œuvre. Le chanoine de Banne nous apprend qu'il « fit faire quelque tour et autres bastiment au chasteau de Largentière ».

L'abbé Roche dit qu'il « termina la construction du château et entoura cette ville des murailles qu'on y aperçoit encore (2) ».

---

(1) L'original de cette importante pièce est à la Bib. Nat. (cabinet des titres). Le texte a été reproduit par M. de Boislisle, dans l'*Histoire de la maison de Nicolay*, I, 706.

(2) Roche. *Armorial des évêques de Viviers*, II, 30.

Nous voici au XVIe siècle, et c'est aux faits relevés pour sa première moitié, ou plus exactement jusqu'à l'explosion des guerres civiles (1562), que va être consacrée la fin de ce chapitre.

En 1501, il y a à Largentière un Louis Rostaing, notaire clavaire (*clavarius*), pour l'évêque de Viviers, c'est-à-dire chargé de recevoir les droits pour l'évêque, principal seigneur de la ville.

On a vu plus haut la transaction passée en 1507 entre le commandeur de l'hôpital du St-Esprit et les Cordeliers, à propos d'un chemin à construire entre l'église paroissiale et le couvent. Elle fut négociée par Louis des Combes, official de Largentière. Les religieux qui figurent dans l'acte sont : Frères Jacques Debesse, gardien ; révérend et égrège Louis Chambon, « professeur d'Ecriture sacrée et inquisiteur de la sainte foi » ; Vital Raynoard, vicaire ; Jean Audigier, sacristain ; Pierre Chalas, Pierre Tastevin ; Guillaume Chambon, diacre ; Jean Charaton et Michel Astier, novices et profès du couvent. On voit par cet acte qu'on avait fait un pont pour aller plus facilement de l'église paroissiale au couvent, et qu'il y avait dans ce dernier une chapelle de St-Bonaventure.

La même année, on trouve la vente d'une pension de 3 livres 15 sols faite aux Cordeliers par Lavigne du mas de Lutha (Lutte, paroisse de Chassiers), au prix de 75 livres.

La même année encore, il y a le testament de Claude Deschamps, chapelier, où il est dit qu'il est malade de l'épidémie régnante (*morbo pestifero reynante Argentaria*). Il élit sa sépulture dans le cimetière de N.-D. des Pommiers dans la tombe de ses parents où est ensevelie Isabelle Auruol, et consacre une somme de dix florins pour ses obsèques, sa neuvaine, sa quarantaine et son bout de l'an.

Il lègue aux Frères-Mineurs autres 10 sols ; à chacun des bassins de N.-D. des Pommiers, six deniers ; au curé de Largentière pour la recommandation de son âme à faire tous les dimanches selon l'usage, 5 sols etc. (1)

1512. Les Frères-Mineurs achètent de noble Guillaume Cha-

---

(1) Vaumale, notaire à Joanas.

lendar dit Cornillon, de Chassiers, une pension de 6 livres assise sur ses moulin et pré à Rocles. Parmi les témoins, outre le commandeur Laurent Vincent et l'official des Combes, figure Charles de Malet, bachelier ès lois, curé de Largentière.

1513. Messire Laurent Vincent, commandeur de la commanderie du Saint-Esprit, afferme pour trois ans à messire Jean de Genève prêtre de Joanas, les trois diocèses de Viviers, Mende et Uzès, et les quêtes, revenus, émoluments, lettres absolutoires, indults et toutes les autres offrandes qui s'y font, aux conditions suivantes :

1° Restent en dehors de cette ferme les paroisses de Largentière, Chassiers, Joanas, Jaujac, La Souche, Rocles, Valgorge, Beaumont, Ribes, Payzae, la Blachère, Rosières, Assions, Prunet, Sampzon, Saint-Alban, Salavas, Saint-Amans des Ternes, Uzer, Vinezac, la Chapelle, Chauzon, Ruoms et Balazuc, qui appartiennent au commandeur quant aux quêtes, indulgences et autres revenus.

2° Le fermier devra faire à ses frais les démarches pour obtenir les autorisations nécessaires, à un prix convenable qui puisse être avantageux aux deux parties.

3° Il devra exiger et lever tous les revenus dans toutes les paroisses autres que celles désignées ci-dessus.

4° Il devra rentrer dans les sommes qu'il aura exposées pour obtenir les trois diocèses et pour ses autres frais, selon Dieu et sa conscience.

5° Tout le reste sera à partager également entre les parties.

6° Genève devra servir le commandeur pendant ces trois ans, si cela paraît bon et expédient aux parties.

7° Tout le produit des quêtes ordinaires sera porté à l'hôpital, à frais communs, à moins qu'il n'ait été vendu sur la place des lieux où il aura été levé.

8° Au bout de trois ans, le commandeur gardera les actes et mandats obtenus nominalement par Genève (1).

Aux Etats du Vivarais de 1513, c'est noble Antoine Audigier, bailli de Viviers, qui siège pour le bailli de Largentière.

(1) Vaumale, notaire de Joanas.

En 1514, le bailli et le consul de Largentière, désignés seulement par leur qualité, opinent en faveur de Viviers, comme siège de la recette du Vivarais. Mais les Etats décidèrent de la diviser entre Viviers et Tournon.

1515. A l'assiette tenue à Aubenas, le bailli et le consul de Largentière ne sont encore désignés que par leur qualité.

1517. Le bailli de Largentière s'appelle Dominique Parpoulhe. Un testament de cette année, d'honorable Raymond Vacher, marchand, contient de nombreux legs pies :

2 deniers à chacun des prêtres qui assisteront au *Salve Regina* chanté devant l'image de N.-D. des Pommiers, lors de ses funérailles ;

Un gros, au bassin des Ames du Purgatoire courant dans l'église paroissiale, etc.

Parmi les témoins : Jean Blachère, de Montréal ; Alexandre..., de la Valette (St-Cirgues) ; Jean Baissac, de Chambonas ; Bertrand Allamel et François Ayzac, de Largentière.

1519. Le consul de Largentière qui assiste aux Etats s'appelle Pierre Bourg.

Le 7 mai de cette année, une affaire assez curieuse est réglée par la justice du lieu « devant la fontaine du château » : il s'agit d'un nommé Plantier, de Payzac, poursuivi « pour blasphème et autres crimes » et passible d'une amende de plus de 60 livres. Plantier ayant persévéré dans ses aveux faits tant devant messire Laurent Corbier, lieutenant du châtelain de la juridiction du seigneur de Cornillon, que devant noble Bernardin de Merzelet, lieutenant du juge de la curie ordinaire de Largentière, se soumet à la miséricorde de la curie et offre de payer 10 livres si on veut le tenir quitte pour cette somme, son père offrant de rester en prison jusqu'au payement. Les témoins de l'acte sont Me Jean Virgile, notaire ; Antoine Archier, Vital Dufour et Louis Alima, châtelain de Largentière (1).

Catherine Peyretonne, une prétendue sorcière de Montpezat, ne s'en tira pas à si bon compte, car elle fut brûlée vive le 12 octobre

---

(1) Registre de Mathieu André, notaire à Sanilhac.

de cette année, pour son commerce avec le diable Baraban, et autres crimes imaginaires dont s'accusait la malheureuse folle, à qui le procès fut fait par un Cordelier d'Aubenas, nommé Brun, délégué *ad hoc* par le Cordelier de Largentière, Louis Chambon, que nous avons déjà vu paraître dans un acte de 1507, avec la qualité de « professeur d'Ecriture sacrée et inquisiteur de la sainte foi ».

Un autre acte de cette année est passé dans le château de cette ville, « dans une chambre près la cour basse appelée la Fromagière.. »

Le même notaire mentionne le lieu dit *al pon nou*, ce qui semble indiquer la date approximative de la construction du premier pont de Largentière qui fut le pont du Mazeau, (pont des Recollets). A noter d'autre part que des actes des années suivantes le désignent sous le nom de *pons Macelli*, c'est-à-dire pont de la boucherie, d'où l'on peut induire que la boucherie de la ville était située de ce côté, et que le nom de Mazeau est venu de là.

1520. Testament de Guinot Garnier, prêtre. Il veut être enterré dans l'église de N.-D. des Pommiers, près la chapelle jadis fondée par lui et nouvellement construite en l'honneur de *N.-D. d'Humilité*, dans la tombe où repose Isabelle Messes, sa femme ; par où l'on voit qu'il était entré dans l'état ecclésiastique après être devenu veuf. Pour le remède de son âme et de celles de ses parents, il sera pris sur ses biens 25 livres destinées à ses obsèques et autres frais nécessaires. En portant son corps en sépulture, les prêtres chanteront devant la porte de sa maison le *Salve Regina*, et à chacun il sera donné 2 deniers. Il lègue quatre flambeaux (*torchias*) du poids de 2 livres, pour le luminaire, le jour de ses obsèques, et il devra en rester deux pour le service de sa neuvaine et de sa quarantaine. Tous les Frères Mineurs de Largentière sont convoqués à sa sépulture, neuvaine, quarantaine et bout de l'an, et il leur sera donné 2 livres. Et s'il en est parmi eux qui n'assistent pas à ces offices, on leur retranchera pour chaque absence deux gros qu'on donnera aux pauvres. Il lègue au curé, tant pour son lit funéraire que pour sa portion canonique, 20 sols, et le curé sera tenu de recommander son âme chaque jour, selon l'usage. Il lègue de plus :

5 sols au vicaire ;

5 sols au clerc ;

5 sols au bassin des âmes du Purgatoire ;

12 deniers à chacun des autres bassins courant dans ladite église ;

Deux livres de cire pour le cierge pascal, payables en deux ans ;

15 sols et une paillasse pour les pauvres, à l'hôpital du Saint-Esprit ;

15 deniers au reclus.

Il veut qu'il soit célébré à son intention deux trentenaires de messes de morts par deux prêtres au choix de son héritier, en destinant deux livres pour chaque trentenaire.

Il s'occupe ensuite de la dotation de la chapelle de N.-D. d'Humilité et lui assigne : une vigne, une chambre et un jardin, qui seront remis au recteur de la chapelle, lequel devra dire chaque jeudi une messe pour la rédemption de son âme et de ses prédécesseurs, faire une absoute sur sa tombe et une autre sur celle de Jean Alric, qui donna un calice pour ladite chapelle. Garnier met à ce legs la condition expresse que l'évêque de Viviers ne se mêlera pas de la nomination du recteur, sinon il révoque tous ces legs pour cette chapelle, lesquels reviendraient dans ce cas à son héritier.

Le recteur de la chapelle, à nommer par son héritier et ses successeurs, doit être enfant de l'église de Largentière et non étranger.

Garnier lègue à la chapelle une chasuble et tous les ornements sacerdotaux.

Sur les 25 livres spécifiées plus haut, il sera distribué, le jour de sa sépulture, 3 deniers à chacun des prêtres disant les *Exaudi* ; un sol et 3 deniers au prêtre qui dira la messe ; et semblable distribution aura lieu les jours de sa neuvaine, quarantaine et bout de l'an. A la suite de chacune de ces cérémonies, son héritier devra donner un repas convenable à trente pauvres, à chacun desquels il sera distribué 2 deniers.

Garnier lègue à l'université des prêtres de Largentière, pour un anniversaire semblable à celui de ses funérailles, 6 livres pour lesquelles son héritier, en attendant de se libérer du principal, payera 6 sols par an. Les prêtres diront un responsoire sur sa tombe. Il hypothèque ces 6 livres sur une vigne au mas du Bos.

Il lègue à l'évêque de Viviers 5 sols dont il devra se contenter, de façon qu'il n'ait rien à prétendre sur ses biens. (Ce legs de 5 sols, fait à des personnes dont on veut écarter toutes prétentions, revient dans la plupart des testaments du temps). Finalement il institue pour héritier universel son fils Antoine Garnier (1).

Il résulte d'un autre acte (2) que Guinot Garnier, avait été d'abord *Aromatarius*, c'est-à-dire pharmacien, et de plus bachelier en médecine ; son frère Antoine dut prendre la suite de sa pharmacie, car il est qualifié *apothecarius*, ce qui veut dire aussi bien apothicaire que simple boutiquier, la plupart des marchands vendant autrefois tout au moins des plantes médicinales.

Le testament de Vital Peyrouze, cordonnier, en date du 24 août, nous apprend qu'il était malade *morbo pestifero*, ce qui veut dire sans doute de quelque épidémie courante, plus ou moins semblable au choléra moderne, et non pas de la vraie peste, dont l'existence n'est pas signalée à cette époque dans le reste du pays. Une chronique du temps parle cependant de la peste au Puy en 1521.

D'autres actes de 1521 ou 1522 mentionnent les noms du barbier Chambon, qui avait sa boutique sur la place de la Ferrarié, de Bertrand Malet, vicaire de Largentière, et de messire Armand Belidentis, curé de Tauriers.

1523. Le 7 mars. a lieu le mariage de Me Etienne Virgile, notaire de Largentière, avec demoiselle Antonie Rostaing, fille de noble Guillaume Rostaing, seigneur du Cheylard, dans la paroisse de St-Amans des Termes. Notons, en passant, que les mariages de

---

(1) Loys Jacomin, notaire.

(2) Mathieu André, notaire.

2ᵉ CHAP. — NOTRE VIEUX LARGENTIÈRE.   4.

ce genre n'étaient rien moins qu'une exception, et que la ligne de démarcation entre la petite noblesse et la bourgeoisie était alors beaucoup moins marquée qu'on ne le croit généralement. Parmi les témoins de ce mariage, se trouve messire François Bouchet, prêtre et notaire à Laurac.

La même année, Pierre Bonhomme, de Largentière, vend à l'université d s prêtres de Largentière, représentée par l'official Jean Blachère, curé, et Claude Vermale Dufau, prêtre. deux pensions, l'une de 52 sols et l'autre de 10 sols.

A cette époque, deux bandes d'aventuriers, sous les ordres des capitaines Neufville et Cayrette pillèrent ou tout au moins mirent à forte contribution Laurac et les environs.

Une enquête sur leurs méfaits fut ordonnée, et l'Assiette de 1523 alloua, pour six jours de vacations, une indemnité de 6 livres à Mᵉ Guillaume Ponhet et Laurent Corbier, de Largentière, qui en avaient été chargés. Il est probable que Ponhet assistait aux Etats, comme lieutenant du bailli de Largentière, et Corbier, comme consul. La famille Ponhet était de Joanas, où l'on voit encore près de l'église sa maison Plusieurs de ses membres se firent un nom comme jurisconsultes ou magistrats à la cour royale de Villeneuve-de-Berg, et la fille de l'un d'eux, Catherine, devint la femme de Guillaume de la Motte, de Chassiers, syndic du Vivarais, puis syndic du Languedoc.

En 1526, Guillaume Ponhet était consul de Largentière avec Jean Fages. On le trouve aussi à cette époque qualifié juge de Laurac.

1528. Testament de Raymond Vigne, marchand, reçu par Fontaine, notaire de Rosières (1). Vigne veut être enterré à l'église N.-D. des Pommiers, devant l'autel de la chapelle de St-Pierre, où fut enterrée sa femme Mariette Dumas. Le jour de sa sépulture, quand son corps sortira de la maison, les prêtres diront un Salve Regina. Un autre Salve Regina sera chanté à son entrée à l'église. Suivent d'autres legs pies analogues à ceux des précédents testaments.

1) Etude de M. Brun, notaire à Joyeuse.

Le 5 octobre, vénérable homme messire Armand Bellidentis, chapelain recteur de la chapellenie de St-Antoine, fondée dans l'église de N.-D. des Pommiers, et noble Barthélemy de Borne, seigneur de Malet et de *Leugeyra*, habitant de Valgorge, renoncent à un procès pendant entre eux .. Fait à Largentière devant la boutique de Mᵉ François Rivière, que tient Guillaume de Serre (1).

1529. Deux notaires de Largentière, Mᵉ Jean Virgile et Mᵉ Mathieu André, s'en remettent, pour régler un différend survenu entre eux, à l'arbitrage de nobles et egrèges hommes messires Jacques Chambon, licencié en droit, juge du Vivarais, seigneur de Larnas ; Amédée Chalendar, docteur en droit, coseigneur de Vinezac ; Pierre Chalendar, licencié en droit, régent de la juridiction de Largentière, et messire Guillaume Ponhet, licencié de Largentière (2).

Cette année là, François Dubes est un des consuls de Largentière.

1530. François Archier avait vendu, en 1529, à Guillaume Dusserre, marchand de Joanas, avec pacte de *recobri* (de rachat) une vigne, située dans les franchises de Largentière, près de la *Malauteria*. Archier reprend la vigne l'année suivante en rendant l'argent. Parmi les témoins, figure Mᵉ Guillaume Dusserre, bachelier en médecine de Joyeuse (3). On voit sur cet acte que les franchises de Largentière s'étendaient jusqu'au mas du Bos. Un autre acte nous montre les terres de la côte de Chassiers également comprises dans ces franchises, qu'on trouve orgueilleusement rappelées, dans toutes les transactions notariales, en termes qui montrent la haute importance qu'on y attachait : ce sont toujours « des terres franches et libres de toutes servitudes, cens et prestations, comme étant situées dans les libertés de Largentière, en sorte qu'elles ne relèvent que de Dieu ».

1531. Messire Bertrand de Ruoms, prêtre de Chassiers, co-fer-

(1) Vincent, notaire à Chassiers.
(2) Idem.
(3) Mathieu André.

mier des quêes de N.-D. du Puy, reconnaît avoir reçu de Mathieu de la Rovière, official de Largentière, principal fermier desdites quêtes, la part entière qui lui est due pour l'association faite entre lui, Rovière et maître Ribe (1).

1532. Testament de Bernardin la Bruyère, chapelier. Il veut être enterré dans l'église de Largentière où sont déjà ses enfants. Il veut que, pour son offrande de pain, de vin et de Luminaire à l'église, on donne, le jour de son décès, une pinte de vin, un pain blanc de 4 deniers, et une petite chandelle, comme d'usage. Il lègue 5 sols au bassin des âmes du Purgatoire, et 15 deniers à chacun des deux bassins du luminaire et de la Rote (2) de Notre Dame. Il lègue 15 deniers à l'hôpital et 15 deniers au reclus etc. Il lègue à un de ses frères son vêtement de drap gris, son pourpoint de drap blanc et un bonnet noir (3).

A l'Assiette, tenue à Aubenas, le doyen vicaire de Viviers siège pour le bailli de Largentière, et M⁰ Guillaume Ponhet comme consul.

Mathieu de la Rovière lègue à l'université des prêtres de Largentière 60 livres, ou bien 3 livres à payer chaque année, pour la fondation d'une messe tous les samedis de l'année.

1536. Vénérable homme Pierre Boissin, prêtre, lègue 50 livres pour deux messes à dire chaque mois.

La même année, « prudhomme » Jean Peyrouze, de Largentière, vend, au prix de 10 livres, une pension annuelle de 10 sols à l'université des prêtres de Largentière, représentée par vénérables personnes : messires Olivier Vincent, Pierre Bertrand, prieur de Bessas, Loys Ayzac, prêtres, enfants de ladite ville, illec présents.

Et une vente semblable leur est faite, l'année suivante, par Pierre de la Rovière, notaire.

Le tableau du roulement des baronnies de tour, qui se trouve en tête du registre des Etats du Vivarais de 1536, montre que la

---

(1) Vincent, notaire.

(2) Lustre en forme de roue.

(3) Mathieu André, notaire.

baronnie de Largentière, était alors confondue avec Viviers, dont le nom seul figure sur ce tableau. On sait que plus tard les Etats ne voulurent reconnaître à l'évêque le droit d'assister à leurs délibérations et de les présider à son tour, que comme baron de Largentière, et non comme évêque de Viviers. De même, ils refusèrent au vicaire général de siéger dans leur assemblée autrement que comme bailli de Viviers.

Le bailli et le consul de Largentière sont inscrits parmi les membres des Assiettes sur ce tableau de 1536, mais on a vu qu'ils y assistaient bien avant, probablement depuis l'origine même de l'institution.

Cette année là, Me Guillaume Ponhet siège aux Etats avec le titre de lieutenant du bailli de Largentière, et Me Antoine Rochier comme consul. Le bailli d'alors s'appelle M. de Molans.

1537. Guillaume Ponhet est lieutenant du bailli et Claude Rafals consul.

François Archier vend à Claude Suchet, charpentier, un petit pré situé au terroir d'Aubesson (*Albusso*), franc et allodial de toute censive et servitude — ensemble une balme qu'est au dessus ledit pré, assise sur un rocher — dans laquelle balme est une fontaine, confrontant laquelle balme, du levant *sive* du pied, avec le pré de Me Guillaume Ponhet au nom de sa femme, le chemin qui va du chasteau en Albusson au milieu etc. (Tous nos lecteurs auront reconnu là ce qu'on appelle encore les *Baumes de Viviers*.)

Le 10 août, noble et vénérable Charles de Malet, curé de N.-D. des Pommiers, arrente les fruits de sa cure à Antoine Dupuis.

Le 23 du même mois, messire Dupuy, évêque de Damas *in partibus*, Gardien du couvent des Frères-Mineurs, achète d'Etienne Virgile, notaire, au prix de 200 livres, une vigne confrontant d'en haut avec les rochers du Bederet sive des *Sarrasins*, et du bas, avec la vigne de Me Pierre Boissin, prêtre, et le chemin allant de Largentière à Célas par le mas de Sigalières au milieu. Le notaire Claude Allamel, de qui relevait cette vigne, comme ayant droit de noble Jean Fayn, donne l'investiture (1).

(1) Mathieu André, notaire.

La famille Allamel est très répandue à cette époque, et l'on trouve, dès le XV⁰ siècle, des notaires de ce nom à Sanilhac,(qui paraît être son lieu d'origine), à Trébuols (Rocher) et à Largentière. Elle forma trois branches dont une seule est aujourd'hui représentée (1).

1538. Claude Allamel vend aux Cordeliers la moitié d'un bois de châtaigniers sis à Chassiers, avec donation de l'autre moitié, pour dire une messe tous les ans le jour de son obit dans leur église, où il a une chapelle.

Messire Barthélemy Briance, prêtre, lègue à l'université des prêtres de Largentière dix livres payables à raison de 10 sols par an. Il laisse ses biens à son neveu Charles Briance, à condition qu'il se fera prêtre. Sinon il les lègue à Jeanne de la Rovière, fille de M⁰ Pierre de la Rovière et de Marguerite Briance.

Une pension annuelle de 12 sols est vendue, au prix de 12 livres, à la même université par Jean Nicolas. Outre les contractants ci-dessus, le nouvel acte nomme Simon Astier, Barthélemy Briance, Aymes Arnaud et Jehan la Bruguière, prêtres.

Un des consuls de Largentière est alors Blaise Tailhand.

1539. Guillaume Ponhet, lieutenant de bailli, et Charles Bernard, consul, assistent à l'Assiette.

1540. Ponhet informe les Etats que le syndic du pays, Guillaume de la Motte, étant retenu par la maladie à Aubenas, l'a chargé de remplir en son absence les fonctions de syndic. Le consul de Largentière est alors Laurent Arbur.

Ponhet assiste encore, mais avec la qualité de bailli, aux Assiettes des années suivantes : de 1541, avec Charles Tricot, consul ; de 1542, avec Michel de Lerse, consul ; de 1543, avec Pierre Dumas, notaire, consul ; de 1545, avec Antoine Rochier, consul. Après cette époque, c'est Pierre de la Rovière qu'on trouve bailli ou lieutenant de bailli de Largentière.

1541. Un acte du 1ᵉʳ février nous met en présence de la confrérie de St-Crépin. Les cordonniers de Largentière formaient, « de toute ancienneté, une confrérie en l'honneur de Dieu et de

(1) Voir le *Mandement de Joanas*, p. 186 et suivantes.

Messieurs Saints Crespin et Crespinian, leurs patrons ». Cette confrérie eut d'abord, parait-il, son siège au couvent des Frères Mineurs hors la ville ; plus tard, elle fut transférée à l'église paroissiale, « où, dans une chapelle dédiée à Saints Crespin et Crespinian, sont les images de ces deux saints, et où chaque dimanche de l'année, après la bénédiction de l'eau bénite, au matin, en icelle église et au'el de ladite chapelle, une messe basse est dite, par les prêtres séculiers, et où les bayles et administrateurs de la confrérie apportent le pain bénit pour être distribué ». On dit de plus, chaque année, dans cette chapelle, une grand'messe à diacre et sous-diacre, le jour de la fête de St-Crépin.

Or, comme il arrivait parfois que les bayles et administrateurs de la confrérie, chargés par leurs confrères de faire dire ces messes, de fournir ou payer « les flambeaux, chandelles, cire, pain, vin et argent » aux prêtres qui les diraient, se trouvaient absents de la ville, « étant allés aux foires ou marchés pour leurs affaires », par suite de quoi l'argent destiné à ces cérémonies, allant de main en main, risquait de se perdre, et qu'il en était résulté des scandales, les confrères déclarent, dans l'acte du 1er février, qu'ils ont décidé de remettre les fonds qu'ils ont en caisse, soit 48 livres 6 sols 8 deniers, entre les mains de l'université des prêtres de Largentière pour la célébration des services en question.

Les cordonniers du pays, nommés dans l'acte, sont . Benoît, révérend bayle de la confrérie ; Benoit Resclauzade, Jean Bouchet, Sixt Roche, Vincent Briance, Roland Alamand, Pierre Peyrouze, Jean Mazoyer, Pierre Vialatelle, Louis Dufour, François Forest, Jean Peyrard, Claude Vert, Blaise Troullaud, Charles Tricot, Bertrand Roudil et Bertrand Dumas, « tous artisans et mesteriaux dudit mestier des cordonniers ». Ils remettent la somme en question « pour le divin service d'icelle confrérie, messes, suffrages de l'Eglise à leur intention et de leurs successeurs, estat des vivants et repos des âmes des confrères trépassés et d'iceux et celuy qui viendront à l'advenir », et on leur en délivre quittance.

Une lettre de l'évêque de Viviers, adressée au Gardien de l'ancien couvent des Cordeliers, nous apprend qu'il y avait dans ce couvent une confrérie de Jésus. La lettre donne les statuts de cette confrérie et la manière dont le service doit en être fait au couvent de Largentière.

Les années suivantes nous montrent le notaire Claude Allamel, achetant de divers personnages, et surtout du fameux Bermond de Combas, une quantité assez considérable de cens et rentes dus par des habitants de Rocles, Sanilhac ou Tauriers (1).

1542. Le 2 mai, messire Bertrand de Malet, prieur de St-Chris, tol de Vachière (au diocèse d'Apt), habitant de Largentière donne sa procuration à messire Charles de Malet, curé de Largentière, son neveu, pour l'arrentement de son prieuré (2).

1543. Claude Allamel, comme acquéreur des censives et autres droits seigneuriaux qu'il tient de noble Jean Fayn, du Bourg, ainsi que d'une chapelle de St-Pierre, fondée par ce dernier en 1526 à l'église paroissiale, donne les censives qu'il perçoit sur 31 personnes nominalement désignées, formant un total annuel de 4 livres, à l'université des prêtres de Largentière, pour une messe à dire tous les dimanches par les prêtres de l'église à tour de rôle, plus une messe de morts à dire le 25 mai de chaque année, jour anniversaire de la mort de sa mère Béatrix Cayron ; pour chacune de ces messes il sera donné incontinent à l'officiant 15 deniers. A côté du curé Charles de Malet, figure comme témoin dans cet acte un noble Antoine de Malet, prieur de...

1544. Une lettre royale, adressée au procureur général au Parlement de Toulouse, portant que S. M. prend sous sa sauvegarde et protection les couvent des Frères Mineurs de Mende, Marvejols, et autres en Languedoc, montre que ces religieux, peut-être même ceux de Largentière, n'étaient pas sans avoir des craintes pour leur sécurité. Notre exemplaire de ce document vient du couvent des Cordeliers de Largentière.

(1) Registres de Mathieu André, notaire à Sanilhac. Voir notre *Voyage autour de Valgorge*, p. 310.

(2) De la Rovière, notaire.

1545. Le syndic Guillaume de la Motte fait savoir à l'Assiette que, ne pouvant aller aux Etats généraux, il substitue pour y aller à sa place Claude Allamel.

1546. Ce dernier assiste à l'Assiette de l'année, comme consul de Largentière, à côté du lieutenant de bailli, Pierre de la Rovière.

1547. Un acte d'Arcajon, notaire d'Aubenas, mentionne noble Loys de Taulignan, seigneur de St-Bonnet, habitant d'Aubenas, comme étant cotseigneur de Largentière (1).

De 1546 à 1548, sont cités comme consuls de Largentière Etienne Ferrand, Jean Rostaing et Pierre Bernard.

1548 Guillaume de la Motte, chargé d'une mission en cour, se fait remplacer dans ses fonctions de syndic par Pierre de la Rovière.

Cette année-là, le notaire Claude Allamel fait une tentative aux Etats du Vivarais pour avoir la recette du pays. Il offre de la faire à 10 deniers par livre et d'avancer au pays 1.500 livres. Dans la discussion qui a lieu à ce sujet, il est assez maltraité par le régent d'Aubenas qui le qualifie de « grand plaideur et barbouilleur de papier », et déclare qu'il faut, dans tous les cas, ne l'accepter qu'avec de bonnes cautions. N'ayant pu fournir ces cautions, Allamel se voit préférer Luc-Arnier, de Tournon. Il explique ensuite son insuccès en alléguant que, s'il n'a pu trouver de caution, c'est à cause des manœuvres de Luc-Arnier qui a beaucoup de débiteurs et qui a intimidé tout le monde. L'Assiette lui alloue, d'ailleurs, selon l'usage, une indemnité de 6 écus sol, pour la concurrence qu'il a faite à Luc-Arnier.

1550. Le 5 février, Claude Allamel, comme ayant charge de Jean Messes, hebdomadier de l'Eglise de Viviers, donataire de feu Antoine Vigne, fait de nouvelles fondations à l'église de Largentière, pour le repos de l'âme des Vigne, père et fils ; le revenu annuel qu'il assure à l'église (y compris la fondation de 1543) s'élève maintenant à 6 livres 16 sols 4 deniers.

Les Etats du Vivarais, assemblés à St-Péray pour leur session

(1) Voir p. 49.

annuelle, le 17 novembre, s'occupent de la réparation du « pont de Largentière », ce qui veut dire évidemment le pont de Mazeau, puisque, ainsi que nous l'avons dit, il n'y avait pas alors d'autre pont à Largentière. Les habitants avaient fait une « sommaire apprinse », c'est-à-dire une expertise du dégât et un devis des frais de réparation. Le baron de Tour, Antoine de Crussol, qui présidait l'assemblée, « vu ladite sommaire apprinse, conclud, suivant la plus grande et saine partie des opinions, que sera baillé à Guillaume de la Motte cent livres tournois par le receveur du diocèse, et par ses mains distribuée, convertie et employée à la réparation du pont dudit Largentière, mentionné en ladite requeste, ordonnant, pour le surplus de ladite réparation, que le procureur fera saisie des leudes et péages dudit Largentière pour convertir à ce dessus, et des autres leudes et péages des lieux circonvoisins, pour estre convertis aussi à la réparation des ponts des lieux et juridictions où lesdits leudes et péages se lèveront, comme il verra par sommaire apprinse, suivant l'Edit du Roy et les arrests des cours souveraines. — A esté enjoint à messire Guillaume de la Motte de se transporter pour ce à Largentière... »

Les deux représentants de Largentière à cette assemblée des Etats sont le bailli Simon Bompar et le consul Gineste.

Veut-on savoir la valeur d'une robe de noces à cette époque ?

François Dubes avait constitué en dot, « entre autres choses, deux robes de noces, à dire d'amis », à sa sœur Marguerite qui épousa Claude Hébrard, muletier. Or, Marguerite étant morte et ayant, par son testament, légué les deux robes, non encore données, à l'université des prêtres de Largentière, à la charge pour eux de célébrer perpétuellement tous les premiers samedis du mois, dans la chapelle St-Eloy, une messe basse pour la rédemption de son âme et de celles de ses parents, Dubes se présente, le 12 janvier 1550, devant le curé Charles de Malet et d'autres prêtres pour s'entendre avec eux sur la valeur des deux robes. On convient sans discussion d'en fixer le prix à 10 livres ; en attendant de pouvoir se libérer, Dubes s'engage à payer une pension annuelle de 10 sols.

Une autre pièce nomme parmi les prêtres de Largentière :

Bertrand de Malet, vicaire ; Pierre Bertrand, prieur de Taraulx ; *Jean Arnaud*, prieur de Bessas ; *Loys Ayzac*, Jean la Brugière, Claude Monteiller, *Barthélemy Chevalier*, Aymes Arnaud, Pierre Rostaing et Charles Boyer. Nous avons mis en lettres italiques, les noms de ceux qu'on verra reparaître plus tard comme ayant, à la suite du curé, Charles de Malet, embrassé le protestantisme.

Une délibération de ce temps a pour objet « le deschargement des joyaux de l'église estant en charge de M. le curé ». En voici le texte (1) :

L'an 1550 et le 1er jour de juin à Largentière, dans l'église paroissiale — établis en propre personne, M° Etienne Gineste, sieur Jean Béraud, Claude Maigron, consuls dudit Largentière — avec l'assistance de M° Pierre Dumas, Charles Tourrel, marchands, Deleuze, Pierre Ollier, Etienne Alemand, M° Antoine Rochier, etc....

Lesquels manans et habitans ont été d'avis recouvrer lesdits joyaux et octroyer quittance auxdits Malet avoir rendu iceux joyaux auxdits consuls.

Et illec incontinent, où que dessus, au devant le grand autel, lesdits Malet ont baillé et donné auxdits consuls là présents, les joyaux qui s'ensuivent :

En premier lieu, la grand croix surdorée avec son étui ;

Item, l'encensier, partie argent, cuivre et fer, avec ses chaînes et une platine au chef ;

Item, sept calices avec leurs patènes d'argent, sans comprendre en iceux un autre calice cassé avec sa patène d'argent, lequel a été baillé audit messire Charles de Malet pour gage, et ce par M° Claude Allamel, notaire dudit Largentière, du temps, comme il a dit, qu'étoit consul d'illec, pour la somme de 6 écus 10 sols, pour appliquer à la réparation de l'horloge dudit Largentière, et de ce a dit apparoir cédule écrite et signée par ledit Allamel, produite en la cour ordinaire dudit Largentière ; lequel calice avec sa dite patène cassée, a illec réellement exhibé et devers lui retiré, offrant le bailler en lui rendant ladite somme, et autrement faire comme sera dit par ladite cour, sauf son action contre ceux à qui appartiendra ;

Item, quatre couronnes argent surdorées, garnies de pierres précieuses, deux servant à l'image de N.-D. des Pommiers, et

(1) M. Vaschalde a trouvé cette pièce « en dépouillant un tas de vieux papiers qu'un obligeant compatriote lui a donnés », et l'a publiée dans l'*Ardéchois* du 21 mai 1892.

les autres deux pour l'image du petit Jésus que tient entre ses bras ladite image de N.-D.

Item, trois guirlandes argent, une grande servant audit image de N.-D., les autres deux garnies de certaines pierres précieuses, pour le chef dudit image de Jésus ;

Item, une petite croix argent ;

Item, une ceinture soie jaune de peu de valeur ;

Item, une ceinture velours noir, garnie de 28 clous argent, les aucuns défaits avec les deux bouts garnis de grosses jumelles (agrafes) d'argent ;

Item, un paternostre (chapelet) corail avec une petite croix d'argent ;

Item, quarante quatre petits boutons argent défaits des couronnes de l'image du petit enfant Jésus, le tout étant dans un petit masapan et boëte de bois ;

Desquels joyaux et autres choses susdites lesdits Me Etienne Gineste, sire Jehan Béraud et Claude Maigron, consuls, ont déchargé lesdits Malet, et iceux joyaux et autres choses ont retiré devers eux, et ont promis et promettent les bien féalement garder et iceux rendre aux manans et habitans de Largentière, toutes et quantes fois en seront requis.

De quoi ledit Charles de Malet a requis acte être fait par moi notaire royal, secrétaire de ladite ville ; ce qu'a été fait où que dessus.

Les représentants de Largentière aux Assiettes sont pour les années suivantes :

1551. Etienne Allamel, lieutenant du bailli, et Pierre de la Rovière, consul ;

1552. Jean Lombard, pour le bailli, et François Esclausade, consul ;

1553. Charles Bompar, lieutenant du bailli, et Claude Rivière, notaire, consul.

Au mois d'avril de cette année, on s'occupe de la réparation du toit de l'église ; il s'agit aussi de fermer une brèche qui est au pied de la muraille à l'endroit du moulin de la *Ferrarié* ; il faut enfin s'entendre pour « payer le vin blanc donné à monseigneur monsieur l'évesque de Viviers à son entrée et joyeux advenant ». Pour fournir à ces dépenses une « collecte et taille commune à un sol pour chaque maison d'habitation » fut faite « par discrètes personnes, maistres Simon Bompar, Estienne Allamel, Pierre Bernard, notaires, et Claude Borie, marchand conseillers, estant alors consuls de la ville, M° Claude Rivière, notaire, Gilbert Vincent et Jehan Alemand (1).

L'évêque attendu ne peut être que Simon de Maillé-Brézé qui venait de célébrer sa première messe à Viviers le 25 mars (2), mais qui très probablement n'eut jamais le loisir d'aller à Largentière. Dès le 25 juin de l'année suivante, d'ailleurs, il fut transféré au siège de Tours, et eut pour successeur à Viviers Jacques Marie Sala, qui, retenu à Avignon par ses fonctions de vice-légat du pape, songea encore moins à visiter ses vassaux de la région du Tanargue, et fit à peine une apparition à Viviers, où il avait eu la malheureuse idée de choisir, pour l'exercice de son autorité temporelle, Noel Albert, c'est-à-dire le futur chef du protestantisme à Viviers.

1554. Noel Albert figure, dès cette année, aux Etats du Vivarais comme bailli de Largentière, avec Jehan Rostaing, consul.

Dans cette Assiette, Simon Bompar, de Largentière, qui a obtenu la ferme de l'équivalent (impôt sur la viande) du Vivarais, Valentinois et Viennois à la part du royaume, ce qui correspond à peu près au département actuel de l'Ardèche, requiert d'être mis en possession, et il est fait droit à sa demande. Cette ferme lui avait été adjugée à Montpellier, au prix de 6.650 livres.

Voici le personnel du couvent des Cordeliers d'après un acte de 1554 :

Frères : Julien Jacques, docteur en sainte théologie ;
Etienne la Torre, sacristain et vicaire ;
Jean Bertrand, syndic et lecteur ;
Barthelemy Borie,
Vital Torgon,
Simon Monteillet,
Etienne Eyraud,
André Dusserre,
Jehan Reboul,
Mathieu Rochette, prêtres religieux

(1) Inventaire de M. Edouard André.
(2) ROCHE. *Armorial des évêques de Viviers*, II, 137.

1555 Le testament d Antoine Johannet, du 13 mai, porte que les prêtres et religieux convoqués à ses obsèques devront chanter « l'oraison du *Salve Regina* à la porte de sa maison, devant l'image de N. D. qu'est en la tour du pont de Mazeau dépeinte...»

1556 La pièce suivante sur l'élection des consuls vient de la même source que celle du « deschargement des joyaux de l'église » (1) :

L'an 1555 et le premier jour de janvier, (ce qui correspond au 1ᵉʳ janvier 1556), en la ville de Largentière en Vivarais, et au plain au devant le portalet de l'église, par devant moi notaire royal soussigné, et en présence des témoins cy après nommés,

Establis en personne, Mᵉ Pierre Dumas, notaire, Jean Boyer et Antoine Maigron, consuls dudit Largentière — lesquels, par l'organe dudit Dumas, ont dit, suivant la coutume ancienne, vouloir nommer, eslire nouveaux consuls pour l'année prochaine 1556.

Sur quoi, avec l'assistance, présence de M. Simon Bompar, Pierre de la Rovière, notaire, Benoit Resclausade, Claude Bouchet, François Resclausade, Guillaume Gineste, Laurent Vincent, Pons Ribeyre, Antoine Boissin, Etienne Rodier, Claude Bourg, Jacques Tranchant, Gabriel Deleuze, Guillaume Arnaud, Jehan Alemand, Etienne Soboul, Martin Hébrard, Blaise Tailhand, Bertrand Perbos, Guillaume Ponhet, Claude Hébrard, Jean Bouchet, Mondon Benoit, certains autres faisant la plus grande et saine partie des manans et habitans dudit Largentière, illec convoqués et appelés,

Ont iceux consuls baillé à moi notaire un tillet de premier baston portant : Claude Béraud, Pierre Bernard, notaire, et Claude Borie ;

Touchant le second baston : Gabriel Deleuze, André Robert, Jean Chabassut ;

Tiers baston portant : Antoine Mazade, Bayle cordonnier, Claude Reynier cordonnier.

Et faite lecture par moi dit notaire, à haute voix, intelligible, du contenu auxdits tillets, iceux manans et habitans dessus nommés ont dit le nombre audit tillet chascun d'eux sans aulcune protestation estre capables pour estre consuls dudit Largentière pour ladite année prochaine.

Par quoi ledit Dumas a élu, en son lieu et place de premier consul, ledit Claude Borie,

Et illec Boyer, pour second consul, a élu ledit André Robert ;

---

(1) M. Vaschalde a publié ce procès-verbal « copié sur l'original qu'il possède » dans l'*Ardèche Républicaine* du 8 février 1891.

Illec Maigron, en son lieu et place de tiers et dernier consul, a élu ledit Pierre Mazade.

Et faite ladite élection, Dumas, Boyer et Maigron ont requis tout ce dessus être écrit et acte leur être fait et expédié par moi notaire royal soussigné.

Fait ce que dessus, en présence de Mathieu Moraret, de la paroisse de Sanilhac, de François Dusserre fils à autre Guillaume Dusserre audit Vivarez.

Après chaque élection, un inventaire des objets de la communauté était dressé par les consuls sortants et remis à leurs successeurs.

Voici celui qui fut alors remis aux nouveaux consuls Borie, Robert et Mazade :

Inventaire de la ville

Premièrement, la marque de la ville (1),
Un cadenas avec sa clef,
Un autre cadenas sans clef,
Item, un autre cadenas de peu de valeur sans clef ni serraille (serrure),
Item, un berrol (verrou) fer de la grande porte du Mazeau,
Item, une petite chaine du pont levis de Sigalières — est audit pont-levis,
Item, quinze ciefs des portes,
Item, une barre d'un cadenas fer rompu,
Item, les trois mirailhons (2) qui sont dans le château.

Tout ce dessus les consuls modernes ont reçu et promis de rendre à la fin de leur administration.

De 1555 à 1560, c'est le fameux Noel Albert, qui assiste à toutes les Assiettes, comme bailli de Largentière, avec les consuls : Pierre Dumas (1555), Claude Borie, (1556), Claude Bouchet (1557), Jean Tricot (1558), et Claude Bouchet (1560).

En 1557, Pierre de la Rovière forme, avec Antoine Veyrenc, d'Aubenas, et Cussonel d'Annonay, un syndicat auquel fut adjugée la ferme de l'équivalent en Vivarais.

Notons ici l'extrait suivant de l'Inventaire des archives de Largentière, fait par M. André :

C C. 8 (Registre). In folio 247 feuillets papier XVI° siècle.

---

(1) Les *armoiries* ; nous les avons vues, dit M. Vaschalde, il y a une quarantaine d'années ; elles sont brodées sur soie et en forme d'écusson.

2) Dans un autre inventaire, il y a trois *mousquets*.

« Livre par délibération du conseil des consulz, conseillers et habitans de la ville de Largentière en Vivaroys reiterées foys, tant des années précédentes MV^c LVI, MV^c LVII que en janvier mil cinq cens LVIII, estans consuls Loys Bertrand, Jehan Gevaudan et Antoine Duranton, refaict et entraict du livre des extimes dernières faictes en l'an mil cinq cent seize signées par Pierre Roy, Jehan Rovyere, preudhommes extimateurs, etc.

1559. Une particularité significative, que nous relevons dans l'ouvrage de M. Arnaud (1), se trouve dans la présence d'une famille de Largentière, « Simon, Claude, Nicolas, Louis et Guillaume Duboes, espinasseurs, père et fils, natifs de Largentière en Viverois », sur la liste des réfugiés à l'étranger, reçus habitants de Genève en 1559. Peut-être s'agit-il de la famille Dubes, dont un membre, François Dubes, qualifié tantôt maréchal (ferrant) et tantôt armurier, fut consul en 1529 et figure aussi dans des actes de 1535 et de 1550 (2). Il y a là un indice visible de manifestations huguenotes survenues dans notre région, d'autant que la même liste comprend, outre quelques noms d'Aubenas, Mayres, Thueyts et Vals, ceux de cinq habitants de Joyeuse, un de Beaumont, un autre de St-Mélany et un troisième de St-Laurent-les-Bains, ce qui, pour ces dernières localités, s'explique aisément par l'action que les de Borne, seigneurs de Ligonès (Sablières) et de Beaumefort, exercèrent longtemps dans cette région.

Dans la série des faits que nous venons d'exposer, nos lecteurs auront remarqué : d'abord, les nombreux legs pies, consistant en un principal qu'on soldait rarement, mais pour lequel on payait un intérêt annuel de 5 o|o ; ensuite les achats de rentes ou de pensions, en nature ou en argent, que faisaient les corps religieux, ce qui était alors, pour les gens qui n'étaient ni travailleurs de terre, ni industriels ou marchands, le seul moyen de faire fructifier les fonds dont ils disposaient. Or, bien que rien ne fût plus légitime de leur part, on comprend combien un pareil état de choses devait exciter de rancunes et de convoitises parmi leurs débiteurs, et combien le désir de se débarrasser de charges

(1) *Histoire des protestants du Vivarais*, II, 356.

(2) On trouve aussi un Etienne Dubes parmi les individus qui participèrent aux événements de 1562.

accumulées par d'inconscients testateurs ou d'imprudents acheteurs, dut grossir, le moment venu, le nombre des partisans de la Réforme. Qu'il se soit trouvé, dans la foule de ces derniers, quelques esprits sincères, obéissant à des motifs plus élevés, c'est ce que nous nous garderions de contester, mais, pour qui connaît la nature humaine, il est évident que, pour la grande majorité des habitants des campagnes aussi bien que des villes, le mouvement huguenot fut avant tout un moyen commode de payer ses dettes en même temps qu'une bonne occasion de pillage.

**

Pour compléter la physionomie du lieu et du temps, qui font l'objet de ce chapitre, nous allons essayer d'en ressusciter le vieux système de voies de communication, en insérant ici quelques notes prises au courant de la plume dans nos pérégrinations autour de Largentière.

Jusque vers la fin du XVIIe siècle, où les dernières insurrections protestantes firent sentir plus que jamais la nécessité d'ouvrir de nouvelles routes ou d'améliorer les anciennes, dans le double but de faciliter le commerce et de donner aux troupes le moyen de réprimer promptement toutes les rébellions, les chemins en Vivarais paraissent être restés à peu près ce qu'ils étaient au temps des Romains — en sorte qu'il est beaucoup moins difficile qu'on ne pourrait le croire, de constater, à l'aide des vieux sentiers encore existants. ce qu'était la viabilité dans notre région au XVe et au XVIe siècle.

Les issues de Largentière se réduisaient alors aux suivantes :·

A l'Est, le sentier, dit chemin du Bédélet, qui s'ouvre au Chemin Neuf, entre le pré Jouanin et la maison Mouttet, par où l'on montait à la tour de Fanjau et au mas du Bos — et le chemin pavé ou calade conduisant par le col de Ste-Foy, à Vinezac et Aubenas ;

Au Nord, la montée de la côte de Chassiers, et le chemin des Ranchises (venu bien longtemps après) ;

A l'Ouest, la calade, qui part des Marronniers et se bifurque, à quelques pas de là, sous l'ancien jardin Rouvier, conduisant d'un côté à Valgorge, par Tauriers et Joanas, et de l'autre à Sanilhac, par la croisette du Mas.

Enfin au Sud, sur la rive gauche de Ligne, la montée des *Chaunes*, qui était la principale sortie de ce côté, et, sur la rive droite, le sentier du mas St-Esprit ou de Coupe qui allait rejoindre, en vue de Montréal, le chemin de Tauriers au moulin du Bayle par la crête de la montagne.

Le fait que le moulin du Bayle sur la rivière de *Rivobrevi* (Roubrau) faisait partie de la paroisse de Chassiers, et non de celle de Largentière, suffirait à prouver qu'à l'époque où furent établies les circonscriptions paroissiales, ce lieu communiquait plus facilement avec Chassiers, en faisant le détour de Tauriers et de Bastide, qu'avec Largentière. Ce n'est qu'assez tard qu'on voit les Etats du Vivarais s'occuper du pont de Montréal désigné comme étant un grand passage des muletiers portant le vin en montagne, et plus tard encore du pont de la Tourasse (le pont de Bourret) Il ne faut pas oublier non plus que le Chemin Neuf ne date que de la moitié du siècle dernier, et que jusques là les voyageurs ou marchands, remontant la vallée de Ligne, étaient obligés de traverser la ville de Largentière, dont les portes étaient ordinairement fermées la nuit, quand elles ne l'étaient pas aussi de jour suivant les événements.

On peut se représenter la vallée d'*Argentaria*, à l'époque de l'exploitation des mines, comme une sorte de forteresse, dont la grande porte, à l'affluent de Roubrau, était défendue par la tour de Montréal, et à qui les montagnes du Béderet, de Chassiers de Tauriers et du Mas St-Esprit servaient de remparts naturels, complétés de main d'homme par les fortifications de Fanjau, de Chassiers et de Tauriers, lesquelles étaient mises en relation directe au moyen d'un chemin de ronde auquel aboutissaient tous les sentiers que nous venons d'indiquer, et que nous allons parcourir.

Ce chemin, qui part de la Rourède, au sommet de la montée des Chaunes, suit la crête du Béderet, en passant près de l'ancien colombier de M. de Vinezac (maison Bardin) et de la tour de Fanjau. Le mas de Ségalières ou Sigalières, qui est resté au quartier de la gare actuelle, devait être sur le parcours de ce chemin.

Nous avons dit ailleurs que la maison Dumas au Mas du Bos était l'ancienne *Malauteria*, d'où le nom de Montée de la *Malaouteïro* resté à la calade qui monte directement à Ste-Foy. L'expression de *Ste-Foi* ou *Malauteria*, employée dans un des actes du notaire André, permet de supposer que Ste-Foy fut le premier nom donné à cet établissement charitable. Plus tard, la disparition des grandes épidémies ayant fait l'oubli sur la Maladière, le nom de Ste-Foy resta seul au quartier où elle était située et particulièrement à la croix qui est au sommet de la calade. On trouve aussi dans un autre acte l'expression de *Roselas* ou *Malauteria* et aussi celle de *Mas du Bos* ou *Chanteperdrix*.

On cherche vainement aujourd'hui, au col de Sainte-Foy, le fameux trou de Sainte-Renne où l'on portait jadis les enfants grognons. Le terrain en cet endroit ayant été abaissé de quelques mètres pour le passage de la route directe de Largentière à la Chapelle, le mur de soutènement des champs de gauche se trouve en quelque sorte perché en l'air, plus ou moins masqué par les herbes et les arbustes poussés dans les fentes du rocher qui lui sert de base. Il faut bien regarder pour y apercevoir une niche, semblable à celle que l'on voit sur la route de Montréal, dans le mur de la propriété du Reclus, et qui est un des buts de la procession matinale des Rogations. C'est dans la niche de Ste-Foy, que nos bonnes aïeules ou bisaïeules portaient les enfants *rénairé* ou grognons, du mot patois *réna,* qui veut dire grogner. On y déposait le bonnet ou tout autre objet de la toilette de l'enfant, avec un sou, qui appartenait au premier berger ou passant qui venait le prendre. On trouve encore des vieillards qui se rappellent avoir profité, étant jeunes, du sou déposé à Sainte-Renne.

Le culte — ou plutôt les naïves pratiques en cours, sous le manteau de la sainte improvisée en question — n'étais pas chose spéciale à Sainte-Foy. On a pu lire, dans un de nos Voyages (1), ce que nous avions vu à St-Marcel-d'Ardèche, où St-Julien de la Renne a, non pas un simple trou dans le mur d'une propriété rurale, mais une très vieille chapelle, dont l'architecture romane et la tradition s'accordent à reporter la fondation vers le Xe siècle. Cette chapelle est à trois kilomètres environ de St Marcel, sur une colline aride. Le toit, à double pente, est surmonté d'un clocher à arcades. A l'extrémité du chœur, qui regarde l'orient, est suspendu un tableau de St-Julien, en costume de guerrier, le casque en tête et la main sur l'épée. Le docteur Gilles, qui a écrit une courte notice sur cette chapelle, croit que ce St-Julien, avec sa tunique et son costume moyen-âge, est le même que St-Julien de-Brioude. A l'angle nord de la façade est un mur, auquel est adossé un banc de pierre, qu'on appelle le *banc de pauvres*. A gauche de la porte d'entrée se trouve creusée dans la pierre dure, à un mètre au-dessus du sol, une ouverture circulaire, ayant dix-sept centimètres de diamètre et sept de profondeur. C'est le *creux de Saint-Julien*, où l'on apportait les enfants pleurards Les mères de famille qui en avaient de ce genre — et qui n'en a pas ? — les amenaient à la chapelle pour les vouer à St-Julien. Après la messe, on approchait l'enfant du creux, en lui administrant une fouettée au bon endroit : c'était de rigueur. Il fallait que l'enfant pleurât là pour qu'il ne pleurât plus ensuite. On prétend qu'une fois la tête dans le creux, plaintes et pleurs s'arrêtaient instantanément.

Nous n'avons pas entendu dire qu'on fouettât les enfants au trou de Sainte-Renne, comme à la chapelle de St-Marcel On se contentait de les y placer un instant, en faisant une prière, et en laissant le sou d'usage. Et cela suffisait pour les guérir de leur grognonnerie, preuve qu'ils étaient de meilleure composition que ceux de la rive du Rhône.

Dans tous les cas, l'antiquité de la chapelle de St-Julien de la Renne fait présumer celle du vieil usage dont la niche du col de

---

(1) *Voyage le long de la rivière d'Ardèche*, p. 245-48.

de Ste-Foy restera comme un témoignage matériel, tant que le mur ne sera pas écroulé.

Le chemin de ronde, coupé à la croix de Ste-Foy, se continue au delà de la tranchée de la route et monte directement à Chassiers, d'où il se dirige vers Coulens ; de là, il descend à l'ancien moulin de Bastide où l'on passait la rivière sur des *sautes*, puis il monte à Chalabrèges, traverse Tauriers, et se dirige, en suivant la crête de la montagne du Mas, sur le moulin du Bayle.

Ceux qui l'auront entièrement suivi comme nous pourront entendre, en descendant de ce côté, le sifflet des trains apportant des nouvelles de guerres et d'égorgements aux quatre coins du monde, agrémentées comme d'une suprême ironie de protestations libérales et humanitaires plus solennelles que jamais, et pour peu qu'ils soient d'humeur à philosopher, ils pourront aussi se demander si le progrès des mœurs est bien en proportion du progrès des chemins, et si, malgré la vapeur et l'électricité, nous valons beaucoup mieux que nos prédécesseurs.

PRIVAS. — IMPRIMERIE ARDÉCHOISE

VUE DE L'ANCIEN COUVENT DES CORDELIERS DE LARGENTIÈRE

III

LARGENTIÈRE PENDANT LA PREMIÈRE GUERRE CIVILE
(1562-1563)

Vue de l'ancien couvent des Cordeliers. — Le premier apôtre de la Réforme dans le bas Vivarais. — Les dettes du seigneur de Versas. — Ses crimes. — Les Etats du Vivarais décident de le poursuivre aux dépens du pays. — Il est emprisonné au château de Tournon en 1555. — Sa condamnation aux galères en 1556 par la cour royale de Boncieu. — Les huguenots à Sanilhac en 1562. — Relation du pillage et de l'incendie du couvent des Cordeliers de Largentière par Combas et consorts. — Détails édifiants de l'enquête. — Le sieur des Portes, de Meyras — La famille Malet, de Valgorge et le domaine de Malet, près de Chassiers. — Une lettre écrite au nom des consuls d'Uzer. — Combas, lieutenant du baron des Adrets. — Le pot de vin qu'il se fait donner par les gens du Bourg. — Il est massacré ainsi que son fils à la reprise du Bourg par les catholiques (13 novembre 1562). — Sa veuve et ses héritiers. — Les Etats du Vivarais refusent de recevoir Claude Borie comme consul de Largentière (1564)

La gravure, que nous donnons en tête de ce chapitre, et qui représente l'ancien couvent des Cordeliers et le côté sud de Largentière, a été faite, d'après un croquis, grossièrement dessiné au crayon, qui s'est trouvé au milieu de nos vieilles notes sur Largentière, et dont nous n'avons pu nous rappeler l'origine. Est il l'œuvre d'un contemporain, ou son auteur s'est-il simplement inspiré de la relation sur les événements de 1562, dont on trouvera plus loin le texte ? — C'est ce que nous ne saurions dire. Dans tous les cas, ce dessin, quelque primitive qu'en soit la facture, nous paraît répondre assez exactement à ce qu'on peut se figurer de l'état des lieux avant la destruction du couvent, lequel formait, de ce côté de la ville, le seul bâtiment existant en dehors des remparts.

Quant au plan du couvent, qu'on trouvera également plus loin, il a été tracé évidemment par l'auteur de la relation, puisqu'il forme le premier feuillet du manuscrit original que nous tenons de M. Léon Vedel.

*
* *

L'homme néfaste de la région, celui qui y propagea le plus activement la réforme par le pillage et l'incendie, fut un hobereau des environs de Largentière, noble Victor Bermond de Combas, seigneur de St Remèze et de Montbrison et Versas, dans la paroisse de Sanilhac Selon M Deydier, ce personnage était de la famille des anciens Bermond, seigneurs de la Voulte, mais nous ne savons sur quel fondement est fondée cette généalogie. Voici d'autre part, sur lui des données moins incertaines :

Noble Victor Bermond de Combas était veuf de Jeanne de Gabriac, quand il épousa, en 1529, Loyse de Montbrison, héritière de la famille de Montbrison, paroisse de Sanilhac (1).

Le 21 décembre 1541, Combas et sa femme se présentaient devant le notaire Mathieu André, de Largentière, et vendaient à Claude Allamel, notaire, une longue série de cens et rentes qu'ils possédaient sur des habitants de Laval (Sanilhac), Nogaret (Rocles), Tauriers et Coulens (Chassiers). L'acte dressé par André donne la liste des personnes qui devaient les cens en question. Les plus imposés étaient Jean Perbos, de Tauriers, qui avait à payer chaque année deux sols tournois et un setier de vin, et Raymond Perbos qui avait à payer trois setiers. Toutes les autres redevances se chiffrent en deniers, oboles et même pictes, ce qui était la monnaie la plus infime de l'époque. Le tout formait la somme fort respectable pour le temps de 94 livres. Il est à

---

(1) DE GIGORD. — *Le Mandement de Joanas*, p. 164. Une copie de la généalogie de Montbrison, qui nous vient de Célestin Dubois, place ce mariage à l'année 1539.

remarquer que le seigneur de Versas, lorsqu'il vendait tous ces revenus, était déjà le débiteur du notaire Allamel pour vingt setiers de seigle, sept de froment et neuf d'orge, qu'il avait achetés à ce dernier avec la caution de maître Jean Audigier, notaire à St-Germain. Il devait, de plus, à Allamel trente livres que celui-ci lui avait remises comme prix d'un fermage de cens à Rochepierre, ledit seigneur de Versas ayant continué à percevoir lui-même ces cens après les avoir affermés. Or, ces trente livres et les trente-six setiers de grains représentant la somme de 94 livres, il en résulte clairement que la vente en question n'avait pas d'autre objet que de payer une dette du seigneur de Versas, dette qui, par la nécessité d'une caution dans le premier cas, et par le manque de bonne foi qui résulte du second cas, ne donne pas une haute idée de la considération dont pouvait jouir le futur chef protestant de Sanilhac parmi ses concitoyens.

Le même jour, le notaire Allamel donnait pacte de rachat audit Combas, c'est-à-dire qu'il s'engageait à lui rendre les cens et rentes qu'il venait de lui acheter, moyennant le remboursement dans un délai de dix ans de la somme déboursée. Allamel s'engageait aussi à rendre au seigneur de Versas d'autres cens et rentes, qu'il lui avait achetés sur le lieu de Fez, paroisse de Sanilhac, si celui-ci lui rendait 20 livres qu'il lui avait remises pour l'achat de ces sens et rentes, et de plus 12 livres 15 sols montant de cens que ledit seigneur de Versas avait continué de lever sur les habitants de Fez après avoir vendu ses droits au notaire Allamel.

Il nous semble que le portrait de Bermond de Combas n'est déjà pas bien difficile à faire après la lecture de ces deux actes. Sa probité n'est-elle pas suffisamment caractérisée par le fait qu'il continuait à percevoir certains revenus après les avoir bel et bien vendus et en avoir touché le prix ? Sa solvabilité était évidemment considérée comme douteuse puisque, malgré les domaines considérables que ce seigneur possédait tout au moins du chef de sa femme, Allamel ne lui faisait crédit qu'avec bonne caution. Or, de même que lorsqu'on voit de l'eau on peut dire qu'il y a une source au début, on peut dire avec non moins de certitude qu'il y a du désordre et de l'inconduite à l'origine de ces existences endettées, fiévreuses et criminelles, comme l'a été celle du seigneur de Versas. Preuve nouvelle qu'il n'y a rien de nouveau sous le soleil et que les instruments qui servaient à cette époque aux révolutions avaient une singulière ressemblance avec ceux dont on se sert aujourd'hui (1).

Ces réflexions que nous faisions déjà, il y a plus de vingt ans, alors que nous ne connaissions que très imparfaitement la vie du personnage, ont trouvé de singulières confirmations dans les données nouvelles que nous a, depuis, fournies sur lui la lecture des Délibérations des Etats du Vivarais.

A propos des brigands qui désolaient le pays, voici ce qu'on lit dans le procès-verbal de l'assemblée générale ou Assiette de 1545 :

Sur ce que autrefois furent, à la requeste du procureur du pays, faictes informations secrètes à l'endroit d'un nommé Cumbas, homme de guerre, et certains de ses complices gens mal vivans ; et après taxé décret par Msgr de Tournon, bailli de Viverois, lequel a esté mis à exécution, dit a esté qu'on poursuive l'exécution dudit décret. Et pour ce faire et réprimer les procédés de tels gens mal vivans et autres leurs semblables, le procureur du pays se retirera devers Msgr de Crussol, lieutenant général pour le Roy en Languedoc, aux fins de pourvoir d'un lieutenant de prévost des maréchaux, à certains gages, que le pays sera tenu donner, de 50 livres par an...

Le 24 octobre 1554, Combas reparaît dans le procès-verbal d'une réunion tenue au Bourg-St-Andéol :

A esté exposé la forfaiture et mauvaise façon de vivre d'un nommé de Cumbas, et sur icelle opiné et concludé que, pour pourvoir aux grandes plaintes des pauvres gens du présent pays de Viverois : pilleries, rançonnemens, concussions, voleries, fausse monnaie, qu'ont esté commises et que journellement se commettent par un Cumbas, banni par arrest du royaume de France ; nonobstant lequel bannissement commet journellement les dites voleries et concussions à la grande perturbation du repos public : que revient au grand dommage des habitants oppressés, sans pouvoir avoir recours de justice, pour la force publique que le dit Cumbas tient avec ses complices — A esté

(1) *Voyage autour de l'algoïge*, p. 310.

conclud que le dit Cumbas sera poursuivi aux dépens du dit pays ; et les décrets contre lui décernés, exécutés ; et pour ce faire a esté ordonné que seroit enjoint au lieutenant de prévost en ce pays d'en faire les diligences, et donner mandement à Mᵉ Guillaume de la Motte, syndic dudit pays, et Loys de la Tour (1), docteur, de tenir la main audit affaire, pourvoyant à la prise dudit Cumbas et ses complices, et pour icelle prise pouvoir promettre jusques à la somme de 50 escus, et icelle prise faicte, le faire conduire au chasteau de Tournon, faire continuer les inquisitions par M. le juge de Viverois, lequel sera prié d'y procéder et tenir la main pour les forces publiques. — Sera supplié le Roy, attendu que s'agit de voleries et d'un banni du royaume de France, concussions, port d'armes prohibées, forces publiques, que son plaisir soit commettre la faction du procès et jugement d'icelui, au bailli ou juge de Viverois ou leurs lieutenans, prévosts de maréchaux ou leurs lieutenans, prenant avec eux ceux qu'ils adviseront pour assesseurs.

En 1555, on trouve Combas emprisonné au chateau de Tournon. Des lettres royales ont déféré son procès au bailli ou juge du Vivarais. Et il est décidé, dans une réunion des Etats, tenue le 7 juin à Viviers, « que les gardes du dit Combas, prisonnier détenu, et autres frais à faire en son procès, seront payés des biens d'icelui Combas, s'il a de quoi, sinon aux despens du pays ; que M. Le Blanc, juge de Viverois, vaquera à la faction du procès, auquel Mᵉ Loys de la Tour, docteur en droit, ministrera témoins, ou bien le sieur de la Motte, procureur en son absence, auxquels sera avancée pour cela la somme de 200 livres ».

Guillaume de la Motte, obligé d'aller à Paris, pour une autre affaire du pays, se fit remplacer dans le procès Combas, par Mᵉ Pierre Broé, notaire à Tournon.

Aux Etats généraux du Languedoc, tenus à Carcassnne en septembre 1555, on demanda que ces Etats fissent poursuivre à leurs frais Victor de Combas « facinoreux perturbateur de la paix publique » ; mais les Etats de la province ne jugèrent pas à propos de prendre cette dépense à leur charge.

Dans l'Assiette du Vivarais, tenue au mois d'octobre suivant, à Villeneuve de Berg. Guillaume de la Motte exposa ce qu'il avait fait, au sujet de Combas, sur la réquisition et l'ordre de

(1) Loys de la Tour était le frère de Béranger de la Tour d'Aubenas.

Msgr de Tournon, bailli du Vivarais, et aussi sur l'injonction verbale de Msgr de Joyeuse, lieutenant pour le Roi en Languedoc, en vertu de la résolution prise à l'assemblée du Bourg-St-Andéol. Combas, dit-il, est prisonnier au château de Tournon. Il appartient maintenant à Messieurs les Etats de dire s'ils entendent continuer la poursuite aux dépens du pays. Le procureur entend ne pas aller de l'avant, s'il ne reçoit pas un nouvel ordre.

L'Assiette décida que la poursuite serait continuée aux dépens du pays, et avec le plus de diligence possible. Un crédit de 300 livres sur le Receveur fut alloué pour cela à la Motte, ou, en son absence, à Loys de la Tour, régent d'Aubenas. On approuva tout ce qu'avaient fait la Motte ou ses substitués « avec promesse de les relever indemnes en bonne forme, tant de ce que dit est, que aussi si, pour cette affaire et la défense de leurs personnes, ils estoient contraints porter armes prohibées par l'Edit du Roy, et en prendre la défense pour eux... »

Le jour suivant, Me Loys de la Tour accepta de poursuivre le procès contre Combas en l'absence du procureur, « et promit de faire son devoir fidèlement et le plus diligemment que faire se pourra, aux gages et estat d'un escu sol par jour qu'il vaquera aux dites affaires ».

Il résulte d'une note des vacations d'Antoine de Mars (1), que celui-ci était parti de Villeneuve-de-Berg, le 15 janvier 1555, avec le juge du Vivarais, pour enqu'rir contre Combas. Il était accompagné de Louis de la Tour. Après avoir fait leur enquête à Aubenas, la Chapelle, Largentière, Versas, ils ne purent arrêter le coupable qu'au mois de mai, à Saint-Remèze, dont il était seigneur.

L'enquête continua ensuite à St-Remèze, et autres lieux, parmi lesquels Mars nomme encore Aubenas, Villeneuve, Vogué la Chapelle, Largentière, Sanilhac, Joyeuse, Bourg-St-Andéol.

Le procès eut lieu en 1556 à la cour royale de Boucieu. Mais Combas souleva des difficultés de procédure qui nécessitèrent

---

(1) *Etats du Vivarais.* C. 331, f° 270.

l'envoi de Guillaume Allamel à Toulouse. Il fallut demander à M. de Joyeuse des « lettres de faveur » pour le Parlement, puis il fallut envoyer un député en cour à la suite d'un conflit de juridiction. En attendant, la garde du prisonnier coûtant trop cher, les Etats durent prier le juge du Vivarais « de retrancher la garde dudit Combas et l'asseurer en fers et prisons ».

Finalement Combas fut condamné, « pour ses démérites et cas trouvés par le discours de son procès », à servir aux galères du Roy sa vie durant (2). Il avait fallu pour cela deux ans au pays et bien des frais.

La pièce suivante, présentée aux Etats du Vivarais, ouverts à Joyeuse le 3 novembre 1556, nous fait connaître, d'autre part, avec quelques détails sur la condamnation de Combas, les dangers auxquels se trouvaient exposés les personnages qui avaient été employés à son procès :

A Messeigneurs tenans les Estats du pays de Viveroys, Supplient humblement Guillaume de la Motte, votre procureur, et M⁰ Loys de la Tour — que, suivant votre commandement en pleins Estats tenus tant en la ville du Bourg que après Villeneuve, ils auroient fait la poursuite contre Victor de Combas, et tant procédé que par sentence a esté condamné de faire amende honorable ès chausse pieds et teste nue, ayant la hart au col, tenue par l'exécuteur de la haute justice, à genoux, demander pardon à Dieu, au Roy et à la justice du présent pays de Vivarets — ce que auroit esté fait — et oultre ce, condamné à servir le Roi par force en ses galères sa vie durant, avec inhibition de sortir, à peine d'estre pendu et estranglé — et aux habitants du Viveroys et autres sujets dudit sieur ne le retirer — sa place de St-Remèze et ses autres biens confisqués. distrait au préalable la somme de 2000 livres qui a esté adjugée audit pays pour ses dommages et intérêts. A raison de laquelle poursuite, les parens, amis et complices dudit Combas auroient conçu te'le haine contre lesdits supplians jusques à les comminer publiquement de les tuer et meurtrir et involver en plusieurs procès pour les ruiner. mesme de ce qu'ils ont porté des armes prohibées pour la sûreté de leurs personnes. .

Guillaume de la Motte et Louis de la Tour prient donc les Etats de prendre leur défense et de les garantir contre les procès qu'on pourroit leur intenter à ce sujet.

« A quoi les députés présens donnent unanimement leur

(2) Idem.

adhésion, promettant que le pays les défendra s'ils sont molestés en leurs personnes ou leurs biens (1). »

Il est encore question de Combas à une assemblée partielle des Etats, tenue le 5 mai 1557 à Aubenas, où Guillaume de la Motte vint demander aux députés la garantie du pays, qui lui avait été promise contre les vexations auxquelles pouvait l'exposer la mission qu'il avait remplie dans le procès. Il paraît qu'on l'accusait du meurtre d'un nommé Petit, fils d'un aubergiste de Nîmes, complice de Combas, et qu'un clerc de procureur à Toulouse, nommé Linfrandi, « ayant esté serviteur, grand confédéré et complice de Combas », avait surpris un ajournement contre lui à Toulouse.

L'assemblée décida qu'il serait pourvu aux dépens du pays. Mais rien n'indique qu'une suite ait été donnée à cet incident.

Plus tard on trouve les biens de Combas affermés à Bernard la Teule, d'Aubenas, par les enfants de Combas.

Comment Combas sortit-il des galères ? C'est ce que nous ignorons. Le fait est que nous le trouvons en 1562, continuant son genre d'apostolat à Sanilhac, à Largentière et au Bourg-St-Andéol, où finalement se termina sa criminelle existence.

L'extrait suivant d'un manuscrit trouvé à Sanilhac donne un aperçu de ses agissements dans son pays :

« Pendant de longues années, la tranquillité plus grande avoit régné à Sanilhac, mais, avec les guerres de religion, cela changea. Le prieuré étoit riche et il excita la convoitise des religionnaires. En 1562, une bande de sectateurs de Calvin, qui à cette époque commençoit à faire de grands ravages, se porta au lieu de Sanilhac, pilla et brûla avec rage l'église, abattit l'édifice du clocher jusqu'à terre, abattit une partie de la nef du côté du clocher, et les cloches furent brisées et pillées.

« Aucun mémoire, continue le chroniqueur, ni renseignement ne donne aucune connaissance d'où étoient ces huguenots ; mais il est à croire qu'ils étoient en grande partie de la paroisse et qu'ils agissoient ainsi par l'instigation des seigneurs de Brison et de Versas, chefs de la secte, qui avoient entièrement perverti Sanilhac, puisqu'on tient par tradition que tous devinrent protestans dans vingt-quatre heures, d'où il ne resta que la maison Vielfaure du Castanet, qui demeura ferme attachée à la religion

(1) Archives dép. de l'Ardèche. C. 1450 bis.

et au pape, et pour cette raison appelée *papau* A la suite de ces événemens, noble Balthazard de Brison s'empara de tous les fonds attachés au bénéfice. Cet état de choses dura quarante-six ans. En 1611, les habitans de la paroisse, déjà revenus au sein de l'Eglise, à l'exception du village du Gua et de la maison de Versas, relevèrent l'Eglise ruinée (1). »

Voici maintenant la reproduction textuelle d'une relation où se trouve consigné avec tous les détails, le plus fameux des exploits de Combas (2) :

MÉMOIRE
DE
L'ANCIEN COUVENT

des RR. PP. Cordeliers, de la ville de Largentière — En premier lieu, *de son établissement — sa forme — et ancienne construction — et époque de sa fondation* — En second lieu, *de sa ruine et entière destruction, après avoir été profané, pillé, incendié et entièrement ravagé par les religionnaires, en l'année 1562.*

Le tout extrait et recueilli sur divers anciens mémoires, trouvés aux archives de cette même communauté, existant aujourd'hui dans cette ville, par un Père du même ordre, en l'année 1781.

FONDATION DE L'ORDRE ET ORIGINE DU NOM

Cet ancien monastère, qui jadis existoit en la ville de Largentière, dans le Vivarais, étoit habité, jusques au moment de sa

---

(1) Extrait d'un MS trouvé vers 1859 dans la maison Durourc de Deux-Aygues par Léon Vedel qui en parla le premier dans le *Bas-Vivarais* du 7 août 1859. Nous en avons donné nous-même un aperçu dans le *Voyage autour de Valgorge* (1879). M. de Montravel en a donné, depuis, des extraits plus considérables dans sa monographie de Sanilhac (Revue du Vivarais 1897-98). L'original du MS. est à l'évêché de Viviers.

(2) Cette relation fut trouvée en 1858 par M. Vedel, curé de Sanilhac, dans les papiers de la famille Durourc, de Deux-Aygues. Ce manuscrit nous a été donné, depuis, par M. Léon Vedel et fait partie de notre collection. Le texte en a été publié dans le *Journal du Bas-Vivarais*, avril 1859, et il en fut fait un tirage à part de 40 exemplaires, où plusieurs alinéas sont transposés, d'ailleurs aujourd'hui introuvables. Le plan du couvent, que nous donnons plus loin, se trouve en tête de notre manuscrit.

destruction, par une nombreuse communauté de religieux Cordeliers, dont l'ordre fut établi par le vénérable patriarche St-François d'Assise, d'Italie, l an 1209, que le saint pontife Innocent XI approuva l'an 1223, et auquel divers autres papes accordèrent plusieurs privilèges dans la suite.

Cette société prit, dès le commencement, le nom de *Pauvres Mineurs*. et ensuite celui de *Frères Mineurs*, et cela jusqu'en 1250, époque à laquelle ils prirent le nom de *Cordeliers*, provenant de leurs ceintures de corde, nom qui leur fut donné en la guerre que saint Louis, roy de France, eut contre les infidèles. à laquelle l'ordre des Frères Mineurs ayant assisté, par leur zèle pour le soutien de la religion, repoussèrent si vigoureusement les barbares, que le roy, ayant demandé leur nom, on lui répondit en propres termes que c'étoient des gens *de cordes liés*.

FONDATION DU COUVENT

Cette antique maison dont les monuments fondamentaux paraissent encore aujourd'hui 1781 (1). fut fondée vers l'an 1236, dix ans après la mort de St-François, par... Les fondements en furent jetés hors l'enceinte de la ville et à son midi, au pied de la montagne de *Coupe*, à l'endroit appelé aujourd'hui le Razet, auquel lieu les RR. PP Cordeliers ont encore leur enclos qu'ils possèdent et jouissent aujourd'hui noblement ; lieu précis où étoit jadis l'enceinte du cloître, où l'on voit paraître encore les débris de cette antique maison religieuse, qui, jusques au moment de son entière destruction, devint fort considérable par ses grandes et fortes bâtisses qui lui furent faites, qui dans son ancienne construction, ne laissoit pas que d'être fort bien bâtie et parfaitement bien dirigée, selon l'ordre dont le sont ordinairement toutes les maisons religieuses.

Elle étoit comprise en deux étages, formant extérieurement un grand carré de maison, ayant deux cent vingt pas de circonférence, composée en quatre ailes ou parties de maison, qui mettoient dans leur enceinte le vaste cloître du monastère, et formoient aussi du dehors quatre grandes façades, les unes irrégulières par des carrés ou avancements de murs, ajourées d'un grand nombre de fenêtres, et dont toutes les basses étoient exactement garnies de paniers de fer faits en forme de cage et à l'antique.

(1) Tous les anciens vestiges du couvent des Cordeliers ont disparu, depuis qu'on a fait sur son emplacement l'agrandissement du cimetière, sauf quelques blocs de maçonnerie qu'on peut encore voir dans la vigne située au-dessous et dans la muraille d'où coule la fontaine de Razet. La porte du clos Pigeron, qui existait encore il y a une vingtaine d'années, marquait l'entrée du couvent, et la grange contiguë était un reste de l'ancienne église.

PLAN DU COUVENT DES CORDELIERS

DISTRIBUTION DE LA MAISON

Le grand portail, ou sa première porte d'entrée, étoit à l'aile du côté de la ville, à peu près au même endroit où est encore celle de l'enclos, laquelle donnoit en entrant un assez vaste ciel-ouvert, qui distribuoit à gauche la grande porte de l'église, et directement du grand portail la porte d'entrée du monastère, par laquelle on arrivoit à l'enceinte du cloître.

Le cloître étoit un grand espace de bâtiment de forme carrée, compris en quatre grandes galeries, orné de quatre séraphins artistement travaillés et représentés sous des figures humaines, placées sur des pieds d'estal aux quatre carrés du cloître, lequel se trouvoit placé entre l'église, le chapître, le réfectoire et les caves de la maison, mettoit dans son enceinte cette partie découverte du cloître qu'on nommoit jadis le *Bazard*, au milieu duquel venoit dériver une fort belle et grande source venant de dessus le couvent appelé d'Ouriliac.

Cette source, qui étoit conduite par des canaux ou bourneaux de plomb, enfoncés dans le souterrain d'environ cinq pieds de profondeur, venoit d'environ quatre cents brasses de long, et par ce moyen l'eau venoit rejaillir à un grand bassin dans le cloître, au milieu duquel étoit un *cerf* de bronze qui jetoit et répandoit l'eau de toutes les ouvertures de sa tête, savoir : de la gueule, des yeux, des narines, des oreilles, et enfin de toutes les pointes de ses cornes ; de ce bassin l'eau alloit se précipiter dans un puits à côté, servant aux usages de la maison ou du jardin.

PREMIÈRE AILE

Cette partie de maison du côté de la ville, auprès de laquelle passoit le chemin allant à la montagne de Coupe, étoit entièrement occupée par l'église du monastère.

Cette église, fort vaste et bien bâtie, tournoit du côté du soleil levant, selon l'usage de toutes les églises anciennes ; elle étoit soutenue en-dehors par plusieurs gros piliers, qui en faisoient l'ornement. Le ciel-ouvert du couvent lui en donnoit l'entrée par le moyen d'une grande porte qui arrivoit au fond de la nef de l'église, laquelle donnoit à ses côtés six chapelles dédiées à divers saints et toutes ornées de leurs autels, tableaux, stalles, voiles, tapis, etc., et dont les voûtes de ces chapelles construites en pointe, étoient supportées par des murs qui, en les séparant les unes des autres, formoient par leurs bords autant de colones qu'il y avoit de chapelles, pour soutenir le vaste édifice de la nef, laquelle étoit fort élevée, construite en pointe, décorée d'arceaux, de corniches et autres ornements, le tout en pierres de taille.

Le sanctuaire étoit placé directement de la porte d'entrée de l'église, et aux extrémités de la nef, et séparé par une balustrade pour en ôter la communication. Il étoit de forme carrée ayant sa voûte en pointe et orné d'arceaux, de corniches, etc. Le maître-autel étoit placé du côté du levant au milieu de deux grandes fenêtres. Il y avoit un grand établi en bois de cyprès et de noyer, bien sculpté et tout azuré, orné et enrichi des plus belles dorures

A la droite du sanctuaire étoit le chœur de l'église, endroit dans lequel s'assembloit la communauté aux heures pour y chanter l'office divin ; il communiquoit avec le sanctuaire par le moyen d'un grand arceau en pierres de taille et facilitoit par là les religieux à voir l'autel. Il étoit en noyer et en sapin proprement travaillé, formant autant de sièges qu'il y avoit de religieux qui assistoient à l'office.

De ce même côté étoit la sacristie, lieu ou se mettoient les ornements de l'église. Elle étoit fort riche, ayant un nombre de vases sacrés, car on y comptoit onze calices au nombre desquels étoit un d'une grandeur prodigieuse, une fort grande croix d'argent pour l'usage des processions ; elle avoit aussi de beaux et riches ornements en chasubles, chapes, dalmatiques, la plus grande partie en velours et en soie etc., les autres en étoffe de laine, etc.

Cette église, fort belle et fort propre, étoit en grande partie tapissée d'une fort belle étoffe de différentes couleurs appelée filet d'Auvergne, et de filet de Flandre. Une fort belle chaire en pierre de taille, toute sculptée et d'une seule pierre, faisoit un des principaux ornements. On la voit aujourd'hui à la paroisse autour de laquelle on lit en caractères gothiques. ces mots : *l'an MCCCCLXXXX (1490) V octobre, yeou Pierre Garnier, de Coulens, ay donnat aquesta cadieira al couvent des frères minours de Largenteira*.

Elle étoit en outre ajourée d'une grande quantité de fenêtres, car, selon la mémoire, on y en comptoit trente-deux, tant grandes que petites, les toutes bien vitrées, etc.

Le clocher qui faisoit encore un des principaux ornements de cette église, étoit placé au côté gauche de la porte d'entrée de l'église ; cette bâtisse forte, faite en forme de tour carrée, étoit fort haute et bien bâtie, dont la pointe, qui se terminoit par une flèche fort aiguë, étoit extrêmement élevée.

Il étoit meublé de quatre assez grandes cloches placées à des ouvertures construites aux quatre faces du clocher, dont la plus grosse pesoit vingt-deux quintaux, la seconde dix-sept, la troisième douze, et enfin la quatrième et dernière dix-huit, faisant ensemble cinquante-neuf quintaux.

DEUXIÈME AILE

Cette partie, du côté du levant, en laquelle étoit le chapitre, formoit une grande façade du côté de la rivière, mais irrégulière par des avancements de murs, les uns plus que les autres. Elle étoit distribuée par une des galeries du cloître, laquelle donnoit à gauche la porte du chapitre. C'étoit une grande et vaste salle en laquelle s'assembloient cent soixante religieux de diverses communautés de cet ordre, lorsque l'assemblée étoit convoquée pour y délibérer de leurs affaires propres et y régler en même temps l'ordre de leur discipline.

A droite de cette salle étoit la *livrerie*, auquel appartement il y avait une bibliothèque fort considérable, en grands ouvrages et de divers auteurs, dont, selon le mémoire, cette bibliothèque étoit évaluée à six charges de livres.

Au-dessus de cette façade étoit un pavillon en forme de tour et fort élevé, ayant des appartements, l'un destiné à loger le provincial de l'ordre, et l'autre le secrétaire, au moment qu'ils se rendoient à l'assemblée du chapitre.

TROISIÈME AILE

Cette autre partie de la maison, en laquelle étoit le réfectoire, formoit une grande façade du côté du midi et au-dessus de laquelle étoit le jardin du couvent ; elle étoit aussi distribuée par une autre galerie du cloître qui donnoit la porte d'entrée du réfectoire, de sa cuisine, décharge cuisine, du charnier et autres appartements utiles à la maison. Le réfectoire, qui étoit un lieu public et spacieux, dans lequel mangeoient les religieux, étoit une fort belle et vaste salle, dans laquelle il y avoit deux grandes tables en bois de cyprès, ayant chacune vingt-quatre pieds de longueur sur trois de largeur, en laquelle prenoit part cette nombreuse communauté de religieux.

QUATRIÈME AILE

Cette dernière partie du côté du couchant, en laquelle étoient ses caves, caveaux, etc., formoit aussi une autre grande façade et à fil droit du côté de la montagne de Coupe au-dessous de laquelle étoit une treille qui couvroit un petit chemin allant du ciel-ouvert au jardin. Elle étoit distribuée par une autre galerie du cloître laquelle, par ses extrémités, alloit aboutir à une grande porte, par laquelle on sortoit au jardin, après avoir donné l'entrée des caves du couvent qui étoient assez vastes et dans lesquelles il y avoit deux grandes cuves vinaires avec vingt-huit grands tonneaux.

SECOND ÉTAGE

Le second étage du monastère étoit entièrement occupé par le dortoir et l'infirmerie et s'étendoit sur les trois angles de la maison ; on y alloit d'une des galeries du cloître par le moyen d'une montée d'escaliers en rampe, par laquelle on arrivoit à trois grandes galeries qui dis ribuoient à droite et à gauche les cellules des religieux dans lesquelles ils logeoient et dormoient ; elles étoient au nombre de cent onze, mais fort petites et toutes garnies de leurs lits, draps, couvertures, tables et autres meubles utiles aux religieux.

NOMBRE DE RELIGIEUX

Dans cette maison monastique fort vaste et fort étendue, logeoit une fort grande et fort nombreuse communauté, car, selon des mémoires, elle étoit composée de quatre-vingts religieux de cet ordre, ou prêtres ou frères, ayant un évêque *in partibus* pour leur gardien, au moment même de sa ruine et destruction qui, après ces grands malheurs, furent obligés de se retirer chacun dans leurs maisons de naissance, de même que leur gardien qui fut aussi obligé à se retirer dans le petit couvent des Cordeliers existant aujourd'hui (1781) dans l'intérieur de la ville, maison qui lui appartenoit en propre, qu'il fonda lui-même avant de mourir à cette petite communauté l'an....

Il fut inhumé, à la fin de ses jours, dans la chapelle qui depuis a servi de réfectoire à la communauté, et cela dans un tombeau de plomb, au bout duquel étoit une pierre sur laquelle étoient gravés en lettres capitales et en termes latins, ces mots :

F. SIMOND DUPUY EPISCOPUS DAMASCIS
(Frère Simond Dupuy, évêque de Damas) (1)

Sur cette même pierre étoient encore gravées ses armoiries. Elles étoient *une tour d'argent sur un champ d'azur supportées par deux lions rampans*.

Ce beau et vaste édifice de maison, dans laquelle logeoit cette nombreuse communauté, ayant un évêque pour gardien pos é-

---

(1) On trouve dans le Dictionnaire Moreri, que Simon Dupuy, évêque de Damas, consacra le 12 août 1538, l'église et le maitre-autel de l'église d'Avejan nouvellement rééedifiée par Antoine de Banne, avec la permission de Jean de St-Gelais, élu évêque d'Uzès.
Un acte du notaire Claude Rivière, de Largentière, de 1547, nous apprend d'autre part, que, par une coincidence assez curieuse, le terrain récemment acheté par le curé actuel de Largentière est précisément le même dont l'évêque Simon Dupuy faisait l'acquisition il y a trois siècles et demi — qu'on en juge plutôt :... « Un pré assis auprès de la ville de Largentière et au-dessus de l'église paroissiale, sous le terroir de Larmengaud et auprès du vingtain (mur de clôture) dudit Argentière, chemin entre deux, confrontant du levant avec ledit vingtain, chemin entre deux partant dudit Argentière et allant à Tauriers ; du couchant, avec les pèdes de Me de la Rovière, viol (sentier) entre deux, et faysse de Claude Vedel ; du vent marin, avec le chemin public partant dudit Argentière et allant audit terroir de Larmengaud ; de bise, avec le pré de l'abbé des Chambons, chemin entre deux allant d'Argentière à Tauriers, au prix de 123 livres 10 sols...»

dant de beaux biens, fut enfin ruinée en l'année 1562, environ 326 ans de sa fondation, par les hérétiques huguenots, sectateurs de Calvin, dont l'hérésie, en cette époque naissante, commençoit à faire de grands progrès, cette secte fanatique, ne cherchant dans ce moment, pour exalter la prétendue religion, qu'à trouver des moyens pour détruire la religion catholique, apostolique et romaine, en ruinant les monastères, défroquant les religieux, renversant les églises, massacrant les prêtres, spoliant les autels, brisant les images, brûlant les corps des saints et autres ravages plus affreux. Epoque malheureuse où cette maudite secte commença à faire les plus grands maux et dont cette maison religieuse fut une des premières victimes, en tentant la rage de leur cruauté barbare. Il se forma donc des attroupements d'étrangers, qui vinrent se joindre avec partie des habitants de la ville, pour dévaster ce bel édifice, qui existoit depuis trois cents ans et détruire cette nombreuse communauté qui leur étoit à charge par les grandes provisions qu'ils consommoient toutes les semaines ; sollicités encore par noble *Jean* de Malet (1), leur curé, qui, jaloux de ce que la plus grande partie des habitants de la ville, ses paroissiens, se rendoient en foule aux offices divins qui se faisoient à l'église des Cordeliers, ce qui rendoit entièrement l'église paroissiale déserte, fréquentant les sacrements dans cette église, voulant être administrés par les Pères en leurs derniers moments et être expressément inhumés en leur cimetière à la fin de leurs jours, ou quelqu'autres raisons qu'on peut ignorer, qui les porta à commettre les horreurs les plus exécrables contre cette communauté religieuse, profanant et spoliant leur église, pillant leur couvent et l'incendiant, en ravageant entièrement leurs possessions, ainsi qu'il est dit en la relation ci-après :

DESTRUCTION DU COUVENT DES CORDELIERS.

Injures faites aux RR. PP. religieux, profanations et spoliation de l'église.

Le dimanche, quinzième jour du mois de may de l'année 1562, est arrivé le fatal moment où la destinée a prédit la ruine ou entière destruction de cette maison infortunée.

Vers les trois heures de l'après-midi, il se forma une troupe d'habitants de la ville de Largentière, ennemis du couvent, parmi lesquels étoient Pons Allamel, Claude Borie, Honoré Béraud, François André, François, Jean et Gabriel Deleuze, suivis de

---

(1) Il y a bien *Jean* de Malet sur le manuscrit original, mais n'ayant trouvé nulle part dans les autres documents du temps la mention d un *Jean* de Malet, nous supposons qu'il y a simplement ici un *lapsus calami*, le curé de Largentière étant désigné partout ailleurs sous le nom de Charles de Malet, à moins cependant qu'il n'eût un double prénom, chose assez rare à cette époque.

plusieurs, ayant forcé de marcher à leur tête Jean Archier, premier consul (maire), Antoine Fages et Antoine Bayle, second et dernier consuls de cette ville ; s'étant ainsi attroupés, se disant de la religion prétendue, sortant de la ville, s'acheminèrent vers le couvent, où étant arrivés aux portes, appelèrent par des termes les plus atroces tous les prêtres religieux qui étoient dans le monastère ; ils leur faisoient en même temps un exprès commandement, sous la rigoureuse peine de la prison, de renverser eux-mêmes tous les autels de leur église et d'abattre toutes les figures des saints qui y étoient représentés, avec ordre aussi exprès à tous les religieux de quitter et laisser l'habit de leur ordre dans le moment même, et cela sous la sévère peine du fouet aux quatre coins de la ville.

Dans ce même instant, environ l'heure de vêpres, une seconde troupe composée de dix-huit personnes, ayant à leur tête M. de Montbrison, de la paroisse de Sanilhac, étant tous armés de grands marteaux testus, de pals de fer et de massues et autres instruments affreux, ainsi armés s'acheminèrent droit au couvent et furent rejoindre cette première bande ; enfin y étant arrivés, enfoncèrent les premières portes d'entrée, se répandirent en foule dans le ciel-ouvert et de là entrèrent avec furie dans l'église, n'y étant pas plutôt entrés qu'ils commirent les horreurs les plus exécrables, brisant à coups de marteaux les tombeaux où reposoient les cendres des morts, renversant et spoliant tous les autels de l'église, au nombre de sept, en déchirant et brisant tous les tableaux et images qui y étoient, puis par le plus grand de tous les malheurs, enfoncèrent les tabernacles, profanèrent les vases sacrés dans lesquels reposoit le corps adorable de Jésus-Christ, foulant aux pieds ce que notre religion a de plus sacré ; mais, non contents de ce crime énorme, pillèrent, expolièrent entièrement cette église, emportant tout ce qu'elle avoit de plus précieux et furent le brûler au milieu de la place de la ville, en présence du plus grand nombre de ses habitants ; désastre affreux qui plongea dans la plus grande consternation cette infortunée communauté, mais ses malheurs ne finirent pas en cela.

PILLAGE DU COUVENT, INCENDIE DES LIVRES, ETC.

Le mardi matin 31 mai, seize jours après le ravage et spoliation de l'église, il arriva au couvent une troupe de soldats religionnaires étrangers au nombre de cinq cent treize hommes, tous armés et conduits par divers chefs, se disant de la religion prétendue, savoir : M. de Combas de Versas et M. de Montbrison, son fils, conduisant ces deux une compagnie de cent hommes, tous bien armés ; une autre compagnie aussi bien armée, composée de 113 soldats, venant des environs de Vallon, ayant à leur tête le nommé Solié, qui commandoit, portant chacun à sa main une bill ste de logement faite par Jean Archier, premier consul, maire de la ville, pour forcer la communauté à leur donner à manger et à boire.

Dans le même instant, M. de Montbrison, avec sa troupe composée donc de cent hommes, s'étant répandue dans le ciel ouvert, ayant fait enfoncer les portes intérieures du cloître qui etoient fermées, entre avec furie à la tête de sa troupe dans le monastère, en disant d'un ton sévére et d'une voix la plus menaçante aux infortunés religieux : *Donnez-moi à dîner et à ma compagnie, et donnez-moi aussi des écus d'or.* (C'étoit une monnaie que Louis XII fit battre qui valoit 5 livres 14 sols). Et continuant : *Sans quoi je vous ferai tous mourir de ma propre main, et cela sans miséricorde.*

Ce que les pauvres religieux furent contraints de faire, afin d'éviter la furie et le courroux de ce capitaine qui les menaçoit de la mort ; mais leurs malheurs ne finirent pas là.

Le même jour, environ l'heure de midi, il arriva de la ville d'Aubenas une autre troupe de fanatiques, composée de 300 hommes, de même bien armés, commandés par les capitaines Lasporte (1), Valeton, Vez et quelques autres gentilshommes appelés Lespinas (2), aussi de la ville d'Aubenas, lesquels ne furent pas plustôt arrivés au couvent et joint l'autre troupe, que les capitaines donnèrent dans l'instant la maison au pillage à leurs soldats qui, dans le même moment, en ayant à peine reçu les ordres, qu'ils se lancèrent dans toutes les parties du monastère avec une furie qu'on ne sauroit imaginer, ne laissant aucune serrure à briser, enfonçant et fracassant les portes et généralement tout ce qui s'opposoit à leur entreprise.

Dans ce fatal moment, les armoires, clédances de l'église et de la sacristie, où étoient les ornements, ne furent pas épargnées ; dans lesquelles ils trouvèrent et pillèrent une grande quantité d'ornements d'église en chasubles, chapes, dalmatiques, servant à officier diacres, sous-diacres, aussi une grande quantité

---

(1) Ce personnage, dont le nom revient six fois dans notre manuscrit sous cette forme, est indiqué par de nombreux témoins dans l'enquête qu'on verra plus loin, sous le nom de *des Portes de Meyras*, et il y a tout lieu de croire que c'est le Des Portes, dont il est question dans un acte du notaire Claude Rivière de 1756. Par cet acte, noble Jacques des Portes, seigneur dudit lieu des Portes, mari de noble Antonie la Balme, reconnaît avoir reçu de noble Antoine la Balme, seigneur d'Uzer, 298 livres 10 sols, en déduction de ce que ledit Antoine doit à sa sœur. Antonie était veuve de noble Antoine de Malet quand des Portes l'épousa.

(2) Sur le manuscrit original, on peut lire *Lespioios* ou *Lespirios*. L'écrivain du *Bas-Vivarais* a lu : *les Pioras*.

Peut-être s'agit-il des Espinasse ou Lespinasse, famille protestante d'Aubenas. V. nos *Notes sur les Huguenots du Vivarais* pp 262 et 268. Nous saisissons l'occasion pour rappeler que l'orthographe des noms est généralement des plus fantaisistes dans les vieux manuscrits et varie souvent dans la même page ; ce n'est que par la comparaison des diverses sources d'informations qu'on peut trouver le vrai.

d'aubes, de surplis, nombre de nappes d'autel, ensemble des tapis, comme aussi une grande quantité de chandeliers les uns d'argent, les autres de laiton, d'acier, etc., ensemble des croix d'argent et de laiton.

De là, étant allés au réfectoire et à la cuisine, ils y pillèrent une grande quantité de meubles d'étain, comme pots, plats, assiettes, salières, culières, ensemble des bassins de laiton, et autres grands bassins appelés *Lavements* ; aussi un grand nombre de chandeliers d'étain et de laiton, et autres meubles servant aux usages de la cuisine.

Ensuite étant montés au dortoir, ils s'élancèrent dans les cellules des religieux, fracassant les portes qui leur vouloient résister, insultant et maltraitant tous les religieux qui se trouvoient à leur rencontre ; ils pillèrent tous leurs habits, ensemble leurs lits, couvertes, draps, nappes, serviettes et autres petits meubles qu'ils trouvèrent dans leur appartement.

Dans le même moment, les soldats étant sortis des appartements des religieux, ayant à leur tête leurs capitaines de Combas, Montbrison, Lasporte et Valeton, furent, de leur ordre, avec la même furie, écraser la porte du charnier dans lequel il y avoit deux gros lards, seize septiers d'huile d'olive et quatre d'huile de noix, faisant en tout 160 sols qu'ils firent aussi sortir.

Etant à peine sortis du charnier, qu'ils se précipitèrent, toujours avec la même furie, dans la *livrerie*, en ayant fracassé les portes, ils y entrèrent et en sortirent tous les livres qu'il y avoit et qu'on évalue, selon le mémoire, à six charges de livres ; sortant de la bibliothèque, toujours animés de ce mauvais esprit, furent se précipiter dans l'église ; ils en abattirent tous les vitrages des fenêtres pour en retirer le plomb, disant qu'ils pourroient tirer profit de cela ; elles étoient au nombre de 32, ce qui démontre la vaste étendue de cette église.

Enfin, ne voulant rien laisser à suivre, cette troupe fut dans le même temps dans les caves du couvent, en ayant ouvert les portes et y étant entrés, répandirent et mirent à perdition une grande partie du vin, dans laquelle il y avoit 28 tonneaux.

Ces funestes opérations étant finies, les soldats ayant à leur tête leurs capitaines de Combas, de Montbrison, Lasporte et Valeton, se rendirent, de leurs ordres, au milieu du couvent, endroit appelé le *bazar*, auquel endroit ils eurent ordre de porter tous les livres qu'ils avoient trouvés en cette bibliothèque, avec une grande partie des ornements de l'église, particulièrement des croix et des reliques des saints ; ayant formé un grand tas de livres au milieu du cloître et les ayant couverts en même temps de ces ornements précieux, ils résolurent de les réduire en cendres par le feu : mais, de crainte qu'il ne prît de cette même force dont leur rage auroit voulu, ils donnèrent ordre d'aller chercher au charnier une demi charge d'huile qui fut entièrement répandue sur ce tas précieux, et dans le même instant, d'autres furent chercher des fagots de paille, avec laquelle le feu y fut mis aux quatre coins par cette infernale troupe. et dont le feu prit d'une si étonnante force que le pavé en fut calciné. Les flammes qui en sortoient se voyoient de l'intérieur de la ville Ce ravage affreux ayant cessé. ne restant alors rien autre chose dans le monastère, le capitaine Lasporte étant venu au devant du grand portail de l'entrée du couvent, ayant auprès de lui Claude Boyne et le nommé Solon de Largentière. auxquels il dit de faire appeler les capitaines pour se retirer, disant que leurs gens avoient emporté beaucoup de choses. Au même moment, les capitaines de Combas, Montbrison, Solerio et Valeton donnèrent ordre à leur troupe de se retirer, après avoir fait expolier entièrement, commis les plus cruelles vexations contre les malheureuses victimes et fait les ravages les plus affreux à ce couvent.

MEUBLES ÉCHAPPÉS AU PILLAGE

D'après ces tragiques événements, dont cette nombreuse communauté fut contrainte au moment même à se diviser et chercher ailleurs un asile plus assuré, partie furent se retirer en leur maison de naissance, partie furent placés en d'autres cloîtres, et partie restèrent dans l'intérieur de la ville, logés dans différentes maisons particulières, pour prendre soin du peu des..... qui étoient restés dans le couvent.

Ces religieux, au nombre desquels étoit le Père *Jean Jacobi*, docteur, et frère *Vital Torgon*, tous deux logés dans la maison de Jeanne Pontaine (1), craignant, ainsi qu'il arriva, un incendie général de leur maison, affermèrent dans l'intérieur de la ville une maison de Louis Dufour avec un coffre de Catherine Tourel, dans lesquels ils firent transporter le peu de meubles qui avoient encore échappé à la rage de cette troupe fanatique, la plus grande partie déchirés et brisés. savoir : quatre grands rétables d'autels détachés de leurs tableaux, deux dorés et azurés, les autres peints de différentes couleurs, tous les sièges et toute la fourniture et boisage du chœur de l'église en bois de noyer et de sapin, ensemble des tables. fauteuils, chaises, bancs et plusieurs portes du couvent, la plus grande partie détachées de leurs ferrements et serrures. avec aussi deux grandes tables en bois de cyprès, ayant de longueur 24 pieds sur 3 de largeur. placées dans le réfectoire, servant aux usages de la communauté. ensemble 6 fauteuils aussi en bois de cyprès, et autres meubles brisés, qui furent mis dans ladite maison par les soins qu'en prirent les religieux.

(1) Il y a bien *Pontaine* dans le manuscrit ; mais le véritable nom, comme on le verra à l'année 1572, paraît être *Pont.ère*. C'était la sœur de l'évêque Simon Dupuy et la mère du P. Jean Jacoby.

Ces mêmes religieux firent aussi porter dans le même temps au coffre qu'ils avoient pris de ladite Tourel, quelques meubles non moins précieux que les précédents, savoir : 17 pièces de la tapisserie de salle, teinte de différentes couleurs, appelée filet d'Auvergne, et autre grande pièce de filet de Flandre, aussi de tapisserie qui étoit placée en l'église ou en la salle du chapitre. Il fut aussi transporté dans le même coffre un gros cierge pascal pesant un quintal, six torches, dix nappes d'autel de l'église, sept surplis et six couvertures ou rideaux d'autel.

MEUBLES VOLÉS

Le jeudi, septième jour du mois de juillet, 37 jours après le pillage du couvent, une troupe de bandits, habitants de la ville, parmi lesquels étoient Pons Allamel, Pierre Peyrouse et François Robert, ayant été informés de l'endroit auquel les religieux avoient pris soin de faire transporter les débris et meubles brisés qui restoient au couvent après le pillage, furent de leur propre autorité, et conduits par.. .... dans la maison dudit Dufour ; y étant arrivés, avec des menaces le forcèrent, contre lui-même, d'indiquer où ils étoient ; qui, dans ce moment même, pillèrent et volèrent entièrement tout ce qui s'y trouva, le faisant emporter.

Avant le 8 août, Claude Borie, Pons Allamel et Jean Moulin, lesquels informés de l'endroit où étoit le coffre dans lequel les religieux cordeliers avoient fait transporter quelques meubles des plus précieux ainsi qu'il a été dit, vinrent dans la maison de ladite Catherine Tourel, la menaçant de la mort, si elle se refusoit à indiquer au moment même ce coffre qu'elle avoit en garde chez elle, dont elle fut obligée de leur remettre, ne pouvant pas le cacher davantage sans subir la mort dont elle étoit menacée, que dans le même instant le tout fut pillé et volé.

INJURES A DEUX RELIGIEUX

Le mercredi 10 août, quelques habitants de la ville s'étant attroupés, ayant à leur tête M. de Combas et M. de Montbrison fils, s'acheminèrent droit vers la maison de Jeanne Pontaine, dans laquelle logeoient le Père Jean Jacoby et Frère Vital Torgon ; y étant arrivés, y trouvèrent ces deux religieux ; après les avoir maltraités, leur enlevèrent tout ce qu'ils eurent, avec deux calices et une croix d'argent, qui furent remis au moment entre les mains de Jean Archier, premier consul, d'Antoine Bayle et d'Antoine Fages, second et dernier consuls, disant qu'ils avoient eux-mêmes d'église (sic) ; mais, non satisfaits de cela, s'étant saisis des deux religieux, les traînèrent tous les deux garottés dans les prisons du château de la ville, appartenant à l'évêque de Viviers, croyant par là leur faire déclarer où étoit la grande croix d'argent du couvent ; mais ne pouvant rien obtenir d'eux, les tirèrent de prison et les conduisirent dans la salle de l'auditoire du château : mais après des interrogatoires, n'ayant encore rien pu découvrir, les traînèrent dans le moment même avec violence en une coquille servant de balcon à cette salle du côté de la rivière, sous lequel est un affreux précipice, les menaçant d'y être précipités s'ils n'indiquoient dans l'instant cette croix qu'ils avoient encore ; mais, voyant le danger prochain de la mort, les deux infortunés religieux furent contraints au moment même, pour éviter la mort dont ils étoient menacés, de l'indiquer au château de Montréal, où elle y avoit été transportée avec plusieurs ornements de l'église par les soins de quelques religieux, qui fut en même temps remise aux sieurs de Combas et de Montbrison.

DESTRUCTION DE LA FONTAINE

Dans ce même temps, les mêmes consuls, Jean Archier, Antoine Fages et Antoine Bayle, ayant à leur suite un nombre de travailleurs de la ville, parmi lesquels étoient Jean Dupial, Pierre Faure, portant chacun des pioches, des pals et autres outils qui leur étoient nécessaires, détruisirent entièrement la fontaine qui venoit dériver au milieu du couvent, en tirant du souterrain le canal ou bourneau de plomb qui la conduisoit dans le cloître, qu'ils pillèrent entièrement, disant retirer un profit de cela.

Dans ce même temps, les mêmes consuls Jean Archier, Antoine Fages et Antoine Bayle, ayant avec eux des serruriers, firent arracher les paniers de fer des fenêtres basses du couvent dont elles étoient entièrement garnies, faits en forme de cage et à l'antique, qu'ils emportèrent aussi dans le même temps.

EMBRASEMENT DU COUVENT

Le jeudi, premier jour du mois de septembre de la même année, trois mois après le pillage du couvent, il se forma encore un attroupement dans la ville, tant de ses habitants que d'étrangers, ayant toujours à leur tête M. de Combas et M de Montbrison qui les commandoient : lesquels, non contents d'avoir exercé sur cette maison infortunée les plus cruelles vexations et commis les ravages les plus affreux, forment encore la résolution de l'incendier entièrement. Enfin cette troupe s'étant formée, et par le commandement de leur capitaine, sortie de la ville vers les huit heures du soir étant en cette saison deux heures de nuit, et parmi son obscurité, s'acheminèrent vers le couvent. En étant arrivés aux portes, leurs capitaines qui commandoient, s'étant fait donner les clefs à Jean Moulin et à Jean Chabassut, qui en étoient fermiers alors, enfin en ayant les clefs, ouvrirent les portes, entrèrent au ciel-ouvert, et de là dans le cloître. Y étant arrivés, allumèrent incontinent du feu qui fut mis par les propres mains de M. de Montbrison dans toutes les parties du couvent ; qui bientôt après le feu prit d'une si étonnante force, que la flamme terrible qui sortoit de son enceinte étoit si forte, qu'elle jetoit l'épouvante et la terreur dans toute la ville.

Dans cet intervalle et par ordre des consuls, les portes de la ville furent exactement fermées à clef avec défense expresse de ne les ouvrir que de leur consentement. Le lendemain matin, le peuple vouloit sortir en foule pour voir ce spectacle, mais il fut impossible, les portes étant fermées ; les consuls ne voulurent jamais en donner les clefs, quelle prière qu'on leur en fit, ni permettre qu'elles fussent ouvertes que vers les trois heures de l'après-midi, étant alors environ trois heures du soleil.

À trois heures de l'après-midi, les consuls firent enfin ouvrir les portes ; n'étant pas plus-tôt ouvertes que le peuple de la ville sortit en foule pour voir cet affreux spectacle ; mais par plus grand malheur, on voyoit encore des personnes de la ville qui portoient du feu de part et d'autre pour être allumé plus fort. Et pour empêcher l'approche de ceux qui auroient voulu s'opposer au progrès des flammes, et donner quelque secours, il fut mis en garde Étienne Dubez et Molinez.

C'est ainsi que cette maison infortunée, après avoir été pendant 24 heures la proie des flammes, fut entièrement réduite en cendres et renversée de fond en comble.

Le lendemain Claude Allamel, lieutenant de juge de la ville, étant accompagné des trois consuls, Jean Archier, Antoine Fages et Antoine Bayle, et d'une troupe de gens qui le suivoit, furent dans le couvent, le feu y étant encore, donna de sa prétendue autorité aux consuls les biens du couvent qui ne lui ont jamais appartenu, avec permission de faire démolir les vestiges qui restoient et d'en vendre les débris à ceux qui se présenteroient pour les acheter.

DÉMOLITION DE L'ÉGLISE

Le samedi, 1ᵉʳ octobre de la même année, un mois après l'incendie, les consuls Jean Archier, Antoine Fages et Antoine Bayle, étant accompagnés du capitaine Lasporte d'Aubenas et suivis d'un nombre d'habitants de la ville travailleurs, détruisirent entièrement l'église, à laquelle le feu n'avoit pas pénétré à cause des voûtes dont cette église étoit ornée. Cette troupe, munie des outils, de haches, marteaux, etc., montèrent sur le toit de l'église et par ordre des consuls l'abattirent entièrement et emportèrent tous les tuiles et boisages qu'il y avoit, dont une partie fut employée pour couvrir les portes de la ville, et le restant fut vendu par les consuls à ceux qui voulurent en acheter, dont la permission leur avoit été donnée par le lieutenant du juge de la ville.

DÉMOLITION DU CLOCHER

Le samedi, quinzième jour du même mois, quatorze jours après la destruction de l'église, le clocher du monastère fut aussi démoli par une troupe d'habitants de la ville, commandée par le capitaine Lasporte ayant à leur tète les trois consuls Jean Archier, Antoine Fages et Antoine Bayle. Cette troupe, parmi laquelle étoient Pons Allamel, Claude Borie Gabriel Deleuze, Mathieu Girard, Chambonencis, Pierre Peyrouse, François Robert, Guilhem Robert, Antoine Place et Adrien Robert, tous munis de marteaux, pals de fer, massues et autres instruments, ayant avec eux deux serruriers nommés Antoine Mayron et le nommé Claudis, avec un charpentier appelé Adrien Bayle, menant avec lui son valet, Augustin, de la paroisse de Joanas, lesquels aussi munis de gros marteaux, montèrent sur le haut du clocher, en abattirent une partie. Etant ensuite descendus à l'endroit où étoient les cloches, les abattirent, les jetant en bas du haut du clocher, lesquelles furent mises en pièces et lambeaux, que les consuls firent porter dans la ville par leurs travailleurs, André Béringier dit Solet, Giraudon dit St-Ambroix, et avec Barthélemy Chevalier, qui étoient toujours suivis de Jean Archier, premier consul ; et du temps que ceux-ci étoient occupés de cela, les autres démolissoient continuellement l'édifice du clocher.

DÉMOLITION DES VOUTES

L'année suivante, 1563, les nouveaux consuls de la ville, Mathieu Girard, premier consul, maire, Claude Borie et Guillaume Robert, second et dernier consuls, furent au couvent, ayant avec eux un nombre de travailleurs, firent abattre et démolir entièrement les voûtes et autres édifices qui restoient encore, pour en tirer les pierres de taille qui s'y trouvoient, en cheminées, portes ou fenêtres, qu'on évaluoit à quatre mille pierres de taille, ensemble tous les bars (grosses pierres de taille), mahons ou briques dont les appartements de la maison en étoient pavés, et qui furent vendus par l'ordre du lieutenant de juge à qui voulut les acheter ; et fut en même temps donné la permission et licence à tous les habitants de la ville par les mêmes consuls de faire prendre et emporter tous les débris des édifices du couvent qui avoit été incendié, dont quasi le tout disparut dans la même année. Alors les mêmes consuls firent aussi abattre, par un nombre d'habitants qui les accompagnoient, tous les murs et murailles qui servoient à la clôture du couvent, et formoient à ses environs un assez vaste enclos dans lequel il y avoit de forts beaux arbres en noyers, oliviers et arbres fruitiers qui furent tous coupés dans le même temps ; les plus belles treilles, servant de promenades au couvent, furent aussi renversées ; toute la vigne qui étoit dans l'enclos, dans laquelle on y récoltoit tous les ans trois muids de vin, fut aussi entièrement ruinée par les mêmes consuls étant accompagnés du capitaine Lasporte de la ville d'Aubenas

C'est ainsi que finit cette maison religieuse qui existoit depuis environ 336 ans, une des premières maisons religieuses et des plus considérables de cet ordre, tant par le grand nombre des religieux qui la composoient que par les beaux biens dont la communauté jouissoit, ayant au moment même de ses ruines F. *Simon Dupuy*, évêque de Damas pour gardien, qui se retira après ces grands malheurs dans le petit couvent des Cordeliers, existant aujourd'hui dans l'intérieur de la ville, maison qui lui appartenoit en son propre et qu'il fonda lui-même dans la suite avant de mourir à cette petite communauté, l'année 15... de laquelle ils en prirent possession après sa mort l'année 15.... et durant cet intervalle le petit nombre des religieux qui étoient restés dans la ville, logés en des maisons particulières, parmi lesquels étoient le Père Jean Jacoby et le Frère Vital Torgon, firent leurs offices et célébroient la messe dans la maison du *Tuadou*, appartenant à Mgr l'Evêque de Viviers.

NOMS DES CHEFS
qui participèrent à la destruction et ruine du couvent
des RR. PP. Cordeliers de
Largentière, 1562.

—o—

De Combas, sieur de Versas,
De Montbrison, son fils, — conduisant, les deux, une bande de cent hommes tous armés.
De Solerio (du Solié), de Vallon, conduisant une troupe de 113 hommes tous armés.
Lasporte, d'Aubenas, 100 hommes.
Valeton, d'Aubenas, 100 hommes
Vez, aussi d'Aubenas, 100 hommes.

Faisant au total le nombre de 513 hommes que les chefs conduisoient, étant tous de la religion protestante.

Gens connus de Largentière qui prirent part à la destruction du couvent

Jean Archer maire. — Antoine Fages, deuxième consul. — Antoine Bayle, troisième consul, (consuls en 1562). — Pons Allamel. — Claude Boric — Honoré Beraud. — François André.

— *François Deleuze.* — *Jean Deleuze.* — *Gabriel Deleuze.* — *Claude Boyne.* — *Pierre Peyrouse.* - - *François Robert.* — *Jean Moulin.* — *Jean Chabassut.* — *Jean Dupial.* — *Pierre Faure.* — *Etienne Dubez.* — *Gabriel Lalauze.* — *Guillaume Robert.* — *Antoine Place.* — *Antoine Meyron.* — *Claudis, serrurier.* — *Adrien Bayle, charpentier.* — *Augustin, son compagnon.* — *Giraudon, dit Saint-Ambroix.* — *André Béringier, dit Solé.* — *Barthélemy Chevalier.* Faisant le nombre de 30 personnes dont les noms sont connus.
Mathieu Girard, maire. — *Claude Borie, deuxième cons¹.* — *Guilhem Robert, troisième consul* ; (consuls en 1563).

Date des événements survenus au couvent.

1° *Embrasement du couvent,* 1ᵉʳ septembre 1562.
2° *Démolition de l'église,* 1ᵉʳ octobre 1562.
3° *Démolition du clocher,* 15 octobre 1562.
4° *Démolition des voûtes,* 1563.
Destruction de la fontaine, 10 août 1562.

**
* **

Cette relation était suivie, dans le *Journal du bas Vivarais* de 1859, d'une requête adressée par les Cordeliers de Largentière à Guillaume de la Motte, coseigneur de Vinezac et syndic du pays de Languedoc, commis à l'examen des pertes que ces religieux avaient éprouvées pendant les troubles. La plus grande partie de cette pièce n'étant qu'un résumé des faits connus, il nous suffira d'en donner la fin qui contient quelques faits nouveaux :

« ... Déclarant, en outre, qu'après ladite ruine et destruction dudit couvent, frère Estienne la Torre, religieux dudit couvent, homme vieux de l'âge de quatre-vingt-dix ans, s'estoit retiré à sa maison paternelle au lieu de Peyroche, à deux lieues de l'Argentière, où après l'allèrent chercher Giraud Pierre, André Baille, Jean Dumas dudit Argentière et certains autres, où ils battirent ledit frère inhumainement et lui rompirent un bras, et encore lui firent bailler dix écus d'or, et non contents de ce, le constituèrent et menèrent prisonnier audit Argentière, lié et garotté, et iceux le tinrent jusqu'à ce qu'il eut baillé un beau calice avec sa patène surdoré, le tout d'argent qu'il avoit en garde dudit couvent qui avoit cousté cent livres tournois.

Disent que tous lesdits biens dessus désignés et déclarés et autres prins et dérobés audit couvent valoient plus de quatre mille livres tournois, et ce touchant la ruine et destruction fait audit couvent ne se sauroit rectifier pour quinze mille livres tournois.

L'an 1564, et le 1er jour du mois de may, Frères André Doussin et Simon Montellet, religieux dudit couvent de l'Argentière, en leurs noms et des autres religieux dudit couvent absents, ont fait ladite déclaration cy dessus écrite par devant moy, notaire royal soussigné et en la présence des témoins cy après nommés et ont affirmé le contenu en icelle moyennant leur serment qu'ont presté à leur façon accoutumée des religieux; requièrent lecture de cet acte par moy notaire royal soussigné, leur être faite, et l'acte expédié audit seigneur de la Motte, commissaire ; ce que a esté fait et récité audit Argentière et dans la boutique de moy, notaire, en la présence de Guillaume Arnaud, François Jacomin, Placide Hébrard, manants dudit Argentière et moy, Pierre Dumas, notaire royal. — DUMAS.

Tiré de l'original déposé dans les archives du couvent des Mineurs conventuels de St-François de l'Argentière. Donné le 15 octobre 1772, Signé : Fr. ROCHE TOURETTE, gardien.

*
* *

Une troisième pièce est intitulée :

Inquisition secrète faite par nous Claude Allamel, lieutenant de juge de la cour ordinaire de l'Argentière, commissaire en cette partie par Monseigneur de Dampville, gouverneur et lieutenant général pour le Roi, au pays de Languedoc, expressément député en vertu de l'appointement escript au pied de la requeste à mondit seigneur de Dampville, présentée par des religieux des Frères Cordeliers du couvent du dit Argentière sur le contenu en ladite requeste, baillée le tout ensemble lié de scellement.

Ce dernier document ne fut reproduit qu'en très petite partie par le *Journal du Bas-Vivarais*, mais nous en avons trouvé une copie complète, formant un total de 80 pages dans les papiers de feu Célestin Dubois, copie prise en 1811 sur le double original qui était entre les mains de M. Roure, avocat à Largentière.

L'enquête eut lieu dans les mois de juillet et août 1564, et l'on entendit même un dernier et important témoin en 1565.

Il y eut 30 témoignages recueillis (l'imprimé n'en donne que 5).

Nous allons relever seulement, et aussi brièvement que possible, ceux qui relatent des faits nouveaux.

Vincent Lascombes, dit Mondillon, le premier témoin interrogé, travailleur de terre, âgé ce 30 ans, a été employé par Meyron, serrurier, à apporter dans la maison de ce dernier, des tuiles provenant du toit du couvent ; a vu beaucoup d'autres habitants emportant les matériaux, dont il nomme quelques uns. Quelques jours après, sortant de la ville pour aller transporter la vendange d'un particulier, il fut requis par le seigneur des Portes « se faisant lors et soy disant gouverneur dudit Argentière, en présence et avec l'assistance des consuls et autres », pour retirer de terre (*chaver*) les bourneaux de plomb de la fontaine et fut employé à ce travail toute une journée. Plus tard au mois d'octobre, il assista à la démolition du clocher, « mais nul n'y osoit aller que ne fust par le commandement du sieur Des Portes » ; il vit rompre les cloches, et les morceaux charriés au château par Barthélemy Chevalier dit *Monsen Talaud*.

Pour gagner sa vie et celle de sa femme et de ses enfants, ce témoin a charrié des matériaux de tout genre du couvent pour plusieurs particuliers, et notamment pour Guillaume Fages qui disait les avoir achetés au prix de quatre écus d'or payés aux consuls ; pour « Charles de Malet, jadis curé et maintenant ministre de la nouvelle religion prétendue réformée, qui fit apporter ces matériaux dans sa maison » ; pour Pons Allamel, à qui il apporta partie de la chaire en pierres de taille qui était dans la grande salle du couvent et qu'Allamel fit placer près de son feu pour y déposer ses cendres. Il a vu aussi, du temps de ce Des Portes, couper les arbres fruitiers du jardin du couvent dont on faisait du bois que Barthélemy Chevalier charriait au château...

Etienne Fornier, travailleur, de Largentière (50 ans), raconte l'arrivée en mai 1562 de « grand nombre de gens armés d'arquebuses, pistolets, morions, corsellets, hallebardes et autres armes tous de la ville d'Aubenas, Privas, Vals, Meyras et autres lieux, villes et villages circonvoisins, en armes, les tambourins sonnant et enseignes déployées en forme de guerre et hostilité, les uns sous la charge du sieur Combas, les autres du sieur Desportes de Meyras, de Lavenu, de Valeton d'Albenas et du Sollier de Vallon, estans en grand nombre, lesquels, au départir dudit Argentière, allèrent faire beaucoup de maulx aux lieux de Lablachère, où pendirent un prêtre, Payzac, Gravières et autres paroisses ; et arrivés qu'ils furent audit Argentière, une grande partie d'iceux alla au couvent des Frères Cordeliers et firent beaucoup de maulx. Il les vit porter grande quantité de beaux livres et ornements d'église à la basse-cour dudit couvent et les bruler avec certains rétables, croix et reliquaires de cuivre et laiton et beaucoup d'autres qu'ils apportèrent, et faisoient prendre et emporter du vin de la cave dudit couvent à tous ceux qui en vouloient à grands pleins bichiers, dorques (cruches), seillades et pots.

Pierre Dufour dépose sur la saisie qui fut faite chez lui au mois d'août :

Pons Allamel, tousturier, et divers autres vinrent prendre chez lui, en son absence, certains objets que les Cordeliers y avoient déposés avant la ruine de leur couvent, et aussi de son propre mobilier. Allamel fit porter le tout « au château, où le sieur Desportes estoit pour lors logé, soi disant capitaine et gouverneur dudit Argentière, par un grand nombre de femmes, tant qu'il en avoit pu trouver après à travailler, voulsissent ou non, car cependant, et presque au commencement qu'ils se mirent à porter dudit bois, le déposant survint, et quelques remonstrances qu'il pût faire audit Allamel, ne put-il rien avancer. En ce faisant y estoit présent M. Loys d'Ayzac, jadis prêtre et présentement marié, fuitif dudit Argentière, qui aidoit à charger ledit bois aux dites femmes, et en passant devant sa maison pour aller audit chasteau, faisoit descharger quelqu'unes desdites femmes des meilleures pièces dudit bois ..

Un autre témoin dit que les pauvres gens, hommes ou femmes, employés par Desportes, « étoient forcés, l'épée à la gorge, de travailler. On ne leur donnoit rien, pas même des aliments, et c'est chez les catholiques qu'on les envoyoit se nourrir.. ».

Bertrand Perbos, travailleur de Largentière (30 ans), nous apprend, de plus, que, non contents de leur premier autodafé dans la cour du couvent, les nouveaux apôtres « allèrent brûler quelques images emportées de l'église du couvent, sur la place d'Argentière, se moquant quand passoit devant le témoin, lui montrant lesdites images en dérision ».

Au sujet de la scène du 1er septembre, Perbos a parfaitement reconnu les incendiaires, car il était en sentinelle au bas de la tour, qui est sur la porte de Sigalières. Il vit venir, du côté de la maison de Mazan (les Recollets), passant par Chantereine (la maison des messageries Thibon) « quelques gens portant une torche allumée qui, s'approchant du pont, descendirent à la rivière, et après passèrent au pied de ladite tour et s'en allèrent vers ledit couvent, et lors le déposant y vit et connut bien Victor Bermond de Combas, escuyer, Jean de Combas, son frère, Valentin de Combas, fils dudit Victor, depuis décédé, Bertrand Blachière dit Charrière, de Largentière, et un nommé le Françoys, serviteur dudit Victor, et autres qui furent audit couvent; et peu après le déposant vit qu'on y avoit mis le feu, et ne tarda guère après qu'il les ouyt retourner dudit couvent sans porter aucun feu, lesquels retournant passer au pied de ladite tour, prirent leur chemin vers la croix de Ségalières, estant les portes de la ville fermées et les clefs d'icelles à la charge des consuls, lesquelles portes ne furent ouvertes que le lendemain... »

Perbos indique les personnes qui s'approprièrent les matériaux du couvent

Parmi eux, Guillaume Fages « qui en fit prendre et porter à sa maison (aujourd'hui maison de Rochemure), y employant « grande quantité de pierres de taille et autres, jusques aux tombeaux des trépassés, et autres de l'église, desquelles a fait faire les tablins de sa boutique ; aussi il a pris et emporté autre grande quantité de tuiles et fustes dont y en a encore au devant de sa mayson. Claude Borie en fit aussi prendre et porter autre grand nombre et quantité de bars et autres pierres de taille en sa maison qu'il a fait bâtir. Nicolas Pierre, armurier, et Anne Vincente, sa mère, eux mesmes allèrent prendre et faire prendre et porter dudit couvent à leur maison grande quantité de pierres de taille que sont encore auprès de la porte de leur maison, et aussi de tuiles, planches. Jehan Dumas, le grand Coquand, a pris et porté dudit couvent plusieurs grandes pierres de taille et en grande quantité, tant pour luy que pour beaucoup d'autres auxquels il les vendoit. Simon Dubes a pris une belle pierre à huile pour la transporter dans sa cave.

Perbos confirme ainsi les violences exercées ultérieurement contre le cordelier Latour, de Peyroche :

« Dict qu'il y a un an environ, qu'étant au tablier de sa boutique, parlant à André Bayle, charpentier, ledit Bayle dit et confessa que lui et Pierre Johannet dit Corbon avoient été au lieu de Peyroche ; et illec avoient pris et amené ledit frère Estienne Latour dit Peyroche jusques au lieu du Ginestet, et quand furent au Malpas de Ruoms, le pensèrent illec pendre à un arbre, dont avoit esté contraint leur bailler un calice qu'il avoit, que après ils vendirent, et en eurent chacun deux angelots et douze sols pour leur part ; et depuis en ça ouït dire audit frère Latour que le dit Bayle et Johannet l'avoient fort battu et l'avoient voulu pendre audit Malpas, en tant qu'il avoit été contraint leur bailler ledit calice, de quoi il s'en plaignoit grandement..... »

Louis Fayolle (30 ans) a assisté à la destruction du clocher et et au bris des cloches ; il vit « un nommé Largousin, charpentier, et un outre appelé le Petit Frère, maçon de Tauriers, qu'estoient au bout du clochier dudit couvent, lesquels tomboient et débastissoient iceluy clochier, jetant les pierres sur le couvert de l'église et chambres y joignants. Vit-il aussi que lesdits Largousin et Petit Frère vendirent à Jehan Serre, aussi maçon dudit Argentière, une belle croix de fer qu'estoit au pinacle du dit clochier, pour le prix de sept sols ; ne sait s'il l'a encore ou non. »

Bonnet Vincens, de Largentière (50 ans), a aidé Claude Borie et Vialatelle et le Petit Frère de Tauriers, « à peser certaine grande quantité de barres de fer qui avoient été autrefois en besoigne en paniers ou cledatz de fenêtres ou portes, comme il connut bien, ce qu'il fit libéralement, car en ce temps il n'osoit contredire aux susnommés pour ce qu'il gouvernoient, mesmement ledit Borie en ladite ville, tenans pour la religion nouvelle ; et lui que depose et le Petit Frère pesèrent dudit fer cinq quintaux et demi, que, comme il l'entendit, Vialatelle avait achetés dudit Borie ; mais si ledit fer estoit des paniers ou cledatz des fenestres et portes dudit couvent et esglise des Cordeliers, dit ne le savoir, s'en remettant à la vérité ».

La fin de la déposition de Vincens sur l'incendie du couvent est fort intéressante.

Vincens avait couché à la borie des hoirs de Laurent Corbier, la nuit où le feu avait été mis au couvent. Le matin, « quand il fut au bas de la montée, appelée de la Maladière, aultrement de de Ste-Fé, vit qu'on avoit mis le feu audit couvent qu'il y en avoit partie de brûlé et le restant brûloit encore, dont le déposant en fut fort étonné et marry ; et, s'en venant audit Argentière, quand fut à la porte de ladite ville appelée du Mazeau (1), avec Raymond Broc, rentier pour lors du boriage de l'abbaye de Mazan, qu'il avoit rencontré en chemin, trouvèrent auprès de ladite porte du Mazeau, Victor Bermond de Combas, escuyer, sieur de St-Remèze, et Valentin, son fils, sieur de Montbrison... »

Le déposant ou bien Broc, son compagnon, ayant demandé à Combas d'où il venait, celui-ci répondit « qu'il venoit de mettre le feu à ce cabout de couvent desdits Cordeliers ; mais ne lui osèrent demander pourquoi et comment avoit-il mis le feu audit couvent, car estoit-il pour lors capitaine des soldats de la religion nouvelle, et, car le déposant n'y vouloit adhérer, se tenoit la plupart du temps audit boriage.... »

Broc, fermier de Mazan, légitimement effrayé de ce qui se passait, demanda alors à Combas s'il aurait le temps d'enlever les objets lui appartenant « dans la maison et boriage dudit Mazan, qui est près ladite porte de Mazeau, craignant qu'on y mit le feu comme après ils firent, auquel ledit Combas répondit qu'il pouvoit ôter de ladite maison et boriage de Mazan ce qu'estoit sien tant seulement, et en ce disant, l'on ouvrit la porte du Mazeau qu'étoit auparavant fermée, et ils entrèrent dans la ville ».

La déposition de Broc, le fermier de Mazan (45 ans), complète la précédente. Ayant vu brûler le couvent des Cordeliers, et craignant qu'on en fît de même au boriage de Mazan, « où y

(1) La porte des Récollets.

avoit grande quantité de biens, meubles et ustensiles de maison et de grande valeur et estimation, tant de l'abbaye ou religieux d'icelle, desquels il étoit chargé, que du sien propre, et voulant enlever et mettre dans la dite ville une partie ou ce qu'il pourroit, s'en alla voir si la porte du Mazeau étoit ouverte pour y porter quelque chose... »

C'est alors qu'il rencontra Bonnet Vincens, et, comme la porte du Mazeau était fermée, ils se reposèrent à côté, en attendant qu'on l'ouvrit « Et là estant y survinrent Victor Bermond de Combas, Valentin de Combas, son fils, Anthoine Trolhas dict la Brugière, ung nommé Bontemps le plus jeune des trois frères, du lieu de Versas, paroisse de Sanilhac, ignorant ses nom et prénoms, Barthélemy Montserret et certains autres qu'il ne connut pour lors et desquels ne lui recorde présentement, car étoit tout épouvanté du bruslement dudit couvent et du grand feu qu'il y avoit vu toute cette nuit précédente... »

Combas lui ayant demandé s'il était le fermier de Mazan, et Broc ayant répondu affirmativement, Combas lui dit « qu'il allât enlever et réunir ce qu'étoit sien, tant seulement à la maison dudit boriage, car falloit y mettre le feu et la brûler comme il venoit de faire ledit couvent des Cordeliers, dont le déposant le pria le plus humblement qu'il put ne faire brûler le dit boriage, à tout le moins qu'il n'eût retiré le bien qui y étoit dedans, ce qui lui fut accordé, moyennant quatre testons qu'il avoit lors en sa bourse et lui bailla.... »

Ce qui n'empêcha pas Combas de mettre le feu peu après audit boriage, sans donner au malheureux fermier le temps d'en retirer ses meubles et ustensiles, « et tout fut pillé et saccagé.. » comme Broc se propose d'en déposer plus amplement.

Un autre témoin dit que les frères Torgon et Jacobi furent gardés en prison par Combas au château de Montréal pendant dix ou douze jours.

L'impression, qui ressort de la lecture de tous ces témoignages, est que les événements de Largentière furent bien moins le fait de la majorité de la population elle-même, que d'une très petite mais très audacieuse minorité qui avait appelé à son aide une force armée étrangère.

Des témoins qui avaient vu travailler à l'enlèvement des bourneaux de plomb de la fontaine, disent que chaque morceau aussitôt retiré de terre, était enlevé aux travailleurs et porté au château ; *mais ils n'osaient trop y regarder*, de peur de s'attirer de mauvais traitements des soldats étrangers.

Un autre parle des actes de pillage effectués par divers individus « sans que personne leur osat en rien contredire... »

Les gens de l'endroit, qui, les consuls à leur tête, commencèrent le mouvement en allant sommer les Cordeliers d'abattre eux-mêmes leurs autels et de quitter l'habit de leur ordre, étaient une vingtaine, dont on pourrait donner, grâce à l'inquisition secrète, la liste exacte :

Un boucher,

Deux couturiers (tailleurs),

Trois prêtres défroqués, y compris le curé,

Un ministre protestant,

Deux ou trois marchands,

Les autres sans profession déterminée, presque tous portant des sobriquets, ce qui n'est pas l'indice d'une position sociale bien élevée :

Jean Dumas, dit le Grand Coquant, Jean Allemand, dit le Petit Maistre, Pierre Soboul dit Piquet le Sourd, Raymond Allamel, le bâtard de Pons Allamel, le bâtard de Catherine Michelle, André Brugier dit Follette, Robert dit le Bajanard, Jean Nicolas dit Moulin, un maçon de Tauriers dit le Petit Frère, Simon Vialatelle dit Mayrand, Jacques Lalose dit Champunod, etc.

Parmi les catholiques dont l'attitude tranche avec celle du reste de la population, il faut citer Jean Vedel, Louis Dufour et Mouraret, chez qui on transporta beaucoup de briques, mais qui les recevait pour les rendre au couvent, quand on le reconstruirait.

Les consuls de l'année, soit par crainte, soit autrement, paraissent avoir joué un fort vilain rôle. Plusieurs témoins déposent que, lorsqu'on mit le feu au couvent, le 1er septembre, les consuls Jean Archier et Antoine Fages, ce dernier mort quelques jours après, avaient fait venir pour cette sinistre opération André Bayle, charpentier, et son domestique, lesquels « feignoient de couper le feu, mais au contraire lui donnaient chemin pour mieux le faire brûler ».

Nous ne savons quelle était la théologie de beaucoup de ces nouveaux réformés. Il est bien probable que les questions du libre arbitre et de la présence réelle les laissaient complètement indifférents; mais là où ils s'entendaient à merveille, c'était pour s'approprier le bien des malheureux Cordeliers.

Tout ce qui avait quelque valeur, particulièrement les métaux, fut naturellement pris par les chefs, au moins par Desportes, qui commandait au château avec le titre de gouverneur de Largentière. C'est là que furent portés les débris des cloches, qu'un soldat mettait ensuite en morceaux, ainsi que les bourneaux de plomb de la fontaine Il semble aussi qu'après la destruction du couvent, bien peu d'habitants de Largentière se soient fait scrupule de s'en approprier les matériaux. Les belles pierres de taille de la bâtisse, qu'on appelait bars, étaient par eux très appréciées, et l'un des consuls Antoine Fages, en avait devant sa porte un tas qu'on évaluait à 900.

Un autre (Pons Allamel) avait fait apporter chez lui plus de 500 mahons Ce dernier s'était aussi emparé de la chaire, qui existait dans la grande salle du couvent, et l'avait placée « auprès de son feu pour y mettre ses cendres ». L'autre chaire, (celle de l'église), qu'un des témoins trouva arrachée et mise en pièces, « fut redressée par Jean Serre, maçon, en l'église paroissiale », où on peut encore la voir.

La démolition paraît avoir eu lieu avec une sorte de fureur, qui indique bien les excitations calvinistes venues du dehors. Un des meneurs voulait tout raser « pour ce que en icelles (ruines) bien tost on pourroit faire édifier une autre Babylone ».

Le curé détroqué Charles de Malet est naturellement en tête des pillards — et parmi les pièces qu'il s'est fait apporter dans sa maison particulière à Largentière, on cite une porte et une cheminée prise dans la chambre du P. Jean Jacobi, gardien de l'ex-couvent.

Tous les témoins, qui parlent de l'ex-curé dans l'enquête, le désignent comme étant en ce moment (1564) devenu ministre protestant. On le trouve plus tard (en 1582) ministre à Montélimar (1).

(1) Nous n'avons pu découvrir que deux traces ultérieures de ce personnage, toutes deux dans un manuscrit, tiré des archives des Cordeliers de Montélimar, publié par le pasteur Arnaud dans le *Bulletin d'Archéologie* de la Drôme (1870).
La première (p. 118) :
19 *janvier 1566. Quatre ministres stipulant ici* (à Montélimar). *Obligation pour le ministre de Mallet ;*
La seconde (p. 455) :
22 *février 1582. Noble Charles de Mallet, ministre ici.*
Il semble que l'ancien curé de Largentière n'ait pas exercé bien longtemps les fonctions pastorales à Montélimar, car on trouve à la date du 10 octobre 1586 ; *Pierre de Vinay, de Loriol, ministre ici*, et plusieurs fois mentionnés comme ministres dans les années suivantes : le même Vinay et noble Guillaume de St-Ferréol (de St-Pons).
La famille noble de Malet tirait son nom de l'ancien fief de Malet (près de Valgorge) qui figure sous ce nom dans la carte de l'état-major, et sous celui de Monteil, dans les anciennes cartes. L'abbé Gineste, dans son étude manuscrite sur la Boule, cite parmi les membres de cette ancienne famille :
Noble Guillaume de Malet, notaire épiscopal en 1371 ;
Léon de Malet, son fils, en 1411 ;
Bertrand de Malet, en 1445 ;
Claude de Malet, en 1500 ;
Antoine de Malet, en 1535 (dont la veuve épousa Jacques des Portes de Meyras) ;
Claude II de Mallet, en 1570.
A ces données nous pouvons ajouter les suivantes résultant de nos propres recherches dans les documents du temps :
Un Charles de Malet figure dès l'année 1511, comme bachelier ès-lois et curé de Largentière, mais ce n'est évidemment pas le même que le curé de 1562 devenu ministre protestant en 1582 (parchemin provenant des archives des Cordeliers de Largentière).
Noble Louis de Malet, de Valgorge, figure dans un acte du notaire Mathieu André, de 1524.
En 1542, messire Bertrand de Malet, prêtre, prieur de St-Christol de Vacquières au diocèse d'Apt, donne sa procuration à messire Charles de Malet, son neveu, curé de Largentière, pour l'assencement de son prieuré (registre de la Rovière, notaire).
Le registre de Claude Riviere, notaire, de la même année 1542, contient plusieurs actes où figure Charles de Malet, curé de Largentière.
Un acte de 1543 mentionne, outre le curé Charles de Malet, un noble Antoine de Malet, prieur de (nom illisible).

Parmi les protestants qui vont, le 7 juillet, s'emparer des objets déposés par les religieux chez Dufour, en ayant soin d'emporter aussi des objets appartenant à Dufour, un des témoins cite Louis Ayzac, un autre prêtre défroqué, et feu Jean Arnaud, ministre protestant.

Un autre ex-prêtre, Barthélemy Chevalier (1), se fit particulièrement remarquer par son vandalisme. C'est lui qui, avec le bâtard de Catherine Michelle, avait reçu ou s'était donné la mission de dévaster l'enclos des Cordeliers. Il y coupa « beaucoup d'arbres fruitiers et de grand dommage », noyers, pruniers, oliviers etc. pour en faire du bois à brûler qu'il portait, avec son âne, au château ou ailleurs. C'est lui aussi qui charria au château les débris des cloches.

Il est à remarquer que quatre ou cinq des acteurs de ce triste drame sont désignés comme étant morts depuis, bien que la chose datât seulement de deux ans. L'un d'eux, Raymond Jean, marchand, avait pris tant de peine « à arracher les pierres du couvent, qu'il prit mal et mourut ». Les deux individus, qui jouirent des fruits de la propriété des Cordeliers en 1562, Jean Nicolas et le consul Antoine Fages, étaient morts également, lors de l'enquête de 1564. De même, le ministre Jean Arnaud.

En 1563, c'est Guillaume Fages qui jouit de la récolte. Cette année-là, le consul Mathieu Girard faisait faire une journée à chacun des habitants pour charrier dans sa maison, soi-disant

---

Un autre acte de Claude Rivière (1556) nous apprend que Charles de Malet était frère de Balthazard de Malet, seigneur de Valgorge, et avait une sœur, Simone de Malet, mariée à Claude Borie, marchand de Largentière, qui fut aussi l'un des meneurs les plus ardents du parti protestant dans cette ville.

L'abbé Gineste dit que Claude II de Malet vendit au seigneur de Valgorge les trois quarts du fief de Malet et alla habiter Largentière, tandis que son frère Louis vendait le dernier quart à Etienne Mouraret de Beauvoir, habitant de Largentière. Et comme on trouve plus tard ce Mouraret, habitant le lieu de Malet, sur la route de Largentière à la Chapelle, il se pourrait que le nom de ce domaine (aujourd'hui propriété de la famille Dousson), lui fût venu de la qualité de seigneur de Malet près (Valgorge) que possédaient, comme on le voit, ses anciens propriétaires.

(1) Jean Arnaud, prieur de Bessas, Loys Ayzac et Barthélemy Chevalier, figurent parmi les prêtres de Largentière en 1540, avec Charles de Malet.

pour brûler au corps de garde la nuit, les bois des arbres provenant des terres des Cordeliers ou de la borie de Mazan.

L'œuvre de démolition du couvent continuait aussi puisqu'on y prenait encore des pierres à la Noël de cette année.

Pour en finir avec Largentière pendant la première guerre civile, il faut citer la lettre suivante, donnée par le pasteur Arnaud, de Crest (1), comme ayant été adressée par des gens de Largentière aux ministres de l'église de Genève :

Messieurs,

Les consuls, conseillers, consistoire et la plupart des habitants de la ville de Largentière en Vivarais, vous remontrent comme audit Largentière, il y a bon nombre de personnes, lesquelles désirent ardemment d'être instruits et enseignés à la pure doctrine de l'Evangile et en sont tellement faméliques, qu'ils crient incessamment d'avoir de ce pain, mais n'y a personne qui leur en coupe pour autant que nul ne leur est envoyé à ces fins. Par quoi vous supplient bien humblement et par la charité de J. C., les vouloir pourvoir et leur envoyer quelque bon personnage, capable, idoine et suffisant ; la doctrine et mœurs duquel leur soient tellement témoignées, tant pour leur prêcher et annoncer icelle pure parole de Dieu, administrer les sacrements institués par J. C., que aussi pour leur montrer par exemple de bonne lumière, le vrai chemin du salut, offrant les suppliants se soumettre selon Dieu, à lui, à vous et à toute l'église chrétienne. Signés : Archier, consul, M. Chambonet, diacre. Béraud, Claude Roy, Bertrand Béraud, P. Bompar, Ferrand, Salvandy, Pierre Vincent, Merre, C. Fages, C. Rozier ancien, Borie, consul et diacre, André, diacre.

Ce document se rapporte à une époque qui ne peut être postérieure à 1562, car depuis cette époque il n'a plus été question sérieusement de protestantisme à Largentière.

M. Arnaud cite aussi la lettre suivante écrite par un protestant d'Aubenas au nom des consuls d'Uzer :

A MM. les ministres de l'église réformée de Genève.

Supplient très humblement Pierre Daude et Guillaume Maygredoulx, François Roux et Nicolas Baulcier, consuls et conseillers des manans et habitans du lieu et paroisse d'Uzer, disant qu'ils ont été souvent sommés et requis de tous lesdits

(1) *Histoire des protestants du Vivarais et du Velay*, I, 27.

habitans de leur faire pourvoir d'un ministre de la Parole de Dieu pour leur prêcher icelle, et administrer les sacremens institués par J. C. et ses apôtres, et leur donner quelque forme de religion, car, depuis que l'idôlatrie a été abattue, ils ont été sans pasteur, à leur grand regret ; au temps de laquelle ils avoient pour curé maître Etienne Béraud, official de Largentière, lequel, connaissant l'abus où il étoit détenu et nous détenoit, s'est retiré au lieu dont il espère en avoir la connaissance pour dorénavant suivre la vraie vérité et enseigner le chemin de l'Evangile à ceux qui en en sont ignorans. Ce que par lesdits suppliants considéré, pour s'acquitter de leur charge et satisfaire à la requette desdits habitans desquels ils ont charge, vous supplient, au nom de Dieu, les vouloir pourvoir dudit Etienne Béraud, pour ministre et annonciateur de la Parole de Dieu afin d'attirer les pauvres membres de Christ à sa connaissance et réduire au même chemin ceux que par la doctrine papale, il auroit été occasion de faire dévoyer ; et joint aussi qu'on prendra mieux la doctrine de lui, qui connait les imperfections desdits habitans, que de tout autre. Et l'ont en telle réputation de vie honnête que d'icelle ils n'ont vu sortir aucun scandale. Et ayant été examiné par vous, nosdits seigneurs, de sa dite doctrine, vous requérons, comme dit est, le nous envoyer, attendu ce que dit est et qu'il a été notre curé, qui pourra à présent servir de beaucoup en l'Eglise du Seigneur Dieu, auquel prions vous augmenter ses dons et grâces.

« Les susdits supplians ne sachant écrire, ont fait seulement leur marque et m'ont prié de vouloir soussigner comme diacre de l'Eglise d'Aubenas. Lafaye, diacre. »

Que devint ce Béraud et pendant combien de temps les auteurs de la lettre ci-dessus lui maintinrent-ils leur confiance ? C'est ce que nous ignorons. Le fait est que le nom du curé protestant d'Uzer et l'adhésion, vraie ou fausse, de ses paroissiens à la Reforme étaient tombés dans un oubli tel, et la chose en tous cas avait eu si peu de suite, que les habitants du lieu, ayant lu la lettre en question dans notre *Notice sur Uzer* (1), ne veulent pas encore croire à la réalité du fait rapporté par le pasteur Arnaud. D'où l'on peut conclure que le protestantisme d'Uzer, si protestantisme il y a. fut très accidentel et très éphémère, comme a Largentière, d'ailleurs, où cependant le mouvement s'était déclaré avec plus de violence.

(1) *Notice sur Uzer*, Largentière, 1894, p. 34.

⁂

Quant au principal auteur des tristes événements de Largentière, il reçut, avant la fin de l'année, le juste châtiment de ses crimes, et voici les faits connus de la fin de son histoire.

Combas avait dû se mettre, dès le commencement des troubles, au service du baron des Adrets, et peut-être est-ce sur les ordres de ce dernier qu'il avait brûlé le couvent des Cordeliers de Largentière.

Participa-t-il à la destruction du couvent des Cordeliers du Bourg-Saint-Andéol qui eut lieu le 16 juin, et aux atrocités commises à cette occasion notamment au supplice d'un malheureux frère lai, nommé Martin qui, étant resté dans le couvent parce qu'il était malade, fut saisi par les hérétiques et par eux brûlé vif? On peut le présumer par la réflexion que fait l'auteur du récit de ces atrocités, quand il dit en terminant que Dieu vengea ce crime affreux le 13 novembre suivant, « par la mort de Victor de Combas, de son fils et d'autres », mais nous n'en avons pas jusqu'ici la preuve directe.

Quoi qu'il en soit, l'action de Combas dans les affaires du Bourg apparaît, le 18 juin, par une commission datée du Pont-St-Esprit par laquelle le baron des Adrets le charge de se rendre au Bourg-Saint-Andéol « pour faire estemanteler et abattre les murailles dont cette ville est ceinte » ; et, pour punir les habitants de leur attitude favorable aux catholiques, il leur enjoint de verser à Combas, dans les 24 heures, 2.000 écus d'or sol, « sous peine de voir leurs maisons rasées et brûlées ».

Au reçu de cette commission, la ville du Bourg envoya le juge de Leyris au baron, qui était alors au camp de Bollène, « pour lui remontrer la pauvreté de la ville », et le juge fit tant, « avec l'aide de quelques amis », que le baron diminua ses prétentions ; mais il fallut d'abord promettre 100 écus à Combas, et autant à Salles, le secrétaire du baron. Alors celui-ci consentit à écrire à Combas le billet suivant :

« Capitaine Combas, ceux du Bourg-St-Andéol me sont venus faire tant de remontrances que. à leur persuasion et de plusieurs personnes très-recommandables entre nous, je suis esté content de remettre la demande de 2000 écus à laquelle ils avoient esté justement condamnés pour les fautes et rébellions commises en leur ville par les séditieux ennemis du repos public, et la réduire à la somme de 1200 escus d'or sol, lesquels ils ont promis de vous fournir et bailler incontinent, et pour ce qu'ils nous ont promis de se charger de la garde de leur ville pour le service du Roy, et qu'ils empescheront que les troubles et tumultes qui y ont esté commis et perpétrés par le passé n'y adviendront plus. » Le baron prie Combas de recevoir « l'obligation qu'ils ont promis et juré de faire et passer, pour le service de Dieu et du Roy, avec bonnes et suffisantes pleiges (cautions) qu'ils vous bailleront, recevables pour le fait sus dit, comme vous le saurez très bien cognoistre pour estre du pays », et de venir ensuite auprès de lui, « sans desmanteler ni abattre les murailles desquelles leur ville est ceinte, ains les laisser en mesme estat qu'elles sont, pour ce que nous le lui avons ainsi accordé et promis. Et moyennant qu'ils satisfassent ce que dessus en bonne forme, je vous prie vous en venir avec le capitaine Ladvenu, laissant le segent Drivet, lequel lesdits habitants ont choisi pour capitaine et chef de leur ville, avec promesse aussi qu'ils ne permettront jamais que les séditieux qui sont sortis de leur ville y rentrent sans nostre congé, [ce] qu'il ne faut pas oublier de mettre en leur obligation que vous leur ferez en bonne forme. Et sur ce, [après] m'estre recommandé à vostre bonne grâce. je prierai Dieu, capitaine Combas, vous vouloir augmenter les siennes. Du camp devant Bollène, le 19 juin 1562. — Vostre frère et entièrement bon ami

Des Adrets. »

Le 20 juin, au retour de Leyris qu'avait accompagné le consul Servier, devant le conseil général de la ville assemblée, lecture fut faite de la susdite commission et de la lettre du baron : « ... Conclud que l'on prendra ladite somme, à interest de 10 pour cent » de ceux qui pourront la fournir, et qu'on ira la porter au baron. On décide en même temps « de nommer douze personnes estre pleiges, et de eslire gens avec Drivet à lui agréables et à la ville pour la garde de la ville ».

Et le lendemain 21, devant Claude Ganhat, notaire royal, quittance de la somme était passée par « noble et puissant seigneur, Victor de Combas, seigneur et baron du lieu de St-Remèze, commissaire spécialement député par Monseigneur le baron des Adrets, général gouverneur de l'armée estant aux environs du présent pays du Languedoc ».

Combas alla rejoindre des Adrets, aussitôt que le Bourg eût payé sa rançon, mais il ne dut pas s'écarter beaucoup de cette ville, car parmi les comptes municipaux, du 7 août suivant, on trouve la fourniture d'un cestier d'avoine « pour chevaux de M. de Combas ».

Il en était gouverneur, quand les catholiques reprirent la ville le 13 novembre, sous la conduite des capitaines Penchenier, Chabas et Rozier. Soulavie donne sur cet événement les détails suivants : « Le peuple, qu'avaient irrité la prolanation des reliques de Saint-Andéol et les exigences d'argent du baron des Adrets, dressa, après l'entrée des troupes catholiques, un échafaud devant l'église de Saint-Andéol, et trainant par les cheveux Combas et son fils, l'un et l'autre furent mis à mort après diverses tortures. On pilla ensuite la maison du gouverneur ; les reliques de Saint-Andéol furent précieusement recueillies ; on se fortifia à la hâte. »

D'après la relation de Jacques Montagne sur cet événement, les vainqueurs auraient fait « assommer à coups de bâton un des enfants de Combas, âgé de 12 ou 13 ans, et le sieur Rancolles, capitaine de ses gardes ».

On sait que la ville du Bourg fut reprise par Beaudiné le 27 novembre (1).

M. Raymond de Gigord, dans le *Mandement de Joanas* (p. 164), donne d'assez nombreux détails sur la famille des Montbrison,

(1) Voir sur toute cette période de l'histoire du Bourg notre récent ouvrage sur les *Huguenots du Vivarais*, p. 148 à 191.

seigneurs de Sanilhac, dont l'héritière avait épousé. en 1529. noble Victor Bermond de Combas, veuf de Jeanne de Gabriac. Il dit que Victor fut assassiné par son propre fils, Valentin de Combas, assisté de Jean de Combas, son frère, et de Jean de Malet, curé défroqué de Largentière ; ce qui, on le voit, ne s'accorde guère avec les événements notoires de la reprise du Bourg-St-Andéol. Nous avons vu, par l'enquête officielle de 1564 sur la destruction du couvent des Cordeliers de Largentière, que Valentin, fils de Victor, qui avait contribué avec son père, à la destruction de ce couvent, était mort à cette époque, ce qui concorde avec les circonstances connues de la surprise du Bourg du 13 novembre, mais ce qui rend fort douteux le détail donné par Montagne, que le fils de Combas n'avait que 12 à 13 ans, à moins cependant qu'il ne s'agisse d'un autre enfant de Combas.

M. de Gigord indique comme suit les enfants de Victor Bermond de Combas :

Valentin, célibataire,

Tristan, marié à Jeanne d'Ancézune, sans postérité,

N..., mariée à Claude Laurent de Rochessauve,

Michelle.

Il y a là plusieurs erreurs, car nous trouvons, dans les Etats du Vivarais, que Jeanne d'Ancelme, veuve de Valentin de Combas, prêta, le 2 août 1570, une somme de 2.600 livres au pays, et la mention de cette créance avec ce même nom d'*Ancelme*, revient fréquemment dans les procès-verbaux de cette assemblée, par suite des délais apportés au remboursement de cette somme.

Michelle de Combas, l'héritière de la famille, avait épousé, le 23 juin 1562, Dominique de Bernard, seigneur de Marignargues et de Montbrison.

En 1572, elle vendit à Jacques de Budos la métairie de Rochessauve située à Balazuc ; il résulte de l'acte que Jeanne d'Ancelme, veuve de Valentin de Combas, était alors décédée.

On trouve encore ceci à la séance du 10 décembre 1600 : « Demoiselle Anne d'Ancelme, fille et héritière à feu noble Pierre d'Ancelme, tant en son nom que de nobles Guillaume et Rostaing d'Ancelme ses frères, et aussi au nom des hoirs de Pierre d'Ancelme de son second mariage avec dame Sibille de Bernard, dit qu'on leur doit encore la somme de 866 escus et 2/3 en principal, par obligation passée le 2 août 1570 par les députés et syndic à feue demoiselle Jeanne d'Ancelme, veuve de feu Valentin de Combas, sieur de Montbrison, de laquelle ledit feu Pierre d'Ancelme a été héritier... » En y ajoutant d'autres sommes dues depuis, elle estime sa créance à 1200 écus. — On lui en offre 1000 pour toutes ses prétentions, et elle accepte.

Michelle n'eut qu'une fille appelée Françoise qu'elle maria en 1605 à son cousin Jacques de Bernard. Elle vivait encore en 1611, car elle donna alors à sa fille la place et seigneurie de la Bastide de Vielprat.

**

L'extrait suivant d'une séance des Etats du Vivarais (1), du 17 janvier 1564, montre que le parti protestant, quoique écrasé à Largentière, y avait encore des partisans, puisque l'un de ses chefs, Claude Borie (le beau-frère du curé apostat, Charles de Malet), avait trouvé moyen de s'y faire élire de nouveau consul :

Bertrand Audigier, consul de la ville de Largentière élu par certains particulier de ladite ville,

Et pareillement Claude Borie aussi consul soi-disant d'icelle ville élu et nommé,

Requièrent respectivement chacun en son droit estre reçus à assister en la présente assemblée — jaçoit que [quoique] de toute coustume de ladite ville de Largentière n'y ait que un consul ayant voix en ladite assiette.

Et estans les susnommés en contestation, monsieur messire Jehan Veyrier, vicaire général de Msgr l'évêque de Viviers, a requis que ledit Claude Borie eust à déclarer s'il estoit de la nouvelle religion.

Lequel Claude Borie a dit et confesse qu'il estoit diacre en la ville de Largentière.

Au moyen de quoy ledit sieur Veyrier a dit avoir obtenu provision de Msgr de Dampville, lieutenant général pour le Roy au pays de Languedoc donné en Narbonne sous le seing et séel à ses armes, par laquelle, au nom dudit sieur évesque de Viviers,

(1) Arch. dép. de l'Ardèche, C. 1011.

esté mandé faire inhibitions et défenses aux ministres, diacres et autres de la nouvelle religion prétendue réformée, de ne prescher ne administrer les sacremens, ne faire autre exercice d'icelle en leurs terres, places et seigneuries, où lesdits sieurs évesque et chapitre sont seigneurs juridictionnels et hauts justiciers ; ains (mais) de vuider lesdites places incontinent dans 24 heures après l'intimation sur peine de la hart et autres peines y contenues ; Lesquelles lettres lui ont ésté intimées, illec, présents lesdits sieurs des Estats, avec les inhibitions requises.

Lequel Borie a dit que par le édit du Roy donné le 20ᵉ décembre dernier, y avoit été pourvu et qu'il pouvoit assister et faire son office de diacre sans empeschement.

Ce que luy a nié ledit sieur Veyrier, lui intimant de rechef lesdites lettres qu'ont esté lues en sa présence de mot en mot ; desquelles (Borie) a demandé copie où que dessus, offrant toutefois obéir.

Les trois années suivantes durent se paser fort tranquillemant à Largentière, car nous n'avons relevé aucun incident pour cette période.

IV

LARGENTIÈRE PENDANT LES DERNIÈRES GUERRES CIVILES DU XVI° SIÈCLE

(1567 à 1600)

Le plan du vieux Largentière. — Un échec des protestants à Largentière (décembre 1567). — Jean de Balazuc — Nombreuses réunions des Etats du Vivarais à Largentière.— Incendies et pillages à Chassiers (1568).— Les Cordeliers sans abri. — Impôts sur les protestants aisés de la région.— Liste des individus poursuivis pour le pillage du château de la Motte à Chassiers. — La recette du bas Vivarais transportée à Largentière. — L'état des garnisons (1569). — Le passage de Coligny et des princes en Vivarais (1570. — Jeanne Pontière, sœur de l'évêque de Damas, donne sa maison aux Cordeliers (1572). — La guerre recommence après la St-Barthélemy. — Lettre de Guillaume de la Motte au maréchal de Dampville sur l'état déplorable du pays (1573). — La réception d'un chanoine de Charay dans l'église des Cordeliers. — François de Charbonnel, commandant du château (1574). — Rozilles, gouverneur du bas Vivarais. — Les protestants maîtres de Tauriers et d'Uzer. — Le pasteur Vinay et le capitaine Chattus (1575). — Le fort de la Bastide d'Uzer. — La surprise du fort de Sampzon et du château de la Vernade, à Chassiers. — La trève de la Borie (février 1576). — Naissance de la Ligue. — Lettre du roi Henri III à M. de Montréal (1577). — Démission de M. de Leugières. — Paix mal observée (1577 à 1579) — Surprise de Chassiers (janvier 1580). — Charles Des Serres envoyé à Paris. — Testament de Simon Bompar. — Tentative des protestants contre Largentière (août 1581). — Bandes de malfaiteurs. — Etablissement de trois lieutenants de prévôts. — Le prévôt Pierre Trenchard. — Fondation des pénitents bleus de Chassiers (1584). — Epidémie et famine. — La surprise d'Aubenas (1587). — Assemblée à Largentière. — Serment solennel fait par les membres d'une de ces assemblées de mourir pour le service du Roi et la défense de la foi catholique. — M. de Montréal établit sa résidence à Largentière — Assassinat d'Henri III (août 1589). — Confirmation de la trève. — Interdiction des charivaris à Largentière (janvier 1590). — La visite de l'évêque Jean de Lhotel (juin 1591). — Les eaux de la fontaine des Cordeliers amenées sur le *plan de l'église* (1592). — Abjuration d'Henri IV (1593). —

Surprise d'Aubenas par les protestants désapprouvée par les protestants eux-mêmes. — Soumission des chefs ligueurs (1594). — Mort de Guillaume de la Motte (1597). — Nouvelle surprise du fort de Sampzon. — Interdiction des charivaris à Largentière (1600).

La gravure ci-jointe est tirée du tome VII de l'*Histoire naturelle de la France méridionale,* de Soulavie. Bien que ce plan de Largentière n'ait été fait qu'à la fin du XVIIIe siècle, il donne l'idée exacte de la ville telle qu'elle existait avec son château, son église, ses remparts et ses portes à l'époque des guerres civiles, et tels qu'on pouvait encore les voir, il y a une cinquantaine d'années. La seule différence à relever avec le temps présent, c'est qu'au XVIe siècle le chemin Neuf n'existait pas. La Porte-Basse, qui n'a été démolie que vers 1840, ainsi que la ligne méridionale des remparts montant jusqu'à l'église, correspond à l'ancienne porte de Sigalières. Tout le monde reconnaîtra aisément dans les bâtiments marqués A B C l'immeuble actuel des sœurs de la Présentation, où vinrent s'installer les Cordeliers après la destruction de leur couvent. Quant à l'emplacement de ce dernier, il reste en dehors de la gravure, au-delà du cimetière, lequel ne fut transporté-là qu'en 1782, sur un terrain qui faisait partie de l'ancien clos des Cordeliers.

*_**

La seconde guerre civile éclata à la fin de septembre 1567, à la suite de la tentative avortée du prince de Condé pour s'emparer de la personne du Roi, et elle dura jusqu'au 20 mars de l'année suivante. Nous n'en dirons ici que ce qui se rattache directement à l'histoire de Largentière.

Le 8 octobre, la ville de Viviers, assiégée par M de Barjac, fut obligée de capituler. Les protestants, qui étaient les plus forts à Aubenas, Privas, Bays, etc. se soulevèrent dans ces villes, sans rencontrer de résistance. A Tournon, Claudine de la Tour de Turenne leur résista victorieusement et les obligea de lever le

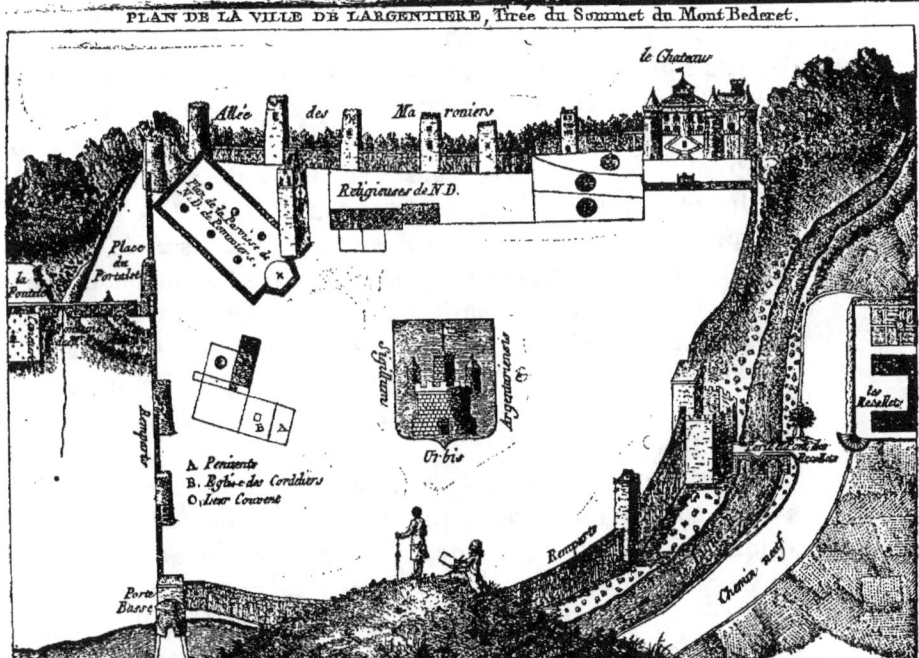

siège. Mais à St-Marcel-d'Ardèche, ils furent vainqueurs et massacrèrent la garnison et les habitants. Ce sont les bandes réunies de ce côté qui tentèrent au mois de décembre l'attaque de Largentière. Une d'elles, dit un historien, celle qui avait pris St-Marcel-d'Ardèche, s'avança jusqu'à Largentière, pillant tout sur son passage, mais elle trouva cette ville mieux gardée qu'on ne l'avait cru, et sa tentative contre elle lui coûta 400 hommes (1).

Un passage du procès-verbal de l'Assiette (assemblée générale des Etats du Vivarais), qui se tint précisément à Largentière le 12 janvier suivant, nous fournit quelque lumière sur cet événement. On y vota 125 livres à Jean de Balazuc, seigneur de Montréal, « pour le récompenser en partie de plusieurs peines par lui prises, tant à la garde du fort de Montréal, à la défense et protection du pays, et pour le tenir à l'obéissance du Roy, aussi pour avoir tenu l'œil à prendre et saisir de bonne heure la ville et chasteau de Largentière le soir que l'ennemi s'en vouloit impatroniser, avoir fait prisonniers les séditieux de ladite ville dans ledit chasteau de Largentière, le tout pour le service du Roy, et pour avoir entretenu à ces fins 30 soldats à ses dépens dans ledit chasteau et fort ».

L'Assiette fut tenue dans la maison de Jeanne Pontière, c'est-à-dire, comme on le verra plus loin, dans la maison occupée aujourd'hui par les sœurs de la Présentation, et c'est sur l'ordre du vicomte de Joyeuse, lieutenant général en Languedoc, qu'elle eut lieu à Largentière, bien que ce fût le tour de la baronnie de Privas, parce que la ville de Privas était alors au pouvoir des religionnaires et que « Largentière est une ville catholique où les sujets du Roy ont accès franc et libre ».

La réunion fut présidée par Jean de la Vernade, seigneur du Blat, Tauriers et Laurac, gouverneur du bas pays de Vivarais en l'absence du maréchal de Dampville et du vicomte de Joyeuse. Guillaume de la Motte, syndic du pays de Languedoc, exposant la situation, raconta les difficultés qu'il avait dû surmonter pour arriver aux Etats généraux du Languedoc. Il y « remonstra au

(1) P. JUSTIN. *Guerres du Comtat Venaissin*, II, 85.

duc de Joyeuse les calamités du pays de Viverois, envahi la plupart de l'ennemi, et l'effort que la noblesse avoit fait et faisoit tant en la ville de Largentière, Joyeuse et le Bourg, que autres forts des environs de Largentière, pour résister à l'ennemi qui journellement estoit aux environs pour le surprendre » ; à raison de quoi, le duc de Joyeuse avait institué la Vernade, gouverneur au bas pays de Viverois..... « lequel a fait si bien son devoir que ladite ville de Largentière et autres lieux circonvoisins seroient comme sont maintenus en l'obéissance du Roy ».

Les représentants de Largentière à cette assemblée sont noble François de Charbonnel, bailli, et Guillaume Fages, consul ; mais beaucoup d'autres habitants du lieu y sont appelés pour remplacer les membres absents, soit qu'ils appartiennent aux villes rebelles, soit qu'ils n'aient pu venir à cause des dangers du chemin. C'est ainsi qu'on y voit figurer :

Jean Boyer, comme commissaire, à la place du consul de Viviers absent ;

Guillaume Ponhet, pour le consul d'Annonay ;

Jacques Constant, dit Turc, pour le régent d'Aubenas ;

Jean de Balazuc, pour le bailli de Tournon ;

Simon Bompar, pour le consul de Tournon ;

Pierre de la Rovyère, pour le bailli de Privas ;

Colomb Alamel, pour le consul de Privas ;

Antoine de Craux, pour le bailli de la Voulte ;

Pierre Faure, pour le consul de Rochemaure ;

Guillaume de Chalendar, sieur de Cornillon, pour le bailli de Crussol ;

Claude de Chalendar, pour le bailli de Brion ;

Bernard Largier, pour le consul du Cheylard.

Sur la nouvelle que des Etats protestants avaient été tenus à Privas, correspondants avec de prétendus Etats généraux tenus par d'Acier à Montpellier, et où l'on avait voté de fortes impositions sur le pays, l'assemblée décida que « si les conspirateurs mettoient deniers par forme d'emprunt sur les catholiques et en faisoient la levée, on mettroit des emprunts au denier 15 sur les bien aisés de la religion nouvelle ».

Plus loin, on décida d'imposer 30.000 livres par forme d'emprunt sur les aisés séditieux, tant du haut que du bas Vivarais.

Une requête de la ville de St-Marcel d'Ardèche, présentée à l'assemblée, porte que « la ville a esté forcée ces jours derniers par les garnisons huguenauldes, et y sont entrés en force, tué tous les hommes qui se sont trouvés dedans, plusieurs petits enfants, pillé, saccagé et brûlé icelle, de sorte qu'ils sont parmi les autres leur pain quérant pour Dieu... » Ils demandent, en conséquence d'être déclarés exempts de contributions cette année.

D'autre part, l'alinéa suivant des comptes de Lobat, consul de Viviers, en date du 24 janvier 1568, semble indiquer qu'à cette date, la ville de Largentière était encore plus ou moins menacée par les religionnaires : « Fûmes averti que le capitaine Rocoules avec sa compagnie vouloit revenir se parquer ici à Viviers. Fut advisé prier ledit sieur du Pont de Bays lui vouloir escripre en notre faveur touchant la pauvreté de ladite ville, à ce qu'il ne vint point, *et l'advertir aussi du siège de Largentière...* »

Finalement l'absence de toute donnée ultérieure sur Largentière dans la suite de cette guerre civile, indique assez qu'aucun fait saillant n'eut lieu de ce côté pendant cette période.

*

Le second édit de pacification, émis le 23 mars 1568, n'amena qu'une tranquillité relative et de courte durée, puisque les troubles recommencèrent au bout de six mois.

Plusieurs réunions des Etats du Vivarais furent tenues à Largentière pendant cette période. La première eut lieu le 28 juin à l'effet de répartir une somme de 1,200 livres demandée par le Roy sur les villes closes et gros bourgs du Vivarais, plus 1,100 livres à payer au Velay suivant un accord conclu au sujet des villes closes. Les députés se retirèrent cette fois dans la salle basse de la maison de Pierre de la Rovière, qui était, croyons-nous, la maison Roure sur la place de la Ferradié.

Nous relevons dans le compte-rendu l'extrait suivant qui se rattache évidemment à la tentative protestante du mois de décembre précédent :

« Entendu la requeste verbale faite par le sieur de la Motte des bruslemens, saccagemens et larcins, commis et perpétrés par le siège mis audit Chassiers par les gens de la religion, ladite assemblée, uniformément et sans discrepance aucune, ont charitablement donné et remis auxdits habitans, ce que leur côte du présent estat pourra monter, montant 49 livres 2 deniers. »

Les membres de l'assemblée assistèrent au service funèbre du baron de Lestrange que sa veuve faisait faire à l'église de Largentière, probablement parce que la région de Boulogne était encore au pouvoir des protestants.

On voit par le compte-rendu des délibérations que le soulèvement ou l'invasion des protestants à Aubenas en 1567 avait eu lieu le 4 octobre, et que Michel Veyrenc, d'Aubenas, syndic du Vivarais, aurait été arrêté et obligé, disait-il, sur son refus de se rendre aux Etats protestants de Privas, de donner sa procuration à un tiers. C'est ainsi du moins qu'il tenta de se justifier à l'assemblée de Largentière, mais celle-ci se prononça en faveur de son concurrent Jean de Gout, qui fut chargé d'exercer au moins pendant cette année les fonctions de syndic.

Deux autres réunions partielles des Etats du Vivarais eurent lieu à Largentière, en cette même année :

L'une, le 16 juillet, au château, par devant M. de la Vernade, avec l'assistance de Guillaume de la Motte, syndic du pays de Languedoc, et Jean de Balazuc, pour un examen de comptes ;

L'autre, le 27 juillet, dans la maison de Pierre de la Rovière, par devant M. de Hautvillar, subrogé du baron de tour (la duchesse de Bouillon, baronne de Privas), pour une répartition de 10,000 livres destinées à la solde des troupes.

Une assemblée plus intéressante pour Largentière est celle tenue vers la fin du mois de mai, dont le compte-rendu se trouve dans l'acte de notaire suivant :

« L'an 1568 et le lundi ..jour de mai, en la ville de Largentière maison appartenant au seigneur évesque de Viviers, seigneur dudit Argentière, lieu dit le Grenier de Msgr de Viviers, confrontant, d'une part, la rue publique, d'autre part la maison d'Estienne Lafont ; du marin, avec les maisons d'André Rogier et Claude Boschet, marchand,

« Par devant puissant seigneur, messire Jehan de la Vernade, chevalier, seigneur dudit lieu, Blad, Thauriers et Laurac, gentilhomme ordinaire de la Chambre du Roy. gouverneur du Vivarois en l'absence de Msgr le maréchal de Dampville, gouverneur, et du seigneur de Joyeuse, lieutenant-général pour S. M. au pays de Languedoc ; assistant noble François de Charbonnel, escuyer, seigneur de Chozon ; pareillement M⁰ Jehan Gravière, notaire royal, procureur juridictionel du seigneur évesque, et semblablement M⁰ Guillaume Fages, premier consul de ladite ville, Jehan Boyer et Michel Chastellan, aussi consuls d'icelle ; maistre Pierre de la Rovière conseiller ; M⁰ Antoine Savyon, lieutenant de prévot en Viverois ; maistre Guillaume Garnier, Guillaume Tailhand, Philip Rey et plusieurs autres de ladite ville habitans,

« S'est présenté noble Guillaume de la Motte, seigneur de Vinezac, syndic du pays de Languedoc, pour et au nom des religieux de l'ordre de St-François en Languedoc, lequel a fait récit du contenu en une requeste par lesdits religieux cy devant présentée à Msgr de Dampville, gouverneur du Languedoc, et d'autres requestes par eux aussi présent'e à mondit sieur de la Vernade, gouverneur de Viverois, contenant que, despuis l'Edit du Roy, ceux de la nouvelle religion leur auroient abattu et démoli leur église et couvent dudit Largentière et rendu entièrement inhabitables, aux premiers troubles, et despuis advenus et suscités les seconds troubles par la nouvelle religion, ledit couvent et tout ce que lesdits pauvres religieux y avoient pu réparer, tant pour continuer le service divin que habiter et réduire leurs personnes, auroit esté abattu, de sorte qu'ils ne savent où faire iceluy service ne mettre leurs personnes à couvert, comme il est notoire, — afin que par ledit sieur de Dampville il soit] mandé au vicaire de l'évesque dudit Viviers et au juge dudit seigneur, ouïs sur ce les consuls de ladite ville, de pourvoir pour leur habitation et pour continuer le service divin et accoutumé selon la religion catholique et romaine.

« Comme a fait apparoir par exhibition de la copie de la requeste et appointement d'icelle du 16e mai 1564 signée Montmorency, requérant iceluy sieur de la Motte, assistant à luy les religieux dudit couvent St-François, leur pourvoir de lieu commode pour célébrer ledit service divin et habiter et retirer leurs personnes, afin que le service de Dieu soit continué à son honneur et louange.

« Mondit seigneur de la Vernade, ayant fait faire lecture desdites requestes et appointemens, a fait jurer les susnommés consuls de la Rovière, Savyon, Garnier, Tailhand et Rey, de dire vérités mesmes de la commodité du lieu. . lesquels, par leurdit serment, présent Me Jehan Gravière, procureur de l'évesque, ont dit et certifié ne savoir lieu si propre ne si commode dans ladite ville de Largentière pour dresser église et faire le service divin, et pour habiter, que ladite maison confrontée, appartenant au seigneur évesque de Viviers.

« Quoi entendu, ledit seigneur de la Motte, avec lesdits religieux, ont requis ladite maison leur estre baillée aux fins susdites, ou autre que sera advisée commode à ce que dit est.

« Ledit Me Jehan Gravière n'y a consenti (en) tant que pourroit porter préjudice audit sieur évesque ne à son église.

« Ledit seigneur de la Vernade, gouverneur, a baillé et baille auxdits religieux ladite maison pour faire le service divin et pour se retirer, et ce par permission jusques à ce que par ledit seigneur évesque y sera autrement pourvu.

« Présents à l'acte : nobles Claude d'Asperon, seigneur *de Bariis*, Jehan Pastel dit Pradel, escuyer, octroyant acte par moy notaire. »

**

Les protestants, mécontents de la cour qu'ils accusaient de mal exécuter ses engagements, reprirent les armes vers la fin du mois d'août. Nous renvoyons aux histoires générales pour ce qui concerne les événements de cette troisième guerre civile qui dura jusqu'au 8 août 1570, nous bornant comme pour la précédente à relever ce qui concerne spécialement Largentière ou ses environs. Qu'il suffise de savoir que le gros des combats de cette période eut lieu dans la région du Rhône et que les principaux chefs protestants furent le sieur de St-Romain et le baron d'Acier.

Le 29 octobre 1568 eut lieu à Largentière « l'assemblée sur le fait de l'emprunt de 15.000 à faire sur ceux de la R. P. R. pour employer à l'entretien des gens de guerre qu'ils occasionnent estre en Languedoc. »

Le 2 novembre suivant, hors de la porte du Mazel (des Recollets), Jean de Gout, procureur et syndic du pays, passe un acte par lequel, étant occupé lui-même par les affaires de sa charge auprès de M. de la Vernade, il substitue en son lieu et place Olivier de Leyris. Les témoins et signataires sont MM. de la Vernade, Guillaume de la Motte, Pierre de la Rovyère et Jean des Serres, notaire.

Nous trouvons à la date du 12 janvier suivant, un second estat d'emprunt sur ceux de la R. P. R. s'élevant à 9.280 livres. Les lieux les plus chargés sont Villeneuve-de-Berg, Viviers et Bourg-St-Andéol qui sont taxés chacun pour 500 livres, Rochemaure, 400, Thueyts et Montpezat, 300, etc.

Les chiffres les plus intéressants pour nous sont ceux de Largentière et des environs : Largentière et Joyeuse, 250 ; Chassiers et Trébuols (Rocher), 300 ; Joanas, 200 ; Sanilhac, 200 ; Rocles, 100 ; Prunet, 25 ; Uzer, 20, d'où il ressort, bien que cela paraisse peu d'accord avec les traditions locales, qu'il y avait encore un assez grand nombre de protestants dans notre région.

Au mois de janvier 1569, vient une liste de mandats d'amener, lancés à la requête de Guillaume de la Motte, à l'occasion du pillage de son château de la Motte à Chassiers.

Voici cette pièce :

Charles par la grâce de Dieu, roy de France et de Navarre..... au premier nostre huissier ou sergent sur ce requis, salut. En suivant l'ordonnance de nostre cour de Parlement séant à Tholose donnée huy date des présentes. Veues les informations faites à la requeste de Guillaume de la Motte, escuyer, seigneur dudit lieu et de Vinezac, syndic du pays de Languedoc, nous commandons et commettons par lesdits présentes que, à la requeste dudit La Motte, tu prennes et saisisses au corps :

Me Robert le Blanc, juge ordinaire de Nismes,
MMes Estienne et Gabriel Sanglier,
Guillaume Colombier,
Aymes de la Teulle dit de la Croix,
Le frère de la Tour,
Un nommé le Chapeau Rouge,
Guy le teinturier,
Un nommé Lanuscrip,
Un nommé la Faye,
Claude Valeton,
Le More de Chabassudes,
Les deux de las Faysses,
Un nommé Gardon,
Mathieu Guilhon.
Jean Pastiour Cupiac.
Un nommé le Barbopiou.
Le capitaine Serres, de Villeneuve.
Le capitaine Arcons le Jeune.
Jean Olivier, dudit Villeneuve-de-Berg,
Hélix Pastel,
Messire Gabriel Pounier,
Louis de Vernède le Picard,
Me François Sabaton,
Messire Tailhand Mazade,
Estienne Guillaume,
Les Jordans Mondafons, père et fils,
Me Gabriel Alamel,
Lestradou Torquet, dit l'Orestat galenard,
Pons Favier. dit le Clastre,
Le prieur de Saint-Baux, frère du seigneur du Roure,
Un sien frère nommé Guillaume,

Jacques Illaire,
Barthélemy Monserret,
Un nommé Frach,
Un nommé maistre Cheyres,
Gaspard du Solier et son frère Balthazard,
De la Bastide, sieur de Baris, et Charles son frère,
Antoine de Chastrevieille.
Me Claude Laval, notaire.
Me François Sauzet, notaire,
Le contrôleur de Podon, de Nismes,
Un nommé le capitaine Moreau,
Gaspard de Chausclan Lisle,
Eustache Puget,
Armand Rifflar,
Lussan le Jeune,
Le jeune Malbos, frère au baron d'Alez,
Un appelé de Saint-Martin, jadis prieur des Rivières,
Me Claude Chastarang,
Le palotapie.
Chambonenche de Largentière,
Un nommé Guitard,
Dupuy le jeune.
Un nommé Roche de Joanas,
Un nommé Lauruol,
Pierre Derocles, dit Delmas, notaire,
Me Antoine Leffrandi, de la Chapelle,
Un nommé Charles de la Bastide de Sampzon,
Michel Vezian.
Claude le Moynier.
Le grand Tardin,
Les deux Bailesses,
Michel Despierre et André frères,
Pigier le pupille,
Jean de Fabre et son frère Jacques et Hugo le Basanat,
Guillaume de Peyraud et les deux Champefort.
Et quelque part que trouvés pourront estre dans nostre royau-

me, ferez iceux avec bonne sauvegarde amener prisonniers ès prisons de la conciergerie de notre palais à Tholoze pour .... comparoir personnellement en nostre dite cour à trois briefs jours fin de ban, leurs biens saisis et mis en nostre main et d'icelle nostre cour jusques à ce que autrement soit ordonné. — Mandant et commandant à tous nos justiciers officiers que à toi se faisant obéissans prestent faveur aide secours main forte.

On peut voir ici d'abord le rôle qu'ont joué dans les événements les rivalités ou inimitiés personnelles par le fait que Robert le Blanc, qui y figure en tête, était un ennemi personnel et acharné de Guillaume de la Motte parce que les Etats du Languedoc, l'ayant destitué en 1563 de sa charge de syndic du pays de Languedoc pour la sénéchaussée de Beaucaire, à cause de sa participation aux premiers troubles de la Réforme, avaient conféré ces fonctions à Guillaume de la Motte, qui était alors syndic du Vivarais (1).

Les noms qui viennent ensuite sont ceux de chefs protestants d'Aubenas ou des environs, et l'on peut même se demander si le capitaine Serres, de Villeneuve, n'est pas Olivier de Serres.

Quoi qu'il en soit, la composition de la liste montre fort clairement que dans cette circonstance, comme en 1562, ce sont des éléments plus ou moins mêlés du dehors qui sont venus porter le trouble, le pillage et l'incendie dans la région de Largentière et de Chassiers.

Un indice de l'état d'anarchie dans lequel se trouvait alors le pays se trouve dans un passage des Délibérations de l'Assiette tenue au Bourg St-Andéol à la fin de ce même mois de janvier 1569. Le lieutenant de prévôt Pandrau, ayant quitté le service du Vivarais, pour celui de Nimes, noble Charles de Bénéfice dit la Combe, écuyer et catholique, offre de le remplacer au traitement de 500 livres par an, et le syndic, Olivier de Leyris est d'avis que son offre soit acceptée « attendu son idonéité, sagesse et expérience, et vu la grande nécessité que ledit pays de Viva-

---

(1) Voir nos *Notes sur les Huguenots*, p. 170.

rois en a, attendu l'injure du temps et fréquence des voleurs qui journellement ne cessent de courir sur les pauvres catholiques et subjets de S. M., tuer, saccager, piller, et aultrement en tous endroits les travailler... » Aussi, suivant ce conseil, l'offre de Bénéfice est-elle acceptée, et il est nommé lieutenant de prévôt en Vivarais pour l'année.

Dans cette même Assiette, il fut décidé que la recette des deniers du pays se ferait à Largentière pour le bas Vivarais, à Tournon pour le haut — le tout sans conséquence. — Les représentants de Largentière à cette assemblée sont toujours le bailli François de Charbonnel et le consul Guillaume Fages. Tous deux font partie de la commission dite des *députés de l'année*, qui correspond à ce qu'on appelle aujourd'hui la *commission permanente* de nos conseils généraux.

Guillaume Fages paraît un homme important de l'époque ; il était l'année précédente receveur des tailles du Vivarais.

A cette époque les communications sont si difficiles que les Etats du Vivarais ne pouvant plus se réunir en assemblée générale, ne se réunissent plus que par région : à Viviers, Tournon ou Largentière.

C'est ainsi que nous trouvons un certain nombre de ses membres assemblés le 16 mai 1569 au château de Largentière, par devant M. de la Vernade. Il s'agit de fournir l'entretien des compagnies levées pour la défense du pays Il s'agit aussi du règlement des comptes de l'ex-receveur Guillaume Fages. Celui-ci a remis ses comptes, mais le syndic Leyris refuse de les recevoir « parce qu'il est déjà à cheval pour s'en aller et que la plupart des membres de l'assemblée ont déjà quitté la ville ». L'examen de ces comptes est donc renvoyé à une prochaine assemblée. Cet incident est relaté dans un acte passé à Largentière, rue publique « devant le logis de la Pomme » qui était, paraît-il, alors la principale auberge du lieu.

Une autre réunion de députés et de notables eut encore lieu à Largentière, le 3 août, dans la maison de Pierre de la Rovyère, par devant le gouverneur, M. de la Vernade. On y décida la levée de 20,000 livres pour l'entretien des garnisons. On y voit (pour ne parler que de Largentière et des environs) qu'il y avait alors une garnison de 60 hommes à Largentière, outre 30 au château pour la garde du gouverneur M. de la Vernade, 6 à Joanas, 10 à Vinezac, 4 au château de Laurac, etc L'effectif des garnisons du bas Vivarais ne comprenait que 438 hommes, répartis en trois compagnies : l'une, sous les ordres de M. de Rosilhes, ayant son centre à Joyeuse ; l'autre, sous les ordres de M. de Montaud qui résidait à Largentière, et la troisième sous M. de Montréal qui commandait à Villeneuve-de-Berg.

A l'Assiette ouverte à Viviers le 13 décembre 1569, les représentants de Largentière sont le bailli François de Charbonnel et le consul Claude Bouschet. La garnison de Largentière était alors de 74 hommes. On y voit que François de Charbonnel a conduit une compagnie tant à Devesset que Bonnefoy (dont la Chartreuse avait été surprise et occupée au mois d'août par les protestants) que à Montpezat et le Pouzin.

Notons encore pour 1569, que les Etats du Languedoc, pour punir la ville d'Aubenas de sa rébellion, la privèrent cette année là du droit d'envoyer son premier consul à l'assemblée et l'attribuèrent à la ville de Largentière, qui, après s'être aussi révoltée en 1562, était rentrée dans l'ordre. — Les huit villes du Vivarais qui avaient le droit d'envoyer à tour de rôle leurs consuls aux Etats du Languedoc, avec le baron de tour et le syndic, étaient : Montlaur (Aubenas), Bourg-St-Andéol, Tournon, Viviers, Boulogne, Largentière, Joyeuse et Annonay.

*_**

Le printemps de 1570 fut très mouvementé en Vivarais à cause du passage de l'armée protestante à travers nos montagnes.

Les protestants, battus à Montcontour, le 3 octobre 1569, avaient refait leurs forces pendant l'hiver à Montauban, et allaient tenter de nouveau la fortune des armes. Coligny se remit en marche en avril 1570 et arriva à Nîmes d'où il repartit peu après, ayant divisé sa troupe en deux corps : l'un, composé des reitres Allemands et des princes (Condé et le futur Henri IV), passa par Alais, Aubenas et Privas, tandis que l'autre, sous ses ordres, passa par Bagnols, le Pont-St-Esprit et le Bourg-St-Andéol. Les deux corps, après diverses péripéties, se rejoignirent à La Voulte où Coligny séjourna une quinzaine de jours. Il en repartit le 22 mai et, passant par St-Etienne, alla battre l'armee royale à Arnay-le-Duc. Comme on voit, les mouvements de troupe eurent lieu surtout le long du Rhône, et Largentière resta en dehors de la lutte pendant la fin de cette troisième guerre civile qui se termina par l'édit de pacification de St-Germain-en-Laye (15 août 1570). Mais une réunion de députés, tenue à Largentière le 31 juillet, montre combien la situation à ce moment était critique. Claude de Borne, seigneur de Leugières, qui avait succédé à M. de la Vernade, comme gouverneur du bas Vivarais, y exposa que vu l'urgence, il avait convoqué cette assemblée, « pour ne mettre le pays en péril d'estre ruiné, gasté et perdu... ... Presque la moitié des villes et paroisses du bas Viverois sont tenues et occupées par les séditieux rebelles. »

On vota la levée de 9,400 livres pour l'entretien de 600 hommes. Par une circonstance piquante, on trouve à cette occasion, parmi les personnes qui font aux Etats une avance de fonds, demoiselle Jeanne d'Anselme, veuve de Valentin de Combas.

Il résulte d'une délibération tenue au château de la Borie, le 30 août, que les protestants ne restaient pas pour cela tranquilles du côté de Jaujac, la Gorce, Vallon, Salavas et les Vans.

Une autre réunion de députés eut lieu, le 18 septembre à Largentière, dans la maison de Pierre de la Rovyère pour subvenir à la solde des troupes.

L'Assiette s'ouvrit à Charmes, le 11 décembre, et l'on y voit siéger cette fois ensemble protestants et catholiques. La tranquillité s'étant rétablie, les deux représentants de Largentière, le bailli François de Charbonnel et le consul Jean Rostaing, purent s'y rendre.

Nous voyons par un passage du compte-rendu que le seigneur

d'Uzer, Antoine de la Baume, avait commandé pendant quelque temps au château de Largentière.

A l'Assiette de 1571, tenue à Aubenas, nous voyons figurer M⁰ Pierre Dumas, consul de Largentière.

Le 18 février 1571, Jean Boyer, cordonnier, fait son testament. Il veut être enterré dans l'église de N. D. des Pommiers et ordonne qu'il sera célébré à son intention une messe des morts tous les lundis de l'année. Pour chaque messe, l'officiant recevra un sol, mais ses héritiers pourront, s'il leur convient, se libérer en une fois en payant 50 sols à l'université des prêtres de Largentière. Il veut que ses funérailles soient faites « honnestement et catholiquement, selon l'estat et qualité de sa personne et faculté de ses biens, à la discrétion de son héritier ».

Un acte plus important est celui qui se trouve dans le régistre de Dumas, notaire, à la date du 22 février 1572 :

Jeanne Pontière, veuve de feu Vidal Roux, « considérant plusieurs bons et agréables services lui avoir esté faits au temps passé, et espérant que lui en seront faits davantage pour l'advenir, par le gardien et les religieux du couvent des Frères Cordeliers dudit Argentière ; — Voyant aussi ledit couvent d'iceux religieux avoir esté ruiné et totalement abattu durant les troubles passés, n'ayant iceux religieux à présent maison où se retirer ; — et pour l'amour et dévotion qu'elle dit avoir et porter audit couvent et religieux d'icelui ; pour ces causes et autres... » elle fait donation au gardien et religieux, savoir « Jehan Jacobi, docteur en sainte théologie, fils d'icelle Jeanne Pontière, André Dusserre, vicaire, et Simon Monteilhet, prestres, et Laurent de Chalias, novice, religieux dudit couvent, d'une sienne maison d'icelle Jeanne Pontière, dans laquelle elle habite, assise audit Argentière, qui a esté de son frère, Simon Dupuy, évesque de Damas, religieux quand vivoit dudit couvent, où y a jardin, confrontant : d'une part, avec certaine pède appelée le Palays, dernièrement acquise par lesdits religieux de M⁰ Guillaume Fages, rue entre deux ; d'autre part, avec la maison de Loys-Alamand, aussi rue entre deux ; d'autre part, à la maison de messire Claude Rostaing, prestre, qui a esté de feu M⁰ Joachim Rivière ; d'autre costé, au jardin de la cure dudit Argentière, la rue entre deux, et la maison de feu Pierre et Vidal Dumas, et autres ses confronts...... disant ladite maison estre quitte et franche de toutes censives, ne se tenans d'aulcuns seigneurs en directe, comme estant dans ladite ville et libertés d'icelle... » Les religieux pourront venir occuper cette maison quand il leur plaira, mais ils auront à acquitter les legs et autres dispositions contenus dans son testament passé chez feu Claude Rivière, notaire, le 12 juin 1568

Tous nos lecteurs auront reconnu dans cette maison celle des sœurs de la Présentation.

**

La quatrième guerre civile commença au mois de novembre 1572, à la suite du massacre de la St-Barthélemy qui, du reste, n'eut d'imitateurs nulle part en Vivarais et rencontra la désapprobation du plus grand nombre des catholiques.

Elle dura jusqu'au mois de juillet 1573.

A l'Assiette tenue à la Voulte au mois de novembre, noble Joachim de Montaud présente ses lettres de bailli de Largentière données par l'évêque de Viviers ; elles sont enregistrées et il est admis. Le consul de Largentière assistant est M⁰ Claude Valentin.

Il y a un léger différend entre les représentants de Joyeuse et Largentière et le reste de l'assemblée ; ces deux baronnies refusaient de supporter leur part de l'imposition pour les ustensiles de la garnison d'Aubenas, que le commissaire principal avait ordonné de répartir sur le pays tout entier.

De nombreuses réunions partielles des Etats eurent lieu pendant l'année 1573 en divers lieux.

Dans la première, qui fut tenue le 4 janvier, à Rochemaure, sous la présidence de Giraud de Bezangier (protestant), subrogé du baron de tour, duc de Ventadour, nous voyons figurer noble Joachim de Montaud, avec la qualification de bailli régent général de Viviers et de Largentière.

Les consuls de Joyeuse, de Largentière et de la montagne

demandent qu'il soit établi à Largentière un commis de la Recette. Ils constatent que ceux de la nouvelle religion qui sont à Aubenas, Vagnas, Salavas, Vesseaux et autres lieux, « courent et pillent, emprisonnent, rançonnent; mesmes ces jours derniers auroient pris les consuls de Joyeuse, portant les deniers du Roy à Villeneuve, et tué plusieurs autres personnes audit lieu ». Cette proposition est acceptée.

Dans une autre réunion, tenue à la Voulte le 10 février, on voit figurer Claude Valentin, consul de Largentière.

Le 3 mars 1573, eut lieu la surprise de Villeneuve par Baron et le capitaine Pradel (Olivier de Serres). Une trentaine de prêtres qui s'y trouvaient réunis en synode furent massacrés par les protestants. Un écrivain de notre pays, qui ne s'est jamais distingué par son esprit critique, a tenté encore dernièrement de disculper Olivier de Serres en faisant de lui et du capitaine Pradel deux personnages distincts ; mais cette manière de voir étant contredite par l'historien Jean de Serres, le propre frère d'Olivier, il n'y a pas lieu de s'y arrêter.

Dans la troisième réunion tenue à Annonay le 2 juin, le syndic Leyris dit qu'on n'a pu convoquer beaucoup de députés « parce que cela ne fust esté moyen que de leur faire couper la gorge en chemin » ; et il indique les embuscades qui avaient été dressées contre eux du côté de la Voulte et de Soyons.

Dans la quatrième assemblée, ouverte à Viviers le 24 juin au logis du Cheval Blanc, et à laquelle assiste noble Joachim de Montaud, « sieur d'Illec et de Larnas, bailli de Largentière », nous relevons une protestation des habitants de St-Remèze contre le seigneur d'Uzer, « sur les excessives exactions et contributions qu'il a prises et prend continuellement desdits habitans, qu'il vexe par prise de bestail et emprisonnement de personnes, contre la volonté et ordonnance du maréchal de Dampville, déclarée par appointement qu'il lui a plu donner, etc... »

L'assemblée désavoue « lesdites exactions et cotisations faites sans aucune délibération de pays, qui les trouve totalement excessives et excédant le pouvoir et faculté desdits habitans, qui ne payent de taille ordinaire pour un an que de 7 à 8 vingt livres, et la dite contribution monte 129 livres chaque mois. Par quoi lesdits habitans se retireront pour en avoir raison et justice, par devers M. le maréchal pour en ordonner comme sera son plaisir.... »

Dans cette assemblée, on donne l'ordre au Receveur de tenir à ses dépens un commis à Largentière.

Nous avons dit plus haut que le 4e Edit de pacification fut émis au mois de juillet 1573, mais cet Edit ne servit qu'à montrer l'impuissance du gouvernement contre les menées séditieuses des protestants. L'assemblée générale du parti, tenue à Millau, puis à Montauban et à laquelle les protestants d'Aubenas, de Villeneuve, de Privas, etc., envoyèrent des députés, prit des décisions tout à fait souveraines. Elle divisa le Languedoc en deux provinces, dont l'une avait pour capitale Montauban et l'autre Nîmes. Saint-Romain fut élu gouverneur de la province de Nîmes dont le Vivarais faisait partie, et il désigna François de Barjac, sieur de Rochegude, pour commander en Vivarais.

C'est dans cette période que doit se placer la pièce suivante, extraite du Livre de Raison de Guillaume de la Motte (1), qui donne une idée de la situation déplorable du pays, dont Largentière avait nécessairement sa part :

Le 30 juillet 1573, j'ai fait ma depesche à Messieurs le mareschal de Dampville, gouverneur du Languedoc, et de Joyeuse, signée par M. Robert, procureur du Roy au bailliage de Viverois, maistre Barthélemy, régent des terres dudit sieur de Joyeuse, et moy, concernant les désordres et misères du pays de Viverois, de telle teneur et en forme d'articles.

Remonstrances par les catholiques du bas pays de Viverois, pauvres exilés et expoliés de leur patrie et biens, présentées à Vous Messeigneurs de Dampville, mareschal de France, et de Joyeuse, gouverneur et lieutenant général pour le Roy au pays de Languedoc, pour leur estre pourvu à leurs misères, calamités et nécessités du pays.

Premièrement, vous remonstrent avec toute humilité lesdits pauvres catholiques du bas Viverois, membre de votre gouvernement et pays de Languedoc, la plus grande partie privés de

(1) Archives de M. de Longevialle, du Bourg-St-Andéol.

leurs maisons et biens depuis le commencement de ces derniers troubles, à ce qu'il vous plaise de les pourvoir d'un Gouverneur, gentilhomme expérimenté aux armes et police, lesquels en ont esté privés et destitués depuis que le seigneur de Leugières auroit remis sa charge entre vos mains, tellement que l'ennemi se seroit rendu maistre de la campagne et plus grande partie du pays, meurtrissant et massacrant non seulement les gens de guerre, mais les pauvres paysans jusques aux femmes et aux enfans, prenant et ravissant toute espèce de bestial, faisant innumérables impositions sur lesdits pauvres catholiques excédant au vingtuple celles du Roy.

Auquel Gouverneur vous plaise lui establir et ordonner un petit conseil politique composé de trois ou quatre notables, versés au fait de la justice et police, ou autre tel membre qu'il vous plaira, pour relever tel Gouverneur de peine et le rendre plus... et sollicité aux armes.

Lequel conseil cognoistra des finances, nourriture, entretènement et monstres [revues] de gens de guerre, appointement de requestes, les mandemens et ordonnances, icelles signées par le Gouverneur.

Lesquels dresseront nouvel estat du nombre des gens de guerre avec ledit Gouverneur, qu'il conviendra d'entretenir pour la tuition et défense du pays ; ensemble adviseront sur le nombre des villes, tours et chasteaux qui seront tenables pour le service du Roy, et le surplus abattu et esmantelé, et le tout suivant vos réglemens.

Vous plaira aussi, Monseigneur, député gens notables et expérimentés au sujet de la justice, personnes de bonne vie, intégrité et mœurs, pour enquérir des grands abus qui ont esté commis à la perte des contribuables, et néanmoins contraindre les capitaines et autres qui les auroient reçus en main d'en rendre bon et loyal compte et reçus.... par faict qu'il y a certains capitaines qui se trouveroient avoir reçu contribution pour 150 soldats qui toutefois n'en auroient 50 en leur compagnie, et qui pis est les bilhetes de leur nourriture ne cessoient sur le pauvre paysan, quelle somme qu'ils reçussent

Leur soit aussi enjoint auxdits commissaires qui par vous seront députés, de diligemment enquérir contre certains gouverneurs de villes et places, de la dissimulation et hypocrisie dont ils ont usé au service du Roy, conversans et fréquentans avec l'ennemi, faisant part du butin les uns aux autres qu'ils avoient pris sur les pauvres sujets de Sadite Majesté, mangeant et buvant ordinairement ensemble, chose indigne de toutes gens amateurs et zélateurs de l'honneur de Dieu, service du Roy et bien public, qu'elle mérite punition complète et l'inquisition faite, remise et rapportée devant vous, pour y pourvoir comme de raison.

Et l'estat fait et dressé, vous plaise l'autoriser et approuver, et permettre l'imposition des deniers qu'il conviendra de mettre sus, laquelle sera faite par partie des députés dudit pays, à cause qu'ils ne se peuvent assembler, appelé le syndic, et non par contribution comme cy devant, pour obvier et punir les abus et indues exactions.

Que ledit Gouverneur sera chargé mettre et tenir ses forces au plus près qu'il pourra des villes et forts occupés par les rebelles, afin de les contraindre et tenir enserrés, à ce qu'ils n'aient moyen de courir sur le reste du pays restant en l'obéissance du Roy.

Et sera ledit Gouverneur expressément chargé controler les estats des capitaines et gouverneurs des lieux et expérimentés au fait des armes, pour iceux faire contenir de toutes insolences et vexations envers lesdits catholiques et les faire vivre et cheminer selon vos réglemens.

Vous plaise aussi que les deniers qui se trouveront avoir esté imposés et levés de votre autorité pour l'entretenement et nourriture desdits gens de guerre dudit Viverois soient employés à ceste fin et contraindre tous ceux qui les auroient reçus en vider leurs mains et les employer au fait des monstres suivant les mandemens qui en seront dépeschés par ledit Gouverneur, dûment controlés.

Et pour autant que, ces jours passés, les capitaines Augier, Montflac, de Boulieu et Bonas ont pris un desdits rebelles nommé le capitaine Guinart, homme pernicieux, violent, rançonneur, meurtrier, cruel et inhumain, lequel durant ses guerres auroit meurtri atrocement sur le travail et labourage plusieurs paroisses catholiques et rançonnés infinis, contre lequel l'universel dudit pays demande justice, sera vostre bon plaisir commander auxdits capitaines remettre incontinent ledit Guinart entre mains de prévosts pour lui estre parfait son procès et recevoir la peine condigne de ses forfaits.

Et ont signé

La Motte, syndic du Languedoc,
Robert, procureur du Roy au bailliage de Viverois,
Barthélemy de... .... régent de Joyeuse, député du pays de Viverois pour l'année 1573.

La même question avait été agitée la veille dans une réunion de députés tenue à Viviers, où le syndic Leyris avait communiqué une lettre du maréchal de Dampville « commettant à Guillaume de Vogué, sieur de Rochecolombe, et au sieur de Rosilhes, bailli de Joyeuse, à l'un d'eux en l'absence de l'autre, le gouvernement et superintendance au fait de la guerre » dans le bas Vivarais ; mais ces personnages avaient répondu qu'ils ne pouvaient accepter, au moins sans avoir conféré avec le syndic

Leyris, et celui-ci déclarait, le 1er août, dans la même assemblée, qu'il ne pouvait pour le moment se rendre à Joyeuse auprès de Rosilhes, « tant pour les dangers notoires du voyage que parce qu'il étoit retenu par une infinité d'affaires d'importance ».

On voit par une autre réunion tenue au Bourg-St-Andéol le 5 septembre, que M. de Rosilhes avait accepté, puisque la réunion avait été convoquée par lui et qu'il la présida avec le titre de gouverneur et commandant pour le service du Roy au bas pays de Viverois Sa nomination avait été signée par Dampville le 28 août à Beaucaire. Le nouveau gouverneur ayant déclaré qu'il avait besoin d'un homme expérimenté pour lui servir de conseil, l'assemblée lui adjoignit Guillaume de la Motte, syndic du Languedoc, « affectionné de longtemps et expérimenté aux affaires politiques .. »

Dans une autre réunion de députés, tenue le 14 septembre au château de Joyeuse, et à laquelle asssistait Claude Valentin, consul de Largentière, il fut alloué certaine somme aux capitaines Chauzon (François de Charbonnel) et Amadis, pour le payement de 50 soldats « estant en garnison aux châteaux de Largentière et Joyeuse ».

Une réunion du 15 octobre à Viviers montre, par la difficulté des communications qu'elle indique entre cette ville et celles de Largentière et Joyeuse, de quelle manière les protestants observaient la paix. Il fallut donner au receveur Reynier une escorte pour qu'il pût se transporter avec les papiers du pays auprès de Rosilhes. Reynier dit qu'il fera le voyage en passant par Valvignères, où commande Bonas, « ne voyant qu'il puisse passer ailleurs, pour les advertissemens qu'il a tous les jours des courses et pilleries ».

Le 28 octobre, au Bourg, M. de Bonas, en présence du syndic, de noble Joachim de Montaud et d'autres députés du pays, vient annoncer qu'il a accompagné le receveur, avec le sergent Bragard et autres, « au grand danger de leurs personnes, pour les embûches que les ennemis leur avoient dressées ; toutefois a rendu le receveur et les papiers en toute sûreté à Joyeuse »

Après l'arrivée de Reynier à Joyeuse, une assemblée des

« députés du côté des montagnes » fut tenue dans cette ville par devant M. de Rosilhes. Claude Valentin, ancien consul de Largentière, et Jean Tricot, consul moderne, y assistent. On y voit que le sieur de Chauzon, commandait au château de Largentière avec douze soldats. On y voit aussi que Claude Rozier, hoste (aubergiste) de Largentière, a eu à nourrir deux prisonniers de guerre, les capitaines Rosset et Laigle, et reçoit à ce titre une indemnité.

Dans une autre réunion du 30 novembre, Rosilhes et la Motte constatent que « les rebelles n'ont jamais voulu observer les trêves ».

*

Quelques autres faits de l'année 1573, méritent d'être mentionnés.

Le 20 avril, à Largentière, au pied de la place du Marché, devant le notaire Bellidentis (1), deux conseillers de la paroisse de Sanilhac, Jean Boyer et Jean Roy, « exposent, en présence de Dumas Rivyer, collecteur des deniers imposés en ladite paroisse et mandement dudit Sanilhac, pour la contribution de la garnison établie au fort et château de Brison, qu'ils ont été arrêtés et sont détenus prisonniers à Largentière, à grands frais et dépens, à faute que ledit Rivyer n'a payé ladite contribution. — Par quoi Boyer et Roy, au nom des habitants de Sanilhac, protestent contre Rivyer de tous dépens, dommages et intérêts. Lequel Rivyer a répondu qu'il a fait ses diligences pour lever lesdits deniers, mais ne peut si promptement les lever, parce que les rebelles ont fort et garnison dans ladite paroisse et mandement de Sanilhac. De quoi lesdits Boyer et Roy ont protesté et protestent de tous dépens, dommages et intérêts et ont requis acte du notaire. »

Le 27 juin de la même année, un prêtre, nommé Jean Arnaud.

(1) Registre de 1573, fol. 147.

tait son testament à Rochecolombe près de la porte appelée Delière Il veut être enterré dans l'église paroissiale de Largentière.

Chaque année, après son décès quatre messes hautes doivent être dites, à tour de rôle, par le curé, le vicaire, le commandeur de l'hôpital du St-Esprit : le 10 janvier, le 20 février, le 1er mars et le jour anniversaire de sa mort ; un desquels disant ladite messe, les autres feront l'office par tour comme ci-dessus.

Il lègue pour ces messes une somme de 12 livres une fois données.

Un setier de blé en pain cuit devra aussi être distribué aux pauvres à chacun des quatre jours de sa sépulture, neuvaine, quarantaine et bout de l'an. Les témoins de l'acte sont : Messire Etienne de Salvebelle, curé de Rochecolombe, Guillaume de la Selve, bayle de la Gorce, soussignés, et deux autres *illitérés..* (Jean de Villeneuve, notaire).

Un vieux parchemin, que nous devons à l'obligeance de feue Mme Lascombe, du château de la Tour, à St-Pierreville, rend compte de la réception d'un moine de Charay, cérémonie effectuée à Largentière, le 24 septembre, dans l'église des Cordeliers, ce qui s'explique par le fait que le prieuré de Charay, perché sur la montagne de ce nom entre Privas et Lescrinet, avait été détruit par les religionnaires ou tout au moins qu'il était occupé par eux.

Mais de quelle église des Cordeliers s'agit-il ici ?

Etait-elle située dans la maison que Jeanne Pontière venait de leur donner l'année précédente, ou bien s'agit-il de l'ancienne plus ou moins restaurée ?

Nous pencherions plutôt pour cette dernière, après avoir lu dans le livre des Pénitents de Chassiers le récit d'une cérémonie du Jeudi Saint (31 mars 1611) où l'on voit les Pénitents blancs de Largentière, les bleus de Chassiers et les noirs de Vinezac, préalablement réunis devant l'église de N. D. des Pommiers, « faire le tour entier de la ville, puis sortant du portalet de Razet, près de la porte de Ségalières, aller gagner les pardons *aux Cordeliers qui sont hors de ladite ville, où repose le Saint-Sacrement,* suivis d'une des plus grandes compagnies qui se fut vue de longtemps. »

Il résulte clairement de ce passage que l'ancienne église des Cordeliers n'était pas encore entièrement détruite et puisque le Saint-Sacrement y reposait encore en 1611, il n'y a rien d'étonnant à ce qu'en 1573, on pût y procéder à une cérémonie comme celle que constate notre parchemin.

Donc, le 24 septembre, en présence d'égrège homme J. Pierre Descours (*de Curtibus*), chanoine régulier et *vestiarius* du prieuré conventuel de St-Michel-de-Charay, de l'ordre de St-Augustin, vicaire général du révérend prieur, messire Louis de Peyre, — noble Louis de Bénéfice, clerc, fut initié à cet ordre, et l'acte notarial dressé le lendemain à ce sujet rapporte que le nouveau chanoine reçut des mains dudit vicaire l'habit de l'ordre avec le surplis, dans l'église des FF. mineurs de St-François, de Largentière ; qu'il fit à genoux sa profession de foi et jura sur les Saints-Evangiles « d'être obéissant et fidèle dans toutes les causes licites et honnêtes, au révérend prieur, à son vicaire et à leurs successeurs, et d'observer comme il sera possible les statuts et les usages louables dudit couvent et ordre, faisant enfin tout ce qu'on a coutume de faire dans les professions des frères religieux chanoines réguliers dudit ordre, sans rien omettre ». En foi de quoi le notaire Dumas rédigea l'acte en présence des témoins ci-après :

F. André du Serre, religieux des FF mineurs de Largentière ; Messires Guillaume Godon de Fabras, Pons Chabrot de la paroisse d'Ailhon, prêtres de St-Martin, de la paroisse de Valgorge, soussignés avec le vicaire général et le notaire Pierre Dumas.

Les lettres de confirmation du prieur furent aussitôt envoyées et consignées par un nouvel acte du notaire Dumas, passé dans la maison de Jean Tricot, le 28 septembre.

Un bail à fief d'une vigne des Cordeliers, sise à Coupe, le 8 janvier 1574, par le notaire Chastanier, devant Messire Louis Cumba, docteur en droit, juge de la cour ordinaire de ladite ville pour l'évêque de Viviers, nous renseigne sur le personnel restant des Cordeliers de Largentière. La vigne est donnée à un nommé Lafont sous la cense annuelle de 8 sestiers de vin et quatre seils d'huile d'olive et 5 deniers. L'acte est passé à Largentière dans la maison des Cordeliers, en présence de deux religieux, André du Serre, gardien, et Simon Monteilhet, « seul ; dudit couvent, n'y ayant à présent aucun autre vivant, excepté F. Jehan Jacobi, docteur en sainte théologie, absent de ce pays un an et en ça ».

*   *   *

Les assemblées de l'année 1574 accusent une situation de plus en plus critique.

Dans une réunion tenue à Largentière, le 29 avril, dans la maison de M° Bertrand de la Rovyère, M. de Rosilhes expose la nécessité d'entretenir les garnisons, attendu que l'ennemi se fortifie de jour en jour et que les capitaines n'étant pas payés depuis le mois de février menacent d'abandonner leurs charges.

Le lendemain, sur la lecture d'une lettre du maréchal de Dampville, ordonnant de remettre « la garde et clés du chasteau de Largentière au capitaine Lagarde, lui faire nourrir et entretenir 20 soldats de sa compagnie à lui accordé par le maréchal », l'assemblée fait une manifestation en faveur de François de Charbonnel qui mérite d'être reproduite :

« Conclud que pour l'importance et conséquence dudit chasteau, principal refuge des catholiques et bons sujets de S. M., que est une des plus fortes places du bas pays de Viverois, dans lequel lesdits habitans de ladite ville et lieux circonvoisins auroient retiré partie de leurs biens meubles, papiers, munitions et autres choses, à eux appartenans, gardé durant ces derniers troubles par le sieur de Chauzon, vieux et expérimenté capitaine, par commission de M. le maréchal ; duquel le pays a expérimenté sa fidélité, suffisance, intégrité et diligence, outre qu'il auroit commandé en la dite ville et chasteau au contentement de tous, ayant toujours tenu iceux en l'obéissance du Roy avec union et concorde les uns avec les autres — sera mandé homme exprès, au nom et dépens dudit pays, devers mondit seigneur le maréchal, pour le supplier très humblement laisser audit de Chauzon la garde dudit chasteau que lui a plu lui commettre.

« Et cependant, et attendant la volonté et commandement de mondit seigneur, à ce que ne soit rien attempté au préjudice du service du Roy audit chasteau de Largentière et lieux circonvoisins, garde et concorde de ses bons sujets en son obéissance, lesquels pourroient entrer en suspicion et déférence pour ledit remuement, mesme que il y a un bon nombre des soldats de la compagnie du dit Lagarde qui depuis peu de jours en ça se sont retirés avec les ennemis et rebelles en la ville d'Albenas assez cognue, et quitté le service du Roy et parti de ses bons sujets catholiques ; et que encore le jour d'hier pénultième du présent mois auroient couru avec les rebelles de la dite ville d'Albenas jusqu'aux portes de ladite ville de Largentière, Chassiers et Vinezac, en ayant emmené plusieurs paysans prisonniers et ravagé tout le bestail des lieux circonvoisins, ledit sieur de Rosilhes sera supplié de surseoir ledit remuement ; ce qu'il a accordé à la réquisition du dit pays, jusques à ce que mondit seigneur le mareschal aura esté adverti, lequel a esté supplié lui en escripre... »

Le 2 mai, M. de Rosilhes annonce que le syndic de Leyris, qui habite le Bourg, ne pouvant pas souvent, à cause des difficultés du voyage, venir assister aux assemblées de députés de Largentière, a choisi pour le remplacer auprès de l'assemblée, si elle l'a pour agréable, Mᵉ Jehan Robert, avocat à Villeneuve, présentement à Largentière à cause de l'occupation de Villeneuve par les protestants.

Dans une autre assemblée de députés et autres « notables prochains de Largentière », tenue le 27 mai, dans la maison de Guillaume Fages, nous voyons figurer Guillaume de la Motte, Louis de Chalendar, Jean de Balazuc, Guillaume de Vogué, Antoine de la Baume, seigneur d'Uzer, Louis de Bonas, seigneur de Chaussy ; François de Charbonnel, seigneur de Chauzon ; Rodier, sieur de la Tronchière, Bertrand de la Rovyère, consul de Largentière, etc.

Le syndic Leyris dit que, par suite d'une lettre du maréchal de Dampville, qui nomme Chambaud, seigneur de la Tourette, commandant du haut et bas Vivarais, M. de Rosilhes veut cesser l'exercice de sa charge dans le bas Vivarais. Le syndic requiert Rozilhes de rester en charge, et celui-ci y consent « afin que le service du Roy ne soit retardé, et jusques à ce que autrement y soit pourvu ».

On organise des corps de cavaliers pour battre la campagne et protéger les récoltes On vote un secours pour les soldats catholiques blessés à la prise des forts de Jaujac (qui avait eu lieu la veille de la Pentecôte,) et pour d'autres blessés à Vesseaux lors d'une tentative faite par les protestants d'Aubenas pour réoccuper cette place.

Pour bien comprendre la suite des événements, il est nécessaire de rappeler ici qu'au mois de juin le maréchal Dampville ayant été destitué de son commandement du Languedoc, qui fut donné à François de Montpensier, dauphin d'Auvergne, dit le prince dauphin, fit alliance avec les protestants.

Le 18 juin, le syndic expose, dans l'assemblée de Largentière, que Rosilhes n'a pas voulu continuer ses fonctions de gouverneur, et qu'il est nécessaire d'envoyer un délégué au prince dauphin, pour le prier de nommer un gouverneur du bas Vivarais. On prie le syndic de se charger de cette mission.

Il résulte de demandes de remboursement, présentées par les consuls de Largentière, que cette ville avait eu à entretenir au mois de février, pendant quatorze jours, la compagnie du capitaine Olivier, et ultérieurement pendant un mois les compagnies des capitaines la Garde et Challes.

Le 17 juillet, le syndic rend compte de sa mission auprès du prince dauphin qu'il a vu à Livron Le prince a autorisé les cotisations et emprunts projetés. Il a aussi donné commission au sieur de Chauzon de commander au château de Largentière et autres lieux « où souloit commander le capitaine la Garde. »

Leyris, insistant au sujet des impositions à lever, constate que « l'ennemi est plus fort qu'il n'a jamais été durant ces derniers roubles, et le pays, s'il n'est pourvu d'une forte garnison, s'en va tomber en ruine et proie aux rebelles qui s'en empareront pour leur servir de canton et de retraite.... »

L'assemblée vote une levée de 48.000 livres pour l'entretien des garnisons pendant les mois de juillet et août.

Elle affirme aussi sa résolution d'obéir au prince dauphin et pas à d'autres.

Les faits suivants, extraits du compte-rendu de cette assemblée, montrent combien la situation était alors devenue critique à Largentière, par suite du concours donné par Dampville aux protestants :

L'ennemi avait formé le projet de s'établir à la Bastide d'Uzer, qui appartenait à M. de Leugières. Par suite, il fut résolu de démanteler le château, et les consuls de Largentière envoyèrent pour cet objet douze maçons avec une escorte de dix-sept soldats.

La compagnie du capitaine Lagarde reçoit l'ordre d'aller tenir garnison aux forts de Chazeaux et Joanas.

Celle du sieur de Chauzon formera la garnison de Largentière et de Vinezac. Mais le sieur de Chauzon déclare qu'avec 100 hommes il ne peut se charger de la garde de Largentière et des lieux circonvoisins, « mesme à présent que les ennemis se sont saisis du lieu de Tauriers, distant d'un quart de lieue de la ville de Largentière, au devant de laquelle ils viennent tous les jours tirer l'arquebuse et donner l'alarme... » Il requiert donc qu'on lui donne plus de soldats ou bien qu'on le décharge d'une partie de la garde.

(On voit par là que les traditions locales, dont on entendait encore, il y a un demi-siècle, les derniers échos, sur de fréquents combats entre les gens de Largentière et ceux de Tauriers, à l'issue du chemin de Tauriers, au milieu de la promenade des Marronniers devant la porte du jardin Moulin, n'étaient pas dénuées de fondement. Nos lecteurs trouveront plus loin, dans le récit des événements de 1575, d'intéressants détails recueillis par M. Raymond de Gigord sur les exploits et la défaite finale de la bande de reformés de Tauriers.)

Après les déclarations de M. de Chauzon, le capitaine Lange, enseigne de la compagnie la Garde, dit qu'il obéira à l'ordre du prince dauphin, mais tant que son chef est absent, il ne peut retirer sa compagnie et la conduire ailleurs sans l'exposer à être mise en pièces par les ennemis qui sont les plus forts à la campagne. Il demande un délai pour avertir son capitaine, et requiert lui estre donnés quelques lieux prochains, mesmes Chazeaux et Joanas pour s'y retirer.

On conclud que Chauzon aura la garde de Largentière et Vinezac avec 90 soldats, et Lange ira tenir garnison à Chazeaux et Joanas.

On s'occupe ensuite de la situation de Chassiers et de ses trois forts, savoir : « La maison du sieur de la Vernade, celle de la Motte et le clocher, nécessaires d'estre gardés, pour la vicinité des ennemis circonvoisins qui se sont depuis peu saisis par trahison du lieu et tour forte de Tauriers. Conclud que le sieur de la Tronchière continuera la garde de la maison de la Motte avec 20 soldats et son sergent ; que le sieur de Chanaleilles gardera la maison de Vernade avec 10 soldats, et que le capitaine Largaud gardera le clochier avec 10 soldats également ».

A Uzer, le fort est gardé par Simon Ranchin avec 8 soldats. La garnison qui n'était précédemment que de 6, a été augmentée de 2 hommes depuis l'occupation de Tauriers.

A Laurac et à la métairie du Cheylard, c'est un nommé Antoine Richard qui commande avec 14 soldats.

Le fort d'Uzer fut surpris par trahison dans la nuit du 10 au 11 septembre, et les sieurs d'Uzer père et fils y furent faits prisonniers Le syndic Leyris, en annonçant cette nouvelle dans une assemblée des Etats tenue au Bourg, le 16 septembre, exposa la nécessité de s'opposer aux entreprises de l'ennemi qui menaçait Largentière, Vinezac, Montréal, Laurac et Balazuc, en renforçant ces lieux d'hommes de guerre.

Dans l'Assiette ouverte à Tournon, le 9 novembre, on approuva tout ce qu'avaient fait le sieur de Rosilhes et Guillaume de la Motte, du côté de Largentière, et on les remercia des services qu'ils avaient ainsi rendus au pays.

*
* *

Dans l'Assiette suivante ouverte à Viviers, le 1ᵉʳ février 1575 nous relevons le petit incident suivant au sujet de la procuration que donnaient annuellement les Etats du Vivarais pour assister aux Etats généraux.

La procuration fut donnée .

Au baron de Lestrange ou ses hoirs tuteur ou tutrice ;

Au syndic de Leyris ;

Au régent d'Aubenas, si la ville est réduite à l'obéissance du Roy, sinon à Jacques Robert, marchand d'Aubenas, élu par les catholiques fuitifs.

Le consul de Largentière fit observer que la ville d'Aubenas étant rebelle, c'était le tour de Largentière, mais l'assemblée se prononça pour Robert.

Le 4 avril, M. de la Barge fut nommé commandant en Vivarais.

De nombreuses assemblées ont lieu dans cette période, surtout à Viviers et au Bourg, pour l'entretien des troupes que commande le duc d Uzès.

Le 2 juillet, à Viviers, le sieur de Chauzon, qui commande toujours à Largentière, fait savoir que sa maison de Chauzon a été mise en état de défense pour favoriser le passage et empêcher les courses des ennemis. — Il demande à disposer de douze soldats de plus. On lui en accorde six.

C'est à la fin de ce mois de juillet que la bande de pillards plus ou moins réformés, établie à Tauriers, et qui avait eu naturellement une part considérable aux désordres de cette période, fut détruite par M. Leugières. M. Raymond de Gigord donne à ce sujet, dans un de ses opuscules (1), d'intéressants détails puisés dans des actes originaux. Après avoir rappelé les événements de Largentière en 1562, M. de Gigord continue ainsi :

---

(1) Cet opuscule, tiré à un très petit nombre d'exemplaires, est intitulé : *Tauriers — notice historique et épisode des guerres de religion*. Aubenas, imprimerie Robert, 1889 (24 pages in 12).

Mais les calvinistes ne pouvaient songer à s'établir d'abord en toute sécurité dans une ville profondément catholique. Leurs ministres parcoururent les villages des environs et y firent une propagande fructueuse.

Vers la fin de l'an 1574, nous trouvons les calvinistes établis et militairement organisés au château de Tauriers. Cette place dominant tout le pays était de facile défense, et, en cas de mauvaise fortune, la retraite était aisée sur les Boutières, par la vallée de Ligne, Prades et Vals, tous villages comptant à cette époque beaucoup de partisans de la Réforme.

On organisa donc à Tauriers un centre d'action d'une certaine importance. Le conseil calviniste de Privas y envoya des hommes ardents et habiles à procurer au parti des subsides par toutes sortes de moyens (1).

Pierre de Vinays, ministre de la parole de Dieu, fut choisi pour diriger l'entreprise. Il appartenait à une ancienne famille du Dauphiné, comme Daniel Chamier, son ami. Il était aussi ardent que lui et s'occupait autant de la prospérité politique de son parti que de la prédication de l'Evangile

Un *soudard* brutal et avide, originaire de Tauriers, et connu par ses exploits sanguinaires, commandait la troupe. Il s'était emparé par surprise du château de Tauriers, dont il connaissait tous les détours. Son nom était Valloussières, dit le capitaine Chattus. Il ne savait ni lire ni écrire, ne savait manier que l'épée et diriger des entreprises de pillage. Il s'était marié à Gabrielle Suchet. Ne devait-il pas être facilement dans les mains du Pasteur ?

Celui-ci, dans le but de s'assurer d'une manière plus immédiate l'action et l'autorité qu'il voulait exercer sur la personne du capitaine Chattus, s'installa à son foyer, mangeant à sa table, buvant son vin et circonvenant la femme pour mieux gouverner le mari.

Il était nécessaire de régler les dépenses de la troupe et de mettre un ordre apparent dans le partage du butin afin de pouvoir dire au peuple qu'on dévalisait pour l'instruire, que tout se passait dans les formes. Dans ce but, le conseil calviniste de Privas demanda à Claude Fournier, receveur général des Eglises réformées, de déléguer à Tauriers un commissaire contrôleur de la comptabilité protestante.

Pour remplir cet emploi, Claude Fournier désigna maître Antoine Faure, appartenant à une ancienne famille de la paroisse de Mariac, près le Cheylard, recommandable à son parti par ses fougueuses convictions.

Le conseil de Privas désigna aussi un secrétaire attaché à la personne du capitaine Chattus, autant pour libeller ses ordres

---

(1) Les chefs calvinistes allèrent jusqu'à demander à l'étranger de venir en France à leur aide.

que pour en rendre un compte fidèle au ministre de la parole de Dieu, à Vinays. Ce secrétaire, du nom de François Goulard, aventurier, de la ville d'Embrun, avait servi quelque temps de commis à Claude Fournier Il fut installé immédiatement auprès de la personne du capitaine.

La compagnie de Chattus avait été soigneusement recrutée. Les prosélytes étaient éprouvés avant d'entrer dans les rangs de la petite armée. Ils devaient se signaler par leur entière soumission et donner la preuve que leurs femmes et leurs enfants pratiquaient la religion calviniste.

Le nombre des soldats ainsi recrutés pour la compagnie s'élevait à 52, compris l'enseigne et le sergent. Ils occupèrent le fort de Tauriers, dès le commencement de l'année 1575, et s'y maintinrent jusqu'au mois d'août suivant ; n'étant plus payés, ils abandonnèrent la citadelle. Cette troupe se répandait dans les villages voisins, de Joanas, Chassiers, Prunet, Vernon, Sanilhac et autres endroits, et chaque fois rapportait le butin extorqué aux papistes, mais sans un discernement assez complet pour que les protestants ne se soient plaints quelquefois de la rapacité de leurs coreligionnaires.

Mais cette source de revenus était incertaine. Les chances de la guerre n'étaient pas toujours constantes et l'on perdait quelquefois le lendemain autant qu'on avait gagné la veille. Plus d'une fois, la troupe de Valloussière eut à se mesurer avec les forces catholiques de Valgorge et celles de Joanas commandées par noble Annet de Borne, seigneur de Leugières.

Il était donc indispensable d'assurer d'autres ressources au parti calviniste par une contribution fixe et par la main mise sur les biens ecclésiastiques de la contrée.

Il fut donc décidé qu'un rôle par paroisse et par feu serait expédié aux consuls et que le recouvrement des taxes serait confié aux exacteurs de chaque communauté sous la surveillance et la responsabilité des consuls.

On déclara ensuite que tous les revenus, fruits et émoluments des prieurés seraient confisqués et que jour serait pris pour en mettre la ferme aux enchères publiques.

Il est évident, que ces mesures arbitraires devaient soulever la réprobation des catholiques et même quelquefois celle des protestants taxés jusqu'à deux et trois fois. On ne devait donc pas toujours atteindre le but proposé et plus d'un mécompte fut enregistré.

La mise en ferme des bénéfices ecclésiastiques ne donna qu'un résultat médiocre pour deux raisons. C'est qu'il fallait la violence pour en percevoir le profit et que les adjudicataires en misant voulurent se réserver de plus grands avantages. Le capitaine Chattus n'avait ni sou ni maille Il pensa donc faire une opération excellente en se rendant adjudicataire de quelques lots. Cela l'aiderait à nourrir sa femme et ses deux jeunes enfants ;

il pourrait se maintenir plus longtemps à la tête de sa petite troupe assez mal payée, et avancerait leur solde sur les profits de son marché. Il se rendit donc preneur pour la somme de 95 livres tournois des revenus des prieurés de Prunet, Beaumont, Vernon Joanas et Chassiers. Jean Vedel, charpentier à Beaumont, retint pour la somme de 44 livres tournois les profits de ceux de Rocles et de Sanilhac (1).

Valloussière Chattus amassait ainsi contre lui la haine implacable des catholiques. Le souvenir de la Saint-Barthélemy hantait leur cerveau et cette troupe de pillards paierait une fois ou l'autre ses iniquités.

Entre temps, le capitaine allait faire recette des contributions des communautés. Les hameaux de Champclos, de Trébuols, de Chalabrèges, des Mouriers, des Perbos et les Jourdans, appartenant aux paroisses de Joanas et de Chassiers, durent lui fournir une contribution de 575 livres 15 sols tournois ; il extorqua 200 livres à une famille Tailhand, 120 livres à une famille Bidoye ; Payan et Bastidon de Prunet lui comptèrent 120 livres.

Les hameaux du Planson, Pugnères, Chastagnolle, Chabrolin, et Montredon fournirent 328 livres, et trois habitants de Joanas André Fichot, Jean Seigneuret et Claude Prat furent taxés à la somme de 79 livres, de sorte que sa rapacité engouffra dans l'espace d'un mois 1662 livres 15 sols, somme considérable pour l'époque.

La contribution de la commune de Rocles ne put être aussi facilement levée. Le consul Raymond et Lapierre exacteur communal, déclarèrent qu'ils ne pouvaient fournir la somme de 82 livres mise à leur charge, que les habitants de Rocles avaient fui pour se joindre aux papistes de Valgorge, et que le capitaine Chattus pouvait, s'il le jugeait à propos, venir opérer lui-même le recouvrement des sommes demandées. Le capitaine ne se le fit pas dire deux fois ; il annonça qu'il se rendrait lui même dans la paroisse de Rocles et envoya en attendant deux estaffiers, Jean Bure dit le parpaillot et Bonaventure Valens qui levèrent, non 82 livres exigées d'abord, mais bien 140 livres 10 sols.

Tant de rapines allaient enfin recevoir leur châtiment.

Le seigneur de Leugières, ayant appris que Chattus avait menacé la paroisse de Rocles de la mettre à sac, prévint les troupes qu'il avait à Valgorge et fit venir en un lieu déterminé celles qu'il avait à Joanas. Le capitaine Chatillon qui tenait le château

---

(1) Ces adjudications eurent lieu, savoir : le 8 juillet, celle du prieuré de Rocles, au prix de 22 livres, à Salavert, un prête-nom sans doute de Valloussière ; celle du prieuré de Joanas, à Valloussière, 20 livres ; celle de Prunet, également à Valloussière, 10 livres ;

Le 20 juillet, celle de Beaumont, à Valloussière, 25 livres ;

Enfin, le 9 août, celle de Sanilhac, à Jean Vedel, 22 livres.

Toutes ces adjudications furent données par Antoine Faure, à Tauriers, dans la maison d'Antoine Noble : témoins : Jean Robert, des Vans; Pierre Johanent, de Largentière.

de Joanas, devait coopérer pour couper la retraite des fuyards.

On laissa s'engager tranquillement le capitaine Chatus et sa troupe dans la direction de Rocles ; mais tout à coup les soldats aguerris de Leugières se précipitèrent sur eux et les taillèrent en pièces Le châtelain voyant les calvinistes débandés en tua un certain nombre Il ne rentra à Tauriers qu'une dizaine de soldats épouvantés. Le capitaine Chattus était resté mort sur la place. Cela eut lieu à la fin de juillet 1575.

L'émoi fut grand au château de Tauriers, quand on vit arriver les débris de la troupe partie le matin avec tant de confiance. La mort de Valloussière, tombé avec le plus grand nombre de ses soldats, ruinait l'espérance et les plans du ministre Vinays.

Tout avait été perdu ou dépensé ; les caisses étaient vides, et la solde des survivants ne pouvait être comptée. Ils murmurèrent et accusèrent Vinays d'avoir envoyé leur chef à la mort ; il n'était qu'un lâche de demeurer au logis de leur chef, choyé par sa femme, alors qu'ils risquaient leur vie sans profit.

Qui dorénavant les conduirait au pillage et les ramènerait chargés de butin ? Ils abandonnèrent donc Tauriers et allèrent s'enrôler ailleurs sous d'autres chefs réputés pour leurs bonnes fortunes

Force fut de liquider la situation.

Valloussière mort, qui payerait désormais les fermages à la charge du capitaine ? Il y avait un acte authentique constatant cette dette, et le conseil supérieur de Privas ordonna au praticien Faure d'exiger de Gabrielle Suchet le prix stipulé aux contrats. Les larmes de cette veuve laissée sans ressources avec deux petites filles dont l'aînée avait à peine dix ans, ne surent attendrir le cœur de ces pillards, et sans l'intervention du charpentier Jean Vedel, qui prit à sa charge les fermages de Valloussière, on ne sait où se seraient arrêtées les mesures de rigueur décrétées contre la veuve et les orphelins (1).

Il fallait aussi liquider la comptabilité assez fantaisiste du défunt capitaine. Comme la femme de César ne doit pas être soupçonnée, la délicatesse des calvinistes devait être aussi à l'abri de toute critique. Ainsi pensait un peu tardivement Pierre Vinays. Antoine Faure essaya de justifier les dépenses faites et on invoqua le témoignage du secrétaire de Valloussière, de François Gontard, à la décharge de la responsabilité du parti protestant. Le procès-verbal qui clôtura l'enquête, rédigé d'une manière partiale par des hommes appartenant tous à la Réforme, ne peut

(1) Notre exemplaire porte ici la note manuscrite suivante de la main de l'auteur : « Gabrielle Suchet, pour payer les dettes de son mari, emprunta les sommes nécessaires à noble Gineys de Mézerac, de St-Laurent-les-Bains, par une obligation reçue André, notaire, le 22 octobre 1575. »

réhabiliter entièrement l'honneur des acteurs de cette tragédie religieuse.

Quelle fut l'influence des prédications du pasteur Vinays ? A son arrivée à Tauriers, le pays était déjà contaminé par l'hérésie ; il s'agissait donc pour lui d'entretenir et d'accroître ce mouvement dans la région confiée à son ministère. Réussit-il au gré de ses désirs ?

La commune de Sanilhac, démoralisée par les tristes exemples de Victor de Combas, avait embrassé la Réforme avec ardeur et persévéra dans l'erreur pendant près de 50 ans... Largentière ne dut fournir qu'un appoint assez restreint et de peu de durée au protestantisme. Vinays n'osait y venir ostensiblement, et ceux de ses coreligionnaires de cette ville qui voulaient user des sacrements calvinistes étaient obligés de l'aller trouver à Tauriers Nous avons relevé dans les actes du notaire Michel André un document curieux qui prouve cette assertion ; le voici : Le notaire Michel André, après avoir reçu, le 19 octobre 1574, le testament de Gilbert Gay, cordonnier, de Largentière, appartenant à la religion prétendue réformée, ajoute cette mention au sujet du baptême d'un enfant de Gay :

« L'an 1575 et le 19e novembre, ledit enfant mâle a été baptisé à Tauriers par M. Pierre de Vinays, ministre de la parole de Dieu, moi notaire présent et voyant. »

Signé : ANDRÉ.

C'est dans les minutes de ce même notaire que nous avons relevé tous les actes qui ont servi à établir cette notice. Il était lui-même calviniste et se rendait féquemment à Tauriers.

*
* *

L'Assiette s'ouvrit à Pradelles le 6 août. Guillaume Rivière y assista pour le bailli de Montaud, qui faisait sa résidence à Viviers. On y décida une imposition de 42.000 livres pour les nécessités de la guerre. La compagnie de 60 chevaux légers du sieur de Leugières fut remise au nouveau gouverneur la Barge, en lui faisant observer que s'il n'y avait pas de corps de cavaliers au bas Vivarais, les ennemis empêcheraient les récoltes ;

on pria donc la Barge de former au bas Vivarais un corps de 30 chevaux sous les ordres du sieur de Chaussy.

La question des dépenses militaires fut la grosse question de cette assemblée. Parmi les réclamations, nous remarquons celles de MM. de Montréal, d'Uzer et de Chaussy déclarant que les revenus de leurs châteaux n'étaient pas suffisants pour leur grade si le pays ne leur venait pas en aide L'assemblée reconnut qu'on ne pouvait rien retrancher pour le moment sur l'état des garnisons, « à cause des courses que font les ennemis ».

Dans une assemblée du 16 août, tenue à Joyeuse, par devant Barthélemy, lieutenant du bailli, on fait « état de la munition morte qui sera mise dans le fort nouvellement érigé de la Bastide d'Uzer, sous la garde du sieur de Chauzon, avec une garnison de 30 soldats ». Elle consiste en 30 quintaux de farine moitié froment moitié seigle, 6 quintaux de lard, 5 sacs de fèves, 2 charges de vin, un demi-quintal d'huile d'olive ou de noix et 3 quarterons de sel, et l'on indique les localités environnantes qui seront chargées de ces fournitures Le Receveur fournira, de plus, un quintal de poudre fine d'arquebuse, un quintal de cordes, 2 quintaux de plomb, 4 hallebardes, 2 arquebuses à croc et 2 mousquets. Cet état fut signé à la Bastide lez-Uzer le 25 août par le gouverneur la Barge.

Le lendemain, à Largentière, par devant M. de la Barge, et en présence du juge Guillaume Rivière, pour le bailli absent, du conseiller Claude Salvand et du Syndic, de Leyris, se présente le capitaine Roure, qui était venu de Valgorge pour commander à la Bastide avec 30 soldats. Il y a déjà fait des dépenses ; « mesme il a fait cueillir les vendanges dans les vignes des rebelles d'Uzer, et encore il a fait porter d'Uzer à la Bastide plusieurs coffres et pièces de bois pour servir à la fabrication.. » On lui alloue 30 livres.

Le 12 septembre à Viviers, devant le vicaire général Nicolas de Vesc, subrogé de l'évêque baron de tour, de Jean de Fayn pour le bailli de Montlor, et de Jacques Croze, consul de Viviers, le gouverneur la Barge fait l'exposé de la situation et rappelle les délibérations de l'assemblée de Pradelles. Les députés sont d'avis de continuer l'imposition votée à Pradelles. Cette décision sera communiquée au Receveur et au Syndic « qui est de présent demeuré malade à Largentière, d'une arquebusade qu'il a reçue au fort d'Uzer ». La Barge est chargé de faire ratifier ces décisions par le haut Vivarais.

Le 6 novembre, importante assemblée de députés et de membres de la noblesse de Largentière dans la maison du premier consul, Guillaume Rivière, docteur en droit.

Les membres de la réunion sont :

MM. François de Borne, sieur de Leugières,
Guillaume de Rosilhes, bailli de Joyeuse,
Jean de Balazuc, seigneur de Montréal,
Jehan du Chambon, sieur de Larnas,
François de Charbonnel,
Loys de Bonas, sieur de Chaussy,
Gaspard de Clastrevieille,
Loys de Chalendar, lieutenant du bailli de Viverois,
Jehan Robert,
Guillaume Rivière,
Claude Salvand, deuxième consul,
André Servier, consul de Joyeuse,
Jehan Corlalhat, consul de Pradelles,
Guillaume la Celve, bailli de Pradelles,
Et le syndic de Leyris.

Celui-ci requiert l'assemblée de pourvoir à l'entretien des garnisons « estant plus nécessaire que jamais les entretenir pour obvier aux incursions, voleries, saccagemens, ruines, bruslemens, meurtres et surprises de ville que lesdits rebelles font journellement ; et, d'ailleurs, ajoute t-il, se fait bruit que le sieur maréchal Dampville, avec artillerie et forces, s'en vient audit pays de Viverois, qui seroit en danger d estre du tout perdu et mis hors de l'obéissance du Roy, s'il n'y estoit pourvu de bonne force et résistance ».

Malgré cela, et « à cause de l'extrême pauvreté du peuple », l'assemblée n'accorde qu'une imposition de 13.000 livres (moitié de celle votée à Pradelles) sur le bas Vivarais.

Chassiers et Vinezac demandent d'être déchargés de la compagnie de cavalerie du sieur de Beaune, lieutenant de M. de la Barge. On leur répond que M. de la Barge ou son lieutenant peuvent seuls décider de l'endroit que leur cavalerie doit occuper dans l'intérêt du service, mais que cavalerie et infanterie payeront raisonnablement tant pour les personnes que pour les chevaux.

On voit par cette assemblée que l'ennemi a surpris le château de Sampzon, le 22 octobre précédent. M. de Rosilhes, pour tenir les ennemis et les empêcher de courir la campagne aux environs de Ruoms, Joyeuse et Largentière, a alors mis un poste de 8 soldats au moulin de Tarasque près de Sampzon, sous les ordres de Pierre Duplan, et un autre de 18 soldats à la maison de Mirabel, proche du moulin. Ces postes relèvent du commandement de M. de Chaussy, capitaine d'une compagnie de 40 chevaux, à qui l'assemblée vote une subvention mensuelle de 100 livres pour lui, 70 pour son lieutenant, 50 pour l'enseigne et 30 pour chaque soldat.

Le 19 décembre, à Largentière, en présence d'une autre assemblée où figurent les consuls et plusieurs habitants de Chassiers, le gouverneur La Barge expose « que, ces jours passés, les ennemis se sont emparés par surprise et trahison de la maison de la Vernade lez Chassiers, important grandement au service du Roy ; pour le recouvrement de laquelle offre d'exposer ses biens et personne, comme de mesmes feront les sieurs de Beaune, de Montréal, de Chaussy, de Chauzon et autre sieurs capitaines illec présents », pourvu que l'assemblée lui favorise les moyens, c'est-à-dire l'argent nécessaire pour payer les artificiers, maçons, charpentiers et autres. Il évalue la dépense à 3.000 livres. Le Receveur n'a pas d'argent, mais il offre de donner des mandats sur les lieux qu'on désignera. Le syndic accepte.

Les consuls et conseillers de Chassiers remercient. Ils supplient la Barge de pourvoir comme il jugera nécessaire, en déclarant que ces lieux désirent être conservés sous l'obéissance du Roy et garantis contre les invasions des rebelles

La question d'argent fut très laborieuse, et comme elle n'était pas encore résolue le 29 décembre, la Barge, bornant pour le moment son ambition à maintenir le *statu quo* à Chassiers, requit l'assemblée de pourvoir à la garde du clocher, de la tour voisine qu'on avait de nouveau fortifiée et du château de la Motte. Il fut décidé que le fort du clocher serait gardé par le sieur de Chanaleilles avec 18 soldats, et la tour voisine, par le sergent Maze avec 12 soldats. « Les habitants de Chassiers fourniront les munitions et vivres nécessaires, et seront contraints de faire garde et sentinelle audit fort et à celui de la Motte. »

* * *

L'année 1576 s'ouvrit, comme on le voit, sous de tristes auspices, et la première assemblée tenue à Largentière, le 3 janvier, indiquait encore une situation aggravée, puisqu'on y voit M de Chauzon, commandant à la Bastide d'Uzer, et Torton, commandant au fort de Chassiers, venir déclarer qu'ils n'ont plus moyens d'entretenir leurs soldats à qui on doit leur paye de novembre et de décembre, qu'ils ne peuvent plus les empêcher de se débander, et qu'ils remettent dès cette heure ces deux places entre les mains du gouverneur.

Le 5 janvier, celui-ci déclare qu'il est dû à la garnison de la Bastide 170 livres ; aussi la plupart des soldats ont quitté leur poste et sont revenus à Largentière ; la place est en danger de perte, s'il n'y est promptement pourvu.

On a fait heureusement la veille un emprunt de 300 livres, prêtées par Jean de Gout, docteur en droit, un des aisés de Largentière. On paye avec cette somme les 170 livres de la garnison de la Bastide et le reste est remis à Torton pour la garnison de Chassiers.

Les assemblées suivantes roulent entièrement sur les difficultés financières dont on vient de voir un spécimen.

Finalement des bruits de paix ou de trêve viennent peu à peu éclairer la situation.

Dès le 31 décembre une trêve avait été conclue dans le haut Vivarais entre les commandants catholiques et protestants

La même question occupe tous les esprits dans des assemblées tenues tous les jours à Largentière du 4 au 11 janvier. Ce jour là on élit des commissaires pour une conférence de paix entre les deux partis.

Le 30 janvier, dans une assemblée tenue chez le baile Bompar, le syndic annonce que Messieurs de la conférence se sont réunis la veille et que la première proposition a été de trouver les expédients pour faire cesser les impositions tant d'un côté que de l'autre pendant la conférence, afin que celle-ci ne puisse être altérée par des emprisonnements et saisies. Cette proposition a été acceptée et l'on a prié la Barge d'écrire aux capitaines catholiques.

Pendant ce temps, les délégués réunis au château de la Borie, près de Balazuc. chez M. de Leugières, élaboraient l'acte qui fut enfin signé par les délégués des deux partis et qui assura pour un certain temps la tranquillité dans le pays

Nous relevons parmi les signataires les noms de Leugières, Rosilhes, Guillaume de Vogué, Bonas, Chauzon et Guillaume Ponhet, consul de Largentière, parmi les catholiques, et ceux de Serres (probablement Olivier de Serres), Giraud de Bezangier, Pierre de Borne, Sanglier, la Pize, parmi les protestants.

Ce traité procura une année de paix environ au Vivarais.

L'Assiette de cette année où nous ne voyons guère d'ailleurs siéger que des catholiques, s'ouvrit le 16 mai au Bourg-Saint-Andéol. La ville de Largentière y est représentée par Jean de Fayn, au nom du bailli, et par Guillaume Ponhet, consul. Celui-ci demande qu'on prie l'évêque de pourvoir de l'office de bailli une personne résidant à Largentière, attendu que Montaud habite toujours Viviers. L'assemblée accueille favorablement cette réclamation et fera la démarche auprès de l'évêque.

Une autre assemblée en forme d Assiette fut tenue à Viviers le 17 septembre. Largentière y est encore représentée par Jean de Fayn et Guillaume Ponhet. Mais il y a des membres protestants parmi lesquels le président lui-même, Gabriel Sanglier, châtelain de Boulogne et subrogé de la baronnie de Lestrange, qui avait le tour. On s'y efforça de régler la situation difficile créée par la différence des partis.

*
* *

Au mois de décembre furent tenus à Blois les Etats généraux qui, sous l'inspiration des Guise, décidèrent qu'il n'y aurait qu'une religion en France.

Henri III avait, au mois de mai 1576, accordé aux Huguenots, par un Edit de pacification, l'exercice public de leur religion. Les catholiques indignés formèrent la Sainte-Ligue. Les Etats de Blois arrêtèrent, le 26 décembre, que le roi serait supplié de réunir tous ses sujets à la religion catholique « par les meilleures et les plus saintes voies et moyens que faire se pourroit » et d'expulser de France tous les ministres de la religion réformée.

Quelques explications sont ici nécessaires, au moins pour ceux qui, n'ayant étudié l'histoire que dans les historiens protestants, ont adopté de bonne foi l'idée que les protestants s'étaient soulevés simplement pour obtenir la liberté de conscience.

Tous ceux qui voudront étudier sérieusement cette partie de notre histoire dans les faits, et non dans les historiens protestants, verront que de 1562 à 1578 les huguenots, appuyés sur l'Angleterre et l'Allemagne, ont pris les armes cinq fois pour conquérir, non pas la liberté de conscience que les rois de France ne leur disputaient pas, mais la domination politique.

Henri III, devenu roi après la mort de son frère en 1574, n'inspirait à la nation française ni estime ni confiance. La masse du peuple français, restée profondément catholique, comprit alors que si la cour l'abandonnait, c'était à elle à se défendre, les protestants lui ayant assez souvent démontré par leurs actes comment ils entendaient eux-mêmes la liberté de conscience.

De ce sentiment général naquit la Ligue, mouvement à la fois religieux, politique et social, qui avait pour but de sauvegarder le culte traditionnel de la France, son unité et « de remettre les provinces aux mêmes droits, franchises et libertés qu'elles étaient du temps de Clovis »

En définitive, la Ligue triompha ; c'est elle, en effet, qui détermina la conversion d Henri IV, et ce fut là un événement des plus heureux, car il est impossible d'imaginer la longue série de troubles qui se seraient succédé, si la France avait eu un roi dominé par la faction huguenote.

Les Etats généraux de Blois, Paris et la plupart des villes se prononcèrent pour la Ligue.

Le roi Henri III marcha au début avec elle. Le 1er janvier 1577, il déclarait aux députés des Etats de Blois que « suivant leur advis et requeste, il entendoit et ne vouloit qu'en tout son royaume il y eut exercice de religion autre que la religion catholique, apostolique et romaine, et qu'il révoquoit ce qu'au contraire il avoit accordé par le dernier édit de pacification comme par force et contrainte ».

Cette déclaration ralluma la guerre civile. Le roi de Navarre, le prince de Condé et le maréchal de Dampville se soulevèrent, et le duc d'Alençon, frère du roi, marcha contre les rebelles.

Les faits de guerre en Vivarais, qui continuait de vivre sous le régime de la trêve de la Borie, paraissent heureusement avoir été peu nombreux, et tout se borna à la réoccupation pacifiquement effectuée, à ce qu'il semble, par les catholiques d'un certain nombre de places possédées par les protestants, ou tout au moins par le parti mixte, qui obéissait au maréchal de Dampville. Celui-ci, dit l'*Histoire du Languedoc*, « voyant d'un côté que sa réconciliation avec le Roy n'était pas encore finie et de l'autre que les ennemis de l'union (les Ligueurs) faisaient divers progrès et qu'ils avaient pris le Bourg, Largentière, Langogne, Pradelles, etc., jugea à propos de ne pas rejeter les propositions de l'assemblée de Lunel (protestante) (1). »

C'est à cette période que se rapporte la lettre suivante que l Roi écrivit, le 16 mai 1577, à M. de Montréal :

Monsieur de Montréal, j'ai entendu de quelle affeetion, depuis

(1) *Hist. du Lang.* V. p. 357.

la dernière rébellion faite par ceux de la nouvelle opinion contre mon autorité, vous vous êtes vertueusement employé, avec mes autres sujets catholiques au recouvrement de partie des villes et places que lesdits de la nouvelle opinion avaient occupées dans mon pays de Viverois, qui est un témoignage si certain de votre fidélité, que j'ai toute occasion de m'en assurer comme je fais, ayant grand contentement du bon devoir que vous avez fait en cet endroit ; lequel je vous prie continuer en toutes les occasions qui s'offriront, selon qu'il vous sera ordonné par le sieur de la Barge, mon lieutenant audit pays, auquel j'ai recommandé de reprendre la charge, estimant de ne la pouvoir remettre en mains de personne qui soit pour plus dignement s'en acquitter que lui, pour la preuve qu'il en a déjà fait, quand il y a cy-devant été employé; et ne me sauriez faire service plus agréable que de vous joindre et entendre de toute affection avec lui, le reconnaissant et obéissant comme celui qui représente ma personne.

Sur ce, je prie Dieu, M. de Montréal, qu'il vous aie en sa sainte garde. Ecrit à Chenonceaux, le 16ᵉ jour de mai 1577.

HENRY.

Le 18 juin, s'ouvrit à Joyeuse, sous la présidence de M. de Rosilhes, l'Assiette qui, vu les circonstances, ne comprenait que des catholiques, parmi lesquels Jean de Fayn, « élu pour le bailli de Largentière », Jean Rostaing, consul, et Guillaume Rivière, « élu au lieu du bailli de Privas ». Le syndic annonce que le maréchal de Bellegarde a nommé M. de Leugières pour commander dans le bas Vivarais, et M. du Peloux dans le haut. M. de Leugières demande un conseil pour l'assister dans l'exercice de a charge ; on lui donne Guillaume de la Motte, et en son absence, Guillaume Rivière.

On y voit que les habitants de Largentière ont fourni 800 livres pour la réduction du château de leur ville, qui était occupé par les partisans de Dampville.

On y voit aussi que la région de Sablières, sous l'influence du seigneur de Ligonès (Pierre de Borne), était acquise aux protestants.

Les forces catholiques établies à ce moment dans le bas Vivarais n'étaient que de 1.200 hommes.

A la fin de la session, nous trouvons la communication suivante de M. de Leugières :

« Le sieur de Leugières rappelle qu'avec d'autres gentilshommes et bons sujets du Roy, il a travaillé à la délivrance des villes et forts principaux que les catholiques y tiennent et qui sont occupés par les rebelles. Voyant les affaires en désordre, faute d'un chef, il a accepté la charge de gouverneur à la prière et persuasion des principaux de votre assemblée et notables du pays, suivant le pouvoir à lui donné par le maréchal de Bellegarde.

« Depuis, on a reçu une lettre du Roy nommant M. de la Barge. Il se démet donc et ne veut en rien empêcher l'exécution d'icelle.

« Mais pour la dévotion qu'il a à l'avancement du bien et repos de cette patrie, tant pour la parfaite et singulière affection qu'il a à vous, Messieurs, comme ses bons voisins et amis, et à tout le public, et aussi pour avoir quelque part et intérêts en icelui, il vous offre et dédie sa personne, ses biens et ses moyens, pour en servir et aider aux lieux et endroits où les affaires se présenteront pour le service de S. M. et vous assister comme particulier attendant que le sieur la Barge ou autres viendront pour exercer la charge du gouvernement dudit pays, afin qu'on ne retombe aux dangers et misères que chaque clairvoyant peut prévoir y advenir, à faute d'un chef pour régler les affaires selon l'occurence et nécessité du temps. »

Nous laissons de côté, comme s'écartant trop de notre sujet, la délibération qui suit sur un projet d'association avec les pays de Velay et du Gévaudan pour la défense des intérêts catholiques.

M. de Barruel, bailli de Crussol, est le seul représentant du haut Vivarais à cette assemblée. Les autres n'ont pas pu venir « pour les difficultés du voyage ».

La lettre royale, qui nommait M. de la Barge gouverneur du Vivarais, est du 30 juin. Elle insiste pour que le gouverneur oblige tous les seigneurs rebelles à faire des actes de soumission écrits, à peine d'être arrêtés. Les faits de guerre eurent lieu encore cette fois du côté du Rhône, principalement à Viviers d'où les catholiques parvinrent non sans peine à déloger Baron, le gouverneur qu'y avait mis Dampville.

Par suite des difficultés qu'il rencontrait, et principalement de la réduction de ses troupes de 1800 à 900 hommes, Leugières donna sa démission.

Le 30 juillet, une assemblée de députés réunis au Bourg fut informée qu'il y avait eu à Largentière quelques cas de mort par épidémie, lesquels obligèrent Allamel, le commis de la Recette, à transporter son bureau à Montréal.

Dans une autre assemblée tenue au Bourg le 22 août, les députés ayant accepté les conditions de Leugières, le prièrent de rester en charge, en lui témoignant leur gratitude pour les services qu'il avait rendus au pays.

Au reste, catholiques et protestants étaient également fatigués de tant de désordres, et un nouveau traité de paix fut signé à Bergerac le 17 septembre 1577.

Un indice de peu de confiance que l'on avait au maintien de la paix, se trouve dans les termes d'une résolution prise, le 7 octobre suivant, par une assemblée de députés tenue à Joyeuse au sujet des garnisons :

« Conclud que pour octobre courant, et attendant la publication de la paix que l'on assure estre accordée par S. M , chaque ville et lieu fort du pays se gardera et entretiendra sa garnison, sauf à l'égaliser après sur le général du pays. »

L'édit de Poitiers fut publié quelques jours après à Largentière.

* *

Cet édit fut assez mal observé principalement par les huguenots.

Dès le mois de mars 1578, ceux du Vivarais s'emparèrent de Charmes, Soyons, le Pouzin, etc.

Au mois de juillet, quelques députés catholiques, réunis à Viviers, déclarent qu'ils ne peuvent pas se rendre à l'Assiette convoquée à Privas, à cause des assemblées et armements qui s'y font contrairement à l'esprit de pacification et du danger que pourraient y courir les députés catholiques, — et ils invitent le syndic à convoquer l'Assiette ailleurs, par exemple à Rochemaure.

L'Assiette fut tenue néanmoins à Privas le 28 août, et nous y voyons figurer parmi les députés catholiques, Jean de Fayn, pour le bailli de Largentière, et Barthélemy Chastagnier, consul. On y jura du reste solennellement l'observation de l'Edit. On s'y occupa surtout des dettes du pays

Au commencement de 1579 eut lieu la conférence de Nérac pour régler les difficultés survenues par l'interprétation du dernier Edit de pacification. Il s'agissait surtout des places de sûreté données aux protestants à titre provisoire, mais que ceux-ci prétendaient garder à perpétuité. Ainsi de Bays et St-Agrève qui avaient été données jusqu'au mois d'octobre, mais qu'ils refusèrent à cette date de rendre. Malgré le serment d'union et d'accord juré aux mois d'août aux Etats du Vivarais tenus à Annonay, plusieurs fais de guerre eurent lieu, mais en dehors de la région de Largentière.

Nous finirons la chronique de l'année 1579 par l'extrait suivant d'une lettre écrite par le Receveur Froment au syndic, M. de Leyris :

« …Les rebellions générales se sont augmentées depuis votre départ si avant que, par une assemblée générale tenue à Privas par ceux de la prétendue religion, ils ont décidé de ne payer du tout rien. La prise de Mende que l'on tient pour assurée, faite la veille de Noël avec massacre de tous les crestres qui se trouvèrent à la messe de minuit à l'église, a ému tout ce pays de façon que, si Dieu n'y pourvoit, nous en serons mal… S'il n'est pourvu au désordre de la recette, il faut faire estat de fermer les bureaux comme j'ai fait en vous attendant… »

*
* *

Soulavie raconte, d'une façon très dramatique, un grave événement dont Chassiers aurait été le théâtre au mois de janvier 1580 Nous lui laissons la parole :

Chassiers éprouva le premier choc de la fureur des religionnaires au nombre de 8 à 9 cents, ils l'assiégèrent et la prirent par escalade. Ils pillèrent les maisons des principaux habitants qui s'étaient retirés dans leur église, brûlèrent une chapelle dans l'intérieur du village après l'avoir pillée et firent ainsi les approches de l'église ou plutôt de la forteresse qui était ainsi construite :

« Un clocher fort élevé et à plusieurs étages assis sur des
« murailles très épaisses, était au coin de ladite église. Cette
« église bien fortifiée était munie de fortes guérites ou donjons,
« desquels les assiégés pouvaient faire tirer force coups de
« mousquets : elle avait au-dessous des concavités. A côté, étaient
« les maisons de l'évêque et des prêtres qui dominent dans ce
« lieu, et ceux de Chassiers qui étaient dans cette place étaient
« de bons et vaillants soldats ; bref, toute la place renfermée
« dans ledit bourg, était comprise aussi dans de bonnes murail-
« les qui en défendaient l'entrée à aucun. »

Malgré ce site, les rebelles font les approches de la place de cette manière. Après avoir pris quelques tours du voisinage et réduit un petit château voisin, ils tentent d'escalader les premiers remparts du côté de Largentière. Les catholiques sortent en armes et viennent les repousser. D'autres religionnaires surviennent et font rentrer la garnison.

Les rebelles, d'un autre côté, construisent un fort sur des rochers du voisinage et forment une petite tour à plusieurs étages. De cette élévation ils se défendent contre les assiégés et escaladent la place à travers une grêle de balles.

Une partie des religionnaires pénètrent dans la maison de l'évêque, située vis-à-vis de la porte de l'église, brûlent son oratoire, ses livres, ses papiers et font passer au fil de l'épée quelques vieux domestiques.

D'autres dévastent la maison des prêtres, font mourir tous ceux qu'ils rencontrent et, après cette expédition, ils assiègent l'église, qu'ils surprirent deux jours après, avant que tous les assiégés pussent monter sur les voûtes supérieures. Quatre cents rebelles se jettent alors avec impétuosité dans le corps de l'église et, à coups d'épée, de pistolet et de hache, ils massacrent les catholiques. Trente trois femmes ou filles réduites dans des chapelles souterraines sont violées ou passées au fil de l'épée. On amoncelle les autels, les tableaux, les statues au milieu de la place, et on brûle tout cela en présence de l'autre partie des assiégés qui observaient du haut du clocher et des guérites de l'église ces fanatiques incendies. Douze religionnaires et douze catholiques se battaient en attendant avec fureur pour s'emparer des degrés qui conduisent sur les voûtes supérieures. Le combat de ces douze soldats qui se relevaient mutuellement durait depuis deux heures ; lorsque quelqu'un d'eux était tué, il était substitué par un autre rebelle ou par un autre catholique, et

4

lorsque la quantité des cadavres ou des pierres qui étaient lancées du haut des degrés par les catholiques, eût fermé enfin toute issue, les assiégeants voyant alors la difficulté de s'emparer du reste des fortifications du clocher et des voûtes, sortirent de la place, ravagèrent quelques autres maisons, brûlèrent les portes de Chassiers, démolirent une partie des remparts et tournèrent leurs armes contre la Chapelle-sous-Aubenas.

Soulavie ajoute que les religionnaires surprirent cette place, mais que les catholiques de Joyeuse, de Largentière et de Chassiers s'étant mis à leur poursuite, leur reprirent tout le butin et les délogèrent de la Chapelle.

C'est encore dans ce mois de janvier que les religionnaires auraient pris et ravagé Aps, Mercuer, St-Privat, Antraigues, Asperjoc, le prieuré de Charay, etc., en sorte, dit cet écrivain que « ce mois de janvier est le plus malheureux des mois que présente l'histoire du Vivarais ».

Il y a toute apparence que Soulavie, qui était, d'ailleurs, fort jeune quand il a écrit son histoire du Vivarais restée manuscrite, a brodé, sur un fond vrai, des détails plus ou moins fantaisistes, au moins en ce qui concerne les événements de Chassiers, attendu que, s'ils avaient eu cette gravité, nous en aurions certainement trouvé quelque trace ailleurs.

Il est à remarquer qu'une lettre écrite de Chassiers, le 18 février suivant, par Louis de Chalendar, n'y fait aucune allusion. Dans cette lettre, le lieutenant du bailli du Vivarais demande au syndic, M. de Leyris, s'il a obtenu l'appointement de leur requête à Montmorency, au sujet de « la translation de l'exercice de la justice du siège royal de Villeneuve-de-Berg hors ladite ville, attendu sa notoire rebellion. »

Il est certain, d'ailleurs, que le pays était, à cette époque, infesté de bandes de malfaiteurs, et l'*Histoire du Languedoc* désigne comme ayant été ravagés par eux, non seulement la Chapelle et d'autres lieux de la région, nommés par Soulavie, mais encore d'autres localités plus éloignées, comme St-Remèze, Aps, Mazan, Montpezat, Truchet, etc.

Les historiens protestants, en confirmant les ravages de ces bandes, les attribuent à des routiers exploitant la misère publique, en quoi ils ont probablement raison, avec cette réserve que, pour être complétement dans le vrai, ils auraient dû ajouter qu'elles étaient surtout composées de protestants, puisque le pillage y était constamment accompagné d'actes de fanatisme anti catholique.

Voici les faits certains de cette année :

Une première assemblée de quelques membres des Etats du Vivarais eut lieu à Largentière le 30 janvier. Comme elle n'était pas assez nombreuse, on s'ajourna au 9 février. Il y eut, en effet, ce jour là, une autre réunion « composée de membres du clergé, de la noblesse et du tiers-état. On y décida de vivre en paix ; il n'y a ni syndic ni greffier, mais un simple notaire (1) ».

Dans une autre assemblée du même genre, tenue le 11 mai à Chomérac, par des membres des deux religions, on proclama « l'union inviolable contre les pillards qui ruinent le pays ».

L'Assiette se réunit au mois d'août à Pradelles, mais nous n'avons sur cette réunion que des données indirectes.

Le mois suivant, les protestants subirent de graves échecs dans le haut Vivarais, où les catholiques, sous les ordres du baron de St-Vidal, sénéchal du Puy, et du comte de Tournon, prirent d'assaut, le 26 septembre, la ville et le fort de St-Agrève.

Le 12 octobre, eut lieu à Largentière une assemblée particulière des Etats du pays, où il fut décidé que le greffier Charles de Serres se rendrait à Paris, « pour que le pays pût jouir entièrement du don des arrérages de tailles royales, fait par le Roi pour être employé à l'acquittement des dettes du pays. Charles de Serres partit de Largentière le 12 octobre avec une bonne escorte qui l'accompagna jusqu'aux Granges de Valence. A Paris, il fut fortement appuyé dans l'accomplissement de sa mission par le président Bon Broé qui était son oncle. L'état de ses dépenses de voyage est fort intéressant (2).

(1) Note de M. Auguste Le Sourd. Les procès-verbaux des Etats du Vivarais pour les années 1579 et 1580 manquent aux Archives départementales ; tout ce que nous donnons sur ces deux années-là a été relevé dans des notes éparses ailleurs.

(2) Voir PONCER. *Mémoires historiques sur le Vivarais*, II, pp. 166 à 175

Quelques actes de notaires nous apprennent que l'université des prêtres de Largentière n'était alors représentée que par trois personnes, savoir, le curé Louis Larchier, Barthélemy Dours et Thomas Alamand.

On les trouve, au mois de septembre 1580, achetant de Claude Briance, marchand, une pension annuelle de 48 sols, au prix et 48 livres que Briance reconnaît avoir reçues d'eux.

Acte passé dans la maison de Guillaume Rivière, docteur en droit et juge de Largentière.

Le 24 novembre suivant, Simon Bompar, seigneur de la Bastide, fait son testament par lequel il lègue, pour une messe annuelle à célébrer le jour anniversaire de son décès, en l'église paroissiale, où seront appelés les prêtres de la dite église et les Cordeliers, une pension annuelle de 15 sols, outre l'offrande qui sera faite en pain et en vin comme de coutume. Il lègue, en outre, pour une messe basse à dire tous les vendredis, à l'intention des âmes des trépassés et particulièrement de la sienne et de celles de ses prédécesseurs et amis, un sol au prêtre officiant, sans offrande.

Parmi les témoins de l'acte est messire Louis de Chalendar, lieutenant du bailli de Vivarais. On sait que la cour royale de Villeneuve siégeait à Largentière depuis la prise de Villeneuve par les protestants.

Le 26 novembre, la paix fut signée à Fleix. Elle confirma l'Edit de Poitiers et les articles de Nérac « en accordant aux protestants des conditions plus favorables qu'ils n'auraient osé l'espérer car, à l'exception de la prise de Cahors, ils n'avaient éprouvé que des échecs dans cette septième guerre (1) ».

Les courses des protestants en Vivarais avaient continué jusqu'au dernier moment. Voici, en effet, ce que nous lisons dans une lettre de M. de Fayn, syndic, en date du 27 novembre :

« ... Rien depuis survenu de nouveau, fors que le capitaine Balmefort [le sieur de Ligonès, de Sablières] alla courir ces jours

(1) Arnaud, I, 163.

passés à Barjac où le capitaine Cheyresse fut blessé et depuis mort, comme M. de St-Brès m'assura hier (1).

La Confrérie des Pénitents blancs de Largentière date de cette année 1580. Le décret fut signé par l'évêque Jean de Lhôtel. Messire Pierre Charrière, alors curé de la paroisse, les établit dans une chapelle bâtie à côté du nouveau couvent des Cordeliers fondé par l'évêque de Damas, Simon Dupuy, dans sa propre maison d'habitation. Les Cordeliers occupaient les bâtiments de la sous-préfecture actuelle et des religieuses de la Présentation. La grande salle qui est au levant était la Chapelle des Pénitents blancs ; on y lit encore sur le haut de la porte la date de 1587.

*
* *

L'*Histoire du Languedoc* dit qu'au mois d'août 1581, les protestants s'emparèrent de Largentière (2).

Sur cet événement, nous nous trouvons en présence d'un nouveau récit de Soulavie, qui est au moins très exagéré, mais que notre devoir est de reproduire comme le précédent, en l'accompagnant des mêmes réserves. Voici donc ce que raconte notre historien sur une attaque de Largentière au mois d'août 1581 :

Six cents religionnaires d'Aubenas, commandés par Valeton, viennent attaquer Largentière du côté de Chassiers, qu'ils ravagèrent chemin faisant, après avoir repoussé les catholiques sortis de leurs églises en embuscade. De nouveaux religionnaires amenèrent deux jours après les canons, après des travaux incroyables. La garnison de Chassiers qui voulait empêcher que ces nouveaux instruments arrivassent au-devant de la ville, vinrent harceler ceux qui les conduisaient L'artillerie passa néanmoins à travers une décharge dirigée des toits de leurs églises. Elle fut placée sur une éminence ou pic de rocher vis-à-vis du château de l'évêque qui ne pouvait être pris que par des volées de canon.

D'autres religionnaires de Vallon, de concert avec les précédents, venus de Salavas, des Cévennes et de la Gorce, arrivèrent

(1) Archives de l'Ardèche, C. 1024.
(2) Tome V, p. 387.

d'un autre côté au devant de Largentière, et se placèrent vers la porte qui est du côté de Joyeuse, et tout le long des avenues D'autres montèrent sur le mont Béderet qui est en face de la ville et sur laquelle il domine entièrement

Les assiégeants commencent à attaquer la ville par des volées de canon qui écrasent les habitants dans leurs maisons. Une grêle de pierres, lancées du haut du Béderet, assaillit la ville de l'autre côté, tandis que les habitants, d'intelligence avec ceux de Chassiers, Tauriers, sonnaient le tocsin, envoyaient des émissaires qui grimpaient les montagnes pour demander des secours. Dans trois heures de temps, la ville est aux abois; les femmes, les enfants et les vieillards sont conduits dans l'église qui pouvait résister longtemps encore.

Les assiégeants repoussent cependant une bande de catholiques de Chassiers qui venaient les traverser, et, pour investir la ville de tous côtés, ils passent une rivière qui est entre Chassiers et Largentière. Ils brûlent, chemin faisant, quelques maisons et plusieurs moulins, suspendant le cours de l'eau que les habitants recevaient de la rivière, et viennent assiéger le château du haut de la montagne sous laquelle il est placé.

Les catholiques en embuscade sortent alors d'entre les rochers et les grottes voisines (les mêmes sans doute qu'on appelle encore les Baumes de Viviers). On les voit fondre sur ce détachement, le mettre en fuite et le poursuivre derrière les remparts ; cinquante sont massacrés dans une place de cent pieds de largeur en tout sens à la porte de la ville.

Effrayés enfin du dégât, les habitants vident leurs maisons à la sixième heure du siège, emportent leurs effets les plus précieux et se jettent dans l'église. Là, ils attendaient l'assistance de ceux de Chassiers et de Tauriers, tandis que les rebelles assiégeants pénètrent dans les maisons qu'ils pillent totalement, s'approchant toujours de l'église et du château qui étaient ainsi fortifiés.

Le château situé sur une éminence, était composé d'une bonne tour entourée de deux ou trois ouvrages, le tout selon l'ancien goût, mais très bien fortifiée. Il communiquait par les remparts jusqu'à l'église, édifice gothique aussi, mais très solide et muni d'une bonne tour qui sert de clocher.

A la première volée de canon, le gouverneur demande à parlementer ; on lui accorde la vie et il sort de la place.

L'autre partie des assiégés, barricadée dans l'église, se défendait toujours avec courage ; on la surprend néanmoins et on égorge en partie les femmes et la garnison dans l'église même. Les rebelles pillent ensuite les effets que les habitants y avaient déposés ; ceux du clocher, ayant fermé les avenues de la place, à force d'y jeter des décombres, s'y conservèrent sans être pris ni attaqués. Les religionnaires, qui n'en voulaient qu'au butin et aux munitions, se retirèrent ensuite du château, de la ville et de l'église qu'ils laissèrent dans l'état le plus pitoyable.

Munis de canons, les religionnaires victorieux tournèrent ensuite leurs forces vers l'église et le château de Chassiers. Cette place avait résisté ci-devant aux mêmes religionnaires, mais les habitants alarmés offrirent de se rendre, demandant la vie, les armes et le bagage. On leur accorde la vie, mais on leur enleva les armes et le bagage, de sorte que dans cette émeute les religionnaires n'avaient en vue que le pillage et le dégât. La province fut en paix pendant le reste de l'année et pendant les suivantes.

Ce récit est plein d'invraisemblances qui sautent aux yeux. Il suffira de signaler les suivantes :

1º L'emploi du canon par les agresseurs. A peine si les chefs protestants commandant de petites armées, comme Chambaud, disposaient de ces instruments de guerre, dont le transport, d'ailleurs, vu l'état des communications, était des plus difficiles. Il est impossible de l'admettre pour des bandes comme une de celles qui ont pu à cette époque surprendre Largentière.

2º La capitulation de la garnison du château. François de Charbonnel, seigneur de Chauzon, qui la commandait, n'était pas un homme à céder honteusement aux sommations d'une troupe de bandits, fussent-ils, comme on le dit, plus d'un millier d'hommes.

3º Enfin, l'absence de toute allusion à un si grave événement dans les documents contemporains serait tout à fait inexplicable s'il n'était pas évident que Soulavie s'est fait beaucoup trop naïvement l'écho d'un incident d'ordre secondaire, c'est-à-dire d'une de ces surprises, si fréquentes à cette époque, dont les proportions avaient été démesurément grossies par l'imagination populaire.

Il est évident, en effet, que si cet événement avait eu la gravité qu'on lui prête, on en trouverait quelque mention dans les documents contemporains. Or, il n'y est pas fait la moindre allusion dans le compte-rendu de l'Assiette, composée de protestants et de catholiques, qui se réunit très peu de temps après (le 10 octobre) à Viviers (1), et où noble Guillaume du Vesc, seigneur

(1) Le procès-verbal de cette Assiette n'existe pas aux Archives départementales de l'Ardèche ; nous avons pu en prendre copie dans une collection particulière. Poncer en donne un extrait concernant les dépenses du voyage du greffier, Charles de Serres, à Paris *(Mem. hist. sur le Vivarais*, II, 166*)*.

du Teil, figure pour le bailli de Largentière (le nom du consul est laissé en blanc) ; nous relevons toutefois dans les débats de cette assemblée un incident qui peut s'y rattacher. Après avoir entendu les explications du syndic sur le manque absolu de sécurité du pays, par suite de l'existence des bandes de malfaiteurs, « fut conclud, d'autant que le nombre des voleurs, brigands et gens mal vivans est grandement accru à cause des troubles, et que journellement on entend nouveaux contrevenans à tous édits du Roy, mesmes que en plusieurs endroits du Vivares, plusieurs ennemis du repos public, voleurs, brigands. se sont eslevés et que un seul prévost ne peut suffire au châtiment et répression de telles gens pour la grande estendue du pays, et qu'il est monstrueux et mal aisé — qu'il soit faict et élu trois prévosts qui exerceront et administreront leurs charges promiscuément dans tout le pays et indivisément aux quartiers que leur seront désignés ».

En conséquence, on confirma l'ancien prévot, noble Charles de Bénéfice, sieur de la Combe, pour surveiller avec quatre archers la région des Boutières, le Coiron, Privas et le long du rivage, et même la région de Joyeuse et de Largentière, et l'on désigna noble Pierre Tranchart pour le haut Vivarais, quartier de Pradelles et de St-Agrève, avec quatre archers également ; et enfin Jehan la Rouvière, avec trois archers, pour le quartier d'Aubenas, Jaujac et Antraigues.

Cette année-là, la confrérie St-Pierre de Largentière, représentée par le curé Larchier, Barthélemy et Thomas Alamand, prêtres du lieu, et Chabre, curé de Chassiers, acheta de Jean Jacomin, marchand, une pension annuelle de 8 sols au prix de deux écus et 2/3 d'écu (c'est-à-dire 8 livres).

*

Les deux années suivantes se passent sans événement saillant. En décembre 1582, il y a une transaction entre les prêtres de

Largentière et les héritiers de François Archier au sujet d'une fondation pieuse. Une sentence des officiers ordinaires de Largentière, confirmée par un arrêt du Parlement de Toulouse, avait adjugé auxdits prêtres 25 livres. On transigea à 100 sols.

Dans une assemblée tenue à la Voulte, le 14 mars 1583, on s'occupa des plaintes dont l'ex-prévôt Tranchard, de Largentière, avait été l'objet de la part du Receveur Antoine Luc, de Tournon, « à l'occasion d'excès commis par ledit Tranchard contre lui, tandis qu'il exerçait ses fonctions à Largentière.» Luc avait obtenu contre Tranchard « un décret d'ajournement personnel en la cour des aides de Montpellier, et depuis il avait fait enquérir de plusieurs autres excès commis par ledit Tranchard, etc. » Tranchard soutint que l'enquête n'avait rien prouvé contre lui.

L'assemblée décida néanmoins que les poursuites continueraient contre l'ex-prévôt : à lui de se purger des crimes qu'on lui imputait. L'affaire fut renvoyée à la prochaine assemblée générale. (Elle fut arrangée à l'Assiette de Pradelles en octobre 1585. Le comte de Tournon ayant réconcilié Luc et Tranchard, celui-ci fut alors réintégré dans ses fonctions de lieutenant de prévôt).

Une preuve qu'en 1583 la tranquillité était véritablement rétablie en Vivarais, se trouve dans le fait de la visite des églises du diocèse, à laquelle il fut procédé cette année-là par le grand-vicaire Nicolas de Vesc. Un résumé fort intéressant du rapport de ces visites a été publié par dom Jaubert (1), mais il n'y a rien sur la région de Largentière, et il concerne sutout l'arrondissement actuel de Privas et les parties montagneuses des deux autres arrondissements.

Le grand événement de l'année 1584 fut la mort du duc d'Alençon frère du Roi (10 février), qui rendit le roi de Navarre héritier présomptif du trône, et l'on comprend l'émotion de la France catholique en présence d'une perspective semblable.

La Ligue reçut de ce coup une impulsion formidable, et il faut en voir l'un des effets dans la fondation des Pénitents bleus de

(1) Ce résumé a été publié dans la *Semaine religieuse* de Viviers (1890 à 1892). Nous le reproduirons dans la suite de notre travail sur les *Huguenots du Vivarais*.

Chassiers qui eut lieu le 26 février, c'est-à-dire seize jours après, juste le temps nécessaire pour l'arrivée de la nouvelle en Vivarais.

M. Payan, de Chassiers, a fait imprimer chez Cheynet, à Aubenas, vers 1860, un très intéressant opuscule intitulé : Origine de la chapelle et confrérie des Pénitents bleus de Chassiers, *et registre de leurs délibérations commençant l'an 1584 et continuant année par année.* Voici le début du registre qui indique l'origine de la confrérie : « M. Louis de la Vernade, seigneur des lieux du Blat, la Bastide, co-seigneur de Laurac et Tauriers, étant revenu en sa maison de la Vernade, de la ville de Lyon, où il était allé quelques jours auparavant pour certaines siennes affaires, se trouvant un jour de la première semaine du Carême, en l'église de la paroisse dudit lieu de Chassiers, à l'issue du sermon et divin service, en compagnie du sieur Laugère, baron de Balazuc, seigneur de Ribes, le Vilar, Rocles, et gentilhomme de la chambre du Roi ; du sieur aussi de Malarce, son frère ; du sieur de la Motte, de Chassiers, co-seigneur de Vinezac, syndic du Languedoc ; de son frère, M. le commandant de la Motte ; du sieur de Vinezac, fils dudit sieur de la Motte, et ses deux autres frères, savoir : M. le prieur d'Assions et M. Jean — leur fit entendre que lui, étant audit Lyon, lui ressouvenant d'un propos qu'autrefois le sieur de Vinezac, son cousin, lui avait tenu de dresser une compagnie de Pénitents, était allé voir la chapelle des Pénitents blancs de ladite ville [de Lyon], laquelle il leur loua grandement ensemble la grande dévotion et façon de faire des confrères d'icelle : de quoi étant tous émus de semblable, à leur imitation prirent résolution d'en dresser une autre de bleus dans l'église Saint Benoît de Chassiers, lequel ils élurent pour leur patron. Et ayant obtenu licence de Mgr de Viviers, leur évêque, firent refaire à leurs dépens tous les couverts à neuf, les autels, vitres, portes, qui avaient été auparavant ruinés et brûlés par les hérétiques calvinistes, etc. »

Bien que les exercices réguliers de la Confrérie n'aient commencé qu'au mois de septembre suivant et bien que le registre reste muet sur le motif déterminant de cette création, il est évident, comme l'a fort bien observé M. Léon Vedel, qu'elle « ne fut pas uniquement la manifestation matérielle d'une pensée religieuse », mais aussi « l'expression d'une situation politique, devenant à raison de cette double origine, presque un fait historique ». En cette année 1584, les catholiques sont plus émus que jamais par la mort de l'héritier présomptif catholique, et la Ligue, cette fameuse union de tous les catholiques contre l'hérésie, fondée quelques années auparavant et peu à peu abandonnée, se reforme plus vivante que jamais. Les plus grands seigneurs catholiques du royaume se font ligueurs; l'archevêque de Lyon, Pierre d'Epinac, est l'un des plus ardents, et n'est pas étranger sans doute à l'initiative de M. de la Vernade, revenant de Lyon à Chassiers pour fonder la confrérie des Pénitents bleus. « Les associations religieuses se multiplient alors et elles revêtent ce double caractère religieux et militaire qui est le caractère distinctif de ce xvi° siècle, où tout le monde était moine ou soldat, quand on n'était pas tous les deux à la fois (1) ».

*
* *

L'Assiette de 1585 fut tenue à Tournon au mois de mai. Catholiques et protestants y assistent. Pour Largentière : le nouveau bailli, noble Guillaume de Veso, sieur du Teil, et le consul Pierre Bertrand de la Pomme. Tous les membres paraissent animés du désir de conciliation et on y promet solennellement de garder et observer les édits et de se contenir en paix dans l'obéissance du Roy.

Mais le pays était on ne peut plus troublé et infesté de malfaiteurs. On en jugera par la lettre suivante du prévost de la Rovière au syndic, en date du 4 juin :

Monsieur, je vous escripvis en hâte samedi dernier et vous prie pourvoir promptement à ce que je vous ay mandé, car, à faulte de ce faire, je prévois une totale ruyne du pauvre peuple lequel a la faim plus que je ne vous saurois escripre. Les rançonne-

(1) Article de M. Léon Vedel, dans le *Patriote* du 6 février 1884.

mens, pilleries dominent aujourd'hui en ce quartier et, si par vous ne est remédié, je n'y puis rien faire car mes forces sont petites. A toute heure, on m? baille des plaintes comme j'espère vous faire entendre à votre première venue. Si vous pouviez venir en ce quartier, ne sauriez croire comme votre voyage seroit profitable au pauvre peuple et repos du pays. Si vous plaît, me ferez réponse, et me ferez entendre votre volonté, comment je me dois gouverner en ces affaires. J'ai fait et parfait le procès à deux prisonniers à Joyeuse et vendredi prochain recevront punition exemplaire audit Joyeuse avec l'aide de Dieu... Il faut que je me achemine ès montaignes où y se commet une infinité de brigandages sur le pauvre peuple, et ne font que dérober bœufs, vaches et juments journellement. Je ne peux faire charge sans argent. Si le receveur ne veut payer suivant la volonté du pays, vous prie le lui remonstrer... J'ay fait quatre procès depuis mon retour de Tournon, et j'espère en brief en faire d'autres ou ils seront plus sages.

Le 18 juillet paraît un Edit qui interdit, sous peine de mort, l'exercice de la religion réformée.

Mais la guerre était commencée avant la publication de cet Edit.

Le 29 septembre, Assiette à Pradelles. Parmi les assistants est Claude Allamel, lieutenant du bailli de Largentière. Il n'y avait naturellement que des catholiques.

Dans cette assemblée on alloue 150 écus à M. de Montréal et à son fils, M de Sanilhac, pour les dépenses employées à la conservation du château de Largentière, à la charge de rembourser 50 écus avancés par les habitants.

Pendant ce temps, le parti protestant tenait de son côté de soi-disant Etats du Vivarais à Privas, sous le présidence de Chambaud ; mais nous n'y voyons figurer aucun délégué de Largentière. Les localités les plus proches qui y sont représentées sont Aubenas, Jaujac, la Gorce, Vallon et Villeneuve. Il ressort des mesures prises que toute la région formée par les cantons de Valgorge, Largentière et Joyeuse (sauf Sablières) était restée en dehors de la rebellion. Cette assemblée dura du 2 au 7 octobre. Elle fut suivie d'autres réunions, plus ou moins périodiques, jusqu'au mois de janvier 1587 ; mais dans aucune de ces assemblées il ne fut question de Largentière, ce qui semble indiquer que la position des ligueurs y était inattaquable.

Le prévôt la Rovière fut maintenu en charge par l'assemblée protestante ; il était chargé d'opérer du côté d'Aubenas et de Villeneuve.

*
* *

Le 4 janvier 1586, une réunion de quelques membres catholiques des Etats a lieu à Largentière, dans la maison de Guillaume de la Motte, devant Jean de Balazuc. L'ex-consul Bertrand de la Pomme et le consul moderne Etienne Rochier y assistent. Le syndic expose qu'il est venu en ces quartiers pour pourvoir à l'entretien des garnisons pour décembre et janvier, et pour l'avenir tant que besoin sera. Il présente la commission par laquelle le comte de Tournon nomme Jean de Balazuc gouverneur du bas Vivarais.

Tranchard reste lieutenant de prévôt pour les catholiques, tandis que la Rovière est au service des protestants.

M de Montréal expose qu'une partie de la muraille de la ville, du côté du château, s'est écroulée, et qu'il est urgent de la réparer, car la garde exige maintenant un plus grand nombre de soldats. Les consuls disent qu'on a déjà dépensé à cette réparation plus de 100 écus On leur alloue 50 écus pour les rembourser.

Le 23 février, autre réunion à Largentière, dans la maison de Claude Allamel. On y entend le prévôt Tranchard qui revient d'une mission à Tournon et apporte une lettre du comte de Tournon avec l'état des garnisons. Le gouverneur du Vivarais veut que M. de Montréal tienne exactement la main à la conservation des villes et forts du Vivarais, « et que les capitaines et soldats entretenus aux dépens du pays s'acquittent de leur devoir, faisant le bien aux ennemis le plus qu'il sera possible pour le service de S. M. Lorsqu'il y aura de l'abus, M. de Montréal devra y pourvoir en faisant punir exemplairement les coupables, comme de même ceux qui excèderont les règlements du pays et qui voudront constituer le peuple en foules et dépenses extraordinaires... »

Le prévôt Tranchard est expressément commis à la punition des coupables, et Montréal est prié de lui prêter main-forte.

M. de Montréal promet de prêter main-forte à Tranchard et de réprimer les abus.

Dans une assemblée du 11 mars, on opine pour que Montréal s'achemine promptement avec ses troupes du côté du Rivage, où l'ennemi menace Viviers, le Bourg et Bays, mais qu'il ait à pourvoir préalablement à la conservation et garde de la ville et château de Largentière et autres qu'il jugera necessaires.

A la suite d'une autre réunion tenue à Largentière le 4 juillet, Chambaud, le gouverneur protestant, écrit le 10 juillet qu'il consent à donner des passeports et sauf-conduits aux personnes que désignera le parti opposé, dont M. de Montréal est le chef, en vue d'une conférence et d'un traité pour le soulagement du peuple.

Le 28 juillet, mourut à Largentière Mʳ messire Guillaume Ponhet, qui était membre de la confrérie des Pénitents bleus de Chassiers. Ceux-ci déléguèrent le commandeur de la Motte et Jean de la Motte, son neveu, pour aller à Largentière assister à ses obsèques et à sa neuvaine.

Cette famille Ponhet était de Joanas. Catherine Ponhet, la femme de Guillaume de la Motte, appartenait à une de ses branches établie à Villeneuve-de-Berg.

A la fin de ce mois, le roi Henri III écrit à Jean de Balazuc :

Monsieur de Montréal,

Le bon service que vous me faites en mon pays de Vivarets m'est si agréable que je vous en ai voulu faire savoir que j'en ai beaucoup de contentement, vous priant de le continuer en la conservation de mes bons sujets au dit pays, auprès du sieur de Tournon, comme vous avez bien commencé, et vous assurer que ça, en toute occasion de le reconnaître, je vous ferai paraître l'estime que je fais de votre mérite, priant Dieu, Monsieur de Montréal, qu'il vous ait en sa sainte et digne garde. Ecrit le dernier jour de juillet 1586.

HENRY

L'Assiette (catholique) s'ouvrit à Viviers le 21 octobre. On s'y occupa surtout des moyens d'amener une trêve pour le soulagement des populations.

Nous y voyons figurer Guillaume de Vesc pour le bailli de Largentière et Etienne Rochier consul. Un autre habitant de Largentière, Bertrand de la Pomme, se présente comme subrogé de Gabriel Sanglier, châtelain de Boulogne. On lui observe qu'il n'est pas d'usage de recevoir les subrogés des baillis, consuls ou châtelains. On le reçoit toutefois exceptionnellement parce qu'il est bon catholique et a eu autrefois voix délibérative.

Une lettre de Guillaume de la Motte demande qu'en pourvoyant à la liberté du commerce et du labourage, il soit convenu au préalable que le bétail et les hommes pris récemment à Vinezac et du côté de la montagne seront rendus. Le fils du sieur de Chauzon réclame pour l'entretien de 15 soldats au château de Largentière.

Le 29 octobre, assemblée de protestants et de catholiques unis tenue à Aps. Chastanier, syndic pour les protestants, expose les misères du pays. On a exprimé de part et d'autre le désir d'une entente pour la liberté du commerce et du labourage. On répondra qu'on y est disposé. Et en attendant toutes courses sur le bétail seront interdites jusqu'au 15 novembre.

Divers incidents de part et d'autre rendirent ces négociations fort laborieuses.

Ces difficultés n'étaient pas encore résolues lors d'une assemblée de députés catholiques, tenue à Viviers le 18 décembre. Au reste, voici ce qu'en dit Guillaume de la Motte dans son livre de raison (1) :

L'an 1586, la famine, cherté, guerre et mortalité ont été si grandes e ce pays de Vivarois, que le blé est revenu le cestier, savoir : le froment à 12 livres et plus, le seigle à 11 et plus,

(1) Ce précieux document, que nous avons eu l'occasion de parcourir, se trouve dans les archives de M. de Longevialle.

l'orge à 9 1/2 et jusques à 10, et l'avoine le commun prix le cestier à 4 livres 12 sols, et moy meme, à prix et en plein marché, l'ay vendu 5 livres rebattu un sol. La mortalité étoit telle que journellement en ceste paroisse (Chassiers) on enterroit de pauvres corps, aulcunes fois le jour, 4, 5, 6 7, 8 et 9 corps, et presque toutes les maisons du dit lieu et paroisse malades, le tout provenant pour raison de la guerre et extrême famine. Chose admirable provenant de l'ire de Dieu pour nos péchés, et pour les cruautés, pilleries et rançonnemens faits respectivement par les gens de guerre, et pour les grandes et inouies usures commises par les gens des villes. Dieu ait pitié par sa grâce et miséricorde de son peuple ! Le pain duquel usoit le pauvre peuple estoit composé de racines de figuiers, raques de raisins, de sarmens de vignes, d'os d'olives et escorces de noix et d'amandes et autres semblables, paissant les herbes comme pauvres bestes brutes ; en sorte qu'on peut dire à bon droit que ce a esté une année de merveilles.

Les deux derniers mois de 1586 et le premier de 1587 s'étant passés en pourparlers infructueux en vue d'une trêve, comme les courses continuaient de part et d'autre, M. de Sanilhac, le fils de Jean de Balazuc, et ses amis, tentèrent un coup hardi contre le grand foyer huguenot du bas Vivarais, c'est-à-dire Aubenas, et ils s'en emparèrent moitié par force et moitié par surprise, dans la nuit du 6 au 7 février 1587.

Ce fut un gros échec pour les protestants, mais qui eut sa contrepartie dans la région, par l'échec que les catholiques subirent au mois d'août suivant à Montélimar, où le recteur des Pénitents bleus de Chassiers, M. de la Vernade, fut tué.

Guillaume de la Motte écrit, le 26 août, au syndic qu'il a reçu la veille une lettre de M. de Leugières lui annonçant la mort de M. de la Vernade « pour la faire entendre à Mademoiselle sa femme, ce que je n'ai pas voulu faire encore. Il sera très regretté en ces quartiers. Nous avons pris des mesures pour garder le fort de Chassiers (le clocher) et le château de la Vernade. Nous aurions besoin de 30 soldats. Nous nous contenterons de 25. » Guillaume ne demande rien pour garder son château de la Motte.

La situation est critique Les huguenots attaquent la Chapelle sous Aubenas dans la nuit du 22 au 23 septembre, mais ils sont repoussés par les habitants.

Au mois de novembre, ils capturent des hommes et des animaux à Chassiers, et Guillaume de la Motte est obligé de payer 24 écus pour leur rançon.

Le 23 novembre, le prévôt Tranchard écrit de Chassiers au syndic que les protestants de Vals et fuitifs d'Aubenas ont failli surprendre le fort d'Ailhon, deux jours auparavant.

En attendant, on ne peut s'entendre au sujet de l'armée, dont la formation a été décidée dans une assemblée tenue au Puy, le 20 juin, (à laquelle assistaient François de Vesc, sieur de Saint-Montan, pour le bailli de Largentière, et Pierre Tranchard pour le consul), le comte de Tournon et le sénéchal du Puy ne voulant pas l'employer dans le bas Vivarais et la réservant pour le haut, et la mauvaise saison venant, les hommes se dispersèrent.

Le 3 décembre, assemblée a Joyeuse. Claude Allamel y assiste comme lieutenant du bailli de Largentière, et François Bouschet comme consul.

En 1588, l'Assiette se réunit le 9 mai à Joyeuse. Guillaume de Vesc. bailli de Largentière, y assiste avec le consul Lavigne. Celui-ci y expose qu'à raison de l'extrême pauvreté des habitants de Largentière, par suite de l'épidémie qui a sévi un an et plus dans cette ville, le dits habitans qui y sont en petit nombre, estans la plupart morts de ladite contagion, n'ont moyen fournir pour deux ponts levis qu'on a résolu de faire aux deux portes de la ville (de Sigalières et de Mazeau).

L'assemblée alloue pour cela 20 écus.

Le bail a forfait de cette construction fut donné, le 17 juillet, au prix de 15 écus.

Plusieurs autres assemblées partielles des Etats du Vivarais ont lieu à Largentière à la fin de l'année 1588.

A celle du 30 novembre, M. de Larnas, régent d'Aubenas, se présente devant les sieurs de Rochecolombe, le juge Rivière et d'autres députés, et demande que, vu l'extrême pauvreté des catholiques d'Aubenas, on leur continue la remise de la moitié de leur cote. On répond que l'assemblée n'est pas en nombre suffisant pour délibérer et qu'il faudra s'adresser à la prochaine assemblée générale

Le 9 décembre, devant Guillaume de la Motte, subrogé du baron de tour, on fait choix des sieurs de Rchecolombe, Larnas, Rivière et Des Serres, juge du Vivarais, pour aller conférer avec les délégués protestants en vue d'une trêve On doit se réunir le mardi 13 décembre à Vogüé, si ce lieu est acepté, sinon ailleurs.

Les 30 et 31 décembre, autres réunions où il n est question que des mouvements d'armées protestantes du côté du Rhône.

***

Les assemblées de députés sont encore plus fréquentes à Largentière, au commencement de l'année 1589.

Le 2 janvier, devant Guillaume de la Motte, subrogé du baron, on entend la lecture de lettres écrites par Charles des Serres, juge du Vivarais, qui a été délégué aux Etats de Blois, et l'on décide que des instructions lui seront envoyées sur les sujets dont il parle.

Le 30 janvier, devant le subrogé, avec l'assistance de M. de Montréal et de beaucoup d'autres personnages de la région, le syndic indique les mouvements des bandes protestantes du côté du Rhône. Viviers est menacé. On décide d'y envoyer un secours de 30 soldats.

Le 4 février, assemblée encore plus importante Elle est tenue, comme la précédente, devant Guillaume de la Motte, assisté de Louis de Chalendar, lieutenant du bailli du Vivarais, et de Des Serres, substitut du procureur du Roy, et elle se compose des sieurs

Bailli de Montlor (Guillaume de Vogüé),

Bailli de Joyeuse,

Lieutenant du bailli de Largentière.

Châtelain d'Aps,

Et le syndic ;

Auxquels se sont adjoints un certain nombre de gentilshommes de la région, savoir :

Les sieurs de Chaussy,
   du Cros,
   de Chambonas,
   du Pin,
et quelques autres gentilshommes et personnes notables du pays.

M. de Montréal expose les desseins des ennemis déjà indiqués dans la réunion du 30 janvier.

« Pour cet effet, le sieur de Lesdiguières a promis aux ennemis l'assistance des forces du Dauphiné avec trois de ses canons. Bruit qu'ils veulent attaquer Viviers, pour de là venir contre Aubenas, St-Jean, Rochecolombe et autres lieux, si on ne prend moyen de résister — comme Montréal en a requis les sieurs députés, offrant ledit sieur d'employer sa personne, celle du sieur de Sanilhac, son fils, et tout ce qui dépend d'eux, et escripre tant à Msgr de Tournon (gouverneur du Vivarais) qu'aux autres seigneurs et gentilshommes qu'on advisera, pour en tirer secours à ceste urgente nécessité ».

Et l'assemblée « conclud que Montréal sera prié escripre promptement à Msgr de Tournon et autres. » On le supplie, au nom du pays, « de pourvoir, suivant sa charge, à la conservation d'icelui, envoyer à cet effet les forces nécessaires pour résister, et néanmoins faire descendre, le plus tost que faire se pourra, le long du Rhône, quelques fargates (frégates) armées de mousquets, piques et autre chose, munies de bon nombre de soldats au contentement desquels le pays pourvoira ».

Et pour ajouter plus de force à l'action de Montréal, « on enverra devers lui le sieur de Malet (1) qui, passant par la montagne, communiquera aussi le fait à MM. de St-Vidal, de Chaste et de Leugières qui sont au Puy, et au sieur de Beaune — auxquels il remettra les lettres que Montréal et les députés leur escripront pour les supplier assister de leurs forces et moyens ledit pays... On achètera aussi du blé pour l'approvisionnement d'Aubenas où Sanilhac dit qu'il y en a grand besoin ».

(1) Probablement un Allamel, seigneur de Malet.

Le baron de tour M. de Lestrange, arrive ce jour-là. Il approuve toutes les résolutions prises et fait libéralement offre de sa personne et de ses moyens.. « dont Montréal et la Motte, députés et syndic et autres l'ont remercié, et tous ensemble ont levé la main, promis et juré devant ledit sieur de la Motte, subrogé du baron et officiers royaux, d'exposer leurs vies et biens, employer fidèlement tous ceux qui dépendent d'eux pour résister auxdits ennemis et rebelles, leur faire vivement la guerre pour le service du Roy, tuition et défense de la foi et religion catholique, apostolique et romaine, et à cet effet ont advisé qu'il sera expédient d'augmenter les garnisons du présent pays d'une moitié ou un tiers aux lieux que sera advisé... »

Résolu aussi que M. de Montréal « sera prié de faire son habitation et résidence ordinaire à Largentière, comme la plus importante du pays, et d y prendre garde aux affaires qui pourront se présenter durant les évènemens. Et néanmoins qu'il sera assisté durant quelque temps des sieurs de Rochecolombe, de Fayn et Croze (consul de Viviers)... »

On prend des précautions pour la défense de Largentière.

Le 28 février, M. de Sinilhac vient déclarer qu'il a besoin d'argent pour la défense d'Aubenas. La garnison non payée se débande. On lui accorde cent écus.

Dans une assemblée du 13 mars, tenue également à Largentière nous relevons le passage suivant :

« Le syndic expose que le sieur Pierre Colas, de Montélimar, habitant et retiré en la présente ville de Largentière, auroit, durant certain temps que les sieurs de Rochecolombe, Croze et lui y auroient séjourné, pris beaucoup de peine à la garde extraordinaire de ladite présente ville, à cause de plusieurs advertissemens qu'on auroit eus des entreprises et mauvais desseins des ennemis, tellement qu'il seroit raisonnable user de quelque gratification et reconnaissance à son endroit. » On lui alloue deux écus.

Le 30 mai, Assiette à Viviers. Jean Rey, consul de Largentière, y assiste. Paul Magnin s'y présente, « disant que l'évêque, baron de Largentière, l'a pourvu de l'estat de son bailli général tant de sa comté de Viviers et baronnie de Largentière, que de toutes ses autres terres et juridictions, office vacant par le décès du feu sieur du Teil. Ses lettres dudit office sont du 22 septembre 1588. Il demande donc à être admis comme bailli de Largentière. On l'admet, sans conséquence toutefois ni réjudice du pays, en tant que le sieur Magnin a été par le passé habitant du Dauphiné, y ayant la plupart de ses biens, et à la charge qu'il fera désormais son habitation en Viverois, ainsi que mesme Msgr de Viviers, présent en ceste assemblée, l'auroit promis pour et avec ledit Magnin.... »

Dans cette Assiette, des Serres rendit compte de sa mission aux Etats de Blois.

Il arriva à Blois le 26 novembre, mais il ne put présenter ses cahiers que le 16 janvier.

Puis on s'occupe de l'état du pays. Une trêve avait été convenue le 18 avril jusqu'au 10 juin — on la renouvelle — le juge Guillaume Rivière est un des délégués catholiques à la conférence de Valvignères. Le bailli Magnin, Guillaume Rivière et même le consul Rey sont parmi les députés de l'année.

On sait que le roi Henri III fut assassiné le 2 août 1589.

La nouvelle en fut annoncée le 16 août, dans une assemblée de députés tenue à Satillieu, chez le comte de Tournon. Le syndic Fayn exposa les appréhensions que cet événement devait naturellement exciter et requit les députés d'en délibérer.

« Sur quoi conclud, avec le deuil et extrême regret que toute la dite assemblée a déclaré porter desdites pauvres nouvelles, que, ensuite de la déclaration faite par mondit seigneur de Tournon, acceptée et remerciée par lesdits sieurs députés, l'estat de ce pays sera continué et entretenu au mesme repos et tranquillité qu'il est à présent, suivant et à la forme des réglemens et accords faits à la conférence de Valvignères ; et à cet effet sera fait despesche au sieur de Chambaud et aux députés de sa religion... »

Cette délibération fut approuvée à Largentière, le 31 août, par un acte qui porte les signatures de Rivière et Rey consul.

Le 7 septembre suivant, une trêve formelle fut signée à Tournon entre le comte de Tournon, représentant de Montmorency, qui était pour Henri IV, et Bron de la Liègue, au nom du duc de Nemours, chef de la Ligue. Cette trêve assure la liberté du labourage et du commerce, sans préjudice des articles signés à Valvignères.

*
* *

Nous ne trouvons rien de particulier au sujet de Largentière dans l'Assiette tenue à La Voulte, au mois de janvier 1590, à laquelle assistaient le bailli Magnin et le consul Jean-Roux. On y décida le démantèlement de beaucoup de places, mais Largentière naturellement n'est pas du nombre.

En cette même année, un cahier de doléances, présenté à Montmorency, constate qu'il existe en Vivarais plus de 60 villages ou paroisses déserts dont les habitants sont morts de faim ou de la contagion (1).

*
* *

L'année 1591 s'ouvrit à Largentière par des mesures de précaution, prises sur l'ordre de M. de Montréal, qui surveillait avec sa vigilance habituelle les menées des protestants de la région, principalement celles des réfugiés albenasiens de Vals, lesquels devaient, au mois d'août suivant, surprendre le fort d'Ailhon — en quoi, d'ailleurs, ils furent désavoués par la grande majorité de leurs coreligionnaires.

Le 7 janvier, le premier consul, Pierre Tranchard, exposa aux habitants réunis sur la place dite le *plan de l'église* (devant la sous-préfecture actuelle), en présence de M. de Montréal, qu'ils négligeaient trop la garde de nuit, et que plusieurs n'y allaient pas ou y envoyaient des enfants sans armes.

M. de Montréal, prenant après lui la parole, déclara qu'il était

---

(1) Archives départementales C. 699.

attaché à la ville, tout comme feu son père, et qu'il s'emploieroit de tous ses moyens pour la bien garder, pourvu qu'il y fût aidé par les habitants.

Et l'assemblée décida que tous les manquants à la garde de nuit auraient à payer une amende d'un teston, dont 10 sols au profit de la ville et 5 sols pour être distribués.

La délibération suivante fut prise le lendemain :

Conclud que ladite garde sera continuée selon la nécessité du temps, et à ces fins nul ne pourra estre exempt de ladite garde; et sera dressé un rolle des habitans propres d'icelles par M. le premier Consul avec l'assistance de trois que choisira ; et audit rolle seront déclarés les armes que chascun habitant sera tenu de porter, tant arquebuses que autres armes ; et s'ils n'ont aulcunes, seront tenus en acheter, et seront tenus à la peyne des defailhans ou mettre autre à leur place à leurs dépens ; et ledit rolle dressé sera communiqué aux consuls de ladite ville pour adviser et distribuer lesdits habitans sous les caporals plus capables et suffisans que on pourra choisir, auxquels on fera entendre leur charge pour la effectuer sans y commettre abus comme l'on a fait pour le passé ; lesquels caporals dénonceront aux consuls les défailhans pour les contraindre à payer un teston suivant ce qui auroit esté délibéré par tout le corps de la ville le 6ᵉ du présent mois de janvier. — Et pour le regard des gages desdits caporals et d'un portier, a esté concluud que, pour le nombre des six caporals qui seront establis et choisis, sera payé à chascun trente sols courant chascun mois, et ce pour les mois de janvier et février prochains tant seulement... ensemble ce que montera le bois et chandelles durant lesdits deux mois, suivant la promesse qui leur est faite de les rembourser..... Quant au portier, il se payera à l'accoutumée de un sol pour chascune maison, que pourra lever à la porte de la ville.

Conclud aussi que les consuls contraindront ceux qui ont les tours, ou la jouissance sous leur nom, de les tenir réparées en bon estat, si mieux ils n'aiment de les quitter et les bailher à autres personnes capables chargées de les réparer. — Sera aussi faicte une visite par lesdits consuls, assistés du capitaine la Pomme, de ce qu'ils choisiront pour la veste des murailles et des maisons et voltes joignans pour faire fermer les fenestres, tours et évens pour la sûreté et la défense de ladite ville.

Le 14 avril (fête de Pâques), le curé Bernard Coronel, « revenant du Reclus gagner les pardons, suivant la coutume ancienne », étant au devant de la porte de l'église, exposa aux habitants que le couvert de l'église était en ruines et qu'il était nécessaire d'y pourvoir. Cette réparation fut faite au mois de juillet suivant, et on y employa les tuiles d'un chasal, appelé la maison de la Confrérie du Saint-Esprit, ainsi qu'une partie du produit de l'aliénation de cet immeuble, situé aux abords du jardin actuel de la sous-préfecture, lequel fut vendu 45 écus d'or à François Rozier, qui le céda le même jour à Pierre Tranchard et Etienne Lemaistre. Le reste du produit de la vente fut employé, comme on le verra plus loin, à la réparation des tours de la ville.

Rien de saillant pour Largentière dans les diverses assemblées des Etats qui se réunirent dans le cours de l'année 1591, et auxquelles assista généralement le bailli Magnin. A l'Assiette tenue à La Voulte, le 9 mai, sa place fut tenue par J. B. de Ferlinio, docteur en droit, juge des terres de Msgr de Viviers, assisté du consul Pierre Tranchard.

Au mois de juin, Largentière reçut la visite de son seigneur, l'évêque Jean de Lhôtel. Ce fut un grand événement local, car depuis de longues années, les évêques n'avaient pu venir, par suite des troubles, visiter leur seigneurie de Largentière (1) De

(1) La précédente visite épiscopale était celle de l'évêque Eucher de Saint-Vital, qui eut lieu, le 16 novembre 1565, ainsi qu'il résulte de la pièce suivante, tirée d'un cahier des Délibérations municipales de Largentière, restituté récemment à la mairie de cette ville :

Confirmation des privilèges et libertés de la présente ville de Largentière par Révérend Père en Dieu, Monseigneur de Saint-Vital, par la permission de Dieu évesque de Viviers.

L'an mil cinq cens soixante cinq et le seizième jour du mois de novembre, régnant très chrétien prince Charles par la grâce de Dieu roi de France. — En personne establis Messieurs et maistres, Barthelemy Chastanier, notaire royal, François Resclausade, cordonnier, et Thomas Hébrard, marchand, corsuls modernes de la présente ville de Largentière, lesquels Messieurs les consuls, avec l'assistance des sieurs Jean Tricot, Gilibert Vincens, conseillers de la présente ville, et certains autres habitans de ladite ville, venant en la présence de Révérend Père en Dieu, Monsieur messire Eucher de Saint-Vital, évesque de Viviers, prince de Donzère, Chasteau Neuf et comte de Fanjauc, illec présent — ils l'ont requis et sommé que feust son bon plaisir et de sa révérende Paternité confirmer et ratifier et approuver les privilèges et libertes de ladite ville suivant la coustume ancienne, comme ses prédécesseurs ont accoustumé faire et comme il conste par les transactions et instrumens anciens sur ce faits et passés par ses ancestres et prédécesseurs ; offrans aussi iceux Messieurs les consuls lui faire

plus, les circonstances particulières de l'avénement de Jean de Lhôtel, c'est-à-dire les dix années de quasi réclusion où l'avait tenu le comte de Suze avant qu'il pût venir occuper le siège de Viviers (que ce seigneur réservait pour un de ses fils), donnaient à sa présence un intérêt spécial. Le registre des Pénitents bleus de Chassiers donne sur le séjour du nouvel évêque dans la région d'intéressants détails qu'on nous saura gré de reproduire :

Le dimanche 9 juin, les Pénitents de Chassiers, avisés que l'évêque « était parti de sa ville capitale pour venir en ces quartiers faire la visite de son diocèse et policer toutes choses ecclésiastiques », désirant que le prélat vienne visiter leur chapelle, « vu que c'est de sa libéralité qu'ils la tiennent », délibèrent de lui envoyer, dès qu'il sera arrivé à Largentière, plusieurs notables confrères, parmi lesquels le commandeur de la Motte, et Guillaume de la Motte, seigneur de Vinezac et syndic du Lan-

faire comme ils sont tenus faire et lui estre féables, ensemble tous les autres habitans de ladite ville, et lui faire et prester toute obéissance et service suivant lesdites transactions et instrumens vieux.

Et lors le dit Révérend Père en Dieu, Monsieur messire Eucher de Saint-Vital, ouï ladite réquisition et autres choses dessus escriptes, de son bon gré et comme évesque moderne, a offert faire ladite confirmation et ratification ; ce qu'a fait, promettant, moyennant son serment, ne contrevenir, ne faire aucune chose qui soit préjudiciable auxdites libertés et privilèges et coustumes de ladite ville, comme iceux a promis confirmer et émologuer de point en point, comme est contenu auxdits instrumens réalement exhibés et par mondit seigneur évesque lus de point en point comme a dit ; requérant iceux Messieurs les Consuls et autres habitans aussi lui promettre et faire preuve de lui estre bons et loyaux subjects en ce que concerne sondit évesché ; ce que mesdits seigneurs les consuls, tant en leur nom propre que des habitans de ladite ville, ont promis et juré faire, et se en sont obligés respectivement lesdites parties, à savoir. monseigneur de Viviers et aussi lesdits consuls au nom d'eux et de ladite ville, et ont requis acte et instrument leur en estre faict et expédié en toute leur forme par moi, notaire royal soussigné.

Fait et publiquement récité auprès du pont de Sigalières, hors ladite ville de Largentière, en présence de vénérables et égrèges personnes Messieurs et messires François La Roche, notaire et secrétaire dudit seigneur, messire Raymond de la Farelle, chanoine, habitans dudit Viviers, M. Pierre Allamel, curé de Chambonas et habitant de Largentière.

Eucher de Saint-Vital avait été nommé évêque de Viviers le 29 juin 1565 par résignation d'Alexandre Farnèse ; il fit sa résidence habituelle à Avignon, où il mourut en 1571.

guedoc. Ceux-ci lui remontreront que les Pénitents, « ayant à faire, le dimanche suivant, leur procession pour porter le Saint-Sacrement, suivant leur louable coutume, où ils ne manquent jamais d'avoir une bonne et une grande compagnie, ils désireroient infiniment qu'il lui plût leur faire cet honneur d'assister cedit jour à leur office, qu'ils tâcheroient de faire le plus dévotement possible, et porter à leur dite procession le Saint-Sacrement où ils lui pourront assurer qu'au bruit de sa venue il y auroit beaucoup de dévotion... ».

Mais l'évêque arriva inopinément et plutôt qu'on ne pensait à Chassiers, où il descendit, le 15 juin, à l'église paroissiale de Saint-Hilaire. C'est là que les députés de la confrérie « firent leur ambassade avec le plus de soumission et honnêteté qu'ils le purent aviser, louant Dieu de la grâce qu'il leur faisoit de leur faire voir leur prélat qu'ils avoient désiré de si longtemps ; lequel ils conduisirent dans leur chapelle où il ne fit qu'un quart d'heure de séjour... ».

L'évêque, dont la première visite avait été pour Chassiers, sans doute parce qu'il arrivait du côté d'Aubenas, continua, le jour même, sa route pour Largentière, où il devait faire son principal séjour. C'est alors que MM. de la Motte, « qui s'en alloient quand et lui pour l'accompagner, continuant leur charge, le supplièrent très-humblement, au nom de toute la compagnie, de les honorer de tant le lendemain dimanche, jour de leur procession (qu'ils avo ent accoutumé de faire à vêpres), que d'y vouloir assister, ce qu'il pourroit d'autant plus commodément qu'ayant vaqué ledit jour de dimanche toute la matinée à célébrer le divin service en son église parrochiale de Largentière, l'après-dînée lui demeurera quitte et franche pour employer à ce dessus..... ajoutant qu'ils avoient eu avis que MM. les Pénitents blancs de Largentière avoient résolu de venir en procession ledit jour de dimanche sur l'heure de vêpres, en leur chapelle de Saint-Benoît, pour y gagner les pardons, et que vraisemblablement ils ne viendroient pas seuls. — A quoi ledit seigneur évêque promit qu'il satisferoit fort volontiers... les exhortant à continuer l'affection qu'ils montrent avoir au service de Dieu et à la conservation de notre religion, laquelle avoit bien besoin, en cette saison, que tous les gens de bien fissent démonstration du zèle qu'ils ont à sa manutention Il les pria ensuite d'avoir particulière mémoire de lui en leurs prières, comme il ne les oublieroit pas aux siennes. Cela fait, il leur donna sa bénédiction ».

Voici le compte rendu de la cérémonie du dimanche 16 juin :

« Ledit seigneur-évêque, célébrant lui-même pontificalement la messe en l'église de N.D des Luminiers de Largentière, ût annoncer au prône que ceux qui auroient dévotion d'aller après dînée gagner les pardons à Chassiers (où MM. les Pénitents bleus de St-Benoit les invitoient a leur procession qu'ils feroient après vêpres), se trouvassent incontinent après-midi à ladite église de N.D., au son de la cloche, où il se rendroit, pour s'en aller tous ensemble assister à cette dévotion. Et, étant à l'heure assignée trouvé une très bonne troupe, même des plus notables de la dite ville, pour accompagner leur seigneur et prélat, partirent tous ensemble dudit lieu avec MM. les Pénitents blancs de ladite ville, chantant les hymnes propres audit jour, ledit seigneur-évêque étant revêtu de ses habits pontificaux. — Au bruit de leur venue, MM. les Pénitents bleus de Chassiers étant sortis de leur chapelle avec leur croix marchant au devant, et accompagnés de M. le curé dudit Chassiers et autres prêtres d'illec, leur allèrent au devant pour les recevoir ; et, s'étant rencontrés hors du village, au lieu nommé l Hospital, lesdits sieurs Pénitents bleus s'étant prosternés à genoux reçurent la bénédiction de leur seigneur-évêque. Quoi fait, commencèrent à marcher, laissant le dernier lieu comme le plus honorable à MM. les Pénitents blancs de Largentière, qu'ils désiroient (venant chez eux) honorer comme étrangers, chantant tous ensemble l'hymne *Iste Confessor* pour la bienvenue de leur seigneur-évêque. Et étant arrivés en la chapelle St-Benoit, ledit seigneur-évêque prit la place qu'on lui avoit préparée dans le chœur auprès du grand autel, et les autres personnes notables qui suivoient ledit seigneur, assises suivant leurs degrés, ledit seigneur-évêque commença : *Deus, in adju'orium meum intende,* et persista de faire lui-même l'office tout le long des vêpres, lequel fut accompagné de la musique et des orgues le plus mélodieusement que l'on put.

« Lesdites vêpres achevées, et le signe de la procession étant donné par le son de la cloche, MM. les Pénitents blancs avec leur croix commencèrent à sortir rangés deux à deux, après lesquels les bleus suivirent de même arrangés, tenant ce coup le dernier et plus honorable lieu, pour être la procession qui se faisoit pour lors proprement leur, les quatre derniers desquels portoient le poële de velours vert frangé d'or fort proprement accomodé, marchant au dessous d'icelui ledit seigneur-évêque et portant le saint-sacrement, avec une très belle et honorable compagnie qui suivoit après. Lesquels tous ensemble étant arrivés à la place publique dudit Chassiers, où l'on a accoutumé aux processions faire une station, après avoir fait les oraisons accoutumées et propres selon le jour de cette solennité, ouïrent un beau et docte sermon qui fut là fait par M. le recteur du lieu de Vinezac, propre accomodé à la fête ; lequel parachevé, s'en retournèrent en ladite chapelle de St-Benoit où ils rapportaient en même apparat le saint-sacrement. Ayant ledit seigneur-évêque remis le saint-sacrement en ladite chapelle, prit congé de MM. les confrères, lesquels tous ensemblement parlant par l'organe de MM. le commandeur de la Motte et sieur de Vinezac, son neveu, le remercièrent très humblement de l'honneur qu'il avoit plu leur faire...

« Puis la procession continua de marcher pour s'en retourner à Largentière ; et sortirent les premiers lesdits sieurs Pénitents bleus, rangés deux à deux et avec leur croix ; après lesquels marchoient les blancs, et après iceux ledit seigneur-évêque avec toute la troupe jusqu'à ce qu'étant arrivés au bout de la montagne qu'on nomme la Côte de Largentière et Chassiers, au lieu justement où l'on commence de prendre la décise pour descendre en bas, lesdits Pénitents bleus s'étant arrêtés firent comme une rue pour donner passage entre deux à toute la troupe qui suivoit après. Et étant passés les premiers parmi eux lesdits Pénitents blancs, s'étant humainement salués et remerciés des honneurs réciproques qu'ils s'étoient faits, la troupe qui les suivoit après eux prit la route de Largentière. Et lesdits sieurs Pénitents bleus ayant député M. Jean de la Motte, prieur de Sablières, par devers ledit sieur évêque pour l'aller remercier de ce chef de l'honneur qu'il leur avoit fait d'assister à leur procession, et le supplier de leur donner encore un coup sa bénédiction, la reçurent tous ensemble, s'étant mis à genoux, puis s'en retournèrent en leur chapelle, étant suivis de la troupe de Chassiers.... »

Ce qui suit confirme au fond ce qui a été rapporté précédemment des événements de Chassiers :

« Et conférant ensemble les Pénitents bleus des affaires de leur compagnie, fut proposé par M. le commandeur de la Motte, prieur de la Baume, comme ainsi fut que non seulement la nef de leur chapelle qui leur avoit été baillée par mondit seigneur-évêque, dédiée sous le nom et patronage de monsieur St-Benoit, mais encore la plus grande, qui avait été réservée pour la paroisse, dédiée sous le patronage de Notre-Dame, joignant avec la susdite de St-Benoit, eussent été profanées depuis les guerres survenues en France par les hérétiques qu'on nommoit pour lors huguenots, pour avoir rompu et brisé les images qui étoient dedans, détruit les autels, pillé les ornemens d'église, commis des meurtres, même dans ladite église et dans le circuit du cimetière joignant icelle, et autres mille insolences que la guerre a accoutumé de traîner quant à soi ; qu'il s'offroit un très bon moyen et une occasion fort à propos de la réconcilier, ensemble le circuit et cimetière d'icelle, par l'arrivée de Monseigneur notre évêque... »

Cet avis fut naturellement très goûté, et dès le lendemain 17 juin, les deux frères de la Motte, Pierre, syndic du Languedoc et Jean, prieur de Sablières, allaient à Largentière présenter à l'évêque la nouvelle requête des confrères : « le supplièrent très humblement leur donner jour pour réconcilier leur église, et que par même moyen il pourroit aussi réconcilier l'église (paroissiale) St-Hilaire qui avoit été de même profanée par les mêmes hérétiques. — A quoi ledit seigneur-évêque fort humainement fit réponse que c'étoit chose à laquelle il vaqueroit fort volontiers, la seule occasion qui l'avoit mû de venir visiter ces quartiers ayant été pour visiter les églises de son diocèse qu'il savoit avoir été la plupart profanées à l'occasion des troubles dont ce pauvre royaume de France a été agité depuis trente ans et davantage... »

L'évêque ayant fixé le 21 juin pour le jour de cette cérémonie, alla coucher la veille à Chassiers au château de la Motte. La réconciliation commença le lendemain à 5 heures du matin par le cimetière. « Quoi fait, l'évêque réconcilia par même moyen les deux nefs de l'église et consacra les autels qui avoient été faits et bâtis de neuf, ordonnant que ladite réconciliation seroit enregistrée au livre de la compagnie pour servir de mémoire de ce dessus à ceux qui viendroient après nous... »

*
* *

Au mois d'août 1591, la paix qui s'était maintenue entre les deux partis depuis la trêve conclue à St-Germain en septembre 1589, fut troublée par les huguenots qui surprirent Ailhon, Grospierres et Bidon, ce qui faisait dire à M. de Montréal, que les trêves n'avaient pas d'autre résultat que de faire perdre quelques places aux catholiques. Au reste, les chefs protestants eux-mêmes désavouèrent ces infractions à la trêve, et l'incident fut pacifiquement arrangé (1).

Au mois de décembre, les consuls de Largentière donnèrent à prix-fait à Maurin, maçon, la réparation des tours, « pour y faire les échelles, couvert, planches, portes et ferrements nécessaires. Cette pièce indique l'existence des huit tours suivantes :

La tour du pont du Mazel,
La tour de la maison de Jehan-Antoine Brochain,
La tour de Chambaran,
La tour de Sigalières,
La tour de Mouraret,

(1) Voir les détails que nous avons donnés sur la surprise d'Ailhon dans la *Revue du Vivarais* de 1898.

La tour de l'église, ensemble la porte de l'église appelée St Vincent,

La tour de Sardi,

La tour de l'horloge.

Le prix fait, qui est de 21 écus, comprend de plus la réparation d'une porte au corps de garde de l'Establas. Maurin promit que tout serait terminé avant la fin de janvier.

°°*

Bien que l'année 1592 se soit très paisiblement passée à Largentière comme dans le reste du Vivarais, on y continuait la garde de la ville. Dès le mois de janvier, on y délibérait de nommer six caporaux, aux appointements de dix testons chacun pour les mois de janvier, février, mars et avril. En même temps, on dressait un rôle de douze bourgeois chargés de fournir chacun un mousquet de 5 livres, et de douze autres chargés de fournir douze piques.

Une intéressante délibération eut lieu le 9 avril, sur une proposition de trois consuls, Jean Hébrard, Jean Cayres et Pierre Robert, en vue d'amener dans l'intérieur de la ville les eaux de la fontaine des Cordeliers. Les consuls exposèrent que cette fontaine « seroit aujourd'hui comme vacante, pour ce que le couvent seroit tombé en ruine depuis 25 ou 30 ans ; que les conduits et canals auroient été rompus, n'ayant depuis l'eau de ladite fontaine servi audit couvent où nul des religieux n'y habite, ains (mais) se sont retirés dans ladite ville ; laquelle eau de ladite fontaine, la prenant au jardin de M⁰ Claude Allamel où est sa source, l'on pourroit facilement faire conduire dans ladite ville et au chemin public allant à l'église de N.D. des Pommiers auprès de la maison où habitent lesdits Cordeliers, et illec la faire couler avec un griffol dont lesdits habitants pourroient tirer grande commodité, mesmes lesdits religieux en ce que couleroit tout auprès de leur maison d'habitation. Et d'autant que Mᵉ Pierre Tranchard, un desdits habitans, auroit offert de prendre à prix-fait la conduite de l'eau de ladite fontaine jusques à la place et d'en faire la condition meilleure, en considération de ce qu'il auroit un jardin joignant icelle place, parce que le dégoût lui serviroit à l'arrosement dudit jardin, auroient lesdits consuls requis sur ce desliberer. »

La proposition fut adoptée à l'unanimité avec le consentement d'Allamel qui assistait à la délibération et le 28 juillet suivant l'entreprise fut donnée à Pierre Tranchard au prix-fait de cent livres et une journée d'homme à fournir par chaque propriétaire de maison. Sur cette somme, Tranchard reçut immédiatement 75 livres provenant de la vente du chazal de la confrérie du St-Esprit, et le reste devait lui être payé, aussitôt le travail terminé.

Il résulte des termes de l'acte, qui fut reçu par Claude Rivière, notaire et secrétaire de la ville, que le quartier situé au dessus de l'ancien couvent des Cordeliers, où se trouvait le jardin et pièce de terre de Claude Allamel, s'appelait Dourlhac ou Banioles. La fontaine devait être conduite à la place appelée le *plan de l'église*, située entre la maison de la Motte, (devenue plus tard le couvent de Notre-Dame) et le chemin descendant à la maison des Cordeliers. Tranchard avait près de là sa maison et son jardin, qui n'étaient autres probablement que le jardin actuel de la sous préfecture, avec le bâtiment qui est au bout.

Le 2 août, à une assemblée tenue dans l'église paroissiale, les consuls communiquèrent une lettre de M. de Montréal ordonnant de faire bonne garde. Sur quoi fut délibéré que les manquants payeraient une amende de 5 sols la première fois, et le seconde à la discrétion des consuls. On fit alors près de la porte de Sigalières quelques travaux de fortifications par suite desquels un nommé Nicolas ayant son jardin endommagé réclama une indemnité. On voit aussi, dans les délibérations municipales, qu'au mois d'octobre, les « caporaux » ne voulaient pas accepter leur charge s'il ne leur était pourvu de quelque chose sur leurs gages. On leur alloua une somme de neuf écus, outre le remboursement de leurs fournitures.

Au mois d'août 1592, le fils du prévôt Tranchard fut arrêté dans le Velay et par représailles le prévôt arrêta peu après un homme de Pradelles. On craignit des complications.

Le 12 novembre, M. de Bonnefille écrit de Largentière au syndic qu'il est allé en Velay pour faire rendre la liberté au fils Tranchard détenu par le cadet de Senejuols. La lettre représente ce personnage comme « un des plus meschants et desloyaux hommes de ce siècle ». Il disait qu'il mangerait son prisonnier plutôt que de le licencier sans rançon. M. de Bonnefille a prié Madame de Chaste d'employer son influence en faveur du fils Tranchard. Il espère qu'elle réussira d'autant que de la délivrance du prisonnier dépend celle d'un des serviteurs de Senejuols que Tranchard, père, a arrêté par représailles.

Le 14 décembre, une trêve fut conclue entre le duc de Montmorency, du parti d'Henri IV, et le duc de Joyeuse, représentant de la Ligue. Elle devait durer jusqu'au 31 décembre 1593. Elle ne fut violée que par les protestants qui surprirent Aubenas, le 6 février suivant. Trois jours après, le prévôt Tranchard apportait aux Etats du Vivarais une lettre de Montmorency désapprouvant la surprise d'Aubenas.

A l'Assiette tenue au Bourg-St-Andéol le 28 janvier 1593, on trouve Claude Allamel pour le bailli et Loys Alamand, consul.

On y apprend le samedi 6 février la surprise d'Aubenas, par les protestants. L'assemblée, quoique composée de membres des deux partis, est unanime dans sa protestation contre cette violation de la foi jurée, et elle envoie le prévôt Tranchard en avertir Montmorency.

Tranchard revient, le 9, avec une lettre de Montmorency, désavouant cet attentat, et annonce que le colonel Alphonse d'Ornano a été chargé d'en poursuivre la réparation.

Cet incident fut pour Largentière l'occasion de nouvelles émotions et de nouveaux frais.

Le 12 mars, il y eut dans le jardin du prévôt Tranchard, en présence de M. de Montréal, une assemblée où les consuls demandèrent des fonds pour le bois et les chandelles des corps de garde. Sur quoi, il fut décidé qu'ils fourniraient chaque nuit à la garde de la ville et du château une livre de chandelles et 5 sols de bois, et ce durant deux mois.

Le même jour, dans la maison des hoirs à feu M° Bertrand de la Rovière, où M. de Montréal avait son habitation, le gouverneur du bas Vivarais fit une réclamation au sujet des difficultés de payement que rencontraient les soldats auprès des marchands et aubergistes de Largentière, et il fut décidé que la monnaie dite pignatelle, du poids de l'écu, devait être acceptée pour 2 sols et 6 deniers. Il fut décidé aussi que les billets de logement des soldats ne leur donnaient droit qu'au lit et au feu. Enfin le taux des vivres fut ainsi fixé : 8 sols le pot de vin, 2 sols 3 deniers la livre de pain blanc, 1 sol 6 deniers la livre de segalas, et 20 sols la paire de souliers (*carrelares*).

Au mois d'avril, on décida de faire quatre gabions de terre aux murailles de la ville, aux endroits que M. de Montréal indiquerait ; mais les affaires ayant pris bientôt une tournure pacifique, il est probable que ce projet ne fut pas réalisé.

L'abjuration d'Henri IV, qui eut lieu le 25 juillet, vint bientôt faire oublier en Vivarais le fâcheux incident d'Aubenas, et mit fin virtuellement aux guerres civiles.

Une proclamation de Montmorency, datée de Pézenas le 12 octobre, porte que « tous les habitans catholiques absens de la ville d'Aubenas par la surprise d'icelle et réfugiés à présent à Largentière », jouiront librement et paisiblement de leurs biens... et que l'exercice de la religion catholique sera rétabli à Aubenas...

A l'Assiette, ouverte le 30 décembre à Bagnols, assistent le bailli Magnin et Guillaume de la Rovière, consul. Tranchard y assiste aussi pour le bailli de Joyeuse, bien que toujours lieutenant de prévôt. M. de Montréal se rend à Bagnols et négocie directement avec M. de Montmorency. Enfin, les chefs ligueurs font définitivement leur soumission l'année suivante.

L'Assiette de 1595 fut tenue à Tournon ; le bailli Magnin et le consul Jean Taranget, notaire, y assistaient.

L'état des garnisons, à cette époque, suffirait seul à montrer combien le pays était pacifié. Elle ne se composait au château de Largentière que de 6 hommes, à Joyeuse de 4, à Ruoms et Grospierres de 4, à Balazuc de 3, à Vals de 3, etc.

Les archives municipales signalent encore une alerte au mois d'octobre, à la suite d'une lettre du duc de Ventadour, qui écrivit du Puy aux consuls de faire bonne garde, parce qu'il avait été avisé d'un projet d'agression des perturbateurs du repos public contre la ville de Largentière. — On décida de faire bonne garde et d'infliger des amendes aux manquants, mais si les huguenots avaient réellement formé quelque projet sur Largentière, ils jugèrent, en tous cas, prudent d'en abandonner l'exécution. On voit, par un compte de l'année suivante, que le sieur de Malet (Jean d'Allamel), avait, à cette occasion, entretenu au château une garnison de quatre soldats pendant six semaines.

L'Assiette de 1596 eut lieu au Bourg-Saint-Andéol, sous la présidence de l'évêque Jean de L'Hôtel, baron de tour ; le bailli Magnin et noble Jean Allamel, consul, y représentaient la ville et baronnie de Largentière.

A l'Assiette de l'année suivante tenue à Largentière (janvier 1597) dans la maison du notaire Claude Rivière, c'est ce dernier qui y assistait comme consul avec le bailli Magnin.

On y voit que les brigands ne manquaient pas dans le pays. Pierre Tranchard était chargé de les pourchasser dans la région de Joyeuse et Largentière, avec l'assistance des officiers et consuls des diverses localités. Tranchart était le prévôt principal du Vivarais. Ses appointements étaient de 200 écus (600 livres) et il avait sous ses ordres trois archers à cheval dont chacun était payé à raison de 20 livres par mois.

C'est là, sans doute, l'explication des précautions que l'on prenait encore à Largentière. Une nouvelle lettre du duc de Ventadour, du 13 août 1597, invitait en effet les consuls à continuer la garde de leur château, et, en outre, à faire bonne garde dans la ville « pour plusieurs considérations, disait la dépêche, que je ne puis rapporter ».

Le 20 octobre 1597 mourut à Largentière noble Guillaume de la Motte, syndic général du Languedoc. Les Pénitents blancs, dont il était recteur, transportèrent son corps, d'abord à l'église de Notre-Dame des Pommiers, où fut célébrée une grand'messe par le curé de la paroisse, puis à la porte du Mazeau, ou Mazel, où ils le remirent aux Pénitents bleus de Chassiers qui étaient descendus avec leur curé. Les Pénitents blancs s'en retournèrent à cause d'une forte averse. Le lendemain on chanta l'absoute à Saint-Benoît, et la grand' messe à Saint-Hilaire, et on déposa le corps sous le chœur, dans la chapelle sépulcrale des la Motte (aujourd'hui la mairie de Chassiers).

A l'Assiette de 1598, ouverte à Joyeuse le 3 mai, assistent le bailli Magnin et le consul Antoine Tailhand

Dans les comptes de l'administration municipale de cette année, présentés par les consuls Nicolas du Roux, Antoine Tailhand et Guillaume Burel, nous relevons les dépenses suivantes :

A Guillaume Blachière et Mathieu Villar, pour un mois qu'ils ont vaqué à la garde des portes de ladite ville, à raison des bruits de contagion, 3 écus ;

A certain porteur d'Aubenas qui serait venu d'Aubenas pour donner advis de ladite contagion, 15 sols ;

Pour réparation des portes et ponts-levis de la ville, 2 écus, etc.

A noter aussi un prix fait avec un « horlogeur » de Beauvais, « pour faire et accoultrer le reloge de la ville en rouage et tout ce que y est besoin de faire pour le mettre en bon estat », au prix de 10 écus. Dans les délibérations précédentes, on trouve l'horloge de la ville confiée pendant de longues années à un serrurier nommé Monserret qui, moyennant un écu par an, se chargeait de le régler et d'y faire les réparations nécessaires.

A l'Assiette de 1599, assistaient le bailli Magnin et le consul François Rozier. Dans cette assemblée, le prévôt Tranchard présenta le rapport de ses chevauchées, captures et expéditions, où l'on voit que la maréchaussée de ce temps là avait encore plus de besogne que celle d'aujourd'hui. La plupart des crimes se commettaient dans la montagne, principalement aux foires.

A la fin de cette année, Tranchard signale au syndic la présence d'une bande de malfaiteurs qui se sont installés au fort de Sampzon et qui de là dévastent les villages environnants ; et le compte-rendu de l'Assiette de l'année suivante (janvier 1600), nous apprend qu'il s'agit de la compagnie d'un certain capitaine Parent, dont on ne parvint à se débarrasser qu'en lui payant 200 écus, pour prix de sa capitulation.

***

Le XVIe siècle se termina par une cruelle épidémie qui ne dut pas épargner Largentière, vu les ravages qu'elle fit dans la région depuis Aubenas jusqu'à Chassiers. A Vinezac les deux tiers de la population périrent.

Cela n'empêcha pas, semble-t il, les jeunes gens quelque peu turbulents de Largentière de se livrer aux gaîtés grossières qu'on appelle des charivaris, et voici l'arrêté que contient à cet égard le registre des délibérations municipales de l'année 1600 :

Du 19e janvier, après-midi, au Portalet, près l'église de N.-D. des Pommiers.

Me Estienne Lemaistre, premier consul (1), a remonstré comme à raison des charivaris se commettent plusieurs désordres et violences, faisant rançonner ceux qui se marient pour, par après, employer les deniers qu'ils lèvent par force, en danses qui sont prohibées par les ordonnances du Roy ; parquoi en estre délibéré, et que tous les habitans soient tenus prester main forte et assister, afin de pourvoir à plusieurs désordres qui se commettent.

Sur quoi a esté délibéré par les conseillers que tous les habitans assisteront auxdits consuls et que les deniers que lèveront seront employés à la réparation de l'église de la présente ville de Largentière, ainsi que sera advisé par M. le curé et ainsi que cy après la dite délibération a été couchée estans de teneur :

Pour obvier et couper chemin désormais aux désordres qui se sont commis par le passé et se commettent encore de jour à autre par aulcuns jeunes hommes de la présnte ville en la levée des charivaris qu'ils exigent sur les hommes et femmes qui se marient, soient-ils veuves ou non, leur faisant payer, comme par force et par rupture de vitres et autrement, des sommes notables qu'ils emploient en danses publiques et autres desbauches ;

A esté deslibéré, attendu que c'est un fait qui dépend de la

(1) On verra plus loin le rôle important qu'a joué cette famille dans les annales locales. Antoine Lemaistre, de Largentière, fut élu en 1633 greffier des Etats du Vivarais, eu égard aux services de son père et aux siens.

police et que lesdits charivaris sont prohibés par les ordonnances du Roy, que les consuls qui sont entrés ceste présente année en charge, empescheront, par l'autorité qu'ils ont sur le fait de la dite police, ladite levée de charivaris et autres désordres et desbauches extraordinaires qu'en voudroit commettre en ladite présente ville ; en quoi ils seront assistés de tous et chascuns des habitans d'icelle ainsi que la plus grande et saine partie d'iceux qui se sont trouvés au présent conseil général l'ont promis, juré et levé la main de le faire au premier mandement qu'ils en auront de la part desdits consuls ; à la diligence desquels, au nom et despens de la ville, les poursuites en seront faites par justice contre les contrevenans au présent règlement, à ce que punition exemplaire s'en suive.

Et néanmoins a esté aussi desliberé que si les vefves, hommes et femmes, qui se marieront, veulent de gré à gré donner quelque chose pour œuvres pies, tout ce qui en proviendra sera employé à la réparation et ornemens de l'église d'icelle présente ville, ou pour l'hospital d'icelle, comme sera advisé par les conseillers qui ont esté présentement esleus.

Ces mesures eurent-elles beaucoup d'effet ? On peut en douter si l'on songe que les charivaris étaient encore pleinement en usage dans la bonne ville de Largentière vers 1850 ; et, s'il y a eu, sur ce point, ici comme ailleurs, quelque progrès dans les mœurs publiques, il semble que les anciennes licences aient plutôt changé de forme et d'objectif que de bêtise et de méchanceté, en sorte qu'en réalité le diable n'y a rien perdu. La preuve n'en est-elle pas dans ce que nous avons aujourd'hui sous les yeux ? Entre le charivari moderne qui cherche à mettre hors la loi toute une catégorie de citoyens, uniquement parce qu'ils vivent en commun, portent un vêtement spécial et ont une métaphysique à eux, et celui de la jeunesse de jadis qui se bornait à poursuivre de chansons et de bruits de chaudron les veufs et les veuves qui se remariaient, la différence n'est-elle pas encore à l'avantage de ces derniers ? Et voilà où nous en sommes, au bout de trois siècles, au point de vue du respect de la liberté d'autrui. Et cela ne justifie-t il pas, au point de vue général, l'opinion de ce philosophe grincheux qui trouvait au progrès moderne une ressemblance parfois singulièrement frappante avec l'écrevisse ?

V

LARGENTIÈRE AU XVIIᵉ SIECLE

L'ancienne organisation municipale de Largentière. — L'élection des trois consuls et des cinq conseillers. — L'affermage du coratage ou mesurage du vin, de la boucherie, de la halle du marché. — L'horloge. — Le bail à sonner les cloches. — La garde des portes. — La muraille et les tours de la ville — Le chateau. — Mesures de police contre les étrangers. — Les chèvres — Expulsion des femmes de mauvaise vie. — Une ordonnance de salubrité publique — Les papiers de la ville. — Grande procession des Pénitents de Largentière et de Chassiers à Aubenas (1603). — Réunion des Etats du Vivarais à Largentière (1606) — Mesures de précaution à l'occasion de l'assassinat d'Henri IV (1610). — Transaction avec l'évêque et confirmation des libertés et privileges de la ville (1612). — Les Minimes et les Recollets. — Nouvelles mesures de précautions à l'occasion de la révolte des huguenots de Privas (1620 à 1629). — M. de Montréal — Craintes d'épidémie et autopsies (1627). — L'expédition du duc de Rohan (mars et avril 1628). — Guillaume Dufour, gardien des portes. — La ville de Largentière abandonnée par les habitants pendant la peste de 1629. — Le dévouement du médecin Gabriel Tailhand. — Logement de gens de guerre — Les habitants de Largentière protestent de leur fidélité au Roi lors de la révolte de Montmorency (1632). — Visite de l'évêque Louis de Suze et nouvelle confirmation des libertés de la ville (1634). — Établissement des Recollets. — Cadeaux de la ville à l'évêque — Le droit de leude et Guillaume de la Vernade. — Le banc des consuls à l'église. — Les inondations de 1657 et 1660. — Maladie populaire (1666). — La révolte de Roure. — La société de Largentière en 1695. — Les compagnies de bourgeoisie. — Les maitres d'école.

Nous profiterons de l'accalmie résultant de la fin des guerres civiles du XVIᵉ siècle, pour donner un aperçu de l'ancienne organisation municipale de Largentière.

On en a vu le germe dans la transaction de Jaujac :

« Chaque année, les anciens consuls, d'accord avec l'ensemble des conseillers, et du consentement de l'évêque, éliront les consuls,

(1) La gravure ci-jointe est d'Imbard, né à Annonay en 1779, professeur de dessin et de topographie à l'école de St-Cyr, mort en 1830 Nous avons publié une petite notice biographique sur lui dans la *Gazette d'Annonay* du 14 septembre 1901. Ce dessin est d'autant plus précieux que la partie méridionale de Largentière a totalement changé d'aspect, par suite de la destruction de la porte de Sigalières et de la ligne des remparts, entre ce point et l'église, lesquels ont été détruits depuis une cinquantaine d'années.

LARGENTIÈRE EN 1826

dont l'évêque, s'il les trouve idoines, confirmera la nomination, lesquels, renouvelant personnellement le serment, seront forcés de jurer sous la forme prescrite... »

L'élection avait lieu le 1ᵉʳ janvier de l'année, à la sortie de la messe, sur la place du Portalet, tantôt hors de la porte de la ville et tantôt dans l'ancien cimetière, situé derrière l'église, devant la croix des *Rampans*, qu'on trouve plus tard désignée sous le nom de croix de *Vigne*.

Les habitants sont pour cela convoqués, au son de la cloche, en conseil général, et l'assemblée a lieu en présence du bailli ou juge de la baronnie, représentant de l'évêque.

Les trois consuls, dont le mandat est expiré, remettent au notaire, secrétaire de la ville, un *tillet* à trois *bastons*, c'est-à-dire une feuille de papier où le premier consul a inscrit pour le premier baston, ce qui signifie pour les fonctions de premier consul, les noms de trois personnes entre lesquelles il limitera le choix de son successeur.

De même, le second consul pour le second baston, et le troisième consul pour le troisième baston.

Le papier est remis au secrétaire de la ville qui en donne lecture à l'assemblée. Si quelqu'un a des observations à faire, il les fait. C'est ainsi que nous trouvons, en 1629, une réclamation contre le choix de Guillaume de Fages comme premier consul, par la raison qu'il n'y avait pas dix ans qu'il avait déjà exercé les fonctions consulaires, réclamation dont le premier consul sortant refusa, d'ailleurs, de tenir compte. Une autre fois (1549), un habitant protesta contre le choix exclusif de nobles ou de bourgeois pour les trois consulats, en disant que, selon la coutume ancienne, le troisième consul devait toujours être un vigneron, c'est-à-dire un travailleur de terre. Mais presque toujous l'assemblée approuve la liste qui lui est proposée et déclare que ceux qui y figurent sont tous solvables et capables de s'occuper des affaires de la ville. Alors chacun des trois consuls choisit son successeur, et, cela fait, en demande acte au notaire qui se hâte de leur en délivrer l'instrument.

Ce mot de *baston* indique-t-il quelque vieil insigne consulaire dont le souvenir se serait perdu ? Nous n'en avons trouvé trace nulle part. En tous cas, ce mot signifie aussi classe ou catégorie, comme le prouve clairement une délibération de 1626 où, pour la répartition d'un impôt, on établit sept bastons, ceux du premier baston étant les plus imposés et la cote des autres bastons s'abaissant graduellement.

Presque toujours les personnages portés sur le premier baston présenté par le premier consul sont nobles ou au moins qualifiés *Monsieur Messire*, indiquant de gros bourgeois ; ceux du second, qualifiés *maîtres*, appartiennent au commerce ou à un corps d'état ; ceux du troisième baston, évidemment de condition inférieure, sont indiqués par leur nom tout court.

Nous avons déjà donné un spécimen d'une de ces petites assemblées électorales (v. page 136) ; en voici une autre pour l'élection des consuls de 1543, la plus ancienne qui se trouve dans nos délibérations municipales :

L'an mil cinq cent quarante deux (1) à l'Incarnation de N. S. et le premier jour du mois de janvier, à Largentière, au devant le portalet de l'église paroissiale d'illec. Establis en leurs propres personnes, sieurs Michel Deleuze, Loys Dufour, Raymond Jehan, consuls dudit Argentière au diocèse et bailliage de Vivarès, sénéchaussée de Beaucaire, lesquels, avec l'assistance de honnestes personnes de M° Guillaume Ponhet en droicts licencié, bailli dudit Argentière, Pierre Boschet, M° Jehan Rostaing et Pierre Girard, conseillers, Mes Pierre de la Rivière, Estienne Ferrand, Pierre Bernard, notaires, Jehan Bernard, Blaise Talhan, Antoine Serret, Antoine Fontbonne, Berthomieu Talhan, Sixt Rozier, Claude de Sanhet, Geay de Bos, Jacques Monbel, Guillaume Sabaton, Jehan Alamand, Antoine Boyer, et plusieurs autres manans et hab. dudit Argentière illec convoqués et appelés au son de la cloche à la manière accoustumée. Lesquels consuls par l'organe dudit Deleuze ont dit et exposé que jour présent est de louable coustume audit Arg. nommer et eslire nouveaux consuls ; par quoy ledit Deleuze a exhibé à moi notaire ung tillet papier me requérant que l'heusse à lisre à haulte voix, ce qu'ay fait ; la teneur duquel s'ensuit :

Pour le premier baston des consuls : sieur Pierre Boschet, M°-Pierre Dumas, M° Jehan Rostaing ;

Pour le second baston : Pierre Girard, Arnaud Vincens, Charles Bompar ;

Pour le tiers baston : Sixt Rozier, Jehan Allamel, Benoit Resclausade.

Et ouï le contenu dudit tillet, lesdits manans et habitans ont

(1) Correspondant a 1543, l'année ne commençant alors qu'à Pâques.

dit que tous et chascun d'iceux nommés estoient gens capables pour estre consuls, fors ledit Pierre Girard nommé au second baston, lequel a dit et déclaré qu'il se voloit absenter dudit Arg. pour l'année présente. Et alors ledit Michel Deleuze sans contradiction aucune, a esleu pour premier consul ledit maistre Pierre Dumas. Et pareillement ledit Loys Dufour, pour second consul, ledit Arnaud Vincens. Et semblablement iceluy Raymond Jehan a esleu pour tiers consul ledit Sixt Rozier, et le tout pour l'année présente. Desquelles choses lesdits Deleuze, Dufour et Jehan ont demandé et requis acte et instrument leur estre fait par moy notaire royal soussigné. Ce qu'a esté fait où que dessus. Présens à ce : M⁰ André Patailh, de Valgorge, Bertrand Tardieu, du mas de Ginestet, Pierre Vialatelle, cordonnier, de Rocles, tesmoins à ce appelés, et moy Claude RIVIÈRE.

Le même jour quelquefois, mais le plus souvent deux ou trois jours après, les anciens consuls se présentent avec les nouveaux chez le bailli ou juge, et lui exhibent une lettre par laquelle l'évêque (ou son grand vicaire) donne au juge commission d'approuver et confirmer pour une année, après avoir reçu le serment d'usage, les trois nouveaux consuls, « s'il appert de la création avoir esté faite selon les formes accoustumées et iceux estre capables d'exercer la charge de consuls ».

Les anciens consuls requièrent le bailli de faire prêter serment à leurs successeurs, afin qu'ils soient eux mêmes déchargés du consulat.

Le bailli, après avoir reçu la lettre, « avec honneur et révérence », fait prêter serment aux nouveaux consuls, leur enjoignant de remplir fidèlement leur charge, ce qu'ils promettent.

Les anciens consuls devaient rendre leurs comptes aux nouveaux. Ils leur remettaient aussi les meubles de la ville. Nous avons donné (1) l'inventaire des joyaux de l'église remis aux nouveaux consuls en 1550. Tous ces objets ayant naturellement disparu pendant les guerres religieuses, les inventaires qui suivent cette époque ne portent guère que les clefs des portes de la ville, des cadenas ou des chaînes de ponts-levis et trois ou quatre mousquets en mauvais état, qui sont au château.

L'inventaire de 1550 mentionne un certain nombre de vieux titres de la ville dont quelques-uns au moins paraissent avoir disparu depuis.

(1) Voir p. 133.

Les trois consuls étaient assistés, dans leur administration, de cinq conseillers, dont l'élection se faisait ordinairement le second ou le troisième dimanche de janvier, toujours en conseil général, de la manière suivante :

Chacun des nouveaux consuls nommait un conseiller, puis le premier consul de l'année précédente, conseiller né, nommait le cinquième conseiller, celui qu'on appelait le conseiller de la ville. Il pouvait y avoir là des réclamations comme pour l'élection des consuls. En 1620, on statua que nul ne pouvait être choisi conseiller s'il n'avait été déjà premier ou second consul.

Les cinq conseillers ne sont autres que les cinq *proregitores* (1) dont il est question dans la transaction de 1367. A la fin du XVIII⁰ siècle, ils sont qualifiés *conseillers politiques*.

Voici, comme spécimen, l'élection des conseillers de 1542 (1543) :

L'an 1542 à l'Incarnation et le dimanche 7ᵉ de janvier, à Largentière, en la place publique supérieure d'illec, au devant le domicile de Charles Bompar, par devant monsieur maistre Guillaume Ponhet, en loys licencié, bailli dudit Argentière. Establis en leurs personnes maistre Pierre Dumas, Arnaud Vincens, Sixt Rozier, consuls modernes dudit Argentière. Lesquels avec l'assistance de Michel Deleuze, Mᵉ Laurens Corbier, sire Pierre Boschet, Loys Dufour, maistre Antoine Rochier, Guillaume Serret, Jehan Béraud, Jacques Bernard, François Jacomin, Pons la Bruyère, Martin Esbrard, Jean Boschet, André de Montflac, Antoine Vincens, Jehan Chabassut, Loys Chappel, Antoine Fontbon, Guillaume Jacomin, Claude Vedel, Etienne Forbol, Claude T..ze, Raymond Jehan et plusieurs autres manans et habitans dudit Argentière illec convoqués et appelés au son de la cloche à la manière accoutumée. Lesquels consuls par l'organe dudit Dumas ont dit et exposé que estoit nécessaire, jouxte la coustume, faire, créer et eslire conseillers nouveaux pour contrôler tailles, tant royales que communes, courantes ou que viendront, sur lesdits habitans, et autres contributions, car d'ancienneté on eslit cinq conseillers. A esté procédé à l'élection d'iceux comme s'ensuit :

Premièrement, pour premier conseiller lesdits consuls et autres susdits manans et habitans ont eslu lesdits Michel Deleuze jadis premier consul illec présent, et pour second conseiller iceluy maistre Dumas a eslu conseiller ledit maistre Laurent Corbier illec présent, et pour tiers conseiller ledit Arnaud Vincens a eslu Mᵉ Pierre de la Rovière illec absent, et pour le quatrième conseiller ledit Rozier tiers consul a eslu Mᵉ Antoine Rochier illec présent, et pour ladite communauté lesdits habitans tous

(1) Voir pp. 101 et 102.

d'une voix et sans contradiction aucune ont esleu pour dernier conseiller ledit Me Jehan Béraud illec présent, requérant estre receus à fiablement vacquer à la chose publique.

Mondit sieur le bailli, oui ce que dessus, a receu lesdits conseillers, lesquels, à savoir lesdits Deleuze, Corbier, Rochier et Béraud illec présens, ont juré sur les saints Evangiles de Dieu bien et dument de leur povoir vacquer à la chose publique, offrant prester seiment audit de la Rovière causant son absence. Présens à ce Charles Enric, Pierre Almas, maistre Blaze Deschamps, habitans dudit Argentière.

Les consuls sont chargés de la cohéquation (répartition) des tailles. Ils donnent aux enchères publiques la levée des tailles, le privilège (banc clos) de la boucherie, la halle du marché, la garde des portes de la ville, le soin de l'horloge, la sonnerie des cloches, le mesurage du vin etc. Ce dernier chapitre est intitulé dans les plus anciennes Délibérations municipales : *Coratiers* ou *imbotateurs* de vin, c'est-à-dire qui mettent le vin dans les outres *(botte)* des muletiers. Voici un exemple de *coratage* (1604) :

Etienne Gua a offert d'accepter la charge de couratier et faire servir la ville d'autres qui y assisteront et serviront bien et dûment sans aucune fraude, au contentement des habitans, et outre ce il donne pour une fois, au profit de la ville, 6 livres. — Le premier consul, Me Florimond Bouchet, a requis que les couratiers qui seront en charge leur estre enjoint de ne manger avec les muletiers, ne donner despance comme font, mais tant seulement se faire payer de leur salaire, ne aussi prendre impôt de vin comme font, que ne soit du consentement de celui qui vendra le vin ; néanmoins faire entendre aux couratiers de Montréal de ne venir en la présente ville chercher des mulatiers pour acheter du vin audit Montréal et que, pour le regard de l'offre faite par ledit Gua, qu'il ne doit estre receu, car ce seroit contrevenir aux libertés de la présente ville, et à ces fins a nommé pour son couratier Loys Allamel ; lors Pierre Allamel (2e consul) a nommé Raphael Blachère, et Bayle (3e consul) a nommé Pierre Dufour. — Délibéré que lesdits couratiers viendront prêter serment devant le juge dans trois jours, pendant lesquels, si autres se présentent, si sont agréables et donnent argent à la ville, leur offre sera escripte pour après délibérer.

Le privilège de la boucherie (bail à ferme close) était donné au mois de mars, à *Carrementrant* (carême entrant), jusqu'au Carrementrant de l'année suivante.

Celui du 19 mars 1627 est adjugé à Pierre Soboul, des Perbos (Joanas), et à Loys Saurel, de Prunet. « Ils seront tenus de tenir deux bancs, un pour le mouton et l'autre pour le bœuf, brebis et autre bétail. Leur sera permis de débiter le mouton 2 sols 3 deniers la livre, le bœuf 15 deniers, la brebis 18 deniers, du menou et chèvre et porchet, au prix de l'annee dernière qu'est, le porchet 2 sols, la chèvre 1 sol 3 deniers ; le tout durant l'année entière. Devront tenir lesdites boucheries suffisamment fournies de bonnes chairs et recevables, sur les peines portées par les précédents contrats de bail. Ne sera permis aux hostes et autres habitans aller acheter chairs ailleurs hors ladite ville, à peine de l'amende ordinaire au profit desdits fermiers. Le prix de la ferme est de 150 livres payables 50 livres à la première réquisition et les 100 restants dans six mois. »

La ferme de la halle du marché (l'encienne place Couverte) était aussi donnée chaque année au plus offrant et dernier enchérisseur. En voici deux specimens :

1604. Les consuls arrentent à Bonaventure Soboul la halle du marché et la mesure de l'huile et de ce qui se vend sur ladite halle, que se prend et donne pour le mesurage. suivant la coutume, au prix de 9 livres 10 sols, plus quatre seils d'huile pour l'entretien de l'horloge et du luminaire de l'église. Les consuls se réservent la levée le jour de la foire de St-Martin suivant la coutume.

1682. La halle est affermée à Vigut pour y prendre et recevoir les droits de bancage et mesurage du sel, huile et autres denrées, à la réserve des grains qui sont sujets au droit de leude, pour en jouir de la même manière que les précédents fermiers, sans aucune nouveauté ni diminution, comme aussi le droit de mesurage des châtaignes — pour 3 ans — au prix de 306 livres 13 sols par an.

Ailleurs, on trouve aussi l'affermage du poids de la ville.

Les consuls donnent chaque année à un serrurier la charge « d'entretenir et faire sonner l'horloge de la ville », moyennant un salaire qui varie de 6 à 10 livres par an. Cette horloge fut placée un moment à la tour du Portalet, puis à la « tour qui domine le jardin de l'évêque », c'est-à-dire à la même place qu'aujourd'hui. En dernier lieu, avant la Révolution, elle était au clocher de l'église, comme l'indique un plan de Largentière de cette époque (1).

1) Voir ce plan page 193.

Il y a encore le bail à sonner les cloches du pinacle de l'église. Le 24 avril 1555, les trois consuls le baillent à prix-fait à Claude Chabrol, clerc de l'église, et à Jean Dours dit Piat, « lesquels ont promis de sonner en tout temps de nécessité, pour conserver les fruits de la terre, jour et nuit, à leur honneur et au profit des habitans. Pour cela les consuls ont promis de leur faire bailler, à la récolte prochaine et au temps des collations de vin, un pot de vin par chaque maison d'habitant récoltant vin, et ceux qui n'ont pas de vin leur bailleront 6 deniers par chaque maison — avec pacte que lesdits sonneurs ne feront virer aucune cloche en les sonnant, à ce que n'y puisse survenir aucune esclandre ni rompument d'aucune cloche comme autrefois est survenu ; les consuls fourniront les cordes et les ferremens nécessaires. »

La garde des clés et des portes de la ville est aussi donnée à ceux qui font les conditions meilleures. Les portiers prêtent serment de bien et fidèlement remplir leurs fonctions. En 1542, les consuls promettent de leur faire payer à chacun 2 deniers par mois par chaque maison de la ville. Plus tard, ils ont un salaire fixe qui va jusqu'à 12 livres par mois.

En 1544, il y a deux gardiens des portes : l'un pour les deux portes de Mazeau et Teriers (probablement Tauriers) ; l'autre pour les portes de Sigalières, Razet et Portalet. La porte de Chantereine (qui correspond au pont moderne de Barante) n'existait probablement pas encore à cette époque. Il y a de plus la « posterle » du château.

Toutes les années, vers le mois de juillet, on ferme toutes les portes de la ville la nuit pour éviter les vols de fruits. Le jour même, on ne laisse plus ouvertes que les deux portes principales : Mazeau et Sigalières, jusqu'après les vendanges.

La ville était complètement entourée d'une muraille dite le vingtain, parce que dans le principe on était taxé au vingtième de son revenu pour sa construction ou son entretien. Nul ne pouvait y faire des ouvertures sans la permission des consuls. En 1601, licence fut donnée à Etienne Lemaistre, greffier des Etats du Vivarais (1), un des notables de la ville, « de faire des fenestres

---

(1) Les Lemaistre, de Largentière, ont été, de père en fils, greffiers des Etats du Vivarais pendant un siècle environ. Après Etienne, dont il est ici question, son fils Antoine fut élu greffier en 1633, « eu égard aux services de son père et

et larmières (gouttières) en la muraille de la ville, à l'endroit du jardin par lui acquis de Marguerite Corbier, pourvu qu'il les fasse fermer avec des treillis de fer, comme on a accoustumé de faire aux autres endroits de la muraille. et de même, y pouvoir faire des privés (1), en les faisant conduire par canal, pourvu que ce ne soit préjudiciable à la ville ni au public ».

Il y avait un certain nombre de tours espacées le long de la muraille de la ville. Leurs propriétaires étaient obligés de les tenir en bon état de défense quand la ville était menacée de quelque danger. Une délibération de 1591 nous fait connaître le nom de quelques unes. Outre les tours du pont du Mazeau et du pont de Sigalières, il y avait entre elles, en descendant la rivière de Ligne :

La tour de la maison de Jehan Antoine Brochain,
La tour de Chambaran,
Et la tour de Chantereine.

Il y avait de plus, en remontant du pont de Sigalières vers l'église et le château :

La tour de Mouraret,
La tour de l'église,
La tour de Sardi,
Et la tour de l'horloge.

Le château, vers le commencement du XVIIe siècle, était, paraît-il, tombé en ruine. Les habitants firent alors condamner l'évêque, Jean de l'Hôtel, à l'entretenir. Le chanoine de Banne, qui rapporte le fait, nous apprend qu'ils le firent eux-mêmes aux dépens dudit seigneur, et il ajoute que le pauvre évêque, bien que ruiné par les guerres religieuses, dut satisfaire à des demandes analogues des habitants de Donzère

Les consuls ont souvent à prendre des mesures de police qui

---

aux siens et à son affection aux affaires du pays ». En 1659, les Etats lui allouèrent un don de 6 000 livres, en faisant son éloge, et sur sa proposition on nomma a sa place Demontel. Toutefois on le trouve exerçant encore les fonctions de greffier plusieurs années après. Il mourut en 1673, laissant par son testament 300 livres pour quatre messes solennelles a dire dans l'église de Largentière aux quatre fêtes principales. Il avait exercé pendant 45 ans les fonctions de secrétaire greffier des Etats en survivance de son père, et son père les avait exercées à peu près aussi longtemps.

(1) Nous avions hésité sur ce mot, quoique très lisiblement écrit, ne croyant pas qu'il pût être en usage, à cette époque pour désigner des lieux d'aisance, mais nous voyons par le Dictionnaire Littré qu'il est employé dans ce sens dès le XIVe et même le XIIIe siècle. On le retrouvera, du reste, plus loin, dans une autre délibération municipale.

témoignent des désordres du temps. C'est ainsi que, pendant plusieurs années, vers 1545, ils ordonnent que toutes les personnes « n'ayant ni maisons ni terres, suspectes de larcins, » aient à sortir de la ville dans les trois jours, sous peine d'être arrêtées, « sauf les bons travailleurs estans gens de bien ». D'autre part, il est défendu aux habitants de loger des personnes étrangères ou inconnues, sans la permission préalable des consuls, sous peine de dix livres d'amende. Une autre délibération (1560) porte que toute personne, qui voudra venir habiter Largentière, devra payer, avant que de résider, dix livres « qui seront applicables à la réparation de la république de ladite ville, et quand quelqu'un des habitans leur louera, par arrentement ou louage, aulcune maison sans consentement des consuls, et que tels nouveaux ménages n'auront payé les dix livres, seront tenus par édit perpétuel bailler et payer pour chaque fois, pour la contravention et mespris d'un édit, cent sols applicables à la république sans aucune figure de procès ».

Les chèvres sont l'objet de plus d'un règlement. Elles devaient toujours être tenues à l'attache ; en cas de contravention, la moitié de l'amende était attribuée au propriétaire lésé, un quart à celui qui avait fait prendre le délinquant, un quart au profit des pauvres. En 1628, le juge Rivère, sur une requête verbale des consuls, ordonne que les précédentes ordonnances contre les chèvres sortiront leur plein effet. « Defense à toutes personnes, de quelque condition qu'elles soient, de tenir dorénavant aucune chèvre ni icelles faire depaistre dans les terres de notre juridiction, leur ordonnant de s'en défaire dans trois jours, à peine de confiscation. » L'arrêté fut affiché partout afin que personne ne prétextât ignorance.

En 1559, il y a un arrêté, pris en conseil général, qui ordonne l'expulsion de la ville, non seulement « des hommes et femmes servant de néant », mais aussi de « toutes femmes vivant lubriquement et mal versans de leur corps évidemment et publiquement... »

Un arrêté plus explicite est celui de 1601, où l'on voit, que les troubles prolongés du pays, et les nombreuses garnisons, qui par suite avaient séjourné à Largentière, n'avaient été rien moins que favorables à la moralité publique :

Du dimanche 22° janvier 1601, dans la maison du sieur de Fages (aujourd'hui maison Duchier), l'un des conseillers.

Sur la représentation du procureur juridictionnel du sieur évesque de Viviers, qu'il y a en la présente ville de Largentière plusieurs femmes debordées et tenant vie lubrique publiquement, au vu et su d'un chacun, servant de scandale au public ; lesquelles il auroit souventes fois admonesté de réformer leur vie, et enjoint de vider hors la juridiction dudit seigneur, à faute de ce qu'elles ne se soient voulu corriger ; en quoi il n'auroit pu avancer aucune chose, à faute de ce qu'il n'auroit eu la main forte pour les faire obéir ; continuans en leurs malversations —dont ledit procureur auroit requis estre prise délibération portant mandement et injonction à Messieurs les consuls modernes de lui assister en ce dessus

Conclud, à ce que le scandale que on reçoit par la mauvaise vie et desportemens desdites femmes lubriques cesse par cy après, que lesdits consuls modernes assisteront audit procureur pour faire vider et sortir hors de la présente ville toutes lesdites femmes impudiques qu'ils adviseront estre cause et instrument dudit scandale et desbordement qui en arrivent, entre autres une nommée *la Friande* tenant maison louée et bordeau public. et autres semblables. selon la recherche que lesdits consuls en feront le plus promptement que faire se pourra avec ledit procureur juridictionnel.

Une autre pièce de la même époque nous initie à d'autres details intérieurs de la ville de Largentière.

L'an 1600 et le dimanche 14° mai, au devant la porte de l'église de N. D. des Pommiers, lieu accoutumé à tenir toutes assemblées du conseil général de la ville,

Ont esté présens et assemblés au son de la cloche, en réquisition des consuls, la plus grande et saine partie des habitans d'icelle ville, savoir MM^{rs} Etienne Lemaistre, François Taranget et Thomas Eyraud, consuls modernes ; MM^{rs} Nicolas du Roure, Etienne Rouzier et Jehan Bompar, conseillers ; Etienne Ferrand, Florimond Tardieu, Jehan Pierre du Serre, Loys Allemand, de Fages, André Chabert ; Loys Bertrand, sieur de Vallobière ; Olivier de Leyris, Claude Gévaudan, André Hébrard etc. (environ 50 autres noms) ;

A la présence desquels, lesdits MM^{rs} Etienne Lemaistre, François Taranget et Thomas Eyraud, consuls de ladite ville, ont proposé estre besoin pourvoir à plusieurs affaires importantes, ainsi que sont cy après représentées :

En premier lieu, qu'il soit enjoint à tous habitans de ladite ville qui ont des privés, ayguadières et fumiers parmi les rues publiques, qui apportent puanteur et infection, de les oster, nettoyer et faire conduire par canals lesdits privés et ayguadières, en façon que le public n'en reçoive incommodité — sur grandes peines et amendes ; ayant lesdits consuls déclaré que notamment le sieur juge Rivière, le sieur de Fages et sire Claude Rodde ont leurs privés qui apportent lesdites incommodités à la ville ; et pour les ayguadières, Loys Bertrand, sieur de Vallobière, Claude Gévaudan et autres ; et pour les fumiers estans en rue publique, maistre Jehan de Taranget, Jean Boyer, Loys Méric et plusieurs autres.

Sur quoi a esté conclud et deslibéré qu'il sera enjoint à tous généralement les habitans de la présente ville de conduire par canals leurs privés et ayguadières sans porter infection au béal du moulin de la Ferrarié, et ce dans quinzaine, à peine de 10 livres d'amende, et de oster les fumiers dans huitaine, sur pareille peine.

Ont aussi représenté lesdits consuls que les ponts-levis des portes du Mazel et Sigalières sont sur le point de tomber s'il n'y est pourvu ; que les portes ne se peuvent fermer, pour faute de faire accomoder les ferremens, et que la petite porte du Razet s'en va en ruine, estant une partie démolie, tombée depuis quelque temps, et qu'il y a aussi à craindre de la ruine et démolition de la tour joignant la porte de Chantereine, pour estre ouverte tout le long d'un carré double.

Conclud que sera pourvu à ce dessus par lesdits sieurs consuls et les conseillers au meilleur mesnage qu'ils pourront et au profit de la ville.

Aussi ont remonstré que le bois sur lequel les cloches de l'église sont portées est tellement pourri et gasté que l'on ne peut sonner les cloches à branle, qu'il est à craindre que icelles tombent s'il n'y est pourvu, et aussi qu'il seroit requis de faire refondre l'une des cloches qui est rompue.

Conclud que sera pourvu à ce dessus par lesdits consuls et conseillers pour le bailler à prix fait au meilleur mesnage que pourront et profit de la ville.

Dans cette séance il fut aussi remonstré que « le livre du cadastre des estimes avoit besoin d'estre restauré, et qu'il étoit nécessaire de faire inventorier les papiers de ladite ville et faire rendre certaines pièces qui manquent... »

Il y eut encore dans cette séance des observations au sujet de la fontaine des Cordeliers que Tranchard avait amenée sur le *plan de l'église*. On reprocha à Tranchard de l'avoir détournée, et il fut sommé et requis, de la part des consuls, « de tenir la fontaine droite suivant son contrat et de rétablir le canal qu'il avoit rompu ».

« Et pareillement ont iceux consuls fait entendre qu'il y a plusieurs des habitans de ladite ville qu'ont esté consuls depuis vingt ou vingt-cinq ans en ça, sans avoir rendu compte de leur administration, estant raisonnable qu'ils satisfassent à ce devoir. »

Il fut enfin délibéré que tous les consuls, débiteurs et reliquataires, seraient poursuivis en justice jusqu'à leur libération complète envers la ville.

Nos lecteurs auront remarqué plus haut l'article relatif à la nécessité « d'inventorier les papiers de la ville et de faire rendre certaines pièces qui manquent ».

On voit que les détournements aux archives municipales de Largentière ne datent pas d'aujourd'hui. Les auteurs de cette réclamation, faite il y a trois siècles, ne se doutaient pas que leur propre cahier de délibérations serait un jour parmi les pièces manquantes et ne rentrerait qu'après un nombre d'années indéterminé, et non sans difficultés, dans les archives municipales.

A défaut des Délibérations municipales qui manquent de 1607 à 1625, nous trouvons, pour les premières années du XVIIe siècle, dans les comptes consulaires, qu'a dépouillés M. Edouard André, l'archiviste du département, un certain nombre de faits, qui, réunis à ceux que contient notre collection, présentent un ensemble assez complet de l'état de la ville à cette époque.

Le régime de la liberté des cultes, inauguré par l'Edit de Nantes, fut des plus favorables à la restauration du catholicisme si éprouvé dans la contrée. Les Montlor, seigneurs d'Aubenas, qui avaient eu tant à souffrir du fanatisme des religionnaires, mirent un grand zèle à la réaliser, et ils trouvèrent dans les Pères Jésuites d'actifs collaborateurs. C'est à la fin de l'année 1601 que le recteur du collège de Tournon accorda au seigneur d'Aubenas une résidence de Pères Jésuites qui peu après devint un collège florissant. Le P. Jacques Gautier, d'Annonay (l'auteur de la *Chronographie du Christianisme*), qui en était le supérieur, s'était réservé la direction spirituelle de la ville d'Aubenas et des environs. On trouve souvent à cette époque des missions prêchées par des Jésuites à Chassiers, Vinezac et autres paroisses des environs.

Les comptes consulaires de Largentière 1601 portent :

« Estans le P. Gautier venu dans cette ville, avec autres Messieurs des Pères de la résidence d'Albenas, auroient les comptables envoyé à la cloistre trois flacons de vin, trois livres et demie de truites, des poires et pruneaux, 13 sols. »

Le 16 mai 1603, fête de la Pentecôte, les Pénitents blancs de Largentière prirent part à Aubenas à une de ces manifestations religieuses qui montrent mieux que tout l'ardent et profond catholicisme de nos aieux, et font comprendre comment le Vivarais, devenu presque entièrement huguenot (sans le savoir) au début de la Réforme, put revenir en moins d'un siècle à sa foi primitive et redevint presque entièrement catholique (1).

Ce jour là, dit le chanoine de Banne, les Pénitents bleus de Chassiers et les Pénitents blancs de Largentière, joints ensemble, firent une immense procession à Aubenas, à l'effet d'y rendre grâces à Dieu de ce qu'il avoit permis que les Jésuites, religieux de très-sainte vie et de très-grande probité, fussent installés dans ladite ville où deux des leurs avoient esté martyrisés par les huguenots aux troubles ou guerres civiles dont le pays avoit esté affligé. A cette procession assistèrent plus de 15.000 personnes. Le seigneur de Chalendar de la Motte, très-brave et très-vertueux gentilhomme de Vinezac, pria MM. du chapitre de Viviers de lui donner quelques uns de leurs membres pour rehausser la cérémonie, ce qui lui fut accordé. Ces Messieurs lui envoyèrent MM. Jacques Faure, Mathieu des Aubers et Louis de Cornillon, chanoines, le maître de musique, Charles Valentin, et deux enfants de chœur (dont l'auteur, de Banne, fut du nombre). On célébra la messe sous la halle de la place d'Albenas avec beaucoup de pompe et de magnificence, devant un grand nombre de huguenots, qui furent respectueux quoique défiants. Après la messe, le P. Gautier fit le sermon en face de trois ministres confus et humiliés de cette importante démonstration religieuse. »

Les Cordeliers reparaissent en 1601 dans les comptes du consul Bompar, où une petite somme leur est allouée « pour la démolition de leur jardin de la porte de Sigalières ». On lit dans les comptes de 1604 : A Noël Malerbe, gardien du couvent des

(1) Voir notre *Chronique religieuse du Vieil Aubenas*, p. 51.

Cordeliers, « pour le jardin que la ville auroit acheté desdits religieux, 2 livres 2 sols ; au même, pour avoir prêché la sainte quarantaine en 1604, 36 livres 10 sols ». L'allocation de 2 livres 2 sols revient dans des comptes ultérieurs.

Les comptes de 1601 portent encore : « Pour une grande barre mise à la porte de Sigalières, ayant esté dérobée l'autre qui y estoit... ». L'année d'après, il fallut aussi remplacer la barre de la porte de Mazeau, également dérobée.

Au mois de mai 1602, il y eut une petite alerte, sur l'avis que le Roi avait fait arrêter le comte d'Auvergne et le duc de Biron. M. de Montreal vint à Largentière et mit une garde de quatre soldats au château.

A la fin de décembre 1604, on paye la dépense du P. Guyot qui a prêché l'Avent. Ce religieux est venu du Puy à cheval, avec un homme qui a ensuite ramené le cheval d'Aubenas au Puy : « Pour la dépense de bouche du voyage, 5 livres ; pour le louage du cheval, 3 livres ; pour quatre journées de l'homme, 44 sols ; pour la dépense de bouche que le curé Coronel a avancée pour eux, 12 livres. »

Au mois de mai 1606 les Etats du Vivarais se réunissent à Largentière L'évêque, ayant tour de baron, avait prévenu les consuls pour qu'ils eussent à pourvoir à son logement ainsi qu'à celui de Messieurs les députés. Néanmoins il ne vint pas, et c'est noble Paul Magnin, son subrogé, qui présida l'assemblée à sa place. Les députés, après s'être réunis le 2 janvier au matin dans la maison du juge, Me Guillaume Rivière, docteur en droit, « suivant l'ancienne et louable coutume, allèrent ensemblement, ceux qui sont de la religion catholique, apostolique et romaine en plus grand nombre d'icelle assemblée, ouïr la messe en l'église Notre-Dame des Pommiers. » Les séances commencèrent l'après-midi dans la maison de Rivière. Les consuls firent cadeau d'un tonneau de vin blanc aux membres de l'assemblée.

Le passage suivant des délibérations de l'Assiette nous fait connaître un petit detail intérieur des Etats :

« Le syndic dit que si l'Evesque de Viviers, ayant tour de baron, n'a fait faire à ceste assemblée les trois repas accoustumés, c'est par le désir qu'il a d'en employer en œuvres pies les 400 livres imposées ordinairement à cet effet. — Conclud sera supplié l'Evesque d'avoir pour agréable que les 400 livres soient employées aux états que s'en suivent : 200, pour la réparation du couvent des Recollets de Bourg-St-Andéol ; 100 pour les Pères Jésuites d'Aubenas, afin de les employer à leurs nécessités ou à la réparation de leur collège, comme ils adviseront, et les 100 restants à la réparation du couvent des Cordeliers de Largentière. »

On alloua, de plus, 50 livres pour la réparation de l'église de Largentière.

.

On voit aussi par les comptes consulaires que cette année là les consuls demandèrent à l'évêque 120 livres « pour faire aulcunes réparations au couvert du presbytère qui s'en va en ruines et démolition entière... attendu qu'ils estiment qu'il est notoirement tenu à cette réparation comme possédant les dîmes et tenant lieu de prieur de cette ville ».

Les comptes de 1608 portent 9 livres accordées à Jacomin et Pouzet pour avoir gardé les portes de Mazeau et de Sigalières durant quinze jours, « sur le bruit de maladie contagieuse à la Voulte ».

On sait qu'Henri IV fut assassiné par Ravaillac, le 14 mai 1610. Voici le contrecoup de ce triste événement dans les comptes de Largentière :

Sur les mauvaises nouvelles de la mort du feu Roy nostre sire, et les advis qu'auroient esté donnés sur ce subject tant de la part de Msgr le duc de Ventadour que de M. de Montréal, de faire garde bourgeoise, auroient fermé les portes de l'église, Razet, Chantereine et Ragas à chaux et sable, et pour ce faire auroient acheté d'Olivier Deleuze trois charges de mulet de chaux, 45 sols ;

A plusieurs femmes, pour avoir porté du sable et pierres « dans l'église des Pénitens pour fermer les fenestres respondans à la muralhe de la ville », 11 sols ;

Pour achat de poudre pour mettre au château, « sur advis de M. de Montréal », 3 livres 16 sols ;

Pour avoir fait les deux ponts-levis des portes du Mazel et Sigalières, 30 livres ;

A deux hommes, pour le temps qu'auroient demeuré à faire la garde au château, sur le bruit de la mort du feu Roy, avant les six soldats que M. de Montréal y avoit mis, 40 sols ;

A Pierre Baille, pour avoir fermé la porte de Sigalières, et ouverte tous les matins durant les mois de juillet, août et septembre, 36 sols ;

Pour une chapelle ardente faite,« suivant le mandement du Roy et de Msgr l'évesque de Viviers, de faire les honneurs funèbres du feu Roy par toutes les villes et lieux de son évesché, 26 livres 4 sols ».

Le Père Recollet, qui vint prêcher le carême cette année à Largentière, reçut tous les jours la visite du médecin Antoine Avril. Plusieurs dépenses figurent à ce sujet dans le compte des consuls.

Les craintes de troubles, inspirées par la mort du Roi, ne durèrent pas longtemps, car les villes, qui avaient reçu l'ordre de faire des gardes bourgeoises, les cessèrent peu après, sur une lettre du duc de Ventadour.

L Inventaire André relève, pour 1612, le fait suivant fort intéressant pour l'histoire de Largentière :

Dans une transaction du 30 mars, passée au cours d'un procès entre l'évêque Jean de l'Hostel et le premier consul de Largentière (Jean de la Motte, syndic général du Languedoc), il est dit :

« ... Oultre ce, sera tenu mondit seigneur évesque et ses successeurs, ainsi que libéralement il a accordé auxdits habitans, fournir et payer la pension annuelle et perpétuelle de 25 livres pour les gages d'un prescheur pour l'advenir, qui preschera l'Avent et Carême en l'église N. D. des Pommiers, sans qu'on le puisse rechercher du passé.

« Pareillement a esté accordé et convenu que mondit seigneur sera tenu confirmer et ratifier, comme dorénavant par le présnt a été confirmé et ratifié, par son serment presté, mettant la main sur sa poitrine en forme de prélat, les anciennes libertés, privilèges et franchises, dont lesdits habitans ont tout temps joui, les compositions et transactions faites et passées entre ses feux prédécesseurs et les consuls, manans et habitans de ladite ville... et par exprès les transactions passées en l'an 1367 le 9 novembre et autre de l'an 1464 le 23e octobre, qui ont esté exhibées audit seigneur évesque et ensuite retirées par ledit sieur de la Motte, consul, et néanmoins données à entendre de mot à mot à mondit seigneur qui les a fait voir à son conseil (1).

« Aussi a esté accordé que mondit seigneur évesque, baron du dit Largentière, pourvoira d'un concierge ou geolier à son chasteau dudit lieu, tant pour la conservation d'iceluy que pour la garde des prisonniers et lui donnera annuellement 12 livres tournois de gages. »

(1) Cette pièce est aussi indiquée au n° 52 de l'Inventaire des archives de la ville fait en 1787 par Gabriel Fayolle.

En 1615, « ordre aux consuls de Largentière de délivrer 8 livres de poudre à ceux qui sont commis à la garde du château et des deux portes de la ville, d'autant qu'il est nécessaire ce jourd'huy, feste St-Martin, jour de foire, de pourvoir à la sureté de l'église et chasteau, attendu les avis qui nous sont donnés sur ce sujet ».

Le 5 mai 1617, la communauté de Largentière, réunie en conseil général par messire Jean Rivière, juge de la baronnie pour le seigneur évêque de Viviers, décida de supplier l'évêque d'établir dans la ville un couvent de *Minimes*, en s'engageant à lui fournir une subvention annuelle de 300 livres ; elle pria l'évêque de céder *ad hoc* un petit coin de terre herme, sis au dessous de son château. L'évêque agréa cette demande et délégua le curé de Chassiers, official de Largentière, pour bénir, le 26 décembre de la même année, la première pierre dudit couvent.

En 1621, les Etats du Vivarais, accordèrent 300 livres aux Minimes pour les aider à bâtir leur couvent.

On sait que les Minimes et les Recollets sont deux branches de la grande famille franciscaine, représentant des groupes qui s'étaient séparés pour pouvoir vivre « en plus sainte recollection », c'est-à-dire avec plus d'austérité et de recueillement, d'où pour ces derniers le nom de *Recollets*, par où l'on voit qu'en demandant des Minimes, la ville de Largentière entendait avoir des religieux encore plus attachés que ses anciens Cordeliers à leur règle primitive. On verra plus loin que les Minimes, après avoir fait une apparition à Largentière renoncèrent d'eux-mêmes à leur projet de s'y établir, et ce sont les Recollets que nous allons voir bientôt coexister à Largentière avec les Cordeliers, participant comme eux aux faveurs des corps constitués, mais paraissant toutefois jouir d'une considération plus grande.

D'autres pièces de l'année 1617 nous initient à certains détails qui concernent surtout la halle du marché (place Couverte) Cette année là, il y eut un procès entre les consuls et quelques habitants qui voulaient mettre des bancs devant leur maison sans payer de droit. On délibéra de les faire payer et d'affermer les places comme d'habitude.

On y voit aussi qu'on s'opposa aux prétentions de ceux qui, ayant obtenu l'autorisation de construire des piliers sur lesquels les maisons sont bâties, « voulaient occuper le passage d'icelle rue et arcades, qui sont et ont toujours été lieux communs comme estant unis à ladite place du marché ».

On y voit enfin que le marché était alors tenu comme aujourd'hui le lundi.

*
* *

Les événements de Privas ayant ramené les guerres civiles en Vivarais, ce sont les dépenses militaires qui, pendant les dix années suivantes, vont être la principale préoccupation des habitants de Largentière, bien qu'heureusement leur ville n'y ait pas été directement mêlée.

Les comptes consulaires de 1620 portent les dépenses suivantes :

Pour les frais de garde de la ville et du château, sur certains bruits de remuements de guerre, et de l'avis de Msgr de Ventadour, lieutenant général pour le Roy en Languedoc, 45 livres ;

Pour achat de bois de ceux qui faisoient les patrouilles de nuit hors la ville, 20 livres ;

Pour l'achat de cinq quartes de froment converties en pain pour la munition des compagnies de MM. le comte du Roure et de Chambonas s'en allant à Privas, suivant le mandement de M. de Montréal, 30 livres ;

A la venue de Msgr de Viviers en la présente ville, pour lui faire honneur, auroit esté délibéré par les conseillers d'acheter dix livres de poudre ; ce qu'auroit esté fait et payé 12 sols la livre.

Au mois de décembre 1620, délibéré par les consuls et les habitants d'envoyer un secours, sous les ordres de Tranchard, à Aubenas et à Vals. Les huguenots avaient pris la tour de Vals et de là se disposaient à passer l'Ardèche pour faire des courses, c'est-à-dire pour rançonner les campagnes.

Des comptes consulaires de 1621, il résulte :

Que la cavalerie du vicomte de Polignac, comprenant environ 300 maîtres et 5 à 600 chevaux, avait logé deux fois à Largentière et qu'on dépensa pour elle 240 livres pour 150 quintaux de foin ;

Qu'on fit du pain de munition pour le secours de la tour de Salavas ;

Qu'il y eut des corps de garde à la ville et au château ;

Qu'il y en avait trois en novembre et décembre 1621 ;

Qu'il y avait des corps de garde extraordinaires aux portes du Mazeau et de Sigalières ;

Qu'on envoya le pain de la munition à l'armée de Vals et Vallon ;

Qu'on fit des achats de blé et de vin, suivant le mandement de Msgr de Ventadour portant de faire le pain de munition pour le faire tenir au passage des régiments de M. d'Annibal et de Montréal s'en allant à l'armée du Roi à Montauban.

Il y eut quelque répit de 1622 à 1626. Puis les troubles reprirent de plus belle.

Les délibérations municipales nous montrent que, dès le commencement de 1625, on prenait à Largentière de sérieuses mesures de précaution indiquant un état de choses beaucoup plus alarmant que ne le laisse soupçonner la brève mention consacrée par Pierre Marcha à l'année 1625.

Le 22 janvier 1625 : « Deslibéré que, sur les advis que on a de divers lieux et plusieurs villes du présent pays de Viverois, qui font garde bourgeoise pour éviter surprinses que y pourroient arriver de la part des ennemis et rebelles au Roy, seroit mis dans le chasteau de la présente ville le nombre de douze habitans chascune nuit, par tour des roles qui en seront faicts, auxquels sera forni la somme de 6 sols 3 deniers, que on baillera à chascun caporal de bois et chandelles, et que les consuls en seront remborsés de l'advance qu'ils en feront, comme de mesmes de ce que leur conviendra fornir pour assurer les portes et ponts-levis de ladite ville, et ce en la première intimation qui en sera faite. »

Le 24 janvier : « Deslibéré que, pour la conservation de la ville, seront fermées à chaux et sable les deux petites portes, l'une appelée Chantereine et l'autre le Portalet de l'église...

Le 16 juillet 1625...

Deslibéré... Premièrement, qu'on continuera la garde de deux corps de garde, l'une au chasteau et l'autre à la ville ; que desdits deux corps de garde de la ville seront pris tous les soirs six hommes pour la patrouille que l'on fait hors de la ville ;

Que, pour la nécessité que se pourroit presenter de la conservation du chasteau, il y sera mis, par emprunts que l'on fera des plus aisés de la ville, douze tourtes de munition (1) qui seront

---

(1) Gros pains.

baillées au sieur de Fages, lequel les fera serrer dans une chambre pour les rendre et changer de huit en huit jours avec d'autres qu'on lui apportera, à la diligence des consuls, lesquels lui fourniront aussi quatre grandes cornudes pour les remplir d'eau de la fontaine qu'ils le chargent de les changer de trois en trois jours ;

Que pour éviter les surprises que l'on pourroit faire à la porte du chasteau, il y sera fait une palissade dans le ravelin, avec une meurtrière au dessus ladite porte, à la diligence des consuls, et par l'entremise et direction du sieur de Fages et du sieur de Largier ;

Que pour fortifier la garde dudit chasteau, tant de nuit que de jour, y seront employés, aux dépens de la ville, pendant un mois, quatre soldats qui seront pris des lieux forains au nom de la ville ;

A esté aussi arresté que pour le présent ne tirera que l'une des portes de la ville alternativement, et que chaque jour il y aura six hommes de garde à la porte qui sera ouverte, lesquels seront choisis des plus apparens suivant le rôle que lesdits consuls en feront, jusqu'à ce que cessent les occurrences et sera autrement pourvu ;

Que lesdits sieurs consuls feront accomoder les portes et ponts-levis et y feront mettre des cadenas comme estans grandement nécessaires.

Pourvoiront aussi que y aye pour un mois un portier qui assiste d'ordinaire à la porte qui sera ouverte.

C'est par une délibération du 8 avril de la même année 1625 que nous apprenons que les Minimes ont renoncé à s'établir à Largentière, bien que la ville et les Etats du Vivarais eussent voté des fonds pour les aider à bâtir un couvent. On avait même préparé des matériaux, puisque le P. Guiton, Gardien des Cordeliers, demande à la ville de leur céder les dits matériaux pour la construction de leur église, « attendu que les Minimes ont tout à fait quitté leur dessein de résider en icelle ville » ; ce qui lui fut accordé.

Le 9 janvier 1626, la guerre civile a de nouveau éclaté. « Les consuls remonstrent à leurs conseillers que, vu les continuels advis qui leur sont mandés de divers endroits comme quoi les rebelles de S. M. sont en campagne, ayant déjà surpris des places, ils ont fourni diverses sommes de deniers tant pour la garde que pour les patrouilles ». Ils demandent aussi qu'on s'occupe des fortifications..... « Délibéré qu'on prendra sur la ferme de la boucherie pour parer aux réparations et fortifications les plus urgentes, suivant le rapport qui en sera fait par les conseillers, assistés de MM. de Largier, de Bonnefilhe, du Prat, du Roure et de Rovière... »

Sur l'observation de de Fages, commandant au château, « délibéré de lui fournir douze livres de poudre dont il fera un reçu en bonne forme ».

Huit jours après, on donne à prix fait la réparation de la tour du pont de Sigalières, à 120 livres.

Le 31 mai, on délibère « de faire une taille à sept bastons destinée aux affaires de la ville pour la conservation d'icelle ». La cote pour ceux du premier baston est de 3 livres 5 sols, et elle va en décroissant graduellement jusqu'a 5 sols pour le septieme baston.

Le 11 août 1626, la ville de Largentière, « attendu les bienfaits continuels que M. de Montréal à faits à la communauté de la présente ville, notamment ces jours passés que, par son moyen, crédit et faveur, l'auroit exemptée du logement de gens de guerre assemblés pour le siège du Pouzin, » délibère de lui faire un don de 150 livres.

Le 14 novembre suivant, le nouvel évêque de Viviers, Louis de la Baume de Suze, étant arrivé à Largentière, les consuls vont lui témoigner « le contentement qu'ils éprouvent de sa venue », et de plus l'assemblée des habitants décide qu'il lui sera fait don d'un tonneau de bon vin, le meilleur qu'on pourra trouver, et qu'on pourra mettre à cet achat jusqu'à 30 livres.

Le 8 avril 1627, le R. P. Philibert, dominicain, qui a prêché le Carême, étant à la veille de repartir, « les consuls requièrent estre deslibéré sur le salaire que convient lui donner, ainsi qu'il est accoustumé de faire tous les ans à ceux qui ont fait cette fonction ». On lui vote 50 livres. « Est aussi ordonné aux consuls de retenir les 25 livres que l'évêque est tenu de fournir annuellement pour les frais d'un prédicateur. Ordre aussi aux consuls de pourvoir au payement de la nourriture du prédicateur qui a été nourri chez l'official de Largentière ». On les invite encore à « rhabiller les portes de la ville et les ponts-levis et à les remettre en bon estat pour s'en servir... »

Au mois d'avril, la grosse préoccupation est sur la santé

publique. « A cause de bon nombre de malades et diverses personnes étant décédées sans que la cause de leur maladie ait été bien connue, le premier consul dit qu'il seroit besoin de pourvoir à faire ouvrir aucun corps mort qui pourroit décéder, tant homme que femme, pour mieux vérifier et apporter au mal un plus prompt remède. — Conclud que, puisque les sieurs Le Meur et Adelon sont de présent en la présente ville et que sont médecins capables, seront priés de faire ouvrir par les chirurgiens de la présente ville deux corps de ceux qui pourront décéder, savoir un homme et une femme, et sera fourni par les consuls à chacun desdits médecins deux escus et quart, et à chacun des autres chirurgiens trois livres, et outre ce fourniront les drogues nécessaires et toutes les autres fournitures que besoin sera.

« Du jeudi 29ᵉ avril. Les consuls disent que plusieurs notables, attendu la continuation de la maladie, leur ont fait entendre que seroit requis de faire ouvrir le corps mort d'une pauvre femme de montagne décédée tout présentement et de employer à cet effet le sieur Fournier médecin de Joyeuse, venu pour autres malades, lequel Fournier est fort expert en telles opérations. Adopté. On baillera à Fournier trois livres.

Il y eut alors trois autopsies. Elles ont été l'objet d'une communication de M. André, dont il est question dans le *Bulletin historique et philologique* de 1897.

***

C'est au printemps de 1628 qu'eut lieu la fameuse expédition du duc de Rohan, le généralissime des religionnaires du Midi, en Vivarais. Dès le 23 décembre 1627, M. de Chaussy écrivait aux consuls de Largentière une lettre qui la faisait pressentir.

Le lendemain, les consuls annonçaient, dans un conseil général, la nouvelle de la surprise de la tour de Vals par les huguenots, « et de là ont dessein de passer l'Ardèche pour faire des courses en divers endroits, et pour ce les consuls ont esté priés par les régens d'Aubenas envoyer quelques personnes le plus promptement possible pour se joindre avec la noblesse de Vivarois, pour disputer le passage au bâteau de Vals ; requérant sur ce deslibérer, ensemble sur les moyens de recouvrer argent, tant pour satisfaire cette dépense et pour les poudres, que pour les fortifications et munitions nécessaires pour la conservation de la ville. — Délibéré que les consuls employeront le plus grand nombre de soldats que pourront trouver, les enverront à Vals et autres endroits que besoin sera, pour y servir le Roy contre les rebelles, sous la conduite de Tranchard, conseiller, fourniront pour la dépense des soldats 15 livres, et outre ce lui délivreront la quantité de poudre nécessaire ».

Pour mieux assurer la sécurité de la ville, quelques uns proposent de créer un sergent major à l'imitation d'autres villes. Jacob Boule est prié d'accepter cette fonction, aux gages de 15 livres par mois. Jacob accepte et offre faire son devoir.

Le 24 janvier 1628, « pour reconnaître les bienfaits de M. de Montréal, grâce à qui Largentière est exemptée du logement des gens de guerre, on lui vote un don de 150 livres.

Le 12 février, délibéré d'acheter vingt livres de poudre et dix livres de plomb en balles pour mettre au château. Le sieur de Fages est chargé de la garde de ces munitions. Il est chargé aussi de faire faire au château les réparations nécessaires.

Le 27 février, « hors la porte de Mazeau, illec estans assemblés Messieurs les consuls conseillers et autres habitans. — Delibéré que les consuls feront faire la première porte de l'entrée du pont de Mazeau à chaux et sable, des deux côtés de ladite porte, pour la fortification de la ville et pour y retirer la patrouille.

« Le 3 mars, hors la porte de Mazeau, au dessus le pont et à l'entrée de la première porte, MM. les consuls ont remonstré à Messieurs les conseillers et autres habitans comme M. de Montréal, en retournant à son commandemen à Villeneuve de Berc, seroit passé expressément en la présente ville pour voir la réparation qu'est requise de faire à l'entrée de la porte de Mazeau et qu'ils ont accomencé de faire ; laquelle réparation M. de Montréal a trouvee bonne et qu'il est requis de la parachever le plus promptement possible, attendu les advis, qu'il en a heu de plusieurs parts, comme le sieur de Rohan, avec une grande armee de gens de guerre qu'est contre le Roy pour ceux de la religion prétendue et leur chef, veut venir assiéger et faire mener deux canons de batterie et colobrine. Sur quoi, a este deslibéré, suivant l'advis de M. de Montréal, que les consuls feront continuer la dite réparation à ladite première porte de Mazeau et icelle feront couvrir le plus promptement que pourront aux despens de la ville. »

Le 18 mars, à 8 heures du matin, « dans la maison et salle du sieur juge Rivière et par devant le sieur Dallamel lieutenant, s'estans assemblés Messieurs les conseillers et autres habitans de ladite ville, noble Guillaume de Rivière, premier consul, ayant fait sonner la cloche suivant la coutume, auroit exposé que, à cause des continuels advis qu'il a reçus des entreprises des rebelles, et pour la sûreté tant de la présente ville que du chasteau, seroit besoin de voir des réparations et fortifications de la présente ville, la garde d'icelle que se doit faire plus exacte et avec plus de soin ; voir aussi comment lesdits habitans sont armés, afin que sur le tout soit remédié et prins deslibération par les soubsnommés que s'ensuivent, savoir : noble Jehan de la Motte, noble Guillaume de Fages, noble Jehan de Largier, le sieur du Pré, le sieur Lemaistre, les sieurs de Malet père et fils, le sieur du Roure, le sieur de la Rovière, le sieur prévost d'Ayzac, M⁰ˢ Marc Rozier, Jacob Baille, Jehan Tibon, Jehan Resclausade, Espiit Serret, Mᵉˢ Privat et Claude Vincens, notaires, etc...

« Délibéré que tout présentement, pour remédier aux abus que se commettent en la garde de la ville pour n'y aller personnellement, sera pris et choisi 36 personnes habitans et capables de la présente ville, desquels en sera choisi 3 chaque soir, chacun desquels ira en son corps de garde pour veiller et estre soigneux à l'exacte garde de jour et de nuit, desquels 36 en sera fait estat par les consuls et conseillers.

« Délibéré que de nouveau sera fait vérification de toutes les fortifications et réparations nécessaires par lesdits consuls et conseillers, assistés de MM. de la Motte, juge Rivière, de Largier, du Roure, du Pré, de Malet, de Bonnefilhe, de Hébrard, de la Rovière et d'Ayzac, lesquels assisteront lesdits consuls et conseillers en toutes les occasions qui écherront pour le fait de la guerre, et en résouldront les uns en l'absence des autres. — Sera pris deux hommes à gages de la ville avec le nombre d'hommes qui leur sera baillé, desquels ils respondront et de leurs actions en leur propre et privé nom, lesquels gages seront à 4 sols pour chascun pour les deux sieurs nommés, et les personnes qui seront prises pour ladite patrouille seront tirées d'ailleurs que de la garde du chasteau ; et moyennant ce lesdits habitans et communauté seront exempts du payement du sergent major et portiers tant de la ville que du chasteau, tant que lesdits sergens majors seront payés des gages des mois qu'ils auront servi, et leur sera payé entièrement leur mois courant que seront tenus servir encore.

« Les consuls feront la vérification de ceux qui ont des armes à feu — et ceux qui n'en auront point, qui ont moyen d'en avoir, seront tenus d'en acheter à leurs despens. »

Le 19 mars, M. de Montréal écrit « de pourvoir de munitions de guerre, d'armes, poudre, plomb, et faire moudre du blé pour s'opposer à Rohan. — Délibéré que les consuls emprunteront à intérêt ou à pension foncière 300 livres, pour employer aux munitions de guerre et réparations que sont requises ».

— Le 20 mars, les consuls baillent à prix-fait à deux charpentiers, « savoir, de faire et dresser deux clédats de bon bois et bonne fustaille et fornir les traffeches qui y seront nécessaires et au chemin public, un venant de Montréal et l'autre de Chassiers, et au pied de l'entrée du pont Sigalières, et à ces fins leur est permis de prendre les deux clédats qui y estoient auparavant, — Item de accomoder le clédat de la porte de Mazeau — Pareillement de rabiller le couvert du ravelin de la porte de Sigalières et accomoder le portail comme estoit cy devant. » Ce travail doit être fini en quinze jours.

On donne aussi à prix-fait d'autres réparations à l'entrée de la porte de Mazeau.

On achètera quarante livres de poudre que les consuls garderont pour distribuer quand sera de besoin.

Autre prix fait pour « accomoder la tour de Chantereine, joignant la maison de M⁰ Jehan Roure, et y faire à chaux et sable la muraille d'icelle jusques au couvert et y faire deux larmières et trois flancs pour y faire la sentinelle..... Plus faire bastir à chaux et sable une caverne sous la tour des Bertisses et corriger l'entier des murailles aux lieux que y seront nécessaires etc. »

Le 1ᵉʳ avril, « dans la maison et salle de Jean de la Motte », autre délibération pour la fortification de la ville, « afin de n'estre surpris et pour se défendre contre les ennemis et rebelles à S. M. suivant les avis qu'on a eus de plusieurs parts ».

« Délibéré aussi accomoder la tour du reloge joignant le jardin du seigneur Evesque, afin de y faire loger des gens pour la garder, et aux autres tours y mettre des échelles pour y monter et faire accomoder les planchiers, et que la porte de la boutique de Barthélemy, joignant l'entrée de la porte de Sigalières, sera fermée à chaux et sable... »

Le 4 avril, dans la maison et salle de noble Jehan de Largier.. « vu les continuels avis et l'urgente nécessité qu'il y a de faire une plus exacte garde au chasteau, délibéré qu'il y sera mis quatre soldats de la présente ville, pour en avoir le soin et y faire garde nuit et jour avec les autres habitans que seront tenus par tour et escouade y venir, sans que lesdits 4 soldats soient pour cela exempts de leur tour de garde, ains (mais) seront tenus mettre autre à leur place audits corps de garde de la présente ville ; lesquels quatre soldats ont esté nommés et approuvés unanimement, savoir, Guillaume Dufour, Mathieu Suchet, André de Pugnères et (nom illisible) aux gages chascun pendant lesdits quinze jours de 5 livres... »

Le 8 avril, hors la porte du Mazeau, Pierre Allamel dit que « le premier consul seroit allé à la guerre ; le second est tombé malade ; seroit requis lui bailler quelque autre en leur lieu et place pour l'assister ». — On désigne le sieur Tranchard « pour estre personne capable et suffisante — auquel sera payé pour un mois la somme de douze livres ».

Le même jour, on décide l'achat de dix setiers de blé qui, suivant un ordre de M. de Montréal, doivent être rendus à Villeneuve de Berg le 11 avril, « estant destinés en munition morte pour le secours des lieux que les rebelles attaqueront... »

Le 16 avril, dans la maison Largier, le sieur de Rivière, premier consul, expose que le duc de Ventadour a donné une ordonnance pour le logement de sa compagnie d'ordonnance en la présente ville. « Conclud que suivant l'ordonnance, on logera aux hotelleries les personnes et quantité de gens désignés en l'ordonnance ».

Toutes ces mesures correspondent aux diverses phases de l'expédition de Rohan. L'armée huguenote était à Barjac vers le 10 février. Elle commençait, le 16 mars, le siège de Salavas où le commandant catholique, M. de la Chadenède, après une résistance héroïque, dut capituler le 27 mars. Rohan était à Lussas le 29 et le 31 à Privas. De là il alla prendre Chomérac, Bays et le Pouzin, qui était son principal objectif; mais il fut moins heureux, dans l'attaque de Cruas, où il se fit battre par les moines de l'abbaye. Finalement, il dut reconnaître, dès le milieu d'avril, qu'il était dangereux pour lui de prolonger son séjour en Vivarais, et dut s'estimer fort heureux, après la rencontre de St-Germain (23 avril), d'avoir pu en sortir sans trop de dommage.

Dès lors, les grosses préoccupations sont passées pour Largentière comme pour le reste du pays. Il y eut cependant encore, au mois de novembre, une autre alerte, sur le bruit, transmis par le consul de Joyeuse, que le duc de Rohan préparait une nouvelle tentative contre le Vivarais. On prit quelques mesures de précautions, surtout en ce qui concerne la garde des portes de la ville, et il faut citer à ce propos la délibération suivante comme caractéristique du temps :

« Les consuls remonstrent à leurs conseillers comment Guillaume Dufour a esté chargé de la garde des portes le 1er du présent mois, et qu'il ne veut plus servir la ville sans lui augmenter ses gages, d'autant qu'il leur a fait entendre qu'il a donné aux pauvres passant à la porte, pour leur défendre l'entrée de la ville, attendu le grand nombre des pauvres qu'il y a et à raison des maladies, il a baillé de ses deniers et argent propre plus de onze sols. Délibéré que ledit Dufour continuera de garder les portes, attendu qu'il s'en aquitte fidèlement et qu'est capable, ne pouvant trouver autre meilleur que lui en ladite ville, et en considération des aumônes qu'il donne aux pauvres passants pour défendre l'entrée de ladite ville, que les gages lui seront augmentés pour chascun mois de quarante sols, que revient à douze livres par mois, jusques à ce qu'autrement soit deslibéré. »

*
* *

L'année 1629 est celle de la prise de Privas par Louis XIII et de l'extinction des guerres civiles en Vivarais, qui en fut la conséquence. Par suite, les mesures de défense et les logements de gens de guerre tiennent, à Largentière comme ailleurs, la place dominante dans les préoccupations publiques.

A peine le calme était-il rétabli, que le Vivarais eut à supporter les effets de la peste terrible qui sévit dans presque toute l'Europe de 1628 à 1635. M. Edouard André, l'érudit archiviste du département, a déjà donné (1) d'intéressants détails sur les ravages du fléau dans quelques unes de nos localités de l'Ardèche, notamment à Tournon, la Voulte, Bourg-St-Andéol, Largentière, Joyeuse, Salavas et Annonay. Il se serait sans doute étendu davantage sur la situation de Largentière à cette époque, s'il avait eu en mains les registres des Délibérations municipales, qui avaient été détournés, et qui n'ont été réintégrés qu'en février 1901 aux archives de la mairie. Le fait est que, par suite du fléau, les habitants de Largentière furent obligés de déserter entièrement leur ville. Les pièces suivantes montrent avec quelle intensité le fléau sévit parmi eux.

La panique commença au mois de juillet, à la suite d'une délibération des consuls (du vendredi 6 juillet), d'où il résulte qu'une femme nommée Anne Allamelle, fille à Pierre, était tombée malade dans la maison de Jehan Bouchet, dit Mendasson, « demeurant avec lui à tirer la soie », au terroir de Lende, et qu'on avait prié maître Fornier, médecin, de se transporter sur les lieux, en compagnie de François Valère, sergent de ladite ville, pour vérifier de quel mal ladite Anne était atteinte. Le conseil avait alloué pour cette tâche 3 livres à Fornier et 30 sols à Valère.

Fornier, revenu le même jour, faisait son rapport aux consuls. « Au mesme instant, le mal contagieux estans reconnu, délibéré que sera mis deux hommes pour en prendre garde aux portes de la ville, lesquels se transporteront aux lieux que sera requis. »

Et, sur l'offre faite par un maître chirurgien, Gabriel Tailhand, « de s'exposer pour servir les malades infectés et leur donner toutes les assistances qu'il pourra, les traiter et médicamenter, et désinfecter les lieux où ils se trouveront atteint de mal contagieux », délibéré d'accepter cette offre, à raison d'un salaire de cent livres

(1) *Bulletin historique et philologique*, 1897.

par mois, avec « licence d'habiter et se tenir, pendant le temps qu'il servira, dans la maison commune de cette ville ».

La délibération suivante, prise trois mois après, dans une réunion tenue à quelque distance de la ville, nous apprend que, l'épidémie étant alors en décroissance, on s'occupait des moyens de désinfecter la ville, afin de pouvoir y rentrer :

L'an 1629 et le samedi 13 octobre, au lieu appelé les Lauses de Pouchon, par devant M° Jean Rivière, juge, ont esté assemblés les consuls et conseillers de Largentière, avec la plus grande partie des habitans d'icelle (ici une page de noms) représentant le corps mystique de ladite ville.

Le premier consul, Guillaume de Fages, a dit que depuis quelque temps qu'ils ont reconnu que, par la bonté et miséricorde de Dieu, la maladie contagieuse (qui est grandement violente dans la ville de Largentière, ayant tué une bonne partie des habitans qui se seroient opiniastrés d'y demeurer dedans, jusques à ce que par délibération de messieurs les conseillers et par leurs bons advis, ils auroient esté tous mis dehors), commençoit à cesser, et que ladite ville estoit en estat d'estre purgée et parfumée, ils auroient. de l'advis desdits sieurs conseillers, envoyé en la ville du Bourg pour avoir l'advis des consuls de ladite ville sur l'ordre et méthode qu'ils avoient tenu pour le parfum de leur dite ville ; ayant reçu pour la première fois tout au long ledit ordre dans lequel estoient spécifiées les drogues qu'ils avoient employées audit parfum ; pour lequel faire exécuter, ils n'auroient pu trouver aulcunes personnes capables, si bien qu'ils auroient été contraints de renvoyer en ladite ville du Bourg, afin de pouvoir avoir quelques uns de ceux qui ont aidé à parfumer icelle, pour commencer à travailler dans ladite ville de Largentière et la mettre en estat que les pauvres habitans qui sont dehors s'y puissent retirer avant que l'hiver les y trouve.

Sur quoi, les consuls de la ville du Bourg auroient envoyé cinq parfumeurs, de ceux mesmes qui ont parfumé leur ville, lesquels sont arrivés depuis quelques jours avec une lettre desdits consuls contenant l'ordre qu'ils ont tenu et ce qu'ils ont employé auxdits parfums ; ne restant maintenant qu'à délibérer si on s'en veut servir et les employer aux gages de trois livres qu'ils demandent chacun par jour, outre leur dépense, et de pourvoir aux moyens d'avoir ce qui est nécessaire pour lesdits parfums et à toutes autres choses nécessaires qu'il conviendra avoir pour cet effet ; requérant sur ce estre pris deslibération.

Sur quoi, a esté deslibéré, attendu que la commodité s'offre de pouvoir faire purger et parfumer la ville de Largentière, et que icelle se trouve en estat de l'estre, que les cinq parfumeurs qui sont venus de ladite ville du Bourg seront employés à purger à cest effet, et ce aux gages de trois livres chacun par jour et leur despense, depuis le temps qu'ils commenceront à travailler auxdits parfums jusques avoir parachevé iceux, et outre ce la despense de leur quarantaine s'ils sont obligés à la faire. Comme de mesme sera employé par lesdits consuls, outre les susnommés, deux hommes pour leur servir dans ladite ville, et deux autres pour leur faire tenir de dehors les choses qui seront nécessaires auxdits parfums ; ensemble autres deux personnes capables pour se prendre garde dedans ladite ville que tout y ailhe bien et tenir contrôle des meubles qui seront trouvés dans les maisons qu'il conviendra parfumer, lesquels seront tenus de caultionner suffisamment ; avec tous lesquels sera convenu des gages qu'ils pourroient prétendre avec les sieurs consuls, et ce au meilleur mesnage que faire se pourra, à la charge néanmoins que lesdits parfumeurs et autres susnommés seront tenus, avant le commencement desdits parfumeurs, de prester serment, entre les mains dudit sieur Juge, de bien et deuement vacquer au deub de leur charge ;

Et, d'autant que le fonds qui se trouve entre les mains desdits sieurs consuls, estant de mil livres, qui furent empruntées au commencement de la maladie, ne seroit suffisant pour subvenir à toute la despense qu'il conviendra faire à raison de ce dessus,

A esté aussi delibéré qu'il sera emprunté, au nom de la communauté, par lesdits sieurs consuls, de telles personnes qu'ils trouveront, jusques à la somme de 600 livres et au dessous, soit à constitution de rente où à obligation à jour, pour estre par eux employée à l'effet susdit ; et à ces fins est donné pouvoir audits sieurs consuls d'obliger tous et chascuns les biens de ladite ville et communauté de Largentière en général et en particulier, ensemble ceux des dénommés en la présente deslibération, solidairement et l'un pour l'autre, et chascun d'eux seul pour le tout, sans division d'action ni ordre de discussion, et de leurs propres aussi solidairement ceux dessus, à toutes cours requises et nécessaires ; desquelles obligations ils seront relevés par la ville et communauté tant en principal que despens, dommages et intérêts qui se pourroient ensuivre, à la charge toutefois que ladite despense qui sera faite pour lesdits parfums sera rejetée sur les particuliers habitans de ladite ville, à qui il eschoit de faire parfumer leurs maisons, pour lesquels ladite ville entend faire les advances et non se constituer en autres frais.

Ainsin desliberé devant nous, RIVIÈRE juge.

Du dernier jour d'octobre 1629, au conseil particulier de la ville de Largentière,

Ayant esté rapporté par les sieurs consuls que ceux qui auroient parfumé la ville infectée de maladie contagieuse en sont sortis, et qu'icelle est entièrement déserte et abandonnée, estans nécessaire d'y faire entrer quelques personnes pour la garder et empescher les pilleries des meubles et autres choses qui sont dans les maisons, comme aussi pour une plus grande précaution de faire faire un nouveau parfum, est requis estre promptement pourvu,

A esté deslibéré que Guillaume Dufour, François Baille et Antoine Tessonier seroient employés à l'effet susdit, pour entrer dans la ville, suivant l'offre qu'ils en ont faite et promesse de bien prendre garde à la conservation de ce qui est dans les maisons, et aux charges de mesme de faire un nouveau parfum aux lieux nécessaires pour une plus grande précaution ; leur estant accordé pour leurs gages et salaires de chasque mois 24 livres à chascun, outre ce que sera fourni pour les drogues qui seront employées audit parfum.

De LARGIER conseiller, ROCHIER, BELLIDENTIS conseiller, Du ROURE conseiller.

Le séjour dans la ville de Largentière n'était pas encore d'une sécurité absolue le 1er janvier de l'année suivante (1630), puisqu'on voit alors l'assemblée générale anuelle, pour la nomination des consuls, se tenir « au terroir de Sainte-Foy », et non pas comme d'habitude sur la place de l'église paroissiale.

Le 5 janvier, c'est encore hors la ville, chez le juge Rivière, dans sa maison du Colombier, que les trois nouveaux consuls, Jean du Roure, Claude Taranget et Jouve Pontier prêtent serment.

Enfin, le 26 mars, sur l'exposé de du Roure « que à présent tous ceux qui ont été infectés de la maladie contagieuse sont hors de quarantaine et ont requis de leur donner entrée, ce qu'il juge estre raisonnable, comme faisant lesdits infectés une partie du corps de la communauté, et pour rétablir au plus tôt le commerce dans la ville », il fut décidé que le consul permettrait l'entrée de la ville auxdits infectés, « lesquels auparavant seront tenus de porter aux portes de la ville tous les meubles qu'ils auront, pour estre purgés et parfumés, ce qui se fera à la diligence desdits consuls, à la charge néanmoins que lesdits infectés, à qui l'entrée sera permise, et qui se trouveront avoir des maisons que la ville aura fait parfumer, seront tenus de payer ce à quoi ils seront cotisés pour le remboursement de la ville avant ladite entrée.

D'une délibération du 25 mai, il résulte que la ville de Largentière étant alors taxée pour l'envoi de 42 hommes à l'œuvre de la démolition des fortifications de Nîmes, déclara qu'elle n'avait pu les trouver, « attendu le ravage que le mal contagieux avoit fait chez elle et dans les lieux circonvoisins ».

Le 30 novembre, on alloue une récompense à Vidal Mazel, qui a servi de *corbeau* pour enterrer les morts, et a rendu ainsi de véritables services à la ville.

De nouvelles craintes d'épidémie sont encore constatées en l'année 1631. Le 13 août, les consuls proposent « qu'on n'ouvre chaque jour qu'une porte et qu'on y mette un portier, pour prendre garde que les étrangers arrivans rapportent bons certificats et bilhettes de la santé qui sera en leur lieu, et empescher qu'aucun n'entre sans iceux, attendu le soupçon qu'on a de la maladie contagieuse ». Cette mesure avait été provoquée par des cas suspects survenus au Gua (paroisse de Sanilhac), mais l'absence de toute donnée ultérieure sur ce sujet prouve qu'on en fut quitte cette fois pour la peur.

**

Depuis l'année 1630, ce sont les ennuis et les dépenses résultant du logement des gens de guerre qui tiennent la plus large place dans les délibérations municipales.

A propos de l'envoi d'une compagnie du régiment de Magalas, ordonné par M. de Machault, les consuls déclarent, le 8 mai 1630, qu'il « est impossible de la pouvoir entretenir, vu la grande nécessité en laquelle le peuple se trouve maintenant, et particulièrement les habitants de la présente ville, la plus grande partie desquels sont à la faim. — Délibéré que le sr de Malet se rendra auprès de M. de Machault et lui fera les représentations nécessaires ».

Le 14 mai, « les consuls demandent des fonds pour entretenir la compagnie du capitaine Feuchères logée ici depuis le 6 mai, et à laquelle M. de Machault a ordonné de payer 20 livres par jour. — Délibéré de prendre, pour subvenir à cette charge, les deniers imposés pour le payement des intérêts dûs aux créanciers. »

En 1632, la révolte de Montmorency trouve les habitants de Largentière dans des dispositions parfaites de paix et de fidélité au Roi.

Le 25 juillet, ils prennent. en conseil général, une résolution dans ce sens et envoient M. de Fages à Viviers pour en donner communication à l'évêque.

Le 2 août, M. de Fages, revenu de Viviers, dit que l'évêque a approuvé leur résolution et l'a portée aussitôt au maréchal de la Force au Pont-St-Esprit, en le suppliant de soulager les habitants de Largentière et de les exempter de foules et de logements de gens de guerre.

L'évêque vient lui-même à Largentière, deux jours après, prendre les mesures convenables pour la sûreté de la ville et du château, où il met dix hommes de garde avec un sergent-major.

En 1633, le Vivarais respirait un peu depuis le sac de Privas. L'évêque profita de ces moments de tranquillité pour établir à Largentière le couvent des religieuses de Notre Dame. La mère Gachet, supérieure du couvent de Tournon, vint l'installer dans la maison voisine de l'église que lui vendit Aimé de la Motte, laquelle porte encore aujourd'hui le nom de *Couvent*.

Au mois de décembre de cette année, des habitants demandent de désenterrer les morts de la contagion pour les inhumer dans le cimetière de l'église paroissiale. Les médecins ayant déclaré qu'il n'y avait pas à cela d'inconvénient, cette permission leur fut accordée.

La délibération suivante rend compte de la visite solennelle de l'évêque en juin 1634 :

L'an 1634 et le samedi 3 juin, en la ville de Largentière, ont esté assemblés les consuls et habitans de ladite ville, lesquels advertis de la venue de Msgr l'Illustrissime et Révérendissime Louis de Suze, par la grâce de Dieu et du S. S. apostolique, évesque et comte de Viviers, prince de Donzère et Châteauneuf sur le Rhône, baron et seigneur temporel de Largentière, en icelledite ville pour faire sa visite — a esté par eux résolu et délibéré d'aller au devant de mondit Seigneur pour lui rendre les devoirs et honneurs à lui deubs. Ensuite de quoi lesdits sieurs consuls, accompagnés des notables habitans de ladite ville, se sont rendus à la croix de Sigalières pour recevoir mondit Seigneur ; où estans avec Messieurs les prêtres qui y sont allés en procession, portant la croix et bannière, suivis de Messieurs officiers de mondit Seigneur en ladite baronnie et desdits sieurs consuls et habitans, chascun en son rang, mondit Seigneur estant arrivé, environ les 4 heures après midi, se seroit préparé pour faire son entrée. Et s'estant revestu de ses habits pontificaux, seroit après entré sous le daix et poyle à ce préparé, soubstenu par Monsieur Me Jean Rivière, sieur de Chames, son Juge en ladite baronnie de Largentière, et par Mes Guillaume Deleuze, Estienne Blachière, et Jean Montel, consuls modernes de ladite ville ; et ce fait, se seroit présenté devant mondit Seigneur Mr Me Jean Rivière, docteur et advocat, fils dudit s^r juge, lequel, de

Louis-François de SUZE, *Evêque de Viviers*
(1604-1690)

la part desdits sieurs consuls et de tous les habitans, auroit dit à mondit Seigneur :

Monseigneur, dès qu'il a plu au Roi, par une très digne élection de votre personne, vous rendre le chef de l'Eglise en vous nommant évesque de ce diocèse, vous avez été fait notre Seigneur et nous sommes devenus vos fidèles vassaux ; de manière, Monseigneur, que ceste votre ville rapporte au plus haut prix de gloire et de félicité de recognoistre votre puissance et de vous obéir Vous ne pourriez avoir, Monseigneur, une plus entière cognoissance des affections de cœur de tout ce peuple, que par la joie publique et le contentement extrême que votre venue leur apporte, louant Dieu de ce qu'il lui a plu, en vous rangeant dans le premier des Etats de ce royaume, leur donner un seigneur de votre naissance, accompagné de toutes sortes de saintes et religieuses mœurs. Bref, Monseigneur, ne cherchant point d'heur qu'en votre service ni de félicité qu'en votre obéissance, nous vous consacrerons tous les jours nos affections et nos esprits, et pour l'hommage de notre très humble et très fidèle subjection, nous vous remettons en mains les clefs de votre ville, vous suppliant très-humblement nous honorer de votre protection, nous aimer ainsi que vous avez toujours fait ; et, comme nos seigneurs vos prédécesseurs en semblables occasions, nous octroyer la confirmation de nos privilèges. Et nous, Monseigneur, vous protestons généralement de vouloir estre à jamais vos très humbles, très obéissans et très fidèles subjets et serviteurs. »

Ce que par mondit Seigneur entendu, ayant reçu les clefs de ladite ville, les auroit incontinent après remises entre les mains du susdit sieur Deleuze, premier consul, pour continuer leur gouvernement, et auroit protesté de son affection audits habitans et de les vouloir aimer à jamais à l'advenir, estant satisfait de leurs bonnes intentions et volontés à son service.

En témoignage de quoi, leur auroit accordé à l'instant mesmes la confirmation de leur privilèges, promis et juré mettant la main sur sa poitrine en forme de prélat, de ne contrevenir à iceux et de les observer ponctuellement, ainsi que mondit seigneur par la teneur du présent acte les a confirmés et confirme, voulant et entendant que lesdits consuls et habitans à l'advenir jouissent et demeurent en possession de leurs entières libertés, privilèges et franchises, dont ils ont joui de tout temps ; tout ainsi qu'ils sont désignés aux compositions et transactions faites et passées entre ses feux prédécesseurs évesques de Viviers de bonne mémoire, d'une part, et les consuls, manans et habitans de ladite ville d'autre, et par exprès aux transactions passées l'an 1367 et 9ᵉ novembre, reçue par Mᵉ Raymond Bastet notaire de St-Marcel, et en autre de l'an 1464 et le 23ᵉ octobre, reçue par autre Mᵉ Raymond Bastet, notaire épiscopal de St-Marcel, confirmées par Messeigneurs les évesques de Viviers, et en dernier lieu par feu messire Jean de l'Hostel cy devant évesque, par acte reçu par

Mᵉ Rivière notaire le 30ᵉ mars 1612, qu'ont esté exhibées à mondit seigneur de Viviers et après retirées par moi secrétaire de ladite ville, et données à entendre à mondit seigneur, qui les a fait voir à son conseil, sans y estre dérogé en aucune façon ni manière que ce soit lui puisse estre.

De quoi lesdits sieurs consuls et tous les habitans de ladite ville ont très humblement remercié mondit seigneur ; et après, en témoignage d'allégresse à son entrée en ladite ville, les fauconneaux qui sont dans le chasteau auroient tiré ensemble plusieurs mousquetades, et auroient esté faits divers feux de joie et réjouissances de l'heureux évènement de mondit seigneur, mesmes des artifices de feu par M. Mᵉ Jean du Roure, docteur en droit, qui auroient esté trouvés agréables par mondit seigneur. De quoi a esté fait acte par moi notaire et secrétaire de la ville, pour servir de mémoire à la postérité, ayant Msgr pour la validité d'iceluy signé ledit acte de son seing accoustumé.

Fait et récité à la présence de mondit seigneur. Présents : Mʳ Mᵉ Jacques Riffard, chanoine viguier en l'église cathédrale de Viviers et Mʳ Mᵉ Pierre Symian, docteur en sainte théologie et hebdomadier en ladite église cathédrale. Aussi signés avec moi : Pierre Allamel notaire royal et secrétaire de ladite ville.

Monseigneur, ayant fait séjour durant les festes de la Pentecoste en ceste ville, seroit après parti pour aller faire sa visite en la ville de Joyeuse et autres lieux du voisinage et, ce fait, seroit revenu le mercredi soir, veille de la feste Dieu, pour se trouver le lendemain en la présente ville, où estant auroit fait l'honneur à la ville d'assister à la procession générale et auroit lui mesme célébré la sainte messe et fait l'office divin, et auroit porté le Saint Sacrement de l'Eucharistie par ladite ville fort magnifiquement, estant assisté de plusieurs prêtres et particulièrement de Mʳ l'archiprêtre et viguier de l'église cathédrale de Viviers, du sieur Faure, chanoine, du sieur Symian, hebdomadier, et des curés de Vinezac, Sanilhac, Prunet et autres, qui seroient venus au mandement de mondit seigneur, le tout au grand contentement des habitans de ladite ville.

Les consuls et notables sont allés remercier l'Evêque avant son départ, et après, délibéré de payer sa dépense.

Lors de la visite de l'évêque, les habitants avaient demandé un établissement [de] Recollets, et l'évêque avait applaudi à cette idée. Voici la délibération du 2 novembre suivant, relative à ces religieux :

Deleuze, premier consul, expose qu'ensuite des remonstrances qui furent faites à Mgr de Viviers, au mois de juin dernier, faisant sa visite en la présente ville, de la nécessité que le public avoit de l'assistance spirituelle d'aulcuns bons religieux réformés, desquels la présente ville estoit tout à fait dénuée, mondit Seigneur auroit approuvé la proposition qu'en fut faite par aulcuns des plus principaux habitans, de l'introduction des bons Pères Recollets, pour s'y establir avec le temps et y faire du fruict ; et ensuite désirant avancer et appuyer de son authorité une si bonne entreprise, auroit mandé le R. P. Félix, définiteur et prédicateur dudit ordre, qui auroit rendu auxdits sieurs consuls une sienne lettre sur ce subjet ; et d'autant que ledit R. P., sur la prière qui lui auroit esté faite d'assister à la présente assemblée, seroit ici présent, a requis lesdits habitans de conférer avec lui et sur ce prendre telle délibération qu'ils jugeront estre plus utile pour le bien public.

Sur ce, après avoir esté fait lecture de la susdite lettre de Msgr, et ouï le R. P. Félix, député de son ordre, qui a dit que si la presente ville les trouve utiles pour le service spirituel des habitans, qu'il espère des RR. PP. ou définiteurs assemblés, de leur faire trouver bonne la délibération que ladite ville pourra prendre pour leur réception, et obtenir un nombre nécessaire de religieux pour y establir une maison religieuse, lesquels prieront, confesseront et feront les autres fonctions pour le salut des âmes, sans que pour raison de ce ils prétendent engager la présente communauté en aulcune sorte de dépense, pour aulcun revenu certain, comme estant une chose directement contraire à la pauvreté de leur règle, ne demandant en attendant qu'une maison et un lieu propre pour célébrer la sainte Messe, et un jardin enclos, avec la permission de faire la queste dans la présente ville, où ils recevront l'aumône des particuliers qui leur voudront la faire charitablement selon leur dévotion.

A esté après conclud, d'une commune voix, sans aucune discrepance, de l'advis de Msgr résultant de ladite lettre, que, sur les susdites conditions, les susdits Révérends Pères sont et seront, sous le bon plaisir du supérieur de leur ordre, reçus dans la présente ville, laquelle leur donne par la présente délibération la permission de faire la queste et pouvoir de faire leurs fonctions religieuses conformes à leur institut, sans que la communauté soit en aucune façon intéressée pour leur couvent futur.

Le mois suivant, deux Recollets arrivent avec leurs novices pour commencer de s'établir. On leur achète des couvertures de laine.

Le 2 mai 1635 « le sieur Adelon, premier consul, a représenté que les RR. PP. Recollets, qui sont en ceste ville, sont désireux de parachever le dessein par eux commencé pour s'y pouvoir establir, à cause de quoi ils supplient très humblement les habitans de la présente ville de les vouloir assister, puisqu'ils y ont déjà donné leur consentement, et à cest effet de vouloir députer quelque personne de considération devers Msgr le Revérendissime Evesque et comte de Viviers, seigneur spirituel et temporel de cette dite ville, pour le supplier très humblement de vouloir agréer ledit establissement pour leur consolation spirituelle — ayant requis sur ce estre pris délibération. — Sur quoi a esté délibéré que le sieur de Bonnefilhe sera supplié de vouloir accepter ladite proposition qui est faite de se porter devers Msgr de Viviers, et à cet effet de se vouloir rendre devers Sa Grandeur le plutôt qui se pourra, pour le supplier très humblement de vouloir agréer ledit establissement desdits RR. PP. Recollets en la présente ville, et d'y donner son consentement comme il l'auroit fait espérer, en lui faisant apparoir des moyens qu'on a de pouvoir faire commencer à travailler à leur logement, par la charité qui leur est faite par plusieurs particuliers desdits habitans et autres, en la promesse qu'ils en auroient faite, qu'il fera voir à mondit seigneur pour sa justification, et pour cet effet sera fourni par lesdits sieurs consuls au sieur de Bonnefilhe ce qui sera nécessaire pour les frais de son voyage ».

M. de Bonnefilhe revient de Viviers le 10 mai. Il n'a pas trouvé l'Evêque qui était parti en voyage pour Avignon et autres lieux. Il faudra y retourner quand l'Evêque sera de retour. On charge Adelon d'y aller alors avec Bonnefilhe.

Du 15 mars au 21 avril 1636, il y a deux compagnies de gens de pied établies à Largentière, par ordre du gouverneur pour le Roi en Languedoc. Les habitants de Chassiers, Ailhon, Prunet, Meyras, Beaumont, Dompnac et St-Mélany contribuent pour leur entretien. On payait pour le logement d'un soldat 5 sols par jour.

En 1637, les consuls reçoivent du comte de Tournon, lieutenant général pour le Roi en Languedoc, ordre d'avoir (de concert avec Chassiers, Joanas, Sanilhac, Montréal, Vinezac et Uzer) à tenir prêts cent hommes « des meilleurs et des plus aguerris pour s'opposer aux ennemis du Roi, lesquels sont entrés en cette province ». Ces cent hommes sont ainsi répartis :

Largentière 21, Chassiers 32, Vinezac 8, Montréal 7, Joanas 14, Sanilhac 12, Uzer 2.

Cette année là, en juillet, la ville, pour témoigner sa reconnaissance à l'évêque, qui lui a épargné des logements de gens de guerre, lui fait un don de douze moutons. Au mois de décembre, elle lui envoie deux pourceaux gras.

Guillaume de la Vernade voulut à cette époque troubler l'évêque de Viviers dans sa possession de la moitié de la justice de Tauriers, mais l'évêque sut défendre son autorité et la fit maintenir par un jugement de Messieurs des requêtes rendu en 1638. Nos évêques gardèrent le titre de coseigneurs de Tauriers jusqu'en 1716, où leurs droits furent vendus, avec la baronnie de Largentière, par Mgr Martin de Ratabon à François de Beaumont-Brison. D'ailleurs depuis 1421, où Barthélemy de la Vernade était entré en parerie de Largentière, laquelle venait de lui être vendue par Armand de Montlaur, il y avait eu à ce sujet de nombreux procès. Outre une partie de la leyde que lui conférait la donation du baron de Montlaur, la Vernade voulut, comme le donateur, s'arroger le droit d'instituer des officiers de justice. Les consuls de Largentière, qui ne supportaient déjà qu'avec peine ceux de l'évêque, élevèrent de fréquentes protestations, jusqu'à ce qu'enfin Mgr de Suze obtint l'arrêt du Parlement en date du 3 février 1638, par lequel Guillaume de la Vernade fut maintenu dans son droit de leyde, mais privé du droit de nommer des officiers (1).

Une délibération des consuls et habitants de la ville, en date de 1640, porte que, sur l'exposé fait par monsieur messire Jean Rivière, sieur de Chames, premier consul, que, pour la décence du banc et place que les sieurs consuls ont dans l'église parochiale de la présente ville, il seroit nécessaire, pour donner la différence des autres bancs et places, que les particuliers habitans de ladite ville ont dans ladite église, d'orner celui desdits sieurs consuls de la livrée de ladite ville et des armes d'icelle, on décida unanimement et sans discrepance, « que lesdits sieurs consuls, pour l'honneur de ladite ville et décence du banc et place qu'ils ont dans ladite église, et pour donner et faire la différence d'icelle aux autres, feront orner ledit banc et garnir iceluy de drap cadis couleur bleue et y feront apposer les armes de la ville en broderie, le tout néanmoins au meilleur mesnage que faire se pourra ».

Le 29 janvier 1642, « les consuls exposent qu'ils ont reçu ordre de faire deux soldats armés d'espées, baudriers et mousquets, un pour estre conduit à Bays sur Bays, en place d'un autre qui a

---

(1) RAYMOND DE GIGORD — *Le Mandement de Joanas*, p. 221.

déserté, et l'autre au lieu de Cruas, et qu'il est nécessaire non seulement de trouver les soldats, mais encore l'argent qu'il convient leur avancer, tant pour ledit armement que pour la solde qu'ils demandent ».

Les comptes consulaires de 1653 indiquent certaines dépenses, au mois d'août, pour fournitures de bois et chandelles aux corps de garde, « pour la conservation de la ville pendant le temps des troubles et esmeutes à raison du rétablissement du presche de Vals ». Il s'agit de l'incident du pasteur Abraham Durand, expulsé de Vals par ordre de Marie de Montlaur, et que les huguenots du Gard se disposaient à venir soutenir à main armée (1).

En 1657, il y eut à Largentière une grande inondation dont une relation contemporaine parle en ces termes : « chose qu'on n'a jamais ouï dire estre arrivée semblable depuis le grand déluge ».

La même année, au mois de juillet, l'Evêque, Louis de Suze, était à Largentière, et son séjour s'y rattachait cette fois à la phase la plus aiguë de ses démêlés avec les Etats du Vivarais. Il s'agissait de savoir si le grand vicaire de l'évêque, délégué aux Etats par l'évêque, avait droit d'entrée en sa qualité de grand vicaire, c'est-à-dire de représentant de l'ordre du clergé, comme l'évêque le prétendait, ou seulement en qualité de bailli de Viviers, comme les Etats le soutenaient. Ceux-ci ayant maintenu leur opinion, l'évêque qui était venu à l'Assiette, réunie à Aubenas, avec le titre de commissaire général, quitta l'assemblée et se retira à Largentière, où une députation de l'Assiette alla vainement, le 8 juillet, le supplier de revenir. L'affaire fut portée au conseil du Roi qui donna finalement raison aux Etats.

Le 12 octobre 1659, il y eut un accord entre Gabriel de Lestrange et l'évêque au sujet de leurs droits, rentes et censes à Largentière et dans quelques localités voisines. Afin d'éviter des procès éventuels, Lestrange abandonna à l'évêque une partie des droits qu'il avait dans la ville de Largentière, et ceux qu'il possédait à Chassiers, Joux, Trébuols (Rocher) et Jourdos, Champjauffrès, Rouchas, Mouriers, Vermalle, Tauriers, Rocles, Faget et Sanilhac. De son côté, l'évêque lui transmit ses droits,

(1) Voir VELAY ET VIVARAIS. *Deux livres de raison*, p. 37.

rentes et censes sur les lieux de Montréal et Joanas, une partie de ses rentes de Largentière et toutes celles qu'il avait au mandement de Joanas.

En septembre 1660, autre inondation dont le nouveau couvent des Recollets eut fort à souffrir, comme on peut le voir par les notes suivantes extraites d'un *Rapport très nécessaire sur la batisse du couvent qui fut faict dans un déluge, le juge du Prat et le consul Serret nous voulant empescher de jeter la terre dans la rivière et voulant faire abattre le pont l'an 1660* :

Le 27 septembre 1660, quatre maçons (deux de Chassiers et deux de Largentière), requis par le P. Paul, de Lyon, gardien du couvent des Recollets, procèdent à l'examen des dégâts causés au couvent par une inondation provenant de trois jours de pluie de la semaine précédente ; leur rapport doit être envoyé au P. Provincial pour aviser aux réparations à faire. Les maçons constatent qu'ils ont trouvé dans l'église et autres parties du couvent beaucoup de sable et cailloux, apportés par l'inondation « à cause que le canal et conduict des eaux pluviales, qui passe au dessous dudit couvent et s'escoule dans la rivière de Ligne, a este fermé et bouché par un amas de pierres et sable, que lesdites eaux avoient jeté de la montagne voisine appelee la Coste, qui domine sur ledit couvent, si bien que s'il n'est promptement travaillé à nettoyer ledit canal, il est à craindre, qu'arrivant d'autres pluies la ruine dudit couvent s'en pourroit ensuivre.. » Il est aussi nécessaire, pour éviter à l'avenir de semblables et plus grands dangers, de faire conduire les eaux et pierres qui descendent de la montagne, par des digues, fossés ou autre travail, pour les faire écouler dans la rivière par des lieux éloignés autant que possible du couvent. Pendant l'inondation, les religieux ont été obligés de déménager l'église et de tout porter à un oratoire, au bout du dortoir qui répond à l'église

Les maçons vont ensuite au bord de la rivière, à l'endroit où les Recollets font jeter « le terrain qu'on tire de la montagne joignant ledit couvent, ou qu'on a tiré des fondemens de leur bastiment depuis longtemps par le moyen d'un pont de bois qui répond sur ladite rivière ». Ils déclarent « avoir bien vu et exactement vérifié que le terrain, qui est présentement au bord de ladite rivière, ne peut faire aucun préjudice ny dommage à aucun particulier de ladite ville de Largentière, soit en leurs maisons, jardins, terres voisines, ni en aucune autre façon que ce soit, d'autant que ledit terrain est à l'endroit de la petite arcade du pont de pierre et ladite ville assez éloignée du lict ordinaire de ladite rivière d'environ six grands pas, ce qui fait que ladite rivière a son cours libre, et quand elle viendroit à déborder et que par ce débordement elle surpasseroit ladite petite arcade et la boucheroit, ladite rivière feroit plutôt son effet sur ledit terrain qui est mouvant, que non pas contre les maisons basties sur l'autre bord de la rivière et situées sur le rocher ferme, et qui se trouve d'ailleurs à couvert par le moyen de la masse du pont de pierre du côté de ladite ville, qui est un bastiment solide et inébranlable, si bien que ledit terrain ne peut porter aucun préjudice auxdites maisons ni ailleurs... »

Au bas de la page, est la note suivante en grosse écriture :

« L'an 1660 et le 9ᵉ jour du mois de septembre, la maison que nous avions dans la ville de Largentière a été vendue à Georges Pitiot, maistre masson, habitant audit Largentière pour le prix et somme de 380 livres, laquelle somme ledit Pitiot se charge d'employer aux bastimens du couvent... (1)

En 1666 une *maladie populaire* fit à Lagentière de tels ravages que le commerce du vin y fut interrompu, « les muletiers ne voulant ou n'osant y trafiquer ».

Par délibération des habitants, il fut alloué, sur les biens de l'hôpital, 24 livres 4 sols au sieur Deleuze, médecin, « pour les visites par lui faites tant à l'hôpital qu'à plusieurs nécessiteux atteints de la maladie populaire, desquels n'auroit retiré aucun salaire, s'estant exposé au danger pour le bien public ».

Les comptes de cette année portent une dépense de 20 sols pour le salaire et la dépense de six soldats fournis par la communauté pour assister les sieurs de Malville et Camboulier, chargés de faire des captures par ordre de Nosseigneurs des Grands Jours, ou pour la poudre ou munition de leurs armes.

En 1667, on trouve dans les comptes consulaires :

---

(1) BIBLIOTHÈQUE NATIONALE, fonds français 2, 166. (Titres de la famille d'Agrain).

Pour la réfection du chemin hors la ville, ayant esté rompu par les inondation de la rivière, 51 livres ;

A M⁰ Martel, maistre d'escole, pour une année de gages, 25 livres, « attendu qu'il est notoire que M⁰ Martel a servi effectivement la communauté à la satisfaction des habitans ».

En 1569, la ville alloue 150 livres aux Recollets pour les aider à réparer la voûte de leur église.

⁎

En l'an 1670 (du mois de mai au mois de juillet), le bas Vivarais, au moins dans la région située entre Largentière, Joyeuse, Aubenas et Antraigues, fut le théâtre d'un soulèvement rural, qui menaça un instant de prendre de grandes proportions, mais qui, le moment venu, fut aisément réprimé.

On avait fait croire aux paysans déjà beaucoup trop surchargés d'impositions, qu'il allait paraître un Edit du Roi ordonnant la levée de dix livres pour la naissance d'un garçon, cinq livres pour celle d'une fille, un écu 3 livres pour chaque habit neuf, cinq sols pour un chapeau, trois pour les souliers, cinq pour chaque chemise, et un sol pour chaque journée de travailleur de terre.

Personne n'a jamais su d'où venait cette fausse nouvelle, qui peut-être fut simplement le produit d'une imagination surexcitée. Le fait est qu'elle fut la cause ou l'occasion d'une levée presque générale de la population des campagnes au sud du Coiron.

C'est ce qu'on a appelé la révolte de Roure.

Jusqu'à ces derniers temps, on ne connaissait guère les évènements de 1670 que par la relation qu'en a publiée M. Laboissière, à la suite des *Commentaires du Soldat du Vivarais* (1). Les rares personnes qui avaient pu lire dans les manuscrits de M. Deydier les pages consacrées à Roure, avaient déjà pu se faire une idée plus exacte de l'homme qui avait donné son nom au mouvement de 1670.

Car Roure n'était pas, comme on l'avait dit, un simple *laboureur* de la Chapelle, mais un ex-officier, de la petite noblesse de

(1) D'après Delichères, cette relation serait d'Avond, de Mercuer, mais il y a lieu de croire que Laboissière est plus dans la vérité en l'attribuant à François Valeton.

nos contrées, possédant le fief de la Rande, entre la Chapelle et St-Sernin, et dont la famille se prétendait parente des Roure de Gras. Le nom de *Jacques* qu'il prend dans une proclamation aux paysans du Vivarais, et sous lequel il fut condamné et exécuté, lui vint de ce qu'il avait été à la tête d'une *jacquerie*, et ce nom comme la qualité de *laboureur*, que lui donne le jugement, avait pour but, dans l'intention des autorités d'alors, de diminuer l'importance du mouvement, en rabaissant la condition du coupable. Le pauvre homme, d'ailleurs, avait été mis bien contre son gré à la tête de la révolte ; c'est surtout pour répondre à des reproches de lâcheté, et par un point d'honneur excessif, qu'il se crut obligé d'accepter les propositions des paysans : en résumé, un véritable général malgré lui — Molière n'avait pas prévu ce cas là.

La récente étude de M. Raoul de Vissac (1) est venue, depuis, mettre en pleine lumière la physionomie du seigneur de la Rande, et elle emprunte un intérêt particulier aux documents de famille échus à l'auteur, puisque la femme de Roure était une de Vissac (2). Peut-être y a-t-il quelque exagération à faire de Roure un héros méconnu, un précurseur des revendications populaires, coupable d'avoir été trop honnête et d'avoir manqué de résolution. On peut aussi trouver que l'auteur, entraîné par son sujet, a forcé la note en parlant des misères des paysans d'autrefois, outre que son œuvre a parfois une allure trop romanesque, et, de plus, que ses jugements sur ce qu'on pourrait appeler la politique du temps, ne nous paraissent pas d'une rectitude absolue ; ce qui veut dire que l'auteur, tout en reconnaissant les périls de l'action populaire, toujours plus ou moins inconsidérée

(1) ANTOINE DU ROURE *et la revolte de 1670*. Paris, Lechevalier, 1895.
(2) Isabeau de Gout de Vissac, mariée a Jean Antoine Roure le 19 février 1664, était fille de Claude de Gout, de Jaujac, dont le père avait été un instant syndic des Etats du Vivarais (en 1568) et de Marie d'Esparvier. Une sœur d'Isabeau épousa Martin dit de Burac, de qui descendait le Chastanier de Burac qui figure dans l'histoire du camp de Jales. Leur frère, Annet, sieur de Blazère, épousa le 15 août 1674, Gabrielle Gamon, d'Antraigues, de la famille du futur conventionnel, et en eut seize garçons, dont quinze entrèrent au service militaire et onze y moururent ; deux d'entre eux devinrent officiers supérieurs et chevaliers de St-Louis (Mss. Deydier). Un dernier écho des affaires de cette famille se trouve dans les annonces judiciaires des journaux de l'Ardèche de 1874, par suite de la mise en vente, comme biens de mineurs, du domaine de Vissac, à la Souche, dépendant de la succession du dernier Chastagnier de Burac, qui venait de mourir président du tribunal de Beaune.

et sujette à tous les emballements, ne semble pas assez comprendre les obligations qui en résultent pour ceux qui sont chargés de maintenir l'ordre et la sécurité du plus grand nombre. C'est pourquoi, tout en regrettant les sévérités excessives dont on usa à l'égard des paysans révoltés de la région d'Aubenas, nous sommes obligé de reconnaître que leurs excès avaient justifié d'avance la répression dont ils furent l'objet. Et, tant que la pure raison ne suffira pas à prévenir les conflits incessants que suscitent fatalement l'opposition des intérêts dans la machine sociale et la divergence des idées dans nos pauvres cervelles, si intellectuelles qu'elles se croient, nous craignons bien que les mêmes causes n'engendrent toujours les mêmes effets.

Notons en passant que l'histoire de Roure, par les analogies qu'elle présente avec celle de nos jours, devrait être pour tous un enseignement précieux. Nulle part on ne voit mieux que la masse inconsciente va toujours au delà du but qu'on lui a marqué, au delà même de ce qu'elle s'est proposé elle-même, et — toutes les leçons du passé le démontrent — que les oppositions violentes retardent plus qu'elles n'avancent les améliorations justes et désirées de tous.

En tous cas, Jacques Roure, ou plutôt Antoine Roure, seigneur de la Rande, le petit gentilhomme de St-Sernin, sort du livre de M. de Vissac sous un tout autre aspect qu'on ne l'avait vu jusqu'à présent, et il suffirait, à notre avis, des deux lettres que le malheureux condamné écrivit de la prison de Montpellier à sa femme, quatre jours avant son exécution, pour que personne ne pût lui refuser un sentiment de pitié sympathique, car il est juste d'y voir, non sans doute sa complète justification devant l'histoire, mais une démonstration aussi complète que touchante de son honnêteté personnelle et de ses pures intentions.

Pour ce qui concerne la région de Largentière, M. Léon Vedel a puisé dans ce sujet les éléments d'un récit fort dramatique (1), mais qui ne répond pas précisément aux données authentiques que nous fournissent les Délibérations municipales de la ville de Largentière, et nous croyons d'autant plus intéressant de reproduire celles-ci qu'elles manquent aux archives de la mairie, bien

(1) JEPHTA LA JUIVE. *Les chasseurs d'élus*. Largentière 1875 in 12.

qu'indiquées dans l'Inventaire fait par Fayolle en 1787. Les voici donc, telles que nous les avons trouvées dans les manuscrits du président Challamel :

L'an 1670 et le 15ᵉ jour de mai, sous la halle du marché de cette ville de Largentière, par devant Mᵉ Annet Rochier, sieur du Prat, docteur ès droits et juge en la baronnie dudit Largentière, ont esté assemblés en corps de communauté les consuls, conseillers et principaux habitans de la dite ville ci-après nommés, savoir :
Noble Jean de Fages, seigneur de Bessas ; Jean Desrocles et Loys Baille, consuls modernes ; noble Guillaume de Fages ; M. Jean Rivière, sieur de Chames ; Guillaume du Boschet, sieur de Charlhac, et François Montbel, docteur en droit, conseillers ; noble Claude de Fages, sieur de Chaulnes ; sieur Alain de Fages, sieur de Bertis ; Jean et Louis de Largier, frères, et Annet Mollier, sieur de Grandval ; Jean Mouraret, sieur de Malet ; Pierre Mouraret, sieur de Tauriers, et Jean Mouraret, sieur de Belvèze, père et fils ; et plusieurs autres, faisant la plus grande et saine partie des habitans de la dite ville.
A tous lesquels ledit sieur de Bessas, premier consul, a exposé et donné à entendre que, depuis quinze jours ou environ, certains libertins, sous prétexte de bien public et de chasser les esleus, se sont attroupés, pris les armes et fait battre le tambour en divers lieux et paroisses du voisinage, et qu'ayant augmenté peu après, ledit sieur de Bessas, assisté des magistrats et autres principaux habitans bien intentionnés pour le service du Roi, auroient fait leurs efforts et diligences pour l'empescher, tant par remontrances particulières que autrement ; mais n'ayant rien pu avancer, la chose auroit plus et tous les jours augmenté ; en telle sorte que, se donnant le petit peuple toute sorte de libertés, ils auroient fait plusieurs insultes et entreprises sur les maisons de plusieurs particuliers de cette ville ; et le jour d'hier, 14ᵉ du présent mois, seroient venus en cette ville plusieurs et diverses troupes de gens armés au nombre de 8 ou 900, la plus grande partie des habitans de la ville et duché de Joyeuse, parmi lesquels furent reconnus : Loys Gévaudan, praticien ; Guillaume Gévaudan, bastier, son frère ; Loys Lachapelle ; Vincent, maréchal ; Maurin, marchand ; Pellier, consul ; Philippe Fabre ; Archier, chirurgien ; François Rieu, maréchal ; Siméon Boissin, Jean Vaugère, Chevalier, Loys Richard et plusieurs autres, ne sachant leurs noms ; lesquels se croyants estre les plus forts et rendus maistres de la ville, auroient entrepris de user et de se saisir des meilleures maisons de ladite ville pour les mettre au pillage et détruire, ce que infailliblement ils auroient fait, n'eût esté le bon ordre que les bons et fidèles habitans y auroient donné avec l'assistance de quelques soldats et troupes voisins qu'ils auroient appelés à leurs secours ; n'ayant néanmoins pu empêcher que lesdites troupes mutines ne fissent sédition et attaqué plusieurs maisons et personnes, contre lesquelles ils auroient tiré plusieurs

coups de fusil et pistolet ; desquels le sieur Jean Joseph Rochier, sieur de la Sablière, du lieu de Trébuols, paroisse de Joanas, auroit esté tué ; le sieur de la Tronchière, de la paroisse de la Souche, grièvement blessé de quelques coups d'hallebarbe ou pertuisane ; Etienne Pelletz, habitant de cette ville, battu et blessé de plusieurs coups, ensemble le seigneur de Chazeaux et plusieurs autres habitans ; et il en seroit arrivé pis, si ledit seigneur de Chazeaux et autres n'eussent contraint et fait filer par force hors de ladite ville lesdites troupes mutinées, lesquelles, en se retirant, auroient usé de diverses menaces et protesté de revenir au premier jour, avec de plus grandes forces, pour mettre la ville au pillage ; de manière que, pour éviter lesdites menaces et des évènemens plus fâcheux, et se maintenir en l'obéissance du Roi, il est de toute nécessité d'y pourvoir promptement.

Ce que entendu par les susdits habitans, ils ont unanimement protesté qu'ils veulent vivre et mourir en l'obéissance du Roi et lui estre toujours fidèles, ce qu'ils ont juré et protesté entre les mains de messieurs les magistrats et consuls, criant hautement *Vive le Roi ! Vive le Roi !* et ont délibéré que, pour s'y maintenir, ledit sieur de Bessas est prié de s'en aller en toute diligence devers Monseigneur le marquis de Castries, chevalier de l'ordre du Roi et son lieutenant général en la province de Languedoc, pour lui faire les très-humbles remontrances, protestations et soumissions de la part de tous les susdits habitans, et l'informer de tout le passé, désavouer devant lui toutes les insultes qui pourroient avoir esté faites par lesdits mutins et séditieux contre l'intention desdits habitans, avec protestation d'en rechercher les coupables et aider à les faire punir ; le supplier aussi très-humblement de donner ses ordres pour apaiser et faire cesser lesdits troubles ; et cependant, pour empêcher les incursions et hostilités dont ont esté menacés, que, à la diligence desdits sieurs consuls, il sera pourvu à la sûreté du chasteau et à la réparation et remise des ponts-levis des deux portes principales de la présente ville, auxquelles il sera mis garde bourgeoise pour empêcher que à l'advenir aulcunes troupes étrangères n'entrent avec armes dans ladite ville que par l'ordre de mondit seigneur le marquis de Castries, ni aussi que personne desdits habitans n'en sorte pour se joindre auxdits séditieux et perturbateurs du repos public.

Les sachant escripre soussignés.
Les autres illitérés.

Du vendredi, 23e jour du présent mois de mai, environ les 7 heures du soir, en présence de tous les habitans nommés aux délibérations précédentes.

Le sieur de Bessas, premier consul, ayant rapporté qu'il venoit d'être averti qu'il paraissoit des troupes du costé de la porte de Sigalières, M. de Chazeaux fut prié, de la part de l'assemblée, de les aller recognoistre ; ce qu'il fit, et ayant rapporté que c'estoit une compagnie de 60 hommes de pied, conduite par le sieur Chambon, par ordre du Roi, pour se mettre en garnison dans le château de Largentière,—A esté délibéré, tout d'une voix et sans discrépance. qu'on leur ouvriroit les portes de la ville et du chasteau, et que le sieur de Bessas iroit leur faire compliment de la part de cette communauté et leur offrir tous les secours et commodités dont ils auroient besoin ; ce qui a esté executé de point en point.

Du samedi 24ᵉ mai, en présence de plusieurs habitans et autres composant presque toute la ville. Le sieur de Bessas, ayant reçu divers avis de plusieurs parts que très grand nombre de factieux estoient assemblés du côté de Villeneufve et qu'il estoit important que les respect et obéissance des habitans de Largentière aux ordres du Roy et de Monseigneur le marquis de Castries fussent cogneus au point qu'ils sont, et que pour cet effet il falloit faire quelque chose d'extraordinaire,—A esté délibéré unanimement qu'il seroit fait défense à toutes sortes de personnes, de quelle qualité et âge, sexe et condition qu'elles soient, de sortir de la ville pendant tout le temps que cette troupe sera assemblée et qu'on lui courra sus, supposé qu'ils viennent se présenter comme ils menacent devant l'Argentière ; ce qui a esté résolu et délibéré avec un applaudissement général.

Du 25ᵉ mai de matin, ont este assemblés les principaux et autres composant presque toute la ville,—Par devant Mᵉ Annet Rochier, sieur du Prat, docteur ès droits, juge en la baronnie de Largentière ; auxquels ledit sieur de Bessas, premier consul, a représenté qu'il vient d'estre averti que les attroupés s'étoient tous retirés d'auprès de Villeneuve sur une ordonnance de Monseigneur le marquis de Castries, et avoient promis de se séparer et quitter les armes ; et néanmoins ce matin divers factieux inconnus, et en grand nombre, estant venus sur le haut de la montagne qui domine cette ville, après avoir tiré plusieurs coups de fusil à balle, ils auroient crié : *Traîtres gens de Largentiere ! lâches ! poltrons ! qui ne nous avez donne aucun secours !* et plusieurs autres injures menaçantes. A esté pris en question ce qu'il y avoit à faire désormais pour la garde de ladite ville. Sur quoi a esté délibéré unanimement que ledit sieur de Bessas estoit prié d'aller communiquer la chose à M Chambon, qui commande le chasteau pour le service du Roi, et à Messieurs les autres officiers de la garnison, pour prendre et suivre leur advis. Ensuite de quoi le sieur de Bessas s'y estant transporte, et lesdits sieurs officiers ayant entendu et vu tous lesdits factieux, avec tout le susdit vacarme, sur le haut de ladite montagne, après en avoir donne une délibération audit sieur de Bessas, lui ont conseillé de garder encore pour quelques jours les portes de la ville jusques à ce qu'ils verront le calme général.

On sait comment finit cette malheureuse échauffourée. Toutes ces bandes de paysans, sans cohésion et sans discipline, furent mises en complète déroute, à la Villedieu, le 25 juillet, par les troupes royales, et Roure, étant parvenu à s'échapper, put donner une nouvelle preuve de sa bonne foi et de sa naïveté, en profitant de cette chance inespérée, non pas pour se mettre le plus tôt possible à l'abri, mais pour se diriger sur Versailles, avec l'intention de voir le Roi et de lui exposer les griefs des populations rurales du Vivarais. La première personne à qui il s'adressa à Paris le détourna naturellement de ce projet imprudent et lui conseilla de mettre au plus tôt la frontière entre lui et les officiers de justice. C'est ce qu'il essaya alors de faire en passant en Espagne, mais il fut reconnu à St-Jean-Pied-de-Port, à cause de ses pistolets qu'il avait laissés sur une table, et sur lesquels son nom était gravé. Conduit à Montpellier, il fut condamné à mort et roué le 29 octobre, et sa tête envoyée à Aubenas y demeura assez longtemps exposée au dessus du portail St-Antoine (1).

La *Collection du Languedoc* (2) contient une autre relation de la Révolte de Roure qui ne diffère guère que par la forme de celle qu'a donnée M. Laboissière. Elle se termine par l'anagramme et les vers suivants :

JACQUES ROURE (qui sera roué)

Il est certain, ce qu'un savant
Dans ses proverbes nous expose,
Que le nom a le plus souvent
Quelque rapport avec la chose.
Qui ne tiendra pour avoué
Que le destin de Jacques Roure,
N'ait ordonné, qu'il a beau courir,
Qu'enfin il sera pris et qu'il sera roué.

Conveniunt rebus nomina sœpé suis.

Nous laissons à ceux qui auront du temps de reste, le soin de chercher quel aurait été son sort, si, au lieu de mériter le nom de *Jacques*, il fût resté fidèle à ses vrais prénoms qui étaient *Jean Anthoine*.

Les Etats généraux du Languedoc réunis à Montpellier en 1670 allouèrent 1,800 livres à la communauté de Laigentière, pour lui servir de dégrèvement, à cause de sa ferme attitude lors de la révolte de Roure.

(1) Il y a dans les *Chroniques du Languedoc* t. I. p. 265, une relation de son arrestation et de son exécution, écrite par André Delort, un contemporain
(2) Bibl. Nat. t. 95 pp. 152 à 184. Cette relation est indiquée comme ayant été envoyée à dom Bourotte par M. d'Albenas.

*
* *

Au mois de janvier 1676, vint à Largentière le chanoine Monge, chargé de la visite générale des églises du diocèse de Viviers, accompagné de messire Pagès, official d'Aubenas. (Le procès-verbal fort intéressant de cette visite viendra plus naturellement dans le chapitre spécial que nous consacrerons à l'église de Largentière.)

En 1682, aux Etats du Vivarais tenus à Joyeuse, « l'assemblée, ayant considéré que les RR. PP. Récollets de Largentière, qui n'est qu'à une lieue de Joyeuse, rendent beaucoup de services dans tout le voisinage et ont un extrême besoin de secours, et qu'ils en auroient tiré d'elle de très-grands, si leur ville avoit eu le bonheur d'y voir tenir ces Etats, dont elle a été privée depuis plus de 60 ans et plus de six tours de sa baronnie, leur accorde par ces considérations 400 livres ».

Le 30 septembre 1687, le maire de Largentière, Joachim de Chalendar, sieur de Lambras, répondant à une circulaire du syndic du Vivarais, sur la déclaration des revenus des maisons religieuses, dit qu'il est allé trouver les RR. PP. Cordeliers et les Dames religieuses (de N. D.) « pour les advertir de faire les déclarations voulues, et que tous ont promis de le faire » ; mais il ne dit pas un mot des Récollets, par la raison sans doute que ceux-ci ne jouissaient d'aucuns revenus et vivaient uniquement du produit de leurs quêtes.

« Pour ce qui est de notre hôpital, ajoute le maire, il a été uni aux Commanderies de St-Lazare, et je ne sais pas qui en est le commandeur ni où est ce qu'il demeure, l'hôpital n'étant gardé par personne... (1)

Cette lettre se rapporte aux Edits royaux d'avril et décembre 1686, qui invitaient toutes les communautés du Languedoc à se pourvoir de lettres d'amortissement de leurs biens et usages. Tous les lieux ayant des propriétés de ce genre se rendirent immédiatement aux désirs du gouvernement et remirent leurs titres et déclarations entre les mains des commissaires nommés ad hoc.

(1) **A**rchives départementales de l'Ardèche. C. 1487.

Voici le texte de la déclaration des consuls de Largentière (1) :

Premièrement, une halle à la place de ladite ville, où l'on vend châtaignes, huille et sel, et où les marchands étrangers qui viennent aux marchés se mettent, la communauté l'affermant ordinairement environ 316 livres.

Item, une petite esplanade hors ladite ville, y ayant quelques arbres meuriers, desquels la communauté jouit de la feuille.

Item, les poids de ladite ville que la communauté arrente annuellement.

Item, une fontaine hors ladite ville sortant du fonds des religieux Cordeliers.

Item, quatre foires desquelles il n'y en a qu'une qui est à la St-Martin qui soit observée.

Item, un marché tous les lundis de la semaine.

Item, en l'année 1639 la communauté possédoit une maison qu'on appeloit maison de ville et un hôpital, laquelle a esté... par les chevaliers de l'ordre de St-Lazare.

Nous consuls etc. signés le 15 avril 1587.

Les lettres royales sur ce furent expédiées en octobre 1688 à Fontainebleau et enregistrées à Toulouse et à Montpellier de 1690 à 1691. Elles garantissent aux villes et aux provinces la jouissance de leurs « facultés », le roi prenant l'engagement, tant à son nom qu'au nom de ses successeurs, de ne jamais redemander aucune finance ni indemnité pour pareilles causes.

D'une note, placée au bas d'un placard imprimé, provenant des archives des Cordeliers de Largentière (placard portant les lettres royales qui étendaient aux Frères Mineurs du Languedoc tous les privilèges accordés aux Frères Mineurs de Guyenne), il résulte que nos Cordeliers avaient un *Père temporel* qui était un laïque. Voici cette note :

« Nous Frère Thomas Roussel, Gardien actuel des Frères Mineurs conventuels St-François de la ville de Largentière, déclare et reçois pour nostre père temporel maistre Pierre Lapierre, masson, du lieu de Balazuc. — En foi de quoi je lui ay donné les présentes lettres le 5e febvrier 1690. — Frère Thomas Rouseel, gardien et syndic au nom de toute la communauté. »

Au dos suivent deux annotations, de date postérieure, que voici :

(1) Archives départementales de l'Hérault. Lettres du Grand Sceau.

« Nous Frère Jean François Amouroux, Gardien et syndic des Frères Mineurs conventuels de la ville et baronnie de Largentière, voyant décédé feu Pierre Lapierre, du mandement et paroisse de Balazuc, sans qu'aucun des siens puisse exercer la charge de père temporel qu'il avoit exercee dans son vivant, avons élu en son lieu et place Louis Molier, fils à feu Claude de Laune, de la même paroisse, lequel nous déclarons et reconnaissons pour notre père temporel dans ladite paroisse, suivant la patente à nous accordee par S. M. et enregistrée par le Parlement de Toulouse, lequel s'oblige à recevoir et loger chez lui les religieux du même ordre qui iront chez lui ; afin qu'il puisse jouir de nos privilèges, nous lui avons donné ces présentes lettres ce 24ᵉ juillet de l'année 1703 et me suis signé comme dessus du consentement de toute la communauté. — Frère Jean François Amouroux Gardien et syndic des Frères Mineurs de Largentière. »

Par la seconde note, conçue dans les mêmes termes, le Frère Antoine Jaussoin, Gardien, déclare, le 24 avril 1730, que, Louis Molier étant décédé, il reconnaît pour père temporel, Antoine Molier « son petit ».

Le seigneur de Largentière, Louis de Suze, évêque de Viviers, mourut au Bourg-St-Andéol le 5 septembre 1690 à l'âge de 86 ans. C'était le doyen des évêques de toute la chrétienté. C'etait aussi l'un des membres importants des assemblées générales du clergé de France, où sa parole exerçait une grande influence, et dont il fut l'un des présidents en 1660 Aux Etats généraux du Languedoc en 1671, il avait été nommé président de la députation chargée de porter à la cour le cahier des doléances, et le 15 novembre de la même année, il avait sacré à Paris son neveu et grand vicaire, Antoine de Chambonas, nommé évêque de Lodève et destiné à devenir son coadjuteur puis son successeur à l'evêché de Viviers.

Nous renvoyons à notre article de la *Revue du Vivarais* de 1901 au sujet des difficultés qui eurent lieu, au milieu du siècle, entre l'évêque et les Etats du Vivarais ; mais, quoi qu'on puisse penser du caractère et de certains actes de Louis de Suze, il est certain que cet évêque fut à la hauteur des circonstances difficiles qui marquèrent son épiscopat, puisque c'est grâce à lui, grâce surtout au zèle qu'il mit à organiser les grandes et salutaires missions de St-Jean François Régis, du P. Olier et d'autres saints personnages, que le Vivarais, jadis à moitié protestant, dut de redevenir en grande majorité catholique.

Le portrait que nous avons donné de lui, à l'occasion de sa visite à Largentière en 1634, est du célèbre graveur Nanteuil, comme il résulte de l'inscription placée au bas de quelques exemplaires : *Nanteuil ad vivum faciebat 1656*.

Les rôles de la capitation en 1695 peuvent nous donner une idée, par la taxe de chacun, de ce qu'était alors à Largentière « la société ». Nous omettons les cotes au dessous de trois livres.

Voici les plus imposés :

Jacques Lascombes, ménager,	20 livres
Noel Chabert, marchand en détail et ménager,	10
Jean Valens, ménager et savetier,	6
Pons Chabert, marchand,	6
Noble Alain de Fages,	40
Sieur Jean-Baptiste Jaussoin, bourgeois,	40
Sieur François Bellidentis, bourgeois,	20
François Jacques, marchand mangonnier et ménager,	6
Noble Claude de Grandval et demoiselle Françoise de Serre, veuve d'Anne de Grandval,	20
François Ponlier, apothicaire,	6
Antoine Caires, notaire,	6
Noble Jean de Fages, consul,	10
Sieur Jean Rochier, marchand,	10
Demoiselle Marthe d'Eynault, veuve de noble Alain de Rivière,	6
Jacques Divol, marchand en détail,	10
Noble Guillaume de Fages, sieur de Seveyrac, et son beau-fils, noble François de Fages, demeurant avec lui	6
Barthélemy Béraud, maître cordonnier,	10
Joseph Béraud, son fils, marchand en détail,	6
Noble Jean Joseph de Fages,	10
Sieur Jean Derocles, marchand en détail,	40
Noble Charles de Vacher, sieur de la Molière, et dame Marguerite de Montégut, sa mère, demeurant ensemble	10

Guillaume Sauret, commis au controle des actes de notaire, 10 livres
Nicolas Durnamies, marchand tailleur et ménager, 10
Noble Jean de Largier, 10
Jean Gabriel Suchet, praticien et ménager, 10
Louis Eynault, bourgeois, 10
Demoiselle Louise de la Roque, veuve de sieur Claude Taranget, menager — noble Joachim de Chalendar de Lambras son beau-fils — et noble Antoine de Chalendar de la Combe, père de Joachim — demeurant ensemble 16
Noble Jean de Bonnefilhe, 3
Noble Louis Comte, 3
Mᵉ Rostaing Boyer, notaire, 6
Mᵉ François Duroure, notaire, 6
Jean Rouzier, cardeur de laine, et son fils, 6
Jean Allemand, marchand mangonnier, 6
Messire Annet Rocher, docteur es droit et sa mère, Marie Boyer, veuve d'Annet Rocher, juge demeurant ensemble, 10
Louis d'Allamel, bourgeois, et son fils, 10
Noble Jean de Mouraret, 20
Demoiselle veuve de Pierre de Mouraret, avec Jean son fils, 6
Sieur Jean Jaussoin de Bonnery, bourgeois, 20
Dame Françoise de Jaussoin, sa fille, veuve de noble François de Donin, demeurant avec lui, 6
Mᵉ Henri Jaussoin, avocat, 6
Anne Tressaud, marchand cordonnier, 6
Pierre Monteil, peintre, et son gendre Julien, cardeur de laine, demeurant ensemble, 6
Louis Chabert, cadissier et ménager, 6
Noble Jean de Mouraret de Belvèze, 10
Antoine Ribeyre, ménager et Darasse, son gendre, demeurant ensemble, 6
Mᵉ Joseph Boyer, avocat, 10
Noble Guillaume de Fages de la Tertisse, 6
Antoine Brot, maître cordonnier, 6

Sieur Nohé Niclot, apothicaire,	6 livres
François Blachière, mangonnier,	6
Joseph Jaussoin, marchand,	20

Dans le tableau des nobles du temps qui eurent maille à partir avec les officiers royaux chargés de la recherche des titres de noblesse — ce qui, d'ailleurs, comme on sait, fut plutôt une mesure fiscale qu'autre chose, nous relevons les noms suivants qui intéressent Largentière (1) :

Allamel, sieur de Laval, de Largentière, condamné par défaut le 17 février 1698 à 2000 livres ; on n'a rien trouvé pour saisir ; a fait sa soumission le 23 mars 1700 pour 50 livres.

Allamel (Louis d'), coseigneur de Planzolles, condamné le 19 février 1698 — mort — rien trouvé à saisir.

Bonnefilhe, de St-Alban, à Largentière, condamné comme faux noble en 1698, à 2.000 livres. Insaisissable faute de biens.

Bonnefilhe (Louis), condamné et déchargé, mort.

Comte (Jean de), sieur d'Aubusson, noble du 1er mars 1698.

Largier (Louis de), demeurant à Largentière, maintenu dans sa noblesse le 28 septembre 1669.

Grandval (François de), de Balazuc ; condamné par défaut le 12 février 1698 à 2000 livres ; décharge, attendu qu'il est garde du corps de S. A. frère du Roi ; condamné à nouveau le 26 novembre 1708. Le 17 août 1701, ordonnance de modération à 100 livres ; a payé le 24 août 1701.

Mouraret (Jean de) ; condamné le 14 octobre 1698 à 2000 livres ; le 23 mars 1699, garnison et levée, peu à saisir ; ordonnance de modération à 200 livres ; fait sa soumission le 29 décembre 1698 à 100 livres ; a payé 100 livres le 10 mai 1701.

Rocher (Joseph François de) de Largentière ; a payé 800 livres d'amende comme faux noble.

Vacher (Charles de) reconnu noble.

Sur les comptes consulaires de 1697 nous remarquons :

Un payement de 20 sols 8 deniers à Guillaume Fraisse, pour avoir accomodé le tambour de la garde bourgeoise ;

Un autre de 12 livres, pour quatre revues faites par M. Doriple, major des compagnies de bourgeoisie ;

(1) Bibliothèque Nationale M SS. *Nouvelles acquisitions*, 32290

Enfin 30 livres pour les frais des feux de joie à l'occasion de la paix.

A cette époque, les cinq conseillers sont qualifiés conseillers politiques.

Les comptes consulaires de 1698 contiennent le paragraphe suivant :

Envoi par un exprès à Msgr de Viviers « d'une lettre de la part de MM les conseillers politiques et autres principaux habitans, au sujet d'une imposition à faire de 150 livres pour les gages du régent d'école, la communauté priant Sa Grandeur de vouloir permettre qu'il ne sera imposé que 50 ou 60 livres pour lesdits gages de régent d'école ; les écoliers payeront ce qu'on a accoutumé de payer pour leur éducation ».

Voici, à ce propos, un aperçu de la question des écoles à Largentière pendant le XVIIe siècle :

En 1601, un maître d'école « estant venu à Largentière et y ayant servi l'espace de quelque temps, messieurs les conseillers auroient trouvé bon de lui payer quatre repas qu'il auroit pris à Béraud, montant à 15 sols ».

En 1605, il y a aussi un maître d'école appelé Blaye, de Belley. Les consuls promettent de lui payer sa dépense durant un mois et de lui louer une maison « pour une année, pour y tenir les écoliers et instruire la jeunesse, car il n'y a aucun maître ».

Blaye demande que pendant cette année il soit défendu à tout autre d'ouvrir une école ; ce qui lui est accordé.

En 1608, on trouve un Boyer, maître d'école, à qui on accorde 30 livres.

En 1609, c'est 90 livres qu'on paye à Boyer, en vertu de son contrat d'école, et 12 livres pour les ustensiles.

En 1620, le maître d'école s'appelle Jean de Broa ; en 1627, Boissin, avec 30 livres par an ; en 1661, Martel, avec 30 sols par mois. On lui rembourse alors 12 sols qu'il avait avancés pour faire accomoder le couvert de la « maison préceptoriale » de la ville, c'est-à-dire la maison Justin-Vedel, qui appartenait au *preceptor* (commandeur) du St-Esprit.

En 1666, apparait une demoiselle Dumas, qui donne l'instruction aux filles et à qui la ville alloue 10 livres.

En 1667, Martel a 25 livres par an, et la ville se declare très satisfaite de ses services.

En 1679, il y a un Gonnet, maître d'ecole et une demoiselle Madière pour instruire les petites filles.

Nous venons de voir que l'allocation municipale pour l'instituteur s'est élevée à la fin du siècle, à 150 livres.

A propos du maître d'école Martel, on peut se demander si ce n'est pas le même qu'un Jules Martel, également de Largentière, qui fut pendu le 2 mai 1698, pour avoir fabriqué de faux titres de noblesse en faveur de quelques familles de la région de Largentière. Pour expliquer et justifier plus ou moins cette sévérité excessive, il convient de rappeler que la noblesse reconnue procurait non seulement ces satisfactions de vanité toujours si chères au cœur de l'homme, mais aussi des diminutions de charges pécuniaires qui par suite retombaient sur le reste de la communauté. La condamnation dudit Martel fut prononcée, « sur l'information faite par le sieur [St-Ange Robert] du Molard, bailli de Chalancon, et le texte du jugement se trouve aux Archives de l'Hérault dans un carton intitulé : *Tribunaux d'exception*, etc., 1705-1718.

PRIVAS — IMPRIMERIE CENTRALE

VI

L'ARGENTIÈRE AU XVIIIᵉ SIÈCLE

(jusqu'à l'année 1787).

Les chemins. — Les Camisards. — Le grand hiver de 1709. — L'évêque vend la baronnie de Largentière au marquis de Brison (1716). — Construction du chemin des Ranchisses (1756). — La lettre du curé Defrance (1759). — Lettres du marquis de Jovyac (1762-1764). — L'état de la sécurité publique en Vivarais. — Les commissaires du Parlement de Toulouse à Largentière (1766). — L'achat de l'hôtel de ville. — Le chemin-Neuf. — Le quartier de la halle et de la Ferradié. — L'instruction primaire gratuite à Largentière 1774. — Les digues à épis. — Frévol de la Coste, commandant militaire de la région. — La première poussée démocratique. — La poste. — Le budget municipal. — Un remariage. — Le nouveau cimetière. — Les Recollets.

La construction de nouvelles voies de communication et l'amélioration des anciens chemins, en vue de faciliter la répression de nouveaux mouvements huguenots, en même temps que de développer les ressources du pays, furent pendant les premières années du XVIIIᵉ siècle, le principal objet des soins des États du Vivarais, et Largentière put, à son tour, en ressentir les bienfaits.

A l'Assiette, tenue à Vogué en 1701, à laquelle assiste le maire Pierre Vermale, docteur et avocat, on s'occupe du chemin de Largentière à Uzer, dont le prix-fait a été donné pour 750 livres. Il s'agit aussi de faire un pont sur la rivière de Ligne. On avait délibéré, l'année précédente, que la montée de la croix de la Pome (ou de la Font) sur le chemin de Largentière à Joyeuse, serait réparée aux frais et dépens du pays. Mais, après l'assemblée, les maires et consuls écrivirent au syndic que le chemin de Largentière à Uzer, allant rejoindre le grand chemin d'Aubenas aux Vans, leur serait plus utile et serait moins coûteux pour le pays. Le syndic alla lui-même sur les lieux et trouva qu'on avait raison. Il mit donc aux enchères le chemin de Largentière à Uzer et l'adjugea à 750 livres, « non compris un pont qui est absolument nécessaire ». Il fut décidé qu'on ferait le devis du pont.

Le chemin dont il s'agit — qualifié chemin royal dans les pièces du temps — n'est autre que le chemin de l'*Eschéoune*, qui gravit la montagne à partir de Sigalières et va passer à côté des deux bois de chênes, connus sous le nom de *rourèdes* de M. de Rochemure et de M. de Valgorge, lesquels étaient déjà la propriété respective de ces deux familles, puisque l'ouverture dudit chemin occasionna des difficultés entre leurs ancêtres (les de Fages et les Jossoin).

On avait décidé, à l'Assiette précédente, que le chemin d'Aubenas aux Vans par Payzac, devait être terminé dans l'année, afin d'établir la communication avec les Cévennes, « sans quoi, disait le syndic, le chemin d'Aubenas à St-Agrève par le Cheylard, (auquel on travaillait aussi) resterait à moitié inutile ».

La communauté de Montréal ayant fait alors une dépense de 650 livres pour aller rejoindre le chemin de Largentière à Uzer, et ayant rappelé à l'Assiette qu'on l'avait taxée à 80 livres pour sa contribution au chemin d'Aubenas aux Vans, on lui accorda la même somme pour améliorer la montée de Montréal.

Les comptes consulaires portent qu'on a payé :

Au receveur du Vivarais, pour la cote de la communauté, 4.317 livres ;

Au P. Cotton, jésuite, pour avoir prêché le carême, 75 livres ;

Au P. Philippe, gardien des Recollets, pour avoir prêché l'Avent et toutes les bonnes fêtes de l'année, 25 livres ;

A M. Chevalier, régent d'école de ladite ville, pour avoir fait l'école pendant 8 mois et 17 jours, 106 livres 5 sols ;

A M. de la Rivière, médecin de cette ville, « pour les gages que la communauté lui donne chaque année pour le service qu'il rend à la communauté de sa profession », 100 livres.

Comptes consulaires de 1702 ;

Au valet de ville Vidalenche, son gage annuel de 30 livres ;

Au régent d'école, 150 livres ;

Au prédicateur de carême, 75 livres ;

Au Recollet, 25 livres ;

Aux cinq conseillers de la ville pour leurs gages d'une année, 20 livres ;

Pour avoir fait faire la garde aux trois portes de la ville, pendant qu'on disait la messe de minuit le jour de Noel, 12 livres 5 sols.

Le registre consulaire constate que le chemin royal de Largentière à Uzer a été fait cette année.

Au mois d'avril 1703, le maire de Largentière, Pierre Vermale, leva sur l'ordre du maréchal de Montrevel, une compagnie de bourgeoisie, pour combattre les Camisards qui avaient envahi quelques points du Vivarais, où ils brûlèrent les lieux de Grospierres, Sampzon et Franchessis, et détruisirent quelques maisons à Vagnas et la Bastide de Virac Vermale a entretenu cette compagnie jusqu'au mois d'avril 1704 dans les passages de la Lozère. Les Etats généraux ne lui ayant accordé que 6 sols par soldat et 12 pour le sergent, il réclama à l'Assiette de 1705 en demandant un supplément, et l'assemblée pria son président de faire examiner la demande.

En 1703, les Etats passent un bail avec Darasse pour la construction du pont de la Tourasse (le pont de Bourret, à Sigalières) et d'un petit pont près du domaine des Chartreux (Bellevue) sur la route d'Aubenas à Joyeuse (1250 livres pour les deux ouvrages).

On avait adjugé, deux ans auparavant, la réparation du pont de Martel à un autre entrepreneur appelé Roure.

Comptes consulaires de 1703-1704 :

« Pour la réparation de la muraille de la ville du côté du château », que l'on « fit bâtir l'année de grande révolution des phanatiques... compris une grande fenêtre et un trou qu'il y avoit dans la maison d'Annet Tressant joignant les murailles de la ville », 74 livres 12 sols ;

« Pour bois et chandelles et sarments fournis pour cinq corps de garde qu'on faisoit dans la ville l'année de la grande révolution qu'il y avoit dans cette province à cause des Huguenots, suivant les billets de M. de Bessas, commandant dans cette ville... »

En 1704, visite de M. de Julien, le brigadier des armées du Roi, qui avait réprimé l'insurrection des Camisards ; on le reçoit avec de grandes démonstrations de joie.

M. de Julien visita encore Largentière en 1707 et 1708.

L'hiver de 1708-1709 fut d'une extrême rigueur.

Le prieur de la Souche, François Armandès, auteur d'une histoire manuscrite de cette localité, donne à ce sujet les détails suivants recueillis par le prieur de Rochemaure de ce temps, appelé Leblanc :

> Le 6 janvier, sur les 9 heures du soir, il s'éleva un froid si violent qu'en quatre jours le Rhône a été entièrement pris, si bien que gens et bêtes ont passé en Dauphiné sur la glace pendant douze jours. Il a gelé six pans de cale. Et cependant nos blés n'étoient pas tout à fait morts. Mais il est venu un temps pluvieux et mou qui a détrempé la terre, une bonace qui a dégelé à fond. Et cette bonace a été suivie d'un second froid, aussi rigoureux que le premier, qui a achevé de perdre les blés, de sorte que nous ne cueillerons pas un grain de blé ni de seigle : terrible désolation ! Car pour cueillir quelque chose, on sème de l'orge que l'on achète 14 francs le cestier. Le millet blanc et noir coûte 12 francs le cestier. Et si on ne trouve ni orge ni millet, Dieu ait pitié de nous, s'il lui plait, car nous ne sommes pas en sureté dans nos maisons à cause de la grande misère.
>
> Ecrit ce dernier jour d'avril 1709, par le prieur Leblanc, de Rochemaure.
>
> Le froid est si pénétrant que l'eau-de-vie s'est congelée. Outre la perte de nos grains, nous avons vu, par surcroit de malheur, tous nos oliviers et figuiers morts, la moitié pour le moins de nos noyers, et la plupart de nos mûriers, et dans le pays des châtaignes, tous les châtaigniers perdus. Dieu cependant touché, ce semble, de douleur de nous avoir si sensiblement châtiés, a versé une bénédiction si extraordinaire sur les trémois que nous avons faits, que un cestier d'orge en a produit jusqu'à 33, l'avoine, 45 à 50, les millets noir et blanc 60 à 70. Et les légumes ont produit avec tant de profusion, que moi-même, une écuellée de lentilles qu'on vouloit mettre au pot et que j'empêchai, m'a produit deux cestiers, en sorte qu'on a eu lieu de ne pas regretter d'avoir acheté 22 livres le cestier, et le millet dix écus. Cette récolte abondante n'a pourtant pas empêché que la misère n'ait été extrême, et surtout en montagne, à cause de la perte de leurs châtaigniers. Aussi nous les avons eus sur les bras, ayant eu des villages entiers qui ont été abandonnés. La disette a été si pressante que la plupart du peuple a été réduit à faire du pain de gland, et cette mauvaise nourriture et celle de l'été passé, qui n'avait été presque que d'herbes ou de mûres, qu'on cueilloit pour une semaine entière, a engendré quantité de dyssenteries et de fièvres chaudes. Tout a été d'une cherté excessive, le pain à 5 sols la livre, le vin à 12 sols le pot, le beurre à 8 sols la livre, ce qui fait que les plus commodes ont peine à subsister.
>
> Le Blanc.

Sur les distributions de vivres que les Etats durent faire cette année aux communautés religieuses, il fut alloué neuf quartes de froment aux Recollets de Largentière. « Les commissaires ont jugé cette somme très nécessaire pour la subsistance de ces pauvres religieux. »

Voici sur ce même hiver le témoignage de Jacques Mathieu, notaire à Jaujac, rapporté aussi par Armandès :

Vous saurez que cette année 1709, il a fait un si furieux gel qu'il a tué tous les grains. Il a fallu resemer les terres. Il a tué tous les oliviers et la moitié des châtaigniers et plusieurs autres arbres, et tout le jardinage. Bien des personnes sont mortes de faim. Il est mort dans cette paroisse de Jaujac en cette année quatre cent soixante personnes. On a fait du pain de vinasse, de racine de fougère, de graines de buisson, de graines de foin, d'écorce d'arbre de fau. La livre de méchant pain valoit 5 sols ; le pot de vin a valu jusqu'à 10 sols. Dieu veuille nous préserver par sa sainte grâce d'une pareille année et nous donne sa sainte bénédiction *Amen*. Je prie ceux qui liront ce mémoire de dire un *Pater* et un *Ave Maria*.

MATHIEU.

Armandès ajoute :

Un homme, qui avait sept ans cette année là, me racontoit que son père avoit acheté du pain de gland pour en faire manger à ses enfants. Ce pain paraissoit beau et bon. Ils en mangèrent ce qu'ils voulurent et le trouvèrent bon. Mais il ne l'eurent pas plustot mangé qu'il leur pesa à l'estomac comme du plomb, et les tourmenta sans relâche jusqu'à ce qu'ils l'eussent mis dehors.

**

Comptes de 1710 :

A Etienne Hébrard, maître d'école, pour ses gages, 150 livres.

Le maire est alors noble Charles de Vacher, sieur de la Molière.

En 1711, il y a un bail des réparations à faire aux ponts de Boude (entre Vinezac et la Chapelle), d'Uzer (sur Lende), et de Bullien près des Chartreux (de Bellevue) ; bail de 118 livres passé avec Marron, de Grospierres.

A l'Assiette ouverte à St-Péray le 5 avril 1712, Louis Joseph de Comte, seigneur de Tauriers et de Chalabrèges, est reçu comme bailli de Joyeuse, ayant obtenu de la princesse de Lislebonne, dame de Joyeuse, la survivance de cette charge, dont Louis de Comte, son père, était pourvu.

En 1713, c'est Henri Rouvière, bourgeois, qui assiste à l'Assiette pour le maire de Largentière. Le bailli est encore cette année noble Aymar de Serre, coseigneur de St-Marcel, de St-Montan et de Cousignac, qui occupait cette charge depuis 1693, mais il mourut peu après, car à l'Assiette de l'année suivante, tenue à Tournon, c'est le sieur Joseph Bouzon, avocat, pourvu par l'évêque de la charge de bailli général de ses terres, qui fut admis comme bailli de Largentière. Le subrogé du baron de tour, président de l'assemblée, nomme le sieur Tailhand pour entrer comme député de Largentière, à cause des contestations existantes sur ladite entrée. Vermale, acquéreur de la mairie de Largentière, avait donné sa procuration à un député pour entrer, l'édit de création des offices de maire lui conférant ce privilège jusqu'au remboursement de sa finance ; mais le subrogé fait observer que si ce remboursement n'a pas encore été effectué, c'est à raison de longueurs qui sont le fait de Vermale lui-même ; c'est pourquoi il donne l'entrée à Tailhand.

A propos de cet incident, il convient de rappeler que, dans la seconde moitié du xviie siècle, Louis xiv, obligé de se créer des ressources pour ses guerres, avait érigé en titre d'office les fonctions de maire et les avait rendues vénales. Les villes, qui voulurent conserver leurs privilèges, rachetèrent elles-mêmes les nouveaux offices. Depuis cette époque jusqu'à Révolution, selon les besoins d'argent, une série d'Edits abolit et rétablit successivement les offices de maire, rendant de temps en temps aux villes le privilège de l'élection pour avoir le prétexte de les leur faire racheter quelque temps après. A certains moments on créa même, en sus des offices existants, de nouveaux offices de maires alternatifs et triennaux, dont les titulaires devaient exercer la charge de maire alternativement avec ceux qui en avaient été pourvus par des Edits antérieurs. Puis, les charges de ces nouveaux offices n'ayant pas eu le succès espéré, on rétablit la liberté des élections, à la charge par les villes de rembourser aux titulaires le prix de leurs acquisitions.

Le 27 octobre 1714, bénédiction de deux cloches par messire Chabert, curé et official. La grande est baptisée *St-Martin et Ste-Geneviève* ; elle a pour parrain l'évêque Martin de Ratabon, et pour marraine, dame Geneviève de Neremand. La petite, baptisée *St-Jean et St-Jacques*, a pour parrain Jean de Fages, seigneur de Rochemure, et pour marraine dame Jacqueline de Granval. Ces cloches avaient été fondues quelques jours auparavant sous l'escalier de la maison de ville (escalier de la maison Vedel), entre l'hôpital et la muraille de la ville, proche du Portalet, par Jacques et Michel Laplaine, maîtres fondeurs d'Uzès, sous le consulat de Gabriel Tailhand, François Jacques et Guillaume Suchet.

L'année 1715 nous montre la petite noblesse de Largentière participant par un certain nombre de ses membres à une association plus ou moins secrète, plus ou moins maçonnique, dans tous les cas, fort peu édifiante, dont nous avons parlé dans un autre ouvrage (1). Il s'agit du *vigoureux ordre des flûteurs*, dont le chef était le comte de Brison, seigneur de Beaumont et de Sanilhac, qui allait bientôt acheter la baronnie de Largentière.

Au commencement de l'année 1716 (le 22 février), eut lieu la mort du curé Jean Chabert. Il fut enterré le lendemain dans le caveau des curés à l'église paroissiale.

L'Assiette fut tenue cette année au Bourg-St-Andéol, quoique la baronnie de Largentière fût de tour. Il y eut de vives réclamations pour la restauration du chemin de Largentière à Montpezat, ce qui s'appliquait probablement à la partie de Largentière à Jaujac. C'est le seul, disaient les habitants, qui nous procurât le débit de nos vins, et il est si ruiné, sur la longueur d'une lieue et demie (probablement de Largentière au col de Millet), que les muletiers ne viennent à Largentière que lorsqu'ils ne trouvent pas de vin ailleurs. Ils faisaient observer que la baronnie de Largentière etant de tour, cela devait leur valoir, selon l'usage, quelque avantage.

L'assemblée leur fit raison en chargeant le syndic de faire les réparations demandées.

On s'occupa encore du chemin de Largentière à Uzer « où un parapet serait nécessaire sur une distance de soixante canes, y ayant plusieurs charettes qui se sont précipitées...Il y a aussi sur ce chemin un rocher fort élevé, qui forme une espèce de voûte,

(1) Voir nos *Notes historiques sur la Franc-Maçonnerie dans l'Ardèche*, p. 22.

dont il se détache souvent de gros quartiers, au grand péril des passants...»

On vota 200 livres pour ces deux articles, et 300 pour le chemin de Balazuc.

Largentière était représentée à cette assemblée par le bailli Bouzon ; par Jean Jossoin, sieur de Tourette, avocat, premier consul (un arrêt du conseil ayant supprimé cette année les offices de maire et autres créés par divers Edits en rendant aux communautés le droit d'élire le même nombre de consuls dont les offices supprimés tenaient la place) ; et enfin par son seigneur, l'évêque Martin de Ratabon. Mais c'est la dernière fois que ce prélat devait présider les Etats du Vivarais, car le 5 novembre de la même année, il vendait la baronnie de Largentière, avec le château et ses dépendances et la moitié de la justice de Tauriers et de Chalabréges, à noble François Denis Auguste de Beauvoir, marquis de Brison, seigneur de Beaumont, St-Mélany, Sanilhac, Rocles, St-Sernin, Fons, coseigneur de Valgorge et St-André-Lachamp.

Par suite sans doute des autorisations nécessaires et autres formalités, cette vente ne fut communiquée officiellement aux Etats du Vivarais qu'en 1718 — et voici comment elle est rapportée dans le procès-verbal de l'Assiette tenue cette année là à Joyeuse, par devant noble Louis de Comte, seigneur de Tauriers et de Chalabréges, subrogé de dame Anne de Lorraine, veuve de François de Lorraine, ayant tour de baron pour sa baronnie de Joyeuse :

(30 avril) Le sieur de Rochemeure, secretaire du pays en l'absence de M. de Rochepierre, syndic, a dit que M. le marquis de Brison ayant acquis de Msgr l'évesque de Viviers la baronnie de Largentière, lui en auroit remis le contrat de vente, ensemble l'arrest du conseil d'Estat portant omologation dudit contrat, comme aussi les Lettres patentes à luy accordées par S. M. qui autorise ladite vente, dans lesquelles le Roy veut, entend qu'il soit reconnu comme baron dudit Largentière, pour avoir entrée en ceste qualité en la présente assemblée, y présider à son tour et entrer toutes les douze années aux Estats généraux de la province, qu'il s'estoit rendu ici pour en demander l'enregistrement ez registres du pays et estre receu en la présente assemblée comme un des seigneurs barons dudit pays.

Sur quoy, lecture faite dudit contrat de vente reçeu par Me

Lespinasse, notaire du Bourg, le 5 novembre 1716, deument controlé et insignué avec toutes les clauses nécessaires dudit arrest du Conseil d'Estat du 27 juin 1717 et des Lettres patentes du 12 juillet 1717, le tout expédié en parchemin signé par le Roy et plus bas Philipeaux, scellé du grand sceau en cire jaune — l'assemblée a délibéré que tous les susdits actes seront enregistrés ez registres du pays, pour jouir par ledit seigneur marquis de Brison du contenu en icelles, et qu'il sera receu en la présente assemblée et y prendra rang et séance comme un des seigneurs barons du pays. Et ledit sieur de Rochemeure estant sorti pour l'informer de la teneur de la présente délibération, ledit seigneur marquis de Brison seroit entré en la présente assemblée et y auroit pris son rang et séance comme un des seigneurs barons de tour du pays, Monsieur le subrogé lui ayant témoigné l'empressement et la joie de ceste assemblée de voir occuper cette place par une personne de sa naissance et de sa distinction (1).

Le marquis de Brison paya pour cet achat 44.500 livres dont la plus grosse part fut employée à la construction du palais épiscopal de Viviers. C'est surtout au point de vue honorifique et pour avoir le droit d'entrée aux Etats du Vivarais et aux Etats du Languedoc, que le marquis de Brison avait fait cette acquisition, dont les revenus seigneuriaux étaient loin d'être en rapport avec le prix d'achat. Quant aux habitants de Largentière, ils ne durent guère s'apercevoir du changement, grâce à la centralisation opérée par Louis XIV, et toute la différence pour eux se résume dans le fait qu'ils eurent à rendre hommage désormais à un marquis et non à un évêque.

La vente de la baronnie ne dut pas rencontrer l'approbation unanime du clergé. Du moins, on voit par une lettre du marquis de Jovyac de 1763, qu'ayant causé de cet évènement avec l'evêque de Viviers de son temps (Mgr de Mons), celui-ci lui dit qu'il était bien fâché que M. de Ratabon eût vendu la baronnie de Largentière et que son prédécesseur (M. de Villeneuve) eût confirmé cette vente.

Dans cette même Assiette de 1718, à laquelle le bailli Bouzon et le consul Annet Rochier, sieur du Prat, coseigneur de la Baume, docteur ès droits, assistaient, on s'occupa entre autres questions, de la construction du chemin de Largentière aux Chambons par Valgorge et Loubaresse, du pont de Montréal et

(1) Archives dép. de l'Ardèche, C. 350.

de la jonction du chemin de Laurac avec celui du Bourg-St-Andéol à Aubenas.

*
* *

La question des chemins aux abords de Largentière revient constamment dans les assemblées suivantes des Etats du Vivarais, et l'on peut y voir les difficultés qui résultaient à ce sujet de la topographie locale, principalement au-dessous de la montagne de Coupe et du Béderet. Les détails donnés dans les procès-verbaux font supposer qu'il existait alors un chemin allant directement de la ville au Reclus en suivant la rive droite de Ligne.

En 1719, dans une assemblée tenue à Privas, le sieur de Rochemure dit que, « par suite de la délibération prise en 1716 de faire les réparations nécessaires pour garantir du danger dont on est menacé en passant sous de grands rochers près du pont de Largentière, on auroit fait plusieurs projets pour éviter le risque, mais que, comme la dépense en seroit considérable, il supplioit l'assemblée de vouloir bien, en attendant qu'on put y faire les réparations convenables, accorder une somme de 40 livres à l'effet de pratiquer un passage au-dessous desdits rochers, pour gayer la rivière dans le temps qu'elle est très basse. — Sur quoi l'assemblée a accordé la dite somme de 40 livres ».

Les comptes de 1721 constatent que « le chemin hors la ville » a été fait par Rochier, premier consul.

Le maitre d'école Hébrard a toujours 150 livres par an pour ses gages.

A l'Assiette de 1724, on décida de continuer les travaux de divers chemins, notamment celui de Largentière à Valgorge, dont les travaux avaient cessé faute d'argent.

« A l'égard de ce qui coutera pour abattre le rocher d'un des deux ponts près de Largentière, ou pour mettre le chemin ailleurs afin d'éviter lesdits rochers, on passera le bail au moindre prix... »

Un peu plus bas :

« L'assemblée, ayant délibéré de faire le chemin du Bourg-St-Andéol à Largentière, et ayant commencé de faire travailler à celui de Largentière à Valgorge, messire Melchion, bailli de Viviers, fait observer que ce chemin deviendroit inutile si on ne trouvoit pas le moyen de faire un chemin hors la ville de Largentière, ou de faire les réparations nécessaires pour qu'on pût passer dans la ville avec des voitures, attendu que sans cela les deux chemins que le pays fait faire ne pourroient pas se rejoindre ; qu'il y avoit aussi, sur le chemin d'Uzer à Largentière, des endroits très dangereux, où il étoit nécessaire de faire des parapets à cause des précipices—Délibéré de faire ces réparations incessamment. »

En 1725, une reparation à la porte du Portalet coûte 98 livres.

L'expert Dumas, chargé d'étudier la réparation des rochers du Béderet, a évalué la dépense à 2000 livres. Le marquis de Brison fait observer qu'en faisant un pont avant que d'arriver à l'endroit où sont les rochers, il n'en coûterait pas beaucoup plus.

On charge Dumas de faire le devis du pont.

En juillet, grandes pertes causées par la grêle aux vignes et terres de Largentière.

En 1727, les consuls de Largentière prient l'évêque d'intervenir auprès de l'Assiette pour la construction du pont de la Tourasse (de Bourret.)

L'année d'après, on demande à Pierre Carlet, maistre fontanier du Bourg, de venir accomoder la fontaine de Razet, mais Carlet ne peut venir.

Cette année là, l'Assiette se tient à Tournon, quoique ce soit le tour de la baronnie de Largentière. Sur la proposition du marquis de Brison, M. de Rochemure est nommé syndic en remplacement de Robert Dumolard décédé. Le marquis de Brison fait le plus grand éloge de Rochemure, « qui s'est toujours acquitté avec honneur de la charge de secrétaire greffier dont il fut pourvu en survivance à feu son père, dans l'Assiette de Pradelles de 1684 ».

Parmi les personnes nobles qui, en 1729, payaient des censes au marquis de Brison pour sa baronnie de Largentière, nous relevons les noms suivants sur le bail à ferme de ces censes passé par ce seigneur à Fançois Darasse :

A *Largentière* : demoiselle Françoise de Montreillac ; demoiselle Geneviève de Rivière ; noble Joachim de Chalendar de

Lambras ; demoiselle Anne de Fages ; demoiselle Marie de Blachère ; noble Jean de Largier ; messire Annet de Fages, ancien curé ; noble Jean de Mouraret ; noble Jean d'Allamel ; noble Alain de Fages, seigneur de Rochemure ; noble Louis de Comte, sieur d'Aubesson ;

A *Tauriers* et *Rocher* : noble François de Rocher etc.

En 1729, par suite sans doute de la mort de Bauzon, le bailli de Largentière à l'Assiette est Mr Me Alexandre Henri Tavernol-St-Clair, avocat en Parlement.

Le 10 juin de cette année, la grêle causa de grands ravages dans la région de Largentière.

Comptes consulaires de 1731 :

Au sieur Dufour, maître d'école, pour ses gages, 150 livres ;

A M. Chabert, trésorier des pauvres, 9 livres ;

A M. l'abbé de St-Montan, vicaire de Largentière, pour six mois de logement que la communauté est en coutume de donner...

En 1732, nous trouvons 25 livres 6 sols à M. Rocher, médecin.

Les gages du sonneur de cloches sont de 20 livres par an.

Le consul de Largentière est alors noble Antoine Ignace de Mouraret, sieur de Malet.

En 1734, c'est J. B. Rochier, docteur médecin.

En 1735, on a dépensé 100 livres pour la refonte des cloches.

Le 25 décembre 1738, Jacques Blachère, deuxième consul, fait la visite des cabarets et bouchons, pendant la célébration des vêpres, sermon et bénédiction, « expulsant les buveurs qui lui répondent insolemment et reviennent boire ».

A cet incident et autres de ce genre se rattache probablement l'ordonnance suivante de M. de la Devèze, commandant pour le roi en Vivarais et en Velay, en date de 1739 :

« Sur l'information que plusieurs jeunes gens de cette ville s'assemblent pendant la nuit, armés de pistolets, dont ils se servent pour tirer et faire carillon, en sorte qu'ils interrompent le repos public, s'arrêtant particulièrement devant la maison de ceux qui leur ont fait des représentations pour les faire cesser et menaces de nous en avertir, s'ils les continuoient », M. de la Devèze prescrit aux magistrats et consuls de la ville « de faire arrêter tous ceux qu'on trouvera portant des armes la nuit et le our et qui feront carillon, et de les faire emprisonner sur le champ ».

Le premier consul de Largentière est alors noble Antoine de Bellidentis, et le juge de la baronnie, Mᵉ Balthazar Jossoin, sieur de Tourette, avocat au Parlement, qui est aussi bailli d'Aubenas.

En 1740, l'Assiette accorde 1200 livres à Largentière (800 pour l'église et 400 pour les murailles de la ville). Il est d'usage d'accorder des faveurs aux villes où l'assemblée se réunit : celle-ci devait se réunir à Largentière ; on l'a tenue à Privas pour la grande commodité de M. Henry Tavernol, subrogé du marquis de Brison et de MM. les députés ; mais il ne faut pas que Largentière en souffre. De là, cette allocation de 1200 livres qui est, d'ailleurs motivée autrement par le passage suivant du procès-verbal : « La grêle et autres accidents qui ont ravagé les récoltes n'ont pas permis à cette ville de faire les réparations indispensables auxquelles elle se trouve exposée par la ruine de la plus grande partie du couvert de l'église paroissiale qui s'est écrasé, par la destruction du pavé de ladite église et par le mauvais état de la muraille principale corrompue par les eaux qui s'y filtrent ; la muraille de la dite ville a croulé sur une longueur de huit toises et de quinze de hauteur, où la ville se trouve entièrement ouverte.»

On accorde aussi 150 livres aux Cordeliers de Largentière et autant aux Recollets.

En mai 1742, l'Assiette fut tenue à Largentière, dans la maison de Joseph de Rocher, seigneur de Sanilhac (1), par devant ledit seigneur, subrogé du prince Charles de Lorraine, baron de tour pour sa baronnie de Joyeuse. L'Assemblée vota 2 000 livres pour les murs de Joyeuse, dont les habitants, dit-on, étaient tous misérables, mais elle accorda aussi 300 livres aux Recollets de Largentière et 150 aux Cordeliers, pour les réparations à faire à leurs maisons.

L'année d'après, on passe un bail de 1850 livres à Babois, entrepreneur, pour la réparation du chemin de Largentière à Tauriers, et un autre de 2.050 à Prévôt, pour achever le chemin de Prunet à Millet.

(1) C'est l'ancienne maison Moulin, occupée ensuite par les Frères.

En 1744, on décide la continuation de ce chemin jusqu'à Jaujac, et pour rendre plus pratiquable le chemin de Chazeaux qui est fait, on accorde 300 livres à la communauté de Chazeaux, à la condition qu'elle réparera les culées de son ancien pont à quatre arches sur Lende.

En 1746, on accorde 100 livres aux Cordeliers de Largentière pour employer aux plus urgentes réparations de leur maison, « dont tout le monde connaît le mauvais état ».

En 1747, on accorde 100 livres aux Recollets et 50 aux Cordeliers.

En 1748, dame Françoise Prévenchères, veuve de François du Rocher, sieur de Sanilhac (et son héritière par testament de 1738), demande que la créance due à son mari par le pays soit inscrite sous son nom.

En 1749, Jean de Fages, seigneur de Rochemure, donne sa démission de syndic et demande la survivance pour son fils après le syndic qu'on va nommer. Cette demande est acceptée. Demontel est nommé syndic, et Tavernol St-Clair le remplace comme secrétaire-greffier. Jean de Fages mourut deux ans après à Largentière (le 22 mai 1751), à l'âge de 80 ans.

Les Assiettes furent supprimées de 1749 à 1753.

A celle de 1753, nous trouvons Simon Pierre Tavernol, seigneur de Chambeson, Craux, St-Pierre-la-Roche et de la baronnie de Barry, reçu bailli de Largentière en survivance de son père.

La même année, noble Jean Joseph de Fages, seigneur de Rochemure et de Cheylus, syndic en survivance de son père, est nommé bailli d'épée de la baronnie de la Voulte.

Cette année-là aussi, on décide d'améliorer le chemin de Largentière à la Croisette, et l'on renvoie à l'année prochaine la réparation de la montée de Châssiers.

En 1754, noble Guillaume de Fages de Chaulnes est maire alternatif de Largentière.

En 1755, c'est Jean-François Denant.

En 1756, Assiette à Largentière. Cette ville ayant demandé le changement d'une partie du chemin allant à la Croix de Millet et la Souche, passant par Chassiers, attendu que la montée de Chassiers est si rapide qu'on n'y peut faire passer de voiture, on vote, malgré Chassiers, ce changement (c'est-à-dire le chemin des Ranchisses) qui coûtera environ 2.200 livres, y compris un pavé qu'il est indispensable de faire au sortir de Largentière.

On accorde 300 livres aux Recollets « dont le couvert de l'église est dans le plus mauvais état ».

Noble Guillaume de Fages de Chaulnes assiste, comme maire alternatif et mi-triennal de Largentière, à l'Assiette de 1758. Parmi les crédits pour travaux publics votés par cette assemblée, nous remarquons 600 livres pour la réparation du chemin de Largentière à Prunet, passant à Chassiers ; 500 pour le rempiètement du mur de l'enclos des Recollets de Largentière que la construction du chemin des Fourniols avait mis en danger, et 2234 pour améliorer et rendre utile le chemin de Largentière à Prunet passant aux Fourniols sous Chassiers.

Le bureau des pauvres de Largentière figure sur la liste des créanciers du pays pour une somme de 2000 livres.

Pour l'année 1759, nous avons à relever dans la *Collection du Languedoc* (t. xxv) la lettre écrite par le curé Defrance, en réponse au questionnaire envoyé par les auteurs de l'*Histoire du Languedoc* à tous les curés et juges de la province. En voici la partie essentielle :

Il y a environ 300 feux qui sont tous dans l'intérieur de la ville, à l'exception de ses métairies à la campagne qui sont de maisons isolées.

Les familles de nobles qui résident dans Largentière sont celles de :
M. de Fages, seigneur de Rochemure ;
M. de Comte, seigneur de Tauriers ;
M. de Julien, chevalier de Vinezac ;
M. Rocher du Prat, coseigneur de la Baume ;
M. Vacher de la Molière,
M. de Mouraret, dont sont sortis la branche de M. de Beauvoir de Malet, et celle de M. de Belvèze.

Il y aussi la maison de M. d'Agrain, seigneur des Hubas, et la veuve de M. de Sanilhac, seigneur de Rocher, dont la famille étoit issue de celle des MM. de Rocher du Prat, et d'où sont sortis deux autres branches qui résident à Largentière.

Il y a à Largentière deux maires alternatifs en titre, trois consuls en chaperon, cinq conseillers et un greffier en titre.

Les consuls sont en exercice pendant un an. Ils entrent aux Etats généraux de la province.

Pour procéder à l'élection, chaque consul propose trois sujets à la communauté qui a droit de les approuver ou de les rejeter. Lorsqu'elle les a approuvés tous, le consul qui les avoit proposés choisit un des trois et celui-là est consul.

La juridiction du juge de Largentière comprenoit non seulement Largentière et Chassiers qui formoient la baronnie de Largentière, mais elle s'étendoit aussi aux paroisses ou lieux de Beaumont, St-Mélany, Dompnac, Brison, Sanilhac. Rocles. St-Sernin et Fons, appartenant au marquis de Brison ; c'est en vertu d'un arrêt du Parlement de Toulouse que la justice de ces lieux s'exerçoit à Largentière.

Les productions sont peu de chose. Le terrain est fort resserré et très stérile. Il est situé dans des collines qui forment autant d'amphithéâtres, soutenus par des murailles qui sont d'un entretien considérable. On n'y voit pas une terre de labour à proprement parler ; on n'y recueille aucune espèce de grains. Le revenu consiste en cocons, vin et huile, et ces récoltes sont si modiques qu'elles suffisent à peine pour payer les cultures et les charges.

En 1761, Assiette à Largentière, dans la maison de M. de Jossoin, par devant Mᵉ Balthazard de Jossoin de Tourette, seigneur de Planzolles, avocat en Parlement, juge de la baronnie de Largentière et bailli d'Aubenas. subrogé du marquis de Vogué, baron de tour pour sa baronnie d'Aubenas.

On y chargea le syndic de demander l'application au Vivarais d'un arrêt obtenu par le syndic d'Alais, portant défense de garder le bétail dans les bois de châtaigniers.

Au mois de mai de l'année 1762, les Etats du Vivarais confirmèrent M. Demontel dans la charge de syndic, et M. de Rochemure pour syndic en survivance. Paul Sabatier, sieur de la Chadenède, bailli de St-Remèze, fut nommé secretaire greffier.

Or, M. de Rochemure mourut le 31 août suivant à l'âge de 40 ans seulement. La correspondance de son oncle, le marquis de Jovyac, avec dom Bourotte (1), nous apprend qu'il allait devenir syndic du Vivarais, M. Demontel étant très-vieux ; qu'il était très aimé et estimé de tous, et qu'il laissait sa femme enceinte avec huit enfants. Voilà, dit-il, M. de la Chadenède plus près du syndicat qu'il ne pensait. Les autres concurrents à la succession politique de son neveu étaient : M. de Fages, bailli d'Aubenas, un de ses parents ; M. de Comte de Tauriers, bailli de Joyeuse ;

(1) *Collection du Languedoc*, tome 189.

M. de Laforest, juge mage de Joyeuse, habile avocat et très estimé, et M. de Saint-Prix, bailli de Crussol.

Le syndic Demontel étant mort quelques semaines après, ce fut une chasse à courre autour du poste qu'il laissait vacant. MM. de Tauriers et Saint-Prix allèrent à Paris pour y chercher des appuis, et le premier y mourut le 18 janvier 1763. Finalement, c'est M. de la Chadenède qui fut nommé syndic (le 31 mai 1764).

La même correspondance nous fournit quelques nouveaux détails sur Largentière pendant cette période.

Le marquis de Jovyac a été frappé par la vue des déblais des anciennes mines d'argent (qui étaient encore très-apparents vers 1830 au Reclus et à la montée de Chassiers), et il s'imagine qu'il s'agissait de mines d'or ; mais, ajoute-t-il, « c'étoit sans doute dans des terres où l'or étoit bien rare, et pour peu qu'on en trouvât, on en avoit quelque chose, au lieu qu'aujourd'hui il n'y auroit pas de l'eau à boire, comme même il arrive au Rhône où il y a des paillettes d'or ; on y en ramasse quelque peu, mais non pas comme on faisoit autrefois ».

Le 22 mai 1764, Jovyac écrit que les Etats du Vivarais vont se tenir à la fin du mois à Largentière. « Le tour est cette année à la baronnie de la Voulte, mais le chevalier de Tauriers, bailli de la Voulte, les fait tenir à Largentière parce qu'il réside dans cette ville. » Jovyac y ira, car il veut qu'on s'occupe de la grande route du Vivarais le long du Rhône.

Le 12 juin, il informe dom Bourotte qu'il en vient. Il y a vu Dulac, le grand prévôt du Vivarais, Velay et Gévaudan, et il donne à ce sujet de curieux détails sur l'état du pays au point de vue de la sécurité publique. Dulac lui a dit qu'il y avait en Vivarais plus de 600 hommes qui méritaient la mort, qu'il se produisait de nouveaux cas à chaque instant, qu'il n'y en avait que huit qu'il pût juger, et par suite qu'une foule de crimes restaient impunis ; que les seigneurs dans les terres de qui il se commettait tant de crimes, en montagne et même ailleurs, n'étaient ni en état, ni en pouvoir de poursuivre ; que même les seigneurs, ou plutôt leurs juges, car ils ne restaient pas dans leurs terres, seraient brûlés chez eux s'ils poursuivaient les criminels ; que, d'ailleurs, il en coûterait trop aux seigneurs ;

qu'il serait bien à propos que cela pût s'arranger entre le Roi et les seigneurs qui n'osent pas même se montrer ; qu'on éviterait ainsi bien des meurtres, etc., etc. Il nous semble que ce triste tableau n'est pas sans jeter quelque lumière sur les facilités que trouvèrent vingt-cinq ans après les auteurs des désordres qui marquèrent les débuts de la Révolution.

L'Assiette de 1764 alloua 762 livres pour « les réparations à faire aux avenues de Largentière depuis le pont Neuf jusqu'au pont de la Tourasse, pour éviter les précipices continuels de cette partie « et du saut du Mulet ». Un devis de 650 livres fut présenté « pour la réparation de la partie du chemin depuis la croix du Portalet jusques vis-à-vis le château du comte de Brison allant à Tauriers et Valgorge (ce qui est devenu la promenade de Marronniers).

Pour l'intérieur de la ville, on demanda « l'élargissement de l'angle de la maison de M. de Belvèze, laquelle arrête le passage de toutes les voitures, surtout celles chargées de gros bois de la Souche allant à Joyeuse, réparation des plus importantes pour la facilité de toutes sortes de voitures ». On vota pour cela 380 livres.

Aux Assiettes de 1765 et 1766, le bailli de Largentière est noble de Roqueplane d'Orby. Le maire est : en 1765, noble Pierre François César de Fages, et en 1766, noble Louis de Fages de Chaulnes.

En 1766, le Roi délégua quatre conseillers du Parlement de Toulouse pour se transporter en Vivarais et Gévaudan et y réprimer les désordres.

Ces commissaires partirent de Nîmes pour le Pont St-Esprit le 1er octobre. Ils étaient, le 3 octobre, au Bourg-St-Andéol ; le 5 à Rochemaure ; le 6 à St-Péray et à Tournon ; le 8 à Annonay, où ils mandèrent les juges de toute la région ; le 13 à Tournon, où ils convoquèrent également les juges de la région ; le 20 au Pouzin, le 22 à Villeneuve de Berg, le 26 à Aubenas, le 3 novembre à Joyeuse, le 5 à Largentière, le 8 à Privas, d'où ils rayonnèrent dans les environs jusqu'à la fin de décembre. Voici un aperçu de leur rapport pour ce qui concerne Largentière :

« Nous avons trouvé à la porte de la ville une compagnie

bourgeoise en haie, et les consuls en chaperon, lesquels nous ont salués et complimentés. Le premier consul, qui est chevalier de St-Louis, portant la parole, et de suite lesdits consuls, ladite garde bourgeoise, les tambours, clairons et hautbois de la légion de Hainaut, nous ont accompagnés jusques chez la dame de Rochemure où nos logements étoient préparés. Bientôt après, nous y avons reçu les salutations des officiers de justice en robe et en bonnets, du curé et de ses vicaires, des Augustins et des Recollets. Les officiers de la légion de Hainaut nous ont aussi visités en corps, et le soir les rues ont été illuminées. »

Les commissaires mandent M⁰ Jossoin, juge de Largentière, Beaumont, St-Mélany, Dompnac, Rocles, St-Sernin et Fons, pour le comte de Brison, seigneur desdits lieux ; le sieur Tressant, lieutenant du juge ; Mayaud, procureur juridictionnel ; Rouvière, greffier, et ordonnent de présenter les procédures criminelles. « L'avons interpellé de nous déclarer si, dans la juridiction de Largentière et de ses dépendances, il y a un auditoire, un greffier, des prisons ; où ressortissent les appels des jugements qui y sont rendus en matière civile, et combien il y a de notaires audits lieux. Il nous a été répondu qu'il n'y a ni registre pour enregistrer le procédures criminelles, ni registre d'écrou, ni auditoire, ni greffe ; qu'il y a des prisons en bon état, que les appels sont portés au sénéchal dn Nimes et qu'il y a cinq notaires à Largentière.

« Et à l'instant ledit greffier nous ayant représenté les procédures criminelles, nous y avons trouvé :

« Une requête et plainte de Pierre Vedel, du 29 mai 1752, pour coups de couteau reçus à la tête, contre les frères André et Louis Vermale ; informations et décret de prise de corps contre les susnommés du 4 juillet 1752, sans autres poursuites ;

« Un procès verbal du 13 octobre 1752, contenant plainte de Marie Nicolas veuve Robert, dont le mari a été tué à coups de couteau par Joseph Bernard, maçon, lequel est demeuré impoursuivi ;

« Une procédure, commencée en décembre 1753, pour l'assasinat de Jean Louis Brot, de Rocles, commis à coups de couteau et de bayonette ; sentence de contumace rendue le 11 septembre 1764 condamnant les coupables au bannissement perpétuel avec confiscation des biens, et n'a ladite sentence été exécutée que par tableau ;

« Une procédure commencée le 4 octobre 1758, à la requête de Pierre Riffard notaire, et demoiselle Comte, mariés, pour avoir été empoisonnés, contre Jean Louis Comte, de Largentière, lequel, par sentence contradictoire du 20 février 1759, fut condamné a être pendu — et procès verbal d'évasion du 19 avril même année, sans autres poursuites ;

« Une requête en plainte du 23 février 1762 de Louis et Jean Rogier, à raison de l'assassinat de Rogier fils par Louis Suchet, qui lui donna trois coups de couteau, crime demeuré impoursuivi. »

Suivent les procès-verbaux de douze autres assassinats, commis de 1751 à 1766, dont quelques uns n'ont pas été poursuivis.

Les commissaires enjoignent aux officiers de justice du mandement de Largentière de se conformer sur ce point aux ordonnances.

Ils visitent ensuite les prisons qu'ils trouvent en très-bon état.

Le même jour les commissaires mandent Mᵉ Laforest, juge de Tauriers ; Mᵉ Dousson, lieutenant de juge ; François Suchet, procureur juridictionnel, et Jean Antoine Valens, greffier. Mêmes questions. Réponse : Les prisons de Tauriers sont en bon état. Les appels se font à Nîmes. Pas de notaire. Rien d'important dans les procédures.

Les commissaires mandent Mᵉ Jossoin, juge de Vinezac pour le seigneur du lieu. Mêmes questions : Réponse : Les prisons sont sûres et en bon état. Appels à Nîmes. Pas de notaire à Vinezac.

Les commissaires mandent Mᵉ Jossoin, juge de Rocher et Trébuols pour le seigneur du lieu ; Valens, procureur ; Chazel. greffier. Mêmes questions. Réponse : Les prisons sont en mauvais état, on se sert de celles de Largentière. Appels à Nîmes. Pas de notaire. Le greffier présente une procédure criminelle, commencée le 20 février 1761, à raison de l'assassinat de Pierre Moulin Lacarte. de Rocles, par divers individus qui furent condamnés à diverses peines le 15 juillet 1762, sentence exécutée par effigie contre les coutumaces. Il y a aussi un procès-verbal d'infanticide du 31 mars 1764.

Le même jour, comparaît Mᵉ Dabrigeon, juge de Prunet pour le prieur de l'abbaye de Cluny, seigneur du lieu, avec Durand procureur et Brun greffier. Mêmes questions. Réponse : Il n'y a à Prunet, ni prisons, ni écrou ni auditoire. Appels à Nîmes. Pas de notaire. « A l'instant, le greffier nous ayant présenté les procédures criminelles, nous avons trouvé une requête en plainte de Françoise Bardin, du 19 février 1750, pour enfoncement d'une fenêtre pendant la nuit, menaces avec fusils, pistolets et dagues, à elle faites et à son mari, pendant la nuit, dans son lit, et vol de 10 louis d'or et de 2 écus de 6 livres d'un côté, et 3000 livres, d'autre, avec effraction d'un coffre ; le sieur Giraud, mari de la plaignante, mourut de frayeur à la suite de cette agression commise par des hommes masqués dont elle donne les noms. L'un d'eux, appelé Jean Chabrouiller, dit Chapitre, étoit détenu en 1759 dans les prisons de Largentière, pour une autre cause. Sans autre poursuite. »

Les officiers de justice de Chazeaux comparaissent ensuite devant les commissaires. Ils répondent qu'il n'y a à Chazeaux ni prisons, ni registres d'écrou, ni notaire. Appels à Nîmes. Rien de saillant dans les procédures.

**

A partir de cette même année 1766 nous avons des délibérations municipales (1).

Le 29 décembre 1765, les consuls et habitants étant réunis en conseil général, dans la salle basse de l'hôpital, M. de Belvèze, premier consul, propose la maison de M. Rocher, médecin, pour en faire une caserne. Mais la question est ajournée.

Le 1ᵉʳ janvier, les consuls ayant refusé d'accepter la prolongation de leur mandat pour 1766, on nomme à leur place : Mathieu de Julien de Vinezac, Jean André Taveny et Jean Doumen.

---

(1) Grâce à des notes de M. Leon Vedel prises sur le registre de ces délibérations à l'époque ou M. Ernest Blachere était maire de la ville ; mais ce registre a disparu depuis, et il ne semble pas que la municipalité se soit jamais préoccupée de le retrouver.

Le 8 mars, on traite la question des casernes. Les consuls exposent que, dans la nouvelle maison, il y aura une salle d'assemblée, un cabinet pour les archives, des prisons ou corps de garde et des latrines...

Dans cette délibération apparaissent, en nombre égal aux conseillers, les plus forts contribuables nommés par Laforest, le subdélégué de l'Intendant : ce sont MM. de Bonnery, Dupont, de St-Pierreville, de Jossoin, Tressaud, Tailhand. Suchet l'ainé, Bernard, Rouvière, Taveny et Meynier.

Finalement l'achat de la maison Rocher au prix de 9,000 livres est voté.

Cette affaire des casernes tient une assez grande place dans les préoccupations locales de ce temps.

Jusqu'à cette époque, l'ancienne commanderie du Saint-Esprit (maison Justin-Vedel) avait servi tant bien que mal d'hôtel de ville et d'hôpital. En 1753, la communauté acheta du sieur la Rivière une maison pour servir d'hôtel de ville, pour y placer les archives, y faire les petites écoles, y tenir les assemblées publiques, et enfin loger M. le vicaire, mais qui avait grand besoin de réparations, lesquelles coûtèrent 2.500 livres. En 1764, on y employa 1.000 livres.

Nous ne voyons pas très bien de quelle maison il s'agit ici, mais quant à la maison Rocher, on sait qu'elle correspond à l'hôtel de ville actuel.

Quoi qu'il en soit, voici quelques détails sur l'affaire que nous puisons dans une lettre autographe de Rocher, sans date, mais qui est évidemment de 1766 ou 1767.

Rocher écrivait alors à un de ses cousins, qui paraît occuper un poste important à Montpellier :

« J'exerce, comme vous savez, la médecine dans une petite ville du diocèse de Viviers qu'on nomme Largentière. Parmi beaucoup de gens qu'elle renferme, il y a certains esprits inquiets et factieux, qui troublent la tranquillité publique par les menaces qu'ils font de loger dans la suite, dans les maisons des particuliers, les soldats de la légion de Hainaut qui sont actuellement en garnison dans cette ville. C'est un de mes plus proches parents, qui, au mépris de la reconnaissance qu'il me doit, est le plus animé contre moi, et quoiqu'il ait été déjà refusé une fois pour premier consul, il a formé une cabale et prétend se faire nommer consul à la première élection, pour pouvoir me faire de la peine de même qu'à bien d'autres, et voici quel est le sujet de son animosité contre moi :

« Les soldats sont actuellement logés dans une maison appartenant à la ville qui sert de caserne. Elle est très saine, très bien aérée, capable de contenir environ deux compagnies, et susceptible d'augmentation à peu de frais, à cause d'un terrain ou jardin attenant, où l'on pouvait bâtir, s'il en était besoin. Elle est située dans l'intérieur de la ville, adossée du côté du levant contre un hospice de Cordeliers conventuels composé de trois ou quatre religieux, séparée de l'église paroissiale et de la maison curiale par une grande rue et par le cimetière, et séparée aussi du couvent des religieuses par une grande place et le verger que ces dames ont au-devant de leur maison, qui est fermée par des murailles assez hautes pour en cacher la vue (1). Cependant le curé, ces dames, et les Cordeliers, offensés du voisinage des soldats, ont jeté l'alarme partout, disant que les prêtres seraient nterrompus dans leurs fonctions et que la religion allait s'éteindre dans tous les les cœurs, sans considérer que le voisinage des soldats produirait un effet contraire, etc. »

Rocher dit que, l'année dernière, il a soutenu fortement dans les conseils qu'il était de l'intérêt de la communauté de se servir de la nouvelle maison de ville, puisqu'elle avait été achetée pour servir de caserne, et qu'on l'avait mise en état de loger les soldats. Or, il est menacé d'un procès dont il indique ainsi l'objet et le motif : S'étant trouvé avoir besoin d'argent et n'ayant pu vendre d'autres immeubles, il avait mis en vente sa maison d'habitation dont la communauté lui offrait 9.000 livres. Il avait accepté l'offre, mais à certaines conditions qui n'ont pas été remplies, et c'est pourquoi il ne veut plus contracter avec la ville. Il fait observer qu'une petite ville de 300 feux et obérée de dettes, n'est point en état de faire une acquisition de 9,000 livres, acquisition d'ailleurs inutile puisqu'elle a déjà une maison com-

---

(1) Toutes ces indications correspondent à la maison qui est devenue depuis la sous-préfecture.

mode pour les casernes. Et cela est si vrai, ajoute-t-il, qu'il s'était formé un syndicat de 100 habitants pour s'opposer à cet achat, et aujourd'hui que je ne veux plus vendre, les deux tiers de la ville m'en remercient. Finalement, Rocher prie son cousin de lui faire rendre justice en obligeant la ville à lui restituer ses billets de promesse de vente.

Il est probable que l'auteur de la lettre n'obtint pas gain de de cause, car on trouve, à la date du 12 juillet 1766 une délibération municipale pour vendre la maison de ville comme trop petite et pour acheter la maison Rocher.

Juste un an après, c'est-à-dire le 12 juillet 1767, une autre délibération constate l'acquisition de la maison Rocher.

Il paraît qu'on céda à ce dernier la maison précédemment achetée pour un hôtel de ville, car le registre municipal contient une quittance de 1768, par laquelle noble Louis de Rocher, docteur en médecine de la faculté de Montpellier, reconnait avoir reçu 227 livres 10 sols « pour n'avoir pas joui de la maison de l'hôtel de ville (qui lui avait été cédée en échange de partie de sa maison), ayant été toujours occupée par les troupes qui y étaient casernées ».

A l'Assiette de 1767, tenue à Privas, on délibéra sur « la tariffe (cadastre) remise par le sieur Rouvière, de Largentière, gendre de Boyer ». Celui-ci avait été chargé en 1746 « de refaire l'ancienne tariffe très défectueuse et fautive, avec promesse d'un payement de 2,000 livres. C'était un travail très pénible que Boyer découragé abandonna. En 1763, l'Assiette le pria de le faire terminer en lui promettant un supplément. Or, Boyer et Rouvière ont terminé le travail qui est très apprécié. Le secrétaire greffier s'en est déjà servi utilement pour les impositions de la présente année. On leur alloue en tout 3,200 livres.

Le 24 juin, à la suite de l'Edit royal qui ordonnait la suppression de tout couvent n'ayant pas dix religieux, les consuls, conseillers et deux notables s'assemblent pour demander qu'en faveur des services rendus par les Cordeliers et les Récollets de Largentière, ces religieux soient maintenus. La délibération fait observer que le service du culte dans le pays (où la religion catholique est seule professée) n'est fait que par un seul curé et son vicaire.

On a vu qu'en cette année 1767, la légion de Hainaut était en garnison à Largentière. Un registre de notaire nous apprend qu'un de ses officiers, nommé Louis de Malherbe, seigneur de St-Agnan, y épousa, le 23 février, Marthe de Vacher de la Molière. Parmi les témoins figure messire François Louis de Saillans, officier major, originaire d'Herbignies, au diocèse de Reims (le même qui devait venir en 1792 organiser en Vivarais le troisième camp de Jalès) (1).

Le 15 août suivant, un ancien officier de la même légion, le baron de Hagen, épousait à Largentière une autre jeune fille du pays, Marie Angélique de Julien de Vinezac.

La même année, le sieur Blachère, bourgeois, fut autorisé par le conseil à réparer le canal de la béalière longeant sa maison jusqu'à celle de Rouvière (maison Baldin), laquelle « forme une espèce de précipice où nombre de personnes auraient péri si elles n'avaient été secourues à temps ». Le conseil donne cette autorisation, voulant traiter Blachère comme un citoyen estimable qui a rendu des services à la ville.

*
* *

L'Assiette de 1768 devant s'ouvrir le 31 mai à Largentière, une délibération municipale désigna Jacques Blachère, bourgeois, pour y entrer, par où l'on voit que cette représentation n'appartenait pas de droit au premier consul.

Le 11 juin, le marquis de Jovyac écrit à dom Bourotte qu'il est allé à l'Assiette et que son petit neveu, M. de Rochemure, a bien fait les honneurs. Il avait tous les jours de 70 à 80 personnes à sa table.

Le devis pour l'élargissement de la rue, dressé le 2 mai par Vivien, est de 605 livres, y compris 120 d'indemnité aux particuliers.

On alloua 200 livres aux Cordeliers de Largentière « pour les aider à subsister ».

A propos du nouveau chemin de Largentière à Uzer, qui avait coupé les communications de M. de Jossoin avec son domaine

(1) Voir les *Camps de Jalès* de Firmin Boïssin, p. 97.

de la Prade, le syndic fut chargé d'arranger les difficultés survenues à ce sujet entre ce dernier et M. de Fages, pour la partie située entre Largentière et le Ginestet.

En 1769, le conseil municipal de Largentière s'occupe « d'un chemin à reconstruire au dessous de la montagne du Béderet, le long de Ligne, vis-à-vis et de la longueur de la ville, depuis le pont de Sigalières jusqu'au chemin qui va de ladite ville à Chassiers, chemin dont le devis a été ordonné par les Etats l'année précédente ».

On ne saurait formuler plus clairement l'acte de naissance du Chemin-Neuf.

Cette année là, eut lieu la réception des travaux effectués pour les casernes.

L'année suivante, Jacques Blachère (dit aussi Blachère l'aîné), nommé premier consul, fut envoyé, au mois de mai à l'Assiette, avec la mission de demander une subvention pour les casernes et le Chemin-Neuf. Il est à remarquer que jusqu'à cette époque, la charge de premier consul n'avait guère été donnée qu'à des nobles. Peu après, on trouve Jacques Blachère qualifié sieur de Rancourbier. Il achète vers le même temps l'office de maire, et, comme maire ou premier consul, il assiste aux Assiettes jusques vers 1785.

Le conseil politique renforcé s'occupe des « mesures » dans l'intérêt « du menu peuple » qui achète à la petite mesure : « Tous les marchands, trafiquants, mangonniers, cabaretiers, seront obligés désormais de faire *échaudiller* leurs mesures de toute espèce par M. Mayaud, procureur juridictionnel, qui les marquera suivant les règles, avec les armes du seigneur de la ville, et il leur est interdit de se servir d'autres mesures ».

On décide le pavage de la rue qui va du pont des Recollets à la place, c'est-à-dire à la place de la Ligne. (Ce pavage fut donné aux enchères à 89 livres.)

Décidé aussi d'acheter un « habillement pour le valet de ville, à qui on doit le renouveler tous les trois ans, et comme cela ne s'est pas fait depuis 3 ans et 3 mois, l'habillement actuel est ignoble et hors de service ». Et pour que son habit « soit plus longtemps honnête », on lui a fait faire un habit complet et une seconde veste pour conserver son habit.

La ville transige avec le chirurgien Rouchon au sujet d'une tour à côté des casernes qui s'est écroulée. On accorde à Rouchon (aujourd'hui maison Constant) une indemnité de 100 livres.

Il y avait aussi un juge Rouchon, dont nous avons le registre des jugements du 19 janvier au 6 septembre 1770, mais il ne se rapporte qu'à de petites affaires d'intérêt privé. La seule, qui mérite d'être mentionnée, comme trait des mœurs du temps, est une réclamation d'un Vacher de la Molière contre un Radaret de Coulens, au sujet d'une vieille redevance attachée à une faysse plantée de mûriers devenue la propriété de Radaret. Cette redevance, qui est d'une poule par an, n'a pas été payée depuis 29 ans. En conséquence, Rouchon condamne Radaret à payer au réclamant 29 poules ou 10 livres 16 sols, à raison de 8 sols par poule. Une partie des jugements sont signés par l'avocat Roure, lieutenant de Rouchon.

Un arrêt de police municipale de 1771, au sujet du fumier déposé dans les rues, autorise le valet de ville à le confisquer à son profit, la première fois sans amende, la seconde avec amende.

Le 26 mai, on s'occupe de la réparation du pavé des rues « détruit par le passage continuel des charettes qui voiturent de la montagne une quantité prodigieuse de boisage, grosses poutres, solives, planches, pour le Languedoc », et comme l'entretien de ces rues intéresse tout le pays, on charge le député à l'Assiette de lui demander de faire les fonds.

En 1772, le 25 avril, le conseil politique renforcé eut à s'occuper d'une question intéressante par le jour qu'elle jette sur ce qu'était alors le quartier de la Halle et de la Ferradié.

Le sieur Suchet (le père du futur maréchal) voulait placer une roue sur le canal du moulin pour actionner sa fabrique de soie. Le conseil s'y opposa par les motifs suivants :

Parceque son intention était de faire une rue charretière de la Ferradié à la place de la Halle ou au Marché, où l'on ne pouvait arriver en charette, et que pour ce il fallait voûter le canal ;

Que la place faite par la partie voûtée servirait pour les mules qui viennent au marché ;

Que le canal, qui a six pieds de profondeur, occasionnait souvent des accidents ;

Que les privilèges accordés aux fabriques de soie par l'arrêt du conseil de 1770 ne pouvaient avoir d'autre motif que celui d'encourager ces établissements, mais que, dans ce moment, il y en avait en Vivarais plus qu'il ne fallait, puisqu'une partie des fabriques existantes ne travaillaient pas faute de soie, et que très peu étaient occupées toute l'année :

Que ces établissements, à cause de leur multiplicité, occupaient une partie de l'année seulement un certain nombre d'ouvriers, lesquels, accoutumés à ce genre de travail facile, se trouvaient ensuite sans ressources parcequ'ils n'étaient plus propres au travail de la terre ;

Que c'était par suite autant de bras perdus dans un pays qui en manquait ;

Qu'il n'était pas naturel de penser que l'intention du Roi, qui n'a en vue que le bien de ses sujets, fût que ces privilèges tournassent contre eux ;

Que la roue ferait refluer les eaux, les ferait pénétrer par les fissures supérieures dans les caves, privant de cette quantité le moulin dont les intérêts priment ceux de la fabrique ;

Qu'il paraîtrait indécent qu'une communauté fût subordonnée aux intérêts d'un particulier ;

Que les moulins étaient asservis en faveur des pauvres.

Finalement, le conseil déclarait s'opposer de toutes ses forces au projet du sieur Suchet, et si l'on rapproche ce fait de l'autorisation donnée en 1767, à Jacques Blachère, propriétaire de la maison du moulin de la Ferradié pour la réparation de la béalière, on peut supposer que l'influence de celui-ci avait dû grandement contribuer au refus opposé à Suchet, dont la fabrique de soie était située un peu plus haut entre la Halle et le jardin de M. de Vinezac (aujourd'hui jardin Sautel).

Le 9 septembre 1772, Largentière souffrit d'un orage, accompagné d'une inondation, qui fait époque dans ses annales. L'eau monta sur le pont des Recollets. Elle emporta la moitié de la vendange, détruisit les chemins des terres, endommagea les remparts de la ville et fit crouler le mur de la place ou *foiral* près des Recollets. Le devis des réparations fut évalué à plus de mille livres.

Les délibérations municipales de 1774 sont fort intéressantes au point de vue de la question scolaire.

Les consuls exposent au conseil que « la rétribution de 150 livres, accordée au maître d'école, quoique modique, suffisait antérieurement, mais qu'elle est devenue insuffisante à cause du prodigieux renchérissement des denrées. Le régent des écoles, pour pouvoir vivre, est obligé d'exiger de chaque écolier 10 sols par mois, ce qui fait que les pauvres gens, pour épargner ces 10 sols, n'amènent pas leurs enfants à l'école, et il en résulte que ces enfants, non seulement n'apprennent pas à lire, mais encore ne sont pas instruits de leur religion et deviennent de mauvais sujets.

« Sur quoi, le conseil, pour obvier à cet inconvénient, délibère de s'imposer à l'avenir de 225 livres par an, au moyen de quoi le régent d'école ne pourra rien exiger des enfants qui n'apprennent qu'à lire, ne pourra exiger que 5 sols de ceux qui apprennent à écrire, et, quant à ceux qui apprennent le latin, il s'entendra de gré à gré avec eux. »

On voit que les habitants de Largentière n'avaient pas attendu la république pour réaliser chez eux l'école gratuite. On voit aussi que les administrateurs d'alors avaient sur ceux d'aujourd'hui l'avantage de comprendre — ce qui, d'ailleurs, crève les yeux de toute personne de bon sens — que sans la religion, l'instruction ne fait trop souvent que des « mauvais sujets ».

L'année 1775 vit les communautés rétablies dans leur ancien droit d'élections consulaires. Le 3 septembre, Blachère expose au conseil que, « se trouvant dépouillé de l'office de maire qu'il avait acquis, attendu qu'il a été remboursé par la province, la communauté doit procéder à la nomination d'un premier consul qui aura la qualité de maire, et de deux consuls, conformément aux arrêts du conseil des 27 octobre 1774 et 18 mai 1775, et que ces élections doivent se faire comme avant l'édit de 1765 ». En conséquence, il propose trois noms pour choisir entre eux le premier consul. Le conseil confirme Blachère comme premier consul. Rouvière et Chabalier sont nommés 2e et 3e consuls.

L'administration municipale revient ainsi à sa forme d'avant 1766, c'est-à-dire, qu'elle n'est plus composée que de 8 personnes, savoir, le maire, deux consuls et cinq conseillers.

On a vu, à l'année 1569, l'acte de naissance du Chemin-Neuf. Les délibérations de l'Assiette réunie à Largentière, le 30 mai 1776, nous font assister à son développement. « La communauté de Largentière demande un chemin tournant la ville, afin de faciliter le transport des poutres, planches et autres boisages qui viennent des forêts des Chambons et de la Souche, et qui passent forcément dans cette ville, pour fournir les bois nécessaires aux pays environnants, où la grande quantité de vers à soie qu'on y élève nécessite encore plus les moyens de favoriser ce transport, qu'on ne peut faire que bien difficilement par l'intérieur de la ville dont les portes et les rues sont extrêmement resserrées. »

L'assemblée charge les inspecteurs des travaux du pays de faire aussitôt l'examen des lieux et de lui apporter un devis, ce qui eut lieu avant la fin de la session. La dépense fut évaluée à 6,904 livres, plus 1.608 livres pour indemniser les propriétaires.

Une proposition faite à cette Assiette, qui nous paraît digne de mention, est celle de la construction de deux *épis* en maçonnerie au dessus de la chaussée d'Uzer pour empêcher les eaux de la détruire. Ce travail fut décidé sur un devis de 1568 livres.

On sait que le système des digues à épis, ainsi nommé de ce qu'il donne l'idée d'un épi de blé, consiste à emprisonner le lit d'une rivière dans une double haie de digues obliques, convenablement espacées et ordinairement parallèles entre elles, de façon à briser la force du courant et à se suppléer entre elles, sans empêcher l'eau de refluer, pendant les grandes crues, dans les terres voisines. C'est le système, dont on a fini, paraît-il, par comprendre l'utilité pour la Loire, et dont l'application au Rhône aurait infiniment mieux valu que celle des digues submersibles où l'on a enfoui sans avantage beaucoup d'argent (1).

A noter encore pour cette année un prix-fait de la réparation du clocher de l'horloge donné à Pierre Poreau, maître maçon,

---

(1) Voir notre *Voyage au Bourg-St-Andéol*, pp. 303 et suivantes.

et l'inhumation (16 août) de Pierre Louis Rouvière, féodiste, âgé de 90 ans.

La construction du Chemin-Neuf était terminée en 1778.

Les frais d'ouverture d'une porte aux murs de la ville, entre la maison de M. de Vinezac (aujourd'hui maison Doux) et celle de M. Roure (Maison Vital), figurent dans les comptes de cette année pour 250 livres, y compris l'établissement d'une passerelle et la construction d'un petit chemin pour descendre à la rivière.

A cette époque, le commandant militaire de toute la région montagneuse, depuis Largentière et Joyeuse jusqu'à Langogne et Pradelles, était Jean Bruno de Frévol de la Coste qui, par son activité et son énergie, était parvenu à y rétablir la tranquillité. Le 28 août, la municipalité de Largentière enregistrait dans ses archives un nouvel ordre de commandement donné par le Roi à la Coste. Le 5 octobre suivant, elle recevait une demande de secours pour concourir à la réédification de la maison de la Coste qui avait été détruite par un incendie. La demande faisait valoir les services de la Coste, en ajoutant qu'il était sans fortune avec huit enfants.

On voit par le procès-verbal de l'Assiette de 1789 que les Etats payaient encore à cette époque une pension viagère de 600 livres par an, accordée à M. de la Coste par deux délibérations de l'Assiette en 1774 et 1784, pour le dédommager des frais auxquels il était exposé pour le maintien de l'ordre et de la tranquillité publique.

A la fin de cette année 1778, commence la poussée démocratique. Le 31 décembre, on expose au Conseil que, « suivant l'arrêt du conseil du 27 octobre 1774 et les instructions du 9 janvier 1775, le conseil de ville qui doit être, suivant les anciens usages, composé de six conseillers à prendre dans les trois échelles (les trois classes) où on était accoutumé de les prendre, doit aussi être par moitié renouvelé chaque année ; qu'y ayant deux places vacantes, il convient d'y mettre un sujet de la 1re classe et un de la dernière, et qu'il faut changer un des conseillers actuels.

« Sur quoi, le conseil a unanimement nommé, pour remplir la première classe, M. de Jossoin, seigneur de Valgorge, et pour la dernière, le sieur Bastide fils, cordonnier. Et il a été en même temps délibéré de substituer au sieur Etienne Blachère M. Dousson, notaire Au moyen de quoi, le conseil sera formé de M. de la Beaume, M. le chevalier de Vinezac, M. de Bonnery, M. de Valgorge, M. Dousson et M. Bastide.»

Le même jour, dans l'après-midi, les consuls exposent que, suivant les arrêts précités, le premier consul, ayant le titre de maire, doit en exercer les fonctions pendant quatre ans consécutifs ; le second, ayant celui de lieutenant du maire, pendant trois ans ; après lesquels termes, il est libre aux communautés de les remplacer ou de les confirmer. Et comme le sieur maire et les autres consuls ont servi le temps marqué par le règlement, ils requièrent l'assemblée de se prononcer. L'assemblée les confirme.

La ville fit en 1779 une demande à la *compagnie des postes* pour avoir un bureau de poste. Veut-on savoir comment ce service était alors organisé ? Il y avait un bureau de poste à Joyeuse et un autre à Aubenas, et le courrier, en allant d'une de ces villes à l'autre, déposait les lettres destinées à Largentière ; mais il n'y avait à Largentière — depuis 40 ou 50 ans seulement — qu'un préposé auquel on donnait un sol par lettre et qui desservait 25 paroisses. La délibération pour aboutir à ses fins, fait naturellement un peu mousser l'importance de la ville. en lui attribuant 500 feux (au lieu des 300 indiqués dans les précédents documents) et en ajoutant que « cette ville a de nobles et bonnes maisons, bien des militaires et un commerce qui s'étend toujours».

Or, le budget municipal de cette année, s'il n'indique pas une grande et riche ville, montre au moins une ville aux finances bien ordonnées, car les recettes y figurent pour 9.550 livres et les dépenses pour 9.560, soit un déficit de 10 livres... un déficit honteux pour les grands financiers de notre temps. Le budget variait en général de 10 à 12,000 livres, et ce qui prouve combien ces gens-là étaient... arriérés, c'est qu'à part les époques de troubles les accrocs faits à l'équilibre financier de la communauté étaient toujours renfermés dans des limites du même genre.

A l'Assiette de 1779, il fut donné lecture d'un mémoire sur la nécessité d'augmenter les travaux exécutés hors de Largentière, en faisant paver les fossés et construire un mur de soutènement pour contenir les terres qui, en s'éboulant du côté de la montagne, font refluer les eaux dans toute la longueur du chemin nouvellement construit. L'assemblée ordonna de dresser un devis des travaux à faire dans ce but.

Un incident curieux est à signaler à la date du 25 août 1780.

Ce jour-là, haut et puissant seigneur, messire Louis François d'Agrain des Hubas, et dame Marie-Anne de Milhet de Costaros, mariés depuis 1754, voient leur mariage annulé parce qu'on a découvert qu'il y avait entre eux un lien de parenté au 4e degré. Il est vrai que le même jour ils reçoivent une nouvelle bénédiction nuptiale. Ils déclarent et reconnaissent leurs enfants qui sont :

1º Messire Joseph d'Agrain, actuellement au service du Roi sur le vaisseau *Triomphant* ;

2º Demoiselle Charlotte d'Agrain, qui est près de son oncle à Langogne ;

3º Messire Christophe d'Agrain ;

4º Messire Charles d'Agrain, au collège royal de la Flèche ;

5º Messire Denis Auguste, dans la maison paternelle.

**

En 1781, il n'y a point de médecin à Largentière.

La question du déplacement du cimetière (jusques là établi auprès de l'église, sur la petite place qui la sépare au nord-ouest de l'ancien couvent des religieuses de Notre Dame,) fut officiellement posée cette année par une requête des consuls adressée à l'Intendant de la province. Les consuls demandent l'autorisation d'acquérir un terrain appartenant aux Cordeliers, à l'effet d'y créer un cimetière. Ils disent que le cimetière actuel, « qui est fort petit, est devenu plus insuffisant depuis la prohibition d'ensevelir dans les églises, qu'il arrive souvent qu'on exhume un cadavre, lorsqu'on veut en ensevelir un autre, incommodité d'autant plus considérable que le cimetière est dans l'enceinte de la ville, confinant d'une part l'église, de l'autre le couvent des religieuses, et d'autre part la rue qui conduit à l'église ; qu'il est à craindre des épidémies l'été prochain, d'autant que la ville est dans un bas-fond et que le soleil y est plus ardent que dans toutes les autres parties du pays,etc. » Les Cordeliers refusant de vendre, il y eut une consultation demandée par la ville aux avocats Gasc et Gineste. Finalement, le comte de Brison, seigneur de la ville, voulant donner à la communauté une preuve de sa bonté, intervint et décida l'affaire, et l'achat eut lieu moyennant une rente de 120 livres, quitte de toutes charges, que la ville devait payer aux Cordeliers, plus 500 livres d'épingles.

C'était un enclos planté de vignes produisant un vin blanc muscat renommé dans le pays.

On enterrait jusques-là dans l'ancien cimetière situé entre l'église et le couvent de Notre Dame.

L'achat du terrain eut lieu en 1782. Les travaux figurent dans les comptes pour 500 livres. Ce cimetière, qui est le même dont l'agrandissement a eu lieu dans ces dernières années, fut béni le 16 octobre 1783, et c'est le fossoyeur lui-même, le fossoyeur-clocheron Brunet, qui y fut enterré le premier (1).

Le mouvement dit des *Masques armés*, qui eut lieu en 1783, eut pour théâtre la région des Vans, et celle de Largentière y resta complètement étrangère, ce qui permet de penser que les abus commis par les hommes d'affaires, abus qui paraissent avoir été l'unique cause du désordre, y étaient moins grands qu'ailleurs.

Le 19 août de cette année, Suchet aîné (le père du futur duc d'Albuféra), qui avait sa filature de soie à Bouteille au dessous de Chassiers, écrivait au *Mercure de France* :

« Voudriez-vous annoncer que ma nouvelle méthode de filer la soie, approuvée par l'Académie royale des Sciences, le 22 février dernier, que le gouvernement m'a chargé de rendre publique, et dont les avantages consistent à économiser les trois quarts du combustible, à obtenir une soie plus parfaite et plus abondante, et à prévenir le déchet de l'ouvraison, est actuellement mise en pratique dans mon atelier de Largentière, situé derrière Ste-Foi ; qu'il sera ouvert jusqu'au 1er septembre pro-

---

(1) Voir dans l'*Histoire de Largentière* de Soulavie (t. vii de son *Histoire naturelle*) les très justes raisons qu'il éleva alors contre le choix de cet emplacement et qui, bien que rappelées avec instance à l'administration que présidait feu Vielfaure, ne l'empêcherent pas de perpétuer et d'aggraver la faute commise en 1782, par l'agrandissement de ce même cimetière.

chain à toutes les personnes qui souhaiteront d'en prendre connaissance ; qu'elles auront la liberté d'y prendre toutes les mesures et dimensions des bassines, croisures, et tout ce qui en dépend ; qu'on leur fournira même, de chaque, un ou plusieurs modèles, pour pouvoir les faire exécuter avec plus de facilité et de précision.... »

L'Assiette en 1785 fut tenue à Largentière dans la maison de M. de Jossoin (ancienne maison Largier, aujourd'hui maison Roussel) sur la place Couverte. La messe, qui précéda l'ouverture des travaux de l'assemblée, fut dite dans la chapelle des Pénitents, qui fait partie du couvent actuel de la Présentation. On s'y occupa de la voie des Fourniols (chemin des Ranchisses) et aussi de la traversée de Chassiers pour le chemin de Largentière à Aubenas. On alloua 150 livres aux Recollets, et autant aux Cordeliers.

Pour l'année suivante, nous avons un *comparant* du consul Bastide, assisté des conseillers Fayolle et Roure, au sujet des biens des Recollets (1), dont la maison mère de Lyon réclamait la propriété, tandis que la ville prouvait, par une série de délibérations, que c'est d'elle qu'ils venaient et à qui ils devaient revenir. Les représentants de Largentière disent que la ville est trop pauvre en ce moment pour poursuivre l'opposition qu'elle est résolue à former contre l'arrêt du conseil obtenu par les Recollets, mais si le revenu qui doit provenir de la vente de ces biens vient à être dévolu à la communauté après le décès des Recollets du Bourg-St-Andéol, leur intention est de l'employer à l'honoraire d'un prédicateur pendant le Carême et l'Avent, et, s'il y a du superflu, à s'en servir pour payer partie des menues dépenses de l'église paroissiale.

A partir de cette époque, l'agitation générale, qui fut le prologue de la Révolution, gagne notre petite ville et ne tarde pas à lui faire subir moralement une transformation complète, comme on le verra au chapitre suivant.

---

(1) Le couvent des Recollets avait été abandonné faute de sujets en 1780 et Soulavie en fit peu après l'acquisition. V. *Histoire de Soulavie*, I, 60.

VII

LE PROLOGUE DE LA REVOLUTION DANS UNE PETITE VILLE

Le démocrate Bastide. — Il réclame pour le peuple, dans le conseil politique, une représentation égale à celle des deux autres classes. — Sa proposition est rejetée comme ridicule. — Il revient à la charge six mois après et provoque la démission du maire et des conseillers nobles. — Le Mémoire. — La congrue des vicaires. — Le bourgeois Fayolle. — Le marquis de Brison. — Nobles et bourgeois à Largentière avant la Révolution. — L'heureuse republique du temps passé. — Comment de bons bourgeois de la veille furent transformés en terroristes du lendemain. — Le petit et le grand Bastide.

La Révolution eut à Largentière, dès l'année 1787, un prologue qui par son analogie frappante avec les grands événements de 1789, peut être considéré comme une sorte de répétition générale du drame qui allait se jouer deux ans après à la réunion des Etats généraux de Versailles.

La première délibération un peu mouvementée, que nous trouvons dans le registre municipal, est du 14 avril 1787, et elle donne bien la note de l'état des esprits.

Les consuls élus le 1ᵉʳ janvier précédent étaient :

Henry Dupont, premier consul maire,

Etienne Riffard, deuxième consul,

Louis Bastide, troisième consul.

Il s'agissait maintenant de nommer les six conseillers qui, avec les consuls, formaient l'administration municipale.

Mais, avant l'élection, Bastide présenta des observations que le procès verbal résume ainsi :

Bastide dit que la troisième échelle (classe) étant plus nombreuse que les deux autres et n'ayant pas autant de crédit, il est juste qu'elle ait autant de conseillers que les deux autres. Or, par une bizarrerie qui est une suite de la violation des règlements relatifs au renouvellement des conseils politiques, cette échelle se trouve en ce moment sans conseiller, puisque l'unique conseiller de cette classe avant le 30 décembre (lui-même) est devenu consul. En conséquence, il requiert de délibérer sur tout ce que dessus, avant de procéder à aucune nomination, et, au surplus, pour prouver à quel point on méprise le peuple qu'il a l'honneur

de représenter, il observe que le valet de ville n'a pas pris la peine de venir l'avertir lorsqu'il a fait sa tournée pour avertir les autres membres du conseil, et qu'il est venu lui dire de venir à l'hôtel de ville au moment seulement où l'assemblée y était déjà. Il espère que le conseil voudra bien enjoindre au valet de ville, sous peine d'être cassé, d'agir autrement à l'avenir. Et a signé
BASTIDE.

On sait que le conseil politique était composé par échelles, représentant les trois classes, et comprenant trois nobles, deux bourgeois et un peuple.

La motion de Bastide, très fondée en principe, n'en était pas moins une innovation audacieuse, la même qui deux ans après, à Versailles, allait inaugurer la Révolution et renverser la monarchie, si audacieuse que le conseil jugea inutile de la discuter. Et le procès-verbal se contente d'ajouter :

« L'assemblée a trouvé l'exposé du sieur Bastide ridicule, n'ayant rien tant à cœur que de conserver le droit du peuple, le premier consul ayant ordonné au valet de ville de se rendre chez ledit Bastide comme chez les autres consuls, pour les avertir de se trouver à l'assemblée, et au surplus, il a délibéré, à la pluralité des suffrages, de nommer pour conseillers politiques : M. d'Agrain, M. de St-Pierreville, M. de Comte, pour la première échelle ; MM. Fayolle et Antoine Taveny, pour la deuxième, et Claude Sabatier, maréchal, pour la troisième. »

Bastide signe la délibération avec cette note : « Persiste dans sa réquisition. »

Aussitôt après, les deux conseillers bourgeois (Fayolle et Taveny) et celui du troisième Etat (Claude Sabatier) prient le maire Dupont de déclarer qu'ils sont au nombre des 112 personnes, dénommées dans deux procurations remises au mois de février, et qui n'étaient autre qu'un réquisitoire contre le précédent maire, Jacques Blachère, qu'on accusait de malversations et qu'on avait ainsi obligé de donner sa démission. Cette affaire fut discutée, le 15 août suivant, dans une séance du soir où Bastide tint à attester par sa signature qu'il se joignait aux accusations formulées par les 112 ; ce qui n'empêcha pas le conseil d'approuver à l'unanimité les comptes de Blachère, dont il loua « la probité, l'intégrité et l'exactitude ». Le budget municipal se présentait alors avec 11.367 livres de recettes et 11.361 de dépenses.

Une autre séance mémorable, où l'on va voir le progrès des idées nouvelles, est celle du 6 novembre qui mérite d'être reproduite textuellement :

L'an 1787, et le mardi 6e jour de novembre, à 2 heures de relevée, par devant M. Rouchon juge, ont été assemblés en la forme ordinaire MM. les consuls et conseillers de cette ville de Largentière, auxquels le sieur Bastide, troisième consul, a exposé qu'il se souvient que, dans sa jeunesse, lorsque par curiosité il assistait au conseil général de la communauté, convoqué au son de la grande cloche, il y avait au moins cent habitants du troisième Etat, tandis qu'il y avait tout au plus sept ou huit personnes tant du premier Etat que du second ; que, depuis ce temps là, on avait cessé de convoquer le conseil général, ce qui était cause que les personnes de son Etat ne pouvaient jamais donner leur avis touchant les affaires de la communauté, ce qui les fâchait beaucoup, surtout quand les tailles augmentaient à cause des réparations que les conseils faisaient faire ; que le peuple se plaignait amèrement de ce que, payant plus de la moitié des impositions, on lui faisait l'injustice de ne prendre son avis que par la voix d'un seul conseiller ; que, depuis qu'il était consul, les trois quarts des personnes de son Etat se plaignaient sans cesse à lui de cela, et lui disaient qu'il devait s'adresser à Msgr l'Intendant, pour qu'on leur donnât au moins autant de conseillers que chacun des deux autres en avait ; qu'il était si fatigué des reproches qu'il recevait tous les jours à ce sujet, que, si l'on n'ajoutait au plus tôt un autre conseiller à celui qu'il a, il se verrait dans la nécessité de renoncer à sa charge, et que tout le monde sait qu'on ne trouverait personne qui voulût le remplacer ; que, dans ces circonstances, il conviendrait de délibérer qu'au premier renouvellement de la moitié des conseillers, ou plus tôt si c'est possible, on donnera au consul du troisième Etat deux conseillers, et par ce moyen le consul du premier Etat n'en aura que deux, afin d'établir de cette manière une égalité que la bourgeoisie et le peuple ont réclamée avec autant de fermeté que de justice. Sur quoi il requiert l'assemblée de délibérer, de même que sur la rayure de ces mots : l'*assemblée a trouvé l'exposé du sieur Bastide ridicule*, lesquels se trouvent dans la délibération du 14 avril dernier, et qu'on n'aurait point écrits, si l'on ne s'était habitué depuis longtemps à mépriser le peuple, contre toute justice et contre les intentions du Roi, qui veut qu'on ait des égards surtout pour ceux de ses sujets qui payent le plus d'impositions. Et a signé BASTIDE.

La réponse du maire Dupontté moigne d'une modération où l'on peut voir que, s'il trouvait cette revendication quelque peu prématurée, il n'en contestait pas, au fond, la justesse, car il se borna à demander que l'examen de la question fût renvoyé à quelques semaines.

M. Dupont a dit qu'il est inutile de faire aucun changement jusqu'au 1er janvier prochain ; qu'il ne s'est jamais opposé à ceux qui seraient justes et utiles, mais qu'il avait été d'avis de consulter devant qui de droit pour appeler dans toutes les règles le changement proposé, ce qui a été refusé par la plupart des membres du conseil. Ce refus et le peu d'accord qui règne parmi les membres du conseil, les dissensions qui se renouvellent sans cesse et sans nécessité, ne s'entendent qu'à dégoûter les gens du premier État de l'administration, tandis que ledit sieur Dupont, premier consul, et les deux autres membres de son Etat n'ont eu d'autres vues que le bien public, le droit de la communauté et les intérêts du troisième État qui leur a donné depuis bien du temps une marque de confiance en choisissant dans le premier État le conseil du troisième. Tout cela oblige ledit sieur Dupont de donner sa démission de la charge de premier consul qu'il ne peut point exercer parmi toutes ces tracasseries. Et a signé DUPONT

Les trois conseillers nobles, MM. d'Agrain, de St-Pierreville et de Comte, déclarent se démettre de leurs charges pour les mêmes raisons que M. Dupont.

Et voilà Bastide et ses inspirateurs entièrement maîtres de l'administration municipale. Le procès verbal de la séance se termine ainsi :

M. Riffard, deuxième consul, et le reste du conseil, ceux du premier Etat s'étant retirés, ont dit que c'est par un abus d'autorité que, dans le siècle dernier, on a donné quelquefois au troisième consul un conseiller du premier Etat, mais qu'ils sont d'avis que le troisième consul ait deux conseillers de son État, qu'on lui accordera au premier renouvellement de la moitié du conseil politique ou plus tôt le cas échéant. Il a été délibéré d'accepter la démission de M. Dupont, et que la communauté ne peut ni ne doit accepter la démission combinée de Messieurs les conseillers du premier Etat, et qu'en conséquence ils seront toujours comptés au nombre des conseillers politiques. Et, avant de signer, le sieur Bastide a requis la transcription du Mémoire qui sera écrit après la présente délibération et les signatures.

Et ont signé : Riffard, Bastide, Fayolle, Sabatier. Ainsi délibéré devant nous : Rouchon, juge. Le greffier Armand.

Suit le fameux Mémoire, dans lequel il est aisé de reconnaître l'œuvre du conseiller Fayolle, le seul probablement de l'assemblée, qui eut quelque connaissance de l'histoire locale et qui, d'ailleurs, à tous les points de vue, mérite de trouver place ici.

Mémoire.

Si l'on prend lecture de l'article n° 24 du rapport sur l'état des Archives (1), on sera convaincu qu'en 1208 et en 1306, il n'y avait dans cette ville d'autre conseil politique que l'assemblée générale, *Concilium*, assisté de cinq consuls.

En 1367 et en 1443, il y avait cinq consuls qui pouvaient nommer *quinque proregitores*, c'est-à-dire, comme on lit dans nos vieux titres français, *cinq agents*, ou moins s'il leur plaisait, mais non pas davantage Ainsi, suivant cette condition, le nombre des sujets appelés *proregitores* pouvait être réduit à un seul. Il serait absurde de supposer que ces *proregitores*, dont le nombre était comme on voit variable chaque année au gré des nouveaux consuls, pussent former ni un conseil politique ni même un conseil particulier. Ces *proregitores* étaient nommés principalement pour faire des saisies dans les maisons des habitants, à la réquisition des consuls, faute du payement des impositions. C'étaient exactement les exacteurs fiscaux de la communauté. Concluons que, puisqu'ils étaient chargés de la partie exécutoire de l'administration, ils n'étaient pas conseillers. car la partie exécutoire de l'administration a toujours été exclusivement dévolue aux consuls. Par l'analyse des transactions de 1367 et de 1464, on voit clairement qu'en 1464 on regardait ces *proregitores* de très mauvais œil, et on avait raison, si les imputations dont on les chargeait n'étaient pas calomnieuses.

Vers la fin du XVI° siècle, on voit paraître un conseil particulier composé de cinq habitants, mais ce même conseil particulier n'est point rappelé dans la transaction passée en 1612 entre le seigneur de Largentière et les habitants ; il y est même si fort oublié, ou compté pour rien, qu'il est expressément convenu entre le seigneur et les consuls que ceux-ci feront notifier et confirmer la transaction par les habitants de Largentière à leur *conseil général*, dans quinze jours, à peine de tous dépens, dommages et intérêts. Qu'on nous permette ici une question : qui devait mieux connaître le conseil particulier de Largentière que le seigneur de Largentière ? Or, il ne fait nul cas de ce conseil. Donc il savait positivement que ce conseil ne possédait pas l'énergie des pouvoirs de la communauté, et que par conséquent ce n'était pas un conseil politique réglé. Dans une délibération prise en 1617, il est dit qu'on s'assemble *en communauté et conseil général pour prendre une bonne et solide délibération*.

Et dans une autre délibération de l'année 1677, le premier

(1) Rapport dont Fayolle était l'auteur.

consul déclare que *c'était au peuple à résoudre et délibérer ce qu'il jugerait le plus utile pour le bien public.*

Enfin tous les titres et registres consulaires attestent qu'avant l'année 1766 toutes les affaires importantes étaient traitées *en conseil général,* et que c'était aussi en conseil général que les élections consulaires se faisaient. quoiqu'elles eussent été préparées la veille par le conseil particulier composé des trois consuls et de cinq habitants qui avaient le titre de conseillers.

En 1767, pour obéir à l'Edit du mois de mai 1766, les renforcements de conseil furent substitués aux assemblées générales.

Ces renforcements furent supprimés par l'arrêt du mois d'octobre 1774 qui renvoie, pour la composition du conseil municipal, *aux anciens usages communs de la province.* Comme on ne connaît pas ici la valeur de ces expressions *usages communs de la province,* on fit simplement revivre l'ancien conseil particulier, sans rappeler les assemblées générales que l'on disait être défendues.

Nous avons vu que le *vrai conseil politique* ou le *conseil politique réglé* de cette ville était anciennement composé de deux parties, si fort dépendantes l'une de l'autre, que c'était uniquement par leur réunion que la communauté pouvait être représentée, de manière qu'en se contentant d'un conseil particulier, sans y rien ajouter qui suppléât à l'assemblée générale, on égala la plus faible partie au tout et par cette inconséquence on réussit adroitement à priver le peuple de toute influence dans l'administration. Nous disons de toute influence, car quoiqu'il paye les sept douzièmes ou environ des impositions, on ne lui a donné qu'un seul conseiller, et encore a-t-on cru lui faire une grande grâce. Il nous semble que, pour conserver dans la formation du corps municipal actuel la proportion qui existait dans l'ancien, il faudrait au moins que le peuple eût deux conseillers. D'ailleurs, dans aucune classe on ne peut laisser subsister un nombre impair d'administrateurs, parce qu'il faut de toute nécessité qu'ils s'y trouvent en nombre pair afin que la loi du renouvellement puisse être régulièrement observée. Nous voyons depuis longtemps avec douleur que cette demande, fondée sur le droit naturel, conforme aux intentions bienfaisantes de notre souverain et à l'esprit des règlements de notre province concernant les municipalités, est rejetée sans motif.

Signés : Riffard, consul. Fayolle, Sabatier, Bastide, Taveny.
Rouchon, juge.
Armand, greffier.

Le 10 novembre, on nomma les conseillers. Il est dit au conseil que la démission des consuls du premier Etat est mal fondée. Le conseil leur est hostile et approuve les idées de Bastide. Le conseil nomme premier consul M. de Rocher d'Allamel qui ne veut accepter que si le comte de Brison, seigneur de Largentière, y consent. Riffard et Bastide se transportent au château et supplient très humblement le comte d'agréer M. d'Allamel. Ce qu'il fait. « Et a signé le comte de BRISON. »

Le 3 janvier 1788, le conseil décide de réclamer auprès de l'Intendant du Languedoc, « le père commun des communautés », au sujet du prix du nouveau cimetière, qu'il trouve trop élevé.

Le 5 avril, on s'occupe du traitement des vicaires. L'assemblée refuse la *portion congrue*, prétendant que, si les dîmes sont insuffisantes, c'est aux évêques de la payer, en vertu de la déclaration royale du 2 septembre 1786. Les dîmes affermées par l'évêque pour Largentière sont les dîmes des territoires de Largentière, Chassiers, Genestelle et Lespéron.

Qu'est-ce que la portion congrue ?

On sait que, par suite des abus introduits par le système des commendes, beaucoup d'ecclésiastiques, chargés du service effectif des paroisses, se trouvèrent privés de la dîme ou n'en conservèrent qu'une part insuffisante. Telle est l'origine de ce qu'on a appelé la *portion congrue*, (ce qui veut dire le traitement jugé convenable et nécessaire aux ministres du culte), dont le chiffre fut successivement élevé de 120 à 300 livres pour les curés qui auraient opté pour la portion congrue en faisant l'abandon du revenu de leur cure. A partir de la fin du XVIIe siècle, beaucoup de curés, profitant de cette faculté, abandonnèrent les revenus de leur cure, optant pour la portion congrue qui était à la charge des décimateurs ; mais alors (1690), ceux-ci obtinrent de se décharger de la portion congrue en abandonnant toutes les dîmes qu'ils percevaient dans la paroisse. Un Edit de 1768 fixa la congrue des curés à 27 setiers de blé, évalués 500 livres, et celle des vicaires à 17 setiers évalués 200 livres. Ces chiffres furent élevés à 700 et 350 livres par l'Edit du 2 septembre 1786. La délibération du conseil de Largentière fait supposer que les municipalités étaient chargées de parfaire le déficit, quand l'évêque avait abandonné la dîme, et que celle-ci se trouvait insuffisante.

De cet article il convient de rapprocher une note — sorte de brouillon de lettre — qui existe sur une feuille volante aux archives de la cure, probablement de la main du curé Denant et se rapportant à l'année 1787. Il résulte de cette note que le produit de la dîme à Largentière ne dépassait pas 5 à 600 livres, « ce qui ne saurait suffire aux charges de la paroisse ». Par suite sans doute de la délibération ci-dessus, qui équivalait à la suppression du dernier vicaire, l'auteur de la note dit qu'il est à la veille de rester chargé tout seul du service de la paroisse avec deux Cordeliers, « l'un attaché à donner la messe aux Pénitents, le deuxième vraisemblablement occupé à faire le service du château de Rocher, habitation d'été de M. de St-Pierreville ».

Le 11 juin, Fayolle est remercié publiquement pour son classement des Archives. Le premier consul maire est député officiellement pour aller le remercier chez lui. Il s'y rend avec les autres membres du conseil, « accompagnés d'un nombre suffisant des principaux habitants choisis parmi les plus intègres et les plus éclairés de chaque quartier... » Et nous ne serions pas étonné, vu la part évidemment très considérable prise par ledit Fayolle au mouvement du jour, que l'éclat de cette manifestation ait visé beaucoup plus l'homme politique que l'érudit amateur d'histoire locale.

*
* *

Nous voici à la veille de la Révolution. Mais, avant d'aborder l'exposé des événements qui marquèrent cette période de l'histoire de notre petite ville, il ne sera pas sans intérêt pour nos lecteurs d'avoir sous les yeux un tableau de l'état social à Largentière tel qu'il résulte de l'ensemble des témoignages et des documents connus — ne serait-ce que pour montrer à ceux qui ne le savent pas encore, que, si l'ancien ordre de choses n'était pas parfait, il avait ses mérites et ses avantages, et que, tout compte fait, il valait peut-être autant que celui d'aujourd'hui.

Voici d'abord quelques traits empruntés aux intéressants articles publiés, il y a une vingtaine d'années, par un de nos compatriotes (1).

(1) *Patriote de l'Ardeche*, 1883 et 1884.

Après avoir, en indiquant l'organisation communale, montré l'indépendance et les libertés dont jouissaient les anciens habitants de Largentière, M. Léon Vedel donne un croquis de leurs relations avec leur seigneur.

« Le marquis de Brison quittait chaque année Versailles pour venir visiter ses châteaux du Vivarais. Sa demeure favorite était Largentière, où il avait fait au vieux castel de grandes réparations, le mettant au goût luxueux du jour. Son arrivée donnait le signal des réceptions et des réjouissances. La tradition en fait un homme simple, exempt de morgue, d'une bonhomie relevée de malice. La noblesse du pays et la haute bourgeoisie de la ville avaient rendez-vous au château, où le seigneur tenait table ouverte. On y jouait, et — disaient, il y a quelques années à peine, les vieillards survivants de l'époque — le marquis adressait, en partant, un adieu ironique aux bons bourgeois qui payaient de leurs écus l'honneur de faire sa partie, car il était, parait il, heureux au jeu et gagnait régulièrement l'argent de ses invités, mais il le leur rendait largement en diners et en fêtes. Le noble marquis était fort aimé, en somme, et dans cette petite ville si gaie, si insouciante du Vivarais, on eût difficilement pronostiqué que ces riches bourgeois, commensaux habituels du grand seigneur, que ce populaire qui l'aimait et le respectait comme un bon chef de famille, dont il avait pu connaître la facile bonté, envahiraient, une douzaine d'années plus tard, ce château, le pilleraient et décréteraient d'accusation le *ci-devant noble citoyen Brison*. Tout arrive. Mais, à ce moment, la meilleure harmonie régnait entre le « baron de Largentière » et les citoyens habitants de la baronnie, « nobles, manants et bourgeois ». Il est bon de se rappeler qu'il ne pesait sur eux aucune de ces servitudes féodales que la riche imagination de quelques exaltés démocrates se plait à énumérer à la plus grande indignation des naïfs. Le marquis de Brison était bien moins seigneur effectif de Largentière, en ces temps de pouvoir absolu, que ne l'est aujourd'hui le sous-préfet de l'arrondissement ou le moindre délégué du pouvoir central. »

Sur la physionomie générale de la société noble et bourgeoise à cette époque, un historien de la ville de Valence a tracé un tableau qui s'applique aussi bien à Largentière, et où l'on remarquera, comme trait essentiel, l'impression produite sur les classes élevées par les écrits plus ou moins utopistes des philosophes :

« ... Une bourgeoisie austère, intelligente, économe, avait généralement résisté à la corruption du règne de Louis XV, conservant les vertus du mariage et de la famille, tout en s'ouvrant aux idées des novateurs. La haute bourgeoisie, par sa bonne éducation, le caractère et la dignité de sa vie, aplanissait les barrières inévitables qui s'élevaient encore entre elle et la noblesse. La jeune noblesse semblait faire cause commune avec les écrivains qui proclamaient la liberté et l'égalité des hommes. Le mérite et l'esprit rapprochaient les distances, faisaient du plébéien l'égal du grand seigneur. Le règne de Louis XVI avait, en effet, pour caractère d'être un essai de transaction entre les anciens principes et les opinions nouvelles. C'était la Révolution qui commençait sous une forme douce et pacifique. C'était l'ère des enthousiasmes, du progrès matériel, du bien public. On vivait dans une sorte d'exaltation continuelle ; plus d'injustice, plus de tyrannie. On était imbu des principes de J. J. Rousseau, de Locke, de Montesquieu sur l'homme, l'idée de ses droits, le désir de son bonheur, le rêve de sa perfectibilité. Le mot célèbre de Talleyrand « Quiconque n'a pas vécu avant 1789, ne connait pas la douceur de vivre », était vrai même hors de Paris (1). »

Soulavie donne une idée de la haute société de Largentière à cette époque, dans le passage de son histoire naturelle où il indique aux savants et aux touristes les personnes à qui ils peuvent s'adresser dans cette ville :

« On peut voir M. l'abbé Denant, qui a fait une collection minéralogique des environs. M. de St-Pierreville possède une bibliothèque dans son château. M. de Comte a parcouru la province avec M. de la Chadenède et M. de Gensanne. M. Rouchon, M. Roure, M. Vincent etc. peuvent être consultés, M. Fayolle s'occupe de mathématiques. M. Suchet a trouvé l'art de filer la soie à l'eau tiède ; on attend avec impatience la publi-

---

(1) FRANCK. Valence en 1785. Bulletin d'archéologie de la Drôme 1897 p. 347.

cation de sa découverte qui doit épargner une si grande consommation de bois nécessaire à cette opération. A Rocles, on trouve M. l'Official qui a enseigné pendant trente ans la philosophie avec succès (1). »

A ce tableau, d'un caractère exclusivement scientifique, M. Léon Vedel, qui avait comme nous, longuement étudié nos archives locales, en même temps qu'il avait pu entendre les témoignages des derniers survivants de l'ancien régime, ajoute des détails d'un intérêt plus général.

« Largentière était un centre intellectuel, d'un niveau relativement élevé et bien supérieur à celui des villes voisines. Une société élégante, instruite, s'y était formée, composée d'éléments nobles et bourgeois. La noblesse des environs, à l'aise sans être riche, avait maison à la ville et venait l'habiter une grande partie de l'année. Elle était nombreuse et s'augmentait des officiers en quartier dans la cité. On relève de nombreux mariages entre ces jeunes officiers et les héritières nobles ou bourgeoises du pays, et les nouveaux ménages font généralement souche de Vivarois. A cette société élégante et choisie, qui s'alimentait ainsi d'éléments étrangers, se joignait la riche bourgeoisie qui frayait avec elle, partageait ses plaisirs et ne lui était inférieure, ni en savoir, ni en éducation. Ses fils allaient compléter leur instruction à Toulouse, à Montpellier, à Lyon etc. et en revenaient avocats en Parlement, docteurs en médecine, grands commerçants dans cette riche industrie de la soie alors à son aurore et qui depuis... Des alliances nombreuses unissaient les deux classes, et l'argent faisait le reste. La noblesse, victime d'un préjugé que je n'ai pas à juger, dépensait sans acquérir, en d'autre termes, se ruinait. Chez les bourgeois affluait l'argent amené par le négoce ou les fonctions publiques salariées ; beaucoup s'étaient enrichis dans les *fermes*, s'emparant peu à peu très légalement des châteaux et des terres de leurs anciens maitres. Beaucoup, acquéreurs de fiefs conférant des droits seigneuriaux, n'oubliaient pas de les mentionner tout au long dans les actes publics. A ceux-là — nobles du lendemain — il

---

(1) Histoire naturelle de la *France méridionale*, t. 2, a la fin du volume.

eut suffi d'une génération pour consacrer la nouvelle qualité. Mais la Révolution les remit bourgeois comme devant, et d'anciens — chose étrange — qui s'intitulaient fièrement quelques années avant « seigneurs » gros comme le bras, devinrent, leur qualité supprimée, de purs terroristes. Il s'en trouva à Largentière comme ailleurs. »

Le spirituel écrivain — qui est aussi un observateur de bon sens — ne se fait pas illusion sur les dessous de cette calme et brillante société ; il ne prétend pas qu'elle soit parfaite et doive être prise pour modèle. Il ne jurerait pas que certains de ces « nobles » ne crussent au « sang bleu » ; que quelques bourgeois ne fussent durs aux pauvres et orgueilleux de leur fortune récente; que, dans ce même peuple, il n'y eut des esprits méchants, envieux et haineux. Il n'oserait pas affirmer que, dans cette foule, il ne se rencontrât pas de malheureuses victimes d'un sort injuste. Tout cela, conclut-il philosophiquement, « est malheureusement d'essence humaine et se trouve dans toute société sous quelque forme politique ou sociale qu'elle soit organisée ».

Mais, ajoute-t-il, dans une charmante évocation d'un passé où l'on voudrait avoir vécu, « ce qui ressort de l'étude prise dans son ensemble de ce petit monde, c'est la stabilité de l'état social et politique ; c'est la sécurité de l'avenir et l'insouciance dans la vie de tous les jours On vit comme ont vécu les aïeux, et comme vivront, croit-on, les enfants. Cette inquiétude du présent, cette incertitude de l'avenir, qui rendent notre génération si morose, si préoccupée, n'existent pas. On prend la vie comme elle se présente, avec ses joies et ses souffrances. On s'amuse et on souffre sans arrière-pensée. On s'arrange pour bien vivre ; on se bâtit de belles et grandes maisons ; on les aménage pour les enfants et les petits enfants. Le bien être matériel va s'améliorant chaque jour ; on accepte ce progrès comme chose toute naturelle. Les idées religieuses sont entières ; rien ne les a encore attaquées. Le fanatisme seul a disparu. On s'estime libre dans cette petite République qui se gouverne à sa guise, et qui a pour chef — pour son maitre si l'on veut — le Roi, un respect mélangé d'amour. Le Roi, c'est l'être supérieur que l'on voit dans un lointain luminoux, et qui apparait comme un maitre disposant de toute puissance et de toute justice. C'est presque un être impersonnel. Je serais bien étonné si le paysan, au fond des Cévennes vivaroises, connaissait seulement un nom. Louis XV, Louis XVI ? Il n'en sait rien... c'est le Roi. L'heure n'a pas sonné où l'on connaitra le nom, où il sera discuté jusque dans les plus basses classes de la société. Ce sera l'heure des « revendications, l'heure sombre qui sonnera le glas du vieux monde. »

Si Léon Vedel avait voulu pousser plus avant sa psychologie, il lui aurait suffi, pour expliquer la tranformation des bons bourgeois de la veille en terroristes ou pseudo-terroristes du lendemain, de rappeler la profondeur des racines que la jalousie et l'amour propre blessé ont dans notre pauvre nature ; par suite de quoi, la vanité des bourgeois et des sous-bourgeois, quelles que fussent les qualités des nobles, avait dû être effroyablement blessée par ces derniers ; en sorte que sous l'influence de cette inévitable blessure, encore plus que par des raisons d'intérêt matériel (et notamment l'inégalité des charges résultant du privilège des biens nobles et des biens ecclésiastiques), lesdits bourgeois et sous-bourgeois ne pouvaient qu'applaudir à la ruine et à l'humiliation de la noblesse et y trouver la plus honteuse des satisfactions, et — il faut bien l'avouer — la plus naturelle, quand la religion n'est pas là pour rappeler la bête humaine à de plus nobles sentiments.

On a déjà vu plus haut le nom de l'homme qui fut le « héros » de la nouvelle époque : c'est le démocrate Bastide, un pauvre diable plus bête que méchant, qui ne se doutait certainement pas de tout ce qui devait sortir du mouvement dont il fut dans sa petite ville l'initiateur inconscient ; en quoi, du reste il personnifia si bien le peuple français, qu'on peut voir en lui une simple réduction photographique du grand Bastide qui allait jouer successivement les Mirabeau, les Danton et les Robespierre, en attendant que la Providence suscitât la main de fer destinée à jeter à bas de leurs tréteaux tous ces sinistres polichinelles.

VIII

LARGENTIÈRE PENDANT LA RÉVOLUTION
(Années 1789 à 1791)

Délibération sur la représentation du bas Vivarais aux Etats généraux (9 novembre 1788). — Largentière siège d'un district. — Dernière réunion des Etats du Vivarais (14 juin à Tournon). — Panique sur le bruit d'une invasion de 10.000 Piémontais (juillet). — Organisation de la milice bourgeoise. — Confédération de Largentière avec les paroisses voisines. — La fontaine des Récollets. — M. de Vinezac, général de la milice, et M. de Comte de Tauriers, son adjudant. — Invasion et pillage de la maison Vézian, seigneur de Laurac (octobre 1789). — Election de la municipalité (12 février 1790). — Démission du maire Louis Blachère (27 avril). — Suchet élu administrateur du district du Tanargue. — Premier camp de Jalès (18 août). — La municipalité de Largentière blâme les motions adoptées au chateau de Jalès (30 août). — Discours du maire Rouvière du Colombier. — Deuxième camp de Jalès. — L'appel de M. de Malbos (1er février). — Massacre des catholiques d'Uzès. — Convocation des gardes nationales à Jalès pour les 20 et 21 février. — Les faits et gestes de la municipalité de Largentière du 17 au 23 février. — L'interrogatoire de l'envoyé de M. de Malbos par le maire de Largentière. — Les causes de l'échec de la manifestation. — Chastanier de Burac. — Mort de M. de Malbos. — Amnistie de tous ceux qui avaient participé à la deuxième fédération de Jalès.

Le commencement de la Révolution fut à Largentière, comme dans le reste de la France, une époque de calme relatif. L'enthousiasme et la confiance étaient dans tous les esprits. On se croyait à la veille de l'âge d'or.

L'élection des députés du bas Vivarais aux Etats généraux fut précédée d'une explication entre le haut et le bas Vivarais, au sujet de leur représentation proportionnelle, qui se trouve indiquée dans la délibération ci-après de la municipalité de Largentière :

L'an 1788 et le dimanche 9e jour de novembre, à midi, ont été assemblés dans la forme ordinaire, à l'hôtel de ville, MM. les consuls et conseillers formant le conseil politique de cette ville de

Largentière, par devant M. Roure, lieutenant de juge, auquel M. Rocher d'Allamel, premier consul, a exposé qu'il a reçu dans l'instant une lettre de M. le baron Delaroque, dans laquelle il annonce que la ville d'Annonay a pris un arrêté concernant la forme en laquelle le pays de Vivarais doit être représenté à l'assemblée des Etats Généraux du royaume, et que cette ville a député M. Delaroque avec trois de ses concitoyens pour faire connaître cet arrêté aux villes et communautés du bas Vivarais ; que la ville d'Annonay se borne à demander au Roi que le pays de Vivarais puisse, à l'exemple des autres provinces du royaume, nommer librement les représentants qui seront pris dans le Vivarais, pour faire connaître leur mission aux conseils politiques et autres notables habitants de chaque ordre, et MM. les députés invitent la communauté de cette ville d'adhérer à cet arrêté.

Sur quoi ledit conseil observe que le patriotisme de MM. les députés mérite le plus grand éloge et la reconnaissance de tous les habitants ; que S. M. est trop juste pour priver le Vivarais d'envoyer des représentant aux Etats Généraux ; que ce droit est établi par un grand nombre de documents historiques, indépendamment des preuves que l'on trouve dans la délibération de la ville de Privas, et qu'ainsi le haut et le bas Vivarais, animés d'un zèle commun, doivent se réunir pour demander à S. M. le droit d'élire leurs représentants. Mais ledit conseil observe que le bas Vivarais est infiniment plus considérable en étendue et en population que le haut Vivarais (1), et que la masse des impositions est plus grande que celle du haut Vivarais ; que l'intention de S. M. étant que le nombre des députés soit proportionné aux richesses et à la population de chaque province, il est évident que le bas Vivarais doit avoir un plus grand nombre de représentants que le haut Vivarais, parce que son intérêt se trouve lié dans une plus grande proportion à l'intérêt général. Ledit conseil est convaincu que les députés seront pris dans chaque pays et toujours dans la proportion de leur étendue et de leur population et de la masse de leurs impositions ; et dans le cas que le haut Vivarais demanderait que les représentants fussent pris dans son sein à l'exclusion du bas Vivarais (ce que l'on ne saurait penser), audit cas l'adhésion de la communauté de Largentière audit arrêté demeurera comme non avenue. Et MM. les députés ayant été priés de se rendre à l'assemblée, ils ont dit que leur unique objet était de s'occuper des droits du Vivarais en général, sans faire aucune distinction de haut et de bas Vivarais, distinction qui ne peut pas même exister, et surtout dans une circonstance aussi importante et d'où dépend en quelque sorte le salut de la nation, et que enfin les représentants seront élus à la pluralité des voix et lorsque

---

(1) Ce qu'on appelait le bas Vivarais formait autrefois les deux tiers du Vivarais. Par suite, la commission dite des *Députés de l'année*, nommée a la fin de chaque Assiette (et qui correspondait à la commission permanente de nos conseils généraux), comprenait huit membres du bas Vivarais et quatre seulement du haut.

S. M. aura manifesté ses intentions sur le nombre et sur le choix des représentants. Et l'assemblée, après avoir entendu ledit conseil et MM. les députés, a approuvé unanimement, moyennant la réserve ci-dessus, l'exposé dudit M. d'Allamel. — Et ont tous signé : — Rocher d'Allamel, consul maire ; Riffard, 2e consul ; Bastide, 3e consul ; chevalier de Comte, conseiller ; de St-Pierreville, conseiller ; Taveny, conseiller ; Gimond, conseiller.
  Ainsi délibéré devant nous :
    Rouchon, juge ; Armand, greffier.

La lettre de Soulavie à M. de St-Pierreville, du 6 janvier 1789, où il se réjouit d'apprendre que les Etats du Vivarais se sont déclarés indépendants des Etats du Languedoc (1), et les réflexions suivantes d'un autre Vivarois contemporain, peuvent servir à jeter quelque lumière sur cette délibération :

« ... Toutes les provinces se disposaient à réclamer leurs droits usurpés. Le Vivarais obtient qu'il nommerait des députés. Cette faveur, dont il n'avait jamais joui, fit espérer aux habitants de cette petite province qu'ils verraient finir le despotisme que les Etats du Languedoc avaient toujours exercé sur ses Etats particuliers qu'on nommait Assiettes... (2) »

L'élection de ces députés devait avoir lieu à deux degrés, et le passage suivant du règlement royal du 24 janvier 1789 prouve que, bien longtemps avant Ledru Rollin et la république de 1848, la France avait connu le suffrage universel :

« Le Roi a voulu que ses sujets fussent *tous* appelés à concourir aux élections des députés aux Etats Généraux... S. M. a désiré que des extrémités de son royaume et des habitations les moins connues, *chacun* fut assuré de faire parvenir jusqu'à elle ses vœux et ses réclamations... »

C'est le 14 décembre 1788, que le suffrage universel fut appelé, à Largentière, à faire choix des électeurs à qui devait incomber ensuite l'élection des députés aux Etats généraux, et l'opération est ainsi rapportée dans le registre municipal :

Dimanche, à 2 heures de relevée — Devant J. P. Roure, avocat en Parlement, lieutenant de juge — ont été assemblés MM. les consuls, conseillers et principaux habitants des trois ordres de

---

(1) *Histoire de Soulavie*, 1, 60.
(2) Mémoires inédits de M. Bernard de St-Arcons.

la ville et communauté d'icelle, composant la plus grande et la plus saine partie de la ville, dans la grande salle de la maison de M. de Rochemure, attendu que celle de l'hôtel-de-ville est trop petite pour les contenir.

M. Riffard, lieutenant du maire, en l'absence de M. d'Allamel, qui vient de perdre sa mère, a dit, au milieu d'éloges emphatiques du Roi et du « vertueux étranger » (1), que le tiers devait avoir une représentation égale à celle des deux autres ordres, et l'assemblée a voté le vœu. Elle a nommé aussitôt :

Pour le clergé. l'abbé de Rochemure, chanoine de Lisieux, et Denant, curé de Largentière ;

Dans l'ordre de la noblesse, MM. de Julien de Vinezac et de St-Pierreville ;

Et dans l'ordre du tiers-état, MM. Roure, Rouchon fils, Rouvière (du Colombier) et Gimond.

Ont signé : Chastagnier. Taveny. A Vigut. Tauriers. Arifont. Mayaud. Abbé de Rochemure. De Fontaine Logère. Marcha de St-Pierreville. Boucher. Mestre. Dumas. Bastide Chabert. Tourre. Picaud. Dousson. Véou. Denant, curé. Blachère. Demarzes. Taveny. Debroas. Suchet fils. Auriol. Amblard. Vielfaure. Rouvière du Colombier. Gimond. Clément Chabalier. Rouchon. Bastide, 3ᵉ consul. Prévost, confiseur. Radier. Constant. Allemand. Brun. Duroure. Sabatier. Michel, vicaire. Laurac. Brun. Laurac, prieur de Rocles. Brun. Raimbaud, etc. (Il y a 146 signatures).

Une délibération du 2 janvier 1789 demande que Largentière soit le siège d'un district et d'une juridiction royale. Il y est dit que cette ville a soutenu deux sièges sous Charlemagne (mais sans donner la preuve du fait), et qu'elle est le centre de 37 paroisses ou communautés comprenant 44.000 habitants.

Le dimanche 14 mars, publication d'une lettre relative aux cahiers de doléances.

Le lundi 15 mars, l'assemblée générale du tiers est convoquée au son de la grande cloche, à 1 heure de l'après-midi, dans l'ancienne église des Recollets. Etonnement, consigné dans le procès-verbal, qu'il y ait si peu de monde à la réunion. On passe outre. Conflit entre le maire et le juge, chacun voulant la présidence. L'assemblée prétend que la qualité de noble de d'Allamel, qualité que celui ci réclame, l'exclut de la présidence. L'assemblée décide qu'il faut suspendre, jusqu'à ce que le sénéchal de Villeneuve de Berg ait décidé. Assemblée houleuse. M. d'Allamel est

1) Le genevois Necker.

insulté. Rouchon, juge, signe la délibération avec cette note : *Ainsi délibéré sans aucune approbation de notre part.*

On sait que l'assemblée des électeurs, réunie à Villeneuve de Berg à la fin d'avril 1789, nomma députés aux Etats Géuéraux :

Pour le haut Vivarais, le marquis de Satillieu (noblesse) ; Dode, curé de St-Péray (clergé) ; Boissy-d'Anglas et Monneron aîné (tiers-état), avec Saint-Martin suppléant de Monneron absent ;

Et pour le bas Vivarais, le comte de Vogüé et le comte d'Antraigues (noblesse), avec le marquis de Jovyac et le baron de Pampelonne, suppléants ; Chouvet, curé de Chomérac et l'abbé de Pampelonne (remplaçant l'évêque de Savines qui n'accepta pas) (clergé) ; Espic, Madier de Montjau, Dubois-Maurin et Defrance (tiers-état), avec Vacher et Gérard, baron de Montfoy, suppléants.

Pendant que les grandes questions se débattaient à Versailles, les Etats particuliers du Vivarais tenaient leur dernière réunion, le 14 juin, à Tournon. La ville de Largentière y fut représentée par Alexandre Henry Hubert Tavernol, le fils du bailli, et par le consul maire, Rocher d'Allamel. On voit par le procès-verbal de cette assemblée que les Etats du Vivarais avaient fait d'actives démarches pour une représentation directe du Vivarais aux Etats généraux, et que M. de Rochemure avait passé pour cela deux ou trois mois à Paris ou à Versailles.

L'Assiette le remercia officiellement du succès de sa mission.

A la fin de juillet, le bruit qu'une armée de 10.000 Piémontais était arrivée à Valence, se disposant à envahir le Vivarais, jeta la panique dans tout le pays, principalement sur les bords du Rhône. L'émotion se propagea jusqu'à Largentière. Le 29 juillet, le conseil se réunit effrayé. Le chevalier de Vinezac lui soumit les instructions à donner au peuple pour maintenir le bon ordre et veiller à la sécurité publique. Le conseil les approuva à l'unanimité et nomma M. Aldrovandi, capitaine des chasseurs de Roussillon, en garnison à Largentière, pour commander, de concert avec M. de Vinezac. Les habitants, assemblés à 10 h. du soir, jurèrent de leur obéir et autorisèrent les consuls à faire les dépenses nécessaires. Et ont signé, « sans distinction de rang et de préséance » (suivent 40 signatures environ).

Le lendemain, on apprit que la nouvelle était fausse, et le 31 juillet, on vota des félicitations à Vinezac et à Aldrovandi, ainsi qu'aux populations des villages voisins qui s'étaient armées. On signe encore « sans distinction de rang et de préséance ».

Il y eut, vers le même temps, de graves désordres sur certains points du Vivarais, qui sont indiqués dans un rapport de la sénéchaussée de Villeneuve-de-Berg, du 19 août suivant (1), mais ils eurent principalement pour théâtre la région des bords du Rhône (Chomérac, Rochemaure, etc.) et celle des montagnes (du côté des Vans, Jaujac, Thueyts, Antraigues, Burzet, etc.), et le seul incident de ce genre à Largentière paraît avoir été le pillage de la maison de M. de Vézian (2), seigneur de Laurac, qui eut lieu au mois d'octobre ou de novembre ; mais les détails nous manquent sur ce fait qui se trouve rappelé plusieurs fois dans un rapport de M. Duclaux de mai 1795, dont nous aurons à parler plus loin.

C'est à raison des désordres signalés dans le rapport de la sénéchaussée qu'on organisa, dans la plupart des villes, une milice bourgeoise.

Le 18 août, cette milice était définitivement constituée à Largentière. On décida ce jour là de monter la garde tous les jours, de faire des patrouilles le dimanche et le lundi, et des ordres furent donnés pour une discipline sévère.

Le 29 août, on fit une confédération avec les paroisses voisines pour assurer la tranquillité publique. Lecture fut donnée du décret de l'Assemblée Nationale du 10 août. Etaient présents les consuls : de Tauriers (Suchet), de Beaumont (Rogier), de Sanilhac (Vielfaure), de Rocles (Debroas et Raphanel), de Montréal (Balazuc et Ollier), de Chassiers (Rouchon), etc.

Le 8 septembre, le corps des sergents de la milice bourgeoise présenta un placet demandant que M. de Comte de Tauriers fût nommé adjoint au général de la milice qui était M. de Vinezac. Cette pièce débute ainsi :

« Messieurs, la vertu, le mérite et le talent firent toujours l'ad-

---

(1) Voir les *Recherches historiques sur Villeneuve de Berg et le bas Vivarais* par l'abbé Mollier. Voir aussi l'article de Firmin Boissin dans la *Revue de la Révolution* (avril 1883), intitulé : *La Jacquerie dans le Vivarais, de 1789 a 1793*.

(2) Aujourd'hui maison Henri Blachere.

miration et l'applaudissement des hommes : tel est le tableau que nous présente M. de Comte de Tauriers, lieutenant-colonel des grenadiers royaux, qui, depuis sa tendre jeunesse, s'est parfaitement distingué dans les rudes et pénibles travaux de la guerre... »

Le 4 octobre, une délibération eut lieu pour l'adhésion aux décrets de l'Assemblée Nationale. On demanda une récompense pour le capitaine Aldrovandi, comme ayant maintenu l'ordre, et on remercia le comte de Périgord, « qui a eu la bonté de nous envoyer trente hommes d'élite commandés par un sous-lieutenant ». Rocher d'Allamel est toujours premier consul maire.

La question des biens des Recollets et de la fontaine des Recollets, pendante depuis l'année précédente, reçut vers cette époque une solution conforme aux vœux de la population. Ce fut, en effet, le 30 août, que fut décidé l'afferme des biens de ces religieux, dont l'établissement avait été fermé faute de sujets vers 1780, et que la fontaine existant dans leur enclos fut définitivement livrée au public. En 1788, le P. Charlemagne, supérieur des Recollets dans la province de Lyon, était venu pour vendre la propriété du couvent à Soulavie, mais les consuls ne lui avaient permis que de l'affermer, en exigeant pour les habitants le droit d'user de la fontaine pendant la moitié du jour ; et c'est à cet incident sans doute que se rapporte la note suivante du registre municipal de 1788 .

« Un Recollet, se disant député du Provincial Vendel, est venu vendre sans formalité légale, les meubles du couvent. L'église fut *prophanée*. Les ornements, les vases sacrés, les statues et les tableaux furent vendus. La grille en fer qui séparait la *neph*, les marches même de l'autel, furent arrachées. Par suite, le bâtiment dont la ville avait offert 9 500 livres, tombe en ruines. La ville se pourvoit pour être autorisée à vendre elle-même. »

L'année suivante, la ville obligea Dufour, le délégué de Soulavie, à lui faire la remise de l'immeuble, ce qui eut lieu le 25 novembre 1789. Quelques jours après, la maison et l'enclos furent loués à un particulier, à raison de 168 livres par an (1).

(1) Voir *Histoire de Soulavie*. I, 60 a 62.

La loi martiale du 21 octobre 1789 fut proclamée et affichée à Largentière le 11 novembre.

Le 26 novembre, le conseil demande que le haut et le bas Vivarais ne fassent qu'un département. On y voit figurer un Suchet, avec la qualité de membre du comité permanent et commissaire correspondant du bas Vivarais avec l'Assemblée Nationale.

Par suite des évènements, la vie municipale avait pris naturellement une intensité extraordinaire à Largentière Avant 1787, il y avait une moyenne annuelle de dix délibérations du conseil. A partir de cette année, ce chiffre fut plus que doublé. Il y en a trente-deux en 1787, vingt en 1788 et quarante en 1789. Après cette année, on ne compte plus.

**

Pour 1790, à part l'émotion produite au mois d'août par le premier camp de Jalès, l'année se passa à Largentière sans incident saillant.

Au mois de janvier, le conseil dressa en vertu d'un décret de l'Assemblée, une liste de notables, sur laquelle devaient être pris les adjoints chargés d'assister à l'instruction des procès criminels. Parmi les élus sont Rocher d'Allamel, le chevalier de Comte, M. de Vinezac, Tailhand de Valescure, M. de St-Pierreville.

Le 12 février, élection de la municipalité : Blachère du Reclus, maire : Dominique Mayaud, Etienne Riffard, Jean Louis Rouvière et Louis Allemand, officiers municipaux. Les anciens administrateurs, Rocher d'Allamel, Taveny et Bastide leur remettent, le 20, les papiers et les comptes.

Le 24, on vote des remerciments au comte d'Antraigues qui a contribué à faire accorder à Largentière le chef-lieu du district (1).

Le 27 avril, démission du maire. Dans son discours il dit : « Je n'ai jamais pris le point impératif pour qui que ce soit ; ce ridicule

---

(1) Lors de la division de la France en départements, l'Ardèche eut d'abord sept districts ayant pour chefs-lieux : Annonay, Tournon, Vernoux, Aubenas, Privas, Largentière et Villeneuve de Berg.
Vers la fin de 1790, les sept districts furent réduits à trois · du Mézenc, du Coiron et du Tanargue.
Joyeuse devint le chef-lieu de ce dernier ; mais, pour dédommager Largentière, on lui donna le tribunal civil, dont l'installation eut lieu le 19 janvier 1791.
A l'époque du premier camp de Jalès (18 août 1790), Largentière était encore chef-lieu de district, avec Rivière de Laique, le chevalier de Sauveplane et Vincent Duchamp, comme principaux administrateurs.

n'a jamais été adopté ; il serait de plus extravagant d'après les décrets de l'Assemblée Nationale...»

12 mai. La fermeture des cabarets est fixée à 10 h. du soir.

16 mai. La cherté du pain provoque des mesures de précaution.

18 juin. Suchet est élu administrateur du district. Obligé d'opter, il donne sa démission de procureur de la commune.

Le vote par l'Assemblée Nationale de la constitution civile du clergé, qui eut lieu le 12 juillet suivant, eut naturellement un douloureux contrecoup dans les populations religieuses du bas Vivarais, et c'est dans cet empiétement du pouvoir civil sur le pouvoir religieux qu'il faut chercher la principale cause des troubles qui agitèrent le pays. Notons, en passant, que les intelligents du parti républicain ont depuis longtemps reconnu la faute capitale que commit alors l'Assemblée.

Le premier rassemblement de Jalès, qui eut lieu le 18 août, eut surtout pour objet de connaître l'esprit qui animait les différentes parties du pays et les forces dont on pouvait disposer au besoin. Ce fut une protestation, d'ailleurs pacifique, mais très-significatives, contre les tendances anti-catholiques de l'Assemblée Constituante, en même temps qu'un appel à la justice du gouvernement et à l'opinion publique contre le massacre des catholiques de Nîmes (du 13 juin) et l'établissement d'un camp protestant à Boucoiran. Ce jour-là, les gardes nationales de près de 180 paroisses de l'Ardèche, du Gard et de la Lozère, débouchèrent dans la plaine de Jalès, brigade par brigade, drapeaux déployés et tambours battants, 40.000 hommes selon les uns, et 25.000 seulement selon les autres. Toutes les villes de l'Ardèche méridionale y étaient représentées, à l'exception de Joyeuse. La garde nationale de Largentière s'y rendit avec son colonel Tailhand de Valescure, qui fut même un des personnages désignés pour aller porter à Montpellier les motions votées à Jalès. On y vit aussi les administrateurs du district de Largentière, MM. Rivière de Larque père, de Sauveplane et Vincent Duchamp. Nous renvoyons à l'excellente étude de Firmin Boissin pour les détails de l'événement (1).

A Largentière, la municipalité, ouvertement acquise aux doc-

(1) *Les Camps de Jalès*, pp. 24 et suivantes.

trines révolutionnaires, blâma la manifestation, et le procès-verbal de sa délibération du 30 août, qui suivit le discours du nouveau maire, Rouvière du Colombier, va donner une idée de l'état d'esprit des autorités locales en ce moment.

« Le glaive est suspendu sur nos têtes s'écria le maire : rien n'est plus vrai ; la rage des ennemis du bien public les porte aux plus affreux excès contre les amis de la Constitution qui doit régénérer l'empire. Tenons-nous sans cesse sur nos gardes. La perfidie s'est jointe à l'audace. Toutes les municipalités doivent se liguer contre les sourdes menées du fanatisme etc. »

Rouvière finit en disant que M. Tailhand de Valescure vient de recevoir de M. de Malbos une lettre qui l'engage à aller, le 1er septembre, au château de Jalès, à l'effet de s'entendre pour combattre les assertions des journaux contre les motions de Jalès. Sur quoi, il prie l'assemblée de condamner les motions de Jalès, comme étant le résultat de discussions téméraires, contraires à tout ordre et attentatoires aux décrets de l'Assemblée et à l'autorité du Roi. L'assemblée vote une délibération longuement motivée dans ce sens et nomme des commissaires pour aller dans les paroisses des environs prévenir les habitants contre les menées des séditieux.

Au mois de novembre, l'Assemblée Législative qui avait succédé à l'Assemblée Constituante, ordonna l'exécution de la constitution civile du clergé et mit les biens ecclésiastiques à la disposition de la nation, ce qui donna une nouvelle impulsion aux vexations, dont le clergé et les ordres religieux étaient déjà l'objet.

Le second camp de Jalès fut, comme le premier, dû surtout à l'énergique initiative de M. Louis Bastide de Malbos, en qui les justes préoccupations excitées par une politique, de plus en plus anti-royaliste et surtout anti-religieuse, trouvèrent leur plus vivante expression. Il avait été préparé par le *Manifeste et proclamation de 50.000 Français fidèles*, qui porte la date du camp de Jalès 4 octobre 1790.

Le 1er février 1791, M. de Malbos adressa, par des hommes

sûrs, à tous les chefs des légions catoliques une lettre pour les prier de se rendre à Berrias dans la matinée du 13 février. Un assez grand nombre se rendirent à son appel, et parmi eux le comte de Rocles de Tauriers, maréchal de camp, et l'on approuva, dans cette réunion préparatoire, le projet de convoquer pour les 20 et 21 février, en assemblée fédérative armée, les légions catholiques. Dès le lendemain, on se mit à écrire les lettres de convocation qui devaient toutes partir le 18 février. Dans l'intervalle, eut lieu à Uzès une bagarre, à la suite de laquelle les catholiques du lieu, obligés de se sauver, vinrent se réfugier à Berrias, ce qui ajouta naturellement à l'excitation des esprits et contribua pour une bonne part à la faveur que rencontra presque partout la convocation.

On va voir, par un aperçu des notes municipales de Largentière, du 17 au 23 février, par quelle série d'inquiétudes passèrent alors les représentants officiels de la ville de Largentière, et comment, après avoir fait tous leurs efforts pour s'opposer au mouvement, ils furent obligés de céder et durent se résoudre a envoyer aussi leur garde nationale à la plaine de Berrias.

Le 17 février, le conseil général de la commune s'étant réuni, le maire Rouvière dit que des lettres ont été envoyées par exprès à la municipalité d'Uzès et au directoire d'Uzès « pour savoir exactement si les dangers de cette ville sont véritables et réels »; il propose d'envoyer de suite d'autres exprès dans les localités et les cantons voisins, pour les engager à ne rien précipiter avant d'avoir des nouvelles d'Uzès « et avant de nous être concertés ensemble ». En attendant, il conseille aux membres de la réunion de siéger en permanence.

L'assemblée adopte ces conclusions à l'unanimité et charge le procureur de la commune, Riffard, de se pourvoir d'un nombre suffisant de scribes et d'exprès pour faire et expédier une centaine de lettres; et, en attendant, « parfaitement instruit des manœuvres et des trames odieuses que ne cessent de faire les ennemis du bien public », il se déclare en permanence.

Le 18, à 6 heures du matin, le procureur de la commune annonce l'envoi des exprès et donne lecture d'une lettre des administrateurs du département, demandant que Largentière détache trente hommes de sa garnison pour l'envoyer aux Vans. Le conseil juge qu'il serait imprudent d'affaiblir la garnison de Largentière. Il écrira au département pour lui en expliquer les motifs. Il écrira en même temps à la municipalité des Vans, pour l'informer cependant qu'en cas de nécessité absolue, il lui enverrait au besoin toute sa garnison de troupe de ligne avec un renfort de garde nationale.

Le même jour, la garde nationale de Largentière arrêtait sur la place des Recollets, Malignon, secretaire greffier de la municipalité de Berrias, chargé par les commissaires de Jalès de porter des lettres à diverses municipalités, et le soir à 10 h., le maire rendait compte au conseil de l'interrogatoire qu'il lui avait fait subir.

Interrogé s'il n'avait point de lettre pour notre municipalité, il a répondu que plus de quinze exprès avaient été dépêchés par lesdits commissaires pour différentes parties du district du Tanargue, et que le sieur Maurin, de Berrias, était chargé de celle adressée à la commune de Largentière.

Interrogé pourquoi, et en quelle qualité, des commissaires, qui n'étaient revêtus d'aucun caractère, se donnaient les airs de convoquer une assemblée à Jalès, il nous a répondu que les troubles survenus à Uzès et aux environs et le massacre général commis sur les catholiques par les protestants de cette contrée ayant nécessité un rassemblement à Jalès, il était de la dernière prudence que les commissaires dudit comité convoquassent toutes les municipalités pour porter du secours à leurs frères catholiques.

Lui ayant de nouveau représenté que c'était aux corps administratifs, et non à de prétendus commissaires, à faire de pareilles convocations, il nous a répondu que ces commissaires, tous gens de bien et ne voulant que le bien public, étant sur les lieux et voyant conséquemment mieux que personne les périls qui nous menaçaient, il était de la dernière injustice que nous ne leur accordassions point la confiance qu'ils méritent à si juste titre.

Lui ayant fait lecture de la lettre du département communiquée dans la séance du matin, il nous a dit que Messieurs les protestants, formant un corps puissant et riche, il ne serait point étonné que bien des gens eussent été gagnés par eux et qu'il avait lieu de le croire.

Lui ayant voulu représenter qu'en sa qualité de secrétaire greffier de la municipalité de Berrias, il se compromettait furieusement, puisqu'il allait ouvertement contre tous les décrets de l'Assemblée Nationale, il nous a répondu qu'il n'ignorait point que tout ce qui partait du soi-disant comité de Jalès était illégal et inconstitutionnel, mais que les circonstances étaient impérieuses, que nos frères les catholiques étant impitoyablement égorgés, le même sort nous était réservé, si nous ne prenions les mesures les plus efficaces, et qu'il ne voyait pas de plus sage parti que celui pris par lesdits commissaires.

Enfin il a fini par nous conjurer, au nom de Dieu et de la patrie, de vouloir bien ajouter foi aux malheurs trop véritables arrivés à Uzès et aux environs ; qu'il voyait avec le plus grand regret que ses discours ne faisaient aucune sensation sur nos esprits, mais que cependant rien n'était plus réel et véritable.

Et le maire conclut en disant : « Cet homme nous a paru un fanatique outré, et vous l'auriez jugé tel d'après ses propos et expressions ».

Le Conseil, après avoir mûrement réfléchi, considérant que les ennemis du bien public, sous le prétexte de demander des secours, ne tendent rien moins qu'à se réunir et à former un second camp de Jalès, a unanimement délibéré :

1º Pour déjouer les commissaires du soi-disant comité de Jalès, qui ont fixé au dimanche 20 février un rassemblement considérable aux plaines de Berrias, d'envoyer de suite et par exprès des lettres à toutes les municipalités, non seulement du canton, mais des cantons voisins, pour inviter deux officiers municipaux et les deux premiers chefs de la garde nationale de chaque municipalité, à se rendre le même jour 20 février aux plaines de Laurac, afin de nous concerter ensemble et d'agir d'intelligence pour le maintien de la paix et de la tranquillité publique ;

2º Que ledit Malignon est libre de faire parvenir à leur adresse les différentes lettres dont il est porteur, par la raison que le conseil est instruit que le plus grand nombre des municipalités de la contrée est dans la résolution de faire partir leur garde nationale, soit pour le camp de Jalès, soit pour secourir les catholiques, et qu'il est à craindre que la nouvelle de l'arrestation de leurs lettres n'augmentât les ennemis que l'attachement à nos devoirs et aux bons principes ne nous ont déjà que trop attirés ;

3º Enfin que le procureur de la commune avisera de tout par exprès le directoire du département.

Le samedi 19 février, à 8 heures du matin, à la suite d'une lettre suppliante de la municipalité des Vans, le conseil ordonne à M. Aldrovandi, commandant le détachement des chasseurs de Roussillon en garnison à Largentière, de se disposer à partir sans retard avec toute sa troupe pour arriver dans la journée aux Vans. (Aldrovandi arriva aux Vans le même soir vers 8 heures avec 46 hommes).

Dans l'après-midi, un des membres du conseil vient pousser

un cri d'alarme. Il a appris que presque toutes les municipalités du voisinage, au mépris des lettres que la municipalité de Largentière leur a envoyées, se disposent à marcher contre les protestants et que déjà on se méfie de ceux qui paraissent douter des bruits alarmants qui circulent (au sujet des massacres d'Uzès) ; déjà on commence à menacer les municipalités qui ne suivent pas leur exemple ; bientôt les forcera-t-on à les imiter : « et je ne dois point vous dissimuler que la nôtre est fortement inculpée et menacée. Vous connaissez notre position. Privés de notre garnison, manquant absolument de munitions de poudre et de plomb, ce sont des motifs assez puissants, Messieurs, sur lesquels je vous prie de délibérer ».

Le conseil charge le procureur de la commune d'envoyer différents exprès pour se procurer une quantité suffisate de poudre et de balles.

A 11 heures du soir, un exprès apporte une lettre du directoire du département avec un extrait de ses séances. A la suite de cette communication, le conseil arrête d'en envoyer par exprès des copies à toutes les municipalités du canton et des cantons voisins, comme aussi elle charge par la même occasion le procureur de la commune de contremander le rendez-vous donné à la plaine de Laurac. Enfin elle désigne huit de ses membres pour se transporter demain dimanche à midi précis aux plaines de Laurac « à l'effet de faire lecture entière de la délibération du département à ceux qui pourraient s'y rendre, n'ayant pas reçu à temps le contr'ordre ».

Le dimanche 20 février, à 4 heures du soir, les membres députés aux plaines de Laurac viennent rendre compte de leur mission.

« Nous avons fait lecture entière et à diverses reprises de la délibération du département à tous ceux qui ont voulu l'écouter. Plusieurs ont senti la solidité des raisons y contenues, mais les autres n'y ont fait aucune attention. »

A 4 heures et demie, on annonce que la garde nationale de Rocles, « qui va secourir les catholiques », demande à entrer dans la ville, et que celles de Valgorge, la Boule, Loubaresse, Valos et Joanas, la suivent de près.

« Aussitôt le Conseil a arrêté qu'à mesure qu'il arriverait des troupes, deux officiers municipaux iraient les recevoir à la porte de la ville, et leur feraient lecture de l'entière délibération du département, avec recommandation aux officiers municipaux d'employer tous les moyens possibles pour leur faire rebrousser chemin. »

C'est ainsi qu'on annonce successivement, dans la même soirée, le passage des gardes nationales de Joanas, Valgorge, Loubaresse, Valos et la Boule.

« A 11 heures du soir, dans l'intervalle de quatre heures, sont venus plus de cent bons citoyens pour nous instruire que l'orage grossissait à vue d'œil et qu'il allait se diriger principalement contre nous, si nous persistions à ne pas envoyer nos gardes nationales. Le conseil, après avoir ouï le procureur de la commune, et après avoir longtemps réfléchi sur les divers avis donnés par un nombre considérable de bons citoyens ; parfaitement instruit par la clameur publique des malheurs inévitables ; considérant que, dans les circonstances présentes, opposer la plus petite résistance serait se précipiter dans l'abime et y entrainer peut-être la contrée entière ; considérant, en outre, que les ennemis du bien public, d'après les diverses lettres que nous avons envoyées de toutes parts, pour apaiser l'orage prêt à fondre, n'ont point manqué de nous attirer des ennemis redoutables, arrête qu'il sera sur l'heure donné ordre à M. de Valescure, colonel, de faire les dispositions convenables pour que sa milice soit en état de partir demain matin ; charge le procureur de la commune de le pourvoir de vivres et autres approvisionnements pour le départ ; comme aussi, vu les engagements pris par nous avec certaines municipalités, de les instruire de nos démarches, le charge expressément de leur envoyer par des exprès avis du départ de notre garde nationale, en leur observant que les circonstances impérieuses l'ont nécessitée de partir ; qu'elles sont prudentes et sages et qu'elles peuvent faire ce que leur sagesse leur inspirera ; le charge pareillement d'instruire sans délai de cette démarche le directoire du département, en lui observant que le conseil a été contraint de suivre le torrent. »

Le lendemain lundi 21 février, à 6 heures du matin, il a été délibéré « que le conseil municipal accompagnera la garde nationale jusqu'au jardin de M. Rouvière, maire, et que là il exhortera les citoyens soldats de porter à leurs chefs respect et obéissance, d'agir avec la plus grande modération dans toutes les circonstances, de ne combattre que les vrais ennemis de la patrie et de se méfier absolument de tout ce qui pourrait venir directement ou indirectement du soi-disant comité de Jalès ».

A 7 heures du soir, arrive une députation de la garde nationale de Montpezat, « pour nous demander des renseignements sur les bruits alarmants qui courent ».

A 8 heures du soir, arrivent deux députations des gardes nationales de Meyras et la Souche.

A 9 heures, sur la proposition du maire, on décide d'envoyer deux exprès, l'un aux Vans pour faire revenir la garnison de Largentière, et l'autre à Privas, pour demander un renfort, « afin de pouvoir éviter les malheurs qui menaçent la ville au retour des gardes nationales ».

A 10 heures, arrive la garde nationale de Chazeaux ; « elle est couchée en ville et par billette ».

Le 22, à 3 heures du soir, arrivent les gardes nationales de Prunet, la Souche, Jaujac, Fabras et autres paroisses.

A 8 heures du soir, arrivent celles de Montpezat, Colombier, Aulières et autres.

Le 23, à 1 heure du matin, on reçoit une lettre « de M. de Valescure, colonel de notre garde nationale, annonçant qu'il est en route pour revenir, et qu'il arrive avec toute la garde nationale de la contrée ».

A 7 heures du matin, arrive un détachement de la garde nationale de Burzet. On lui communique la lettre de M. de Valescure, « néanmoins il a jugé à propos d'aller en avant ».

« A midi, notre garde nationale est rentrée, suivie de celles de la Boule, Joanas, Valos, Rocher, Prunet, Chassiers, Chazeaux, Tauriers, la Souche, Jaujac, Fabras, St-Cirgues, Nieigles, le Colombier, Montpezat, Aulières, Burzet et autres, formant un corps d'environ 1100 hommes. »

A 6 heures du soir, c'est le tour des gardes nationales de Thueyts, Mayres, Meyras, la Chavade et autres, formant un corps d'environ 400 hommes. Elles sont de couchée et logées par billettes.

(Le reste du cahier est resté en blanc)

Le nombre des hommes, qui prirent part à la deuxième fédération de Jalès, est évalué de 30 à 35 mille. Mais il en aurait fallu bien davantage pour résister au courant qui emportait alors la nation française. Il aurait fallu aussi plus d'union entre les divers éléments qui tentaient cà et là de s'opposer à la nouvelle tyrannie dont on a déjà vu l'action brutale vis-à-vis des sentiments les plus intimes des citoyens. Or, parmi les gardes nationaux venus à Jalès, il y en avait un certain nombre des villes révolutionnaires, comme Largentière, Aubenas, les Vans, Vallon et Villeneuve de Berg, qui cherchaient secrètement à faire échouer la manifestation, les uns croyant de bonne foi, et les autres affectant de croire, que les chefs du mouvement avaient pour but le rétablissement de l'ancien régime, et non pas simplement la défense de la religion menacée. C'est pourquoi ils se concertèrent et firent donner le commandement à Chastanier de Burac.

Jules de Malbos, le fils de l'initiateur des camps de Jalès, parle ainsi de ce personnage (1) :

«... Le choix des fédérés tomba sur un officier royaliste, mais faible, incapable de prendre une résolution énergique, n'ayant ni ce feu ni cette élévation dans l'âme, qui sont nécessaires à l'homme qui commande au moment des grandes commotions politiques. M. Chastanier de Burac, en un mot, était de ces hommes comme depuis nous en avons vu beaucoup en France, qui, enchantés de jouer un rôle, savent cependant se plier à tout, et qui sont incapables de commander, parce qu'ils le seraient même d'obéir dans certaines circonstances...»

Le fougueux royaliste Andéol Vincent en donne une définition plus courte : *un homme mixte*.

C'est, à 2 heures après midi, le 20 février, que l'homme mixte fut élu général. Il se rendit immédiatement à St-Ambroix, pour former, disait-il, le camp de la Cèze. Et, dès le lendemain, soit

---

(1) *Relation des évènements de la contrée de Jalès* (MS.).

trahison, soit simplement faiblesse et crainte du danger, il persuadait à ses troupes que les catholiques, qu'on était venu secourir, ne couraient aucun danger, que le trône et l'autel n'étaient pas menacés, et il engageait ses troupes à se disperser. Ce que firent les moins résolus, entraînant ainsi par leur exemple le départ de la masse.

En attendant, les directoires de l'Ardèche et du Gard, s'étant concertés, avaient envoyé des troupes sous les ordres du général d'Albignac, pour attaquer les fédérés ; mais ceux-ci étaient tous partis quand ces troupes se mirent en marche pour Jalès. Un seul de ces corps, formé de gardes nationaux du Saint-Esprit, pénétra sur le territoire de l'Ardèche, sous prétexte d'accompagner les deux administrateurs du département, Vacher et de Reboul, chargés d'enquérir sur les évènements. Il en profita pour mettre à sac le château de Jalès et s'emparer traîtreusement de M. de Malbos, qui fut emmené prisonnier au Pont-St-Esprit, et quelques jours après trouvé mort sur les rochers au dessous de la citadelle. Les autorités locales dirent qu'il s'était tué en tentant de s'évader, mais l'opinion la plus accréditée, et malheureusement la plus vraisemblable, est qu'il avait été étranglé dans sa prison.

Sans vouloir juger au fond ces évènements, ce qui ne rentre pas dans notre sujet, et toute réserve faite sur l'opportunité de la tentative de Malbos, et sur la façon dont elle fut conduite, il nous semble qu'elle était en somme parfaitement justifiée par l'oppression croissante des consciences catholiques et par les excès de tout genre qui se commettaient contre la religion de la grande majorité du pays. En sorte qu'on doit savoir gré à Firmin Boissin d'avoir dans sa consciencieuse étude sur les évènements de ce temps, rendu un juste hommage à la mémoire de l'initiateur, courageux et désintéressé autant que malheureux, des deux premières fédérations de Jalès.

A la fin de juin, on apprit la fuite du Roi et son arrestation à Varenne.

A défaut de données sur l'impression produite à Largentière, voici celle que donne le manuscrit de Bernard-St-Arcons sur Privas :

« La nouvelle de l'enlèvement du Roi, qui fut apportée à Privas par un courrier extraordinaire, calma pour quelques jours l'agitation des consciences ; tout le monde devint politique. Les uns croyaient que c'était une fausse alerte pour réveiller le patriotisme du peuple et l'engager à ne nommer à la législature prochaine que des hommes reconnus pour être des amis de la Constitution. Les patriotes croyaient tout perdu, lorsque bientôt après ils apprirent que Louis XVI avait été arrêté à Varennes et ramené à Paris...»

Ceci nous rappelle le jugement d'un homme qu'on n'accusera pas de cléricalisme, puisqu'il s'agit du professeur Aulard, potestant, dont la chaire d'histoire de la Révolution à la Sorbonne a été fondée par l'ancien conseil municipal de Paris socialiste et franc-maçon. Le professeur en question, racontant, dans son cours du 17 juillet 1896, la répression sanglante de l'émeute du 17 juillet 1791 au Champ de Mars, disait que la Terreur avait commencé, à proprement parler ce jour là, et ajoutait : « Le mouvement avait été provoqué par l'indignation suscitée par la fuite du Roi, laquelle avait eu pour cause l'empiètement sur les consciences résultant de la constitution civile du clergé, qui a été cause de tous les malheurs de la Révolution ; c'est ainsi que tout s'enchaine... »

Le 30 septembre, l'Assemblée Constituante se sépara, pour faire place à l'Assemblée Législative, après avoir voté, le 15, une amnistie générale comprenant tous ceux qui avaient participé plus ou moins à la deuxième fédération de Jalès.

IX

LE TROISIÈME CAMP DE JALÈS ET LE COMMENCEMENT DES PERSECUTIONS RELIGIEUSES (1)

Les trois périodes de l'année 1792. — La jacquerie dans les cantons d'Aubenas, Thueyts et Antraigues — Notes de Delicheres sur la région d'Aubenas. — Le désarmement des suspects a Largentière. — Les préliminaires du troisième camp de Jalès. — Le comte de Saillans entre en campagne le 2 juillet. — Il s'empare du château de Banne le 7 et est forcé de l'évacuer le 11 — Les massacres des Vans. — La tete de Saillans portée a Largentière et retrouvée dans ces derniers temps. — Décret d accusation contre 57 personnes compromises dans le dernier mouvement de Jales. — Les serments exigés des prêtres. — La plupart les pretent avec des réserves. — Le chanoine Chivaille. — Serment et mort de M. Denant. — Le curé constitutionnel Lafont. — L'église transformée en écurie et la chapelle des Pénitents en club.

L'année 1792 peut se diviser en trois périodes distinctes :

La première, marquée par des troubles populaires (mars et avril), qui, dans le bas Vivarais, eurent surtout pour théâtre les régions de St-Privat, Thueyts, Meyras, Jaujac et Antraigues, et dont le contrecoup à Largentiére fut le désarmement d'un certain nombre de personnes suspectes d'hostilité au nouveau régime.

La seconde période est celle du troisième camp de Jalès qui eut lieu au mois de juillet.

(1) Le dessin, que nous donnons ici, représentant le château de Largentière avant les réparations qui l'ont déformé, et la porte du pont des Recollets, fait partie de la collection de M. Henry Vaschalde, qui a bien voulu en autoriser la reproduction dans la *Revue du Vivarais*. Son auteur, M. Léon Alègre, fondateur de la bibliotheque-musée de Bagnols, a dessiné beaucoup d'autres vues ou monuments de l'Ardèche, notamment le château d'Aubenas. M. Alègre, né à Bagnols en 1813, et mort en 1884, était, de plus, un grand amateur d'histoire locale, comme le montrent ses *Notices biographiques du Gard* et son étude sur *Bagnols en 1787*. La belle publication de M. Labande : *Etudes d'histoire et d'archéologie romane — Provence et bas Languedoc*, Avignon, Seguin, 1902, qui a eu pour point de départ les notes et surtout les dessins de M. Alègre, constitue, d'autre part, un brillant hommage rendu au talent consciencieux de cet artiste, dont il sera plus amplement question dans les articles sur l'*Iconologie de l'Ardèche* que nous promet un des collaborateurs de la *Revue*. Ajoutons seulement ici que les pages concernant l'Ardèche abondent dans les livres de M. Alègre, surtout dans *Bagnols en 1787*, qui est un tableau d'histoire et de mœurs locales, s'appliquant en grande partie aux départements voisins, accusant chez l'auteur une véritable érudition et un rare talent d'observation, et plein d'enseignements utiles pour tout le monde.

VUE DU CHATEAU DE LARGENTIÈRE

La troisième période, celle des derniers mois de l'année, fut marquée par un redoublement de persécutions religieuses et par l'inauguration à Largentière d'un véritable régime de la Terreur qui coïncida avec la fondation de la Société populaire.

**

La première période présente l'aspect d'une véritable jacquerie, qui commença par les cantons d'Aubenas, Thueyts et Antraigues, pour se terminer par les cantons de Bourg-St-Andéol, de Satillieu et de Joyeuse, et ce mouvement rural prit de telles proportions que le directoire du département fut obligé de requérir toutes les brigades de gendarmerie et toutes les gardes nationales disponibles pour en arrêter les progrès.

On peut se faire une idée de la situation générale du bas Vivarais par les extraits suivants des manuscrits de Delichères, le grand chef jacobin d'Aubenas :

16 mars. — On prend des mesures pour assurer la tranquillité. Garde au château. Sonnerie suspendue pour la retraite. Les clés de l'église portées chez le maire ; celles des portes, aux corps de garde.

17 mars. — Fortes patrouilles. On arrête cinq hommes suspects.

18 mars. — Insurrection à Villeneuve. A Vogüé, on chasse l'ancien curé A Rochecolombe, retraite des tuyards de Vogüé. A St-Germain, le sieur Ilely s'enfuit.

19 et 20 mars. — Les villages se mettent sous les armes et les inquiétudes s'annoncent. Le château de Banne a été occupé, le 16, par des compagnies des Vosges sans coup férir.

25 mars. — Mouvement à Jaujac. On y démolit le château de Castrevieille, et on pille la maison du sieur Monteil. Mouvement à Vogüé.

26. — Jour de Notre-Dame. On continue Expulsion des Sœurs à Antraigues.

La délibération municipale prise ce jour là à Largentière montre que les esprits n'étaient guère moins surrexcités de notre côté :

Sur le dire d'un de ses membres, qui a rappelé à l'assemblée la fermentation extraordinaire qui a régné les jours précédents et principalement ce jourd'huy, et le désarmement de certains particuliers de cette ville qui a été fait par certains individus — a été unanimement délibéré qu'on prierait MM. les administrateurs du département d'ordonner de suite, par le retour de l'exprès qui leur portera la présente, le désarmement de 15 à 20 maisons dont les habitants sont désignés par la voix publique être les ennemis de la Constitution, et contre lesquels il paraît, à n'en pouvoir douter, que la plus grande partie des citoyens de cette ville désirent et veulent absolument qu'on les désarme.

Le conseil général, assemblé à cet effet ce matin de 10 à 11 heures, a fait tout ce qui était en son pouvoir pour arrêter le cours d'une insurrection qui allait se manifester.

Le conseil a aussi délibéré d'écrire sans retard au conseil de l'évêque pour le prier de retirer les deux vicaires desservants de cette ville.

Signés : Rouvière, maire ; Blachère, officier municipal ; Riffard, procureur de la commune ; Suchet. Prévôt, Courbi, Vielfaure, Fournier, Duroure, Rouveyrol, Baille, Allemand (1).

Riffard écrit, le 27 mars, en envoyant cette délibération au département :

Sur le désarmement il serait inutile de prendre d'autres moyens que celui proposé ; la garde nationale et la troupe de ligne le demandent instamment Sur les vicaires, il est urgent de les faire partir avant les pâques. afin d'ôter à ces vicaires le moyen de fanatiser encore davantage les citoyens. Ces deux mesures prises, le calme renaîtra. Si le gouvernement refuse d'autoriser, il est à craindre que tout ne soit fait avec violence.

Reprenons la suite des notes de Delichères :

27 mars. — On se rend à Prades chez M. de Montseveny. Ses tours à bas. Le sieur Avit, ancien vicaire, son aumônier, chassé. Château du Villard démoli. — Même jour, attroupement à St-Privat (2). Les dames de St-Benoit ferment leur église.

28 mars. — Mouvement à Meyras. Pillage et démolition de la maison du sieur Dufaut. On met le sieur Avias à contribution. Deux commissaires du département arrivent à Aubenas.

On avait pillé la maison Dufaut, parceque Dufaut, qui heureusement se trouvait absent, était un ancien intendant du comte d'Antraigues. Mais c'était surtout à ce dernier qu'on en

( ) A propos de ces noms et d'autres, il nous paraît juste de mettre le lecteur en garde, une fois pour toutes, contre les confusions qui pourraient résulter de fâcheuses homonymies, en lui rappelant. ce que personne n'ignore dans notre pays, que le meme nom est souvent porté par des familles tres différentes. La vérité est qu'il n'existe presque plus aujourd'hui de descendants directs des hommes qui ont joué un rôle actif pendant la période révolutionnaire dans notre pays.

(2) Ce jour la, les Jacques de St-Privat pillerent certaines propriétés et s'en partagerent d'autres, en disant qu'elles avaient appartenu a la commune.

voulait, et l'auteur des *Lettres sur les Etats Généraux* dut alors faire de singulières réflexions sur la récompense presque toujours réservée par le peuple à ceux qui favorisent ses premiers mouvements ; car, dans la courte période du 25 au 29 mars, on pilla puis on démolit en tout ou en partie ses quatre châteaux : de Castrevieille et du Bruget, à Jaujac ; de Laulagnet, à St Cirgues-de-Prades, et de la Bastide, à la Bastide-de-Juvinas.

Les deux commissaires du département, Gleizal et Bruyère, arrivés le 27 à Aubenas, ne se mirent en marche vers les lieux des sinistres que le surlendemain (29 mars), et, comme les carabiniers d'Offenbach, arrivèrent naturellement quand tout était fini.

Les notes de Delichères nous permettent de suivre pas à pas cette mémorable expédition.

29 mars. — Les commissaires se rendent à Jaujac.

30 mars — Il sont insultés à Meyras ; on insinue au peuple qu'un décret de l'Assemblée a ordonné la démolition des châteaux et qu'on le cache.

30 mars. — L'attroupement se rend l'après midi au château du comte d'Antraigues, à la Bastide. Le même jour, le district réuni avec les commissaires délibère d'envoyer un exprès à M. d'Albignac.

31 mars. — On apprend qu'à Thueyts un autre attroupement se forme. M. de Blou fait démolir les tours de son château. Projet de démolir celui d'Aubenas et d'appeler les brigands. Arrivée de 50 hommes de Dauphiné en garnison à Privas La municipalité fait doubler la garde.

1er avril. — Arrivée à Aubenas des gardes nationales des cantons de Privas, Villeneuve, St-Pierreville, convoquées par un arrêté du département. Les commissaires arrêtent de se rendre à Thueyts et s'adjoignent deux membres du directoire, M. Meynier et moi

2 avril. — Nous partons à 6 h du matin avec trois détachements... en tout 480 hommes, et nous arrivons à Thueyts à midi dans le plus bel ordre Zèle de notre troupe à Thueyts Consternation à Thueyts et dans le voisinage. Le soir, nous délibérons de faire arrêter les B... frères, auteurs de la démolition de la maison Dufaut. Cela s'exécute à 8 h. du matin.

3 avril. — Nous renouvelons la municipalité On envoie divers détachements à Meyras pour arrêter des coupables. Bon succès... Captures à Vals par le détachement de Viviers.

4 avril. — Nous envoyons un détachement à Montpezat. Nous laissons cent hommes à Thueyts. La troupe de ligne nous suit avec les détachements de Privas. Le reste se rend à Aubenas, avec les prisonniers au nombre de sept.

Nous arrivons à Meyras à 10 h. du matin. Nous vérifions la maison du sieur Dufaut et on fait la recherche des objets volés. Diverses personnes sont arrêtées.

Nous partons pour Jaujac où nous arrivons à 5 h. du soir. Nous visitons le château de Laulagnet tout dévasté, celui de Castrevieille.

5 avril. — On entend la municipalité et témoins. On charge la garde nationale de veiller sur les papiers apportés de Laulagnet, pour l'inventaire et le transport à Joyeuse, attendu l'émigration du sieur d'Antraigues.

Nous requérons le juge de paix d'Antraigues d'aller faire la fouille à Juvinas et autres villages où sont les effets du sieur d'Antraigues.

Nous disposons pour le lendemain une course à Ste-Marguerite où se réfugiaient les brigands.

Nous nous rendons à Aubenas.

6 avril. — Les commissaires se rendent à Privas où l'assemblée du conseil est convoquée pour ce jour.

Le rapport des commissaires cherche en quelque sorte à excuser les coupables : « Il y a, dit-il, parmi ces gens, plus d'égarement que de scélératesse. On leur a fait croire, d'ailleurs, qu'il existe un décret ordonnant la démolition de toutes les tours qui se trouvent aux châteaux, parce qu'on ne les regarde plus que comme des maisons... »

Après le pillage du château de la Bastide, les commissaires font néanmoins l'aveu suivant.

« C'est chose constante et bien reconnue que nous avons à faire à des *brigands* qui ne demandent que le pillage et se portent à tous les excès. La démolition des châteaux n'est qu'un prétexte. Ils font rançonner ceux qu'ils ne pillent pas et appellent cela *traiter à l'amiable.* »

Le 11 avril, le directoire du département décida que toutes les pièces concernant les excès en question seraient dénoncées par le procureur général syndic Boissy-d'Anglas, mais on n'a jamais appris que les coupables eussent été punis, et, d'ailleurs, il faut bien reconnaître que l'autorité, l'eût-elle voulu, se serait trouvée dans l'impuissance de le faire.

Comme compensation, on commença alors à chanter la Marseillaise. Delichères nous apprend que l'hymne devenu national fut chanté la première fois à Aubenas au mois de juin suivant, par le bataillon de Castelnaudary qui y était en garnison.

**

Le troisième camp de Jalès, dont le principal organisateur fut Claude Allier, le prieur de Chambonas, eut lieu au mois de juillet. Cette fois il ne s'agit plus d'une fédération plus ou moins pacifique, mais d'une vraie levée d'armes contre le régime existant.

Dès le 18 février 1792, à l'Assemblée Législative, le ministre de l'intérieur Cahier appelait l'attention sur les agitations qui se manifestaient dans certains départements du Midi, mais surtout dans l'Ardèche et la Lozère, et son discours indique assez clairement que les dissensions religieuses en sont la principale cause... « Les administrateurs de ces deux départements portent particulièrement leurs inquiétudes sur Villefort, les Vans, Jalès, lieux où peuvent se faire des rassemblements, et sur le vieux château de Banne qu'on assure être déjà occupé par les catholiques.... »

Le 16 mars, le protestant Rabaut St-Etienne écrit de Nîmes au ministre : « Villefort est l'Arles (1) du Vivarais et le château de Banne en est le Coblentz.... »

Il y eut, en vue de cette suprême tentative contrerévolutionnaire, deux réunions des principaux conjurés, convoquées par Claude Allier : l'une, à la Bastide (sur les confins de l'Ardèche et de la Lozère) le 19 mai 1792, et l'autre, la plus importante, à Malons (commune du Gard limitrophe de l'Ardèche), le 23 juin suivant (2). Le comte de Saillans, qui devait commander l'entreprise, assistait à cette dernière, où le troisième camp de Jalès fut fixé au 15 août suivant.

On sait comment les circonstances obligèrent le chef royaliste à précipiter son entrée en campagne. Le lieutenant Roger, qui occupait le château de Banne, ayant arrêté un individu porteur des ordres de Saillans, celui-ci, se voyant découvert, ne crut pas pouvoir différer ; il fit sonner le tocsin, le 2 juillet, et réunit environ 1.500 hommes qui allèrent assiéger la petite garnison du château de Banne, et l'obligèrent à capituler le 7 juillet.

(1) La ville d'Arles était alors en état de rebellion ouverte.
(2) Voir les documents sur la *Conspiration de Saillans*, publiés par ordre de la Convention nationale, et reimprimés à Privas en 1868 avec les *Commentaires du Soldat du Vivarais*.

Le 5 juillet, Meynier, de Joyeuse, informait la municipalité de Largentière de la situation critique où se trouvait la garnison de Banne.

Dès le lendemain, la municipalité de Largentière organisait un corps de volontaires qui se mit en route, le 7 juillet, pour Joyeuse et les Vans, sous le commandement de Michel Courbi et Etienne Gravier, chaque soldat étant pourvu d'un sac de toile de six pans de long sur quatre de large. Les noms des volontaires, au nombre de 24, ont été donnés dans les *Ephémérides vivaroises* de Célestin Dubois ; mais, vu les horribles scènes qui eurent lieu aux Vans, et auxquelles un certain nombre au moins ne restèrent pas étrangers, il nous paraît inutile de reproduire ici cette liste.

Il paraît que ces volontaires allèrent d'abord stationner à Chambonas ; c'est du moins de cet endroit que sont datées les lettres envoyées à Largentière par quelques-uns d'entre eux. Un de ses chefs, Courbi, écrivait, le 10 juillet, à un de nos officiers municipaux, la lettre suivante qui éclaire de sinistres reflets les tristes incidents qui vont se produire :

Le 9, nous dîmes à la municipalité que nous voulions planter l'arbre de la liberté, et qu'ils eussent la bonté d'y assister, de même que les citoyens de l'endroit. Le 10, vers 7 heures du matin, nous nous sommes organisés. Et cela dérange un peu pour le service. Mais tout s'arrangera. M. Auzillon (1) est arrivé du temps que nous étions à table. Juge le plaisir qu'il nous a fait à tous. Nous nous sommes allés promener aux Vans. Etant arrivés, nous avons été boire de la bière Dessous la fenêtre de la maison se trouve le cimetière de l'hôpital. Là nous avons vu le cadavre de Platon (2). On le mettait dans la fosse. De là nous sommes allés sur la place, où nous avons trouvé nos volontaires, de même que la légion de plusieurs paroisses et la troupe de ligne sous les armes On a fait une proclamation pour ramener les citoyens à l'ordre. Celui qui en faisait la lecture, par ma foi, je ne sais pas s'il avait peur, mais il tremblait jusques au point que j'ai vu qu'il ne savait où il en était. De là, nous avons été voir environ quinze personnes qui se sont vu remettre en prison, qui avaient été à

---

(1) Auzillon était l'ingénieur en chef du département Le 13 juillet suivant, le directoire de Privas le chargea de détruire ce qui restait du chateau de Banne. On verra plus loin, par un de ses discours à la Société populaire de Largentière, qu'il avait des opinions fort exaltées. En 1794, il fut chargé du desséchement du lac d'Issarles (on voulait alors dessécher tous les lacs). Il eut le bon sens de se prononcer contre cette idée.

(2) Platon était le commandant de la légion catholique de Vallon et de Salavas. Il venait d'être tué a St-André-de-Cruzieres.

Banne en disant qu'on les avait fait aller par force. On nous a dit aussi qu'on tenait dans la maison commune cinq ou six prêtres réfractaires. Nous nous sommes retirés pour notre garnison où nous avons trouvé qu'on plantait l'arbre de la liberté après la cérémonie Et ça ira !

J'espère vous donner au premier jour des nouvelles très intéressantes, dont vous y prendrez plaisir, de même que nous avons la légion qui est à Naves qui ont pris depuis hier une vingtaine de ces Jean foutre qui nous font tant courir. Nous n'avons besoin de rien. Nous sommes fort sensibles aux bontés que vous avez pour nous. Nous tacherons moyen toujours de plus en plus de nous procurer de la gloire et de nous attirer l'estime et la confiance de notre municipalité.

Les troupes du général d'Albignac, qui bloquaient depuis deux jours le château de Banne, y entrèrent le 11 juillet au soir, après que le comte de Saillans, voyant toute résistance impossible, se fût décidé à l'évacuer. Celui-ci avait pu en sortir, vers 3 heures de l'après-midi, avec tous ses compagnons, à la faveur d'un violent orage accompagné d'une pluie torrentielle.

Le comte s'était dirigé vers Villefort avec quatre ou cinq de ses plus fidèles partisans, mais ils furent tous arrêtés le lendemain près du village des Aydons, conduits aux Vans et impitoyablement massacrés sur la place de Grave.

Les notes suivantes permettront au lecteur de se faire une idée de cette scène de carnage. Voici d'abord la partie essentielle du rapport du juge de paix Coren-Fustier :

« ... L'escorte de quinze hommes (qui conduisait les cinq prisonniers) prend renfort au Chambonet, à la Figère et à Malarce, sur sa route... Arrivé au pont de Chambonas, la garnison dudit lieu de Chambonas joint l'escorte et les particuliers sont conduits en cette ville (aux Vans). La garnison d'icelle, la gendarmerie grossissent le cortège ; le corps d'armée fait cercle et les cinq arrêtés sont placés au centre. Sur quoi nous dit juge, nous sommes porté de suite dans l'hôtel de M. Murol, commandant général de l'armée, et ensuite dans la maison commune ; nous avons requis tant le commandant, le maire et officiers municipaux de cette ville, que M. Roger, lieutenant de gendarmerie, de se rendre avec nous auprès de l'armée, à quoi ils ont déféré. L'armée a découvert que les dits cinq arrêtés étaient chefs de l'attroupement qui s'était exécuté à Banne (suivent les griefs qui leur sont imputés)... et une voix unanime a demandé que les prévenus fussent passés au fil de l'épée. Ledit commandant, le sieur Roger, et nous dit juge de paix, avons fait des efforts inutiles pour suspendre ce courroux général ; sur quoi nous nous sommes retirés et les cinq prévenus ont subi le jugement (1).... »

Le registre municipal des Vans se borne à dire, sur un ton de véritable regret, que Saillans et ses complices « furent victimes du ressentiment populaire et de la majeure partie de la force publique (2) ».

Le même jour (12 juillet), Michel Courbi écrivait de Chambonas à Largentière :

« Le sieur de Saillans a été pris, à environ trois lieues d'ici, avec cinq autres. Il est passé ici vers les 6 heures du soir ; l'un des capturés s'était alors échappé ; il est tombé en nos mains et nous allons le faire conduire à notre général. Quant au sieur de Saillans, et aux autres quatre, on les a conduits aux Vans, où rien n'a pu retenir les soldats de la garnison. On leur a tranché la tête à tous les cinq. Nous avons ici trois de ces têtes, parmi lesquelles celle du sieur de Saillans, que nous avons prise, après qu'on les a eu promenées par la ville des Vans en criant et en chantant : *Ça ira ! Ça ira !...* »

Voici maintenant la lettre que l'ancien avoué de Largentière, le protestant Puaux, de Vallon, adressait en même temps aux officiers municipaux de Largentière :

Chambonas, 12 juillet à 8 h. du soir.

Bonne, grande nouvelle. Messieurs, réjouissez-vous. Le scélérat, le monstre Saillans vient d'être arrêté avec Nadal, de Banne, ancien carabinier. Pradons, curé commis de Banne, l'abbé Boissin, de Chambonas, ont de même été arrêtés. Conduits à la Grave, ils ont été tués d'une belle manière, décollés. Nous avons les têtes. T a eu la gloire d'être le premier à frapper. Jamais exécution plus agréable. Les chefs demandaient de les livrer à la justice. Nous avons tous crié comme des diables : Point de justice ! Point de prison ! etc. A demain des détails intéressants.

Platon a été tué à St-André. — Puaux (3).

(1) *Conspiration de Saillans*, p. 73-74.
(2) Tallon. Histoire des Vans, III, 163.
(3) L'authenticité de cette lettre, qui a paru si souvent dans les journaux (nous citerons seulement le *Figaro* du 14 juillet 1879), n'est malheureusement pas contestable, car nous en avons eu l'original sous les yeux. Le nom de celui qui

Une autre lettre, signée Lieutier, adressée au maire de Largentière, dit à peu près les mêmes choses. Elle se termine ainsi : « Quoique Saillans ne puisse jamais plus arriver à Largentière, son exécrable tête la reverra encore. »

Ces témoignages sont, comme on le voit, en contradiction formelle avec la version d'Andéol Vincent racontant que l'escorte primitive des prisonniers, les ayant remis à un détachement de Largentière, commandé par T., celui-ci, marchant derrière Saillans, l'aurait tué en le frappant subitement par derrière d'un coup de sabre. La scène de massacre est facile à reconstituer avec les détails qui précèdent. Les prisonniers arrivent vers 7 h. du soir à la place de Grave, couverte d'une foule ivre de colère. Les autorités, après avoir tenté de la calmer, lui abandonnent les malheureux prisonniers qui sont aussitôt écharpés, et la chose se fit avec une telle furie, une telle rapidité et par tant de mains, qu'il fut probablement difficile aux spectateurs eux-mêmes de distinguer ceux qui avaient réellement frappé de ceux qui n'avaient participé que moralement au massacre ; de sorte que, si nous considérons, avec Firmin Boissin, comme douteuse l'assertion de Puaux concernant T., nous croyons devoir également n'accepter qu'avec réserve la version de l'auteur des *Camps de Jalès* attribuant le meurtre au fameux Jourdan dit Coupe-tête, qui était de St-Jeure d'Andaure.

Quoi qu'il en soit, il est certain que la tête de Saillans fut portée à Largentière et promenée au bout d'une pique par un des volontaires nommé Lapaille, parce qu'il tenait un cabaret au bout du pont de la Paille, dans l'immeuble, agrandi depuis, qui est devenu une teinturerie. Cette tête fut finalement enterrée dans un champ de mûriers qui surplombait la rivière en face de l'écurie Blachère, contigue à l'enclos Jouanin (1), et elle a été retrouvée dans ces dernières années, lorsqu'on bâtit une maison sur ce même emplacement.

aurait frappé le premier, y est écrit en toutes lettres. Mais nous n'en avons donné que l'initiale, attendu que, comme Firmin Boissin, dans les *Camps de Jalès* (p. 122), l'accusation ne nous a pas paru suffisamment justifiée.

(1) C'est d'un témoin oculaire, le pharmacien Amblard, fils du maître d'école de ce temps, mort plus qu'octogénaire en 1871, que nous tenons cette particularité.

Le lendemain (13 juillet), eut lieu sur cette même place de Grave, et dans des circonstances aggravantes (puisque les victimes cette fois étaient restées en dehors de la conspiration de Saillans), le massacre de neuf prêtres arrêtés quelques jours auparavant à Naves, et que la municipalité des Vans paraît avoir réellement voulu préserver. du sort échu la veille aux autres prisonniers, les tenant pour cela renfermés dans une salle de l'hôtel de ville. « Mais, dit le registre municipal, à peine les membres de la municipalité étaient-ils sortis, que la garde nationale a été forcée par une foule immense de personnes armées. Le ressentiment populaire et de la plus grande partie de la force publique était à son comble. La loi a été violée. Et des dix personnes qui étaient détenues, neuf ont été traînées par cet attroupement sur l'esplanade de Grave et victimées par lui.. » Il est à noter que l'une des victimes, Henri Claude Clémenceau de la Bouillerie, curé d'une paroisse de Nîmes, était un grand oncle du fameux radical de notre temps, qui porte le même nom.

Le même jour, la municipalité de Largentière, qui s'était constituée en conseil permanent à l'occasion des événements, expédiait à Montpezat, et sans doute à beaucoup d'autres communes, l'avis suivant :

« Le conseil permanent de Largentière vous avise que l'armée de Banne s'est séparée à la faveur de la pluie d'avant hier ; que les chefs furent arrêtés et eurent la tête tranchée hier aux Vans ; à cause de quoi, il vous requiert d'établir des corps de garde sur toutes les avenues de votre paroisse, pour arrêter les fuyards et prévenir les insultes auxquelles pourraient être exposés les habitants. Signés : Clément, officier municipal ; Suchet, etc.

Le 18 juillet, l'Assemblée nationale entendit la lecture d'une lettre de Boissy-d'Anglas racontant la défaite de Saillans et de ses partisans Elle en applaudit frénétiquement le passage suivant: « La fureur des gardes nationales a été telle que je doute qu'il nous reste quelqu'un pour la haute cour nationale. Plus de 200 conjurés ont péri (1). »

L'assemblée émit néanmoins, le 28, un décret d'accusation

(1) *Moniteur* du 21 juillet.

contre 57 personnes dénommées dans un arrêté du directoire de l'Ardèche (1). Ce décret porte encore la signature du roi Louis XVI. Mais, douze jours après, la royauté avait vécu.

**

La question religieuse avait commencé à prendre un certain degré d'acuité dès la fin de l'année 1790, à la suite de la loi qui obligeait tous les ecclésiastiques salariés à prêter serment à la constitution civile du clergé, l'assemblée constituante ayant voulu ainsi se procurer le moyen de chasser de leurs paroisses tous les pasteurs plus attachés à leurs devoirs qu'à la politique du jour.

Les prestations de serment eurent lieu généralement en février et mars 1791, et ici il est bon de jeter quelque lumière sur une question que d'honorables scrupules de conscience ont peut-être un peu embrouillée.

Un saint religieux, feu le F. Apollinaire, nous paraît avoir fort heureusement traité la question qui peut se résumer ainsi :

Le serment civique imposé par l'Assemblée constituante, le 27 novembre 1790, n'a jamais été condamné par Rome, car il n'y est pas question expresse de la constitution civile du clergé ; c'est donc fort légitimement que plusieurs évêques l'ont prêté, et M. Vernet, pour lequel le F. Apollinaire professe, d'ailleurs, une juste admiration, a eu tort de l'incriminer comme coupable.

Et il en est de même du serment de Liberté Egalité exigé en 1794.

Mais il faut regarder comme absolument criminels : le serment à la constitution civile du clergé en 1791, et l'abdication du titre sacerdotal et la remise des lettres de prêtrise, exigées en décembre 1793 et dans les premiers mois de 1794.

Beaucoup de prêtres en Vivarais, comme dans le reste de la France, prêtèrent, à la suite de la loi de 1790, ce qu'on appela le serment conditionnel, dans lequel ils faisaient leurs réserves pour tout ce qui concernait la foi et la discipline de l'Eglise. Voici un spécimen de ces serments, celui de Maigron, le curé de St-

(1) La liste de ces personnes se trouve dans les documents de la *Conspiration de Saillans*, p. 114.

Alban, qui fut purement et simplement accepté par le conseil général de sa commune :

« Je fais serment de prendre le plus grand soin des fidèles que l'Eglise m'a confiés, de leur prêcher toujours la doctrine de l'Eglise catholique, apostolique et romaine, d'employer tous mes soins pour les préserver de toute erreur et de tous les schismes, de les exciter, soit par mes discours, soit par mes exemples, à être fidèles à la Nation, à la Loi et au Roi, et de soutenir de toutes mes forces la Constitution de l'Etat décrétée par l'Assemblée nationale et sanctionnée par le roi, autant que me le permettront la fidélité que je dois à Dieu, celle que dois à la religion que professe l'Eglise catholique, apostolique et romaine, dans laquelle je me ferai gloire de vivre et mourir... » (1)

Mais cela ne faisait pas le compte des nouveaux tyrans du jour, et bientôt tous les directoires des départements reçurent l'ordre d'exiger le serment sans aucune condition, ce que, malgré le triste exemple que leur avait donné leur évêque (2), la très grande majorité des prêtres de l'Ardèche refusèrent, auxquels on donna dès lors le nom de *réfractaires*.

C'est au mois d'octobre 1792 que la persécution religieuse prit un caractère d'intensité qu'elle n'avait pas encore eue jusque là.

Dès le commencement de ce mois, beaucoup d'églises furent fermées, et on obligea les religieuses de sortir de leurs couvents.

A Largentière, la municipalité prit, le 6 octobre, l'état des noms des religieuses qui se trouvaient au couvent de N. D. Elles étaient au nombre de dix-sept. Ce couvent était une espèce de chapitre de dames nobles qui y prenaient leur retraite, mais qui faisaient aussi l'école. (Le 31 octobre, Suchet l'aîné, un oncle du futur maréchal fit, au nom de la municipalité, une soumission pour l'acquisition du couvent, jardin et enclos de ces religieuses).

Vers le milieu d'octobre, un arrêté du district du Tanargue enjoignit à tous les ecclésiastiques, qui n'auraient pas prêté serment à la constitution civile du clergé, de sortir du district dans la huitaine, et du royaume dans la quinzaine.

---

(1) Voir aussi le serment de Domergue, curé des Vans, dans l'*Hist. des Vans*, de Tallon III, 101.

(2) Le malheureux Lafont de Savines prêta serment le 6 février 1791.

A Largentière, le curé était un pauvre vieillard appelé Denant, et la lettre suivante, qui fait partie de notre collection, peut faire supposer qu'il avait été question, dès l'année précédente, d'installer un intrus à sa place :

A Messieurs les maire et officiers municipaux de Largentière

Messieurs,
Si le plus vrai, le plus pur patriotisme pouvait seul donner des droits à vos suffrages dans les élections aux places du saint ministère auquel j'ai l'honneur d'être attaché, j'ose croire que je n'étais pas tout à fait indigne des démarches que vous avez bien voulu faire en ma faveur ; mais, messieurs, quand il s'agit de la conduite d'un troupeau nombreux dans les voies du salut, ne dois-je pas m'étonner et frémir du choix que vos respectables électeurs ont fait de moi pour remplacer le digne pasteur que la mort vient de vous ravir (1).

Je suis également touché et reconnaissant, messieurs, du témoignage d'estime et d'attachement que vous avez donné à mon frère dans ma personne. Je serais parti avec lui, pour vous en faire de vive voix mes vifs remercîments, mais le mauvais état actuel de ma santé et des arrangements d'affaires indispensables me forcent à remettre à un autre temps ce devoir également cher à mon cœur et à mon amour propre.

J'espère, messieurs, que, sur la fin du mois courant, je pourrai faire le voyage de Largentière et vous mettre à même de décider si je mérite ou non la bonne opinion que vous avez eue de moi.

Je suis, avec la plus parfaite reconnaissance et le plus profond respect, messieurs, votre très humble et très obéissant serviteur.
CHIVAILLE, chanoine.
De Figeac le 6 octobre 1791.

L'arrêté du district du Tanargue eut pour M. Denant une fatale conséquence, car, après avoir par faiblesse, et non sans avoir résisté d'abord, prêté le serment requis, il mourut deux mois après, probablement de honte et de remords. Les faits sont ainsi exposés dans un manuscrit que nous avons sous les yeux :

« ... Trois commissaires de la ville se rendirent un dimanche matin chez M. Denant et lui demandèrent de prêter le serment requis. Le curé répondit qu'il fallait lui donner le temps de réfléchir jusqu'au lendemain matin à 8 heures. A l'heure dite, les

(1) Comme M. Denant ne mourut qu'en janvier 1793, on ne peut s'expliquer ce passage que par une fausse indication envoyée de Largentière au chanoine de Figeac. Quoi qu'il en soit, vu l'absence, dans nos documents comme dans la tradition locale, de toute autre trace du signataire de la lettre, l'incident lui-même reste assez énigmatique.

tribuns du peuple reparaissent heureux et satisfaits et tout fiers d'avance de leur prétendue victoire. Mais le curé avait fait allumer un grand feu sous le manteau de sa cheminée, et, le montrant aux commissaires : Vous voyez ce feu, leur dit-il ; hé bien ! plutôt y mourir que de prêter un serment que ma conscience réprouve ! »

Les commissaires désappointés cachèrent leur fureur et dirent à M. Denant : Nous avons trop bonne opinion de votre jugement et de votre caractère, et nous espérons que vous reviendrez à de meilleurs sentiments. Nous vous donnons jusqu'à dimanche.

Que se passa-t-il, durant la semaine, dans cette âme sacerdotale sans doute, mais faible et timorée ? Nul ne le sait. Mais, quand les tribuns revinrent le dimanche suivant, accompagnés de deux greffiers, M. Denant, malgré les fréquents entretiens qu'il avait eus avec ses vicaires sur l'opposition qui existait entre la constitution civile du clergé et la doctrine catholique, eut la faiblesse de prêter le serment condamné.

Mais, Monsieur le curé, lui dit alors un enfant de 12 ans, qui lui servait la messe chaque matin, mais je ne comprends plus rien à votre conduite. — Tais-toi, petit, dit M. Denant, tais-toi, tu es encore trop jeune ! — Oui, M. le curé, je suis bien jeune et je ne comprends pas que vous fassiez aujourd'hui ce que vous avez si énergiquement refusé lundi passé, même sous la menace d'être rôti ; mais ce que je sais bien, c'est qu'à partir d'aujourd'hui je ne veux plus vous servir la messe ! Et l'enfant à la logique terrible se retira profondément scandalisé (1).

Ceci se passait dans la seconde quinzaine de novembre 1792. Le pauvre curé était mort à la fin de janvier 1793.

Des deux vicaires, l'un, M. Tavernol, l'avait déjà quitté et s'était retiré dans sa famille à Viviers.

L'autre, Jacques Philippe Michel, originaire de Vernoux, après être resté quelque temps caché dans la ville, se vit enfin obligé de partir et se dirigea sur l'Espagne. Mais, à Montpellier, quelques personnes pieuses lui ayant offert un asile, il exerça quelque temps dans cette ville son ministère. Finalement, sa retraite ayant été découverte, il fut pris et guillotiné (le 5 mars 1794).

Après le départ de MM. Denant, Tavernol et Michel, le service fut fait, pendant un an environ, par un autre vicaire appelé Labro, comme il résulte de la lettre suivante adressée de St-Germain, le 27 mars (l'année manque), à M. Franconi, devenu curé de Largentière en 1802 :

(1) *Histoire de Largentière* (ms.) par l'abbé Ricou (vicaire de M. Léorat vers 1860).

Monsieur,

Le 13 octobre 1792, j'arrivai à Largentière sous M. Denant, qui mourut à la fin du mois de janvier de l'année d'après, et je fis ensuite seul les fonctions de cette paroisse jusqu'au 19ᵉ de janvier 1794, époque où Chateauneuf-Randon fit fermer l'église. Je me retirai dans ma maison à Vogué huit ou dix jours après. Voilà la pure vérité que je n'ai jamais oubliée. J'ai l'honneur d'être avec respect, Monsieur, votre très humble et très obéissant serviteur.

LABRO, curé.

Il est question aussi d'un vieillard, ancien sacristain de M. Denant, auquel on recourait pendant cette période pour l'administration des baptêmes.

Vers la fin de 1794, la municipalité installa dans l'église un prêtre assermenté nommé Lafont, de Coucouron, qui se logea au bout de la rue de l'église, et s'enivrait, dit on, chaque soir en compagnie des patriotes. Mais il ne resta pas longtemps. Quelques Pénitents, indignés de voir un pareil homme dire la messe, s'introduisirent dans l'église et lui enlevèrent tous ses ornements sacerdotaux, qu'ils cachèrent en lieu sûr, ce qui obligea le pauvre homme, mis dans l'impossibilité d'officier, de quitter honteusement la place (1).

Sur la liste, conservée aux Archives départementales, des prêtres qui prêtèrent le serment, d'octobre à décembre 1792, nous voyons figurer pour Largentière :

Mathieu Labro, vicaire ;
Jean Raymond Vernet, cy devant Jésuite ;
Denis Lacoste, cy devant Cordelier ;
Jacques Bonnet ;

(1) Ce Lafont, dont les prénoms étaient Jean Antoine, était vicaire de Dompnac en 1791. Firmin Boissin nous apprend qu'il était venu s'installer a Largentière de sa propre autorité, et que M. Vernet eut toutes les peines du monde a le deloger Voir la lettre de M. Vernet aux fideles de Largentiere du 26 juin 1796. Nous voyons aussi par le livre de Boissin que le cure intrus de Largentière n'était pas le seul a aimer la dive bouteille, car son confrere de Vernon, appelé Delaygue, « s'enivrait a peu près tous les matins, le dimanche comme les autres jours, si bien qu'il n'y avait presque jamais de messe dominicale (*Schisme constitutionnel*, pp. 19 et 39). Il résulte d'une déclaration faite à la mairie des Vans le 25 avril 1796, par un nommé Malmazet, du Merle, paroisse de Dompnac, que, l'avant-veille, « le citoyen Jean Antoine Lafont, cure constitutionnel, était venu chez lui tout épouvanté, lui disant que les brigands attroupes du côté de Lanarce étaient venus dans la maison de son frère, en demandant ledit Lafont curé, dans le dessein de l'assassiner, et qu'ils avaient emmené par force son neveu et d'autres voisins... » (Tallon, *Hist des Vans*, III, 361) Nous ignorons quelle fut la fin de ce malheureux ecclésiastique.

Jallat Lagardette, prêtre cy devant de la congrégation de Saint-Maur ;

Jacques Antoine Fages Rochemure, cy devant chapelain ;

Jean César Fages Rochemure, cy devant chanoine ;

Pierre Guérin, ex-cordeliér,

tous habitants de Largentière ; mais nous ne saurions trop mettre en garde le lecteur contre les déductions qu'on pourrait tirer de là, et nous le renvoyons aux observations que nous avons données plus haut, d'après le F. Apollinaire, en ajoutant que la question du serment de Liberté, décrété par l'Assemblée législative, le 17 avril 1792, fut l'objet d'une telle diversité de sentiments, parmi les prêtres mêmes les plus respectables, qu'on vit dans l'Ardèche M. de Besses déclarer qu'on pouvait le prêter en sûreté, tandis que M. Vernet le réprouvait absolument (1).

Tout service du culte ayant cessé en 1793, l'église fut décrétée bien national et affectée au logement des chevaux de la force armée.

« Oui, Monsieur, disait en pleurant une personne âgée de 92 ans à M. Ricou, j'ai vu l'église changée en écurie ; l'en haut (c'est-à-dire le côté du chœur) était rempli de foin, et autour des piliers et le long des murs étaient rangés les chevaux. Ah ! que Dieu nous préserve de voir revenir un pareil temps ! »

Les révolutionnaires s'étaient réservé pour leur club la chapelle des Pénitents, comprise aujourd'hui dans les bâtiments du couvent de la Présentation, et c'est là, qu'après en avoir abattu le clocher mobile (2), ils tinrent tant de délibérations mémorables, dont nous allons entretenir nos lecteurs.

---

(1) Voir la *Vie de M. Vernet*, p. 37.

(2) Ce clocher exécutait un mouvement toutes les fois que les cloches étaient mises à la volée, penchant a droite quand la cloche était lancée a droite, et a gauche, quand elle était lancée a gauche. Ce mouvement était très visible en se plaçant un peu plus haut que l'église et en comparant la flèche du clocher à un point correspondant du Béderet ; il était d'un pouce et demi environ à chaque allée et venue de la cloche (Ricou).

X

LA SOCIÉTÉ POPULAIRE DE LARGENTIERE
(1792-1794)

Constitution de la Société populaire (octobre 1792). — Les votes des conventionnels de l'Ardèche au procès de Louis XVI. — La Société populaire envoie une adresse de félicitations à la Convention. — L'impression produite sur Delichères par la condamnation du Roi. — Formation du comité de surveillance. — La dépréciation des assignats. — La boëte aux dénonciations. — Farandole royaliste a Montréal. — Service funèbre pour Lepelletier. — Discours d'Auzillon et de Bouchard. — Un incident comique à la Société. — Mission Gleizal dans l'Ardèche et la Lozère (mars-avril 1793). — Le *pain de l'Egalité*. — Liste des suspects. — Obligation pour les membres de la Société, même pour les femmes, de n'y plus venir qu'en bonnet rouge. — Lettre du citoyen Morel. — Adoption d'une motion pour le massacre des prisonniers. — Grande farandole pour le brûlement du portrait de Dumouriez. — Gabriel Fayolle dit Pain Blanc accusé d'avoir prévenu M. de St-Pierreville. — Injonction aux femmes de porter des cocardes tricolores. — Nouvelle liste de suspects a l'occasion de la tentative du notaire Charrier dans la Lozère (mai). — Arrestations de suspects à la nouvelle de l'insurrection de Lyon et de l'occupation anglaise de Toulon (août). — Les Suchet. — Les prisonniers mis au cachot. — Le tutoiement obligatoire. — La ville d'Aubenas dénoncée comme un repaire de gens suspects. — La Société populaire de Joyeuse. — Liste des prisonniers. — Liste des suspects de la ville et des environs. — Ordre aux femmes de porter la cocarde nationale à l'endroit du cœur. — Disettes et réquisitions de grains. — Suppression de tous les signes extérieurs de culte (décembre). — Châteauneuf-Randon a Largentière et son manifeste contre les clochers, les cloches et les prêtres (29 janvier 1794). — L'esprit public des campagnes est opposé à la persécution religieuse. — Le culte de la Raison. — La crise des subsistances. — Le *carême civique* au Puy. — Les lettres de Gleizal sur les conspirateurs de la Convention (les hébertistes et les dantonistes). — Le rapport du comité de surveillance sur les motifs de l'emprisonnement des personnes détenues à Viviers. — Injonction aux membres de la Société d'assister aux séances sous peine d'être déclarés suspects. — La politique de Robespierre. — La fête de l'Etre suprême (8 juin). — La loi de prairial (10 juin). — Une citation d'Albert Sorel. — Les influences modératrices dans le comité de surveillance de Largentière. — Divergences dans les Sociétés populaires de l'Ardèche entre les modérés et les exaltés. — La fête de Malignon. — La dernière séance du comité de surveillance avant le 9 thermidor.

La Société populaire de Largentière se constitua à la fin

d'octobre 1792, sous le nom de *Société des Amis de la Liberté et de l'Egalité*, mais la liste de ses membres ne fut clôturée que le 20 décembre suivant. Plusieurs villes de l'Ardèche avaient précédé Largentière dans cette voie. La Société des Amis de la Constitution à Annonay date du 24 mars 1791, et la Société populaire d'Aubenas, du 1er mai suivant. Les villes de Privas, Tournon, Villeneuve-de-Berg, Joyeuse, les Vans, etc. ne voulurent pas rester en arrière, et chacune eut bientôt sa Convention au petit pied, où, comme il arrive toujours dans les temps troublés, une minorité audacieuse d'exaltés faisait la loi à la foule des modérés ; et il arrivait même que ces derniers, sous l'influence de la peur, se montraient parfois plus révolutionnaires que les autres. Tous les bourgeois naturellement faisaient partie de ces associations, les uns, pour n'être pas suspects, car il était fort dangereux alors d'être suspect, et les autres, pour tempérer, au besoin et si possible, la furie des exaltés. C'est ainsi que de l'autorité régulière, c'est-à-dire des municipalités, la direction des affaires locales passa presque partout à des groupes d'énergumènes, généralement très-ignorants et plus ou moins inconscients du caractère odieux et tyrannique de leurs actes. Pendant près de deux ans, la Société populaire de Largentière, en particulier, fut la maîtresse absolue des biens et des personnes de la ville, et toutes les autorités constituées lui furent humblement soumises. Et l'histoire de son règne, telle qu'elle résulte des procès-verbaux de ses réunions, qui sont aux Archives départementales, et des actes de son comité de surveillance, qui sont dans notre collection, forme un tableau des plus tristes, mais aussi des plus instructifs, sur lequel on ne saurait trop appeler l'attention des générations présentes et futures.

Le 1er novembre, la Société élut son bureau, où, comme il arrive souvent en pareil cas, l'élément étranger se trouva beaucoup plus représenté que l'élément local. Il fut ainsi composé : Bouchard, président ; Gimond et Puaux, secrétaires ; Riffard, trésorier (1). La première mise de fonds fut de 5 livres pour chaque membre, mais le 30 décembre suivant, la cotisation mensuelle fut élevée à 10 livres.

(1) Les deux premiers étaient de la région d'Aubenas, et l'on sait déjà que Puaux était de Vallon.

Le 18 novembre, la nouvelle de la prise de Mons est accueillie à la Société avec enthousiasme. « Un officier volontaire de la Hâute-Garonne a fait une motion brûlante de patriotisme et a demandé que la musique de son régiment fût introduite dans la salle pour y célébrer l'évènement ; sur le champ, des chants délicieux et des sons ravissants se sont fait entendre ; l'hymne des Marseillais a été chanté par les musiciens, les membres de la Société et les tribunes (1). »

Le 17 janvier 1793, les citoyens Rouvière, maire, Joseph Gravier, Symphorien Turc et Bastide, officier municipal, sont chargés de faire la police de la salle pendant les séances.

Le 22, on ouvre une souscription libre « pour la fourniture des braves défenseurs de la patrie ». Vingt-quatre membres apportent aussitôt leur contribution, dont le total est de 81 livres 15 sols.

La nouvelle de l'exécution de Louis XVI dut arriver à Largentière le 28 janvier. A défaut d'indication sur l'impression qu'elle y produisit, voici ce que nous trouvons pour Aubenas dans les notes de Delichères :

« Le 28 janvier, arrive du département un paquet adressé au maire et au procureur de la commune, pour être ouvert en présence du conseil municipal. Je le convoque et il nous annonçait l'exécution de Louis XVI. Il me prit un saisissement qui fut remarqué. L'assemblée se sépara de suite et je restai seul en proie aux plus pénibles réflexions. En me retirant, et à la porte de ma maison, je me sentis suffoqué, mon cœur battait avec la plus grande violence et, monté avec peine chez moi, je reconnus tous les symptômes d'une fluxion de poitrine. M. Aymard ne s'y méprit pas et il en devina la cause. Je fus malade pendant près de trois semaines. »

Delichères ajoute que pendant sa maladie, on organisa dans le conseil municipal un comité de surveillance et on désigna comme suspects 18 ou 20 individus de tout sexe. On fit des visites chez eux, on les désarma, on en emprisonna deux, La-

---

(1) La *Marseillaise* devait être alors a Largentière une nouveauté de premier ordre, puisque, ainsi qu'on l'a vu par les notes de Delichères, elle n'avait fait son apparition à Aubenas qu'au mois de juin précédent.

corche et Chambarlhac. « Ces démarches, dit-il, m'avaient été cachées. Ce ne fut que sur la fin de ma maladie que j'en fus instruit par M. Duclaux fils. Le soir même, je convoquai le conseil municipal pour le lendemain. Je m'y traîne, je crache le sang et je parviens à faire retracter par la majorité la délibération qui avait déclaré les suspects. Je fais rendre les armes et élargir les prisonniers.»

A propos de l'exécution de Louis XVI, le mot de la situation a été dit depuis longtemps par quelques uns des plus autorisés parmi les régicides. Merlin, Grégoire, Barrère et tant d'autres, dont les noms ont acquis une certaine célébrité à cette sinistre époque, ont avoué plus tard qu'ils avaient été *terrifiés* ; que la majorité de la Convention était composée *d'hommes féroces et surtout d'hommes lâches*, et qu'ils obéissaient fatalement à la nécessité *de tuer pour ne pas être tués* (1).

Mais, en ce qui concerne les conventionnels de l'Ardèche, il est juste de constater qu'en dépit de certaines apparences, tous s'efforcèrent de soustraire le malheureux roi à l'échafaud, par des votes de formes variées, mais où la mort elle-même *avec sursis*, impliquait le désir de sauver Louis XVI, en gagnant du temps. (2) Voici ces votes :

Boissy d'Anglas : La détention, puis le bannissement, quand la sécurité publique le permettra.

Saint-Prix : La mort avec sursis jusqu'à la paix, et après, expulsion des Bourbons.

Gamon : La mort avec sursis jusqu'au cas où les ennemis reparaîtraient sur le territoire de la République.

Saint-Martin : La réclusion, le bannissement à la paix, comme mesure de sûreté générale.

Garilhe : La détention et le bannissement à la paix.

Gleizal : La mort avec sursis jusqu'à l'expulsion des Bourbons et les mesures de tranquillité publique.

(1) Nous renvoyons ceux qui voudraient être plus amplement édifiés sur ce point, aux textes que M Léon Rostaing a eu la bonne idée de réunir dans une note de son récent ouvrage : *Les anciennes loges maçonniques d'Annonay et les clubs*, p. 369 a 371
(2) La *Croix d'Annonay* (mars 1901), en donnant les voes des conventionnels ardéchois, a reconnu elle-même la justesse de cette manière de voir. On peut lire sur ce même sujet la lettre du conventionnel Gamon dans la *Revue du Vivarais* de 1898.

Coren-Fustier : La détention, le bannissement à la paix.

Ce dernier écrivit à la Société populaire de Largentière une lettre, en date du.... février, dont nous avons retrouvé les débris, et dans laquelle il expose les motifs pour lesquels, après avoir bien médité sur la question, en conscience et en vue des intérêts du pays, il n'a pas cru pouvoir aller jusqu'à la condamnation à mort, se bornant à voter « pour la sanction du peuple (c'est-à-dire l'appel au peuple), pour la déportation précédée de la réclusion jusqu'à la paix, et pour la suspension du jugement à mort ».

Parmi les votes de la Société populaire, le 10 février suivant, se trouve celui de l'envoi d'une adresse à la Convention, « pour la féliciter de nous avoir délivrés du tyran royal et l'encourager à bannir de la République toute sa race ». Mais l'incident est si brièvement indiqué, qu'il est aisé d'y voir l'embarras de la majorité de l'assemblée en présence d'une motion, qu'il eût été dangereux de repousser, beaucoup plus que l'expression de ses véritables sentiments.

Le même jour, on délibère qu'à chaque séance, on lira au moins article de la Déclaration des droits de l'homme. Un membre demande que toute personne soit autorisée à venir informer la Société de tout ce qui sera fait ou dit contre le peuple. Adopté. Cette proposition entraîne la formation d'un comité de surveillance (1). La commission nommée pour faire le plan d'organisation de ce comité se compose des citoyens Blachère fils, Rouvière, Puaux et Michel Courbi.

Le lendemain, on arrête les articles relatifs au comité de surveillance dont voici les points essentiels :

Le comité comprendra neuf membres. Il s'informera soigneusement de tous les propos, projets et faits qui peuvent attenter à l'intérêt du peuple. Il s'assemblera au moins une fois par semaine et toutes les fois qu'un de ses membres le requerra. Il apportera à l'assemblée les dénonciations et le nom du dénonciateur. Ses

---

(1) L'institution des comités de surveillance se propagea rapidement et, d'ailleurs, fut consacrée officiellement le mois suivant par une loi. Un jurisconsulte dauphinois, Berriat Saint-Prix, dit qu'on en compta pour la France entière environ 21,500, et il n'évalue pas à moins de 150,000 le nombre des suspects qu'ils arrêtèrent.

membres seront remplacés chaque quinzaine par d'autres membres de la Société.

Un autre jour, la Société s'occupe des contributions patriotiques. Elle délibère que l'argent versé sera employé à des souliers pour l'armée et que ces souliers seront faits à Largentière.

Elle se mêle même du recouvrement des impôts, et pour le surveiller, elle envoie deux commissaires vérifier les livres dans chaque municipalité du canton.

Le 7 février, un membre dit que « certaines personnes roulent clandestinement dans la ville pour échanger des écus de l'ancien timbre contre des assignats et retirent un certain profit en donnant des écus contre des assignats ; qu'il est urgent d'arrêter le cours de ces échanges faits sans doute par des personnes dépourvues de toute vertu républicaine ». Un autre membre propose une enquête pour découvrir les agents de ce « sordide commerce ». Des commissaires sont nommés ad hoc.

Ce jour là, un membre proposa que la Société fit emplète d'une cloche de cristal avec son lampion, « pour illuminer la salle, ce qui serait plus honnête et moins coûteux que des chandelles ». Adopté.

Le 24 février, un membre dit qu'il y a des troubles dans les montagnes du district du Tanargue ; il y a des attroupements de contre-révolutionnaires ou de gens égarés par eux. Il propose que la Société offre à l'administration le concours de tous ceux de ses membres qui sont en état de porter les armes, pour soutenir la révolution. Adopté.

Le comité de surveillance a dénoncé l'absence du citoyen Guimbert-Lachamp, membre du directoire du district (siégeant à Joyeuse) qu'on n'a pas vu depuis un mois. Ledit Guimbert sera invité à se rendre sans délai à son poste, et avis en sera donné au président du directoire.

On a vu plus haut que les assignats étaient dépréciés. Il paraît qu'ils subissaient déjà à ce moment un tiers de perte. Le fait est dénoncé avec indignation à la Société. Toutefois, on n'a pas encore les noms des délinquants. Un membre propose d'inviter le département à prendre un arrêté enjoignant aux corps municipaux de retirer les certificats de civisme par eux accordés aux notaires de l'ancien régime et obligeant ces officiers ministériels à en prendre de nouveaux. Cette proposition est vivement discutée. A la troisième épreuve elle est adoptée, et sur le champ, malgré les oppositions bourgeoises, une adresse dans ce sens est rédigée et envoyée par exprès au département.

Le 26 février, on décide à l'unanimité de demander au département l'autorisation « de prendre au château de l'émigré Brison certains tableaux représentant les cy-devant rois et les attributs de l'ancienne et monstrueuse féodalité, afin de les brûler en fête publique un dimanche et de donner par là au peuple un spectacle satisfaisant ».

Ce jour-là, on reçoit quelques nouveaux membres parmi lesquels : Cousin, membre du directoire du district ; Thoulouze, procureur syndic du Tanargue ; Cholvy, curé de Jaujac, et Fabre, notaire de Jaujac.

27 février. Les circonstances exigent que tous les citoyens s'arment et s'exercent aux armes. On prend des mesures en conséquence. Les commandants sont invités à faire faire les exercices tous les dimanches. Un membre dit que les troubles de la contrée sont le résultat « des perfides suggestions des prêtres qui entretiennent les torches du fanatisme ». Il propose « de leur courir sus comme sur des loups ».

Un autre membre, moins ardent, propose de se borner à prêter aide et main forte à l'autorité pour l'exécution de la loi relative à la déportation des prêtres non conformistes. Et c'est cet amendement qui est adopté.

28 février. L'assemblée arrête qu'il sera planté un arbre de la liberté devant la salle des séances (quoi qu'il y en ait déjà deux autres dans la ville) et qu'on écrira sur un carré de papier, attaché audit arbre, les dernières paroles prononcées par Michel Lepelletier, martyr de la liberté (1).

Le comité de surveillance, qui tint sa deuxième séance le 1er mars, arrête ce jour-là de proposer à la Société « de délibérer

---

(1) Michel Lepelletier de St-Fargeau, député de la noblesse aux Etats généraux de 1789, très-royaliste en ce temps-là, puis très-révolutionnaire, avait été tué d'un coup de sabre, la veille de l'exécution de Louis XVI, par un ancien garde du corps, à cause de la part considérable qu'il avait eue, au sein de la Convention, à la condamnation du Roi.

s'il ne serait pas nécessaire de faire faire une boëte pour recevoir les dénonciations secrètes des personnes qui ne voudraient les faire publiquement, laquelle serait placée dans l'intérieur de la salle des séances, et au-dessus de l'ouverture de laquelle, qui serait pratiquée du dehors, seraient écrits en gros caractères ces mots : *Boëte de dénonce des ennemis du peuple* ».

La Société approuva naturellement cette proposition.

Elle approuve aussi une autre proposition du comité tendant à dénoncer la municipalité de Montréal « comme ayant passé sous silence et conséquemment toléré une farandole scandaleuse, faite dans cette localité le mercredi des Cendres, où les acteurs proférèrent les insignes blasphèmes : *Au diable la Nation ! A bas les patriotes ! Ca n'ira pas !* »

5 mars. La municipalité de Montréal a envoyé ses excuses au sujet de la farandole ; on décide qu'il sera pris de plus amples renseignements. Un service funèbre aura lieu en l'honneur de Le Pelletier. Le conseil de la commune, le tribunal et la garde nationale y assisteront.

Le dimanche 10 mars, eut lieu le service funèbre pour «le vertueux Le Pelletier ».

« A l'Evangile, le citoyen Auzillon (1) a prononcé en chaire l'oraison funèbre, autant touchante que capable de relever et perpétuer les vertus du grand homme. A l'issue de la messe, le citoyen Bouchard a fait lecture en chaire de l'adresse faite au peuple français par la Convention. A la sortie, salve de coups de feu par la garde nationale. »

Un incident comique marque la séance tenue ce même dimanche par la Société, dans son local ordinaire de la chapelle des Pénitents.

« Pour mettre fin au bruit qui règne dans la salle, les commissaires sont autorisés à nommer à haute voix les causeurs. De suite, un membre, qui se trouve dans les tribunes, a dit qu'il existait dans la salle de l'assemblée un comité qui menaçait la liberté, et a demandé qu'il fût nommé sur le champ des commissaires pour en arrêter le progrès. Un autre membre a

---

(1) L'ingénieur en chef du département dont il a été déjà question lors des incidents des Vans.

demandé que le proposant fût tenu de nommer de suite les individus de ce comité. Le proposant a nommé sur le champ les citoyennes Dousson, Mayaud et autres jeunes personnes (1), *dont les grâces pourraient très bien enchaîner les cœurs*, mais nullement porter atteinte à ce que l'on entend par le mot liberté ; et le ton plaisant et badin avec lequel le proposant a fait cette désignation, a convaincu l'assemblée qu'il avait voulu mêler le badinage dans les occupations graves et sérieuses de l'assemblée ; que du moins, au lieu de prendre part à ces occupations, il exposait hors de saison son cœur aux traits piquants de l'amour. En conséquence, la censure a été prononcée contre lui. »

Le 14 mars, après lecture d'un arrêté contre ceux qui commettent des dévastations dans les forêts des émigrés Brison et Rochemure, on constate que la cotisation mensuelle est mal payée et on fait observer que la Société ne peut se maintenir sans fonds.

***

La Convention, ayant à cette époque déclaré la guerre à l'Angleterre et à l'Autriche, nomma, le 9 mars 1793, des commissaires « à l'effet d'instruire les concitoyens des nouveaux dangers qui menacent la patrie et de rassembler des forces suffisantes pour dissiper les ennemis ».

Gleizal et Servières furent désignés pour aller dans l'Ardèche et la Lozère. Le passeport de Gleizal est du 11 mars. Le 23, il envoyait de Privas un premier rapport à la Convention. Il était le 11 avril à Joyeuse, siège du directoire du Tanargue, mais nous n'avons pas d'indice qu'il soit allé à Largentière. Il était le 3 mai à Bourg-Saint-Andéol, et le 8, à Tournon, d'où il partit pour rentrer à Paris.

Voici, pendant cette période, les incidents de la Société populaire de Largentière :

16 mars. Arrêté de faire une levée de monnaie de cours, pour ceux qui s'offriront généreusement au service de la patrie ou qui la secourront par la voie du sort.

---

(1) Il ne faut pas oublier qu'en ce bienheureux temps, les dames de la meilleure société étaient obligées de paraître, de temps en temps, aux séances de la Société, sous peine d'être notées comme suspectes.

17 mars. On s'occupe de la taxe du pain.

22 mars. Un membre propose que la municipalité de cette ville, et aussi les municipalités voisines, soient invitées à faire exhiber les cartouches des gendarmes (volontaires ou conscrits) qui ont quitté l'armée, pour savoir ce qu'ils sont venus faire dans le pays, à un moment où la République a besoin de ses défenseurs. Adopté.

Le comité de surveillance expose qu'Allamel Bournet, cy-devant procureur-syndic, Martin Sauveplane, membre du directoire du Tanargue, et Combe, membre du conseil général d'administration du district, délégués à l'abbaye des Chambons, ont reçu de Velay, fermier de l'abbaye, divers objets qu'ils n'ont pas versés. Riffard est chargé de vérifier le fait.

24 mars. Décidé de dénoncer au directoire les trois accusés.

28 mars. On discute les mesures à prendre au sujet de l'achat des grains, attendu que des particuliers en achètent pour longue provision, ce qui en arrête la circulation et procure le renchérissement. Renvoyé au comité de surveillance. Parmi les nouveaux admis dans la Société, ce jour-là, se trouve un ex-cordelier, Jean Pierre Guérin.

31 mars. Décidé d'inviter les municipalités de Chassiers et d'Uzer à ne pas faire de pain blanc, car il est utile qu'il n'y ait qu'une seule qualité de pain de blé froment, appelé le *pain de l'Egalité*. La censure est prononcée contre Tourette, membre de la Société, pour avoir adressé au président une lettre contenant des injures contre Bouchard aussi membre de la Société.

4 avril. Les boulangers sont dénoncés au comité de surveillance comme n'observant pas l'arrêté qui leur enjoint de ne faire qu'une espèce de pain.

9 avril. La maison de Gasque, juge au tribunal du district, est dénoncée comme « un repaire de l'aristocratie, où elle tient ses conciliabules », et on invite la municipalité à y faire une visite domiciliaire, et, en attendant la nomination de commissaires, à veiller pour que rien n'en sorte. Un membre dit que l'aristocratie fait son dernier effort et que la prudence exige le désarmement des personnes suspectes. On donne ensuite connaissance à l'assemblée de « la trahison de l'infâme Dumouriez », et du

décret rendu contre lui par la Convention. « Arrêté que le comité de surveillance sera tenu de s'assembler de suite pour donner à la municipalité une liste des personnes qui lui paraissent suspectes. La Société s'assemblera tous les jours pendant tout le temps que le danger de la patrie existera. »

Le même jour, le comité de surveillance dresse la liste des suspects, après s'être adjoint un certain nombre de membres des plus ardents de la Société populaire. Voici cette liste :

Vielfaure, officier municipal. Mathieu. Dumas. Rochemure. André Reynaud. Lapeyre. Avias. Joseph Blachère. Cayrot. Labaume. Dusserre, perruquier. Pellet, avoué. Taulelle. Tailhand-Valescure. Dufour. Boyer. Veau. Picaud. Rocher d'Allamel. Violet, marchand. Valgorge. Vinezac. Veyrenc. Roure. Deleuze. Mestre. Le P. Lacoste. Boucher, négociant. Dubois, juge de paix. Coste Massis. Etienne Gravier. Payan du Bayle. Mercier, maçon. Icard. Bonnery. La Motte. Claude Duchamp et son frère. Gasque. Boiron. Monteil. Antoine Cavet. Giraud, officier municipal. Blachère du Reclus. Le sieur Blachère. Gire Laroche. Saint-Pierreville. Saint-Jean le menteur. Labro, vicaire. Ancelin père, serrurier. La maison de Tauriers.

Le comité décide que cette liste sera portée de suite au conseil. Nous faisons à la mémoire des proscripteurs la grâce de ne pas les nommer.

11 avril. Il est dit, à la Société, que d'excellents patriotes ont été désarmés et qu'il conviendrait de leur faire rendre les armes ; par contre, les aristocrates ont encore les leurs, il faut les désarmer. Avis en sera donné à la municipalité. Les chevaux de luxe doivent être à la disposition de la nation. La municipalité de Rocher sera invitée à donner un état des chevaux du citoyen St-Pierreville. Un membre représente comme très suspect le citoyen Julien (de Vinezac) et veut qu'on le traite comme émigré et qu'on invite le directoire à faire vendre son mobilier. Adopté.

13 avril. Un membre déclare qu'il a été poursuivi par des gens armés depuis la Croisette d'Uzer jusqu'au pont de Montréal ; qu'on lui a tiré plusieurs coups de fusil et de pistolet, outre les pierres lancées contre lui. Renvoyé au comité de surveillance.

14 avril. Le citoyen Gasque vient se disculper des accusations

portées contre lui, et il est reconnu que la dénonciation venait d'une inimitié particulière, et il est déclaré innocent de tous complots et rapports avec les aristocrates.

15 avril. Décidé que tous les membres de la Société, même les femmes, seront tenus de se pourvoir de bonnets phrygiens dans la quinzaine. Passé ce délai, ils ne seront pas admis dans l'assemblée, s'ils ne sont pas coiffés dudit bonnet. Auzillon chante une chanson sur Dumouriez, sur l'air de la Carmagnole.

17 avril. Etienne Gravier, membre de la Société, a dit devant témoins, que tous ceux qui composaient le comité de surveillance le 9 de ce mois, jour du désarmement, étaient de *foutus coquins*. On demande son exclusion pendant un mois. Si Gravier nie les faits, le comité l'assignera devant le juge de paix, pour s'entendre condamner à faire des excuses à la Société, et à 150 livres de dommages-intérêts applicables à l'achat d'armes. Gravier étant malade, la proposition est ajournée. (Gravier ayant fait des excuses dans une séance ultérieure, l'affaire n'eut pas d'autre suite).

Une lettre qui mérite de passer sous les yeux de nos lecteurs, a été transcrite sur le procès-verbal de ce jour ; elle est du citoyen Morel qui remercia de son admission au club de Largentière dans les termes suivants :

Dites à nos frères, à nos amis, quelle est la reconnaissance d'un vrai républicain. Si la devise de tout français est de vivre libre ou mourir, mon sang est prêt à couler. Vous me rappelez le citoyen *David*. Eh bien ! Je vous dirai avec lui (psaume 4) *Filii hominum, usquequo gravi corde ?* Aristocrates. pourquoi avez-vous le cœur gros ? *Ut quid diligitis vanitatem ?* Où poussez-vous votre ambition ? Il connaissait sans doute la Fayette, Dumouriez, en un mot tous les traîtres à la Patrie... *Et quæritis mendacium ?* Pourquoi vouloir nous abuser par vos faux principes ? Vous n'y réussirez point ; puisqu'il dit ensuite : *Signatum est super vos lumen vultûs tui, Domine.* Grand Dieu, je t'ai vu, le bonnet de la liberté sur la tête, *et dedisti lætitiam in corde meo*, et tu nous as remplis de joie et de satisfaction. Il dit bien plus au psaume 109 : *Judicabit in nationibus* : J'établirai un tribunal révolutionnaire dans toutes les nations, *et implevit ruinas* : Je ruinerai toutes les puissances opposées aux principes du sens commun. *Et conquassabit capita in terra multorum* : Et la guillotine fera voler sur la terre la tête de tous les insensés. Je vous embrasse bien fraternellement. Morel.

P. S. Je vous enverrai le portrait de Lepelletier ; sa mort n'est qu'un songe, puisqu'il vit éternellement dans nos cœurs.

Suit la formule du serment civique écrite par Morel.

La Société décide que le portrait de Lepelletier sera attaché au mur sur la tête du président.

18 avril. On dénonce au comité un rassemblement qui se fait tous les jours au ci-devant hermitage de St-Saturnin, aux confins de Banne et de Courry, où une femme fait des prières pour les contrerévolutionnaires et notamment pour les émigrés. On préviendra les Sociétés de Barjac et des Vans. Un membre dénonce Vielfaure du Gua comme un soutien de l'aristocratie et comme ayant dit qu'il avait encore 4.000 livres au service des émigrés.

Sur la demande d'un membre, la chanson de la trahison de Dumouriez, sur l'air de la Carmagnole, est chantée ensuite, « Afin d'inspirer à chaque membre le mépris qu'il doit avoir pour ce général perfide ». La chanson est affichée à la porte du café.

Le corps des avoués, membres de la Société, s'offre pour remplacer les gardes nationaux partis pour les Vans. On invite la municipalité à demander des armes et à faire fermer les portes de la ville.

21 avril. Un étranger a répandu de mauvaises nouvelles sur nos armes. Le maire est invité à le surveiller. Le comité de surveillance décide qu'il proposera à la Société d'inviter la municipalité :

1° A faire fermer dorénavant et à partir d'aujourd'hui les portes de la ville pendant la nuit ;

2° A faire fermer la porte de la lingerie communiquant à la galerie au dessous des prisons, ce qui pourra dispenser la garde nationale d'un service qu'elle fait pour la garde des prisons, ce service pouvant se réduire à accompagner le concierge quand il donne à manger aux prisonniers.

Suit l'indication des meubles et objets qui devront être fournis pour la garde.

23 avril. Un membre représente que, dans les moments orageux où nous sommes, la vengeance révolutionnaire devient nécessaire. Il requiert la Société d'imiter l'exemple de celle d'Aubignan (1)

(1) Commune du département de Vaucluse, où venait d'avoir lieu un massacre de royalistes.

et de demander à la Convention la permission d'user de cette voie contre les scélérats qui cherchent à perdre la patrie.

Cette proposition est votée à l'unanimité.

24 avril. Le comité de surveillance décide de surseoir à la dénonciation contre Bournet, Combe et Sauveplane, en attendant de nouvelles pièces annoncées.

2 mai. Un membre dit que le nom de Dumouriez est un objet d'horreur ; il serait à désirer qu'on pût l'oublier et il ne convient pas que son portrait reste plus longtemps exposé. Et l'on décide à l'unanimité qu'il sera fait, de dimanche en huit, une farandole par les membres de la Société coiffés du bonnet rouge, après laquelle le portrait du traître sera brûlé au pied de l'arbre de la liberté. Les membres qui assisteront à la farandole renouvelleront alors leur serment.

Quelqu'un fait remarquer que la permission de brûler les tableaux de l'émigré Brisson n'est pas encore obtenue et que tous les membres n'ont pas encore leur bonnet.

On fait remarquer qu'au mépris de la loi, Saint-Pierreville conserve à sa maison des tours ou vedettes qui sont des signes de l'ancienne féodalité. La municipalité est invitée à faire abattre ces tours. Le président donne le baiser fraternel aux citoyennes L. et R.

5 mai. La farandole Dumouriez est fixée au jeudi. Toute la Société jure de faire une guerre implacable aux aristocrates. Deux commissaires sont désignés pour aller tout de suite avec douze membres faire une visite domiciliaire chez Saint-Pierreville et le désarmer. On donne lecture de la loi qui met les aristocrates hors la loi, et on décide qu'elle sera affichée au dessus de la tête du président. Le citoyen Gabriel Fayolle dit Pain Blanc (1) et deux autres, accusés d'être allés prévenir Saint-Pierreville, se disculpent. Dénoncés et dénonciateurs sont renvoyés au comité de surveillance.

La Société proteste contre certaines accusations malveillantes dirigées contre Bouchard et Puaux. « Elle ne connaît pas de patriotes plus chauds ».

(1) Gabriel Fayolle était un modéré dont le but, en se mêlant au mouvement avait été probablement de tempérer les ardeurs des ultra-révolutionnaires de la ville. On le trouvera plus loin membre du comité de surveillance.

7 mai. Le comité de surveillance reconnait que l'accusation portée contre Fayolle d'être allé avertir St-Pierreville est infondée, et le soir, à la Société, il est déclaré innocent. On arrête le mode pour la *brûlure* de Dumouriez. Un mannequin du traître sera traîné par un âne, et Vincent menuisier s'étant offert de conduire l'âne, la Société charge le président de lui transmettre ses remerciements.

Jeudi 9 mai. Voici le tableau : A la porte de la salle, l'âne portant Dumouriez avec cette inscription par devant : *Dumouriez infâme*, et par derrière : *Dumouriez traître à la patrie*. Les membres de la Société, coiffés du bonnet rouge, chantent la *Marseillaise* autour de l'arbre de la liberté. Le cortège parcourt la ville escorté par la gendarmerie, sabre nu en main. On chante tout le temps la chanson de la trahison. Le peuple des campagnes est venu à la fête. Sur la place publique, la Société se range en cercle autour de l'arbre *communal*. Après un discours du président, le serment est complété, dans l'esprit du décret du 27 mars dernier, par ces mots : « Je jure encore de ne faire ni paix ni trêve avec les aristocrates et de les exterminer au premier signal d'une contre révolution ». Le président et les secrétaires mettent le feu au mannequin. « Bientôt ont éclaté de toutes parts des cris d'allégresse qui laissèrent entrevoir sur tous les visages le désir de tenir le scélérat.... » Ensuite chaque membre a embrassé l'arbre de la liberté « comme l'objet d'un tendre amour ». Puis, farandole générale, « dont le beau sexe est venu faire l'ornement ». Enfin, grand bal public à la halle.

12 mai. Les gardes nationaux, qui sont allés conduire des prisonniers à Villeneuve de Berg, ont apporté des girouettes qu'ils ont fait enlever du château de l'émigré Vogué. On arrête qu'elles serviront à faire des piques.

14 mai. On invite la municipalité à faire abattre toutes les marques distinctives de l'ancienne féodalité. Chassiers a une girouette sur son clocher. Il faut qu'on l'abatte.

19 mai. « L'an 2 de la République et le 1er de la mort du tyran ». — « Arrêté que le bonnet dont chaque membre doit être décoré, sera à la sans-culotte, et de couleur rouge, de quelle étoffe que ce soit, et pour tout ornement, la cocarde tricolore. »

21 mai. Invitation à la municipalité de Tauriers de planter l'arbre de la liberté, et à celle de Montréal, de faire surveiller le citoyen Lapierre qui fait des accaparements considérables de légumes. On surveillera activement les acheteurs de grains.

23 mai. Un membre expose que les citoyennes de Largentière ont témoigné beaucoup d'indifférence sur l'invitation qui leur a été faite de porter la cocarde tricolore. Le président a invité celles qui font partie de la Société à se conformer à ce vœu. On enjoint à la municipalité de faire brûler dimanche 26, les marques de l'ancienne féodalité qui se trouvent dans les maisons des émigrés de Largentière.

30 mai. Un membre dit que la révolte qui vient d'éclater dans le département de la Lozère contigu au nôtre, doit exciter à la plus active vigilance et à la surveillance la plus scrupuleuse. Il propose d'inviter la municipalité : 1° A mettre le conseil général de la commune en permanence ; 2° A faire des cartouches à balles propres aux fusils de chasse ; 3° A dresser une liste des suspects ; 4° A obliger les suspects à se présenter chaque soir et matin à la maison commune ; 5° A les mettre en arrestation, à défaut de ces présentations. Adopté. Le comité de surveillance, porté de 9 à 15 membres, s'assemblera tous les jours et tiendra une correspondance suivie avec les 50 hommes qui doivent partir demain pour marcher contre les révoltés de la Lozère. La Société payera les exprès.

Il s'agit de la tentative contre-révolutionnaire du notaire Charrier. Elle fut réprimée, le 24 mai, par Chateauneuf-Randon, et Charrier fut guillotiné le 17 juillet suivant.

2 juin. Les 50 hommes, envoyés par Largentière, sont cantonnés à Berrias. La correspondance aura lieu avec le district du Tanargue (à Joyeuse). On engagera la municipalité à exiger des aubergistes qu'ils tiennent un registre des voyageurs pour le présenter chaque soir à la commune. Elle devra aussi obliger les desservants à lire à la messe la loi du 20 septembre relative à l'état-civil.

3 juin. Déclarations des grains. Visites domiciliaires pour cet objet. La gendarmerie a offert de faire pour la Société le service de la correspondance avec Joyeuse. Accepté.

12 juin. Un membre propose d'inviter les municipalités de Jaujac et de St-Etienne-de-Lugdarès à faire faire chaque jour, chacune de leur côté, une patrouille de 12 à 15 hommes, lesquels se rencontreraient à la Croix de Bauzon, afin d'arrêter les révoltés de la Lozère, qui chercheraient à se réfugier dans l'Ardèche. Adopté.

15 juin. Un membre propose d'inviter la municipalité de Vernon à faire démolir les tours, tourillons ou vedettes, qui se trouvent au château du lieu, comme des marques de l'ancienne féodalité, proscrites sous le règne de la liberté. Adopté.

23 juin. Le directoire envoie à la Société plusieurs exemplaires de la *Prière des patriotes français*.

7 juillet. Le comité de surveillance arrête de proposer à la Société de prévenir le directoire que des réfractaires ont formé une petite bande de brigands qui détrousse les voyageurs, et qu'il serait nécessaire d'envoyer une force armée pour leur donner la chasse ; de demander aussi une garde départementale pour le service des prisons de cette ville.

18 juillet. Dénonciations au comité contre Avias Larosière et Taveny fils. Ce dernier aurait dit publiquement que trois étrangers, membres de la Société, avaient fomenté une révolution dans Largentière ; que, par suite, on avait décidé de leur faire danser la carmagnole, s'ils sortaient de nuit ; que la Société serait dissoute dans un mois, etc. Vincent le greffier aurait tenu des discours analogues. Le comité proposera de rayer Taveny et Vincent de la liste des membres de la Société.

Les grands événements du mois d'août, c'est-à-dire le siège de Lyon, que Dubois-Crancé commença à bombarder le 24, l'insurrection de Marseille, et surtout la trahison qui livra Toulon aux Anglais (28 août), fournirent naturellement un nouvel aliment à l'activité révolutionnaire, et il en résulta à Largentière un certain nombre d'arrestations de suspects, lesquels furent enfermés au château, tandis que leurs femmes étaient consignées dans leurs maisons respectives.

Le 6 septembre, la Société envoie une adresse patriotique au département, à l'occasion de l'événement de Toulon, qui lui a servi de prétexte pour arrêter à Largentière des citoyens qui probablement ne savaient pas le premier mot de ce qui venait de se passer sur la côte du Var. C'est « pour déjouer, autant qu'il était en elle les espérances des contre-révolutionnaires », que la Société, d'accord avec la municipalité, a fait enfermer « six des plus scélérats », et qu'elle en poursuit d'autres. L'adresse ajoute : « Au nom du salut public, au nom de la liberté en péril, citoyens administrateurs, étendez la mesure que vient de prendre notre municipalité à toutes les communes du département... Les aristocrates ont fait un dernier effort pour écraser les patriotes... Que ces éternels ennemis de la liberté aillent chercher dans les cachots l'esclavage dont ils nous menacent... » Suivent 132 signatures. Suchet, fils cadet, de Rhône et Loire, secrétaire (1).

Le 7 septembre, séance extraordinaire. Lecture d'une lettre de Michel, adjudant-major provisoire des compagnies de l'Ardèche actuellement occupées au siège de Lyon. Le baiser fraternel est donné au maire en signe de reconnaissance pour la conduite énergique tenue par la municipalité. On décide que les citoyens fortunés participeront seuls aux charges de la Société ; les autres ne donneront rien ou ce qu'ils pourront. Lecture de la loi qui ordonne de mettre en état d'arrestation toutes les personnes notoirement suspectes d'aristocratie ou d'incivisme. Une circulaire sera envoyée à toutes les municipalités pour les inviter à exécuter cette loi.

Une lettre de P. G. S. Chabal engage les membres de la Société à surveiller avec la plus scrupuleuse attention toutes les personnes suspectes. Les aristocrates se promènent dans les galeries du château Ils ont toutes les commodités nécessaires. Ils entretiennent même des correspondances ; ils insultent à la liberté en étant

---

(1) Le frère cadet du futur maréchal Suchet. On sait que leur père habitait Lyon. Lorsque éclata dans cette ville le mouvement fédéraliste (mai 1793), les deux frères Suchet se réfugièrent chez leur oncle qui habitait Largentière. Ils y étaient lors de la promulgation de la loi du 23 août 1793 sur la levée en masse, et ils se joignirent alors aux réquisitionnaires de Largentière destinés à faire partie du bataillon que le département de l'Ardèche devait fournir spécialement pour l'armée du siège de Toulon. C'est le 18 septembre qu'ils partirent pour le Bourg-Saint-Andéol, où ce bataillon fut organisé, sous la surveillance de Dumont, de Gravières, un des administrateurs du département. On sait que le futur maréchal fut élu alors chef de bataillon, tandis que son frère était élu sergent.

simplement détenus dans ces beaux appartements. On décide d'engager la municipalité à les enfermer dans la tour.

Le 10 septembre, lecture du diplôme remis à Morel et Marie Paris, son épouse, présents dans la salle, par les Jacobins de Toulouse. Les époux Morel sont chanteurs de profession ; ils propagent le patriotisme par leurs couplets civiques. On demande qu'ils donnent à la Société un échantillon de leur talent. Le procès-verbal constate qu'ils ont chanté et ont été entendus avec satisfaction. — Le maire a promis de faire enfermer les aristocrates dans les cachots. — Lecture de l'arrêté du représentant du peuple qui appelle les 1re et 2e classes jusqu'à 35 ans contre les Lyonnais et les Marseillais. — On écrira sans délai au directoire pour faire vendre le mobilier des contre-révolutionnaires. Tous les possesseurs de terriers féodaux, les notaires surtout, doivent les remettre à la municipalité pour qu'il en soit fait un auto-da-fé à la liberté. Le département a nommé Bouschet et Gimond pour ouvrir les lettres adressées aux gens suspects.

12 septembre. On décide de demander au département qu'Avias, ancien curé de Jaujac, et Bournet, de Joyeuse, soient compris sur la liste des suspects. A l'avenir, les membres de la Société doivent se tutoyer comme frères et amis ; le mot de *vous* ne peut plus s'appliquer qu'à plusieurs personnes ; hors de là, il est supprimé (1).

Le 15 septembre, un membre vient dire au comité qu'on a vu flotter aujourd'hui, au-dessus de la tour de la maison de Comte actuellement détenu au château, un drapeau blanc fixé au bout d'une perche, que l'on remuait en faisant des signaux.

Le lendemain, c'est à la ville d'Aubenas que s'en prennent les énergumènes de la Société. Ils feront savoir au département que cette ville est le repaire de quantité de gens suspects.

Les commissaires envoyés à Joyeuse « pour propager le plus pur républicanisme », ont réussi à fonder une Société populaire ; les frères de Joyeuse ont demandé un exemplaire « de notre règle-

---

(1) A Aubenas, la Société populaire décida vers le même temps que le valet de ville (vu que rien ne doit plus rappeler la domesticité dans une république) serait appelé l'*homme de confiance*.
Parmi les autres puérilités du temps, on peut citer une délibération de la Société populaire des Vans qui, le 20 avril 1794, délivra un certificat de civisme a un enfant de 13 ans.

mant ; les secretaires se sont empreces à remplir un devoir aussi sacré u égard aux cirs constances du tans... » (1).

17 septembre. Le comité de surveillance, « vu qu'il a trouvé dans la boite des dénonces une lettre anonyme annonçant que les nommés Dubois-Maurin, notaire, et Roure, juge de paix, travaillent d'un commun accord à empêcher les campagnards de partir pour aller combattre les ennemis de la liberté et de l'égalité et les esclaves des despotes qui nous font la guerre, décide qu'il invitera vivement la municipalité à les mettre en état d'arrestation ; à arrêter aussi Veaux, avoué ; à mettre la femme de Duplan, gendarme, en état d'arrestation chez elle ; à mettre les détenus hors d'état d'avoir aucune communication avec le dehors (à propos du drapeau blanc de la maison Comte) » etc.

Dans une séance secrète du même jour, le comité décide de dénoncer Deroudilhe, de Joanas, « comme conspirateur et empêchant de tout son pouvoir le recrutement. Ce scélérat se retire dans la maison du citoyen Fontaine-Logère. On va prendre des mesures pour le faire arrêter ».

Le soir, à la Société, on adopte toutes ces propositions.

18 septembre. « Arrêté d'adresser au citoyen représentant du peuple la liste des suspects détenus au château, des femmes détenues chez elles et de tous les suspects de la ville et des communes voisines, afin qu'il soit pris des mesures pour délivrer la contrée de cette engeance pestilentielle qui ne cesse d'abuser de la credulité du peuple. »

Le 18 septembre, le comité se renforce d'autres 18 membres pour dresser la liste des suspects. La voici :

Personnes détenues au château.

Comte, ex-chevalier de St-Louis et maréchal de camp qui retire son traitement ;
Jaussoin, ci-devant seigneur de Valgorge, père, lequel a deux fils émigrés ;
Rocher Allamel, soi-disant noble ;
Picaud, avoué ;

---

(1) Orthographe du proces-verbal. Quant a la Societe de Joyeuse, dont la fondation est ici annoncée, nous avons pu voir, dans une collection privée, une partie de ses proces-verbaux (de mai 1794 a août 1795), il suffira de dire que son esprit ne differe en rien de celui de la Société mère.

Boyer, marchand ;
Dusserre, perruquier ;
Moutet, marchand ;
Gagnière, précepteur chez le citoyen Derocles à Tauriers ;
Veaux, avoué, en état d'arrestation chez lui pour cause de maladie.

Dénoncés et non détenus.

Henri Rouchon, homme de loi, fuyard ;
Pelet, avoué, fuyard ;
Mestre, notaire ;
Veyrenc, aubergiste ;
Jean Pierre Roure, juge de paix du canton ;
Dubois-Maurin, notaire ;
Joseph Payan du Bayle, l'oncle ;
Xavier Payan, neveu.

Femmes en état d'arrestation.

Mme Rouchon ;
Mme de Valgorge ;
Mme de Comte ;
Picaudette ;
Les demoiselles du Devez ;
Les dames Vinezac ;
Marianne Chabalier :
La Tailhande ;
La famille de Rochemure ;
La femme du gendarme Duplan.

Liste des personnes suspectes du canton de Largentière.

Tauriers. — Derocles, ci-devant seigneur de Tauriers ;
Sa femme aussi.

Joanas. — Fontaine Logère, sa femme, sa fille, trois fils, dont un émigré ; son frère, ci-devant prieur de la Fare qui est hors la loi ; sa sœur.
Deleuze, maire ;
Marcel, curé de Joanas ;
Ranc, vicaire de Joanas ;
Deroudilhe de la Vermalette, qui est hors la loi.

Rocles. — Prat, ci-devant prieur de Beaumont ;
Dehody, officier de santé ;
L'abbé Debroas, ci-devant vicaire de Sanilhac.

Rocher. — Saint-Pierreville, ci-devant seigneur ;
Montserret, maire.

Prunet. — Soboul, de Méjane ;
Lieutier dit Césias.

Chassiers. — Lavernade ;
Mathieu, beau-fils de Bompard ;
Bompard, secrétaire du juge de paix du canton ;
Mercier, boulanger.

Laurac. — Prévot fils, beau-père d'Avias ;
Vezian de Vallon, vicaire de Laurac.

Montréal. — Ollier ;
Doument dit Astier ;
Mouraret dit Guillaume, menuisier ;
Roche, ci-devant curé de Burzet ;
Boyer, ci-devant frère ignorantin.

Sanilhac. — Les deux Bastide frères, l'un de Laval et l'autre de l'Osières ;
Béranger des Pargues ;
Duroure de Deux Aygues ;
Jean André Paly, de Laval ;
Faure Debroas, de Laval ;
Le curé de Sanilhac ;
Rouvière aîné, de Fayet ;
Lalauze, de Tournes ;
Vielfaure, du Gua.

Vinezac. — Lafont, boulanger.

Le 22 septembre, Dubois Maurin envoie une lettre à la Société pour démentir le bruit qu'il était parti de Largentière pour aller agir contre le recrutement. Il est simplement allé à Villeneuve voir son frère malade.

23 septembre. Sur la motion du citoyen Rouillon, délégué par le représentant du peuple, — Arrêté qu'à l'avenir les séances seront terminées par le couplet : *Amour sacré de la patrie...* Ce couplet a clos la séance.

30 septembre. On demande la lecture du journal le *Père Duchêne*. Sur la motion du citoyen Gravier, capitaine de la garde nationale, « tendant que toutes les femmes et filles porteret la cocarde nationale, le citoyen Auzillon a demandé la parole pour que la Sauciété déterminâ dans quel endroit elle la porteret, en désignan luy même, si la senblée le trouve bon, qu'elle fut placées à landré le pleus senssible quiet celluy du cœur. — Adobté à l'unanimité. La municipalité infligera aux réfractaires les peines que sa sagesse lui suggérera... » *(sic)*.

5 octobre. Invitation à la municipalité de fermer dès ce soir

toutes les portes de la ville, sans excepter celle du château et de faire murer demain cette dernière.

9 octobre. Bonnet, brigadier de gendarmerie, introduit dans la salle, déclare qu'il a trouvé un drapeau blanc au château de Joanas, dans l'appartement de Ranc, vicaire, et une proclamation contrerévolutionnaire dans la maison du citoyen Logère.—« Arrêté que la municipalité de Largentière va requérir les gendarmes et qu'ils iront, avec deux détachements de 25 à 30 hommes, arrêter ces gens là ainsi que Saint-Pierreville (à Rocher). »

Le 10 octobre, au comité de surveillance : « Un membre expose que le citoyen Saint-Pierreville, ci-devant seigneur de Rocher, et le citoyen Gigord, son beau-frère, de Joyeuse, ci-devant chevalier des ordres, capitaine et commandant à Cambrai, avaient été traduits dans la maison d'arrêt de cette ville comme gens suspects, et notamment Saint-Pierreville, pour avoir été saisi dans son château de Joanas un drapeau blanc surmonté d'une croix ; que le nommé Antoine Deleuze dit Baron, maire dudit Joanas, et un des fils du citoyen Logère, ci-devant noble, de ladite paroisse, ont été arrêtés et conduits dans ladite maison d'arrêt, pour avoir été trouvé et saisi dans la maison dudit Logère, par la gendarmerie étant à la perquisition de ses deux fils, dont l'un est émigré et l'autre déserteur, une proclamation contre-révolutionnaire. Le comité, considérant que ledit drapeau et ladite proclamation sont des signes non équivoques d'une prochaine contre-révolution, favorisée par le maire de Joanas, qui avait été précédemment dénoncé comme très-suspect, et pour avoir empêché de conduire dans la maison d'arrêt la citoyenne Logère et en avoir répondu.— Arrête que la municipalité sera invitée à faire traduire les susdits au département pour être par l'administration renvoyés au tribunal criminel ou dans telle maison de force qu'elle trouvera convenable. »

Le 11 octobre, le comité reçoit deux lettres, l'une de Tournon, et l'autre de Privas, lui annonçant la prise de Lyon (9 octobre) et la mort du général Précy. Le comité arrête de transmettre cette bonne nouvelle à toutes les communes des environs qui devront elles-mêmes la communiquer à leurs voisines.

14 octobre. On requiert la municipalité de faire diminuer le

pain dès demain, le blé ayant diminué aujourd'hui. Le pain doit être à 6 sols la livre.

15 octobre. La Société invite le district à fixer le prix des denrées. Réception de la citoyenne Amblard. Le président lui donne le baiser fraternel. Le comité rejette une pétition de Saint-Pierreville qui demandait sa mise en liberté, « attendu qu'il est reconnu suspect et qu'encore, en sa qualité de ci-devant seigneur, il doit être en état d'arrestation ». Le capitaine Chabalier, du 1er bataillon de l'Ardèche, ira demain à Joyeuse se concerter avec le représentant Boysset pour la prison où doivent être conduits les détenus et pour l'arrestation d'autres suspects.

17 octobre. Délibéré d'écrire à la municipalité de Ruoms pour qu'elle fasse détruire les armoiries, créneaux, meurtrières et tourillons, qui existent encore au château de Chaussy et à la maison de l'abbaye. Elle devra faire mettre les tours au niveau du couvent, « à peine d'être dénoncée à l'administration du département et à la Convention ».

Le dimanche 20 octobre. Lecture d'une lettre reçue par Claude Blachère annonçant qu'on a arrêté encore des brigands de la bande de Charrier, et notamment le frère d'icelui, et qu'ils doivent bientôt subir la peine de la main chaude due à leur crime. Une autre lettre annonce que les citoyens Dumont, vice-président du département, et Teyssonier, secrétaire général, ont été destitués à la suite d'un rapport calomnieux fait contre eux au représentant Boysset. L'assemblée indignée fera une Adresse à la Convention pour demander leur réintégration.

24 octobre. Le comité trouve dans la boëte une dénonce contre Joseph Blachère Cairot, domestique de la demoiselle Labaume, qu'on accuse d'avoir conduit et favorisé l'évasion de la ci-devant abbesse d'Aurillac dénoncée par le département. Arrêté que Blachère sera dénoncé demain à la Société.

« Le jeudi 4e jour de la 1re décade du 2e mois de l'an 2 (25 octobre 1793) : on envoie un exprès au directoire pour l'informer que la ville est sans ressources. Réquisition aux fermiers du domaine de la Prade pour qu'ils aient à fournir chacun demain 10 à 12 sacs de blé, qui seront distribués aux boulangers pour faire cuire de suite. Les boulangers ne porteront pas le pain dans les paroisses dimanche prochain. Visites domiciliaires à faire chez les personnes dénoncées au comité de surveillance. La municipalité est invitée à publier que les marchands et autres qui auraient caché de gros sols, aient à les mettre en circulation, en les rendant aux acheteurs pour les assignats de 10 et 15 sols. On décide l'arrestation de Joseph Blachère.

Le lendemain, visite domiciliaire chez la citoyenne Champelaune ; on y a découvert six cartalières de seigle.

Dimanche 27. Autres réquisitions et visites domiciliaires.

31 octobre. Vallon envoie six charges de blé à Largentière. Mention honorable est décernée à la municipalité de Vallon qui elle-même est à la veille de manquer de vivres. Lettre du citoyen Gleizal annonçant l'extermination des Vendéens. Applaudissements répétés.

1er novembre. Invitation à la municipalité de faire des visites domiciliaires chez les marchands qui cachent des marchandises. Des commissaires iront dans les cantons de Vallon et de Valgorge engager les habitants à apporter comme cy devant les provisions au marché de Largentière. Le citoyen Garaud a offert trois boisseaux de châtaignes. — Suite de la souscription pour l'équipement de trois volontaires qui vont se joindre au bataillon montagnard formé à Marseille. On décide « d'obliger les aubergistes à donner du vin à ceux qui en demanderont, ne voudraient-ils que pour boire ». Chant du couplet chéri : *Amour sacré* ..

4 novembre. Arrêté de rechercher les grains chez les particuliers et de sévir contre les accapareurs ; on se fera escorter par 25 sans-culottes désignés par le capitaine de la garde nationale. Le citoyen Saint-Pierreville offre de prêter six setiers de seigle à la commune. Mention honorable à ce citoyen. Un membre propose de rendre ce citoyen détenu à sa municipalité. La proposition est renvoyée au comité de surveillance.

5 novembre. Le citoyen Thibon offre à la Société un registre en blanc pour les délibérations, le présent étant terminé.

Ici s'arrêtent les comptes-rendus de la Société qui sont aux Archives départementales. Les papiers du comité de surveillance et d'autres documents vont nous permettre de compléter le tableau du règne de la Terreur à Largentière.

Le 23 novembre, la municipalité de Largentière invita toutes les Sociétés du département à déléguer quelques uns de leurs membres à Privas, pour assister à une assemblée générale, dans laquelle, de concert avec le directoire, on prendrait les mesures nécessaires pour assurer la prompte livraison des quantités de grains qui « sont impérieusement nécessaires ». Nous ignorons quels furent les résultats de cette initiative.

Le 2 décembre, les membres du comité de surveillance renouvellent le serment de garder le plus profond secret, sur tout ce qui se passera au sein du comité.

Le 7 décembre, on supprime le service d'un homme qui allait trois fois par semaine chercher les nouvelles à Aubenas, ce qui coûtait à la Société une somme de 312 livres par an.

Le grand évènement de la fin de l'année fut la reprise de Toulon qui fut annoncée à la Société populaire par une lettre de Gleizal du 5 nivose an 2 (25 décembre 1793) qui commence ainsi :

« Frères et amis, la veine des nouvelles est excellente cette décade. Hier et aujourd'hui, le récit de nos victoires a occupé la Convention. La voilà enfin soumise cette exécrable ville de Toulon que l'infâme Pitt avait achetée avec l'or de son gouvernement. Cet heureux évènement me fut annoncé hier à 8 heures du matin, mais je ne voulais pas y croire. Il fallut entendre la lecture des lettres officielles pour me persuader de la réalité du fait... »

La reprise de Toulon avait eu lieu dans la nuit du 17 décembre. Le premier bataillon de l'Ardèche, commandé par le chef de bataillon Suchet, y était, ainsi que le deuxième revenu de Lyon.

**

L'apogée de la persécution religieuse à Largentière fut au commencement de 1794. Dès le mois précédent, les directoires des trois districts de l'Ardèche avaient ordonné l'enlèvement de toutes les marques ou signes extérieurs d'un culte quelconque, et notamment des croix, statues des saints, calvaires etc. L'arrêté du district du Mezenc est du 19 décembre. Mais sur ce point, plusieurs municipalités, notamment celles d'Aubenas, Tournon, Annonay, avaient pris les avances et satisfait avant l'heure leur rage de dévastation anti-religieuse.

Le fameux représentant du peuple, l'ancien marquis de Chateauneuf-Randon, qui vint à Largentière au mois de janvier, y publia, le 29, un manifeste contre les cloches, les clochers et les prêtres. Voici l'article concernant les prêtres :

« Les curés ou ci-devant prêtres, qui auraient remis leurs lettres de prêtrise et renoncé à toute erreur ou fonctions superstitieuses, et qui nonobstant devaient, en vertu de l'article 3 de notre arrêté du 2 pluviose (21 janvier),se rendre dans le chef-lieu de leurs districts ou s'éloigner de six lieues, pourront rester dans leur résidence, pour y vivre paisiblement en bons citoyens, si leurs municipalités, comités de surveillance, et les administrations de district respectives, le leur permettent, sans qu'il puisse être dérogé à l'article 5 dudit arrêté. »

Le registre du comité de surveillance porte, à la date du 30 janvier :

« Le comité a été invité par Châteauneuf-Randon à lui faire part de l'esprit qui règne dans la contrée. Le comité decide qu'il fera demain son rapport sur l'esprit public des campagnes. Il rapportera quelles sont les communes qui tolèrent encore les abus de la superstition et de l'ignorance, qui souffrent dans leur sein des prêtres fanatiques ou des gens suspects, et enfin quelles sont celles qui méritent des éloges, et celles qui sont dignes de blâme. Le comité pense que l'esprit des campagnes de ce canton et des municipalités sont gangrenées (sic) de fanatisme et de superstition, que l'égoïsme est la principale divinité qu'elles adorent, et que plusieurs d'entre elles souffrent et favorisent même des fanatiques, des aristocrates et des gens suspects. »

Châteauneuf-Randon était encore à Largentière le 5 février, puisqu'on a de lui une lettre envoyée ce jour là de cette ville au directoire de l'Ardèche.

Au mois de février apparaît le nouveau commissaire de la Convention. Guyardin, dont la mission dans l'Ardèche est celle qui a duré le plus longtemps et fut marquée par la mise en liberté d'un assez grand nombre de prêtres et autres personnes suspectes. Guyardin n'en était pas moins ce que nous appellerions aujourd'hui très anticlérical, et c'est à son instigation, que nous voyons le comité de surveillance de Largentière, à la date du 17 février, préparer d'abord une liste de patriotes, parmi lesquels le représentant du peuple doit choisir les administrateurs du district, puis une autre liste de douze citoyens « pour aller, le jour du décadi, propager dans les communes du canton les principes de la Montagne, le culte de la Raison et l'horreur pour le fédéralisme ».

Le culte de la Raison, imaginé par Hébert, Chaumette et consorts, et dont l'inauguration avait eu lieu, avec une grande solennité, le 10 novembre 1793 à l'église Notre Dame de Paris, eut-il son heure à Largentière, comme dans les villes voisines ? Les documents que nous avons sous les yeux ne le confirment pas. Il semble difficile cependant qu'avec les têtes exaltées qui abondaient à la Société populaire, et en présence des exemples venus du dehors, notre ville ait pu échapper à la contagion. Les églises d'Aubenas, Joyeuse et les Vans, pour ne nommer que les plus voisines, furent, en effet transformées alors en temples de la Raison, et devinrent le théâtre de scènes aussi grotesques par elles-mêmes qu'injurieuses pour les sentiments de la masse restée catholique.

A Aubenas, la fête de la Raison fut célébrée le 27 décembre 1793, et on en profita pour faire l'apothéose de Marat, dont Delichères fut chargé de prononcer l'éloge ; ce qu'il fit, mais, dit-il dans ses notes manuscrites, « à contre cœur ». Plus tard, en constatant que la municipalité fit biffer cet éloge, en 1795, des registres de la commune, il ajoute : « C'est bien fait, et, quoique j'en sois l'auteur, j'y applaudis » Il y eut même à Aubenas une statue de la Raison, qui fut inaugurée au mois de février 1794, en même temps que l'on fermait les églises de campagne des environs.

Dans une adresse envoyée, le 25 mai 1794, à la Convention, en faveur de Châteauneuf-Randon, par la Société populaire de Joyeuse, nous relevons le passage suivant : « Enfin, nous devons à ce représentant le culte de la Raison par les discours si persuasifs, par lesquels il a développé les vrais principes et nous a déterminés à abjurer les erreurs et les préjugés que nos aïeux nous avaient appris. »

A Privas, la fête de la Raison fut célébrée le 9 janvier, et il est à remarquer que les révolutionnaires privadois, voulant sans doute dépasser les Parisiens au lieu d'une seule déesse de la

Raison, en portèrent trois au temple ; ils s'étaient, d'ailleurs, déjà distingués, au mois de novembre précédent, en faisant le *baptême civique* du mont Toulon.

A Annonay, au contraire, « le culte de la Raison ne fut pratiqué qu'avec une froideur glaciale ; les procès-verbaux du club ne relatent pas de fêtes publiques données à cette occasion, alors que, dans d'autres villes, on signalait des orgies et des profanations révoltantes (1) ».

On sait que le culte de la Raison ne dura pas plus de quatre ou cinq mois, et que Robespierre, après en avoir, dès le mois d'avril 1794, envoyé les initiateurs à la guillotine, lui substitua quelques jours après le culte de l'Etre suprême.

***

A cette époque, la question des subsistances avait pris un degré de gravité extraordinaire, par suite des mesures incohérentes et arbitraires de la Convention, qui, aussi ignorante que possible des lois économiques, avait encore augmenté le désordre existant dans les relations commerciales, en voulant remédier par la violence à la répugnance, bien naturelle chez les paysans, de donner leurs grains contre des assignats de jour en jour plus discrédités.

Le 1ᵉʳ mars, Largentière, manquant de pain, en demanda à Guyardin, qui ordonna de lui faire délivrer sans délai 60 salmées de blé par Martin-Lapierre (St-Martin-d'Ardèche), 60 par St-Just, 30 par Lanas, 20 par Gras, 20 par St-Montan, 30 par St-Remèze. Mais, en supposant que ces communautés fussent assez pourvues de grains pour elles-mêmes et qu'on ait pu en obtenir, de force ou autrement, les livraisons commandées, on comprend assez que les arrêtés de ce genre n'étaient que d'insuffisants palliatifs contre la disette, en tous cas peu propres à rendre la confiance aux paysans, qu'on persistait à payer en assignats.

Vers ce même temps, la municipalité du Puy eut une idée lumineuse. Pour remédier à la rareté des subsistances, elle imagina le *carême civique*, qui devait commencer « le jour où celui des aristocrates et fanatiques a cessé » ; toute la viande

(1) *Les anciennes loges maçonniques et les clubs d'Annonay*, par Léon Rostaing, p. 284.

fraiche devait être réservée pour les défenseurs de la patrie ou pour les malades.

On se dédommageait, à la Société populaire, de ces misères, en mettant la disette au compte des menées contre-révolutionnaires, et les lettres de Gleizal apportèrent, d'ailleurs, bientôt une diversion assez inattendue aux préoccupations du moment, en lui apprenant que quelques uns des personnages, regardés jusque là comme les plus purs des patriotes, n'étaient que de dangereux conspirateurs et de vils suppôts des despotes.

Le 16 ventose (6 mars 1794), en effet, la Société recevait de Gleizal le billet suivant :

« J'ai reçu, frères et amis, votre lettre du 6 ventose avec un extrait de votre délibération du 9 pluviose. Je suis sensible à l'attachement que la Société me témoigne et je ne négligerai rien pour justifier la confiance dont elle m'honore. — Salut et Fraternité. — GLEIZAL. »

Or, dans une lettre jointe à ce court message, le représentant du peuple parle des « nouvelles conjurations qui se trament par l'intrigue et l'aristocratie *masquées par le bonnet rouge*, pour seconder l'attaque des ennemis du dehors. » La lettre est le développement de cette devise : La liberté ou la mort ! Elle se termine ainsi : « Vive la République et périssent les intrigants, les traîtres et les brigands avec les despotes ! Ainsi soit-il. GLEIZAL. »

Les mots que nous avons soulignés, rapprochés des discours prononcés dans le même temps par la faction robespierriste, indiquent assez que Gleizal visait les deux extrêmes, dont Robespierre poursuivait la destruction, c'est-à-dire les hébertistes et les modérés de la nuance de Danton.

Le 14 mars, Gleizal continuait sa correspondance en signalant aux frères et amis de Largentière le rapport de St-Just qui dénonçait « le parti de l'étranger ». On sait que les hébertistes étaient arrêtés le jour même où ce rapport était lu à la Convention. La lettre du 14 mars se termine ainsi :

« Le massacre de tous les membres de la Convention, un régent pour le petit Capet : voilà ce que nous avons manqué d'avoir après cinq ans de révolution ! »

Le tour des dantonistes allait bientôt venir. En attendant, il nous faut indiquer, d'après un rapport du 22 mars du comité de surveillance de Largentière, les motifs allégués par ce comité pour l'emprisonnement des douze personnes de cette ville, qui étaient alors détenues au séminaire de Viviers, transformé en prison d'Etat. En voici donc le résumé :

1. Jacques Jacques, 65 ans, mis en état d'arrestation le 6 mars 1794, comme « prévenu d'avoir voulu exciter le peuple à former des rassemblements, très pauvre d'ailleurs et jusque là bon patriote (1) ».

2. Mme de Julien de Vinezac, la mère, 66 ans, « déclarée suspecte, comme mère de deux émigrés, et comme n'ayant pas constamment manifesté son attachement à la révolution » ; mise en état d'arrestation le 14 janvier.

3. M. Antoine Bessas de Rochemure, « déclaré suspect comme frère d'un émigré et comme n'ayant pas manifesté toujours son attachement à la révolution ». Il ayait 40 ans ; mandat d'arrêt avait été lancé contre lui le 14 janvier.

Les cinq prisonniers qui suivent avaient été poursuivis par ordre du comité dès le 30 brumaire (20 novembre 1793) :

4. Mme veuve de Julien de Vinezac née Gordon, âgée d'environ 32 ans, poursuivie et détenue « comme femme d'un émigré, lequel avait occupé une place dans l'état-major des rebelles de Commune-Affranchie (Lyon), comme noble et non attachée à la révolution ».

5. Mlle Eléonore de Julien de Vinezac, 30 ans, « détenue parcequ'elle était de la caste ci-devant privilégiée, sœur de deux émigrés, avait entretenu avec ses dits frères des correspondances criminelles, n'avait pas manifesté son attachement à la révolution, enfin parcequ'elle avait contre elle l'opinion publique. »

6. Mlle. Tailhand, 56 ans, fille « d'un feu prétendu bourgeois, vivant d'une rente de 400 livres, réduite maintenant à 300 livres, par l'effet de la retenue, intérêt de la somme que son frère lui

---

(1) Ce pauvre diable est le seul des détenus qui fut remis en liberté avant le 9 thermidor. Le 18 juin 1794, le représentant du peuple Guyardin, « eu égard au témoignage de la Société populaire de Largentière en faveur du citoyen Jacques Jacques. et attendu le besoin que sa famille a de son retour pour pouvoir subsister, autorise le comité de surveillance de Viviers a le relacher ».

doit pour ses droits légitimaires ». Elle avait été emprisonnée « pour n'avoir fréquenté que des aristocrates connus, avoir tenu mille propos les uns plus absurdes que les autres contre la révolution, avoir dénigré les meilleurs patriotes, enfin pour avoir cherché à fanatiser le peuple ».

7. M. de Comte, ancien lieutenant-colonel, pensionné par l'Etat, âgé de 54 ans, détenu « comme noble pour n'avoir pas manifesté son attachement à la révolution ; passant pour un zélé partisan de l'ancien régime ; pour avoir cherché tous les moyens de se dispenser de remettre la croix de St-Louis, dont il était décoré, à la municipalité de Largentière par qui il avait été requis de la livrer ; pour être parvenu à la garder, en prétendant qu'il l'avait perdue, et enfin pour en avoir acheté une autre qu'il a remise à la municipalité : ce qui prouve évidemment que ledit Comte, plein de mépris pour la loi qui supprime les marques de despotisme, a voulu l'eluder et il y est parvenu ».

8. Mme de Comte, femme du précédent, avait 58 ans ; les motifs de son emprisonnement furent qu'elle avait tenu des propos contre la révolution, avait ri en apprenant les revers qu'avaient essuyés parfois les armées de la république, et avait manifesté de la haine contre la révolution ».

9. M. Jossoin de Valgorge, « ci-devant garde du corps du tyran Louis XV, ci-devant prétendu seigneur de Valgorge, 58 ans, détenu pour avoir excité ses deux fils à émigrer, avoir échangé à grosse perte des assignats contre de l'argent, afin que ses enfants fussent pourvus pour leur voyage de numéraire sonnant, avoir entretenu avec eux et avec d'autres émigrés une correspondance criminelle, enfin pour avoir été le partisan bien prononcé de l'ancien régime ».

10. M. Roure, juge à Largentière, 45 ans. Les considérants de l'arrêté lancé contre lui sont au nombre de neuf. Il est accusé, entre autres choses, d'avoir toujours crié contre le serment des prêtres, et dit que l'assemblée nationale n'avait pas le droit de les soumettre à prêter ce serment ; que c'était attaquer la religion ; d'avoir fanatisé le peuple, d'être l'ami, le protecteur et le conseil des prêtres réfractaires, etc.

Le comité, s'étant transporté, le 14 janvier, dans sa maison, dans le dessein de mettre les scellés sur ses papiers, trouva sur la cheminée du salon, le buste du « scélérat Brison émigré. » Un des membres du comité se chargea de porter ce buste à la Société populaire afin de donner aux membres de cette Société la satisfaction « d'anéantir pour jamais les marques des anciens scélérats qui tenaient le peuple dans la dépendance ». Le comité passa ensuite dans le cabinet de M. Roure et s'empara d'un grand nombre de rouleaux de parchemins de titres féodaux, conservés soigneusement par ledit Roure et les mit sous le scellé. Le comité s'empara aussi d'une lettre qu'écrivait Roure à son frère relativement à la conspiration du « scélérat Saillans, et dans laquelle il regardait Saillans comme chef d'un parti et non comme un scélérat »

11. M. d'Allamel de Rocher avait 48 ans, quand il fut arrêté, « comme suspect, parcequ'il était noble, hostile à la Révolution et noté dans l'opinion comme aristocrate ».

12. Mme N. fille d'un teinturier nommé Picaud. Elle était âgée de 54 ans et avait un fils, qui en avait 18, soldat dans les armées de la République. Elle avait été mise en prison pour les mêmes motifs que Mlle Tailhand.

Trois autres personnes sont mentionnées, mais n'ont pas été emprisonnées à Viviers. Ce sont :

Jauffres, 32 ans, secrétaire du citoyen Gasque, « prévenu d'avoir tenu au Puy des discours tendant à avilir la représentation nationale » ;

Henri Rouchon, 30 ans, ci-devant homme de loi, déclaré « suspect, aristocrate, ennemi des principes de la liberté et de l'égalité ». Il advint que, pendant qu'on le cherchait pour l'emprisonner, on apprit qu'il était à l'armée ;

La mère Olivier, 60 ans, accusée « d'avoir excité le peuple à se rassembler pour des motifs de fanatisme ». Ordre avait été donné, le 8 mars, aux agents de la force publique, de conduire cette femme « à la maison nationale de Viviers » ; mais le délabrement de sa santé, constaté par un médecin, joint à ce fait que son fils et son mari servaient vaillamment dans les armées de la République, fut cause que l'on révoqua les ordres donnés. Au surplus, ajoute gracieusement le rapport, cette femme est un vrai squelette, et selon l'opinion publique, extrêmement vaporeuse. On doit ajouter qu'elle s'est toujours montrée excellente patriote, excepté dans un moment où le fanatisme l'a troublée, au point de lui faire faire une sottise dont les conséquences auraient pu être dangereuses.

On voit que la grosse raison des arrestations n'était autre que celle exposée par Saint-Just dans son fameux rapport du 10 octobre 93 : « Vous avez à punir non seulement les traîtres, mais les indifférents mêmes ; vous avez à punir quiconque est passif dans la République et ne fait rien pour elle. »

Or, malgré le puissant intérêt que devaient offrir au public tant de dramatiques incidents, les réunions de la Société populaire n'étaient pas suivies, paraît-il, autant que le comité de surveillance l'aurait désiré, car, le 7 germinal (27 mars), il présenta un rapport à la Société pour engager ses membres à assister aux séances au moins une fois par décade, et les fonctionnaires publics deux fois, « à peine pour les contrevenants d'être rayés de la société et dénoncés au comité révolutionnaire pour être déclarés suspects ». L'assemblée approuva cette motion « avec transport » (1).

Et c'est sans doute pour y répondre qu'on trouve, le mois suivant (17 avril), une lettre d'un des membres les plus ardents de la Société, qui, en annonçant au président l'envoi de six chemises « pour les défenseurs de la patrie », ajoute :

« J'aurais voulu, citoyen président, pouvoir les remettre moi-même à la Société ; mais je suis le Couveur de mes vers à soie, et il ne m'est pas possible de les quitter ; ce sont les soins qu'ils exigent dans les premiers moments qui m'ont privé depuis quelques jours d'assister aux séances ; j'en reprendrai le cours aussitôt que je le pourrai, et ce sera toujours un plaisir pour moi de me retrouver parmi mes frères les sans-culottes. Je te prie d'être mon interprète auprès d'eux. Salut et fraternité.   B.

---

(1) La Société de Joyeuse prit, quelques jours après, un arrêté, aux termes duquel, chaque fois qu'un sociétaire manquerait d'assister à la réunion, il serait condamné à une amende de 10 sols applicable aux réparations de la salle (séance du 12 mai). Voilà donc un précédent aux fameux *cinquante centimes* de Rabagas.

Le 13 avril, huit jours après l'exécution de Danton et de ses amis, et le jour même de l'exécution du reste des hébertistes, Gleizal qui, décidément avait une particulière sympathie pour les révolutionnaires de Largentière, écrit à la Société une longue lettre qui mérite d'être reproduite, comme un curieux spécimen de l'état d'esprit, mélange confus d'honnêtes illusions dominées par une terreur intense, dans lequel les sectaires de la faction robespierriste tenaient alors comme hypnotisée une partie de la représentation nationale.

Si depuis quelques jours vous ne recevez pas de lettres, c'est parceque les derniers évènements n'offrent de remarquable que la suite des conjurations dont les principaux auteurs ont été justement punis. Chaumette, procureur de la Commune de Paris, Gobel, évêque, de la même Commune, qui ont pensé faire la contrerévolution, tout en semblant attaquer le fanatisme, Dillon qui favorisa la retraite de l'armée prussienne dans la Champagne, Brissot qui avait voulu soulever le peuple de Nantes contre la représentation nationale, le prêtre Simon, député, qui conspirait dans sa prison contre la Convention nationale, et autres complices, ont porté aujourd'hui leurs têtes à l'échafaud. Ils y seront suivis par d'autres grands coupables, et la hâche de la loi n'aura de repos que lorsqu'elle aura décapité tous les conspirateurs.

La dernière révolution, qui s'est opérée le jour où l'on a fait tomber la tête des faux patriotes, est, à mon sens, celle qui a dû le plus coopérer à l'affermissement de la République ; mais les aristocrates n'ont pas manqué de saisir cette occasion, comme toutes les autres, pour tacher de la tourner à leur profit, en présentant au peuple ses plus zélés défenseurs comme des hébertistes. Patience ! leur espoir ne sera pas de longue durée, et cet évènement ne servira comme les autres qu'à les démasquer et à les anéantir. La probité et la vertu sont à l'ordre du jour. Ces qualités se trouvent elles chez les aristocrates ? Non, puisqu'ils ne pratiquèrent jamais que les vices du despotisme dont ils furent toujours les vils suppôts. On ne les trouve pas non plus chez les faux patriotes ni chez les fripons, puisque ceux-ci ont la même façon de penser que les aristocrates, sont les ennemis jurés de l'Égalité qui est la mère des vertus, et n'ont que l'égoïsme en vue, quoiqu'ils joignent à leur scélératesse une profonde dissimulation pour n'être pas connus. Mais la probité, la justice et toutes les vertus se trouvent dans le peuple et dans ceux qui l'ont constamment défendu pour lui, non pour eux. Elles se trouvent dans ceux que le seul amour de la patrie dirige. Bientôt tout le monde sera connu. Chacun sera obligé de rendre compte du bien et du mal qu'il a fait, et il ne suffira pas aux aristocrates, aux égoïstes et aux modérés, de dire que, s'ils n'ont rien fait pour la révolution, ils n'ont pas non plus entravé sa marche ; il ne suffira pas aux faux patriotes d'avoir porté des pantalons, un bonnet rouge, une large barde, un long sabre, d'avoir crié plus fort que l'homme modeste qui se contente de faire le bien sans le dire ; enfin, il ne suffira pas aux riches fripons, aux hommes de 100 livres par repas, à ces âmes pétries de boue et de crimes qui, par leur immoralité et leurs débauches, insultent à la misère publique, de dire qu'ils sont hommes de bien. Il faudra que chacun rende un compte moral de sa conduite. Il faudra surtout que les agents du peuple indiquent la source de leurs richesses acquises durant la révolution ou la cause de leur médiocrité. En un mot, il faudra que chacun fournisse l'état de ses actions, car c'est par les actions et non par les paroles que désormais on veut juger les hommes. C'est sous ce point de vue que le comité de Salut public, à qui nous sommes redevables des plus grandes choses, doit un de ces jours faire un rapport relativement à l'exécution du décret qui charge chaque député de rendre son compte moral. Les dispositions du decret en seront généralisées. Il est possible d'atteindre le but que l'on se propose, s'il est possible de distinguer l'homme vertueux et probe du fripon, du faux patriote et de l'égoïste. Alors il n'y aura plus d'équivoque. plus d'incertitude dans les esprits, et la révolution, en poursuivant tous ses ennemis, s'accomplira pour le bonheur du peuple et de ceux qui l'ont faite avec désintéressement. Les aristocrates vont aussi invoquer la probité et la vertu et se dire probes et vertueux, pour enlever aux patriotes la confiance du peuple. Mais il faut demander à ces Messieurs le compte de leurs actions vertueuses avant et depuis la révolution. Celui qui depuis 1789 n'a rien fait pour la liberté, n'aime pas sincèrement la liberté ; celui qui avant la révolution était l'oppresseur du peuple, soutenait ses tyrans ou faisait des actes injustes, a été depuis ou un patriote fourbe qui a soutenu la révolution son intérêt ou un aristocrate : Voilà deux règles générales d'où l'on peut tirer les conséquences les plus justes. Le peuple ne souffrira pas que ses nombreux sacrifices tournent au seul avantage des hommes impies que ces deux règles désignent, aux sangsues qui l'ont pressuré tout en disant le servir et qui se sont gorgés d'or et de richesses au détriment de l'honneur, de la justice, de la probité qu'ils invoquent aujourd'hui, et de la confiance dont ils ont abusé.

Le rapport dont j'ai parlé n'est pas le seul que le comité prépare. Il nous en a promis plusieurs autres, dont l'un sur la police générale de la République et un autre sur la morale publique. Le but de celui-ci est de la plus haute importance. Il fixera les opinions sur le culte. Son objet est d'étouffer à la fois le fanatisme et l'athéisme, deux monstres également dangereux, de rétablir les mœurs et de fonder la liberté sur les vertus sans lesquelles la République ne saurait subsister.

Paris est aujourd'hui calme. Les malveillants font bien leurs derniers efforts pour y susciter des troubles à l'occasion des subsistances ; mais le peuple est sage, il a confiance en la Convention nationale, et les tentatives de ses ennemis ne servent qu'à les conduire à l'échafaud.

La commission populaire a fini ses opérations à Commune Affranchie (Lyon) ; elle a condamné environ 1600 conspirateurs ; un pareil nombre a été renvoyé, et environ 160 sont détenus comme suspects....

Le reste de la lettre est consacré aux nouvelles de l'armée du Nord et aux bonnes dispositions des soldats républicains : « Que les tyrans tremblent ; leurs forfaits seront punis, puisque les peuples vont reprendre leurs droits. » Quant à la Vendée, on y a, « depuis huit jours, exterminé 1.200 brigands, et il n'en reste que quelques-uns, épars çà et là, auxquels on fait la chasse comme aux bêtes féroces. »

Gleizal termine en assurant que les 30.000 quintaux de grains qu'il est parvenu à obtenir de la commission des subsistances pour l'Ardèche, ne vont pas tarder à arriver au département.

Dans une autre lettre, datée du même jour, il engage vivement la Société à s'affilier aux Jacobins et il le fait en des termes qui méritent l'attention.

« La Société ne pense donc plus à s'affilier aux Jacobins pour obtenir la correspondance de cette dernière Société. J'ai déjà dit que pour y parvenir, il faut envoyer le règlement de la Société, l'état nominal des membres qui la composent et l'attestation de deux Sociétés affiliées aux Jacobins. Il n'y a que le dernier article qui puisse donner de peine à la Société ; mais il faut qu'elle s'adresse à la Société du Bourg (1) et à celle de Tournon qui sont affiliées, pour avoir leur attestation. Je ne m'explique point sur les principes de cette dernière. Mais qu'importe à celle de Largentière, pourvu qu'elle obtienne l'affiliation. Cet objet est très intéressant pour la Société et je l'invite à s'en occuper. »

C'était un conseil de prudence que Gleizal donnait à ses amis, car toutes les sociétés sectionnaires de Paris ayant reçu l'avis de se dissoudre, la Société des Jacobins, dirigée par Robespierre,

(1) Celle-ci avait pris le nom de *Société des Jacobins maralistes de Pont-sur-Rhône*, et nous avons une lettre adressée par elle à la Société populaire de Privas, à qui elle reproche vivement de se laisser égarer par les aristocrates.

restait seule, et le moment approchait où, en dehors d'elle ou de ses affiliés, tout le monde serait suspect.

Peu après, le 7 mai, Robespierre, conformément à ce qu'avait annoncé la lettre de Gleizal, prononçait à la Convention un long discours contre l'athéisme et faisait voter le décret portant que le peuple français reconnaît l'existence de l'Etre suprême et l'immortalité de l'âme.

Le 2 mai, Gleizal informe la Société du « complot ourdi par les despotes » contre Robespierre et Saint-Just (1). Sa lettre se termine en disant : « C'est par le concours de l'énergie et de la sagesse de la Convention et de l'héroïsme de nos soldats et de la surveillance active de tous les bons citoyens, que la République s'affermira et que les traces des assassins de l'humanité disparaîtront de la terre pour le bonheur du monde. Vive la république ! »

Il est à remarquer que jusqu'à cette époque, Robespierre défendait encore, au moins en théorie, la liberté des cultes. Cela n'empêchait pas de guillotiner les prêtres innocents ; mais, d'après ses défenseurs, ces exécutions seraient plutôt imputables aux haines et aux ignorances des coteries locales, et à la façon toute particulière dont elles entendaient la liberté des cultes ; ce qui est vrai au moins en partie. Le fait est qu'en ce temps-là le représentant du peuple Guyardin fit mettre en liberté un certain nombre de prêtres de l'Ardèche qui étaient en prison.

Le 8 juin, la fête de l'Etre suprême fut célébrée solennellement à Paris et dans toutes les grandes villes. Le nouveau culte, qui reléguait aux antiquailles celui de la Raison, avait été préparé par le rapport du 7 mai que le comité de Salut public avait ordonné de lire tous les décadis, pendant un mois, dans tous les édifices réservés au culte. Le système de Robespierre était celui de Rousseau dans le *Vicaire savoyard* et le *Contrat social*. Robespierre avait toujours attaqué les encyclopédistes qu'il appelait matérialistes et athées ; il s'irritait contre ceux qui niaient Dieu et la Providence. Il avait reproché à Hébert et Chaumette de

---

(1) Le 24 juin suivant, on guillotina à Paris 54 personnes à l'occasion de ce prétendu complot, pour lequel M. Aulard lui-même reconnait qu'on ne trouva pas de preuves sérieuses.

déchristianiser la France, et il avait fait guillotiner le prussien Anacharsis Clootz, surtout à cause de ses idées religieuses. Il disait que « l'athéisme est aristocratique, tandis que l'idée d'un Grand Etre, qui veille sur l'innocence opprimée et qui punit le crime triomphant, est toute populaire. Si Dieu n'existait pas, il faudrait l'inventer ». Il avait peu à peu façonné les Jacobins à sa politique religieuse. On parlait bien de quelques divergences qui auraient existé entre lui et son collègue Carnot, ce dernier comprenant par l'Etre suprême toutes les vertus, tandis que Robespierre croyait, comme Rousseau, au dieu personnel, mais Robespierre avait décidé Carnot à adopter ses idées, en faisant ressortir leur influence sur la politique extérieure.

Il est certain que l'évolution de Robespierre, substituant au culte de la Raison, basé sur la négation de la divinité, celui de l'Etre suprême, avait fait en France une impression plutôt favorable à celui qui apparaissait déjà comme une espèce de dictateur ; et à l'étranger, on commençait à se demander si la France n'avait pas maintenant un chef avec qui on pouvait compter et traiter.

L'illusion ne fut pas de longue durée.

Deux jours après la fête de l'Etre suprême, Robespierre et Couthon, au nom des comités, mais sans les avoir consultés, firent voter par la Convention l'atroce loi du 20 prairial (10 juin) qui ordonne à tout citoyen de dénoncer les conspirateurs et de les faire arrêter. Cette loi détruisit complètement le commencement d'espérance qu'avait pu inspirer la réaction déiste de Robespierre. Ce fut un redoublement de terreur dans l'assemblée et dans le pays. Et voici le tableau de l'état moral de la Convention pendant cette période (à rapprocher de la lettre de Gleizal) que contient l'ouvrage le plus remarquable qui ait été écrit dans ces derniers temps sur la Révolution :

« Les députés de la Plaine, ou le Marais de la Convention, attendaient en se courbant que la tempête fût passée ; leur seule politique était d'y survivre. Tous les terroristes leur paraissaient également odieux... Les modérés ne songeaient qu'à se faire oublier de toutes les factions. Toutes se trouvèrent en même temps amenées à les rassurer et à les ménager. Robespierre, dont leur soumission flattait l'orgueil, s'imaginait qu'en les épargnant, il les tiendrait toujours subjugués. Il leur fit entendre que, les sachant honnêtes au fond et enclins à la vertu, il avait, par égard pour eux, laissé vivre les 73 députés de la Gironde (1) incarcérés depuis un an. Ils l'écoutèrent, ils écoutèrent aussi les dissidents des Comités, mais ils mirent plus de précautions. Ils |jugeaient Robespierre moins fourbe, moins dangereux aussi à entendre, parce qu'il tenait le pouvoir, plus redoutable à combattre, parce qu'il avait alors vaincu tous ses ennemis. Ils continuèrent de le flatter sur l'article où ils le pouvaient flatter sans se compromettre et sans se déshonorer : sur son Etre suprême. Le 30 juin, un des hommes les plus droits de ce groupe, qui montra dans la suite du talent et du courage, Boissy d'Anglas, publia un *Essai sur les fêtes nationales*. Il y vanta la morale bienfaisante et saine du discours de prairial (prononcé par Robespierre le 8 prairial à la fête de l'Etre suprême) ; il compara l'orateur à « Orphée, enseignant aux hommes les principes de la civilisation et de la morale». Les modérés faisaient acte d'orthodoxie et se mettaient en règle avec le saint-office. Ils s'en tinrent là, ayant lieu de craindre qu'après les avoir entraînés à des engagements téméraires, les factions rivales ne fissent la paix à leurs dépens. La prudence leur commandait la neutralité. En cas de bataille, ils jugeraient les coups, ils se réserveraient le rôle d'arbitres du combat et se porteraient, si leur intérêt les y poussait, du côté du plus fort (2).»

Que faisaient pendant cette période la Société populaire et le comité de surveillance de Largentière ? Autant qu'on peut en juger par les procès-verbaux de ce dernier, qui, étant une émanation sans cesse renouvelable de la Société, en représentait nécessairement la pensée générale, il nous semble que les tendances y étaient plutôt à l'apaisement, et la composition même de ce comité où figurent des personnes notoirement connues pour leurs opinions modérées, non moins que la brièveté des procès-verbaux, d'où paraissent écartées de parti-pris les questions irritantes, fait supposer qu'à Largentière, comme à Privas, comme à Annonay (3)

(1) Parmi ces députés se trouvaient Garilhe et St-Prix. Le troisième Girondin de la députation de l'Ardèche, Gamon, avait pu se sauver à l'étranger.
(2) Albert Sorel. *L'Europe et la Révolution française*, t. IV, p. 111.
(3) La Société populaire d'Annonay notamment sut se garer des excès du temps, ce qui paraît avoir tenu particulièrement au plus grand nombre et à la qualité des bourgeois qu'elle renfermait et dont la prudence, la modération et

et en d'autres endroits, les hommes de bon sens et de paix avaient jugé utile de se mêler au torrent pour en arrêter autant que possible les débordements.

A la fin de mars, le comité de surveillance est composé des citoyens Riffard, Thibon, Blachère, Rouvière, juge de paix, Antoine Taveny père, Guoguely, Gabriel Fayolle et Bastide, officier public.

Pendant les mois d'avril et de mai, le comité ne tient que de rares réunions généralement peu suivies, en quoi il est aisé de voir les appréhensions et le dégoût d'une partie au moins de ses membres pour le triste rôle que les passions démagogiques voulaient lui faire jouer. Le 6 avril, répondant à une lettre du comité de surveillance de Villeneuve-lès-Avignon, il envoie une attestation de civisme en faveur de Tailhand-Valescure. Les réunions suivantes roulent presque toutes sur des admissions à la Société populaire, pour lesquelles admissions le comité est généralement facile Le seul incident à relever dans cette période est une dénonce, trouvée dans la boîte le 4 mai, contre le citoyen Taveny cadet, coupable de n'avoir pas fait disparaître une fleur d'*hély* (de lys) qui se voit sur sa maison. Le comité naturellement invite le sieur Taveny à supprimer la délinquante, à quoi celui-ci répond qu'il satisfera au vœu du comité.

La séance du 1er ventose (17 mai) nécessite quelques explications.

Ce jour là, le comité, « après avoir entendu la lecture de la lettre du citoyen Valladier du 29 pluviose (17 février), en réponse à celle que la Société populaire lui avait écrite, chargé d'en faire le rapport et de présenter le vœu à cet égard à ladite Société, a unanimement reconnu, conformément à ladite réponse, que la députation de la Société auprès de la Convention serait une démarche très inconsidérée ; qu'elle serait même insultante pour les représentants du peuple qui ont été envoyés par elle dans ce département, puisqu'elle impliquerait en fait une méfiance qui n'entre assurément pas dans les idées de la Société ; que ses ennemis et tous les malveillants s'en serviraient pour nous pré-

---

aussi la patiente persévérance ne contribuèrent pas peu à maintenir dans cette région une tranquillité relative. Voir le récent ouvrage de M. Léon Rostaing : *Les anciennes loges maçonniques d'Annonay et les clubs*. Lyon, librairie Brun, 13, rue du Plat.

senter comme des rebelles à leur pouvoir et comme voulant attenter à l'autorité nationale dont ils sont revêtus, tandis que la Société ne veut que l'ordre et la soumission. Sur ce considérant, il a été arrêté que la Société sera invitée à se réduire aux démarches que sa sagesse lui inspirera auprès des représentants du peuple qui sont dans le département pour les inviter à se prémunir contre les personnes qui chercheraient à faire persécuter les bons patriotes, leur exposer en même temps que si la Société veut se faire entendre en faveur de ceux qu'elle croit innocents, elle veut provoquer la dernière sévérité envers tous ceux qui seront convaincus d'être coupables et qui croient tromper sa confiance ».

Ce qui paraît vouloir dire que la Société et le comité désirent rester en dehors des querelles survenues à cette époque entre les patriotes du département, les uns plutôt modérés, et les autres plus ou moins exaltés, tous fatiguant les représentants en mission de leurs dénonciations réciproques. A Privas, la municipalité et l'administration directoriale étaient en guerre ouverte. Les administrateurs furent arrêtés puis relâchés, et il en fut de même ensuite de Dubois et Pinet représentant le parti adverse. A Villeneuve-de-Berg, Mamarot et Lejeune furent aussi dénoncés à Guyardin. Les Sociétés populaires se dénonçaient les unes les autres. C'est ainsi que « la Société populaire des Jacobins maratistes de Pont-sur-Rhône (le Bourg-St-Andéol) » adressait le 12 mai un appel au peuple de Privas, de la dernière violence, pour l'exciter contre sa municipalité. La Société populaire de Joyeuse adhérait à la dénonciation des maratistes du Bourg, laquelle ne resta pas sans effet, puisque Dubois et Pinet, arrêtés de nouveau, ne furent remis en liberté qu'après la chute de Robespierre. Finalement, il nous semble que dans ces circonstances, l'ambiguité et le vague de la délibération du comité de surveillance de Largentière doivent être l'objet d'une appréciation plutôt favorable, comme constituant en somme un refus de se joindre aux démarches des exaltés contre les modérés.

Le directoire du Tanargue écrivit, le 23 mai, de Joyeuse une lettre à toutes les Sociétés populaires du district pour les inviter à célébrer le décadi suivant, une fête funèbre en mémoire de Malignon, l'agent national de Saint-André-de-Cruzières, qui avait été assassiné le 21 avril. C'est sur l'invitation de Payan, un des plus dangereux agents robespierristes, venu à Joyeuse pour prendre connaissance de cette affaire, que fut envoyée l'invitation du directoire. La fête en question fut célébrée à Joyeuse le 24 mai et le compte-rendu, d'ailleurs, assez maigre, se trouve dans le registre de la Société populaire de l'endroit. Nous y voyons qu'il y fut prononcé plusieurs discours « sur le nouveau culte », c'est-à-dire le culte de la Raison.

Le 15 juin, le comité de surveillance de Largentière propose à la Société l'admission de Jean André Lalauze, marchand, de Rocles. C'est sa dernière réunion avant l'événement du 9 thermidor, comme on le verra par le procès-verbal d'une sorte de tentative de résurrection de ce comité, qui se produisit le 11 fructidor (28 août), c'est-à-dire un mois après la chute de Robespierre.

Il est à noter que la révolution de thermidor fut précédée, dans la région d'Aubenas et de Largentière, et probablement dans toute l'Ardèche, d'une vraie panique occasionnée par la présence d'émissaires du représentant Maignet, chargés, disait-on, de dresser de nouvelles listes de proscription. Deux de ces émissaires arrivèrent à Aubenas le 1er août, et les manuscrits de Delichères nous fournissent quelques détails sur leurs faits et gestes. L'un d'eux, nommé Beaugent, prononça, le soir même, dans une séance extraordinaire de la Société, « un discours violent contre les aristocrates, les modérés, les riches égoïstes, invitant les bons citoyens à les dénoncer ». Les conciliabules qui suivirent ajoutèrent naturellement à l'alarme du public. Ces commissaires repartirent le 2 août, et l'on s'attendait aux pires éventualités. Ce fut heureusement le contraire qui arriva, puisqu'on reçut le lendemain 3 août, à Aubenas comme à Largentière, la nouvelle de l'exécution de Robespierre.

XI

LARGENTIÈRE PENDANT LA RÉACTION THERMIDORIENNE

(1794-1795)

L'impression produite dans l'Ardèche par la chute de Robespierre.— Toutes les Sociétés populaires envoient des Adresses de félicitations à la Convention.— Les incidents d'Aubenas. — La dernière réunion du comité de surveillance de Largentière. — La lettre des détenus de Viviers à la Société populaire (23 novembre). — La mission du représentant Serres. — La mise en liberté des détenus de Viviers (décembre). — La mission de Jean Debry (de décembre 1794 à juin 1795).— Le passage du représentant à Aubenas (24 février). — Son arrivée à Largentière (26 février).— Arrestation de Suchet et d'Amblard. — Le désarmement des terroristes à Largentière. — L'enquête Duclaux (2 juillet). — Lettre d'un voyageur (le prix des objets). — Arrestation du précepteur des enfants de M. de Tauriers.

On sait que Robespierre fut exécuté le 10 thermidor (28 juillet 1794), avec son frère, Couthon, Saint-Just, Henriot, Payan et quelques autres.

Le même jour, Dumonts, de Gravières, un ex-administrateur de l'Ardèche, écrivait à la Société populaire de Largentière :

« Un grand complot vient d'éclater ; la Convention nationale, toujours digne de représenter le peuple français, a frappé d'un décret d'accusation des hommes qui travaillaient à l'asservir et qui, sous des dehors hypocrites, en avaient imposé jusqu'ici aux amis de la liberté. Robespierre, Couthon et Saint-Just ne siégeront plus dans l'auguste Sénat ; bientôt le glaive de la loi fera justice de ces modernes Catilinas. Les journaux vous donneront les détails de cette conspiration... »

Cette lettre arriva à la Société populaire le 5 août. Celle-ci répondit ainsi le lendemain :

« Nous reçûmes hier ta lettre du 10 thermidor. Juge de l'étonnement où elle nous a jetés ! Nous avons été en proie à tous les sentiments d'horreur et d'indignation que doit inspirer la scélératesse des modernes Catilinas, dont la Convention vient de se purger. Elle les a fait arrêter et punir avec une énergie aussi glorieuse pour elle que salutaire pour la patrie. Aussi notre attachément pour elle sera-t-il toujours ardent et inviolable ; nous lui en avons renouvelé le serment avec enthousiasme ; sois bien persuadé que nous préférerions la mort au parjure. Nous lui envoyons par le même courrier une Adresse sur la crise des 9 et 10 du courant ; nous te remercions bien sincèrement de ton attention à nous donner les premières nouvelles de cette crise étonnante. Salut et fraternité. »

La même note, c'est-à-dire la même impression de crainte, de défiance, et de soulagement au fond, se retrouve dans les autres villes de l'Ardèche.

A Annonay, où la nouvelle fut connue naturellement plus tôt (le 2 août), le registre des séances du club porte ceci :

15 thermidor (2 août). — A la suite des détails donnés par les gazettes sur la révolution subite qui vient de foudroyer Robespierre et ses complices, il est donné lecture d'une lettre de Gleizal adressée à l'agent national d'Annonay. Il lui annonce que le Catilina, qui siégeait à la Convention, a péri, lui et les siens, et que la patrie a encore échappé au plus affreux des complots (lettre en date des 9 et 10 thermidor).

La Société, désirant par dessus tout le triomphe de la Révolution et des principes philanthropiques qui en ont été le véhicule, n'a vu qu'avec horreur la scélératesse d'un homme qu'investissait la confiance, et s'est réjouie de le voir précipité d'une élévation qui mettait la république en péril. Il sera fait, en conséquence, une Adresse à la Convention pour lui dire qu'elle est et sera toujours notre point de ralliement dans les circonstances difficiles, et que son énergie accroît chaque jour davantage notre gratitude et notre confiance. Gleizal sera remercié de l'empressement avec lequel il a donné connaissance à cette commune de nouvelles si importantes et invité à entretenir avec la Société populaire une correspondance directe.

16 thermidor. — On applaudit encore au récit de la chute de Robespierre et on approuve les Adresses destinées à la Convention et à Gleizal — « Arrête qu'à celle de Gleizal, il lui sera ajouté des remerciements à raison des nouvelles antérieures qu'il s'est empressé de donner à cette commune par Ravel qui en a toujours fait part à la Société. »

30 thermidor. — Lettre de de Gleizal sur les victoires de nos défenseurs sur divers points de la République. — La *Vie secrète de Catilina-Robespierre* s'y trouvait jointe. Lecture applaudie.

Sur l'exemple du président, l'assemblée jure de nouveau, en masse et avec enthousiasme, haine à la tyrannie et mort aux tyrans.

A Privas, où la nouvelle n'arriva que 14 heures plus tard, le 3 août au soir ou le 4 au matin, le Directoire du département rédigea d'urgence une adresse de félicitations à la Convention. Ce qui n'empêcha pas l'administration départementale de laisser exécuter, le lendemain 5 août, sur la petite place de Privas, l'inique jugement qui avait condamné à mort, quelques jours auparavant, cinq prêtres et trois religieuses ; preuve nouvelle que l'événement du 9 thermidor ne fut pas considéré tout d'abord comme étant, ce qu'il allait être en réalité, la fin du régime de la Terreur (1).

Le même jour (4 août), l'exécution de Robespierre était connue à Aubenas, et le tableau du changement à vue qu'amena cet événement, tel que nous le trouvons dans les manuscrits de Delichères, le grand chef du parti jacobin dans la région albenassienne, est si intéressant, et nous paraît, d'ailleurs, s'appliquer si bien à l'ensemble du département, qu'on nous pardonnera de le reproduire en entier.

Trois jours auparavant, le 1ᵉʳ août, Aubenas avait vu arriver six commissaires envoyés par le représentant Maignet, pour préparer ses opérations. Parmi eux, Beaugent et Forest jeune, de Valence.

Ces six personnages se rendirent le soir à une séance extraordinaire de la Société, où ils furent accueillis avec transport.

Beaugent fit un discours dans lequel il s'éleva avec force contre les aristocrates, les modérés, les riches égoïstes, en invitant les bons citoyens à les dénoncer.

Labrot, professeur au collège, convint que les principes avaient été trop longtemps méconnus dans cette commune, et raisonna longtemps dans le même sens que Beaugent.

Le soir, les commissaires firent appeler Labrot à l'auberge Dupré. Il est prétendu que Labrot et un autre se plaignirent de ce qu'il y avait peu de patriotes dans la commune et que les autorités constituées ne faisaient pas leur devoir. Les commissaires firent beaucoup de menaces. On répandit le bruit le lendemain qu'ils s'étaient enfermés dans la chambre de Meyssonnier, membre du directoire du district du Coiron, pour désigner les membres des autorités à remplacer et leurs remplaçants.

Le 2 août, les commissaires partirent en trois divisions pour aller compléter leurs renseignements. Il y eut de vives inquiétudes

---

(1) La date du 5 août pour l'exécution des cinq prêtres et des trois religieuses a été formellement établie, d'après des documents authentiques, par M. Nectoux dans un article qu'un journal de Privas a publié en novembre 1891.

parmi les citoyens, et les patriotes de 1789 affectèrent la plupart beaucoup de joie. On disait que ces commissaires avaient formé une liste de citoyens suspects et qu'elle était nombreuse. Qui disait alors suspect disait un homme condamné à la guillotine, puisqu'on les jugeait sur les idées morales qu'on s'en faisait, sans s'assujettir à des faits précis qui les inculpassent.

Le 4 août, on reçoit la nouvelle que Robespierre avait été guillotiné, comme convaincu d'avoir voulu s'ériger en dictateur avec Couthon et Saint-Just. Les rôles changent. L'aristocratie respire, s'exaspère et prend un ton menaçant.

Le 5 août, assemblée extraordinaire de la Société. On y délibère une adresse à la Convention pour la féliciter sur l'énergie qu'elle a montrée pour sauver la patrie.

Le 7, nouvelle de l'élargissement de Dubois et Pinet (deux modérés de Privas). La Société arrête d'écrire à celle de Privas et de féliciter la femme de Dubois.

Jactances contre les patriotes énergiques. On répand qu'il avait été dressé des listes de proscription contre plus de 400 soi-disant aristocrates, que Maignet devait faire conduire à la commission populaire d'Orange

Le 12 août, Dalmas prononça un discours très vigoureux contre les membres de la Société qui avaient compromis la commune et adopté le système de Robespierre, qui était de faire égorger indistinctement les citoyens de tous les partis qui avaient des talents, de la fortune et des vertus, pour s'élever à la dictature.

On expulse de la Société Labrot et deux autres...

On arrête de dénoncer les administrateurs du département, Dumonts qui l'avait été et qu'on disait avoir servi de secrétaire à Couthon, Suchet, commandant du 4ᵉ bataillon de l'Ardèche (le futur maréchal) et Puaux, de Vallon, capitaine (l'ex-avoué de Largentière), accusés d'avoir fait signer par ce bataillon une liste contenant la dénonciation de plus de 600 citoyens du département. Suchet était inculpé comme l'agent de Maignet, et d'avoir mis à feu et à sang la commune de Bedouin près Carpentras.

La page suivante peint bien, au point de vue du jacobinisme déçu, la réaction qui, sous l'influence de la révolution de Paris, se produisit naturellement alors dans l'opinion de la province :

L'esprit public est égaré par tous les moyens. On répand que plus de 60 citoyens devaient être guillotinés dans la commune. On disait à chacun: Tu étais du nombre... Demandait-on à quelqu'un : Qui a vu ces listes ? il n'en fallait pas davantage pour être traité de robespierriste. C'était un crime d'avoir été patriote énergique Aucun n'osait parler, tous étaient comprimés. Ils tremblaient comme au moment d'une contrerévolution, et ils s'empressaient de se montrer modérés, de faire leur cour aux nouveaux dominateurs. Car, de modérés, de silencieux et de prétendus opprimés qu'ils étaient, ils étaient devenus tout-à-coup des oppresseurs. Les mots d'intrigant et de robespierriste étaient dans toutes les bouches, et la Convention allait les anéantir. On ne voulait plus que le règne de la justice et de la vertu... La chute de Robespierre ne devait être applaudie que par les vrais amis de la liberté. Mais, dans ce moment qui fixait l'attention de tous les partis sur les dangers qu'ils avaient courus, dans la stupeur où étaient les patriotes, les aristocrates, profitant des circonstances, se rallièrent avec les esprits timides et crédules, éveillèrent les ressentiments des uns, les craintes des autres et indiquèrent les patriotes ardents comme la cause de mille maux, comme instruits et professant les principes du tyran, et une nouvelle terreur en sens contraire faisait que de bons patriotes s'unissaient à ceux qui singeaient l'amour de la Révolution.

La Société de Joyeuse vota aussi, le 6 août, une adresse félicitant la Convention d'avoir châtié les tyrans.

Revenons à Largentière, où nous trouvons le comité de surveillance, après avoir fait le mort depuis deux ou trois mois, tenter un essai de résurrection qui n'eut pas de suite. Voici, à la date du 27 août 1794, le procès-verbal de sa dernière réunion :

Le onzième fructidor, 2ᵉ année de la République, une, indivisible et démocratique, à l'heure de six après midi, se sont assemblés, dans la salle de la Société populaire de Largentière, les citoyens Antoine Vigut, Amblard, Brunel, Doumain, chapelier, Dubois père, Jacques Delhomme et Jean Pierre Arnaud, membres composant le comité de surveillance de ladite Société, nommés par arrêté d'icelle du jour d'hier, lesquels, en l'absence de Riffard et de Taveny père, aussi membres dudit comité, ont procédé à leur organisation, et à l'unanimité des voix ont nommé pour leur président le citoyen Arnaud, et pour leur secrétaire, Antoine Vigut. Et ont tous signé en l'absence desdits Riffard et Taveny.

Et sans désemparer, il a été arrêté à l'unanimité que le comité, sans autres avertissements, s'assemblera à 1 heure après midi tous les lendemains de l'arrivée du courrier, et que si un ou plusieurs membres dudit comité manquait deux fois de suite à se rendre à l'assemblée, sans faire apparoir d'une excuse légitime, il sera ou ils seront dénoncés à la Société populaire, pour être censurés et même pour être exclus de la dite Société, pour un temps ou pour toujours, en cas de récidive, ainsi qu'elle le décidera.

Ledit comité a arrêté, de plus, que le précédent comité sera dénoncé à la Société pour ne s'être pas assemblé depuis le 27 prairial dernier (15 juin), ce qui fait deux mois et demi ; et que la Société sera invitée d'enjoindre aux membres du précédent comité de se joindre avec ceux de l'actuel, toutes les fois qu'il sera nécessaire de faire un ouvrage qui aurait dû être fait par les précédents membres.

Arrêté, de plus, que la Société sera invitée à autoriser son comité à se procurer le papier et l'encre qui seront nécessaires tant pour la Société que pour le comité.

Fait et clos ledit jour et an que dessus.

ARNAUD, président, — VIGUT, secrétaire.

On peut juger du peu de faveur, que ce retour offensif du jacobinisme rencontra dans le public en général, par le fait qu'au commencement de septembre le directoire du Tanargue se crut obligé de faire afficher à Largentière et ailleurs un rapport du représentant Goupilleau « tendant à détruire les espérances que la chute de Robespierre avait fait concevoir à la réaction ».

Un autre indice d'apaisement se trouve dans l'avis favorable aux détenus de Viviers que les amis de ces derniers parvinrent alors à obtenir de la Société populaire, comme il résulte de la lettre suivante trouvée dans les archives de la Société :

De la maison d'arrêt de Viviers 3 frimaire l'an 3 de la République une et indivisible (23 novembre).

Citoyens amis et frères,

C'est avec des sentiments de la plus vive reconnaissance que nous avons appris le vœu unanime que vous venez de faire pour obtenir notre liberté. L'empire des circonstances nous l'avait ravie, votre amitié et votre justice vont nous la rendre. Nous voilà satisfaits. Notre innocence nous a fait supporter avec fermeté et courage notre détention, mais, concitoyens, nous ne nous accoutumerons jamais à la privation de la confiance et de l'estime que vous nous aviez toujours accordées. Nous en avions été flattés, nous en demandons la continuation, nous en sommes dignes, et la démarche que vous venez de faire en notre faveur nous fait oublier tous nos chagrins, ranime notre espoir. Notre conduite, une fois rendus dans le sein de notre patrie, soumise néanmoins à votre vigilance, vous prouvera plus que jamais que votre félicité et votre bonheur est inséparable du nôtre. Telle est notre profession de foi Tels sont les vœux et les sentiments de vos frères qui, privés pendant un an entier de toute communication avec leurs parents et du soin de veiller à leurs affaires, gémissent encore dans la maison d'arrêt de Viviers.

Salut et Fraternité.

GRANVAL. JULIEN. GORDON JULIEN. ELÉONORE JULIEN. LAMOLIÈRE. COMTE. JOSEPH COMTE. JOSSOIN. FAGES-ROCHEMURE. ROCHER-ALLAMEL. ROURE.

**

Pendant que les victimes de la Terreur, celles qui avaient échappé à la guillotine, commençaient à respirer, les notabilités républicaines du département se proscrivaient réciproquement. Un ex-adminstrateur, Tourette, de Montpezat, ayant accusé ses anciens collègues, Pavin, Thoulouse et Meynier, de dilapidations à propos du recrutement, avait obtenu des représentants Boysset et Reynaud des ordres d'arrestation contre eux, ainsi que contre Dumonts et Cousin. Ceux-ci, en se défendant, disent que Tourette est « l'agent de la horde infernale des aristocrates ». Et Meynier écrit à Gleizal le 25 octobre : « Pavin et Thoulouze sont en état d'arrestation chez eux. Quant à moi, je ne l'ai pas été encore. Je suis à Largentière au milieu de mes amis, qui ne m'ont pas retiré leur estime, sûrs de mon innocence. »

Un incident du même genre avait déjà eu lieu quelques mois auparavant, car, parmi les arrêtés du Comité de Salut public, qui se trouvent aux Archives Nationales, nous en avons trouvé un, en date du 6 juillet, qui réintègre dans leurs fonctions « les citoyens Thoulouze, Pavin, Meynier et Blachère, administrateurs du déparement de l'Ardèche, destitués par le représentant Reynaud ».

Au mois de décembre, le représentant Serres fut envoyé dans l'Ardèche pour former une nouvelle administration du département et réorganiser les Sociétés populaires conformément à la loi du 25 vendémiaire (16 octobre) votée par la Convention.

Dès le 9 décembre, ce représentant ordonnait, par l'arrêté suivant, la libération des détenus de Viviers :

Serres, représentant du peuple, etc.

Vu les motifs d'arrestation des citoyens et citoyennes ci-dessous nommés, et après avoir pris l'avis du comité révolutionnaire du district du Tanargue séant à Joyeuse, qui a déclaré que les sous-nommés ne pouvaient nuire à la chose publique,

Vu l'adresse de la Société populaire de Largentière signés individuellement, par laquelle elle réclame la liberté des détenus de sa commune,

Arrête que

Joseph Mathieu, de Joyeuse,
Louise Claudine la Saumès, de Joyeuse,

Pierre Joseph Chanaleilles la Saumès, de Joyeuse,
Marianne la Saumès, id.
Jeanne Gabrielle la Saumès, id.
Jean François Comte, de Largentière,
Marthe Mollier, femme Comte, id.
Clotilde Allamel Bournet, de Joyeuse,
Emilie Allamel Bournet, id.
Justine Allamel Bournet, id.
Jean André Rocher Allamel, de Largentière,
Jean Pierre Roure, id.
Marie Granval, femme Vinezac, id.
Eléonore Julien Vinezac, id.
Antoine Bessas dit Rochemure, id.
Jean Roch Jossoin, id.
Charles Merle, de Vallon,

seront sur le champ mis en liberté, que les scellés, si aucuns ont été apposés sur leurs effets et papiers, seront levés par le juge de paix du canton...

Serres annula en même temps un mandat d'arrêt lancé contre Henri Rouchon (le futur député au Conseil des Cinq Cents, à ce moment à l'armée des Pyrénées Orientales) par le comité révolutionnaire de Largentière en date du 17 janvier 1794.

Un modéré de Largentière, Gabriel Fayolle, fut nommé commissaire national du district du Tanargue (à la place de Meynier).

Enfin Serres reconstitua ainsi la municipalité de Largentière :

Jean-Louis Rouvière,

Jean Prévot,

Etienne Vielfaure,

Jean Giraud,

Jean Durand,

Dubois fils, de la place,

Et, comme agent national, Barthélemy Dousson.

Delichères nous apprend que Serres passa, le 10 décembre, à Aubenas, où « il décomposa le corps municipal, supprima la mairie et le conseil, établit six officiers municipaux et un agent national » et qu'il en repartit, le 12, pour Villeneuve.

Mais la vraie mission réparatrice du temps, celle qui assura définitivement dans l'Ardèche la prédominance des modérés, fut celle du représentant Jean Debry, député de l'Aisne, envoyé dans les départements de l'Ardèche, de la Drôme et de Vaucluse, par un décret de la Convention du 9 décembre 1794. « Il était chargé d'y régénérer (c'était la formule du temps) l'esprit public, en d'autres termes, de réduire à l'impuissance les terroristes, tout en protégeant ceux qui n'avaient été ni assassins ni incendiaires, contre les vengeances d'une réaction inévitable ; il avait aussi à assurer la subsistance des populations, à parer à la disette menaçante, aggravée dans toute la France par les malheurs de la guerre civile et étrangère. Son voyage dura six mois, de décembre 1794 à juin 1795. Il séjourna principalement à Valence, à Avignon, à Montélimar, mettant en liberté les citoyens détenus arbitrairement, destituant les administrations jacobines, réorganisant les sociétés populaires, combattant avec une égale ardeur « le royalisme et l'anarchie » (1).

L'histoire de sa mission est dans les actes officiels fort nombreux qui marquent son passage, mais elle est aussi dans sa correspondance de famille, dont M. Pingaud a eu l'heureuse idée de communiquer quelques extraits à la *Revue du Vivarais*. Nous y voyons que Jean Debry passa à Melun le 15 décembre, à Nevers le 19, et qu'il était, le 22, à Lyon, d'où il écrivait à ses deux jeunes filles qu'il comptait partir le lendemain et qu'il resterait une huitaine de jours à Valence où il pensait arriver le 25.

Le 4 janvier, il était à Montélimar, et il y prenait, devant la Société populaire de cette ville, l'arrêté suivant, au sujet *« des cannibales et des furies qui dansent autour des suppliciés et de l'instrument du supplice »* :

Au nom du peuple français, j'arrête, pour les trois départements qui me sont confiés, et jusqu'à ce qu'une détermination supérieure ait modifié la mienne,

Que le jour malheureux où un homme sera condamné à mort, les boutiques dans la commune, à l'instant de l'exécution, seront fermées en signe de deuil ;

Il ne sera pris, à l'égard des condamnés que les précautions de sûreté ; tous les égards de l'humanité et de la décence seront sévèrement observés ;

Il est temps que la pitié rentre dans tous les cœurs, et que la morale du peuple soit revivifiée.

Ces « cannibales et ces furies, qui dansent autour des suppliciés

---

(1) Léonce Pingaud. *Revue du Vivarais*, 1898, p. 308.

et de l'instrument du supplice », quel tableau des mœurs et de l'état d'esprit du temps !

Après divers déplacements, Jean Debry était de nouveau à Montélimar, le 14 février, et c'est le 16 février seulement, d'après sa correspondance de famille, qu'il dut passer le Rhône pour entrer dans l'Ardèche — retard assez explicable par les rigueurs de l'hiver qui fut, cette année là, exceptionnellement rude, comme en témoignent les notes suivantes de Delichères :

La neige commença à tomber le 5 nivose (Noël) et continue le 1er pluviose (20 janvier) Elle est considérable. Les loups s'étaient montrés à la fin d'octobre. Ils viennent dans la ville. Ils ont tué plusieurs personnes ; on les trouve dans les chemins et en troupes...
La neige a tombé perpétuellement jusqu'au 6 février. Elle a fondu par le dégel le 8 et le 9. Les rivières glacées partout. Le milieu du Rhône libre. Cela fait que les courriers ont manqué pendant vingt jours...

Le 21 février, Jean de Bry écrit de Privas :

« ... Je suis avec la citoyenne Bonnet chez sa sœur, au milieu des montagnes, environné de la neige qui tombe à flocons et d'un peuple qui me témoigne mille amitiés. J'en partirai après-demain pour Aubenas, Largentière, Joyeuse, Barjac, Pont-St-Esprit, Avignon et Marseille... »

Sur le séjour du représentant du peuple à Aubenas, le manuscrit de Delichères nous fournit les indications suivantes :

6 ventose (24 février). Jean de Bry arrive à Aubenas, loge chez la citoyenne Bayzan. Il fait arrêter, le même jour, Ymonier, du Bourg-St-Andéol, membre du comité révolutionnaire du district qui lui avait été dénoncé.. On parle beaucoup de rétablir la liberté des cultes ; les journaux montent l'opinion publique à cet égard...
7 ventose. De Bry vient dans la Société populaire. Il prononce un discours très-fort en principes et chaud contre toutes les espèces d'aristocraties, nobiliaire, sacerdotale et surtout la terroriste. Dalmas aîné, qui présidait la réunion, a prononcé un très bon discours sur l'esprit et l'union des citoyens de cette commune, sur leur aversion pour les terroristes et leur attachement à la Convention.
Il n'y a eu nul mouvement, nulle plainte, nulle dénonciation à Aubenas, quoiqu'il y existe des divisions et des ressentiments ; mais tout cela tient à un reste d'amour propre que la sagesse et

le bon esprit des uns et le vrai patriotisme des autres sait écarter et étouffer.

Jean de Bry était, dit-on, peu accessible, écoutant peu les gens et fort brusque. Il refusa d'entendre la justification d'Ymonier qui, avant d'être arrêté, était allé le trouver à ce sujet.

Trouvant trop enflé le compte de Laplanche, qui lui a fourni à manger, il s'est borné à le consigner à la municipalité et au comité de surveillance. S'il avait consulté le prix auquel les denrées se vendent, il se fût moins récrié.

Notre érudit albenassien, qui donne pour cette période un aperçu du prix des denrées, nous apprend qu'un repas à l'auberge coûtait 15 à 20 francs par tête. Pour un louis d'or, on donnait jusqu'à 400 livres d'assignats.

Parti d'Aubenas, le 26 février au matin, Jean de Bry arrivait, quelques heures après, à Largentière, d'où il envoyait, le même jour, à ses filles, un aperçu de son voyage depuis Privas.

Pour le coup, mes chères bonnes, j'ai vu des montagnes. Nous avons monté pendant deux heures sur le mont Esquermet (Lescrinet) dont la crête blanche domine sur un horizon de huit à 10 lieues de rayon. Il faisait fort chaud dans le vallon et nous fûmes obligés de nous couvrir dans la descente qui dura en zigzag trois bonnes heures. Aubenas, où je me rendis ensuite, est une ville très élevée, petite, commerçante, industrieuse. J'y restai un jour. J'en partis fort en colère contre un coquin de traiteur qui nous prit neuf cents livres pour deux mauvais repas. En général, il y a peu d'esprit public dans ces contrées, que le fanatisme et l'égoïsme se partagent encore.

D'Aubenas à Largentière, je m'enfermai dans les montagnes et les débris des explosions volcaniques pour me rendre à Largentière. Imaginez-vous que les traces de ces volcans, quoique éteints depuis plus de mille ans, sont aussi sensibles que si l'éruption avait eu lieu dernièrement. On voit la lave en masses ou en scories, on suit son cours, on semble entendre mugir le tonnerre souterrain, on croit que la montagne va encore se déchirer. (1) Au moins, au sein de ces belles horreurs, l'esprit est tranquille. Il en sera de même, je l'espère, quand, au retour du calme, on se rappellera les scènes tumultueuses et volcaniques qui nous ont agités. Près de Largentière, le coup d'œil est charmant ; les eaux descendent des monts d'alentour roulent leurs bouillons écumeux entre des hauteurs noires, où l'industrie des hommes a

---

(1) Pour ceux qui ne connaissent pas le pays, nous sommes obligé de faire observer que l'auteur de la lettre est ici dupe de son imagination, puisqu'il place, dans le parcours d'Aubenas à Largentière, des visions volcaniques qui manquent absolument de ce côté, mais peuvent s'appliquer au parcours de Privas à Aubenas.

porté la terre sur le roc, l'a assurée de murs de pierres et a planté des oliviers. Du bas de la montagne jusqu'en haut, il y a jusqu'à 50 amphithéâtres placés ainsi comme des loges en gadins les uns sur les autres Lorsque tout est en fleurs, l'aspect doit en être superbe. Je l'ai trouvé excessivement pittoresque. Largentière est, comme toutes les villes de l'ancien Vivarais, petite, étroite, malpropre et mal bâtie. J'en pars demain ; si les eaux m'empêchent de passer, je camperai sur les bords du torrent jusqu'à ce qu'elles se soient écoulées. Tout ce pays est encore sous la Terreur ; je cherche à la dissiper. Malheureusement, il faut que je le quitte pour aller à Marseille... (1)

Voici maintenant la proclamation et la série des arrêtés qui marquèrent le séjour du représentant du peuple à Largentière :

Proclamation.
Largentière, le 8 ventose an 3 de la République française une et indivisible (26 février 1595).

Jean Debry, représentant du peuple dans les départements de la Drôme, l'Ardèche et Vaucluse,

Considérant qu'aux différentes époques de la Révolution les ennemis du peuple ont tenté de faire servir à leurs projets le peuple lui-même en corrompant sa morale et ses principes ;

Qu'instruits des services éminents rendus par les Sociétés populaires, c'est contre elles qu'ils ont spécialement dirigé leurs trames, en cherchant à y introduire ceux d'entre eux qui pouvaient le mieux les attiédir ou les pousser au delà du but ;

Voulant anéantir leurs espérances coupables et rendre aux Sociétés l'éclat et la gloire que leurs travaux révolutionnaires leur ont acquis ;

Voulant aussi que la société armée, faisant partie du peuple français, soit organisée d'après un vœu exprimé qui ne permette pas de craindre l'influence ou les complots des malveillants,

Arrête ce qui suit :
1° Les séances de la Société populaire de Largentière dans sa composition actuelle sont suspendues.
2° La commission épuratoire, nommée pour l'organiser de nouveau et sans le moindre retard, est composée ainsi qu'il suit :
 1° Vincent, greffier du tribunal,
 2° Blachère père, du Reclus,
 3° Blachère fils, de la Prade,
 4° Potu, traiteur, dit Blondin,
 5° Gasque,
 6° Rouvière, juge de paix,
 7° Brunel, juge de paix,
 8° Taulelle, notaire et officier municipal,
 9° Fayolle, commissaire national,

(1) *Revue du Vivarais*, 1898, p. 315.

10° Auzillon, ingénieur du département,
11° Thibon, receveur de l'enregistrement,
12° Gravier, menuisier,
13° Jauffret, cy devant homme de loi,
14° Gravier, président actuel de la Société,
15° Teissier, juge.

3° Ces citoyens se réuniront le jour même où, par l'intermédiaire de l'agent national de la commune, il leur aura été donné connaissance de ce présent arrêté. Ils pourront se faire représenter les registres que les secrétaires sont tenus de leur remettre sous leur responsabilité. Ils choisiront de suite, à la pluralité absolue des suffrages, 35 citoyens intelligents, probes, patriotes, également éloignés des principes de l'aristocratie, du royalisme, du fanatisme et du terrorisme, amis du peuple, de la justice et de l'humanité, et fidèlement attachés à la représentation nationale.

4° Lorsque cette opération sera faite, les 50 citoyens se formeront, en présence du peuple et des autorités constituées, en Société populaire de Largentière, dans le lieu ordinaire de ses séances.

5° Ils nommeront de suite un président, deux secrétaires, et trois comités : un de présentation, le second d'instruction, et le troisième de bienfaisance. Les trois comités réunis présenteront à la Société le projet de son règlement intérieur.

6° Le comité de présentation sera chargé de la liste des citoyens qui s'inscriront pour être reçus membres de la Société. Aucun ne sera admis que ceux dont les noms auront été proposés dans une séance qui précédera l'admission. Il sera voté sur chacun individuellement et à la pluralité relative des suffrages.

7° Les quinze commissaires épurateurs cy dessus nommés, lesquels ne peuvent refuser à peine d'être déclarés suspects, sont également chargés de procéder au renouvellement et, s'il y a lieu, à l'épuration des officiers de la garde nationale de Largentière. Le représentant du peuple les délègue spécialement à cet effet, ainsi qu'à l'installation des nouveaux officiers choisis. Ils en feront passer l'état nominatif au représentant pour être modifié ou confirmé.

8° Le citoyen Laurent Picaud, agent national de la com^e de Largentière, est chargé d'assurer toutes les dispositions du présent arrêté. Il en rendra compte au représentant du peuple.

Fait à Largentière les jour et an susdits.

Le même jour, Jean Debry faisait arrêter le maître d'école Amblard et prenait la mesure suivante à l'égard de Suchet, le commandant de la garde nationale (1) :

(1) On lit dans les manuscrits de Delichères :
« A Largentière, Jean Debry a fait arrêter, dit-on, les citoyens Gimond, Riffard, notaire. et Suchet fils et Amblard ; et à Joyeuse, Planzolle et Dusserre. »
Les noms de Gimond et Riffard ont été effacés après coup par Delichères).
(2 Il a existé et il existe encore, à Largentière ou aux environs, plusieurs

Jean Debry, etc.'

Instruit des principes et maximes de terreur et d'inhumanité professés par le nommé Suchet, commandant actuel de la garde nationale de Largentière, des espérances coupables qu'il annonce pour le retour de la tyrannie détruite le 9 thermidor, et de l'état d'oppression où il tient ladite commune,

Arrête que ledit Suchet se rendra sur le champ à Privas pour y demeurer sous la surveillance de la municipalité jusqu'à ce qu'il ait été ultérieurement statué sur son compte. Dans le cas de résistance ou d'infraction audit ordre, qui consigne Suchet à Privas sans pouvoir en sortir, il sera saisi et incarcéré sur le champ.

Une lettre de Guinabert, l'agent national de Privas, du 19 ventose (9 mars), dit que Suchet s'est présenté à la municipalité, qui a exigé qu'il parût devant elle tous les jours à 11 heures, ce qu'il a exécuté jusqu'à présent.

Le 9 ventose (27 février), un arrêté de Jean Debry charge le directoire du district du Tanargue de procéder, conjointement avec le comité révolutionnaire du district, et sans délai, à l'épuration des autorités constituées. Par suite, le directoire décide, le 4 mars suivant, que le bureau de pacification, établi près le tribunal du Tanargue, sera composé des citoyens : Louis Blachère (du Reclus), Louis Allemand, Jean-Pierre Boyer, Jean Giraud, Joseph Dubois père et Etienne Vielfaure, tous habitants de Largentière.

Le même jour (27 février), Jean Debry ordonna de mettre les scellés au bureau de Jean Amblard. La levée des scellés et l'inventaire qui eurent lieu le 7 mars, indiquent parmi les papiers inventoriés, un imprimé intitulé : *L. G Suchet, chef du 2ᵉ bataillon de l'Ardèche à ses concitoyens*, contenant « vingt pages, dans lequel Suchet appuie ses moyens de justification dans l'affaire de Bedoin par les pièces mentionnées dans ledit mémoire ». L'inventaire mentionne six autres pièces plus ou moins révolutionnaires.

---

familles de ce nom, entre lesquelles on ne connaît pas de lien commun. Le Suchet dont il est ici question, avait été à diverses reprises président de la Société populaire. Il appartenait à la famille des Suchet, de Bouteille, paroisse de Chassiers, grands commerçants et fileurs de soie avant la Révolution, d'où est sorti celui qui, après s'être tristement signalé dans l'affaire de Bedoin, devait acquérir de meilleurs titres de gloire dans les armées napoléoniennes et devenir duc et baron de l'empire. (Voir page 440).

Le 16 ventose (6 mars), l'agent national de Largentière écrit à Jean Debry, sur un papier qui porte l'en-tête : *Liberté — Egalité — Justice — Humanité* :

Citoyen représentant

Je t'envoie ci-joint un extrait du procès-verbal des opérations de la commission épurative nommée par ton arrêté du 8 du courant, ainsi que copie authentique du réglement qu'elle a fait pour la Société populaire régénérée, dont l'installation eut lieu le 11 du courant en présence du peuple et des autorités constituées. Ce réglement a été adopté à l'unanimité ; la Société, dont j'ai été nommé vice-président, me charge de te présenter l'hommage de son profond respect pour la représentation nationale et le témoignage de la reconnaissance qu'elle doit à tes bontés ; elle te prie d'être bien persuadé que tous ses membres ne cesseront de se les rappeler dans les sentiments de la joie la plus vive. Daigne jeter un coup d'œil sur ce réglement ; on le réformera selon tes ordres, si tu juges à propos de lui faire subir des changements ou d'y faire des additions.

Les personnes qui n'ont pu être comprises parmi les 35 citoyens nommés par la commission, témoignent un peu de mécontentement ; mais nous espérons qu'elles cesseront bientôt d'être fâchées ; il s'est même déjà présenté onze candidats.

A l'égard des citoyens suspects de terrorisme, ils font paraître beaucoup de mauvaise humeur ; on dit même qu'ils intriguent pour dégoûter ceux qui auraient envie de s'inscrire sur le registre du comité de présentation. Nous les surveillerons, et s'ils s'agitaient avec trop de chaleur, je ne manquerais pas de t'en donner avis. Il faut qu'ils prennent leur parti de gré ou de force, c'est-à-dire qu'ils subissent le joug de la justice qui doit enfin briser celui de la scélératesse.

Un gendarme, membre de la ci-devant Société, fâché de n'être pas du nombre des 35, refuse de se faire présenter, disant qu'en qualité de militaire, il a droit d'assister aux séances de la Société régénérée. A la bonne heure, mais n'avons-nous pas le droit de le reléguer aux tribunes ?

Je te prie, citoyen représentant, d'être bien persuadé que mes soins les plus actifs seront employés à tout ce qui peut être relatif à la charge dont tu m'as honoré, et que je me croirai le plus heureux des hommes, si mes services patriotiques obtiennent ton approbation.

Salut et Fraternité.

Le 24 ventose (14 mars), Gasque écrit de Joyeuse à l'agent national de Largentière : « J'ai besoin des extraits des divers arrêtés du représentant du peuple qui ordonnent l'arrestation ou 'exil de plusieurs citoyens de ta commune ; je t'invite et te requiers, en tant que de besoin, de me les faire parvenir. »

Il y avait alors des prisonniers de guerre à Largentière, puisque, le 27 mars, Bastide (1), l'agent national près le district du Tanargue, informe son collègue de Largentière que le commandant du dépôt des prisonniers de guerre du district se rendra, le 9 germinal (20 mars), dans cette ville, pour passer la revue des prisonniers qui y ont été répartis.

Le 31 mars, Bastide écrit encore à l'agent national de Largentière, au sujet des fonctionnaires publics destitués ou suspendus, ou dont les fonctions ont été suprimées depuis le 9 thermidor — une loi les oblige de se retirer dans les communes où ils étaient précédemment domiciliés et d'y demeurer sous la surveillance de leur municipalité. « Si quelqu'un, dit-il, n'avait pas obéi à la loi, tu es tenu de me les dénoncer trois jours après avoir reçu la présente. »

Au bas sont notés les noms de Delarque, Dabrigeon, Arnaud...

Le 2 avril, Jean Debry arrête que, « vu son état d'indigence et de père de famille, Jean Amblard, détenu à Viviers, sera mis en liberté au vu du présent, et se rendra en son domicile de Largentière, pour y demeurer jusqu'à nouvel ordre sous la surveillance de la municipalité, à laquelle il sera tenu de se présenter tous les quintidis et décadis, sous peine d'être incarcéré. »

Les pièces suivantes, extraites, comme les précédentes, des

---

(1) Il s'agit ici de Bastide (Jean-François), né à Grospierres en 1754, qui avait été un des députés à la Législative de 1791, et non pas de l'ancien consul de Largentière, qui fut dans cette ville une sorte de précurseur de la Révolution. C'est le même qui fut après 1815 sous-préfet de Largentière, où il resta trois ans. Il vivait encore en 1835 et postulait alors la place de juge de paix de Vallon.

Son homonyme paraît avoir joué un rôle très effacé pendant la période révolutionnaire, et nous ne savons sur la suite de sa carrière politique que ce qu'en dit un des articles de Léon Vedel : « On le trouve délégué aux actes de l'état civil, présidant aux mariages, aux naissances, etc. La tradition le représente pointilleux, sévère, presque méchant. Il n'entend pas qu'on le trompe sur la qualité des sujets soumis à sa vérification, et il se livre à des consultations délicates qui ne laissent pas de présenter dans certains cas des surprises désagréables. Des histoires grasses sont restées à ce sujet dans le populaire. Il assiste aussi le curé assermenté et fait diacre ou sous-diacre à la messe révolutionnaire. Puis il disparaît. Il meurt trente ans après à Largentière, vers 1827 ou 1828, réconcilié avec l'Eglise, dont il est devenu un des dignitaires inférieurs ; il dirige une espèce de maîtrise, et est quelque chose comme grand maître des cérémonies. S'il fut donné au vieux bonhomme de réfléchir, il dut parfois passer dans son cerveau de singulières réflexions et d'étranges souvenirs. (*Patriote* du 16 mars 1884.)

Archives départementales de l'Ardèche, vont nous faire pénétrer plus avant dans l'histoire des petits incidents survenus à cette époque à Largentière ; mais nous engageons fort nos lecteurs à ne les juger qu'avec les réserves voulues, c'est-à-dire en se rappelant qu'à la période où nous sommes arrivés, les passions politiques et les ressentiments locaux appliquaient à qui leur déplaisait l'épithète de *robespierriste*, aussi facilement que les patriotes de l'époque précédente avaient appliqué à leurs adversaires celles d'*aristocrate* ou de *contrerévolutionnaire*. Quoi qu'il en soit, l'enquête Duclaux est particulièrement intéressante, et il nous a paru nécessaire d'en placer les dépositions principales sous les yeux de nos lecteurs, pour bien connaître l'état d'esprit des divers partis à Largentière après la chute du régime de la Terreur, et par suite de mieux comprendre les difficultés qu'y rencontrait encore le rétablissement de l'ordre et de la paix.

12 prairial an 3 (31 mai 1795). — Délibération par laquelle le Conseil municipal, sur l'arrêté de Jean Debry du 6 floréal (26 avril), décide qu'il sera procédé au désarmement des individus cy après :

Toussaint Gimond, chef de la légion de la garde nationale, remplacé, dénonciateur et témoin contre Bournet ;

Suchet, père et fils. le premier juge, le second commandant de la garde nationale, tous deux remplacés ;

Étienne Riffard, notaire, regardé comme principal moteur de la faction robespierriste qui a dominé ce pays ;

Claude Blachère. directeur des postes aux lettres, patriote soi-disant persécuté et blanchi par le comité de Robespierre (1) ;

Aymard, cafetier, ancien membre du comité révolutionnaire et qui n'a pas fait la déclaration de son arme ;

Geguely, ancien membre du comité révolutionnaire et un des plus ardents cy devant patriotes ;

Jean Louis Rouvière, maire destitué, ami et soutien des robespierristes de cette commune ;

Barthélemy Dousson, agent national destitué, et qui a prêché dans les cabarets des principes contraires à la révolution du 9 thermidor ;

Jacques Delhoume. ardent robespierriste, qui a tenu des propos menaçants contre les autorités ;

Vincent, menuisier, fameux coupe-têtes et homme dangereux et menaçant ;

---

(1) Un arrêté du même jour nomma Picaud, Taulelle et Deleuze commissaires « pour procéder à l'ouverture et vérification des paquets des courriers que le directeur de la poste se permet d'ouvrir sans aviser la municipalité ».

Payan, mangonnier, l'ami des robespierristes et robespierriste lui-même ;

François Mazade, hussard relégué à Aubenas par arrêté de Jean Debry et ayant tenu divers propos incendiaires ;

Jean Amblard, secrétaire de la commission des sequestres à Lyon, dénonciateur et témoin contre Bournet ;

Louis Cabias, ayant sans ordre fait désarmer plusieurs citoyens honnêtes et probes ;

Jean Laurent, marchand, homme suspect et dangereux, qui a longtemps séjourné à Lyon ;

Laurent, tailleur, gendre de Coulomb, homme mal famé et fréquentant les voleurs.

Les motifs ci-dessus contre les désarmés seront amplement détaillés dans un cahier séparé et signifié aux individus.—Signés : Boucher, officier municipal ; Prévôt, Chazal, Ancelin, Dubois, Taulelle, officiers municipaux. Deleuze, secrétaire greffier.

30 prairial (18 juin). — Le procureur de la commune a exposé que l'article 3 de la loi du 12 floréal ordonne aux autorités constituées de transmettre aux individus désarmés les motifs de leur désarmement et que leurs noms soient affichés devant la porte de la maison commune ; ces formalités n'ayant pas été remplies, il requiert la municipalité d'exécuter la susdite loi. Signé Picaud.— Nous, membres de la municipalité, nommés par le représentant du peuple Jean Debry, déclarons que le 12 prairial nous fûmes invités par les citoyens Taulelle, officier municipal, et Picaud, procureur de la commune, à procéder au désarmement. Ayant montré de l'éloignement pour une mesure qui ne nous parut propre qu'à satisfaire des vengeances et à fomenter de nouvelles divisions, lesdits Taulelle et Picaud cherchèrent à nous intimider en trompant, sur les raisons des lois, certains d'entre nous ; ils nous représentaient qu'en n'y faisant pas procéder, nous nous mettrions les partisans des terroristes. Alors nous soussignés, séduits par leurs vains raisonnements ou ébranlés par les craintes qu'ils eurent l'art de nous inspirer, nous cédâmes... En conséquence, il fut procédé au désarmement, sans que les motifs en eussent été présentés ni discutés, sur une simple liste. Mais, nous étant aperçus depuis par la chaleur avec laquelle le désarmement avait été sollicité, et par l'insuffisance et la futilité des motifs allégués contre les citoyens désarmés, que lesdits Taulelle et Picaud avaient abusé de notre crédulité et qu'ils avaient moins consulté leur devoir que leur passion, pénétrés de regret d'avoir autorisé une injustice et voulant la réparer autant qu'il est en nous, nous nous sommes déterminés à consigner dans les registres de la municipalité l'exposé naïf de notre crédulité et la déclaration que notre signature nous a été surprise et que nous entendons la rétracter, comme nous le faisons aujourd'hui expressément.

Là dessus, le directoire du district, siégeant à Joyeuse, prit le 5 messidor (23 juin), un arrêté émettant l'avis que le département envoyât des commissaires à Largentière pour informer sur les faits contenus aux délibérations municipales des 12 et 30 prairial ; examiner si les individus désignés au verbal sont ou non terroristes ; quels sont les motifs qui peuvent provoquer le désarmement ; s'il n'existe pas d'autres terroristes que ceux désignés ; si la déclaration des officiers municipaux n'est pas le résultat des menaces et des intrigues des individus désarmés, enfin si Taulelle et Picaud sont coupables.

Le lendemain, à Privas, le procureur général fait part à l'administration du département de la lettre du procureur général du Tanargue, par laquelle il annonce que les terroristes de Largentière paraissent vouloir reprendre la domination.

L'administration délègue Duclaux, juge de paix d'Aubenas, et Bastide, procureur du Tanargue, pour se transporter aussitôt à Largentière.

Le 14 messidor (2 juillet), Duclaux envoie les déclarations qu'il a recueillies.

« Vous verrez, citoyens, qu'il en résulte :
1° Que la terreur a fortement régné dans cette commune pendant la tyrannie décemvirale ;
2° Que la terreur y règne encore et que les principes de la révolution du 9 thermidor n'y ont pas fait de grands progrès ;
3° Que l'opinion des membres des autorités constituées désigne les individus désarmés comme terroristes, comme il résulte de la délibération du 12 prairial, de la réquisition de Rouvière, juge de paix, du même jour, qui applaudit aux mesures sages et énergiques de la municipalité, des déclarations faites devant nous, sans que les exceptions faites par quelques-uns des déclarants, en faveur de Suchet père et fils, Riffard, Aymard et Blachère, puissent faire une impression sérieuse, puisqu'elles sont contredites par les autres, laquelle opinion ne paraît pas atténuée par l'attestation privée du 10 messidor, personne n'ignorant que ces sortes d'attestations, mendiées de porte en porte, ne sont ordinairement que le fruit de l'intrigue et de la complaisance ;
4° Qu'on a cherché à agiter le peuple contre Taulelle et Picaud, en cherchant à lui faire croire qu'ils voulaient provoquer des poursuites contre les auteurs des excès commis en 1789 à la maison du citoyen Laurac et à ceux qui avaient aidé à détruire les complices de Saillans ;
5° Que Bouchard, cy devant receveur du droit d'enregistrement,

et Puaux, cy devant avoué, absents depuis longtemps, ont été les principaux auteurs du terrorisme ;

6° Que les imputations contre Taulelle et Picaud dans la rétractation des cinq officiers municipaux, paraissent dénuées de fondement, puisque, d'un côté, les rétractants ont continuellement varié dans leurs dires ; qu'ils n'ont pas osé soutenir devant nous leur inculpation qu'ils ont atténuée et expliquée, tandis que certains ont ajouté des circonstances aggravantes démenties par leur rétractation ; que Boucher, un des rétractants, a écrit de sa propre main sur le registre de la délibération du 12 le nom de Payan, un des désarmés, pour le substituer à Jacques Dumas. — Les commissaires proposent de dissoudre une municipalité plus ignorante et faible que coupable et de nommer des citoyens fermes et éclairés, tels que Rouchon, homme de loi, Mayaud, notaire, Fayolle dit Pain Blanc, Boyron, marchand mangonnier, et Rocher.

Enquête de Duclaux et Bastide.

Antoine Ancelin, serrurier, 80 ans 6 mois, officier municipal, ne connaît pas les citoyens qu'on voulait désarmer. Il a signé le désarmement comme a son ordinaire sans savoir ce qu'il y avait et de même la rétractation. Il n'a entendu aucune menace de Picaud ou Taulelle. Il n'a eu aucune crainte. Le désarmement a eu lieu avec la plus grande tranquillité. Il convient que la Terreur a régné dans cette commune. Ses auteurs principaux étaient Puaux, de Vallon, avoué, Bouchard et quelques autres qu'il ne connaît pas, car il ne se rendait pas à la Société à cause de son âge. Il a entendu dire dans le temps qu'il y avait des gens mis en état d'arrestation chez eux et que plusieurs particuliers avaient menacé ceux ou celles qui mettraient le nez à la fenêtre de leur tirer dessus, mais qu'il ne les connaît pas.

Etienne Boucher, 38 ans, dit que, quelque temps après qu'on eût incarcéré à Viviers certains individus de la ville, la municipalité ou le comité de surveillance firent mettre en arrestation chez elles les femmes et filles desdits individus et autres qu'on disait suspectes. Boucher a été lui-même en butte aux vexations des terroristes.

Simon Prévôt, cordonnier, 45 ans, ne connaît aucun terroriste parmi les individus qu'on a désarmés. La terreur n'a jamais régné dans la commune. On n'y a jamais vexé aucun citoyen. On n'y a jamais prêché que le bien. On y a toujours observé les lois.

Louis Chazel, cultivateur, 43 ans, ne connaît aucun terroriste, sauf dans un temps deux étrangers, Bouchard et Puaux. Il ignore, d'ailleurs, ce qui s'est passé. Il a vu, depuis le 12 prairial, sur le bureau de la municipalité, un mémoire qui parlait des excès commis en 1789 dans la maison de Vézian-Laurac ; ce mémoire a été pris par Taulelle qui observa qu'on l'accusait lui-même d'avoir répandu dans le peuple le bruit qu'on voulait réveiller cette affaire.

Pierre Dubois, cultivateur, 38 ans, officier municipal, a consenti au désarmement, parce que sans cela, lui fut-il dit, il serait regardé comme suspect. Il ne pense pas que Picaud et Taulelle aient obéi à des motifs de vengeance. Il n'y a qu'un mauvais sujet dans la commune, c'est le gendre de Coulomb.

Louis Taulelle, notaire, 49 ans. officier municipal, habite depuis trois ans la commune dans la maison paternelle de la citoyenne Vincent, son épouse. Il a vu dans la commune deux écueils également dangereux : l'un, de la part des détenus du temps de la tyrannie de Robespierre, et l'autre, de la part des terroristes et des gens qui avaient dominé jusqu'alors. Et il résolut de les réprimer tous les deux, soit en se refusant aux insinuations que pourraient lui faire les premiers pour leur vengeance, soit en contenant les autres. Le 7 ventose (25 février), un arrêté de Jean Debry ordonna le désarmement. Le déclarant, croyant que cet arrêté laissait à la sagesse de la municipalité cette opération, fut d'avis, et ses collègues lui rendent cette justice, que, l'ordre régnant dans la commune et les terroristes étant contenus, la municipalité pouvait et devait s'abstenir de cette opération qui pourrait engendrer des inimitiés particulières, opération qui, d'ailleurs, devait beaucoup coûter à une âme sensible auprès de ses voisins. Survinrent le décret du 21 germinal (10 avril) et le nouvel arrêté de Jean Debry du 6 floréal (25 avril), suivi d'une proclamation du même, datée de St-Vallier, qui appelait tous les citoyens aux armes, à l'occasion de la révolte de Toulon causée par les terroristes. Or, à peu près à cette époque, la municipalité apprit les horreurs et les forfaits commis dans le sein de la Convention les 1er, 2 et 3 prairial (20, 21 et 22 mai). Ces horreurs étaient faites pour porter la terreur et le désespoir dans le cœur de tous les vrais patriotes. Le lendemain 12 prairial (31 mai), eut lieu le désarmement avec appareil dans la seule intention de faire respecter la Convention et les autorités. Le déclarant n'a eu à faire aucune menace à ses collègues. L'arrêté de Jean Debry a suffi à les décider. Les motifs furent couchés en leur présence, mais quand il s'agit ensuite de les développer, le déclarant s'aperçut que plusieurs municipaux, par crainte ou autrement, avaient été gagnés jusqu'à dire qu'ils ne connaissaient point de terroristes dans cette commune... Les motifs n'ont pas été donnés, et le déclarant a su qu'on avait protesté. Il n'est que trop notoire, dans une bonne partie du département, que cette commune a été dominée depuis longtemps par les intrigants et les terroristes qui ont fait faire bien des écarts au peuple naturellement doux et affable, qui est bien revenu de ses erreurs. Puaux et Bouchard ont bien été les plus enragés soi-disant patriotes, mais ils avaient leurs associés et adhérents, car il n'est pas croyable que deux étrangers aient dominé une commune où l'on crie si fort contre les étrangers. D'ailleurs, ils sont absents depuis près de deux ans... Il est notoire que la plupart des intrigants et terroristes de ce département, tels que Chabal, Durepaire, Malleval, Cousin et autres, ont ici des soutiens et amis... Quant au bruit de faire guillotiner les auteurs ou complices de l'affaire Laurac (1789) ou Jalès (1791), il est d'autant plus faux que l'amnistie de septembre 1791 a effacé ces faits.

Laurent Picaud, 38 ans, procureur de la commune, dit que le désarmement a été décidé d'un commun accord, sans opposition ni protestation de personne. Pour lui, il est évident qu'on cherche à réveiller la tyrannie de Robespierre dans la commune. On n'a qu'à prendre des renseignements auprès des officiers municipaux des communes voisines, et de bon nombre de particuliers de cette commune, s'ils osaient parler. La domination des terroristes de Largentière s'étendait sur les communes voisines où ils envoyaient, de leur autorité privée, des gendarmes et gardes nationaux pour arrêter ceux qu'ils voulaient vexer, et entre autres le maire de Joanas qu'ils retinrent en prison pendant deux ou trois jours. Le 6 septembre 1793, plusieurs citoyennes de cette commune furent mises en arrestation dans leurs maisons. Bonnet, brigadier de gendarmerie, avec Brot gendarme, alla leur signifier l'ordre de ne se mettre ni sur leur porte ni à leur fenêtre, sous peine qu'on leur tirât dessus. Et le même jour, le valet de ville publia la liste des personnes arrêtées avec le même ordre sous la même peine. Une infinité de personnes le lui ont dit, mais il ne l'a pas entendu lui-même, étant détenu depuis la veille dans la maison d'arrêt où il est resté deux mois et quelques jours. . Quelque temps auparavant, sur une motion faite à la Société populaire, la municipalité fit publier, à 10 h. du soir, l'ordre à tous les citoyens d'illuminer, fit battre la générale et fit procéder au désarmement d'une foule de citoyens, à la porte desquels on avait fait mettre des sentinelles et qu'on laissa longtemps dans la crainte d'être assassinés. Plusieurs, et entre autres deux officiers municipaux, étaient occupés à désarmer, tandis que de l'autre on les désarmait eux-mêmes. Depuis le dernier désarmement, on a fait courir le bruit que lui Picaud, Taulelle, le citoyen Rouchon et autres, voulaient faire guillotiner la moitié de la ville en commençant par le quartier du citoyen Riffard.

Deleuze, greffier, 42 ans, est d'avis, ainsi que tous les gens impartiaux, que ceux qui ont été désarmés étaient dans le cas de l'être, ayant de tout temps provoqué la terreur... Il a entendu plusieurs fois, dans la Société populaire, Riffard et Amblard demander d'être réunis à la société mère des Jacobins de Paris.. Amblard voulait que chaque membre prêtât serment à une profession de foi jacobine, ce qui fut fait, et qu'on le renouvelât à la décade prochaine au temple de la Raison, se qui n'eut pas lieu, parce qu'il sut que la Convention en avait proscrit les principes.

Jacques Alexandre Rouvière, juge de paix de la ville (34 ans), dit : Il y a deux partis depuis le commencement de la Révolution, l'un composé de ceux que l'on prétend être aristocrates et que le déclarant reconnaît très-bons citoyens, l'autre composé de personnes désignées sous le nom de patriotes. Il croit que le désarmement a eu pour mobiles la vengeance et les inimitiés, car il est certain que plusieurs désarmés avaient donné pendant toute la Révolution des marques de civisme et des marques d'adhésion à la révolution du 9 thermidor, et qu'ils avaient, en outre, signé plusieurs pétitions pour le rappel des détenus ; qu'on a laissé à l'écart plusieurs individus qui publiquement avaient été plus ou moins dans le cas d'être désarmés. Le déclarant ne veut désigner personne, pour ne pas aigrir davantage les esprits. Au surplus, il n'entend pas imputer aux municipaux et au procureur d'avoir suivi leurs inimitiés, mais il croit que ces motifs ont pu les influencer... Il croit le désarmement inutile et dangereux, parceque les prétendus patriotes ont cessé d'être dangereux et que l'opération n'est propre qu'à aigrir les esprits.

Jacques-Joseph Brunel, juge de paix du canton de Largentière. Pour lui, il n'y a pas eu motifs d'inimitié ni de vengeance. Il a vu Picaud au café avec la plupart des désarmés causant très-familièrement. Un soir, après l'arrêté du 7 ventose, on demanda à Taulelle si la municipalité ne ferait pas procéder au désarmement, comme on l'avait fait ailleurs, et notamment à Joyeuse. Il répondit qu'il ne fallait pas se presser, que peut-être les terroristes se convertiraient et épargneraient le désagrément de les désarmer... Après l'arrêté du 6 floréal, il lui entendit dire qu'il ne pouvait plus reculer. D'autre part, il a entendu dire à Riffard et Aymard que, s'ils avaient commis quelque acte de rigueur, ils l'avaient fait à regret, entraînés par le despotisme de Robespierre et du gouvernement ; qu'ils applaudissaient de tout leur cœur à la révolution du 9 thermidor. La terreur a régné fortement dans cette commune. À la Société populaire, on a fait les motions les plus incendiaires, on a applaudi aux adresses qui contenaient les principes les plus atroces, refusé d'entendre celles des Sociétés qui professaient les vrais principes de justice et d'humanité, demandé et fait exécuter de jour et de nuit les actes les plus arbitraires... En général, tous les désarmés ont des torts graves à se reprocher... Il croit que quelques désarmés désirent et cherchent à faire revivre la terreur.

Jean Bonnet, 48 ans, brigadier de gendarmerie, a entendu dire çà et là qu'on avait désarmé des honnêtes gens. Il se rappelle être allé mettre en arrestation chez elles plusieurs citoyennes de la commune, et leur avoir dit qu'on leur tirerait dessus, si elles se mettaient à la fenêtre.

Jean-Pierre Rivière, 62 ans, juge au tribunal du district, a été collègue de Suchet le père ; il connaît aussi le fils ; il ne leur a jamais entendu dire rien d'exagéré. Un jour, Puaux ayant fait la motion à la Société populaire de faire parcourir les rues à plusieurs individus détenus, avec un écriteau devant et derrière, portant le mot *aristocrate*, et de leur faire faire cette course un jour de marché, motion qui fut fortement appuyée, Suchet père, qui présidait la Société, se leva avec indignation, en disant qu'il croyait présider une société d'honnêtes gens et non de cannibales.

Sur ses observations et celles de quelques autres membres, la proposition fut rejetée. Le déclarant considère la plupart des désarmés comme des agents subalternes, des égarés... La terreur n'est pas encore détruite dans cette commune. On a monté le peuple contre les chansons faites dans l'esprit de la révolution du 9 thermidor. Plusieurs citoyens, qui ont voulu chanter le Réveil du peuple, ont été insultés et menacés par des attroupements Il serait nécessaire de fermer la Société populaire dans laquelle le terrorisme domine, d'avoir pendant quelque temps une garnison composée de vrais amis de l'ordre, et de changer les cinq officiers rétractants, dont la faiblesse, pour ne pas dire plus, compromettrait toujours la tranquillité publique. On a fait courir de maison en maison, et de bouchon en bouchon, une pétition en faveur des désarmés. Plusieurs signataires de ces pétitions déclarent qu'ils ont été surpris et rétracteraient volontiers leurs signatures.

Gabriel Fayolle, 59 ans, commissaire national près le tribunal du district. S'il avait été de la municipalité, il n'aurait pas hésité à opiner pour le désarmement. Amblard faisait dans la Société populaire des motions qui faisaient trembler... Quoique le déclarant ait été le premier à s'élever contre le système affreux de Robespierre et qu'il n'ait cessé de crier contre les terroristes, les partisans de ce système l'ont fait menacer de l'attaquer lui-même comme terroriste, s'il continuait à déclamer contre eux. Pour le surplus, il confirme la déclaration qui précède

Pierre Gasque, 48 ans, juge au tribunal, parle dans le même sens et demande une garnison de 40 à 50 hommes de la garde départementale.

Jean-François Teyssier, 58 ans, juge, parle dans le même sens.

Jean-François Avias, 29 ans, juge, dit que les désarmés ont une grande parrtie du peuple pour eux Il dit que la terreur était tellement à l'ordre du jour dans cette commune qu'on n'osait communiquer avec personne et qu'on s'attendait à chaque instant à être arrêté. Depuis trois mois que le déclarant est rentré dans la ville, il a constaté que la révolution du 9 thermidor n'est pas connue de la majeure partie des habitants. Epuration nécessaire.

En tout 19 témoins. — Signé Duclaux. —

A Largentière 14 messidor an 3 (2 juillet 1795).

Voici, dans un autre ordre d'idées, un extrait d'une lettre écrite dans ce même mois de juillet 1795 par un habitant de Largentière, qui revint alors de Paris dans l'Ardèche, et où l'on verra tout au moins quel était alors le prix des objets, et de quelles difficultés, en ce temps là, avaient à triompher les malheureux que les circonstances obligeaient à voyager.

... Les souliers ici n'ont point de prix fixe ; les uns disent qu'ils valent 80 livres, des autres cent, ceux-ci 200, ceux-là 300.

La raison de cette incertitude et de cette variété dépend du degré de mépris que chacun a pour le papier monnaie. En général, les assignats sont beaucoup plus avilis, plus discrédités dans notre département que dans aucun de ceux où nous avons passé. Presque tous les marchés se font en numéraire Il est beaucoup de villages aux environs d'Aubenas, où l'on ne veut absolument pas d'assignats. Du Teil, pour nous porter à Aubenas sur une charrette, on exigea 150 livres ou bien un petit écu. Les épingles valent, dit-on, de trente à quarante sous le quarteron. Le pain valait avant-hier à Aubenas 12 fr. la livre et le beurre tout autant. Nous fîmes une sottise d'acheter à Paris du pain 17 fr. la livre, parceque la vivandière du coche en avait de superbe qu'elle vendit 4 fr. le premier jour et puis cent sols le reste de la route jusqu'à Auxerre. Dans presque toutes les auberges jusqu'à Lyon, il nous en a coûté trente livres par repas et 35 quelquefois, même 40 depuis Lyon jusques chez nous. A Lyon. le prix du pain est à peu près le même qu'à Paris, mais la république, la Convention et les assignats y sont encore plus avilis.

A Auxerre, ne pouvant emporter nos malles avec nous, nous les laissâmes dans un bureau de roulage qui se chargea de nous les faire passer au Teil. Qui sait quand nous les reverrons !

Notre passeport ne nous fut demandé nulle part, mais. ayant appris à Lyon que nous ne pouvions pas séjourner dans cette ville plus de 24 heures et passer outre sans avoir au préalable fait viser notre passeport, nous fûmes à la municipalité qui nous renvoya au général Celui-ci. ancien recruteur au quai de la Ferraille à Paris, se trouvant illétré, nous renvoya à son secrétaire. Ce dernier se trouvant absent et nous pressés de partir, nous nous embarquâmes au risque d'être arrêtés...

Un incident du dernier mois de 1795 est caractéristique de la façon dont les Jacobins locaux entendaient encore à cette époque la liberté individuelle. Le 14 septembre de cette année, les officiers municipaux de Largentière reçurent une plainte de François Gagnière, né à Chambéry, précepteur des enfants du citoyen Derocles (M. de Tauriers), accusant le citoyen Jean François Suchet, ci-devant maire de Tauriers, de l'avoir arrêté illégalement. Le tyranneau en question, à la tête des gardes nationaux de la commune, vint d'abord sommer Gagnière de quitter le territoire de la République comme étant étranger. Gagnière lui opposa la loi qui n'ordonne de sortir qu'aux étrangers n'ayant pas un an de séjour en France. Or, il en a quatorze, dont trois à Largentière et un à Tauriers. Alors Suchet le fit arrêter comme suspect d'aristocratie et conduire en prison à Largentière, avec force menaces, en lui disant entr'autres choses que la guillotine était en route pour arriver à Largentière et qu'il en aurait sa part. Gagnière est détenu depuis trente six jours. Il a épuisé toutes ses ressources. Il dit que Suchet a agi de son autorité privée et affirme que l'acte de son arrestation n'est pas couché sur les registres de la commune de Tauriers. Il demande justice.

Suit une attestation signée Gaday et Deroudilhe, officiers municipaux de la commune de Tauriers, Suchet agent national et Bruguière secrétaire greffier, en date du 17 fructidor an 3 (3 septembre 1795), déclarant qu'en effet Gagnière fut arrêté par ordre et par les mains de François Suchet pour lors maire, sans que les signataires aient jamais eu connaissance des motifs particuliers et personnels qu'eut ledit Suchet d'effectuer cette arrestation. Ils certifient qu'il n'y a, dans les registres de la commune, ni verbal ni arrêté relatifs à cet objet. Ils attestent que Gagnière s'est toujours conduit en bon citoyen, vraiment soumis aux lois, pendant tout le temps qu'il a habité en cette commune, et qu'il n'est jamais parvenu à leur connaissance qu'il ait rien fait de contraire à la Révolution dans les pays qu'il a ci-devant habités sur le territoire de la République.

Le plaignant fut naturellement remis en liberté. Treize mois plus tôt, il aurait fortement risqué la guillotine, simplement parce qu'il avait plu au maire de son village de le dénoncer comme aristocrate.

XII

LA CHOUANNERIE A LARGENTIÈRE ET AUX ENVIRONS

(1796 à 1800)

Distinction a établir entre les fédérés de Jalès et les chouans de la fin du siècle. — Largentière est une des villes où les « patriotes » triomphent. — Une rixe avec les gens de Rocles. — Incident à Laurac. — Ordre de porter la cocarde tricolore, sinon on sera dénoncé aux tribunaux. — Le général Motte. — Organisation de colonnes mobiles contre les royalistes. — Circulaire contre l'exercice du culte catholique. — Patriote ou pierrot. — Assassinat de M. de Vezian à Laurac (fin décembre 1796). — Situation empirée en 1797. — Provocations jacobines. — Circulaire de l'administration centrale contre les menées révolutionnaires. — Assassinat de Louis Blachère à la Prade (31 août). — Battue générale pour découvrir les assassins. — La commune de Montréal condamnée à 6,000 francs d'amende pour n'avoir pas fait son devoir en les arrêtant. — Les passions politiques rallumées par le coup d'Etat du 18 fructidor (4 septembre 1597) qui rend le pouvoir à la faction jacobine. — Aggressions multipliées des chouans en 1798. — Organisation de quatre colonnes mobiles contre eux (décembre 1798). — Le pillage de la caisse du préposé des finances à Joyeuse (janvier 1799). — La guillotine transportée de Largentière à Privas (mars). — Lettre de Robert, agent général dans l'Ardèche, sur les faits de brigandage. — L'assassinat de Brun, commissaire du pouvoir exécutif à Chassiers (29 mai). — L'apparition de Montchauffé. — L'attaque du chemin de Ruoms. — Les lettres de Cœur de Roy. — L'assassinat de Ducros, commissaire de Valgorge. — L'assassinat de Montchauffé à Aubenas (19 janvier 1800). — Lettre de M. Challamel proposant l'amnistie (février). — Caffarelli nommé préfet de l'Ardèche (1er mars). — Premières négociations avec les « brigands » et entrevue d'Uzer avec leurs chefs (30 mars). — L'abbé Vernet aide le Préfet dans son œuvre de pacification. — Proclamation de l'amnistie (2 août). — La fin de la chouannerie. — La mort de Tristan.

La chouannerie, c'est-à-dire une guerre de partisans, en dehors de toutes les formes régulières, fut la caractéristique des dernières années du XVIIIe siècle dans le bas Vivarais, surtout de 1796 à 1800. Firmin Boissin se proposait d'en faire l'objet d'une étude spéciale, dans laquelle il nous aurait peint, avec ses rares qualités d'observateur et d'historien consciencieux, « ces chouans du Bas-Vivarais qui, pendant quatre années pleines, se montrèrent impitoyables, et contre lesquels le Directoire fut obligé de lancer des *colonnes infernales*, composées de gens de sac et de corde, sous le commandement du féroce Montchauffé » ; mais le sujet était trop vaste, et la mort est venue pour notre regretté confrère avant qu'il eût pu mettre la main à l'œuvre, ne lui laissant que le temps de protester, dans sa belle étude des *Camps de Jalès*, contre ceux qui, par ignorance ou autrement, confondent encore les bandes de cette dernière période, trop souvent mêlées de réfractaires et même de vulgaires malfaiteurs, avec les fédérés de Jalès, fidèles et dévoués soutiens du trône et surtout de la religion, si cruellement persécutée en ce malheureux temps.

Voici, sur la période de la chouannerie, ce que dit le *Précis historique* de Jules de Malbos, après le récit des dernières tentatives royalistes de M de Surville et du général de la Motte :

« … Le peuple du Vivarais n'ayant plus de chefs en choisit parmi ses rangs et pendant quatre ans soutint contre les républicains une lutte opiniâtre comme les chouans de la Vendée (1) dont on lui donna le nom. Ils n'agissaient que par pelotons, n'attaquaient que les détachements isolés et disparaissaient dans les forêts et sur les montagnes escarpées devant des forces supérieures. Quelquefois, au nombre de 2 ou 300, ils s'emparaient de petites villes qui n'avaient pas de forte garnison. On les fusillait s'ils avaient le malheur d'être pris ; on ruinait leurs familles, mais rien n'abattait leur courage, et ils reparaissaient là où on croyait les avoir totalement détruits. Commandés par des gens du peuple qui, la plupart, avaient des injures à venger, poursuivis comme des bêtes féroces, ils observaient, ils observèrent cependant de la discipline pendant longtemps, et on les vit souvent traverser des lieux habités par des républicains exaltés,

---

(1) L'origine du mot *Chouan* est ainsi expliquée dans les *Mémoires* du général d'Andigné :

« *Chouan* était le sobriquet héréditaire des quatres frères Cottereau, sabotiers de la forêt du Pertre, qui passent pour avoir été les premiers chefs du Bas-Maine. Le sobriquet fut adopté volontiers par leurs compagnons, et le cri du chat huant (dont Chouan était la forme populaire) devint entre eux le signe de ralliement. Par la suite, les chouans joignirent, dans leurs armoiries, l'image du chat-huant aux fleurs de lys. »

sans se permettre un seul acte arbitraire. Plus tard, on eut quelques excès à leur reprocher, et qui furent même presque toujours commis par quelques mauvais sujets, rebut de tous les partis, qui prenaient le nom de chouans, mais qui étaient désavoués par les royalistes. Au reste, ces excès mêmes ont été exagérés ; on ne compte presque point de républicains qui aient péri à cette époque ; on n'en voit point qui aient été ruinés... »

Le manuscrit nomme ensuite, parmi leurs chefs : Blanc d'Uzer (plus connu sous le nom de Tristan), Bonnaure et Deroudilhe ..

M. Léon Vedel a effleuré le sujet dans quelques feuilletons qui, d'ailleurs, rappellent plus le roman que l'histoire, et il est fort à regretter que Firmin Boissin n'ait pu donner cette suite aux *Camps de Jalès*. En attendant que cet intéressant sujet tente un historien futur, nous allons relater aussi brièvement que possible les faits de ce genre et autres de quelque importance, qui se rattachent à l'histoire de Largentière, pendant les années qui suivirent 1795.

*

Delichères, constatant la baisse générale des opinions jacobines, écrit au mois de janvier 1796 : « Viviers, Villeneuve et Largentière sont les seules villes où les patriotes triomphent... »

De là, des rixes souvent meurtrières entre Largentière et les autres communes du canton, où les excès des républicains, et en particulier l'oppression qu'ils faisaient peser sur la liberté de conscience, avaient excité de trop justes ressentiments.

A l'occasion d'une de ces rixes qui avait eu lieu, le jour de la foire du 2 février 1796, avec les habitants de Rocles, l'administration municipale de Largentière écrivait, le 7 février, à celle du département :

« Nous nous empressons de vous fournir les éclaircissements que vous demandez. La scission qui eut lieu dans l'assemblée primaire du canton a été l'origine et la cause d'une multitude de querelles qui se sont élevées entre les habitants de Largentière et ceux des communes du canton. Depuis cette époque, les haines, inimitiés individuelles, sont devenues plus actives, et il est arrivé dans cette occasion ce que nous avons vu si souvent dans l'ancien régime où il existait presque toujours de petites guerres de communes à communes ; tel est l'esprit et le caractère des habitants de l'Ardèche. Le jour de la foire, il s'éleva une querelle dans un cabaret ; plusieurs des détenus furent blessés, l'un d'eux fut laissé pour mort sur la place ; un des citoyens de Largentière fut aussi très-grièvement blessé ; ce dernier n'a point été incarcéré. » La lettre constate que les arrestations ordonnées par le juge de paix ne se sont pas faites régulièrement, etc. Mais elle dément formellement qu'il y ait en tout ceci rien de politique. Elle déclare que le rassemblement des communes voisines, formé à la suite de cet incident, avait pour but unique de faire délivrer les prisonniers et affirme que tous les habitants du canton sont sincèrement attachés aux lois de la République.

Par suite, le département rendit un arrêté où il est dit que l'insurrection attribuée au canton de Largentière est démentie par le président de l'administration municipale qui répond sur sa tête de la tranquillité, que le citoyen Rouvière, juge de paix poursuit vivement des citoyens de Rocles pour une rixe qu'ils ont eue avec ceux de Largentière, quoique ceux-ci soient les agresseurs ; que la rage des terroristes de Largentière s'accroît chaque jour, etc (1).

Le 24 germinal (13 avril), un de ces derniers écrit au *Journal des hommes libres* : « Le camp de Jalès se reforme. Il est commandé par Dominique Allier et Fontainieu la Jambe de bois. Les prêtres réfractaires se rassemblent dans les forêts. Le fanatisme est partout. C'est le grand ressort de l'insurrection... »

Le 30 germinal (19 avril), « sur la nouvelle que, dans la commune de Laurac, on a insulté la cocarde tricolore, ce signe de la régénération des Français, aux cris de A bas la République ! A bas la cocarde ! l'assemblée arrête à l'instant que la cocarde nationale sera portée par tout le monde et que tous ceux qui ne la porteront pas seront dénoncés aux tribunaux, et il enjoint, de par la loi, à tous ceux qui n'ont pas de cocarde de s'en procurer une sur le champ. » On constate aussi que les arbres de liberté ont disparu en beaucoup d'endroits et on arrête qu'il en sera planté de nouveaux. « On observera au général Motte, commandant le département, que les brigands sont déjà répandus dans

(1) Notes de Delichères.

les communes de St-Etienne-de-Lugdarès et St-Laurent les-Bains, qu'ils y ont commis des pillages et des vols, qu'il est à craindre que cette horde ne se porte sur nos communes si elle est instruite qu'elles se dégarnissent de troupes, et qu'il est urgent d'envoyer les 50 fusils promis par le département à la ville de Largentière... ».

Delichères parle ainsi du général Motte :

« Ce général réside à Privas ; c'est un homme fort doux. Il se plaint de n'être pas secondé dans ses bonnes vues ; les royalistes le regardent de mauvais œil. »

Le 9 mai, on arrêta à Largentière Degout-Lachamp, de la Souche, un brigand qui depuis vingt ans était la terreur du pays. Il fut expédié le lendemain à Privas où il paraît être mort en prison (1).

Le 30 prairial (18 juin), on s'occupe de l'organisation d'une colonne mobile, et le 20 thermidor (7 août), dans une grande réunion, tenue à Largentière, des officiers des gardes nationales du canton, on décide de former deux bataillons, chacun de dix compagnies. Le 1er bataillon, comprenant les quatre compagnies de Largentière et celles de Chassiers, Vinezac, Uzer, Montréal et Chauzon, élit pour chef le citoyen Chazel. Le 2e élit le citoyen Derocles de Tauriers.

Ces mesures indiquent assez que le pays n'était pas aussi tranquille que le président de l'administration municipale du canton l'avait écrit au département. Au reste, les papiers du temps, et en particulier les procès-verbaux de l'administration départementale, sont pleins de détails sur les actes de brigandage, plus ou moins politiques, qui se commettaient d'un bout à l'autre de l'Ardèche, et que les colonnes mobiles du général Motte étaient impuissantes à arrêter.

Toutes les mesures administratives étaient également impuissantes à empêcher le soulèvement des consciences contre l'oppression qui, bien qu'adoucie depuis le 9 thermidor, pesait encore sur les catholiques. On peut citer, à cet égard, un arrêté du département du 1er germinal (21 mars) constatant que « dans

---

(1) Voir la curieuse histoire de cet individu dans notre *Notice sur Jaujac et la Souche*, pp. 235 et suivantes.

différents cantons, et notamment à Rochemaure, à Vernoux et dans beaucoup de communes (il aurait pu ajouter celles des environs de Largentière), la loi relative à la police des cultes ne s'exécute pas ; que plusieurs prêtres fonctionnent publiquement sans avoir fait leur soumission ; qu'ils permettent d'annoncer leur exercice au son des cloches ; que les agents municipaux et les commissaires de canton, soit par une négligence coupable, soit par une prétendue prudence malentendue, restent dans une inactivité dangereuse pour la chose publique » — et requérant des poursuites contre les coupables.

Le parti royaliste profitait naturellement de la situation, et c'est pourquoi il est souvent fort difficile, dans les mouvements de cette époque, de savoir si on est en présence d'une tentative royaliste ou d'une simple protestation des consciences blessées dans leurs sentiments les plus intimes. Il est bien certain, en tout cas, que c'est à sa politique antireligieuse que la république d'alors devait — comme celle d'aujourd'hui — ses plus nombreux ennemis.

Une lettre du ministre de la justice, Merlin, du 18 thermidor (6 août) se plaint de la mollesse des autorités locales et notamment du juge de paix de Joyeuse, qui a déployé beaucoup de zèle « contre un patriote ou un *pierrot*, ce qui est synonyme dans l'Ardèche », pendant qu'il négligeait de poursuivre des individus qui avaient « percé d'un coup de lance un citoyen pour avoir crié : *A bas les Royalistes !* et d'autres individus parcourant les rues, les armes à la main, en criant : Vive le Roi ! A bas la République ! »

A la fin de cette année (1796), M. de Vézian, de Laurac, fut assassiné à Joyeuse, et peu après le fils Vezian fut aussi l'objet d'une tentative dont il réchappa à grand peine. Les Vézian avaient acheté le domaine de Bellevue entre Montréal et Laurac, qui avait jadis appartenu aux Chartreux de Bonnefoi.

⁎

La situation ne fit qu'empirer en 1797, et il est aisé de voir par les faits suivants que, si la chouannerie tendait dès lors à s'étendre, ce n'était pas faute de provocations jacobines.

Le 8 juin, le commissaire du pouvoir exécutif à Largentière

informe le département que, le 5 prairial (24 mai), il y a eu plusieurs rassemblements où l'on a crié *Vive Robespierre ! Vivent les Jacobins !* et que le 9 prairial au soir, à Joyeuse, Lafont fils et trois autres de Joyeuse ont assassiné, sur le chemin de Joyeuse à St-Alban, les citoyens Joseph Allamel Bournet et Scipion Vezian, de Joyeuse.

Le 29 juin suivant, il y eut des troubles à Largentière et ce n'est pas sans peine qu'un des membres de la municipalité put dissiper un rassemblement qui s'était formé pour aller attaquer les chouans de Chassiers.

L'extrait suivant d'une lettre de l'administration centrale du département aux administrations municipales confirme, du reste, assez clairement que c'est contre les tentatives de renouvellement de la Terreur qu'on se prémunissait en ce moment.

La circulaire est du 6 thermidor (24 juillet 1797) :

« L'administration est informée par une lettre du général Piston que des malintentionnés, ennemis de tout ordre, parcourent les départements méridionaux avec le projet d'y établir des Sociétés populaires, qu'ils distribuent quelque argent, que leur mot de ralliement, qui présente un grand contraste avec leur conduite, est *faire le bien, éviter le mal*, que les tentatives qu'ils ont faites à Aix ont été déjouées, qu'ils ont fait aussi sans succès des essais à Grenoble, qu'enfin ils cherchent à exercer leurs efforts dans la 9ᵉ division militaire dont l'Ardèche fait partie... Opposez-vous à cette institution. On ne se rappelle pas sans frémir que les enceintes des Sociétés populaires furent autant d'arènes de toutes les passions haineuses, que l'atrocité en fit le foyer de ces horribles proscriptions, que c'est là où quelques hommes pervers démoralisaient le peuple et dictaient pour ainsi dire leurs lois barbares aux législateurs eux-mêmes. Les maux qui furent produits par la cause qu'on voudrait faire renaître aujourd'hui affligent trop l'humanité, et vous aimez trop votre pays pour ne pas surveiller toutes les manœuvres qui tendraient à ce but... »

Le 21 août, eut lieu à la Prade l'assassinat de Louis Blachère, qui, en sa qualité de commissaire du pouvoir exécutif à Largentière, avait réuni sur sa tête les colères et les ressentiments des populations catholiques et royalistes environnantes.

Voici le texte de la lettre par laquelle Claude Blachère, cousin de la victime, en informa Gleizal à Paris :

Largentière, le 5 fructidor an 5 (22 août 1797).

Mon cher ami, il faut des victimes à notre département. Ma main tremble et n'a pas la force de tenir la plume pour t'annoncer que mon cousin Blachère la Prade, commissaire, vient d'être assassiné à sa campagne hier soir, à nuit tombante. Plus de vingt brigands sont complices. Il crut un moment d'échapper à ses ennemis en parcourant le couvert (1). Mais plus de trente coups de fusil lui furent lancés. Il tomba mort. Ces scélérats, non contents de tant de coups d'armes à feu, vont le reconnaître, et lui mettent le feu à sa culotte de par derrière pour voir s'il était bien mort. Un des assassins affirme qu'il l'était. On le laisse sur son couvert. Ils réclament à sa bonne amie de leur indiquer son argent et meubles précieux. On emporte son argenterie, les meilleures chemises. On casse les verres des liqueurs, après les avoir bues, et les meubles que l'on ne peut emporter sont mis en morceaux. En partant ils disent : Voilà le payement de ceux qui ont si bien servi la république ! Il s'était attiré des haines par ses grandes connaissances, et comme il était républicain, on le redoutait. Il fallait le victimer. Les brigands n'ont pas été reconnus, attendu qu'ils s'étaient barbouillé la figure.

J'ai de suite mandé à la découverte toute la troupe qui se trouve en garnison dans cette commune, au nombre de 25, et autant des bons habitants de la commune. Aucun des coupables n'a été atteint, ni personne ne dit rien, crainte d'être victime par ces scélérats ; et nous périrons tous en détail, faute de pouvoir punir les assassins. Les prêtres réfractaires les encouragent, les émigrés et leur agent.

Communique ma lettre à Saint-Martin (2), afin qu'il prenne des mesures pour placer beaucoup de troupes pour en imposer aux campagnes voisines, afin de les encourager à parler en justice. J'ignore si cette bande s'est séparée et si ces assassins auront assez assouvi leur rage. Le père est agonisant de chagrin, et le reste de ses parents et ses amis sont consternés ; personne n'ose sortir de sa maison, crainte de subir le même danger.

Malheureusement je ne me trouve pas d'argent à pouvoir voyager, étant retenu par mes débiteurs qui ne peuvent me satisfaire ; sans cela, je quitterais volontiers ce département pour me rendre à tout autre plus tranquille.

(1) Son toit où il était monté pour sonner le tocsin.
(2) Saint-Martin, membre du conseil des Cinq-Cents, était le beau-frère de Louis Blachère.

Adieu, mon ami, Dieu veuille que dans peu quelqu'un ne t'annonce sur mon compte le même sort.

C. Blachère, agent national.

A la suite de cet assassinat, l'administration centrale tint, le 23 août, une séance secrète, dans laquelle elle décida une battue générale, qui fut faite dans chaque commune le 16 fructidor (2 septembre), sous la direction de l'agent national, avec ordre d'arrêter tout individu voyageant hors de son canton sans passeport et de le retenir jusqu'à ce qu'il eût justifié son inscription au tableau de la commune. Cette battue eut lieu au jour dit, mais ne paraît pas avoir donné de résultat.

Le 24 brumaire (14 novembre), le ministre de la police générale écrit :

« Par votre lettre du 2, vous avez demandé des troupes pour Largentière pour y comprimer les perturbateurs et les assassins et encourager les bons citoyens à déposer contre eux... Le ministre de la guerre ne peut envoyer des troupes, mais il a donné des ordres tant au général Gille qu'au général Petit-Guillaume ; concertez-vous avec eux. Je sens l'embarras de votre position, mais je compte beaucoup sur votre patriotisme et votre courage... »

L'année suivante (27 prairial an 6 — 15 juin 1798), un jugement du tribunal civil de l'Ardèche condamna la commune de Montréal à 6.000 francs de dommages-intérêts, pour n'avoir pas fait son devoir contre les brigands. Il résulte de ce jugement, qui fut affiché partout, que l'attroupement armé qui commit l'assassinat de la Prade, comprenait environ dix-huit personnes, sous les ordres de Deroudilhe, dit la Vermalette, de Joanas, qu'il était arrivé à Montréal le 20 août et y avait passé la nuit et la journée du lendemain, partie chez Ollier et partie chez Fayolle le Jal, et qu'il en était parti, le 21, vers 4 heures du soir, pour aller assassiner Blachère. Il y avait, à la Prade, outre ce dernier, Mélanie Bernard, sa servante ; André Girard, son jardinier ; Jean-Louis Leyris, son domestique, et Élisabeth Brot, sa cousine germaine. Il paraît résulter, dit le jugement, de l'ensemble de la procédure que l'attroupement n'était composé que de personnes étrangères à la commune de Montréal, mais il parait aussi que ces personnes avaient des intelligences avec des habitants de cette commune.

A noter à ce propos la note du jacobin Delichères qui dit : « La politique a dicté ce jugement : on a voulu plaire à Saint-Martin qu'on a intérêt à ménager. » On sait déjà que Saint-Martin était le beau-frère de la victime.

*
* *

Le coup d'Etat du 18 fructidor (4 septembre 1597), en ramenant au pouvoir la faction jacobine, vint tout à coup rallumer les passions locales, en mettant fin à la tolérance relative à laquelle, depuis le 9 thermidor, l'administration du département s'était résignée en matière religieuse. Delichères constate que toutes les cérémonies du culte furent alors arrêtées.

La nouvelle administration du département sentit si bien le danger de la situation, qu'elle se déclara en permanence jusqu'à nouvel ordre, et enjoignit aux administrations municipales de lui envoyer toutes les décades un rapport sur leur canton.

Dès le mois d'octobre, de nouveaux rassemblements sont signalés un peu partout.

Le 12 octobre, à 9 heures du soir, le nommé François Lautier, homme de confiance du citoyen François-Régis Blachère, fut gravement blessé d'un coup de feu qui lui fut tiré sur la place de la halle.

Vers le 20, un « patriote », nommé Ayraud, fut massacré à Bessas.

Le 1er brumaire (23 octobre), on était inquiet à Aubenas. « Les brigands, disent les notes de Delichères, continuent d'infester notre voisinage. Ils ont rôdé, ces jours derniers, autour de la Blachère et ont fait mine de pénétrer chez deux citoyens qui ont tenu fermé. La ville des Vans fait la garde la plus exacte... Le département du Gard a envoyé des détachements de garde nationale qui sont en station à Barjac. Les brigands ont été repoussés à Vallon par la garde nationale : on y a envoyé de Villeneuve un détachement de 50 hommes le 6 (29 octobre) ».

Le 11 novembre, le commissaire du pouvoir exécutif à Largentière écrit que les gendarmes ont été poursuivis, il y a cinq ou six jours, au moment où ils rentraient dans leur maison, et que les pierres lancées contre eux brisèrent plusieurs vitres de la maison Reynaud « On dit qu'il est passé à Montréal, il n'y a pas huit jours, un peloton de la grande bande de brigands qui infeste le pays ; leur nombre pouvait être de soixante ».

Plus tard, il annonce que, du 10 au 20 décembre, « le prêtre contitutionnel de Largentière a été menacé et insulté par plusieurs scélérats et contrerévolutionnaires de Rocles et de Joanas. »

En février 1798, Claude Blachère est rétabli comme agent national de la commune de Largentiére Il écrit, le 11 février, à Gleizal, qu'il revient à Privas où on est content du général Motte. »

A cette époque, l'administration du département demanda que le nombre des brigades de gendarmerie de l'Ardèche fût élevé de 15 à 25.

Les élections primaires eurent lieu le mois suivant. Il y eut des troubles sur divers points, notamment à Joyeuse où quatre républicains furent blessés.

On lit dans les notes de Delichères :

« Les brigands reparaissent dans le département. Un détachement de ces brigands assassina, il y a trois semaines, l'agent municipal de Prunet qui se rendait à Chassiers. Il n'est pas mort. Ces jours passés, le cheval de Devize, gendarme, fut tué d'un coup de fusil à Uzer. La brigade de Rosières fut désarmée le lendemain ; les brigands sont venus quelques jours après aux portes de Mayres »

Le mois suivant, l'assemblée électorale se réunit à Privas, mais il y eut scission, et l'élection de la liste jacobine fut annulée.

A cette époque commence la série des attaques des brigands contre le *trésor*, c'est-à-dire l'argent envoyé à la caisse centrale de Privas par les percepteurs ou préposés des finances (c'est ainsi qu'on appelait alors les receveurs particuliers).

La première eut lieu le 2 floréal (21 avril). L'envoi, comprenant 33 000 fr., était escorté par six volontaires armés, mais sans munitions et dont les fusils n'étaient pas même armés, avec le préposé en personne, dont la résidence était alors à Joyeuse. Sept brigands les arrêtèrent, à la partie de l'ancienne route, située dans le ravin qui sépare les communes de la Chapelle et de St-Etienne-de-Fontbellon. Ils emmenèrent le préposé dans la direction de Fons et le renvoyèrent peu après, en lui laissant 300 fr. qu'il avait sur lui et qu'il déclara lui appartenir personnellement. Ce vol fut fait à 11 heures du matin, un jour de marché à Aubenas. Une instruction fut ouverte, et le général Motte, pour se justifier du reproche de négligence dans l'armement de l'escorte, chercha à rejeter la faute sur le préposé. Mais l'enquête qui eut lieu justifia complètement ce dernier, et le rappel du général Motte à l'armée d'Italie, qui eut lieu à peu près en même temps, fut considéré comme une disgrâce occasionnée par sa négligence dans l'Ardèche.

L'arbre de liberté à Largentière fut coupé dans la nuit du 5 au 6 juillet, sans qu'on pût découvrir les coupables. Les arbres de liberté furent aussi coupés à Berrias, à St-Alban et dans beaucoup d'autres endroits.

Les « patriotes » de Largentière étaient naturellement aussi peu rassurés que possible.

Voici ce que Meynier, commissaire du gouvernement auprès du tribunal (ce qu'on appellerait aujourd'hui le procureur de la république), écrivait le 24 août 1798 :

« Les brigands rodent toujours à nos portes et menacent de nous assassiner. Je ne sors de la commune qu'avec quatre soldats. J'ai été deux fois cette décade dans la nuit à leur poursuite avec quarante hommes, mais malheureusement nous les avons toujours manqués .. »

Un arrêté du Directoire du département mit alors le district du Tamargue (arrondissement de Largentière) en état de siège. En même temps, on insista pour faire porter à 25 le nombre des brigades de gendarmerie, qui n'était encore que de 15.

Le 6 septembre, on signale le passage de huit brigands sur le territoire de Vinezac et la destruction de l'arbre de liberté de Chassiers. Une importante capture, faite à Lanarce dans la nuit du 20 au 21 septembre, est ainsi rapportée par une lettre du directeur du jury (président du tribunal) de Largentière, Challamel, l'auteur de la *Chronologie du Vivarais* :

(3 vendémiaire an 7 (24 septembre 1798).

Le fameux Claude Duny, dit le Donnat de Noé, fut amené dans la maison d'arrêt il y a deux jours. Le juge de paix de Coucouron (1) m'a envoyé une liste de 28 témoins contre ce chef de brigands à qui Lamotte avait donné le titre de roi de Bozon, roi des montagnes et des sapins.

Les brigands ne quittent point les environs de Largentière. Du côté de la Chapelle, il y a quelques jours, ils ont tiré sur les gendarmes dont un a été blessé. Les patrouilles de la troupe de ligne ne produisent aucun effet. Les battues sont toujours mal concertées, et le plus nécessaire manque : de bons espions.

Ailleurs, Challamel dit que les brigands ont pour eux presque la moitié des habitants de l'arrondissement.

Dans la plupart de ses lettres, il constate que les témoins terrorisés n'osent parler et conseille de rendre les communes responsables des crimes commis sur leur territoire.

Claude Blachère écrit de Largentière le 26 octobre :

« Toujours les brigands reparaissent malgré que le général Malye aye paru à notre commune pour proclamer l'état de siége dans notre canton. Mais les troupes manquent. Hier trois brigands ont enlevé la recette du percepteur du Cros de Géorand au pont de Boude, entre Vinezac et la Chapelle. De suite, les gardes nationales furent mises en activité, mais comme les brigands ont beaucoup d'asiles parmi leurs collègues, il est impossible de les atteindre ».

Le 26 novembre, plusieurs négociants d'Aubenas, allant à la foire de Joyeuse, furent spoliés sur la grand'route entre Uzer et Vinezac.

Blachère écrit, le 1er décembre :

« Actuellement nous croyons que nous parviendrons à prendre les brigands, ou du moins ils quitteront le pays, depuis que le général a reçu l'ordre de former quelques compagnies de colonnes mobiles commandées par un républicain appellé Silhol. Il est robuste, ennemi des brigands et zélé à faire partir les réquisitionnaires... »

Le procès-verbal de la séance de l'administration centrale du département, tenue à Privas le 2 nivose an VII (22 décembre

---

(1) Voir sur cette arrestation le rapport d'Enjolras dans la *Revue du Vivarais* 1893 p. 116.

1798), donne la composition de la colonne mobile à laquelle fait allusion la lettre ci-dessus : elle est contenue dans une lettre du général Petit-Guillaume, commandant en chef la 9ᵉ division militaire, adressée de Nîmes au général Malye, commandant la 2ᵉ subdivision à Privas. La colonne était divisée en trois compagnies, composées chacune de 67 hommes qui devaient se porter aux points menacés. La première était établie à Largentière sous le capitaine Silhol ; le 2ᵉ à Lamastre, sous le capitaine Bleyzac, et la 3ᵉ au Vans, sous le capitaine Sault La lettre du général Petit-Guillaume est du 29 brumaire (19 novembre).

On va voir que cette mesure resta pendant bien longtemps sans résultats appréciables.

En attendant, Thoulouze, l'ex-conventionnel, écrit de Largentière, le 27 décembre, à un de ses anciens collègues :

« Nous sommes ici, comme nous avons été depuis quatre ans, exposés aux poignards des assassins. Chaque instant nous apprend une nouvelle attaque de leur part. Il y a trois jours qu'aux portes de cette commune ils ont fait feu sur les gendarmes. Malgré cela, je sors comme à mon ordinaire J'aime mieux m'exposer à être tué que de garder la cuisine, comme font la plupart de mes amis depuis plus d'une année ».

L'année 1799 ne s'annonce pas sous de meilleurs auspices.

Dans la nuit du 3 au 4 janvier, la caisse de Joyeuse est pillée par 80 brigands. Ceux-ci étaient arrivés dans la nuit au centre de la ville ; il désarmèrent le corps de garde et cernèrent la maison du préposé. Les voisins tirèrent des coups de fusils, mais personne ne vint au secours. Le préposé, dans son Mémoire justificatif, fait ressortir la situation troublée du pays Il constate que, depuis cinq ans cent républicains, dont dix commissaires du gouvernement, ont été massacrés, cinquante maisons dévastées, trente vols de caisses publiques effectués, etc.

Claude Blachère écrit le 7 février :

« Rien de nouveau à notre canton. Malgré l'état de siège, une compagnie de garde mobile, rien ne peut arrêter cinq à six brigands qui nous désolent. Le fanatisme, les royalistes les servent si bien que ce sera par hasard s'ils sont pris. »

il paraît que la guillotine était alors à Largentière, bien qu'elle ne paraisse pas y avoir jamais fonctionné, puisqu'il existe une réquisition, datée du mois de mars 1799, envoyée de Privas à l'agent national de cette ville, pour « faire transporter de suite directement à Privas par le premier voiturier la guillotine qui est à Largentière ».

Meynier écrit, le 1er mai :

« La décade dernière, deux républicains viennent encore d'être immolés dans nos contrées par la bande royale. »

Il annonce, le 14 mai, que les conscrits ne veulent pas partir, malgré les garnisaires mis dans leurs maisons. Les femmes de Laurac déclarent qu'elles aiment mieux la ruine que le départ de leurs enfants.

Dans une lettre, datée du 23 mai, Robert, inspecteur des contributions, faisant fonctions d'agent général dans l'Ardèche, signale de nombreux faits de brigandage. Des percepteurs du canton de Coucouron, allant faire leur versement à Joyeuse, ont été arrêtés à mi-chemin entre Aubenas et Joyeuse. Trois soldats et un percepteur ont été tués. Le second percepteur a pu se sauver sur son cheval avec la recette, et le cheval du mort, en suivant instinctivement son camarade, a sauvé ainsi le reste de la recette. Les acquéreurs de biens nationaux sont tués sur divers points. Enfin, une tentative des plus audacieuses a eu lieu à l'Escrinet, où une quarantaine de brigands ont osé attaquer la caisse du trésor escortée par trente soldats, mais leur attaque a été repoussée

Le 29 mai, Brun, l'agent national de Chassiers, est assassiné aux portes de Largentière.

Une lettre du commissaire du pouvoir exécutif près le tribunal correctionnel de Largentière (Meynier) annonce ainsi l'assassinat de Brun :

« Le 10 prairial (29 mai 1799), Brun a été assassiné, à une portée de fusil de Largentière, aux yeux de plus de quarante personnes par trois coups de fusil que lui tirèrent d'une embuscade trois fameux brigands, qui sont : Blanc dit Tristan d'Uzer, Boutières fils et Granier dit Chabrolières, tous deux de Chassiers.

L'on n'a pu les atteindre, malgré le grand nombre de troupes qui fut à leur poursuite. »

Le même écrit deux jours après :

« Le juge de paix fait la procédure, qui ne produira rien, parceque personne ne veut désigner les auteurs de ce crime, malgré qu'ils aient été reconnus. La terreur est si grande dans ce pays que tous ceux qui sont soupçonnés du moindre républicanisme ne sortent pas de leur maison. Autrement plusieurs personnes ont reconnu les assassins. Le malheureux Brun les reconnut aussi, n'étant pas mort sur le coup. Depuis longtemps, je préviens le département, le ministre, de tout ce qui arrive, mais ils sont sourds à ma voix. Cependant le mal empire tous les jours, et ce pays offrira bientôt le spectacle d'une nouvelle Vendée. »

Au mois de juin, en plein jour, à Laurac, une bande de 25 à 30 personnes envahit la maison du percepteur Courbier et enlève l'argent et les rôles, plus un fusil à deux coups.

« Le 22 messidor an 7 (10 juillet 1799), à 4 heures après midi, 60 brigands armés entrent à Uzer, en criant : Vive le roi ! Vive l'autel ! Ils désarment le corps de garde, fusillent le citoyen Prévost dit Blache, républicain probe et vertueux ; ils pillent la recette du percepteur et publient que tous ceux qui voudront s'enrôler avec eux seront bien traités et bien payés ; le même jour, ils volent plusieurs personnes sur la route. »

Mamarot, juge de paix d'Aubenas, écrit vers le même temps :

« Les conscrits et réquisitionnés désertent par bandes. On en voit passer tous les jours. S'il faut juger de la situation de la république par l'esprit public de ce département, elle est perdue. »

Blachère écrit le 18 juillet :

« Montchauffé commence d'arrêter les parents des assassins. Cet acte est un peu arbitraire aux yeux des royalistes, mais il est nécessaire. Il faudrait une loi qui autorise à l'exécuter par la force armée. Sans cela, jamais nous n'atteindrons nos brigands ».

Parmi les nombreux faits de brigandage qu'énumèrent les pièces du temps pour cette période, nous relèverons seulement les suivants que raconte ainsi le factum imprimé du commissaire Robert :

Le 13 août, à 8 heures du matin, le citoyen Suchet, commissaire de Largentière, venant de Vallon avec douze hommes de colonne mobile, fut attaqué, à une portée de fusil de Ruoms, par trente brigands embusqués, armés d'espingoles et de fusils doubles. Un soldat fut tué, un citoyen de Ruoms eut l'épaule cassée ; le citoyen Eyrious, de Vallon, eut son cheval tué sous lui, et le citoyen Suchet, son chapeau criblé de balles. Cette bande était commandée par Tristan Auzas d'Uzer Suchet a aussi reconnu trois autres brigands d'Uzer et de Chauzon.

Le 16 et le 17 août, plusieurs lettres furent envoyées aux acquéreurs de biens nationaux, leur enjoignant de payer certaines sommes sous peine de mort et d'incendie. La terreur est si grande, dit Robert, que plusieurs payent et se taisent. Ces lettres étaient signées *Cœur de Roi*.

Le factum de Robert raconte ainsi l'assassinat de Ducros, le commissaire de Valgorge :

« Le 9 fructidor (26 août), à 9 heures du soir, cinquante brigands vont frapper à la porte de cet infortuné républicain. Il était couché, il se lève pour répondre. On le saisit, on le perce de coups de poignard. On le traîne au milieu de la place publique, et là au moment où il expirait de ses premières blessures, on lui tire plusieurs coups de fusil. On rentre chez lui, on pille sa maison ; on en sort tous les papiers qui s'y trouvent, on les entasse sur son cadavre, on y met le feu, et les cannibales en dansant tout autour, chantent et vocifèrent mille horreurs contre la victime et contre tous les républicains. Pas un habitant ne bougea. »

En septembre et octobre, les aggressions dans les cantons du bas Vivarais ne se comptent plus. Les maisons des républicains, connus par leur exaltation et acquéreurs de biens nationaux, reçoivent particulièrement la visite des brigands.

Au commencement de septembre, au conseil des Cinq-Cents, St-Prix donne lecture d'une lettre de Privas du 31 août, constatant que « les brigands avaient pénétré à Aubenas la veille, avaient enfoncé les portes de la prison et délivré vingt prisonniers, dont deux brigands pour lesquels il semble que le coup a été fait, mais surtout pour un que le général Nivet avait arrêté peu de jours auparavant aux portes d'Aubenas avec 80 cartouches dans sa poche.... »

A Largentière, dans la nuit du 29 au 30 septembre, on brûle la maison de campagne d'un « républicain connu ».

La nuit suivante, on tire cinq coups de fusil à l'agent national de Chassiers et à d'autres citoyens.

Dans la nuit du 10 octobre, on tire aussi des coups de fusil à plusieurs personnes réunies dans un café, parmi lesquelles se trouvaient le commissaire du pouvoir exécutif et le directeur du jury. Deux jours après, deux gendarmes escortant un percepteur, sont attaqués à demi-lieue de la ville, sur la route de Montréal ; les deux gendarmes sont tués, et les brigands s'emparent de la recette (2,500 fr.).

Blachère écrit de Largentière, le 12 octobre :

« Nous sommes toujours logés à la même enseigne .. Malgré les sorties du brave Montchauffé, nous ne pouvons arrêter aucun chef. On arrête quelques conscrits et réquisitionnés ; on les conduit les uns à Viviers et les autres s'incorporent aux compagnies mobiles, d'où ils désertent très souvent par le mauvais esprit qui règne à la campagne. L'administration centrale paraît vouloir nous faire assassiner en détail, du moment qu'elle refuse de faire déclarer notre pays en état de trouble. Sans des ôtages, nous ne parviendrons pas à les arrêter. Lahondès est des plus acharnés à s'y opposer Aujourd'hui il vient de se faire une battue qui a produit l'arrestation de deux brigands qui avaient les armes à la main. Demain on les conduira devant le général, et en route, si les brigands menacent de les enlever, ils feront le voyage des autres. Deux chefs ont été blessés, sans qu'on ait pu les atteindre. On a brûlé une grange à Chauzon, endroit où ils se retiraient. Nous croyons que cet exemple encouragera les timides à agir. »

Le 13 octobre, au conseil des Cinq-Cents, St-Prix signale d'autres faits de brigandage, de nouvelles rencontres avec la troupe et des arrestations à Chauzon, Laurac, Joanas, Balazuc, etc.

Si l'on veut savoir ce qui se passait alors dans la montagne, on n'a qu'à lire le rapport d'Enjolras, le fameux juge de paix de Coucouron, sur ses exploits contre les brigands depuis le mois d'avril 1797, que nous avons reproduit dans la *Revue du Vivarais* (1893).

**

Le brigandage se prolongea pendant les sept premiers mois de l'année 1800 avec non moins d'intensité qu'auparavant.

Blachère écrit, le 3 janvier, de Largentière :

Nos brigands n'assassinent plus, mais ils pillent tout indistinctement. Malheur à celui qui n'est pas prudent ! Pour moi, je suis toujours chez moi, et si je sors, je suis escorté. »

Mamarot, alors préposé aux recettes à Aubenas, écrit le même jour :

« Dans cette décade, quatre percepteurs ont été pillés : ce sont ceux de Gras, St-Étienne, St-Sernin et Sceautres. »

Le 20 janvier, Mamarot, envoie à Gleizal la nouvelle de l'assassinat de Montchauffé, dont il a été presque le témoin oculaire — et qui avait eu lieu la veille au soir :

Aubenas, 1er pluviôse an VIII.

Je t'apprends, mon bon ami, l'attentat le plus noir qui ait été encore commis.

Hier, à 6 heures et demie du soir, le malheureux Montchauffé a péri victime de son zèle. Des assassins embusqués près la porte de la maison qu'occupe le général, profitant de la nuit la plus obscure et de l'absence de ce dernier qui avait été passer la revue du bataillon auxiliaire, lui ont tiré plusieurs coups de feu au moment de sa sortie. Il est resté sur la place. J'ai été presque témoin, car, au moment où l'on a tiré sur lui, je n'en étais pas à vingt-cinq pas. J'allais le joindre pour aller souper ensemble chez Dupré, aubergiste. Le fils de ce dernier, qui l'éclairait avec un falot, a reçu deux balles dans les cuisses ; il paraît même qu'on lui a tiré exprès, crainte que l'enfant (qui n'est pas mort) ne donnât quelque indice. Les balles ont sifflé à mon oreille. N'ayant ni armes ni secours de personne dans le moment, et obscur comme il était, je n'ai pu suivre les assassins. On les a entendus courant à toutes jambes dans le faubourg Laurent. On a battu la générale, la force armée s'est rassemblée, mais il n'en est rien résulté. Les républicains ne sortent plus la nuit, et si le gouvernement ne prend pas des moyens plus efficaces, il faudra bien qu'ils abandonnent un pays aussi barbare. Voilà le fruit de ces écrits remplis d'horreurs et de calomnies, dont on a encouragé les auteurs en ne les punissant point.

Le procès-verbal de l'agent municipal, Pierre Mathon, constate également l'insuccès des efforts faits pour atteindre les assassins qu'un témoin vit, à l'extrémité du faubourg, se réunir à d'autres personnes qui étaient le long du chemin, et il ajoute :

« Comme d'après ces circonstances, il est évident que l'assassinat du citoyen Montchauffé ne peut pas être attribué aux habitants d'Aubenas, qui n'avaient nullement à se plaindre de lui, même depuis qu'il avait le commandement de la place, mais qu'au contraire il ne faut accuser de sa mort que des ennemis particuliers étrangers à la commune, l'agence municipale déclare qu'elle est vivement affectée d'un meurtre aussi horrible... Arrête que le présent procès-verbal sera adressé au juge de paix, à l'effet par lui de procéder contre les coupables .. »

Montchauffé était de Varennes dans la Meuse. Il n'avait que 26 ans. Il fut inhumé le 20 janvier à Aubenas.

Ce personnage a laissé dans les souvenirs populaires une réputation de férocité exceptionnelle. On raconte qu'il opérait dans les villages des arrestations en masse, conduisant tout le monde à Largentière, où l'on faisait ensuite le triage, et où les prisons étaient encombrées de ceux qu'on soupçonnait d'être chouans ou amis des chouans. Tout le monde connaît l'histoire de la malheureuse jeune fille des environs de Largentière, qui, s'il faut en croire Andéol Vincent (1), fut brutalement violée en présence de toute sa troupe, puis assassinée par Montchauffé, et finalement vengée par la mort de ce misérable qui aurait péri de la main des parents de la victime Nous ignorons s'il y a quelque fondement dans cette version, et nous considérons comme plus vraisemblable celle d'un ancien habitant d'Aubenas, d'après lequel les assassins auraient voulu venger trois ou quatre de leurs compagnons que Montchauffé avait fait fusiller quelques jours auparavant sur la place de l'Airette.

Quels étaient ces vengeurs ? Le seul fait que nous puissions citer à ce sujet nous a été communiqué par un vieux prêtre, mort il y a une vingtaine d'années, qui avait entendu dans sa jeunesse (vers 1830', de la bouche du chanoine Tavernol de Barrès, le récit suivant :

«... Une nuit, j'étais caché dans le château du Pradel, près de

(1) *Histoire des guerres du Vivarais*, p. 147.

Villeneuve-de-Berg, avec quelques autres ecclésiastiques ou nobles encore poursuivis... Soudain, on frappe à grands coups à la porte du château. Grande panique parmi nous. Sur notre ordre, un domestique de la maison court demander qui va là. On lui répond : Ne craignez rien, nous sommes des amis... un tel.. un tel... un tel... qui venons de faire l'affaire de Montchauffé ! Introduits dans le château, ces jeunes gens nous racontent alors comment ils se sont embusqués derrière les piliers de la place couverte d'Aubenas, comment ils ont pris la fuite après s'être assurés que leurs coups avaient porté, comment enfin, à l'effet de dépister ceux qui les poursuivaient, ils étaient venus passer l'Ardèche à la nage au dessous d'Aubenas, et enfin comment ils étaient parvenus au château du Pradel par des chemins détournés. On alluma un grand feu pour sécher leurs vêtements, on monta du vin de la cave, etc.

Les noms de ces jeunes gens ? Voilà, dit en finissant notre interlocuteur, ce que nul d'entre nous ne s'avisa de demander au bon abbé Tavernol.

Y a-t-il quelque exagération dans la réputation de cruauté faite à Montchauffé ? Peut-être. En tout cas, la preuve que les accusations ne sont pas dénuées de tout fondement, se trouve dans le passage suivant de la *Feuille économique ou Courrier universel* du 10 ventôse an 8 (28 février 1800), sous la rubrique de Montpellier 25 pluviôse (13 février) :

« Le général Petit-Guillaume, dans le voyage qu'il vient de faire dans l'Ardèche, et principalement à Aubenas, où le citoyen Montchauffé, adjoint de l'adjudant général Nivet, a été assassiné, s'est convaincu que cet adjoint avait, dans différentes communes du département, souffert des colonnes mobiles qu'il y commandait, des excès et même des assassinats qui ont aigri les habitants, et que sa mort a été vraisemblablement l'effet de quelque vengeance. Le général Petit-Guillaume a ordonné le désarmement de ces colonnes mobiles et la réorganisation de la garde nationale. »

On peut voir un effet de l'émotion produite par l'assassinat de Montchauffé, dans une lettre que le directeur du jury de l'arrondissement de Largentière, M. Challamel, adressa, le 13 février suivant, au ministre de la justice. pour lui exposer la situation de l'arrondissement et lui indiquer les moyens qu'il jugeait propres à y ramener l'ordre et la sécurité. Parmi ces moyens, figurait l'amnistie.

Le ministre de la justice, qui était alors M. Abrial, répondit que les renseignements contenus dans la lettre méritaient toute l'attention du gouvernement, qui s'empresserait sans doute d'ordonner « des mesures administratives et militaires capables d'arrêter les crimes sans nombre qui se commettent dans l'Ardèche » (1).

Le 16 février, nouvelle lettre de Mamarot, fort intéressante, mais que nous ne pouvons que résumer pour ne pas allonger ce chapitre outre mesure. Il dit que le général Nivet a été remplacé par Ruby ; à Aubenas, les républicains n'osent plus sortir de nuit ; Mamarot se barricade dans sa maison. Il conclut que l'envoi de troupes de ligne est indispensable pour maintenir l'ordre.

Dans une lettre, datée de Largentière, 19 février, Meynier dit :
« Je ne vous parle plus de nos malheurs, car il n'en faut plus parler, puisqu'on n'y fait pas même attention. Il nous faut prendre le parti projeté depuis longtemps d'aller chercher un asile dans des terres plus heureuses Il y a trente jours que la proclamation de Louis XVIII a été placardée imprimée dans plusieurs communes. Hier matin, Turc (un officier de santé), revenant d'Uzer voir des malades, fut assailli par la bande des brigands et il dut son salut à la vitesse de son cheval. Hier, à 7 h. du soir, Mercier, commandant de la garde nationale de Chassiers, Boudon son voisin, ont été massacrés au milieu de la place de cette commune, et Rouchon fils, blessé mortellement. »

Le 23 février, Challamel écrit au général Ruby que, si la garnison de Largentière est supprimée, il sera obligé de transporter ailleurs le siège du tribunal.

Le mois suivant, les brigands font à Voguë une expédition dont le récit. emprunté à une lettre de Mamarot, jette une note quasi-gaie dans cette lugubre tragédie :

(1) Nous avons publié le texte de la lettre et de la réponse dans nos *Petites Notes Ardéchoises*, 2ᵉ série, Privas 1874.

> D'Aubenas, 21 ventôse (11 mars).

Les brigands sont toujours à nos portes. On craint à chaque instant de les voir arriver. Et quelle force leur opposer, lorsque la généralité des habitants ne marche pas d'accord ! Dans la nuit du 19 au 20 ventôse (du 9 au 10 mars), on a entendu dans les communes environnantes, c'est-à-dire à St-Etienne, St-Sernin, etc., une fusillade continuelle. Nous avons appris au jour que les brigands, au nombre de deux cents, s'étaient portés par plusieurs points sur Vogué, tambour battant. Les habitants ont cru d'abord que c'étaient des troupes de ligne. Ils n'ont été désabusés qu'au cri de *Vive le Roi !* que les brigands ont fait entendre aux approches du lieu. Le village a été cerné, et à toutes les avenues des sentinelles ont été postées. Ensuite ils se sont portés à la maison commune ; ils ont mandé l'agent municipal qui a été forcé de leur fournir la liste des acquéreurs des biens nationaux. Tous ceux-là ont été obligés de comparaître et de payer à peu près le dixième de la valeur de l'objet acquis. Cette contribution leur a fourni 5 à 6,000 francs. Dans l'intervalle, ils ont dévasté les maisons de Thoulouse et Ganivet. Le premier leur a échappé, en se cachant dans une écurie à cochons. Ils ont emporté les bons fusils des habitants et brisé les autres. Ils se sont fait en outre donner à boire et à manger, ont fait la farandole dans le lieu, enlevé les cocardes, ont enchaîné un certain Raoux prêtre assermenté, lui ont fait faire honorable, l'ont rasé et fait toutes sortes de menaces. Après quoi, le chef a fait battre un ban, puis après est parti au son de la caisse. Quoiqu'ils aient resté huit heures à Vogué, aucun village n'a parlé d'y envoyer du secours...

Blachère, dans une lettre de Largentière, raconte les mêmes faits et ajoute :

« Ils sont déjà plus de 600. Notre commune se garantit, mais nous sommes comme l'oiseau sur la branche. A tout moment nous les attendons. Heureux qui pourra se garantir, malgré que nous soyons décidés à nous défendre, vu que le nombre est trop considérable. Si le gouvernement ne nous mande des troupes, ce pays est perdu. La frayeur a saisi les habitants des campagnes ; on les force à marcher pour faire nombre. »

La nomination de M. Caffarelli, un ancien chanoine de Nancy, comme préfet de l'Ardèche, signée par le premier consul le 2 ventôse an 8 (1er mars 1800), inaugure enfin la nouvelle politique qui devait rendre la tranquillité au département.

Nous en trouvons la première indication dans une lettre, écrite de Valence, le 2 avril, par Bleyzac, qui nous apprend que, devant l'impossibilité de rétablir l'ordre par la force, on avait cherché dès ce moment à négocier avec les brigands. « Des propositions pacifiques qu'on leur a faites, dit la lettre, ont été repoussées avec impudence. Le général Ferino est parti hier d'ici pour aller les combattre. Il est précédé par un bataillon de 700 hommes qui a couché la nuit dernière à Privas. Le nombre des brigands s'accroît chaque jour... »

Une note assez différente est donnée par une lettre de Chante, de Vallon, datée du 11 germinal (31 mars), transmise beaucoup plus tard au préfet Caffarelli, où nous lisons :

« Hier, nombre de citoyens amis de l'ordre et de la paix, parmi lesquels était l'adjudant du général, eurent une entrevue avec les chefs des insurgés à Uzer. Le résultat, dont je ne connais pas les détails, a été de cesser toute hostilité de part et d'autre et de solliciter du gouvernement une amnistie. »

Cette première tentative de pacification fut, d'ailleurs, suivie d'une période de tâtonnements, dont on peut suivre les phases dans les faits suivants :

Mamarot écrit, le 5 avril :

« J'avais comme bien d'autres abandonné mon domicile, d'après des avis certains que les brigands devaient incessamment se porter ici. Je suis rentré parce qu'enfin le gouvernement a vu notre situation et vient d'envoyer 600 hommes qui pourront maintenir la tranquillité. Ferino arrive aussi avec des pouvoirs illimités, et tout cela donne quelque espoir. Depuis l'arrivée des troupes, ou plutôt leur répartition dans des cantonnements, les brigands se sont dispersés, mais ils existent, et si Ferino repartait sans au préalable avoir fait de grands exemples, et obligé les réquisitionnés et conscrits à repartir, nous serions bientôt plus malheureux qu'avant »

Blachère écrit de Largentière, le 16 avril :

« Les 600 ou 700 hommes qui sont dans le département ne suffisent pas à faire exécuter la loi contre les conscrits et réquisitionnés au Tanargue, où ils paraissent ne vouloir pas partir, surtout ceux qui ont figuré dans le brigandage, parce qu'avec moins de peine ils se procurent plus d'argent. Ils rodent autour de notre commune dans l'espoir d'atteindre quelqu'un de nous. Il ne se fait aucune sortie, faute de force, et ils s'en prévalent. S'il arrive de la force, nous les poursuivrons. »

Mamarot écrit le 24 avril :

« Ni Ferino ni le préfet ne sont encore arrivés dans le département. Le peu de troupes que nous avons empêche sans doute les brigands dans les communes populeuses, mais, malgré elles, chaque jour l'on apprend quelques vols et assassinats partiels ...»

Lettre du même (4 mai) :

« Le général Ruby, qui vivait à Privas sans souci, a reçu ordre de donner la chasse aux brigands. Il est en ce moment dans le Tanargue, mais je doute qu'il y fasse quelque bien. Il n'a ni la confiance des républicains ni les talents nécessaires. En attendant, il y a peu de jours qu'on n'apprenne quelque nouveau pillage ou assassinat. Il y a cinq jours que cinq volontaires ont été massacrés à la Maisonneuve. Vendredi, le percepteur de St-Etienne-de-Boulogne fut spolié. Quatre jours avant, c'était la maison de Bouisse de St-Privat. D'autres particuliers à Vesseaux et à Lussas furent obligés de contribuer. »

Ruby écrit d'Aubenas le 20 juin 1800 qu'il débarrasse les prisons dans lesquelles il voit avec peine que des hommes étaient détenus depuis plusieurs mois. Depuis peu, il en a fait mettre une quinzaine en liberté, tant d'Aubenas que de Largentière.

Autre lettre du 22 juin de Mamarot :

« Le brigandage continue. Le père de Barrot, législateur, a été tué dans sa maison (1) avec un prêtre qui s'y trouvait. Hier, les brigands ont arrêté à Lescrinet le quartier maître du bataillon, lui ont volé sa montre et 12 francs qu'il avait sur lui.. »

Thoulouse, l'ex-conventionnel, écrit de Joyeuse en juillet :

« Je suis de retour de St Ambroix, mais je ne couche pas pour cela dans mon lit. Les brigands sont toujours dans le canton, et les agents municipaux de plusieurs communes sont réfugiés ici, où ils ne sont pas trop en sûreté... Robert n'est pas encore arrivé. Sa nomination fait trembler les brigands... »

(1) A Planchamp (Lozère). Ce crime fut commis le 10 juin, et le récit en a été publié par Tallon dans son *Histoire des Vans*, III, 434.

Ce Robert, l'ex-commissaire près l'administration centrale de l'Ardèche, avait été nommé sous-préfet de Largentière, le 4 avril, mais il n'occupa ce poste que jusqu'au 25 septembre de la même année, ce qui n'étonnera aucun de nos lecteurs, après avoir lu les extraits suivants de la correspondance des autorités militaires du temps.

Le 26 prairial an 8 (14 juin 1800), Gouvion, général de division à Montpellier, écrit à Caffarelli :

« Je suis instruit que le général Ruby a eu beaucoup à se plaindre du citoyen Robert, alors commissaire du gouvernement près l'administration centrale de l'Ardèche. Je sais également que ce citoyen n'avait non seulement point la confiance de la très grande partie de ses administrés, mais qu'il en était détesté par rapport aux opinions et aux maux dont on lui reproche la cause ; je suis en conséquence bien aise que vous ayez demandé le changement du citoyen Robert qui, en lui accordant, comme vous le dites, un bon cœur mais une mauvaise tête, pourrait aigrir les esprits et faire beaucoup de mal à Largentière, pays où il faut des têtes froides et modérées pour rallier tous les habitants à notre gouvernement »

Le 29 prairial (17 juin), le général Ferino écrit à Caffarelli :

« J'écris au général Ruby et l'engage à ne voir dans l'ex-commissaire Robert devenu sos-préfet, qu'un fonctionnaire public. Le gouvernement a été trompé sur le compte de cet individu qui ne tardera pas à perdre votre confiance. Je donne de nouveau l'ordre de fusiller sur le champ tous les brigands pris les armes à la main ; ainsi me l'ordonne le premier consul dans l'arrêté qui m'investit du pouvoir dans ces contrées, et ainsi il sera fait, malgré les oppositions de ce Robert qui a prétendu que c'était de l'arbitraire, en écrivant au ministre de l'intérieur.. .»

Dans la nuit du 21 au 22 juillet, les brigands envahirent encore une fois Joyeuse. Ils s'emparèrent des casernes où ils désarmèrent une vingtaine de soldats, de là se portèrent au château ou se trouvait une autre vingtaine de soldats qu'ils désarmèrent également, en les menaçant d'égorger leurs camarades s'ils ne se rendaient de suite. Puis ils se portèrent dans la ville chez Laforêt, où était logé le commandant de la troupe qui s'était caché ou enfui. On prit 2,400 francs au gendre de Laforêt, officier de gendarmerie. La maison de Thoulouse, qui s'était enfui, fut saccagée. Ensuite on se porta chez un citoyen que Chabalier (le commis du préposé) avait chargé de recevoir l'argent des percepteurs. On lui prit 4,000 francs qui appartenaient au préposé personnellement. Celui-ci était déjà installé à Largentière où la caisse avait été transférée. Rien ne fut donc pris cette fois au trésor. Le total de 60,000 francs indiqué dans un document du temps comme le chiffre de la perte du Trésor à la caisse de Joyeuse se rapporte au vol de nivose an 7 et à celui du 2 floréal an 6.

Le 8 thermidor (26 juillet), Thoulouse qui était agent national à Joyeuse, et Rigaud, son adjoint, furent arrêtés, par ordre du Préfet, avec trois ou quatre autres personnes, pour n'avoir pas sonné le tocsin et donné l'éveil à la ville. Thoulouse avait écrit, le 3, au Préfet qu'il avait été prévenu *par un brigand* d'une tentative imminente sur Joyeuse. Cela avait encore contribué à son arrestation. On lui reprochait de n'avoir pas avisé la municipalité de Joyeuse et le préposé aux finances. L'affaire n'eut pas, d'ailleurs, de suites graves, et Thoulouse et Rigaud furent relâchés après quelques jours de détention préventive.

Enfin, on se décida à marcher franchement dans la voie pacifique où l'on avait fait les premiers pas au mois de mars, et c'est surtout, croyons-nous, au préfet Caffarelli, qu'est dû le principal honneur de la politique d'apaisement qui prévalut dès lors et qui, d'ailleurs, n'était devenue possible qu'après que le coup d'Etat du 18 brumaire eût substitué un pouvoir fort à l'anarchie dans laquelle depuis dix ans se débattait notre malheureux pays.

Nommé depuis le 1er mars Préfet de l'Ardèche, Caffarelli ne paraît pas être arrivé dans le département avant la fin d'avril. Entre les deux courants opposés, d'un côté, l'ancien parti jacobin, qui ne rêvait que complots royalistes et ne connaissait que les moyens violents et tyranniques, et le parti modéré, plus ou moins républicain, mais prêt à soutenir tout régime raisonnable, le nouveau magistrat dût être assez embarrassé au début. Toutefois, comme représentant de la politique de Bonaparte, son choix ne pouvait être longtemps douteux. Il eut d'ailleurs, la chance de rencontrer, dès ses premiers pas, un collaborateur aussi puissant qu'inattendu pour l'accomplissement de la tâche qui lui était confiée. Ce collaborateur était l'abbé Vernet, et nous allons emprunter à la Vie de cet éminent ecclésiastique, écrite par Msgr Dabert, les intéressants détails qu'elle contient sur les circonstances de sa première entrevue avec le Préfet.

Au moment où le Préfet arrivait dans l'Ardèche, M Vernet conférait à Lyon avec l'archevêque de Vienne, Msgr d'Aviau, sur les moyens à prendre pour mettre fin aux désordres de l'Ardèche, « désordres, dit son historien, non moins contraires à la religion qu'à la paix publique. La répression, ajoute-t-il, en était facile, il est vrai, à l'autorité ecclésiastique ; elle n'avait pour ainsi dire qu'à élever la voix, car la population insurgée était animée au fond de sentiments religieux. Mais il se présentait une double difficulté : d'abord la crainte que les rebelles, après leur soumission, ne fussent punis selon la rigueur des lois, ensuite les restitutions à faire. » Tels furent les points qu'il discuta avec l'archevêque. Ils arrêtèrent ensemble la marche à suivre et le plan d'une circulaire aux prêtres de l'arrondissement insurgé.

Dans les derniers jours de juin, M. Vernet se mit en route pour Privas, sans savoir qu'il avait été dénoncé au Préfet comme portant aux insurgés des instructions et une somme d'or considérable pour continuer les troubles, et que des ordres avaient été envoyés partout pour son arrestation. Il arriva néanmoins sans encombre un soir, nuit close, à Privas, et alla demander l'hospitalité à son ami, M. O'Farrel, l'ingénieur en chef du département, qui ne fut pas peu étonné de cette visite et s'empressa de le mettre au courant de la situation. M Vernet le détrompa sur les intentions qu'on lui prêtait, et pria M. O'Farrel, qui était aussi un ami du Préfet, de le mettre en rapport avec ce magistrat qu'il tenait à éclairer, et dont il connaissait, d'ailleurs, la délicatesse de sentiments Et, à ce propos, on ne lira pas sans intérêt le passage du récit de Msgr Dabert qui se rapporte au passé et à la personnalité du premier Préfet de l'Ardèche :

« M. Caffarelli était un homme de paix et de conciliation. D'abord chanoine de Nancy, il avait eu la faiblesse de livrer à la révolution son habit et sa conscience de prêtre. Le remords suivit de près cet acte de coupable apostasie. Du moins, faut-il savoir gré à M. Caffarelli de ne s'être pas laissé entraîner dans de plus grands écarts, et d'avoir conservé toujours le sentiment de ses obligations et le souvenir de la mansuétude sacerdotale. Sous l'habit chamarré, il récitait tous les jours son bréviaire, et manifestait des dispositions favorables à la religion. Tel était celui que la calomnie avait séduit sur le compte du grand vicaire du diocèse. »

Dès le lendemain, M. O' Farrel, causant avec le Préfet de l'insurrection, lui insinue que le plus sûr, le seul moyen peut-être de pacifier les esprits, était de recourir à l'autorité ecclésiastique, et, pour cela, de s'entendre avec le grand vicaire du diocèse. « Mais, dit le Préfet, cet abbé Vernet voudra-t-il paraître devant moi, lui qui ne peut ignorer que je le fais poursuivre par les gendarmes ? Donnez-lui votre parole, répond M. O' Farrel, et je suis sûr qu'il ne refusera point. »

M. Caffarelli accorde le sauf conduit demandé, et M. O' Farrel se charge de découvrir l'abbé Vernet et de l'amener à l'entrevue qui doit avoir lieu chez lui. Le lecteur sait déjà si ces recherches furent bientôt faites. On laissa néanmoins s'écouler une huitaine de jours, après lesquels M. le Préfet fut invité à se rendre chez M. O' Farrel où l'attendait le célèbre grand vicaire de Viviers. « Notre entrevue fut singulière, disait plus tard M. Vernet, mais honnête. » « Qu'elle fut singulière, ajoute l'historien, on le conçoit aisément : de longtemps peut-être les deux extrêmes ne s'étaient rencontrés de si près. Toutefois il y avait dans cette démarche du Préfet tant de dévouement, le sacrifice si complet de l'amour propre, tout cela pour le bien de la paix et l'intérêt des populations abusées, qu'on peut dire que cette démarche honore à la fois l'homme et le magistrat. M. Vernet n'eut pas à insister sur la calomnie dont il avait été la victime. La présence seule du Préfet en était la réparation. Comme nous l'avons dit, l'objet de la conférence était d'examiner les moyens pacifiques les plus propres à mettre fin à l'insurrection On s'expliqua de point et d'autre sur ce point capital, et il fut convenu :

1º Que l'autorité civile prendrait un arrêté où l'amnistie serait promise aux insurgés, à condition qu'ils mettraient bas les armes et que tout rassemblement cesserait ;

2° Que l'autorité ecclésiastique adresserait une circulaire aux curés, à l'effet de les engager à user de toute leur influence pour amener la paix.

Un plein succès couronna ces mesures. M. Vernet ajouta à sa circulaire les décisions convenues avec Msgr d'Aviau, et les dommages causés aux particuliers furent autant que possible, réparés (1).

Le manifeste du général Ferino proclamant l'amnistie est daté d'Avignon le 15 thermidor an VIII (4 août 1800). Le général, faisant allusion à la question qui tenait le plus à cœur aux populations, déclare que la guerre d'opinion a cessé et qu'on n'est comptable à la société que de ses actions. Sont amnistiés : tous les hommes, ayant fait partie de rassemblements armés, quelle qu'ait été leur dénomination et à quelque époque que ce soit ; tous ceux dont les criminelles erreurs et les délits paraîtraient avoir pour cause l'affligeant produit des secousses successives de la République ; tous les réquisitionnaires, conscrits et déserteurs, qui de suite se rendront à l'armée. Ne sont exceptés que « les voleurs et les assassins de grands chemins et les scélérats chargés de crimes dont l'ordre social réclame la punition exemplaire. »

St-Prix écrit de Privas, le 5 août, à Gleizal une lettre où se manifeste clairement sa désapprobation de la nouvelle politique suivie en haut lieu.

« Par suite de l'amnistie de Ferino, dit-il, les conscrits mettent bas les armes et prennent des feuilles de route pour se rendre à leur destination Il y en avait hier ici au moins 150. Aujourd'hui, on croyait voir arriver Blanc Tristan, un des plus fameux égorgeurs et chefs de bande. Croze est absent. On disait à cette occasion qu'il avait été à sa rencontre avec un détachement de la garde nationale pour lui rendre les honneurs dûs à son noble courage et à sa royale énergie Si les scélérats vont aux armées, nous aurons à louer les hommes qui les y ont décidés n'importe par quel moyen ; mais on croit qu'ils sortiront d'un point du département pour rentrer dans un autre... »

Le 21 thermidor (8 août 1800), le préposé aux finances de

(1) *Vie de M. Vernet*, pp. 157 à 161.

Joyeuse, maintenant installé à Largentière, fait connaître à Gleizal les bons effets de l'amnistie : « Une foule de chouans, ayant leurs chefs en tête, se sont rendus et ont pris des feuilles de route pour Lyon et Dijon Hier, le général Ruby vint à Largentière en voiture. Il avait pour toute escorte *Tristan Blanc* et quelques autres chefs qui, l'ayant vu passer à Uzer, voulurent l'accompagner jusqu'ici Ils furent bientôt suivis d'une multitude de rebelles qui, après avoir fait leur soumission aux maires de leurs communes et déposé chacun son arme, furent bien aises de se présenter devant le général pour l'assurer de la sincérité de leur soumission et s'assurer en même temps eux-mêmes de la vérité de l'amnistie. Cette entrevue a dissipé toute espèce de méfiance et je crois qu'elle aura produit cela de bon que bien des chouans qui se sont mis à découvert et se sont fait connaître craindront dorénavant d'être reconnus et saisis. Tristan Blanc a dit à une femme et à quelques personnes que nous étions fort heureux que la paix se fût faite, que sans cela nous n'aurions pas tardé à avoir de ses nouvelles, que leur projet était de venir à Largentière au nombre de 7 ou 800 en plein jour, de mettre le feu aux portes de la ville, de prendre la caisse et d'égorger tous les *vrais brigands*. C'est ainsi qu'il appelle les patriotes du pays. »

Blachère écrit de la même ville, le 10 août :

« Les brigands ont figuré ici, il y a trois jours, au moins leur chef et 100 de leur bande, par l'entremise de notre juge de paix et le général ; je désire qu'ils sachent profiter de l'amnistie, mais la crainte m'en fait douter pour ceux que la loi n'appelle pas aux armées, et je crains de nouveaux troubles. »

Une nouvelle lettre de St-Prix, en date de Privas 21 août, n'est pas plus tendre que la précédente pour les brigands et ceux qui ont travaillé à leur soumission : « Nous avons vu ici les chefs de brigands et successivement leur bande qui, dit-on, partent pour l'armée. L'aministie et les garnisaires produisent cet effet. Les chefs Blanc Tristan et compagnie ont été fort bien reçus par le préfet et Croze. Ce dernier fut à leur rencontre et les a promenés continuellement dans la ville ; il avait l'air flatté d'une aussi agréable société. Un malheureux républicain n'aurait pas été choyé ainsi. Je ne dois pas vous laisser ignorer ce qui s'est passé au sujet de Blanc Tristan. Un vieillard, président d'âge de l'assemblée électorale de l'an VI, se trouve à Privas un jour de marché. Il rencontre Tristan et s'écrie : Voilà mon bourreau ! (Notez qu'il est estropié des œuvres de ce Monsieur). Pourquoi n'ai-je pas un fusil pour purger la société de ce scélérat ? Que me dira ma femme, lorsque je lui dirai que j'ai vu mon assassin et que je ne l'ai pas tué ? On assure que les brigands sont moins nombreux. On les charge tellement de garnisaires que les pères arrêtent leurs enfants et les forcent à partir. Il est arrivé à ce sujet un évènement bien malheureux : un père arrête son enfant pour l'obliger à partir, celui-ci sort un pistolet et le tue. »

Le 21 août, le général Ruby écrit que Robert, le sous-préfet de Largentière, réclame un poste de 100 hommes pour le garder, mais qu'il ne peut envoyer que 30 hommes de ligne. Et il ajoute : « La garde nationale est bonne à Largentière ; j'aime mieux laisser quelques transes au citoyen Robert que de priver l'armée de 70 hommes. »

Ici, il nous faut entrer dans quelques détails sur le rôle de ce Robert qui, après avoir été commissaire du gouvernement près l'administration centrale de l'Ardèche, avait été nommé depuis quelque temps sous-préfet de Largentière, et dont le préfet Caffarelli avait dès le mois de juin demandé le changement Mais cette demande avait été repoussée, comme il résulte de la réponse du ministre de l'intérieur au Préfet, en date du 31 juillet.

Robert, ayant eu communication de cette réponse, s'empressa d'en envoyer copie, le 12 août, au général Ferino, en l'accompagnant de la lettre suivante :

« Elle (cette réponse) vous prouvera la confiance que le gouvernement a en moi et vous portera à m'accorder la vôtre. Elle vous prouvera l'injustice et la méchanceté de ceux qui vous avaient prévenu contre moi. Elle fera, je l'espère, renaître entre nous cet accord, ce concert, cette confiance si nécessaires au bien public. Alors, je vous ferai connaître les vrais méchants d'avec les hommes égarés. Nous ferons la guerre aux premiers, nous ramènerons les autres dans leurs devoirs ; l'ordre renaîtra dans ce malheureux pays, et votre mission sera couronnée du succès que le gouvernement et les habitants paisibles de l'Ardèche attendaient de votre zèle et de votre amour pour la république. Salut et fraternité. »

A quoi, le général Ferino répondit, le 5 fructidor (23 août) en des termes qui prouvent au moins combien le citoyen Robert était devenu antipathique aux autorités militaires comme à la première autorité administrative du département :

Avignon, 5 fructidor (23 août).

« Le gouvernement a été trompé alors qu'il vous a délégué des fonctions publiques à exercer dans un pays où vous ne pouvez ni ne voulez faire le bien. Votre présence a fait perdre la confiance dans les mesures ordonnées par le gouvernement, que vous ne sauriez aimer parce qu'il est juste et sage. Depuis votre arrivée, les pères et parents des réquisitionnaires, conscrits et déserteurs, s'opposent à leur départ, dans la crainte d'être nouvellement vexés par vous.

Je vous annonce que j'ai écrit au ministre de l'intérieur, de la police et de la guerre, pour que vous ne soyez point employé. Un homme tel que vous ne peut point servir la chose publique.

Si, en attendant qu'il soit porté une décision, il vous arrive de commettre quelque acte arbitraire et de susciter des troubles, le retour de l'ordre que vous détestez m'impose la loi de vous faire arrêter, et c'est ce qui sera fait sur-le-champ.

Salut et Fraternité. — FERINO. »

Nous pourrions ajouter au tableau de ce petit conflit la lettre de Robert au ministre de l'intérieur (1), datée de Largentière 2 fructidor (20 août), dans laquelle notre sous-préfet attaque très vivement l'application de l'amnistie à certains brigands et appelle sur son supérieur les foudres du gouvernement, ainsi qu'une autre lettre, en date du 29 août, conçue dans le même esprit et adressée au docteur Duret, d'Annonay (2), mais ce qui précède nous paraît suffisant pour donner à nos lecteurs une idée exacte de la situation, sans insister autrement sur la personnalité du sous-préfet de Largentière (3).

Le 26 août, le général Ferino donne toute latitude à Caffarelli de pacifier le département, « suivant la connaissance qu'il a des populations ».

St-Prix écrit, le 29 août, de Privas :

---

(1) Archives nationales, F⁰ 3190.
(2) Cette lettre se trouve, avec quelques autres de Robert, dans la collection de M. Emmanuel Nicod.
(3) Voir notre Notice sur la baronnie de la Voulte, p. 348.

« Rien de nouveau à Privas. Les conscrits partent en foule et aux cris de Vive le Roi ! On se plaint toujours du brigandage de la bande noire ; cependant il n'y a pas eu d'asassinats, mais elle menace d'enlever les caisses ; apparemment que les fonds sont épuisés et qu'il faut les rétablir. »

Un document des archives départementales, dont quelques appréciations sont peut-être contestables, mais dont l'ensemble montre chez ses auteurs beaucoup de jugement et éclaire d'une complète lumière la petite histoire démagogique de Largentière pendant la Révolution, trouve ici naturellement sa place. C'est un rapport de Rouchon et du juge de paix Rouyière intitulé : *Aperçu de la situation du département de l'Ardèche à diverses époques de la Révolution, des causes qui ont introduit le brigandage et des moyens de le réprimer*, qui dut être présenté à cette époque au Préfet. En voici le texte :

De tous les pays de petite culture, ce département est l'un des plus stériles et des moins peuplés ; il est inutile d'en faire le tableau, le Préfet est sur les lieux. Quant au caractère des habitants, il connaît l'influence du climat sur les mœurs ; nous observerons seulement que, par la nature du terrain, les propriétés se trouvant extrêmement divisées, le peuple avait cette fierté et cet amour de l'indépendance que la propriété inspire toujours. Il est encore dans la nature des choses que les mœurs d'un peuple soient plutôt altérées dans un pays où les communications sont faciles que dans les montagnes ; ce qu'on appelle l'esprit philosophique n'avait pas fait de progrès ; les opinions religieuses étaient par conséquent moins affaiblies ; elles furent heurtées sans ménagement dès les premiers jours de la Révolution : voilà la cause des premiers troubles de l'Ardèche. On se rappelle encore des guerres de religion qui eurent lieu dans ce pays sous Louis XIII et sous Louis XIV ; les haines étaient à peine assoupies que l'esprit de secte fut réveillé par l'affaire de Nîmes. Quelque temps avant la fédération générale du 14 juillet, ce département, à l'instar de tous les autres, rassemble sa garde nationale à Jalès ; quelques fédérés rappellent que des catholiques ont été récemment égorgés à Nîmes par des protestants ; l'assemblée fédérative arrête de dénoncer cet attentat au corps législatif et de se rassembler au premier signal si les protestants se livrent à de nouveaux excès. Cet arrêté illégal fut censuré par l'Assemblée Constituante et les chefs du camp fédéré furent décrétés d'accusation. Voilà ce qu'on appelle le premier camp de Jalès. Le nommé Allier, prieur de Chambonas, homme remuant et ambitieux, mais dépourvu de jugement, se propose de tirer parti de la situation des esprits ; il acquiert assez d'influence pour opérer un second rassemblement, sous le prétexte de quelques nouveaux assassinats commis à Uzès Il prêche devant ces nouveaux croisés. Les égorgeurs, dit-il, sont protégés par les législateurs, et les soutiens de la religion sont persécutés. Les 1200 hommes qu'il parvient à rassembler marchent sur Nîmes. Mais, à peine eurent-ils fait cinq lieues que le citoyen Chastanier, qu'ils avaient nommé général, leur persuada de rentrer dans leurs foyers. Ce fut le second camp de Jalès.

Le prieur conserve toujours l'espoir de rassembler des forces plus imposantes. Il écrit aux princes dans cette persuasion. Ceux-ci envoient Conway dans ces contrées avec pleins pouvoirs : mais, comme cet Anglais n'était pas homme à se laisser mener, le prieur, qui voulait être le Saint Bernard de cette croisade, s'adressa à une tête plus faible. Il persuada au comte de Saillans, envoyé par les princes, mais subordonné à Conway, que c'est à lui à jouer le premier rôle, et lui promet, par l'ascendant qu'il a sur le peuple, de le mettre à la tête de 40.000 hommes. Il provoque, en conséquence, un mouvement qui ne lui donne que 400 hommes. Cette petite troupe se disperse à l'approche des forces dirigées contre elle. Saillans est pris dans sa fuite et sabré par les soldats dans la commune des Vans le 13 juillet 1792. Neuf prêtres du Gard ou de l'Hérault, qui étaient venus se réfugier dans nos montagnes pour éviter la persécution, sont aussi sabrés. Voilà le troisième camp de Jalès.

Il est inutile de rappeler ce qui s'est passé sous le régime de la Terreur, mais il est essentiel de fixer les yeux du Préfet sur les personnes qui étaient alors en place et qui jouissaient de toute l'influence auprès du gouvernement. A Largentière, la Société populaire était dirigée par Gimond, Suchet, Riffard, Claude Blachère, Puaux : c'était la société-mère du département ; toutes les autres étaient dirigées et électrisées par elle. Gleizal et Thoulouze, députés à la Convention, lui témoignaient beaucoup de prédilection ; leur correspondance avec elle ne fut jamais interrompue. A Joyeuse, les chefs de la Société étaient Planzolles, Dusserre, Rigaud, etc. Aux Vans, Lahondés, André, etc. A Villeneuve-de-Berg, Aymard, Mamarot, Lavalette. Après l'établissement de la Constitution de l'an III, le département de l'Ardèche fut encore agité ; les partisans du Directoire n'avaient pas la confiance du peuple ; les fonctionnaires nommés par le peuple n'avaient pas la confiance du Directoire, ni celle des députés de la Convention nommés au Corps législatif. Lorsque les gouvernants sont divisés, les gouvernés ne peuvent être unis. Le Directoire destitua presque tous les fonctionnaires nommés par le peuple et les remplaça par des partisans du régime de 1793 que le Préfet a trouvés en place à son arrivée Le Préfet sait quelle était à cette époque la politique du pouvoir exécutif : il excitait sans cesse une faction contre l'autre pour les affaiblir alternativement. Il résulte de ce que nous venons de dire ci-dessus que les commissaires du Directoire exécutif devaient avoir des principes opposés à ceux des tribunaux et des administrations auxquels ils étaient attachés, tant que ces corps furent nommés par le peuple. Ces commissaires visaient tous à la députation, mais il n'y avait rien à espérer pour eux des suffrages libres du peuple. Il s'agissait donc de forcer ces suffrages. Quelques circonstances les servirent, et ils en profitèrent assez habilement Dominique Allier, frère du prieur, parcourut le département, à la tête d'environ 60 brigands, pour piller les acquéreurs des biens nationaux. Il était aisé de dissiper cette petite troupe, de couper la racine du mal ; mais on eut moins en vue d'arrêter ces désordres que d'en profiter. Cette petite troupe fut présentée au gouvernement comme une armée formidable. On ne pouvait soumettre, disaient les commissaires au Directoire, ces brigands qu'avec des forces imposantes. En conséquence, des colonnes mobiles furent organisées Le district du Tanargue fut mis en état de siège et les commissaires furent maîtres des élections. Lorsque ensuite les administrations furent animées du même esprit que les commissaires, le mal fut à son comble. Celle de ce département obtint les chefs militaires qu'elle désirait. Aux généraux Motte et Mallye, anarchistes de profession, succédèrent l'adjudant général Nivet, placé à Aubenas, Bleyzac et Montchauffé en garnison à Largentière. Cette coalition des administrateurs et de la force armée a ruiné le district du Tanargue et a seule donné de la consistance au brigandage. Nous remettrons à la suite de ce Mémoire une pétition qui renferme les traits les plus saillants de la conduite des chefs de la force armée dans cette commune. Mais, quelque mauvaises que fussent leurs intentions, leur conduite aurait été cependant moins répréhensible, s'ils n'eussent été excités par les citoyens qui dirigeaient cette commune et que nous avons nommés ci-dessus. Tous ceux qui avaient quelque ennemi dans le parti anarchiste étaient déclarés suspects de chouannerie et complices du meurtre de Blachère, commissaire du Directoire exécutif près la municipalité de Largentière, et cette inculpation a été la principale cause du brigandage. Il était notoire que ce fonctionnaire fut assassiné par les brigands de la bande de Dominique Allier, dont plusieurs étaient étrangers. On inculpa une vingtaine de personnes toutes innocentes, qui prirent la fuite, craignant la partialité des autorités constituées ; ce sont les mêmes personnes que les prétentions de leurs ennemis ont forcées de se jeter dans les brigandages et qui ont été même à la tête de tous les rassemblements. Cet assassinat Blachère a été le prétexte de toutes les vexations et de toutes les vengeances ; les propriétés étaient saccagées ; les prisons regorgeaient de victimes ; il y en a eu jusqu'à cent à la fois dans les prisons de cette commune. On promit d'abord des feuilles de route aux conscrits, mais on mit en prison les premiers qui vinrent en demander sur la foi donnée. Les agents nationaux des campagnes étaient maltraités, brutalement frappés, plusieurs jetés dans les prisons ; les citoyens riches, les plus considérés, pillés par la force armée et obligés de quitter leur domicile. Le comte de Saint-Pierreville n'a obtenu la restitution de partie des effets que Montchauffé lui avait pris, qu'après le 18 brumaire. La citoyenne la Motte, veuve âgée de près de 80 ans a eu sa maison dévastée ; quantité de vins, de liqueurs précieux lui ont été enlevés, et Bleyzac, commandant de la place dans cette commune, en a régalé la canaille et les coupe-têtes qui formaient sa société ordinaire. L'état où se trouvait la république à cette époque était déplorable, le Directoire était sans force ; il essuyait à son tour les coups d'Etat, les destitutions arbitraires, dont il avait donné le funeste exemple ; le parti anarchiste dominait et on craignait le retour de la Terreur.

L'administration de notre département sollicitait à grands cris la mise en état de trouble et l'établissement d'une commission militaire dans cette commune. Tous les citoyens honnêtes étaient sur le point d'en sortir, lorsque le 18 brumaire vint nous tirer de cette crise violente. Il n'y a point de commune dans le département où les bons citoyens aient été aussi constamment persécutés. Tous ceux qui avaient assez de fortune pour vivre ailleurs en sont sortis, et on a d'autant plus de peine à concevoir une persécution si acharnée qu'il n'y a jamais eu réaction et que le pouvoir et les places n'ont jamais été disputés aux anarchistes. Cependant ceux que les persécuteurs avaient forcés de faire corps avec les brigands se sentirent assez forts pour se venger. Leur nombre augmentait tous les jours. Le gouvernement venait de licencier les colonnes mobiles. Mais le général Ruby, qui venait d'arriver dans ces contrées, n'avait pas des forces suffisantes pour leur en imposer. Il commença d'employer les voies de la conciliation. Il proposa une entrevue aux insurgés, et, comme il n'était pas encore connu dans la contrée, il pria les citoyens les plus notables de cette commune de l'accompagner au lieu de la conférence. Ceux-ci attestèrent aux insurgés que le général était homme d'honneur et de parole, juste et bon, et qu'on pouvait se fier à ses promesses. Les insurgés promettent de poser les armes sur-le-champ si on ne les recherche pas dans leurs foyers. Le général, de son côté, promet de les laisser tranquilles chez eux jusqu'à l'arrivée du Préfet et de solliciter une amnistie en leur faveur. Les insurgés tinrent parole, et le général tint la sienne jusqu'à l'arrivée de Férino. Mais celui-ci ne fut pas d'avis d'accorder l'amnistie et l'annonça par une proclamation très menaçante qui fit croire aux insurgés que le général Ruby n'avait voulu que les amuser, en attendant qu'il vînt des forces supérieures.

Les premiers troubles ont donc été causés par les opinions religieuses et les seconds, par les vexations des fonctionnaires publics et de la force armée.

Pour remédier au mal, il faut donc nommer des fonctionnaires aussi zélés pour la république qu'éloignés des excès de la Révolution. Nous savons que ce juste milieu constitue l'esprit du gouvernement et, pour entrer dans ses vues, nous lui proposons la liste ci-jointe.

Nous pensons invariablement que l'amnistie est un autre moyen efficace d'apaiser la rébellion, parce qu'elle fera évacuer les conscrits, les déserteurs, qui forment la plus grande partie des rassemblements. La justice la réclame autant que la politique, puisque les vexations ont causé la révolte. Le déploiement de la force, tous les moyens violents enchaînent pour un moment les bras, mais ulcèrent les cœurs; il n'y a que la justice, la clémence, la modération qui fassent des conquêtes durables. Au reste, il faut nécessairement que l'amnistie soit appliquée aux chefs si on veut désorganiser la masse ; c'est ainsi qu'on a réussi dans la Vendée.

Fait à Largentière, ROUCHON, ROUVIÈRE, *juge de paix.*

La lettre d'envoi de ce Mémoire, signée Rouchon, ne porte pas de date. Il y est dit : « Nous espérons que vous voudrez bien incessamment parcourir nos contrées ; cette tournée fixera mieux votre jugement que notre exposé, où nous avons omis bien des choses essentielles et une infinité de détails. Nous avons été charmés de voir arriver ici le citoyen Defrance. Sa prudence et son aménité nous étaient connues et nous font désirer qu'il conserve les fonctions que vous lui avez confiées provisoirement.

Salut et respect. »

**

Après l'amnistie, il y eut bien encore quelques cas isolés de brigandage, mais sans importance politique. Une lettre d'Aubenas, signée Genton, du 2 novembre, tout en déplorant l'inaction de l'autorité vis-à-vis des réfractaires ou déserteurs dont un trop grand nombre n'a pas quitté le pays, constate qu'on est tranquille dans les villes, « bien qu'il se fasse encore quelque pillage dans les campagnes ».

Blachère écrit de Largentière, le 25 décembre 1800 :

« Le brigandage commence à cesser. Nous sommes plus tranquilles et nous méprisons l'audace de nos prêtres non conformistes, à qui on tolère leur culte à l'église, pour éviter de plus grands maux, faute de troupes... »

La tranquillité constatée par ces dernières lettres ne fut plus sérieusement troublée.

Une autre lettre du 9 février 1801, dit que le pays est assez tranquille et que ceux des amnistiés, qui sont redevenus brigands, sont traités comme ils le méritent : « Ils sont poursuivis à outrance par les communes elles-mêmes. Les prisons de cette ville sont pleines et les prisonniers font tous les jours quelque tentative pour s'évader ».

Blachère écrit de son côté, le 11 février :

« Nos brigands actuellement redoutent la commission militaire, ce qui nous donnera la paix et la tranquillité. Du moins, nous voyageons tranquillement. Les nouveaux maires, qui dans le temps les protégeaient, se conduisent bien, et font ce que nous n'aurions pas fait. Les conscrits et réquisitionnés sont oubliés, et sur les prêtres on ferme les yeux ; ces deux articles suffisent pour qu'on ne se prête plus au brigandage... »

Une commission militaire arriva à Privas le 3 ou 4 floréal (4 ou 5 avril) pour juger les brigands accusés de crimes communs. En trois jours, il y en eut seize de condamnés à mort et exécutés. Après cet exemple destiné à frapper l'esprit des populations, la commission fut remplacée par un tribunal spécial dont les rigueurs furent plus en rapport avec la gravité beaucoup moindre des circonstances.

Le capitaine de gendarmerie Coste écrit de Privas le 7 juillet :

« L'état politique de notre département n'est pas aussi bon qu'on le dit. Le fanatisme y étend toujours ses ravages, et dans quelques endroits des scélérats se forment encore en bandes et ravagent les bons citoyens. Nous faisons tout ce que nous pouvons pour empêcher le mal. »

Au commencement de l'année suivante, le 29 janvier 1802, Blachère écrit de Largentière :

« Nous sommes tranquilles. De temps en temps, on arrête quelque chef de brigands. Le gouvernement aurait dû nous débarrasser plutôt de Caffarelli (le préfet à qui les Jacobins ne pardonnaient pas d'être resté rebelle à leur influence). »

On a vu que l'un des principaux chefs de brigands, Tristan, d'Uzer, avait fait l'année précédente sa soumission au général Ruby. Mais cette soumission n'avait été que passagère, et, soit par suite de nouveaux actes de rébellion, soit simplement à cause de ses actes passés et de la crainte qu'il inspirait, sa tête avait été mise à prix. Nous retrouvons sa trace dans une lettre du capitaine de gendarmerie, Silhol, du 25 juin 1801 :

« Il y a quelques jours que l'on a vu quatre brigands bien armés, fort bien équipés, entre la Bastide et Orgnac C'était au moment du plus grand passage des gens qui vont à la foire de Beaucaire Deux jours après, on en a vu, aux environs, de quinze à dix-huit, dont Blanc Tristan à la tête. Ce Blanc a passé dans presque toutes les communes, il recrute, il s'adresse à ses anciens collègues. Les uns lui promettent, les autres balancent, certains refusent, mais aucun n'est disposé à le vendre ni à le dénoncer. Il était naguère du côté de Bagnols, mais soit qu'il n'ait choisi ce bois que pour y organiser son premier peloton, soit qu'il ait vu des mesures prises pour sauvegarder les voyageurs, il n'est rien arrivé jusqu'à ce jour, et Blanc avec sa bande a quitté cet endroit ; mais il est bien sûr qu'à la première chasse qu'on lui donnera du côté de Largentière, il se jettera dans ce bois qui est fort propice pour se cacher. Il y a plus de deux mois que je cherche à arrêter la petite bande d'Orgnac... »

Il existe aux Archives nationales une lettre du sous-préfet Robert, datée du 20 août 1800, adressée au ministre de l'intérieur, qui blâme très-vivement l'amnistie accordée à Blanc Tristan, à Chabert, à Deroudilhe de la Vermalette et à Mouraret, et qui accuse Tristan d'être l'auteur de presque tous les assassinats de marque commis dans les derniers temps, notamment ceux de Blachère, Brun, Ducros, etc. etc.

C'est en 1802 seulement que périt ce personnage. Le 31 janvier de cette année, Valladier, le juge de paix de Vallon, écrivait à Gleizal ces cinq mots seulement :

BLANC TRISTAN N'EST PLUS

Tristan venait d'être tué à Chauzon, dans la coconnière d'un propriétaire du village dont il voulait épouser la fille qui était fort belle. Comme on savait qu'il y venait quelquefois, on le guetta, et une nuit on alla dénoncer sa retraite au juge de paix de Vallon, qui envoya en toute hâte une escouade de gendarmes. La servante, étant entrée de grand matin dans la coconnière sous un prétexte quelconque, cédant probablement aux menaces des gendarmes, l'officier qui les commandait, caché derrière elle, tira sur Tristan, avant que celui-ci eût le temps de saisir son fusil suspendu à la muraille au-dessus de lui. La balle pénétra entre les deux sourcils, à l'arête du nez. Le corps fut enterré, quelques heures après, par le clocheron, au cimetière de Chauzon (1).

Ce fut un grand soulagement pour les jacobins de Largentière et des environs, mais la chouannerie elle-même était morte depuis plus d'un an, et la profonde tranquillité qui fut le résultat de la politique inaugurée par le 18 brumaire et confirmée par le concordat, fit ressortir avec plus d'évidence que jamais que la tyrannie jacobine, par les entraves qu'elle avait mises depuis 1791 à la liberté de conscience et de culte, avait contribué plus que toute autre cause, aux troubles et aux malheurs du pays.

(1) Voir notre notice sur Uzer, p, 60.

L'ÉGLISE DE NOTRE-DAME DES POMMIERS

La légende de sa construction. — La crypte primitive et l'église actuelle. — L'étymologie du nom. — Sa première mention dans des documents authentiques. — L'éloge de son architecte par M. de Valgorge. — Les portes de l'église. — Les chapelles. — Le clocher et sa flèche gothique. — Les autres améliorations réalisées par M Léorat. — La statue de N. D. des Pommiers. — La chaire.

Nous avons constaté, au début de notre étude sur Largentière, que l'Eglise de Viviers possédait en ce lieu, avant le IX⁰ siècle. un domaine seigneurial avec habitation : *curte indominicata*, et que c'est sur ce domaine, selon toute vraisemblance, qu'elle fit bâtir plus tard l'église et le château (1).

L'église, dédiée à Notre-Dame des Pommiers, est l'objet d'une légende locale qui mérite d être rapportée. On dit qu'elle devait être bâtie primitivement sur la colline de Fanjau (*Fanum Jovis*), qui fait face du côté du levant. au plan incliné sur lequel est assise la ville de Largentière. Les ouvriers s'étaient déjà mis à l'œuvre, mais chaque nuit une main invisible enlevait leurs outils, que l'on retrouvait de l'autre côté de la rivière, sous un pommier, à l'endroit appelé maintenant le *Portalet*. Ce prodige fut naturellement considéré comme un avertissement céleste, et on décida de bâtir l'église en cet endroit On ajoute que le bois du pommier servit à faire la vieille statue de la Vierge qu'on vénère dans l'église de temps immémorial (2).

M. Léon Vedel, interprétant la légende, croit qu'au V⁰ ou au VI⁰ siècle, il existait encore un reste de sanctuaire païen à Fan-

---

(1) Voir pp. 1 à 3.

(2) M. Léon Vedel est, croyons-nous, le premier à avoir donné cette légende, dont il n'est question ni dans l'*Album du Vivarais* de M. Albert du Boys (1842). ni dans les *Souvenirs de l'Ardèche*, de M de Valgorge (1846), ni dans les Annuaires de Largentière de Célestin Dubois (1855 à 1857), bien que, d'après nos souvenirs personnels, elle fût de conversation courante dans la population locale avant 1840. Aussi est-elle mentionnée dans le manuscrit de l'abbé Ricou, vicaire à Largentière vers 1860. L'article de M. Léon Vedel se trouve dans la *Revue du Dauphiné et du Vivarais* de 1879.

jau, et que, pour en éloigner la population nouvellement convertie, on résolut de bâtir sur le côteau opposé un sanctuaire chrétien, destiné à purifier la contrée.

D'après une autre tradition locale, il existe à Fanjau une chèvre d'or qu'on voit errer parfois la nuit, surtout la nuit de Noël. On la suit pour trouver un trésor, mais bientôt on la perd de vue, et on se trouve enfermé dans les ruines de Fanjau ; ce qui veut dire, sans doute, qu'il ne faut jamais se laisser entraîner par le génie du mal. Encore une légende tendant à détourner de l'ancien sanctuaire païen.

Le nouveau, que les prêtres catholiques bâtirent au Portalet, n'aurait été d'abord qu'une humble crypte, sur laquelle se serait élevée plus tard l'église actuelle. Telle est aussi l'opinion de M. de Valgorge, qui, frappé de certaines particularités de celle-ci, n'hésite pas à la considérer comme n'ayant été que l'agrandissement et la transformation complète de l'ancienne crypte, et les restes de cette crypte reproduisent bien à ses yeux « tous les traits distinctifs de la première période carlovingienne : lourdeur massive des petits piliers qui servent aujourd'hui de base aux piliers élancés qui, dans une partie de l'église, soutiennent ses voûtes ; fûts écrasés et monotones de formes ; caryatides du style le plus grossier et le plus barbare (1) ».

M. de Valgorge regarde aussi comme un débri de l'église primitive la vieille auge de granit, qui sert encore aujourd'hui pour les fonts baptismaux.

M. Léon Vedel apporte, à l'appui de l'hypothèse de M. de Valgorge, les observations suivantes :

« On a pu remarquer que les huit piliers qui sont dans la partie basse de l'église — six en partie engagés dans les murs extérieurs et deux séparant les nefs — sont d'une époque bien antérieure aux autres piliers qui ornent si richement et si élégamment l'édifice. Ils accusent l'architecture des premiers siècles chrétiens. N'aurait-on pas, au XIVe siècle, compris dans la nouvelle construction l'ancienne crypte, probablement en ruines, dans tous les cas insuffisante ? et alors, sur les huit piliers dont nous parlons, on aurait superposé huit des piliers actuels. La crypte ou ancienne

---

(1) *Souvenirs de l'Ardeche*, II, 319.

VUE GÉNÉRALE DE LARGENTIÈRE

église devait être, à en juger par ces vestiges, de peu d'étendue. Elle paraît avoir été comprise entre les deux derniers piliers et le mur extérieur qui ferme l'église au couchant, et la hauteur atteignait, ainsi qu'il est facile de le reconnaître aux chapiteaux des piliers, à peine deux mètres à la naissance de la voûte... »

D'où vient ce nom de N.-D. des Pommiers (*Beata Maria de Pomeriis* dans les anciens documents) ?

Comme *Pomerium* signifie un lieu planté de pommiers, le plus raisonnable est de penser, ce qui s'accorde, d'ailleurs, avec la légende, qu'il y avait beaucoup de ces arbres en cet endroit. Il est bon de noter toutefois, ne fût ce que pour mémoire, que les Romains désignaient sous le nom de *Pomœrium* l'espace consacré autour des remparts, et sur lequel il était interdit de bâtir, ce qui pourrait être ici le cas, puisque l'église de Largentière faisait partie du système extérieur de défense de la ville. Il faut aussi se rappeler que *Pomerium*, au témoignage de Ducange, signifie quelquefois une aire, un lieu non planté et public (*area, locus vacuus et publicus*), ce qui pourrait répondre à l'ancienne *curte indominicata*. On peut enfin, malgré l'abus qui a été fait par beaucoup d'archéologues des étymologies d'origine païenne, se demander si *Beata Maria de Pomeriis* n'est pas ici pour *Beata Maria Pomorum* (Notre Dame des Fruits), et si les églises portant ce titre n'ont pas succédé à d'anciens temples de Pomone. Il est à remarquer que la chapelle du prieuré bénédictin de Ruoms, où se trouve un vieux tableau, représentant la Sainte-Vierge, tenant l'Enfant Jésus sur un bras, et de l'autre un panier de pommes, était aussi consacrée à N.-D. des Pommiers. On cite encore l'église de Beaucaire comme étant sous le même titre (1). Pour résoudre ce problème étymologique, il serait essentiel de bien connaître d'abord les pratiques du culte de Pomone, et de voir ensuite s'il en est resté quelque trace dans les habitudes, les traditions ou le langage des endroits où l'on vénère Notre-Dame des Pommiers. En attendant qu'un érudit entreprenne cette étude, bornons-nous à dire que l'examen de l'édifice actuel semble donner raison à M de Valgorge et à M. Léon Vedel au point de vue de l'existence successive de deux églises.

(1) Voir notre *Voyage dans le Midi de l'Ardèche*, p. 361 a 363.

Celle que nous voyons ne peut pas remonter au delà du xvᵉ siècle, car elle présente tous les caractères de l'époque de transition. C'est pourquoi il ne nous parait pas démontré que l'accord de 1214 passé à Largentière entre les seigneurs de Sauve et l'évêque Burnon, *ante ecclesiam Beatæ Mariæ* (1), ainsi qu'un autre acte de 1212, s'appliquent à cette église, plutôt qu'à son aînée.

Quoi qu'il en soit, cette église, commencée peut-être au xiiᵉ siècle, mais achevée seulement au xiiiᵉ ou même plus tard, est une des plus belles du département et dénote un habile architecte Et à ce point de vue, nous ne saurions mieux faire que de reproduire le jugement de M. de Valgorge, qui, en sa qualité d'inspecteur des monuments historiques, avait fait de cet édifice une étude spéciale :

Le plan intérieur, qui figure une croix latine régulière, est admirable de composition ; les proportions entre la nef et ses bas côtés sont parfaites d'harmonie. L'abside principale surtout et les deux chapelles absidales, qui sont placées en retrait à côté d'elle, complètent un ensemble où la majesté le dispute à la grâce et à l'élégance... Le génie roman et le génie gothique se sont cette fois réunis, et en quelque sorte donné la main, pour faire cette église grande, imposante et belle. Au premier appartiennent les piliers des trois nefs et le cintre plein des trois fenêtres de la grande abside ; au second doivent être attribuées les ogives croisées et les grandes arêtes à nervures des voûtes de la nef et de l'abside principale, ainsi que des ogives moins riches à arêtes massives et carrées des voûtes des deux nefs latérales. L'ogive n'a pas assez d'élévation cependant pour qu'on puisse la considérer comme une véritable ogive. Ce n'est qu'une modification du cercle roman, considérée comme une concession faite au goût dominant d'alors qui avait introduit et imposé l'ogive dans le midi de la France (xiii et xivᵉ siècles).

Une fois ce léger sacrifice fait au goût du temps, on reconnait que la vue d'ensemble et d'unité de l'intérieur de l'église a trop d'harmonie et d'inspiration pour n'être pas sortie d'un seul cerveau créateur, ou le résultat d'une seule idée et d'un seul plan primitif, ce qui exclut la pensée en fait que les voûtes ogivales appartiendraient à une époque postérieure à la construction des piliers romans

L'effet général parait avoir été combiné pour faire ressortir avec énergie l'élégance des formes, la richesse et en quelque sorte le luxe prodigue d'ornementation de l'abside principale. Les piliers dans la nef réunissent à la fois un sentiment de puissance comme masse, et néanmoins de légèreté et d'élévation, qui prépare par-

(1) Voir p. 47.

faitement les effets de l'abside. Ce qu'il faut admirer notamment, c'est l'habileté merveilleuse avec laquelle l'architecte a su se servir des faisceaux de colonnes, des chapiteaux subdivisés par plusieurs arrière-plans d'une savante ordonnance, et des nervures de l'architecture ogivale pour élégir ces lourds et massifs piliers. Grâce à cette ingénieuse combinaison, qui est un véritable tour de force pour l'époque, les piliers ne sont plus aussi matériels que dans les édifices romans, et l'église toute entière a revêtu un caractère gracieux et sévère tout à la fois, qui tient le milieu entre la légèreté féerique des monuments gothiques du xve siècle et la gravité imposante de ceux du ixe...

Ce qui rend donc cette église remarquable entre toutes, dans un système restreint bien s'entend, c'est le charme des proportions, l'harmonie unitaire de l'ensemble, et en quelque sorte la poésie condensée de l'abside principale.

A cette appréciation générale d'un homme fort compétent en l'espèce, nous allons ajouter un certain nombre d'observations qui permettront à ceux qui ne connaissent pas l'église de Largentière, de s'en former une idée plus complète.

L'église, y compris le porche, a 45 mètres de longueur, 20 de largeur, pour l'ensemble des trois nefs, et 28, si l'on tient compte des chapelles latérales.

L'ornementation des piliers est la même partout. Leur base repose sur un socle dont les parties carrées se trouvent rattachées à ladite base par des pattes, comme on le faisait fréquemment aux xii et xiiie siècles. Les deux chapiteaux se présentent de face à l'entrée du chœur sont d'un roman orné et riche. Les autres, ornés de crosses, se terminent par un nœud ou feuille roulée en forme de volute. Ceux du chœur sont supportés par des caryatides fort bien réussies.

Au sujet des chapiteaux romans des deux piliers du fond de l'église, il convient de reproduire la note suivante que nous tenons de l'ancien curé, M. Cornut :

« Ces chapiteaux ne font pas du tout partie des piliers, comme on l'a prétendu à diverses reprises Il suffit, en effet, d'un peu d'attention pour constater qu'ils ont été appliqués entre lesdits piliers, et que le tailloir seul s'y trouve engagé de 4 à 5 centimètres, et cela uniquement pour empêcher les chapiteaux qui sont au dessous de tomber à terre. Les têtes plates, les hiboux et les autres figures grimaçantes que l'on remarque dans ces chapiteaux, attestent d'une façon évidente leur origine romane. Ne proviendraient-ils pas des ruines de la chapelle de l'ancien couvent des Cordeliers détruit en 1562 ? La chose est plus que probable, bien qu'on ne puisse l'affirmer avec certitude ».

Ces chapiteaux, qui ne servent à rien aujourd'hui, supportaient autrefois la voûte d'une tribune qui tenait tout le fond de l'église, et que M Léorat fit disparaître en 1851. Précédemment ils servaient de point d'appui à la galerie que venaient occuper pendant les offices les religieuses de N. D., dont la maison, séparée de l'église par l'ancien cimetière, est désignée depuis longtemps sous le nom de *vieux couvent*.

L'église n'avait autrefois qu'une porte d'entrée, ouverte sur un de ses côtés, au levant, et située à l'intérieur des remparts, parce qu'une porte, ouverte selon l'usage en face du chœur, aurait abouti à l'extérieur de l'enceinte fortifiée, laissant l'accès de l'église exposé aux coups de l'ennemi. C'est pourquoi la grande porte de façade, avec son beau porche, n'a été construite que dans ces derniers temps (en 1852) par M. Léorat; mais on ne s'en sert guère que dans les grandes occasions, et c'est toujours l'ancienne qui est le plus en usage. Celle-ci, qui s'avance en porche au-dessus d'un perron de cinq marches, est à trois voussures, répondant à trois colonnettes, à la hauteur desquelles court une corniche ornée de vieilles figures en relief, provenant probablement d'un édifice plus ancien. Détériorées par l'action du temps ou le vandalisme des hommes, dissimulées aussi sous les couches d'un épais badigeon, il est difficile de dire ce que ces figures représentent. Dans le nombre, on distingue très bien cependant un ange avec ses deux ailes, et un peu plus loin une syrène à deux queues, symbole de l'impureté.

Outre les deux chapelles placées au fond des deux nefs latérales, consacrées, l'une au Sacré-Cœur (jadis à St André), et l'autre à St-Jean-François-Régis (jadis à St Vincent), qui toutes deux marquent la fin du gothique et le début de la Renaissance par l'agencement et l'ornementation des colonnettes groupées à leur entrée — chapelles que le manuscrit Ricou dit avoir été construites vers 1307 par l'évêque Louis de Poitiers — l'église de Largentière comprend encore :

La chapelle de la Sainte Vierge (ancienne chapelle des Cinq plaies, fondée en 1519 par Pierre Allamel), qui présente tous les caractères du style gothique de la 3º époque, c'est-à-dire du gothique flamboyant ;

La chapelle de St Joseph ou chapelle des Morts, située en face de celle de la Sainte-Vierge, de l'autre côté de la grande nef ;

Et la chapelle de St-Louis de Gonzague, en face de l'ancienne porte, toutes deux de construction récente.

La belle flèche gothique, qui a remplacé la tour carrée de l'ancien clocher, lequel avait remplacé lui-même un clocher primitif, formé d'un mur percé de trois arcades, date de 1868. Elle est l'œuvre de M. Léorat, qui, frappé de la beauté de la nouvelle flèche de l'église St-Nizier de Lyon, voulut doter sa paroisse d'une semblable, et c'est avec une dépense relativement minime (environ 10.000 fr), dont moitié fournie par la fabrique, et l'autre moitié par des souscriptions particulières, qu'il put mettre ce projet à exécution On a reproché à ce nouveau clocher de n'être pas dans le style du reste de l'édifice, mais ce reproche, bien que fondé en principe, nous paraît insuffisamment applicable à l'église de Largentière, dont il ne resterait rien, si on lui enlevait tout ce qui n'est pas dans le style du monument primitif ; en sorte que nous serions plutôt tenté de féliciter M. Léorat de l'avoir couronnée d'un type d'architecture, qui, s'il peut choquer quelques connaisseurs, a notoirement satisfait, soit pour le plaisir des yeux, soit au point de vue de l'amour propre local, la grande majorité de la population.

La flèche de M. Léorat a 17 mètres de hauteur. Au bas de la flèche règne une gracieuse balustrade, soutenue par quatre clochetons. En quoi, ce clocher est supérieur à celui de Chassiers, qui n'a jamais été terminé, car le plan primitif comportait aux quatre angles des poivrières, reliées par des arcs en doucine, qui n'ont jamais été même commencées.

M. Léorat avait précédemment (en 1851-52) fait exécuter dans son église, outre l'ouverture de la grande porte en face du maître autel, d'autres importants travaux, pour la plupart indiqués déjà dans l'ouvrage de M de Valgorge, notamment la démolition de la grande tribune du fond de l'église, et celle d'une vieille muraille située au dessus du chœur. Voici la note qui se trouve sur ce dernier point dans ses manuscrits :

« Il existait au dessus de la corniche du chœur des murs de fortifications en forme de créneaux, qui avaient été construits avec les débris de l'ancien couvent des Cordeliers ; ces murs produisaient un mauvais effet, je les fis raser. Je fis placer une croix au sommet du mur qui fait la séparation du chœur et du transept, à l'endroit où se trouvait le clocher primitif consistant en trois fenêtres, ainsi qu'il est facile de s'en convaincre par les travaux qui subsistent encore. Le clocher actuel (celui que la flèche a remplacé) a été élevé sur les bases de la chapelle (de St-Jean-François-Régis) avec les débris de l'ancien couvent des Cordeliers ; ce qui le prouve d'une manière certaine, c'est que le mur des fortifications, que j'ai fait démolir au dessus de la corniche du chœur, était lié avec le mur du clocher et ne faisait qu'un avec lui. Avec un peu d'attention, il est facile de voir l'endroit où a eu lieu la reprise des travaux pour l'élévation. On trouve une date sur la face droite de la première fenêtre du levant : 1640. La preuve que la construction avait été faite avec les matériaux du couvent, se trouve dans les chapiteaux et les fûts de colonnes, qui ont été mêlés aux autres pierres, et dont quelques uns sont conservés dans le jardin de la cure ».

La partie inférieure de la tour du clocher était très probablement aussi ancienne que le reste de l'édifice, mais il n'en est pas de même de la partie supérieure, où l'on trouve le monogramme du Christ appliqué en caractères gothiques sur une des pierres formant l'angle nord de la tour, ce qui ne peut pas remonter au delà du XVe siècle, l'almanach gothique n'ayant été employé qu'à partir de cette époque.

Le procès-verbal de la visite de l'église en 1676 constate qu'il y avait au clocher quatre belles cloches, outre celle de l'horloge. Elles furent sans doute enlevées sous la Révolution, car les deux qui y sont actuellement ne datent que du temps de la Restauration.

C'est aussi à M. Léorat que l'on doit le beau vitrail de la grande fenêtre du chœur.

La partie faible de l'église n'en reste pas moins le chœur qui, par ses proportions restreintes, présente un contraste choquant avec le reste de l'édifice. Cette lacune a préoccupé tous les curés

NOTRE-DAME DES POMMIERS

qui se sont succédé à Largentière, et on a pu croire un instant qu'avec M. Cornut, cette grosse lacune allait être comblée. La mort prématurée de ce vénérable pasteur en a décidé autrement, et les circonstances actuelles paraissent moins que jamais favorables à la réalisation de cette idée.

A quelle époque remonte la statue de Notre-Dame des Pommiers tenant dans ses bras l'enfant Jésus, et faite d'un tronc de pommier, que l'on vénère dans l'église de temps immémorial ? Nous ne connaissons à cet égard aucun document certain. La Vierge a de gros traits, une physionomie rustique, qui tient probablement aux couleurs qu'on lui a passées : c'est un type de beauté indigène, tel que pouvait le concevoir un artiste du crû, et rien dans cette œuvre ne rappelle la pureté de l'art grec ou n'indique une importation orientale, comme N.-D. du Puy, N.-D. de Fourvières et la plupart de nos Vierges noires.

La statue a été faite pour être appliquée à une muraille, car elle n'est sculptée que par devant, et la gravure ci-dessus qui la représente telle qu'elle est sortie du ciseau du sculpteur, et non avec un de ses costumes qui varient avec les fêtes, donne à croire, par le genre des draperies, qu'elle date seulement du temps de la Renaissance ; d'où la probabilité qu'elle aura succédé à une statue plus ancienne, détruite lors des événements de 1562, car l'église étant, dès le XIIIe siècle, dédiée à N.-D. des Pommiers, il est inadmissible que la Vierge n'y eût pas alors une représentation quelconque. Il est certain qu'elle en avait une au commencement du XVIe siècle, puisque, dans son testament, en 1517, Raymond Vacher, de Largentière, lègue 2 deniers tournois à chacun des prêtres qui à ses funérailles, chanteront un *Salve Regina* devant l'image de N.-D. des Pommiers (*ante imaginem Matris Domini de Pomeriis*) (1). La statue actuelle a un cœur d'argent où les âmes dévotes déposent les demandes qui lui sont adressées.

Pendant la Révolution, les Pénitents la mirent à l'abri des destructions jacobines. Lors du choléra de 1854, on l'habilla magnifiquement, on lui mit tous ses bijoux et on la porta en procession jusqu'au Reclus. Et la ville de Largentière fut épargnée par le fléau, tandis qu'il y eut des cas dans tous les environs. Ce qui, d'ailleurs, peut s'expliquer, même pour les

(1) Page 120.

incrédules, par le surcroît de force morale, qui résulte naturellement, dans tout groupe de population, d'un mouvement général de foi et de confiance en Dieu.

Pendant la guerre de 1870, on promena la statue dans la ville et on lui consacra les mobiles. La statue resta placée au milieu de l'église tant que dura la guerre.

Nous avons entendu des vieillards assurer que N.-D. des Pommiers était jadis un but de pèlerinage. On l'a oublié à Largentière, mais le souvenir s'en est, dit-on, conservé en d'autres endroits, puisqu'on voit parfois — quoique rarement — arriver pour la prier des personnes du côté d'Alais ou de St-Ambroix. Un fait qui vient à l'appui de cette tradition, est celui de la visite de Mme Rivier, la fondatrice de l'ordre de la Présentation, qui, d'après une note authentique conservée au Bourg-St-Andéol, vint, au mois de juin 1794, prier particulièrement N.-D. des Pommiers.

La chaire, adossée au dernier pilier de la grande nef, à gauche, en avant du chœur, est un curieux et riche spécimen du style ogival flamboyant, transporté là après la destruction du couvent des Cordeliers. Elle est formée de cinq panneaux présentant les cinq faces de la moitié d'un décagone. Le premier panneau, en venant de la porte de l'église, est vierge de toute inscription. La gravure ci-après donne exactement la figure des trois panneaux qui suivent :

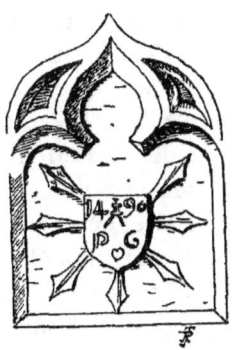

L'original, ou du moins la vieille copie retrouvée à Deux-Aygues, de la Relation de la destruction du couvent des Cordeliers (1), donne ainsi l'inscription complète :

L'an MCCCCLXXXX V octobre ieu Pierre Garnier de Coulens ay dounat a questa cadieira al couvent des Freres Minours de Largenteira.

Les petites différences qui existent entre ce texte et le véritable, que tout le monde peut lire encore aujourd'hui : *Voctobre* au lieu de VII) — *ieu* au lieu de hieu — *Garnier* au lieu de Guarnier — *Coulens* au lieu de Colens — *dounat* au lieu de donat — *cadieira* au lieu de chadière, montrent qu'il ne s'agit pas d'une reproduction parfaitement littérale, mais seulement du sens de l'inscription.

Ce qui nous frappe le plus dans cette version, c'est l'absence du mot *eque*, et l'on peut y voir la preuve que l'auteur ne l'avait pas compris lui-même. Pour nous, cet *eque* n'étant évidemment que le commencement d'un mot qui se terminait au panneau suivant, nous supposâmes tout d'abord que cette suite avait dû se trouver sur le panneau mutilé (le cinquième) lequel aurait pu être transposé lors de la reconstitution de la chaire ; mais il fallut renoncer à cette idée, après qu'un examen attentif eût démontré que les deux derniers panneaux sont formés d'un seul bloc, de même que le second et le troisième ; quant au premier, il a été constaté qu'il est d'une pierre différente des autres et n'est pas taillé de la même main, ce qui prouve qu'il n'appartenait pas à la chaire primitive et date seulement de l'époque où la chaire fût redressée dans l'église paroissiale.

Cela étant, et comme il est inadmissible que le maçon Garnier ait pu couper sa phrase, en transportant les mots des *Frères Minours de Largenteira* après le panneau portant sa signature (c'est-à-dire ses initiales avec la date), nous nous croyons en droit de conclure qu'il existait entre les deux blocs un panneau intermédiaire, où se trouvait la suite de l'inscription, et dont la destruction explique le passage de la Relation où il est dit que la chaire fut mise en pièces. Dès lors, il est facile de reconstituer les péripéties par lesquelles passa l'œuvre de Garnier. Les envahisseurs de l'église des Cordeliers, voulant détruire la chaire qui, paraît-

(1) Voir p. 157.

il, était d'une seule pièce, s'attaquèrent au panneau du milieu, qui, d'ailleurs, devait les irriter davantage, parce qu'il portait le nom détesté des Frères Mineurs. La chaire fut ainsi partagée en deux blocs, dont l'un conserva deux panneaux intacts, tandis que sur l'autre on ne laissait rien des caractères ou des figures gravées sur le dernier panneau ; c'est à peine si l'on a cru y reconnaître la lettre D. Quand la tranquillité fut rétablie, le maçon Serres, chargé de redresser la chaire, s'occupa naturellement de rajuster les deux blocs, en remplaçant sur un autre point, pour les besoins de la symétrie, le panneau détruit, sans autre préoccupation que de mettre ensemble et en bonne lumière ceux où il y avait un reste d'inscription. Et c'est ainsi que le mot *eque* est resté en l'air, témoignage vivant de l'ancien vandalisme huguenot (1).

Il nous reste à interpréter le mot *eque*, et c'est à la langue romane, la *lingua laica et materna* dont usent quelquefois nos anciens notaires, ce qui veut dire simplement notre vieux patois, qu'il faut en demander le secret. C'était la langue de Garnier que nos paysans parlent encore, et en les entendant dire *oquesté* pour *ce* ou *celui*, on comprend bien vite l'inscription de notre artiste maçon donnant sa chaire, non pas au premier couvent venu, mais à celui (*oquesté*) des Frères Mineurs de Largentière. Le mot se terminait donc probablement par *ste* ou *sto*. Il est vrai qu'on lit sur la pierre *eque* et non *aque*, mais on y lit aussi *aquesta chadiere*, tandis qu'on dit aujourd'hui *oquesto chodeiro* ; c'est pourquoi nous ne pensons pas que ces nuances initiales ou terminales puissent infirmer notre raisonnement. En tout cas, nous avouons humblement notre impuissance à trouver une autre interprétation raisonnable du mot en question.

L'église était jadis munie de deux tours, faisant partie du système de défense de la ville. L'une d'elles existe encore, à l'entrée de la promenade des Marronniers. L'autre s'écroula en 1830.

(1) D'un nouvel examen de la chaire fait par un homme du métier (M Gasparoli), il résulte que sa base présente sept faces, correspondant a sept panneaux, ce qui ferait supposer qu'elle était en son installation primitive, adossée à un pilier ou à un mur et formait un octogone dont le huitième côté était ouvert pour le débouché de l'escalier, tout cela, d'ailleurs, ne contredisant en rien l'existence d'une pierre intermédiaire entre les deux blocs portant les débris de l'inscription.

Le dessin ci-joint de l'intérieur de l'église, fait par M. Maurice Vaschalde, d'après une peinture qui appartient à M⁰ᵉ Félix

Église de Largentière - 1845

Rouvière, donne une idée assez nette de son caractère architectural.

Comme complément naturel de cette petite étude sur l'église de Notre Dame des Pommiers, voici la liste de tous les curés de Largentière, dont nous avons pu relever les noms dans les archives locales :

1340, messire Raymond Vernède (1).

1367, messire Guillaume Rivière, official (2).

1370, messire Nicolas Bauchard (3).

1387-1393, messire Guillaume Brie, bachelier ès lois (4).

1427, messire Pierre Radulphe, bachelier ès décrets (5).

1497, messire Philippe Vincent, archiprêtre des Boutières, official de Largentière (6).

1512, Charles de Malet, bachelier ès lois (7).

1523, Jean Blachère, official (8).

1531, Mathieu de la Rovière, official (9).

1537 à 1562, Charles de Malet (10).

1580, Pierre Charrière (11).

1591, Bernard Coronel (12).

1641, Ténot.

1643, Roche.

1653 à 1675, Annet de Fages.

1690, Boyer.

1695 à 1701, Laborie.

1703, Chabert.

1728, Valette, docteur en Sorbonne.

1749 à 1765, Christophe Defrance.

1769, Allamel de Bournet.

1773 à 1793, Denant.

---

(1) Voir p. 77.
(2) Voir p. 106.
(3) Minutes de Jean de Brive. Etude de M. Brun, notaire à Joyeuse.
(4) Voir p. 109.
(5) Voir p. 115.
(6) Voir p. 97.
(7) Voir p. 119.
(8) Voir p. 124.
(9) Voir. p. 126.
(10) Voir pp. 172, 179, 180. A la note de la p. 180. nous ajouterons que, d'après le baron de Coston, l'ex-curé se maria, avec une nommée Marguerite Lanceguy qui habitait Châteauneuf-du-Rhône en 1568 (*Histoire de Montélimar*, II, 291).
(11) Voir p. 243.
(12) Voir p. 261.

1792, Labrot, vicaire faisant fonctions de curé.
1793, Lafont, de Coucouron, prêtre assermenté.
1802, Françoni.
1814, Dubois-Maurin.
1830, Martin.
1848 à 1877, Léorat.
1877 à 1898, Cornut.
1899, Mirabel Chambaud.
1903, Caussin.

XIV

LE VIEUX CHATEAU DE LARGENTIÈRE

Le donjon. — La grande tour ronde du comte de Toulouse. — Les deux tours de Poitiers et d'Anduze. — L'inscription et sa véritable date. — Travaux d'agrandissement sous les évêques Jean de Montchenu et Claude de Tournon. — La description du château au xvie siècle. — Sa transformation au xviiie par les comtes de Brison. — Les jardins et l'allée des Marronniers. — Le tribunal et les prisons installés au château après la Révolution. — Il est acheté par la ville pour en faire un hôpital (1847). — Sa défiguration complète nécessitée par les besoins des services hospitaliers. — Les Baumes de Viviers.

Le château de Largentière a eu pour point de départ la grande tour carrée ou donjon, qui, il y a peu de temps encore, dominait tout le reste des bâtiments. « Le style roman de cette tour se reconnaît, dit M. Eyssette (1), à la robuste solidité de ses parois, à l'absence de toute ornementation extérieure, à une arcade plein-cintre ménagée sur une de ses faces, aux larges baies carrées ouvertes dans son sommet, à sa toiture surbaissée à quatre versants. C'était bien là la *Tour Argentière*, bâtie par les évêques de Viviers au xiie siècle, pour renfermer les produits des mines et protéger les travailleurs. »

Elle n'avait, comme les autres tours du pays d'Argentière (Tauriers, Montréal, Brison, Vinezac, Balazuc), qu'une porte située à une certaine hauteur. Le premier étage, où cette porte aboutissait, était sur voûte ; tous les autres étaient formés par des planchers mobiles, ne communiquant entre eux que par un escalier pratiqué dans l'épaisseur des murailles, et il en était de même de toutes les tours des environs.

Mais cette tour était-elle bien du xiie siècle, et ne serait-elle pas plutôt du commencement du xiiie ?

---

(1) Philippe Eyssette, ancien maire de Nîmes, juge (1852), puis président du tribunal de Largentière (1862), mort en 1874. Les trois articles qu'il a publiés sur le château de Largentière, et auxquels nous avons fait de larges emprunts, se trouvent dans le *Bas-Vivarais* des 15, 22 et 29 août 1858. Philippe était le frère d'Alexandre Eyssette, l'auteur de l'*Histoire de Beaucaire*.

La première opinion peut se baser sur le fait que la transaction de 1198 indique comme existant déjà le *castrum* de Ségualières, puisque le comte de Toulouse le réclame ainsi que les mines d'argent. Toutefois, il nous semble que le mot *castrum* signifie ici le lieu lui-même, l'ensemble des habitations entouré de murailles, plutôt qu'un château fort. Dans le cas contraire, on s'expliquerait difficilement cet autre passage du même document où il est dit que, si le comte voulait bâtir à Largentière une tour, l'évêque, Aymar de Poitiers et Bermond d'Anduze, pourraient, de concert, en faire aussi bâtir une, de même hauteur et de même épaisseur, et réciproquement.

Et enfin, la question n'est-elle pas tranchée par l'accord de 1210 portant la concession expresse faite par le comte à l'évêque « de bâtir un château à Largentière ou dans les limites sus-énoncées (entre Lende et Tauriers, Roubrau et Chassiers), excepté sur la montagne où le comte a bâti le château de Fanjau » (1) ?

De tout ceci, on peut conclure, selon nous, que la vieille tour, en supposant qu'il y eût quelque chose qui lui ressemblât avant 1210, ne s'est déployée en quelque sorte officiellement, dans toute sa force et sa majesté, qu'après cette autorisation du comte de Toulouse, et c'est elle évidemment qu'il faut reconnaître dans la « bastide appelée de Bonnegarde que l'évêque a élevée à Largentière », et sur laquelle Bermond d'Anduze en 1214, et Adhémar de Poitiers en 1229, abandonnent tous leurs droits à l'évêque (2).

Voilà donc, sur les origines du château primitif, qui fut le donjon, les faits certains qui résultent de documents authentiques.

Voici maintenant, au sujet de ses premiers accroissements, c'est-à-dire de la construction des trois tours qui vinrent se dresser bientôt à côté du donjon, la version de M. Eyssette :

Une fois maître des mines (après la transaction de 1198), le comte fit construire, à côté de l'ancienne tour épiscopale, une tour rivale se liant à une enceinte fortifiée dont il eut soin de développer et d'étreindre la première : ce fut l'origine de la vaste

(1) PP. 10, 12 et 43.
(2) Pages 46 et 57.

tour ronde dont il ne reste plus maintenant que les dernières assises, et du rempart formant aujourd'hui la façade méridionale du château ; le machicoulis à plein cintre, qui règne le long de cette façade, est en effet de cette époque.

A l'exemple de Raymond, leur parent, et probablement sous ses inspirations, Adhémar de Poitiers et Bermond d'Anduze voulurent aussi affirmer leur droit, en érigeant, eux aussi, de l'autre côté de la tour épiscopale, deux tours jumelles et accouplées ; un règlement fut fait entre ces divers seigneurs pour l'élévation respective des tours. Dans notre pensée, les deux tours qui flanquent l'ancienne porte fortifiée du château (à l'endroit de la salle d'asile) sont précisément celles de Bermond d'Anduze et d'Adhémar de Poitiers ; elles ne furent rattachées au château que par des constructions ultérieures, ainsi qu'il est aisé de le voir par la disparité du style des machicoulis...

Après la guerre des Albigeois, les évêques de Viviers, pleinement réintégrés dans leurs droits à l'entière propriété des mines et du *castrum* de Largentière, durent songer naturellement à agrandir et fortifier leur château.

A quelle époque remontent les grands travaux qui eurent pour résultat, sinon de bâtir, au moins de compléter et réunir en un bâtiment unique, les quatre tours jusques là isolées qui dominaient la ville de Largentière ?

C'est à une inscription, gravée en caractères gothiques, sur le linteau de la porte extérieure (englobée aujourd'hui dans la salle d'asile), que nous allons le demander.

M. Eyssette avait lu cette inscription de la manière suivante :

L'an mille quatre cent quatre, c'est l'an que maître Raymond commença avec ses compagnons (1).

Et M. Vaschalde avait semblé rendre cette lecture indiscutable, en reproduisant, comme suit, dans ses *Inscriptions du Vivarais* (2), la phrase de M. Eyssette :

lā m. cccc. iiii. cest lā que Mᵉ Raymō comēça aveq ses cōpaignōs.

(1) *Bas-Vivarais* du 15 août 1858.
(2) *Bulletin d'histoire ecclésiastique*, du chanoine Ulysse Chevalier, 1888, p. 241.

Or, voici le fac-similé de ce rébus lapidaire, gravé sur une seule pierre, en lettres gothiques d'environ 15 centimètres de hauteur, dont deux ou trois seulement paraissent manquer au commencement de la seconde ligne :

> Lan sml·me·m·ī·ung cūtlaum que mullв:
> lar maithe Renaut acomēca. aur cēs cōpagnōs:

Les mots plus ou moins lisibles de *maistre Renaut, acomenca* et *compagnons* (1), ainsi que la place occupée par l'inscription, rendent assez vraisemblable le sens qui lui est donné par M. Eyssette, mais la date en est, à notre avis, toute différente.

Pour nous, il est évident qu'il s'agit ici, non de 1404, mais de 1481, et nous allons montrer qu'il est impossible de lire ce texte autrement.

Constatons, en premier lieu, que cette date de 1481 est en parfaite concordance avec toutes les données historiques venues jusqu'à nous sur ce point, tandis que celle de 1404 ne répond à rien de semblable. Qu'on relise avec attention les deux transactions des habitants de L argentière avec leur évêque (2), on y verra que, dans ces deux pièces, il est beaucoup question de portes et de murailles, mais jamais de château. La ville a des murailles, mais ce sont les habitants qui les ont construites et qui ont la charge des réparations et de l'entretien, « et par ainsi la garde des murailles et portes leur appartient de droit »... Quand l'évêque vient, on lui remet une clé des portes pendant son séjour, mais il la rend aux consuls à son départ. Les clés des portes ne lui sont présentées qu'une fois, « lors de son premier advènement », etc.

L'existence du château n'apparaît que dans des documents ultérieurs, précisément après la date de 1481 : la première fois, dans une transaction passée à Largentière en 1497, « au château, *in aulâ superiori* dudit château, devant l'évêque de Montchenu » ; la seconde fois, dans un acte passé en 1519, « dans une chambre voisine de la cour basse du château » (3).

(1) Tous les autres mots sont jusqu'ici restés douteux. On a indiqué par une raie le pourtour de la pierre qui a évidemment subi des avaries.
(2) Pages 100 et 116.
(3) Pages 96 et 121.

Mais le témoignage décisif est celui du chanoine de Banne dont les mémoires manuscrits nous apprennent, dans un endroit, que « Claude de Tournon fit bâtir partie du château de Largentière laissé imparfait par messire Jean de Montchenu, son devancier », et ailleurs, que ce même évêque « fit faire quelque tour et autre bâtiment au château de Largentière ».

Nous reportant à l'épiscopat de Jean de Montchenu, qui fut d'une vingtaine d'années (1478 à 1497), nous trouvons que ce prélat jouissait de riches bénéfices, ce qui expliquerait comment il put exécuter à son château et à la ville de Largentière des travaux que n'auraient osé entreprendre ses prédécesseurs. Nous y voyons aussi qu'il fit, en 1495, à Largentière, l'achat d'une maison et d'un jardin (1), nécessité probablement par les agrandissements du château, et l'on a vu enfin par la transaction de 1497, qu'il y était allé cette année-là, sans doute pour voir l'œuvre de maître Renaut et pour en presser l'achèvement. C'est en cette même année que Jean de Montchenu disparut, enlevé, dit-on, par des pirates qui le retinrent prisonnier pendant plusieurs années, ce qui obligea les chanoines de Viviers de lui donner un successeur dans la personne de Claude de Tournon.

Celui-ci, dit le P. Columbi, fit les fortifications de Largentière (*excitavit munimenta Argentariæ*) (2), ce qui se trouve un peu plus explicitement dans le manuscrit du chanoine de Banne, lequel fut, on le sait, pour le savant Jésuite, la grande source d'informations.

C'est donc bien, de par l'histoire, aux environs de 1480 que se rapporte l'inscription. Quant à la date précise, si l'on songe que le mot *et*, dans les manuscrits de cette époque, est ordinairement figuré par un t, absolument semblable à la croix qui précède le mot *ung*, en sorte que les mots *et ung* sont ici très correctement formés, une seule explication s'impose, c'est que les deux petits traits, indiqués par la photographie au-dessus du mot *et*, sont les restes des deux X qui devaient avec les quatre barres faire 80 (IIII^{xx}), et que l'erreur de date, que nous relevons, est surtout imputable à l'avarie de la pierre compliquée d'épais badigeons.

---

(1) Soulavie, *Histoire du Vivarais*, MS.
(2) *De rebus gestis episcoporum vivariensium*, p. 161,

Quant à la part respective des deux évêques, Jean de Montchenu et Claude de Tournon, dans la construction du château de Largentière, nous serions disposé à croire que le gros œuvre fut effectué sous le premier, en supposant déjà construites les deux tours rondes attribuées aux Poitiers et Anduze, et que les mots du chanoine de Banne indiquant *quelque tour et autre bâtiment* pour l'épiscopat de Claude de Tournon, s'appliquent seulement à la tour de l'horloge et à la ligne des remparts entre le château et l'église, ce qui n'exclut pas le perfectionnement des diverses parties de l'édifice laissées inachevées par son prédécesseur. En tous cas, il est certain que le château de Largentière subit, dans la période qui s'étend de 1481 à 1542 (date de la mort de Claude de Tournon), une transformation qui en fit un édifice des plus imposants, dont voici la description par M. Eyssette :

... Les deux tours accouplées, formant jusqu'alors un petit fort détaché en avant du château, lui furent réunies par un corps de logis intermédiaire, dont les machicoulis, tréflés ou trilobés, tranchent encore avec le caractère et l'exhaussement des autres. Une tour quadrangulaire, percée de fenêtres étroites, à la plateforme ceinte de machicoulis analogues à ceux que nous venons de décrire, et garnie de gargouilles, renferme l'escalier à vis qui se déroulait jusqu'au faîte du château, mis ainsi en communication avec toutes ses parties.

Un porche fut construit en avant-corps de la porte extérieure, ainsi qu'il est facile de s'en apercevoir en examinant l'encadrement des deux portes, munies toutes les deux de poternes correspondantes et présentant les entailles dans lesquelles s'engageaient les poutrelles des ponts-levis ; la porte extérieure, celle qui porte la date de *1404*, est de forme carrée ; la porte intérieure, plus ancienne, offre une arcature à plein cintre où commence à se dégager l'ogive naissante.

Le château se liait, du devant, par une double enceinte crénelée, aux fortifications de la ville, dans lesquelles il était enclos, puisqu'une charte épiscopale stipule que les consuls seront tenus de remettre à l'évêque, à toute heure, les clés des portes, pour faire entrer dans le château ou en sortir, les personnes dont il donnera les noms (1).

Du midi, l'entrée du château était disposée entre les deux tours rondes formant avant corps. On y arrivait, du côté de la rivière, par un étroit sentier rocailleux, bordé de précipices, et

---

(1) Cette charte ne peut se rapporter qu'à une époque postérieure à l'agrandissement du château. On a vu que les transactions de 1367 et 1443 ne disent rien de pareil.

dont les sinuosités, dominées par les fortifications, s'élevaient du gué de la Ligne jusqu'au sommet du rocher. Cette porte, protégée par un porche extérieur, flanquée de deux tours et de deux corps de garde, armée d'un rang de machicoulis, d'une herse et d'un pont-levis, donnait entrée dans un vestibule ou salle d'armes, creusée en partie dans le roc, et dont l'issue s'engageait dans un chemin couvert, dont la direction, en ligne courbe, allait aboutir, par un petit préau, à l'escalier à vis ménagé dans la tour quadrangulaire. La partie de l'escalier, décorée jadis des armes seigneuriales, était protégée par des meurtrières, par des fenêtres étroites, espacées d'étage en étage, et par un rang de machicoulis qui en défendait le pied.

Cet escalier conduisait au rempart, car la tour du milieu était isolée au centre d'une enceinte crénelée.

Le logement du châtelain était établi dans l'avant-corps, à gauche des fortifications ; l'entrée d'honneur communiquait à la première enceinte du rempart par un pont-levis, ainsi qu'il est facile de le reconnaître à la double entaille pratiquée dans le cadre d'une grande fenêtre autrefois ornée de magnifiques sculptures Le cintre de cette porte était décoré d'une mitre, accostée de deux crosses en sautoir, le tout surmonté d'une croix richement fleuronnée. Les sculptures de l'encadrement s'élevaient des deux côtés en forme de pinacles, dans le goût du xiv siècle. Les traces en sont encore visibles.

Mentionnons deux tourelles, coquettement placées aux angles nord et ouest pour le service du guet, et une citerne pratiquée dans le préau de la dernière enceinte, pour les besoins de la garnison assiégée.

Au milieu de ces imposantes fortifications s'élevait, dans toute sa force et son isolement, la tour massive (le donjon), avec ses murs de moellons en bossage établis sur trois mètres d'épaisseur. Elle était formée de trois vastes salles voûtées et superposées, correspondant par un escalier à vis. La tour du Trésor était devenue le donjon féodal. Ses flancs robustes offraient un dernier abri aux défenseurs du château. D'énormes pierres en saillie, destinées à soutenir des madriers et des échafaudages, complétaient ce système de défense opiniâtre et désespéré...

Le blason, que nous donnons ici se trouve au sommet de la voûte de l'ancienne salle d'armes servant aux exercices des enfants de l'asile. C'est évidemment un écartelé, ayant aux quatre coins des ornements indépendants. Les trois fleurs de lys semblent indiquer un évêque de Viviers, ces évêques pouvant, par concession du Roi de France, écarteler leurs armes de celles du Roi ; mais c'est tout ce que nous pouvons en dire, et nous laissons aux spécialistes le soin d'en préciser les ayant droit.

Notons, pour finir, que tout près de la porte d'entrée, portant l'inscription, se trouvait, perchée sur le rempart, surplombant la rivière, une guérite en pierre, démolie lors de la construction de la salle d'asile. On montrait encore en cet endroit, vers 1840, le point précis d'où, vers la fin de la Révolution, un de ceux qui s'y étaient fait un renom fâcheux, étant de garde au château, était tombé accidentellement dans le précipice, et l'on y voyait naturellement une punition divine.

Après les guerres civiles, la plupart des anciens châteaux-forts furent démantelés ou transformés en paisibles habitations seigneuriales.

Celui de Largentière fut épargné au XVIIe siècle, tant par égard pour l'évêque que parce qu'il n'inquiétait personne, fort négligé d'ailleurs, par son seigneur épiscopal, puisqu'on voit sous Jean de l'Hôtel (qui mourut en 1621), les habitants de la ville faire condamner l'évêque à entretenir l'édifice « ce qu'eux mêmes firent aux dépens dudit seigneur » (1).

Et il en fut ainsi sans doute jusqu'au commencement du xviiie siècle, où les seigneurs de Brison en firent l'acquisition. Ceux-ci, s'ennuyant dans leur vieux manoir, dont on peut encore voir les ruines au hameau de Sanilhac qui porte leur nom, au-dessous de la fameuse tour, voulurent avoir une résidence en ville et firent de la vieille forteresse épiscopale leur maison de plaisance.

De cette époque date tout un système de nouveaux appartements établis dans le rempart et le préau de l'enceinte, comprenant, outre de vastes locaux pour les cuisines et le service, la salle de justice et la chapelle au rez-de-chaussée, et au premier étage une belle galerie de portraits devenue depuis le dortoir des malades. Du côté de la ville, un perron monumental, à double rampe et balustrade découpée, remplaça le premier mur d'enceinte, avec la statue de Diane chasseresse trônant dans la niche où l'a remplacée Saint-Vincent-de-Paul. Enfin au midi, de magnifiques jardins et l'allée des Marronniers vinrent donner à la résidence du nouveau seigneur le plus vert et le plus gai des encadrements.

La Révolution épargna dans ses œuvres vives l'aristocratique demeure, parce qu'on voulait en faire un établissement municipal, et il n'y eut à déplorer que quelques bris de sculptures et des grattages d'armoiries. Sous l'empire, on y installa le tribunal et les prisons, qui y sont restés près de cinquante ans. Mais, « vint un jour où les propriétaires et l'administration, lassés d'un système ruineux de réparations locatives, accomplies sans suite, sans intelligence et sans goût, décidèrent d'abandonner aux *corbeaux* l'antique masure. Ce fut le signal d'une invasion étrange : des parasites en guenilles vinrent installer sans façon dans les salles, dans les couloirs, dans les combles de l'édifice, leur cuisine, leur vestiaire, leur industrie sans nom. C'est alors qu'une administration, heureusement inspirée, forma le projet d'acquérir, au nom de la ville, un monument menacé d'une

(1) Manuscrit du chanoine de Banne.

prochaine ruine inévitable, et de convertir en hôpital l'ancienne demeure des seigneurs. Cette pensée fut accueillie avec une grande faveur : elle répondait à de généreux instincts, elle flattait un légitime amour-propre local, elle assurait la conservation d'un vieil édifice consacré par de respectables souvenirs. *Cette combinaison fit écarter à cette époque un autre projet dicté par une inspiration également bienfaisante et soutenu par d'ardentes sympathies, mais dépourvu de tout intérêt artistique* (1). »

L'achat du château pour le transformer en hôpital eut lieu en 1847.

La principale réparation, exécutée en 1858, que nécessita cette transformation, fut la construction d'un étage supérieur destiné à contenir deux salles supplémentaires pour le service des malades. Cet agrandissement, qui entraînait le déplacement d'une toiture disgracieuse et avariée, donna naissance à une belle terrasse d'un effet monumental, dotant le château d'un magnifique point de vue. Par elle, le deuxième étage se trouva couronné d'un parapet, en légère saillie sur les fenêtres, avec croix de Malte ajourées sur les saillies, créneaux arrondis dans le haut et gouttières aux angles en têtes de loup.

On critiqua cet exhaussement au point de vue du dégagement de la tour centrale ou donjon. Mais, en somme, la terrasse, parapet compris, ne s'élevait pas à plus d'un mètre au-dessus de l'ancienne toiture adossée à cette tour, et l'ensemble de l'édifice gardait au moins une partie de sa physionomie féodale (2).

Plus tard, il fallut ajouter un autre étage pour couvrir la terrasse, parce qu'on avait beau cimenter, l'eau pénétrait toujours ; et c'est ainsi que la tour a disparu à peu près complètement, et que le flot incessant de nouvelles constructions utilitaires n'a plus laissé au château que l'aspect d'une immense grange, ce dont on pourrait bien se plaindre, au point de vue archéologique, si l'on ne devait pas se rappeler que l'intérêt des pauvres et des malades doit primer de beaucoup toutes les autres consi-

(1) Article de M. Eyssette dans le *Bas-Vivarais* du 22 août 1858. La dernière phrase vise l'initiative du docteur Mazon, sur laquelle la *Revue du Vivarais* de 1901 a publié d'intéressants détails que nous reproduisons plus loin.

(2) Notre gravure page 405, représente le château tel qu'on pouvait le voir avant ses défigurations successives.

dérations Et c'est dans le même esprit d'indulgence qu'il faut considérer les autres bâtisses qui, au nord et à l'ouest, ont encore ajouté à la défiguration de l'édifice, par suite de l'extension des services hospitaliers, auxquels se prêtait fort peu la construction primitive, malgré l'étendue apparente des bâtiments.

Il nous reste à dire un mot de la vaste et profonde excavation, connue sous le nom de *Baumes de Viviers*, qui s'ouvre à quelques pas du château, au pied d'une haute muraille de rochers. Cette caverne faisait en quelque sorte partie intégrante de la forteresse épiscopale, à laquelle elle était reliée par un chemin couvert, dont on peut voir un reste dans une sorte de corniche qui sert encore pour y monter. Il ne faut pas oublier que le rocher sur lequel le château est assis, joignait autrefois celui des Baumes. Le chemin de Tauriers ne passait pas comme aujourd'hui entre les deux, mais descendait par le Taurinet et, après sa jonction avec celui de la Croisette du Mas, venait déboucher contre le jardin Moulin, où l'on voit encore les traces d'une ancienne porte de la ville. Les comtes de Brison, ayant acheté le château, et n'ayant plus aucun intérêt, vu l'abandon des mines, à avoir les Baumes sous la main, creusèrent la tranchée où passe aujourd'hui le chemin de Tauriers, pour faire suite à la belle allée de Marronniers qu'ils venaient de planter.

Les Baumes ont de 3 à 400 mètres de profondeur. Elles sont divisées *idéalement* en trois *salles*. La seconde est caractérisée par une colonne, épargnée par les carriers pour soutenir la voûte et, vue aux feux de Bengale, a un aspect féérique.

La dernière est formée de gros blocs écroulés, et il n'y a de praticable pour arriver à la flaque d'eau où se termine la caverne, qu'un défilé assez étroit, sur la paroi de droite, qu'on appelle le *chareyron*. A l'entrée du chareyron, les cicerones locaux vous montrent le fauteuil du diable.

La flaque d'eau peut avoir une centaine de mètres de circonférence, mais doit être assez profonde, à en juger par le bruit que fait un caillou qu'on y jette. Sa surface est couverte d'une couche de poussière blanchâtre tombant de la voûte. L'imagination populaire ayant transformé ce réservoir en lac immense, et un Annuaire de l'Ardèche lui ayant fait écho, il en est résulté que l'Ardèche a été classée, dans un mémoire de M. Vals, astronome, parmi les départements qui possèdent de vastes lacs souterrains (1)

En revenant par la paroi opposée à celle du charcyron, on remarque une sorte de canal, creusé dans le roc, pour l'écoulement des eaux du réservoir souterrain, lesquelles servaient probablement au lavage du minerai. Ce canal passe près d'une excavation à ouverture étroite qu'on appelle le *four*, mais nous n'oserions affirmer que ce fût bien réellement sa destination En tous cas, il est évident que les Baumes, qui sont dans le grès bigarré, ont été creusées, non par des mineurs, mais par des carriers ; peut-être ne sont-elles que l'élargissement d'une caverne naturelle qui a pu servir d'habitation à l'homme primitif, avant de devenir un magasin de minerai et un atelier de lavage, et finalement l'appendice d'un château fort, à qui sa réserve inépuisable d'eau constituait une précieuse ressource en cas de siège.

---

(1) Voir le *Mémoire sur les grottes du Vivarais* de M. Jules de Malbos. Bulletin de la Société d'Agriculture de l'Ardèche, 1881, p. 31.

LARGENTIÈRE (Ancienne porte de Sigalières ou de la Sarrazine)

XV

L'HOPITAL (1)

Ses origines. — L'hôpital du Saint-Esprit. — Le bureau des pauvres au xviie siècle. — La confrérie de la Miséricorde des femmes. — Ce qu'on appelait l'*hôpital* dans les premières années du xixe siècle. — L'initiative du docteur Mazon pour la fondation du nouvel hôpital. — Correspondance échangée entre diverses notabilités du pays et le général de Brison. — L'achat du château. — Ses principaux bienfaiteurs. — L'orphelinat.

Les plus anciens établissements hospitaliers de Largentière, qui ont laissé une trace dans nos archives locales, sont l'hôpital du Saint-Esprit et la Maladière, dont nous avons déjà parlé dans les précédents chapitres : le premier constituant l'hôpital proprement dit, et l'autre ne servant que pour les cas exceptionnels, c'est-à-dire en temps d'épidémie. On a vu que cet hôpital était établi dans la maison Vedel-Justin en face de l'église, et qu'il était encore, au commencement des guerres religieuses, sous la direction de l'ordre du Saint-Esprit (2).

A partir de cette époque nous n'entendons parler de cet ordre qu'un siècle après, pour apprendre, par le procès-verbal d'une visite de l'église en 1634, qu'il avait quitté Largentière depuis longtemps, après avoir vendu aux consuls, au profit de l'hôpital, tous les biens de la commanderie. La maison des malades et des pauvres fut alors pourvue d'un recteur laïque, et voici, pour les premières années du xviie siècle, quelques uns des actes municipaux qui la concernent :

En 1618, un mandat sur le recteur de l'hôpital est délivré à Tailband, hospitalier, de la somme de 6 livres pour ses gages et

---

(1) La gravure ci-contre, qui représente l'ancienne porte de Sigalières ou de la Sarrasine, démolie en 1888, et le pont de la Paille, tel qu'il existait avant sa reconstruction, a été faite sur un dessin du peintre Fonville, de Lyon, communiqué à la *Revue du Vivarais* par M. Vaschalde.

(2) Voir pages 88 à 95.

entretènement de la présente année. — Les consuls attestent que le recteur a distribué aux pauvres nécessiteux de la ville la somme de onze livres — Un autre mandat de 21 sols sur le recteur est délivré à une veuve pour faire enterrer son mari.— Il y a aussi un mandat de 15 sols délivré à Jacques Palestoc, « hermite de cette ville, pour l'aider à subvenir à ses nécessités ».

En 1619, les consuls délivrent un mandat de 30 livres sur le recteur des pauvres, aux Pères Minimes, « pour subvenir aux nécessités que la présente année leur cause ».

Le recteur est alors M. Lemaistre, probablement Etienne Lemaistre, le premier consul de l'année 1600, que nous avons vu interdire les charivaris (1). Le vice-recteur s'appelle Ayraud.

Pour les années suivantes on trouve :

Un mandat de 40 sols « à la veuve et aux enfants de feu messire François Boschet, détenus de maladie et réduits à l'extrême pauvreté » (1622) ;

20 sols « à deux pauvres réfugiés de Vallon, tenu et occupé par les rebelles » ;

3 sols « à deux pauvres garçons de Rochecolombe, malades audit hôpital » ;

Un autre mandat « pour une pauvre femme lyonnaise, délaissée en nécessité par un nommé Beaulieu, maistre d'espée, qui se seroit absenté, il y a cinq ou six mois de la présente ville, estant son mari » (1626), etc. etc.

Le procès-verbal de la visite de l'église en 1676 nous a montré ce qu'était alors l'hôpital : « trois membres à plein pied ; le premier pour les malades, dans lequel il y a sept lits ; l'hospitalière a son logement dans l'un des autres deux, et le troisième reste pour les étrangers ; le dessus est une grande salle qui sert d'école pour la grammaire et de maison commune. »

Le chanoine visiteur réalisa un progrès incontestable, en ordonnant qu'il fût fait « un membre de plus pour loger séparément les femmes d'avec les hommes » (2).

Peu après, en 1687, le premier consul, Joachim de Chalendar, ayant reçu une circulaire du syndic des Etats du Vivarais sur les

(1) Voir page 275.
(2) Voir p. 94.

déclarations demandées aux maisons religieuses ou hospitalières, fait une réponse caractéristique de l'état d'abandon dans lequel était tombé l'hôpital : « Pour ce qui est de notre hôpital, il a été uni aux commanderies de St Lazare, et je ne sais pas qui en est le commandeur ni où est-ce qu'il demeure, *l'hôpital n'étant gardé par personne* » (1).

Cette situation explique pourquoi, en 1696, un arrêt du conseil du Roi ordonnait de rétablir l'hospitalité pour les pauvres malades « en l'hôpital ou commanderie de Largentière », et d'employer les revenus dudit hôpital ou commanderie, « à commencer du 1ᵉʳ juillet 1695, à la nourriture et entretien des pauvres malades qui seraient reçus audit hôpital ; et sera ledit hôpital régi et gouverné par des administrateurs ».

A noter que, dans les actes municipaux de ce temps, on trouve assez souvent des permissions de bâtir aux dépens du terrain public, accordées par les consuls à des particuliers « à la condition de donner une ou deux couvertes (couvertures de laine) pour les pauvres de l'hôpital ».

Avec le xviiiᵉ siècle s'ouvre le *Livre de l'hôpital*, récemment analysé par l'archiviste du département, M. André, qui va nous servir de guide jusqu'à l'époque de la Révolution.

On y trouve, en 1703, les « *Reglements et statuts de la confrérie de la Miséricorde des femmes*, établie par ordre de Msgr de Chambonas, renouvelée par ordre et en présence de M. Pagès, vicaire général de ce prélat, et par les soins de M. du Prat (2), curé de Largentière, etc. ». Les dignitaires et recteurs du bureau des pauvres, qui se confond avec l'administration de l'hôpital, appartiennent aux meilleures familles.

En 1764, on charge le trésorier de faire réparer « une maison appartenant aux pauvres, à eux donnée par feu Annet Andéol Nadalet, attenante aux remparts de ladite ville » ; en quoi il est aisé de voir le point de départ de l'immeuble qui servit d'hôpital, après la vente de la maison du St-Esprit et du transfert de l'hôtel-de-ville à l'endroit où il est encore aujourd'hui.

Le Livre de l'hôpital contient plusieurs rapports de Jean Joseph

(1) Page 328.
(2) Probablement Allamel de Bournet.

Bouschet, syndic du bureau des pauvres. En 1768, la recette était de 3,453 livres et la dépense de 3,167.

Outre le soin des malades, le bureau paraît se préoccuper spécialement des pauvres honteux, car voici ce qu'on lit dans son registre à la date de 1779 :

« Il est une espèce de pauvres qui méritent une très grande attention et la discrétion la plus scrupuleuse, ce sont les honteux qui n'osent pas publiquement avoir recours à la charité et qui préfèrent languir dans leur misère ; il paraît convenable, en les secourant, de ménager leur délicatesse, et pour cela tous les membres du bureau seront autorisés à leur donner des mandats sur le trésorier, lesquels ne pourront excéder 6 livres et seront signés au moins par deux des dits membres du bureau... »

Un autre extrait de la même année donnera une idée du soin que mettaient les administrateurs à bien s'acquitter de leur tâche : « On voit souvent des malades manquant de paillasse, de draps et de couvertures. Comme le premier secours à leur donner dans leur infirmité, est sans doute de les défendre du froid et de les tenir propres, il a été délibéré de faire acheter seize draps de toile grise, huit paillasses de très grosse toile et huit couvertures qu'on prêtera à ceux qu'on croira en avoir besoin... Le malade guéri, on aura soin de retirer les effets prêtés, de les faire laver et de les serrer ensuite... Comme, dans une épidémie, il faudrait répandre des secours plus considérables et qu'ils doivent être prompts, il a été délibéré de prendre, sur les arrérages qui sont dûs, une somme de 400 livres, qui sera déposée en mains sûres sans intérêts, si on ne peut moins faire, pour y avoir recours au besoin. »

La recette du bureau des pauvres, en 1787, n'est plus que de 2,865 livres équilibrant exactement la dépense.

Pour la suite de l'histoire de l'hôpital de Largentière, nous nous bornerons à reproduire l'article ci-après publié par M. Benoit d'Entrevaux dans la *Revue du Vivarais* de 1901.

L'hôpital de Largentière

Des circonstances particulières ayant fait passer sous nos yeux, il y a quelques années, une série de lettres trouvées dans les papiers d'un ancien sous-préfet de Largentière, et plusieurs conversations avec M. Léon Vedel, que nous avions l'occasion de voir tous les étés à Vals-les-Bains, nous ayant suffisamment mis au courant de la question — qui n'était autre que l'origine de l'hôpital actuel de Largentière — il nous a paru que les notes alors recueillies ne manquaient pas d'intérêt, et c'est pour cela que nous les communiquons aujourd'hui à la *Revue du Vivarais*...

Dans les premières années du xixe siècle, il n'y avait pas d'hôpital à Largentière, mais on donnait ce nom à quelques pièces délabrées, situées dans les anciens remparts de la ville, entre l'église et le pont de Sigalières, et abandonnées aux plus pauvres de l'endroit, sans meubles, sans garde et sans aucun moyen d'assistance que ceux de la charité privée.

Ce que voyant, un médecin de l'endroit, le docteur Mazon, dont l'habitation se trouvait justement au dessous de cet hôpital, et qui avait vu de plus près les misères auxquelles il servait d'abri, conçut le projet de doter sa ville d'un véritable hôpital, et, malgré les objections, d'ailleurs, fort raisonnables et trop motivées, qui lui étaient faites de divers côtés, se mit bravement à l'œuvre, s'adressant par toutes les voies à la charité publique et privée, pour en obtenir les moyens de réaliser son entreprise.

Aurait-il fini par réussir ? Nul ne le sait. Le fait est qu'il n'eut pas à aller jusqu'au bout, car ce qu'il aurait été peut être impuissant à faire, d'autres, dont la charité naturelle s'était peut être trop préoccupée des difficultés d'exécution, humiliés aussi de se voir dépassés, sortirent tout à coup de leur inaction pour effectuer très efficacement et en peu de temps ce que les efforts d'un seul n'auraient pu, dans tous les cas, réaliser qu'à la longue. Quoi qu'il en soit, il est bien certain que la téméraire, mais généreuse, inititiative du docteur Mazon, ne fut pas étrangère à leur résolution, en sorte que, si l'on peut qualifier les autres de fondateurs de l'hôpital de Largentière, il est juste de dire qu'il en fut le promoteur.

Pour l'intelligence de ce qui suit, il est nécessaire de dire un mot du vieux château de Largentière devenu l'hôpital actuel.

Ce vénérable monument, confisqué sous la Révolution, comme bien d'émigré, avait été rendu, en 1802, à ses anciens propriétaires, les du Roure de Brison, en vertu de l'arrêté consulaire qui ordonnait de restituer aux émigrés ceux de leurs biens qui n'avaient pas été vendus. Le tribunal et la gendarmerie y étaient déjà installés. La famille du Roure de Brison, redevenue propriétaire, l'afferma au département au prix de 1100 fr. par an. Le bail fut renouvelé à diverses reprises, au prix de 1000 fr., jusqu'en 1845, où le château fut acheté par la ville. Les lettres ou extraits de lettres qui suivent font connaître tous les détails de cette négociation, ainsi que les incidents auxquels donna lieu préalablement le projet primitif du docteur Mazon. La première lettre, adressée par ce dernier au sous-préfet Beton, est relative à des troncs que l'initiateur du projet d'hôpital avait eu l'idée de faire placer en deux endroits, et que le sous-préfet crut devoir faire enlever.

Le général marquis du Roure écrit de Barjac, le 9 mai 1842, au sous-préfet de Largentière :

« Lorsque M. le Préfet de l'Ardèche vint à Paris, il y a quelques mois, Mme du Roure ma femme, dame de la Reine eut l'honneur de le rencontrer à la cour, et apprit de lui que la ville de Largentière ne serait pas éloignée d'acquérir le château que mes sœurs et moi y possédons, pour en faire un hôpital si nous étions dans l'intention de le vendre. J'ai, en conséquence l'honneur de vous informer qu'étant venu à Barjac pour mes affaires qui m'y retiendront jusqu'à la fin du mois, et m'étant assuré de l'assentiment de mes sœurs, je serai tout le mois de mai à vos ordres et aux ordres de la ville de Largentière, pour traiter de la vente du château. Il y a quinze ans, il nous fut fait par M. le Préfet de l'Ardèche une offre de 30 000 fr. ; il s'agissait alors de transformer cet édifice en tribunal et en prison. Des circonstances particulières à ma famille ne nous permirent pas alors de consentir à l'aliénation du château. Ces circonstances n'existant plus, je crois dans l'intérêt commun de vous avertir que maintenant nous serions disposés à recevoir de nouvelles offres et à traiter définitivement. »

M. Blachère, maire écrit le 31 mai, au sous-préfet, qu'il a communiqué au conseil la lettre de M du Roure. Il ajoute que le conseil est dans l'impossibilité de songer à cette acquisition, car les ressources de la ville sont engagées d'avance pour plusieurs années au payement d'un emprunt qui a été nécessité pour les travaux du palais de justice et des prisons. Cependant, si le département voulait allouer une somme, ce serait peut-être un motif pour engager la ville à faire de nouveaux sacrifices.

Le 14 juin, le sous préfet transmet au marquis du Roure la réponse du maire. Il exprime ses regrets. S'il se présente une occasion, il l'en informera. « La tendance que M. le curé de Largentière a à diriger la charité publique vers la création d'un hospice peut la faire naître d'un moment à l'autre, et je suis moi-même fort disposé à la favoriser. »

Le docteur Mazon écrit au sous-préfet, le 29 août 1843 :

« J'ai reçu lundi chez moi M. le commissaire de police ; il avait ordre de vous de faire disparaître ou enlever des troncs, dont le produit, vous le savez, est destiné à la construction d'un hôpital. La profonde estime que je porte à M Beton, la confiance que j'ai en ses pensées bienveillantes, jusqu'au respect que je sens pour un homme qui me paraît animé des meilleures intentions pour notre malheureux pays ; ces considérations réunies, et puis

Le Docteur MAZON (Louis-Victorin),

Né à Thueyts le 8 décembre 1796. Medecin à Largentière de 1824 a 1851.
Mort à Bonneville (Haute-Savoie) le 17 mars 1861.

l'incertitude où j'étais de mes droits et de ceux de ma pauvre maison d'asile, m'avaient fait céder à l'instant, et cinq minutes n'étaient pas écoulées que vos désirs étaient accomplis. Pardon, mille pardons, M. le Sous-Préfet ; ayez toujours présents, je vous en supplie, tous les sentiments d'estime et de considération que je vous ai voués ; mais j'ai un hôpital dans la tête, c'est une idée fixe, c'est presque une monomanie ; on m'opposait un obstacle ; depuis un an, je marche sur des épines.

« J'ai demandé à des hommes instruits et mes droits et mes devoirs résultant de mes droits ; on m'a dit : La charité est ici volontaire ; vous n'êtes passible que d'une sévère reddition de comptes ; soyez probe, faites le métier délicatement, et marchez. Et depuis un an, je fais le métier le plus dur, le plus pénible, le plus désagréable. Je l'ai voulu, et je savais tout d'avance. Ma conscience est pure, et je provoque hautement les incrédules.

« J'avais fait mettre aux Recollets un tronc et une croix. La clef de ce tronc est entre les mains d'un homme reconnu probe par le pays tout entier ; depuis l'établissement de ce tronc, lui seul est le maître, le trésorier, le contrôleur. Sur le terrain de l'hôpital, il y a aussi un tronc et une croix. La clef est entre les mains du secrétaire de la mairie : et tous les soirs le tronc apporté chez lui est ouvert devant lui ; les misérables sols sont comptés devant lui, et la quittance est remise à l'adjoint, M. Mouraret. Samedi, on a posé la première pierre de l'édifice ; il a pour patronne la Mère des affligés ; à ses pieds était un vase où le philanthrope et le chrétien mettaient leur offrande. Demandez à M. l'adjoint où nous en sommes de nos comptes, et s'il est des comptes ici-bas plus religieusement rendus

« Cependant ces emblèmes de consolation et d'espoir, un tronc, un vase, qui font placer des pierres et marcher l'œuvre sainte, vont disparaître. Je me demande pourquoi, et mon intelligence s'y perd.

« Vous m'avez parlé, M. le Sous-Préfet, de régularité ; je croyais que, dans l'espèce, on devait se contenter de cette régularité qui amasse pour un hôpital sans rien détourner et sans salaire. S'il en est autrement, je plains une société ainsi faite. Mais enfin, si depuis un an on me repousse, je n'ai pas, moi, repoussé cette autre régularité, je l'ai proposée au conseil, et enfin le conseil, vaincu par ma ténacité, a nommé la commission qui doit aller à domicile chercher les souscriptions volontaires. N'importe ! avec vous, avec votre puissante protection qui est acquise à l'hôpital, il s'élèvera, et le malade pauvre aura pour reposer ses douleurs autre chose que le pavé de la rue... »

Le 1er juin de l'année suivante (1844), le curé de Largentière, M. Martin, écrit au marquis du Roure :

« Monsieur le marquis,

« Le souvenir des bienfaits de l'illustre famille de Brison vit encore dans le cœur de tous mes paroissiens ; la générosité de ceux qui la représentent aujourd'hui n'est ignorée de personne ;

cette considération m'enhardit à vous dire franchement toute ma pensée sur la destination future du vieux château que vous possédez à Largentière. Depuis que je réside ici, je ne cesse de gémir sur l'impossibilité de créer un hospice pour les infirmes et les malades indigents, que l'on délaisse dans des réduits plus propres à de vils animaux qu'à des êtres raisonnables. La population est généralement pauvre ; le conseil municipal a voté la construction d'un palais de justice, pour conserver le tribunal et la sous-préfecture ; des souscriptions volontaires et un impôt forcé ont absorbé toutes les ressources pendant plus de 15 années consécutives, et l'ouvrage est loin d'être fini.

« En un tel état de choses, M. le marquis, j'ose vous conjurer de nous venir en aide par la cession d'une maison qui suffira amplement à nos besoins. Sa toiture tombe de vétusté ; il faut au moins 3 000 francs pour la réparer et la conserver. Si quelqu'un achète cet immeuble, ce ne sera que pour utiliser les pierres ; le prix en sera modique. Volontiers, M. le marquis, la ville reconnaissante perpétuera par un monument éternel la mémoire d'un si grand bienfait, et si un service religieux pour vous et pour les vôtres peut vous être agréable, je garantirai sa célébration annuelle. Enfin, je promets de faire verser entre vos mains une partie des aumônes qui seront recueillies pour l'achat et la réparation du château. Mesdames vos sœurs seront assez charitables, je n'en doute pas, pour approuver la démarche d'un pasteur qui ne souhaite rien tant que de soulager la misère profonde de la portion souffrante du troupeau confié à sa sollicitude. Je vous avoue, M. le marquis, que je suis plein de confiance dans le succès des humbles prières que vous adresse, au nom des pauvres, celui qui a l'honneur d'être, etc.

« MARTIN, curé de Largentière. »

Le sous-préfet écrivait en même temps à M. de Saint Aulaire, qui par sa femme était un des co-propriétaires du château :

« M. le marquis,

« Enhardi par le souvenir de la bienveillance, dont vous avez bien voulu m'honorer et dont je conserve une profonde reconnaissance, je prends la liberté de venir vous entretenir d'un objet qui intéresse le chef-lieu de l'arrondissement, dont l'administration m'a été confiée grâce à votre active et puissante coopération.

« Largentière est une triste, sale et petite ville, dont les habitants sont généralement peu fortunés, malgré leur industrieuse activité à lutter contre la nature rebelle de leurs montagnes : par suite, beaucoup de misères à soulager ; nul établissement de charité cependant ; le budget du bureau de bienfaisance s'élève à peine à 700 fr. Je doute qu'il existe en France un arrondissement aussi mal doté à cet égard. Le budget communal est peu considérable ; cédant récemment à une panique inspirée par la crainte de voir transférer à Joyeuse, canton voisin, le siège de l'admi-

Abbé MARTIN, de Gravières,

Curé de Largentière de 1830 à 1848. Mort à Viviers en 1857.

nistration et de la justice de l'arrondissement, le conseil municipal a engagé pendant de longues années toutes ses ressources et contracté un emprunt par suite d'impositions extraordinaires pendant quinze ans, pour la construction d'un palais de justice et de prisons ; une souscription, dont le chiffre est en disproportion avec les fortunes, a encore eu lieu pour le même objet. L'architecte a, je dois le dire, singulièrement abusé de la confiance accordée.

« En présence de cet état de choses, mon embarras est grand pour créer un établissement d'une nécessité bien urgente cependant Je viens d'être informé que l'ancien château de la ville, loué en ce moment par le département pour le tribunal et les prisons, appartenait à M. le marquis du Roure, et en partie à Mme la comtesse de St-Aulaire. Il sera délaissé, aussitôt le nouveau Palais terminé. Dans son état complet de délabrement, avec les réparations urgentes, considérables, pour sa conservation, ne présentant, en outre, aucune facilité pour une habitation particulière, il est fort à craindre, dis-je, que ce bâtiment si curieux par sa position pittoresque au-dessus de la ville, auquel se rattachent des souvenirs historiques de l'illustre famille des Brison, n'éprouve le sort malheureusement trop commun, celui d'être acheté dans la seule vue d'une spéculation sur ses matériaux : c'est à déplorer, mais cela me paraît inévitable.

« J'ai eu la témérité de provoquer encore quelques souscriptions, dans le but de solliciter et d'obtenir l'envoi de trois sœurs de St-Vincent-de-Paul ; je viens de chercher et de trouver non sans difficulté à louer une maison particulière pour les recevoir. Mais ce logement dispendieux ne peut et ne saurait être que très provisoire. J'ai alors jeté les yeux sur le château, dont je viens de vous entretenir, pour notre établissement. M. le curé de Largentière, homme très-distingué à tout égard, veut bien adresser une supplique à M. le marquis du Roure Si la donation entière sollicitée de cet immeuble, d'une valeur minime au reste, ne pouvait nous être faite, nous oserions espérer qu'en vue surtout du but de notre demande et de notre grande misère, c'est le mot, une vente *indulgente* au moins nous serait consentie. Si nos vœux étaient exaucés, la ville de Largentière s'empresserait de consacrer, par une plaque de marbre placée sur la porte d'entrée, et où seraient mis les noms de ses bienfaiteurs, sa reconnaissance et sa gratitude Nous n'avons, je le répète, que l'unique ressource des quêtes, pour faire face à cette dépense. Je me mettrai, il est vrai, frère quêteur, mais je sais aussi par avance, malgré les dispositions les plus favorables, quelles recettes exiguës me sont réservées.

« Je prends donc le parti, M. le marquis, de venir solliciter votre bienveillante intervention dans cette entreprise, et vous prie d'intercéder en ma faveur, car c'est une affaire que je fais mienne et par le cœur et par le dévouement obligé aux bons habitants de ce pays pauvre. Vous voudrez bien, j'espère, être assez indulgent pour excuser cette insistance importune de ma part, et agréer, M. le marquis, etc. » « C. BETON, *sous-préfet de Largentière*. »

Le sous-préfet écrivait encore à M. Mathieu, président du tribunal de Largentière et député de l'arrondissement :

« Il nous faut absolument l'ancien château... Voilà, certes, vous en conviendrez, un exorde clair, positif, et péremptoire surtout. Les raisons, vous les connaissez aussi bien et mieux que moi. Voici le nouvel état des choses depuis votre départ :

« Nul établissement de charité et beaucoup de misères à soulager ; cependant Largentière est un chef-lieu d'arrondissement ; il en existe certes peu, ou même point, puis-je assurer, qui se trouve dans cette déplorable situation. Comment remédier à cela et créer ce qui est si désiré, si indispensable, de l'opinion de tous ? Je vais à ce sujet vous exposer mes idées et mes projets.

« Je viens de proposer au bureau de bienfaisance, malgré l'exiguité de ses ressources, d'appeler trois sœurs de St-Vincent-de-Paul et de leur confier la gestion, la distribution des divers secours, quêtes, aumônes, etc., et le soin à domicile des malades indigents. Les conditions imposées par l'administration de cet ordre sont bien modérées. Elle nous a même fait espérer que, la jouissance de ses revenus personnels, d'après ses statuts, étant laissée à chacune des sœurs, elle chercherait à nous en adresser, vu notre misère, qui pussent faire un peu de bien. Pour les loger, nous louerons provisoirement une maison, elle est déjà toute trouvée. J'ai la certitude que leur présence seule fera rapidement augmenter les ressources du bureau de bienfaisance, soit par legs, dons ou autres. Leur logement dans une maison louée ne peut et ne saurait être que provisoire. Je ne vois vraiment que le château, objet à conserver dans l'intérêt de la ville, qui puisse satisfaire et présenter les conditions voulues. Il serait déplorable qu'il tombât en des mains de spéculateurs, pour en vendre probablement les matériaux ; les appartements inférieurs suffiraient amplement ; leur appropriation serait peu coûteuse.

« En présence des ressources si minimes dont on peut disposer, il ne peut venir à l'idée de personne de fonder un hôpital, mais uniquement un établissement de bienfaisance. Le château serait à ce titre livré aux sœurs de charité. Au besoin, et pour des cas particuliers et passagers, il serait possible d'y établir quatre lits.

« Tel est le projet, selon moi, très réalisable en l'état présent. J'en ai conféré avec MM. Blachère, Deslèbres et le curé. Ils doivent se réunir demain, comme membres du bureau de bienfaisance ; mais on ne traitera uniquement que le principe de la demande des sœurs. Quant au château, nous sommes convenus, sans rien ébruiter, de sonder les intentions de ses propriétaires et de solliciter votre bienveillante et active coopération. Malgré l'embarras financier de la ville, qui ne lui permet point d'intervenir, nous croyons pouvoir, d'après certaines données, parvenir à réaliser sans trop de peines, des collectes suffisantes pour ladite acquisition.... »

(En finissant, le sous-préfet prie M. Mathieu d'agir auprès des propriétaires et le charge de remettre les deux lettres précédentes à leurs destinataires).

Le 3 juin, le docteur Mazon écrit au sous-préfet :

« Monsieur le Sous-Préfet,

« Mon devoir, pour l'œuvre que je poursuis, exige que je vienne essayer aujourd'hui un accord que des circonstances malheureuses tiennent rompu depuis longtemps. Si je n'étais convaincu de vos bonnes intentions pour le pays, si je ne vous portais une estime réelle et grande, si je pouvais vous supposer injuste, partial, je ne me ferais pas l'honneur de vous écrire ; mais, croyez-le bien, je vous connus et vous appréciai assez, lors de notre première entrevue, je vis assez de quoi vous étiez capable pour le bien public, si vous étiez secondé, pour avoir en vous une haute confiance. Je viens donc aujourd'hui vous soumettre quelques observations qui vous diront, je crois, mes bonnes intentions, et qui pourront éclairer votre conscience et votre justice.

« N'est-il pas affligeant, quand tous veulent le bien et le même but, qu'on se tiraille en sens contraire ?

« Le premier, monsieur le Sous-Préfet, j'ai, il y a vingt ans, proposé un hôpital ici. Mes imprimés depuis ce temps ont offert un emplacement gratuit dans mon enclos, quatre cents francs de numéraire et le médecin *gratis* ma vie entière.

« Pas d'écho ! !

« En 1839, je mis la main à l'œuvre et je commençai des souscriptions. J'ai celle de M Delon, sous-préfet, pour 200 francs.

« En 1843, j'achetai un emplacement, avec l'agrément de M. Blachère, maire, et de M. Mouraret, adjoint. Je commençai les travaux, car je ne voyais partout qu'indolence et inaction, et je pensais de cette manière donner l'impulsion.

« Vous arrivâtes chez nous, monsieur, et vous vous rappelez notre entrevue.

« Le 15 août 1843, sur le rapport de M. Mathieu, le conseil municipal nomma une commission pour aller en ville chercher des souscriptions volontaires. Les conseillers municipaux, séance tenante, pour donner l'exemple, souscrivirent tous... »

L'auteur de la lettre sait qu'il a été question d'acheter le château. Il croit que l'emplacement où il a déjà commencé sa construction vaut mieux. Le château coûterait 20,000 francs environ. L'hôpital des Colonnes (car c'est ainsi que son œuvre était désignée à cause de la colonnade du péristyle ne coûterait pas davantage, serait mieux aménagé pour un hôpital et ne donnerait pas lieu à de coûteuses réparations comme le château.

« J'ai en souscription, ajoute-t-il, à peu près tout le bois, toutes les tuiles, toutes les fenêtres en pierres de taille, et j'ai de l'argent, tous les jours les souscriptions augmentent. Il tient à vous, je crois, M. le Sous-Préfet, qu'un hôpital soit fait dans huit mois. Laissez-moi le métier le plus pénible, le plus dégoûtant, le plus difficile, celui de vous envoyer des matériaux et de l'argent. Le public et vous serez contents. Si vous pensiez qu'une entrevue fût nécessaire, je suis à vos ordres. Soyons tous pour le bien public grands et généreux. Salut sincère de haute estime et de parfaite considération... »

Le 16 juin, M. Mathieu écrit qu'il n'a pu voir le marquis du Roure qui était parti pour la campagne. Il a laissé la lettre du curé à son concierge. Il n'a pu remettre non plus la lettre à M. de St-Aulaire qui est à Londres. Aussitôt son retour, il lui recommandera l'affaire du château d'une manière particulière.

Le marquis du Roure répond au curé, de Lonville par-Voves (Eure-et-Loir), le 26 juin 1844. Après avoir exprimé son regret de n'avoir pu répondre plus tôt, n'ayant reçu sa lettre qu'il y a trois jours il dit :

« Le château de Largentière, seul débris de la fortune territoriale de feu mon père, et seul gage, pour une très faible partie, du douaire de ma mère, n'est pas entre nos mains une propriété sans charge. Nous servons à ma mère la rente qu'il nous rapporte sur le loyer, et s'il venait à ne plus être entre nos mains, nous n'en devrions pas moins servir cette rente. Or, nos facultés, ou tout au moins celles de trois d'entre nous sur quatre enfants, ne nous permettent point ce sacrifice. Nous serions sans doute heureux et fiers, n'habitant plus le château paternel, s'il devenait l'asile et la demeure des pauvres, dont vous êtes le digne et respectable organe ; mais nous ne pouvons absolument nous abandonner ici au mouvement de nos cœurs. Tout ce que je puis vous offrir, *en mon nom*, serait, dans le cas où la ville viendrait à louer au lieu et place du tribunal, une rente personnelle de 300 fr. sur la première année du nouveau bail remise dont je couvrirais ma mère de ma bourse. Dans le cas où la ville préférerait acheter, nous sommes tout prêts à recevoir ses offres ; il nous en a déjà été fait plusieurs, mais inacceptables par leur modicité, le château nous ayant été adjugé pour les reprises de ma mère au prix de 25 000 fr. Si l'hospice de Largentière achetait, je vous offrirais la même somme de 300 fr. à titre de simple souscription personnelle, mes moyens ne me permettant pas de mettre à vos pieds davantage. J'ai l'honneur d'être etc.

« général marquis du ROURE. »

M. le curé Martin répond, le 3 juillet, à la lettre du marquis du Roure. Il insiste de nouveau sur la pauvreté de la ville. Le bureau de bienfaisance ne dispose que d'un revenu annuel de 600 fr. et la quête générale qui se fait à la fin de chaque automne ne produit qu'environ 800 fr. La ville, obérée à cause du nouveau Palais de justice, ne peut ni acheter ni louer le château.

« Toutefois, ajoute-t-il, on espérait un hospice, comptant sur votre générosité et de votre famille autant que sur la dépréciation inévitable de l'immeuble à dater du jour, qui n'est pas éloigné, où les prisons et le tribunal seront transférés ailleurs. La lettre du 26 juin fait presque évanouir cette espérance. Il est certain cependant que 3000 fr. ne suffiront pas pour refaire la toiture qui tombe en ruines. Il est non moins certain que le vieux bâtiment ne saurait convenir à de simples particuliers. L'opinion publique mûrement réfléchie est que, s'il se vend à des spéculateurs sur les pierres, le prix en sera de 10 à 12.000 fr. ; que, s'il se loue à quelques malheureuses familles, le prix du loyer ne dépassera pas 300 fr. et les frais d'entretien resteront à votre charge... Je laisse à l'expérience le soin de vous prouver cette vérité, quoi qu'ait pu vous dire ou écrire un homme qui a voulu entreprendre la construction d'un hôpital sans le concours et contre le gré de l'autorité locale, à l'aide des centimes mendiés auprès des passants et des voyageurs. Vous le connaissez, vous pouvez juger du résultat probable de sa philanthropie dans un pays comme le nôtre. Nous renoncerons donc, M. le Marquis, à nos bons projets, si vous persistez dans vos demandes qui nous paraissent très exagérées ; les esprits, actuellement disposés à l'aumône en faveur de l'œuvre la plus méritoire, reprendront sans peine leurs habitudes d'économie. Mais avant d'en venir là je désire obtenir de votre obligeance la fixation définitive et prompte de la valeur, que vous attachez vous-même au château, lorsqu'il ne sera plus occupé par les détenus. Je serais infiniment fâché, je l'avoue, que nous ne puissions pas terminer de suite une affaire pour le moins aussi utile à vos propres intérêts qu'à ceux des pauvres. Dans tous les cas, c'est avec bonheur que je vous offre l'expression de ma reconnaissance pour votre don personnel. J'ai l'honneur d'être, avec un profond respect, M. le Marquis, votre très humble et obéissant serviteur... »

Le marquis du Roure répond à M. Martin le 26 juillet. Il s'est entendu avec ses sœurs « Je ne vous exposerai que pour mémoire avant tout les faits suivants qu'il est toutefois bon que vous sachiez pour votre édification et pour notre excuse, savoir : que nous ne sommes propriétaires du château que pour nous remplir jusqu'à concurrence de 25.000 fr. du douaire de ma mère, lequel était de 120.000 fr. ; que nous sommes donc obligés de servir à ma mère la rente de ces 25.000 à 5 o/o, le capital, fixé par le prix de l'adjudication qui nous a été faite au tribunal de la Seine, ne devenant libre entre nos mains qu'à la mort de notre mère, que Dieu puisse encore nous conserver longtemps ! enfin que nous avons pu vendre le château 30 000 au département de l'Ardèche, du vivant de mon père. Ces trois faits établis, vous concevrez facilement, M. le Curé, qu'il serait bien onéreux pour nous d'abandonner cette propriété à un prix aussi minime que celui de 10 à 12 000 fr. D'un autre côté cependant, considérant que rien ne nous doit être plus agréable que de voir les pauvres nous succéder dans cette possession, et que cette convenance doit l'emporter à nos yeux sur l'éventualité d'un prix plus en rapport avec celui qui vous a été demandé, comme avec celui que nous avons pu obtenir jadis, nous sommes convenus tous quatre de vous laisser le château de Largentière pour la somme de vingt mille francs. Sur cette somme, dont 5.000 fr. me reviendraient, je vous abandonnerai pour vos pauvres personnellement 500 francs. Je vous engagerais, dans le cas où vous seriez disposé à conclure cette affaire, à écrire à chacune de mes sœurs pour solliciter leurs souscriptions personnelles, et si leur intention basée sur leurs moyens s'accordait avec la mienne, ce que leur charité habituelle me fait croire, sans que j'aie cru convenable de la solliciter en mon nom, vous voyez que ce fardeau vous serait un peu allégé... »

Les trois sœurs du marquis du Roure étaient la comtesse Victor de Juigné, la comtesse d'Hulst et la comtesse de St-Aulaire. Chacune d'elles consentit à la même réduction que leur frère. M. Martin fit néanmoins une nouvelle tentative pour avoir le château à meilleur prix, tentative qui ne paraît pas avoir été sans résultat, puisque nous lisons dans une lettre du marquis du Roure du 7 août :

« .... Je ne saurais provoquer, de la part de mes sœurs de nouveaux sacrifices. Pour ce qui me concerne personnellement, j'ai tant d'envie de m'associer à votre vœu respectable, que je vous prie de considérer ma part comme étant pour vos pauvres de 4.000 fr. Mais je vous demande de ne plus me donner la confusion de marchander les pauvres, et je vous supplie de permettre que je mette à ma déclaration personnelle la condition que mon offre ne sera réalisée que lorsque vous vous serez entendu avec mes sœurs pour la vente de leurs parts, attendu que je ne pourrais, sans leur nuire, traiter en particulier avec vous .. Je souhaite que le résultat final puisse vous satisfaire et je saisis cette occasion nouvelle qui m'est offerte de vous exprimer les respectueux sentiments avec lesquels j'ai l'honneur d'être etc. »

L'ordonnance royale qui autorisa l'acquisition est datée du 13 juin 1847. Il en résulte qu'une promesse de vente au prix de 17.000 fr. avait été signée les 2 et 10 avril 1845, et que le prix et les frais de l'acquisition devaient être payés au moyen d'une somme de 21.595 fr. provenant de souscriptions volontaires. M. le curé Martin avait souscrit personnellement pour 2000 fr.

La première commission de l'hospice nommée par le Préfet se composait de MM. Blachère, maire et membre du conseil général, Deslèbres, juge, Lalauze, avoué, et Victor Picaud. Le docteur Mazon avait naturellement remis à la nouvelle administration tous ses comptes et les ressources dont il pouvait disposer pour son entreprise.

Aujourd'hui l'hôpital des Colonnes a disparu sous la belle terrasse qui porte la gare du chemin de fer, et l'hôpital du château est en pleine prospérité, avec les sœurs de St-Vincent-de Paul, dont l'habile direction et la consciencieuse surveillance n'ont pas peu contribué aux services que cet établissement a rendus au pays.

Benoit d'Entrevaux(1).

(1) *Revue du Vivarais*, 1901, pp. 207 à 219.

*
* *

Les premières Sœurs de St-Vincent de Paul, à qui fut confié le soin du nouvel établissement, étaient les Sœurs Elizabeth, supérieure, Joséphine, St-Vincent et Marie.

La bénédiction fut donnée par l'évêque de Viviers, Msgr Guibert, le 21 mars 1850.

M. Eugène Villard était alors sous-préfet de l'arrondissement, et le futur fondateur du prix Villard prononça, à cette occasion, un discours qui, par la noblesse des sentiments et la largeur des idées, tranche si fort avec l'étroit républicanisme de nos jours, que nous ne pouvons résister au désir de le reproduire En voici donc le texte, d'après le manuscrit autographe, qui nous est échu récemment :

Discours de M. Eugène Villard sous-préfet à l'inauguration de l'hôpital.

Habitants de Largentière,

Cet asile de la pauvreté et de l'enfance, que la religion vient de consacrer par l'entremise du digne et saint Prélat auquel la Providence a confié la direction de ce diocèse, c'est vous tous qui l'avez fondé, et chacun de vous peut s'attribuer une part des bienfaits qui découlent de sa double destination. Cette œuvre depuis longtemps projetée, vous l'avez réalisée en vous imposant des sacrifices qui seraient au dessus de vos forces, si l'on pouvait s'appauvrir par la bienfaisance. Vous ne tarderez pas, mes chers concitoyens, à en ressentir les heureux effets, que dis-je ? vous les appréciez déjà. Vos rues ne sont plus attristées par l'aspect de ces misères qui s'étalaient, chaque jour, sous vos yeux comme une protestation contre la société Vous avez moralisé le pauvre en l'abritant sous ce toit hospitalier ; vous avez relevé l'aumône en la faisant à huis-clos. Ce n'est pas tout encore. Vous avez voulu que la mère de famille, dont l'existence est vouée au travail, pût confier son enfant à une seconde mère qui, libre des liens terrestres, prodiguât à cet enfant des soins non moins tendres et plus éclairés. Vous avez fondé la salle d'asile en même temps que l'hôpital, et vous avez appelé au milieu de vous des sœurs de Saint Vincent de Paul, ces nobles et saintes filles, dont la vie est une longue immolation, et que je ne veux pas louer, parce que toute parole est au dessous de leur mérite, et parce que ce n'est pas d'ici bas qu'elles attendent leur récompense.

En affectant à cette œuvre sainte cet édifice qui domine vos demeures, vous avez placé entre le ciel et vous les bénédictions de l'indigent et les prières de la vertu Cet intermédiaire vous portera bonheur. Il n'en faut pas douter. Pour moi, mes chers concitoyens, ce m'est un grand honneur d'être placé à la tête d'un arrondissement dont le chef-lieu vient de s'engager si généreusement dans les voies de la fraternité. Lorsque dans cette réunion que le premier pasteur de ce diocèse a bien voulu honorer par sa présence, je vois les membres du clergé cantonal, les administrateurs de la ville et de l'hospice, les conseillers municipaux, les magistrats, la milice citoyenne et la population tout entière, je me souviens avec joie que ma première parole en venant au milieu de vous, fut un appel à la conciliation. Ce vœu que je formais alors je le vois se réaliser aujourd'hui sur le terrain des idées religieuses et véritablement sociales. Laissez-moi vous en remercier en vous adjurant de rester sur ce terrain. Laissez-moi vous dire encore que cette union si désirable a été et sera toujours l'objet de ma sollicitude et le but de mes constants efforts. Heureux, si, à défaut d'autre mérite, j'avais celui de contribuer au rapprochement de tous mes administrés qui ne sont, à mes yeux, que les membres de la même famille.

Un rapide coup d'œil jeté sur le registre de la commission administrative de l'hospice, va maintenant nous permettre de résumer les faits principaux de son existence mi-séculaire.

Le 12 avril, un arrangement intervint avec M. Baissac, propriétaire de la maison et des jardins voisins, acquis depuis par la ville pour y établir l'école des filles. Ces terrains avaient été vendus à M. Baissac, en 1818, par M. Louis Brot, qui les tenait d'André Chabalier, lequel les tenait lui-même d'un nommé Pantu, qui s'en était rendu adjudicataire, le 25 frimaire an 5, lors de la vente des biens d'émigrés.

Il résulte du relevé des comptes fait à cette époque, que la population de Largentière, quoiqu'ayant déjà fourni 45.000 fr. pour le palais de justice, 8 000 fr. pour les fontaines et autant pour le pont Barante, avait donné, en deux souscriptions (l'une faite en 1844, et l'autre en 1850) un total de près de 25 000 fr. pour l'hôpital.

En mai 1850, le ministre de l'intérieur alloua une somme de 2.000 fr. pour aider à la fondation de l'hospice.

La liste des donateurs gravée sur une table de marbre à l'entrée du château, porte les noms suivants :

MM. Devès, juge. . . . . . . 10.000 fr.
Mestre, avoué. . . . . . 1.000 »
Balazun. . . . . 2.000 »

MM. Rieu, curé . . . . 800 »
Marcel, propriétaire. . . 300 »
Martin, curé . . . . 3 000 »
Tourvieille, supérieur des Basiliens. . . . . . 3 000 »
MM^{mes} Fargier, née Robert. . . 30 000 »
Anne Ladet . . . . . 1 000 »
Veuve Lapierre . . . . 4.000 »
Veuve Balazuc. . . . . 300 »
MM. de Rochemure. . . . . 2.000 »
Mouraret . . . . . . 300 »
Deslèbres . . . . . . 500 »
Mme Veuve Balazun . . . . 1.000 »
MM. Blachère (Henri). . . . 1 000 »
Fargier . . . . . . 200 »
Veuve Barruel. . . . . 100 »

Mais cette liste, arrêtée il y a près de cinquante ans, est naturellement fort incomplète, et voici celle des souscripteurs que nous relevons dans le registre de la commission de l'hospice, en faisant abstraction des chiffres inférieurs à 100 francs, et en laissant au lecteur le soin de juger si quelques unes des sommes ci-dessous indiquées ne rentrent pas dans les totaux portés sur la table de marbre :

MM^{mes} Marie Durand . . . . . . 200 fr.
Veuve de la Tour de Rochemure 300 »
Arbalestier de Loriol. . . . 150 »
Sœur Bertoye, supérieure de la Présentation . . . . . 100 »
MM. Blachère (Honoré). . . . 2.000 »
Blachère (Henri) . . . . 200 »
Mme Veuve Bouchet. . . . . 100 »
MM. Chamontin, avocat. . . . 100 »
Chaudanson, ex-avoué. . . 200 »
Combier, conservateur des hypothèques. . . . . 100 »
Deschanels (Scipion), avocat. 200 »

MM. Deslèbres, juge	400 »
Devez et Mlle de Gazan . .	200 »
Dousson, notaire	200 »
Dumas, huissier	100 »
Mme Veuve Garilhe, née Channac	1.000 »
M. Gauthier, vicaire	120 »
Mme Gabrielle de Gigord . . .	100 »
M. Lafont, avoué	150 »
Mme Lafont (veuve), née Deleuze.	100 »
M. Lalauze, avoué.	400 »
Mme Veuve de la Tour (outre les 300 plus haut).	100 »
MM. Honoré Lemaire	300 »
Louis Lemaire	300 »
Fontaine de Logère . . .	300 »
Martin (Jules Alexandre), curé	1.000 »
Mathieu, président. . . .	300 »
Mestre, ex-avoué	200 »
Moulin Frédéric, avoué . .	300 »
Mouraret André, négociant .	200 »
Adolphe Picaud	200 »
François Prévot	200 »
Rey, curé de Salavas . . .	120 »
Rieu, curé de Rocher . . .	200 »
Rieu André	100 »
Mme Veuve Robert, née Cabias .	150 »
M. Charles de Rochemure, maire.	1.000 »
Mme Veuve de Rochemure, de Lyon.	300 »
MM. Sautel, vicaire	300 »
Sautel, rentier	300 »
Souchère, percepteur . . .	100 »
Taveny, avoué.	100 »

En avril 1851, le curé Martin, devenu vicaire général de l'évêque, donna 3.000 fr. pour la fondation d'un lit de plus en faveur des pauvres de la ville. On voit par sa lettre d'envoi qu'il avait déjà donné 2.000 fr. pour l'achat du château.

Il faut noter encore pour cette année l'importante donation de

Mme Adolphe Faigier, née Robert, qui, par son testament, laissa à l'hospice sa maison évaluée à une trentaine de mille francs.

Le registre de la commission porte, à la date du 5 mars 1854 :

« Il sera établi à perpétuité, dans la chapelle de l'hospice, pendant l'Octave des morts de chaque année, un service pour les bienfaiteurs de l'établissement. Les administrateurs y assisteront en corps, ainsi que tous les employés et les pensionnaires de la maison. »

En février 1855, MM. de Rochemure, maire, et son frère, Henri de Fages de la Tour, prêtre, demeurant à Mongré près Villefranche (Rhône), donnent une maison sise au quartier de la Ferradié.

Le 16 juin 1858, un don de 3.000 fr. en argent est fait à la supérieure des religieuses, à la charge par elle d'en appliquer directement l'emploi à la construction d'une nouvelle salle pour les malades. C'est alors que la commission traita avec Nozi, maçon, en stipulant que ces travaux seraient conçus et exécutés « de façon à conserver à l'ancien château les formes sévères et le caractère monumental de son architecture », ce qui était certainement plus facile à mettre sur le papier qu'à réaliser avec des pierres et de la chaux, et c'est pourquoi, comme nous l'avons dit ailleurs, le château ne présente plus guère aujourd'hui que l'aspect d'une immense grange.

Notons pour cette époque :

Un legs de 300 fr. fait par M. Mouraret, et un don manuel de 1.000 fr. fait par M. Blachère, en mémoire de sa mère décédée.

En 1863, la veuve Marcel, née Cartoux, lègue 2.000 fr. et sa maison, et Marie Astier 500 fr.

L'année d'après, le service médical fut organisé de la manière suivante : MM. Dousson et Bastide furent nommés médecins de l'établissement en remplacement de Rouvière décédé, à la charge de faire alternativement, par trimestres, le service de l'hospice et de se suppléer mutuellement en cas d'absence. Il fut décidé, en outre, que les malades de l'hospice pourraient faire appeler à leurs frais tel autre médecin que bon leur semblerait.

En 1867, Elizabeth Faure femme Lacroix lègue tous ses biens, sauf l'usufruit pour son mari très âgé.

Mme veuve Chaudanson lègue 1.000 fr.

En 1868, on décida l'exhaussement de la grande tour de l'hospice « en vue de restituer à la physionomie des bâtiments un caractère grandiose et antique… » Le devis s'élevait à 1.650 fr.

En 1869, la commission accepte le legs Manent (d'un bois de châtaigniers, évalué 400 fr. et d'une créance de 1.200 fr.)

A la même époque, la supérieure des Sœurs abandonne à l'hospice 3.000 fr. de créances que lui avait léguées Zénaïde Lalauze.

Rey, curé de Salavas, donne une maison qu'il possédait à Largentière.

Le 4 avril 1871, une somme de 1 100 fr. qui avait été destinée à la réparation de la tour, fut employée en achat de farine et autres denrées alimentaires, « à cause des malheurs du temps qui avaient amené un plus grand nombre de pensionnaires à l'hospice ».

Les donateurs des années suivantes sont :

Virginie Serey, veuve Balmelle, 300 fr. ;

Mme Delarbre (Adèle Dousson), décédée le 28 septembre 1872, legs de 2.000 fr. à condition qu'il sera célébré chaque année pour elle à perpétuité deux messes dans la chapelle de l'hospice ;

M. Léorat, curé, au nom de feu Chamontin, 500 fr , et au nom de feu Mathieu, président, 1 000 fr. ;

M. Gache à l'intention de sa femme décédée, 500 fr. (en 1876) ;

Eléonore Allemand, veuve Lalauze, une terre au Ginestet, évaluée 1.000 fr., à la charge d'une messe par an pendant vingt ans ;

Louis Leynaud, cordonnier, 400 fr. ;

Mme Léon Taveny, 2.000 fr.

En 1877, don manuel de 7 904 fr., fait au nom du feu curé Léorat.

En 1882, l'hôpital reçoit les 12.000 fr. du legs d'Eugène Villard. Le testament Villard est du 25 janvier de cette année. La donation impose à l'hospice la condition formelle et imprescriptible de recevoir, nourrir et entretenir à ses frais, deux orphelins, de l'un ou de l'autre sexe, pris dans le canton de Vallon, lesquels seront choisis par le curé de Vallon.

En 1888, l'hospice obtient un secours de 10.000 fr. pour faire la cour des orphelins, derrière l'hospice, sur la portion de prairie cédée par Deroudilhe d'Aubesson, qui fut élevée au niveau du chemin de Tauriers. On établit deux voûtes pour remplacer le terrassement qui eût été trop coûteux, voûtes d'ailleurs utilisées pour entrepôts de bois.

La même année, la ville paye une indemnité de 400 fr. à l'hospice pour la démolition des masures (servant jadis d'hôpital), nécessitée par la construction de la calade du pont de Sigalières au Portalet.

En 1898, on commença à s'occuper de la création d'une maternité, en conformité de la loi du 17 juillet 1893 sur l'Assistance médicale, mais la commission, en approuvant le projet, dut constater que le budget de l'hospice n'était pas en mesure de satisfaire aux frais de l'établissement projeté, qui devait servir aussi pour les communes des cantons de Joyeuse, Valgorge, Vallon et les Vans.

En 1900, l'hospice fut doté de l'éclairage électrique.

L'année suivante, un legs assez inattendu vint surprendre agréablement tous ceux qui s'intéressent à l'hospice de Largentière. Un notaire lyonnais informait, en effet, le maire de la ville que, par testament du 1er mars 1895, un capitaine en retraite, nommé Calvier, demeurant à Lyon, 17, rue Duhamel, décédé à Thoissey (Ain) le 27 septembre 1901, avait constitué l'hospice de Largentière, son légataire universel, à la charge de supporter l'usufruit de l'universalité de ses biens laissé à sa femme survivante. Calvier s'était marié deux fois, et c'est en souvenir et au nom de sa première femme, morte le 9 décembre 1888, qu'il faisait ce beau legs à l'hospice, ainsi qu'il résulte de cette phrase de son testament en date du 4 octobre 1901 :

« N'ayant apporté que ma pension de retraite dans le contrat de mariage avec ma regrettée femme Louise-Émilie Clément, la totalité de ma fortune provient de sa succession. Je ne fais, d'ailleurs, que me conformer à ses dernières recommandations exprimées dans une lettre confidentielle religieusement conservée dans ses papiers... ». En conséquence, il lègue à l'hospice de Largentière, « lieu natal de Mme Calvier », la totalité de ses biens.

L'actif de la succession Calvier, a été calculé à 49 530 fr., dont il faut déduire un peu plus de 6.000 fr. pour les frais, en sorte qu'au décès de la seconde dame Calvier, l'hospice héritera d'environ 43.000 fr.

Un mot, pour finir, sur l'orphelinat, qui s'élève au bas de la promenade des Marronniers, entre le cimetière et l'église, et dont la fondation remonte à 1880. Tandis que la folie moderne se manifeste de tant de manières dans ce pauvre monde, même à Largentière, la charité chrétienne poursuit sans découragement sa mission divine pour le relèvement des âmes et le soulagement des misères humaines. Les bâtiments du château étant insuffisants pour les orphelines, une de nos compatriotes, la sœur Coste, les a installées dans sa maison paternelle convenablement agrandie, et c'est une autre fille de la Charité, la sœur Chalmette, supérieure de l'hôpital, qui s'est jointe à elle pour supporter les frais de ce nouvel établissement de bienfaisance. Nous pourrions en dire plus long sur les services que ces deux nobles cœurs ont rendus au pays, mais nous craindrions de blesser leur modestie. En tous cas, il nous semble qu'il n'était pas possible d'imaginer un meilleur épilogue à cette série d'études sur l'histoire de Largentière, qu'en y inscrivant, comme nous venons de le faire, les noms de tous ou presque tous ceux qui, à divers titres et dans des mesures différentes, ont contribué à la fondation et à la prospérité de son hôpital.

ERRATA ET ADDENDA

Page 10, 10ᵉ ligne, lire *in Christo* et non *in Chrisio*.

Page 30, 23ᵉ ligne, lire *operatus*.

Page 47, 5ᵉ alinéa. Fait à Largentière *ante ecclesiam Beatœ Mariœ*. A noter qu'un autre acte de 1212 porte déjà cette indication.

Page 48, 13ᵉ ligne, lire *Sauve*.

— 48, 28ᵉ ligne, lire 1363 et non 1963.

Page 93, 2ᵉ ligne, ajouter : Un des témoins est Claude de Malet, curé de Largentière.

Page 112. L'inscription du château, donnée ici d'après le texte du *Bas-Vivarais* de 1858, est rectifiée page 554.

Page 133. Dans la délibération de 1550, que nous avons reproduite d'après une publication fautive, les noms des conseillers qui assistent les consuls doivent être ainsi rétablis : Pierre Dumas, Charles Tricot, marchands ; Deleuze, sieur Olivier Allamel, Étienne Allamel, Mᵉ Antoine Rochier, Pierre Grand. Après le 4ᵉ alinéa, sur la grand croix, ajouter : « Item, deux retables garnis argent. »

Page 134. Au dernier alinéa de la délibération, lire : « De quoi lesdits messires Bertrand et Charles de Malet, etc »

Page 136. La délibération de 1555, que nous avons également reproduite d'après une publication fautive, contient beaucoup de noms altérés. Ceux qui tiendraient à en avoir le texte exact et complet pourront le faire en consultant l'original qui a été réintégré depuis lors dans les archives municipales de Largentière.

Page 145. Le croquis reproduit en tête de ce chapitre est notoirement inexact, puisqu'il implique la coexistence du clocher gothique des Cordeliers et du clocher roman de l'église paroissiale remplacé en 1868 par la belle flèche de M. Leorat. Le clocher primitif de l'église paroissiale était simplement formé de trois arcades, et il paraît certain que le clocher roman qui lui succéda au XVIIᵉ siècle, avait été bâti avec les debris de celui des Cordeliers.

Page 277. Supprimer la fin de la note où il est question de la démolition de la porte de Sigalières et de la ligne des remparts de ce côté de la ville. Cette phrase, laissée en cet endroit par suite d'un malentendu, se rapporte à une autre gravure qui ne put pas être donnée alors : celle de la page 560.

Page 286. Au sujet de l'emploi du mot *privés* à cette époque, on peut ajouter les deux exemples suivants : le *Journal de Faurin* sur les guerres de Castres (page 21 de l'édition des *Chroniques du Languedoc)* dit que, pour la surprise de la ville de Puylaurens, 28 décembre 1561, les protestants y entrèrent par un *privé*. — Un acte du notaire Pierre Faure, de Viviers, du 8 décembre 1579, est encore plus explicite. Il a pour objet la vente par le consul de Viviers, à Pierre Aubert, hôte du logis du Cheval Blanc, d'un petit passage situé au-dessus des *privés et latrines* dudit Cheval Blanc.

Page 519 Joindre à la liste des curés, après Pierre Radulphe : 1486, Claude de Malet.

TABLE DES MATIÈRES

	Pages
I. — Notre vieux Largentière. Des origines jusqu'à la fin du XIIe siècle	1
II. — Du XIIIe siècle jusqu'aux guerres religieuses	75
III. — Largentière pendant la première guerre	145
IV. — Largentière pendant les dernières guerres civiles du XVIe siècle	191
V. — Largentière au XVIIe siècle	277
VI. — Largentière au XVIIIe siècle	337
VII. — Le prologue de la Révolution dans une petite ville.	372
VIII. — Largentière pendant la Révolution (1789 à 1790).	385
IX. — Le troisième camp de Jalès et le commencement des persécutions religieuses (1792)	404
X — Le règne de la Société populaire (1792-1794)	423
XI. — La réaction thermidorienne (1794-1795)	466
XII. — La chouannerie à Largentière et aux environs (1796 à 1800)	492
XIII. — L'église de N.-D. des Pommiers	533
XIV. — Le château	550
XV. — L'hôpital	565
Addenda et Errata	591

TABLE DES GRAVURES

	Pages
Vue générale de Largentière vers 1870. Armoiries de la ville.	1
Le bas-relief des monnoyeurs	63
Vue de l'ancien couvent des Cordeliers	144
Plan du couvent	155
Plan de la ville de Largentière	193
Vue de Largentière en 1826 (par Imbard)	278
Portrait de l'évêque Louis de Suze	312
Vue du château et de la porte des Recollets (par Léon Alègre).	405
Vue générale de Largentière en 1900	535
La statue de N.-D. des Pommiers	543
L'inscription de la chaire	545
Vue de l'intérieur de l'église	548
L'inscription du château	554
Le blason de la salle d'asile	558
La porte et le pont de Sigalières (par Fonville)	564
Portrait du docteur Mazon	571
Portrait du curé Martin	575

NOTRE VIEUX LARGENTIÈRE

PAR

 MAZON

TROISIÈME CHAPITRE

LARGENTIÈRE PENDANT LA PREMIÈRE GUERRE CIVILE

PRIVAS
J. GALLAND, IMPRIMERIE ARDÉCHOISE
1901

NOTRE VIEUX LARGENTIÈRE

PAR

A. MAZON

QUATRIÈME CHAPITRE

LARGENTIÈRE PENDANT LES DERNIÈRES GUERRES
CIVILES DU XVIᵉ SIÈCLE

PRIVAS
J. GALLAND, IMPRIMERIE ARDÉCHOISE
1901

NOTRE VIEUX LARGENTIÈRE

PAR

A. MAZON

CINQUIÈME CHAPITRE

LARGENTIÈRE AU XVIIe SIÈCLE

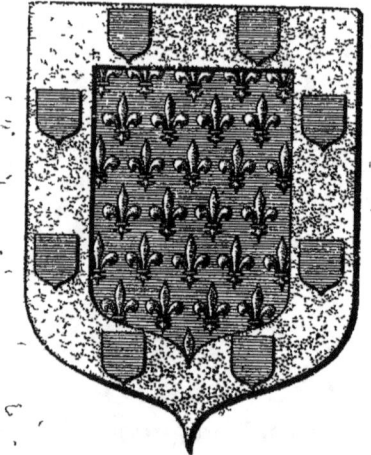

VIVARAIS ANCIEN

PRIVAS
IMPRIMERIE CENTRALE DE L'ARDECHE
1902

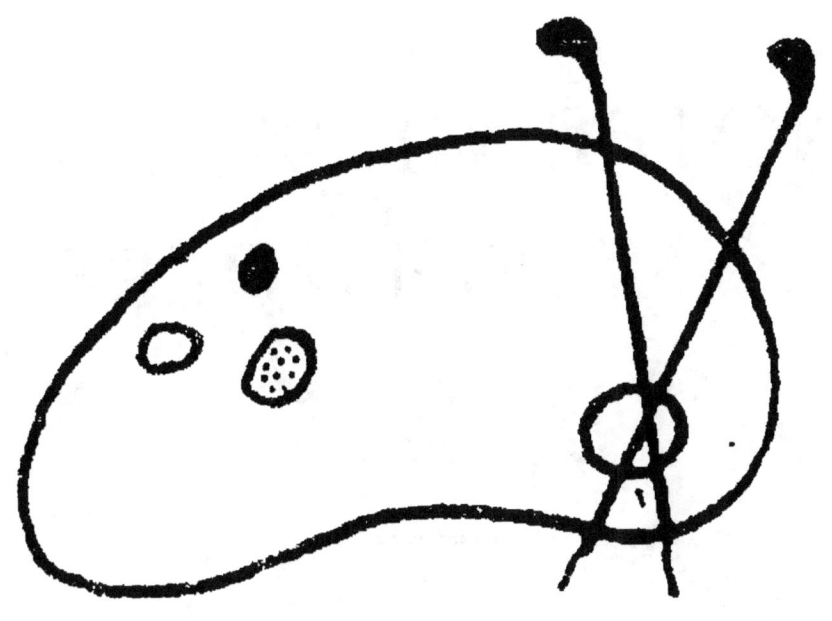

Début d'une série de documents
en couleur

(TYPOGRAPHIE)

NOTRE VIEUX LARGENTIÈRE

PAR  MAZON

TROISIÈME CHAPITRE

LARGENTIÈRE PENDANT LA PREMIÈRE GUERRE CIVILE

PRIVAS
J. GALLAND, IMPRIMERIE ARDÉCHOISE
1901

NOTRE VIEUX LARGENTIÈRE

PAR

A. MAZON

QUATRIÈME CHAPITRE

LARGENTIÈRE PENDANT LES DERNIÈRES GUERRES
CIVILES DU XVIᵉ SIÈCLE

PRIVAS
J. GALLAND, IMPRIMERIE ARDÉCHOISE
1901

NOTRE VIEUX LARGENTIÈRE

PAR

A. MAZON

CINQUIÈME CHAPITRE

LARGENTIÈRE AU XVIIe SIÈCLE

VIVARAIS ANCIEN

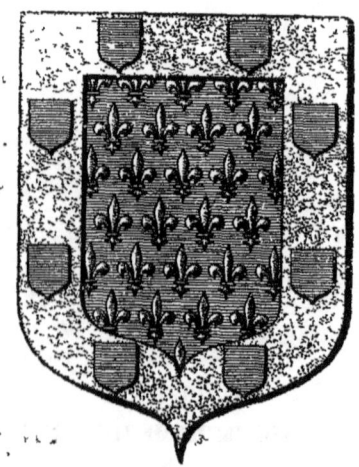

PRIVAS
IMPRIMERIE CENTRALE DE L'ARDECHE
1902

OUVRAGES DU MÊME AUTEUR

FORMANT SÉRIE

Voyage aux pays volcaniques du Vivarais, 1878.
Voyage autour de Valgorge, 1879.
Voyage autour de Privas, 1882.
Voyage dans le Midi de l'Ardèche, 1884.
Voyage le long de la rivière d'Ardèche, 1885.
Voyage au pays helvien, 1885.
Voyage au Bourg-St-Andéol, 1886.
Voyage autour de Crussol, 1888.
Voyage au Mont-Pilat, 1890.
Voyage fantaisiste et sérieux à travers l'Ardèche et la Haute-Loire, 2 volumes. Le Puy, 1895.

Une esquisse d'anatomie politique, 1868.
Marguerite Chalis et la légende de Clotilde de Surville, 1873.
Un roman à Vals, 1875.
La Comédie politique en Europe, 1880.
Notice sur la vie et les œuvres d'Achille Gamon et de Christophle de Gamon, d'Annonay, 1885.
Quelques notes sur la commanderie des Antonins à Aubenas, 1888
Les Muletiers du Vivarais Lyon, 1888 ; Le Puy, 1891.
Le premier amour d'un vieux grognard, 1886.
Notice sur Jean Tardin et Jules Rousset, de Tournon, 1888.
Le P. Grasset, chroniqueur célestin du XVIIe siècle, 1889.
Essai historique sur le Vivarais pendant la guerre de cent ans, 1890.
Velay et Vivarais. Deux livres de raison au 17e siècle, 1893.
Notes sur l'origine des Eglises du Vivarais, 2 vol., 1891 et 1893.
Histoire de Soulavie. Paris, Fischbacher, 1893, 2 vol. in-8°.
Le conflit de Vernoux en 1745. Valence, 1894.
Chronique religieuse du vieil Aubenas. Valence, 1894.
Une page de l'histoire du Vivarais (1629-1633). Privas, 1894.
Notice sur St-Alban-sous-Sampzon. Largentière, 1893.
Notice sur le Cheylard, 1894.
Notice sur Uzer, 1894.
Rochemaure, 1895.
Notice sur Pierre Marcha, 1895.
Notice sur St-Martin-de-Valamas, 1896.
Notice sur l'astronome Flaugergues, de Viviers, 1896.
Notice sur Laurac et Montréal, 1896.
Notice historique sur Vals-les-Bains, 1896
Notice historique sur la Franc-Maçonnerie dans l'Ardèche, 1896.
Notice sur Vinezac, 1897.
Notice sur l'ancienne paroisse de Jaujac, 1898.
Notre vieux Largentière (4 livraisons parues), 1899 et 1900.
Notes et documents historiques sur les Huguenots du Vivarais. Tome Ier (1re guerre civile 1562-1563). Tome II : 2e, 3e, 4e et 5e guerres (1567-1579). Privas, 1902-1903.
Notice sur la baronnie de la Voulte.
Voyage autour d'Annonay.
Appendice à l'histoire de Soulavie.
Notes historiques sur St-Agrève
Voyage au pays des Boutières. Tome Ier, région de Vernoux — Tome II, région de Lamastre à St-Agrève, 1902.

(La plupart de ces ouvrages se trouvent à l'Imprimerie Centrale de l'Ardèche, ou chez M. Bonnard, libraire à Annonay.)

POUR PARAITRE PROCHAINEMENT :

Notes et documents historiques sur les Huguenots du Vivarais. Les dernières guerres civiles du XVIe siècle depuis 1576 jusqu'à l'Edit de Nantes.

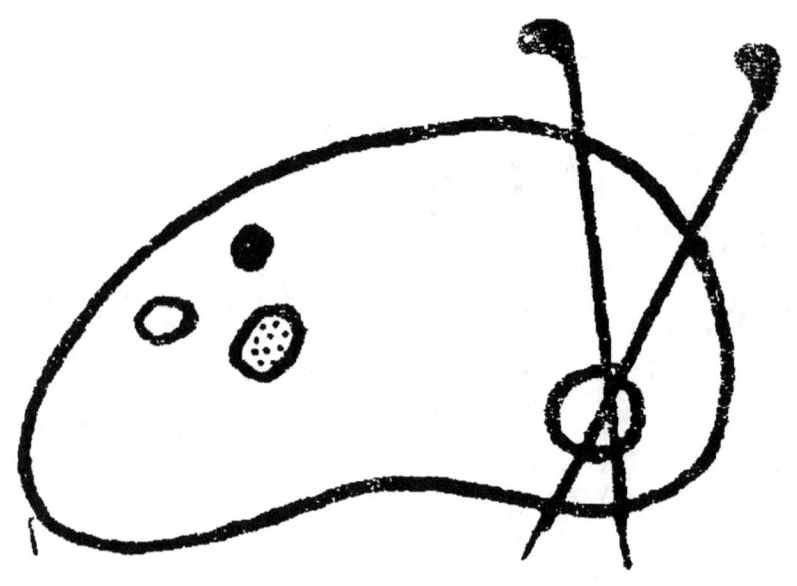

Fin d'une série de documents
en couleur

(TYPOGRAPHIE)

www.ingramcontent.com/pod-product-compliance
Lightning Source LLC
Chambersburg PA
CBHW060408230426
43663CB00008B/1427